OCAT Shenzhen 深圳

上卷

当代已然成史：我（们）与黄专

巫鸿 主编

嶺南美術出版社
中国·广州

图书在版编目（CIP）数据

当代已然成史：我（们）与黄专：全 2 册 / 巫鸿主编 .
—广州：岭南美术出版社，2018.8
ISBN 978 - 7 - 5362 - 6601 - 8

I. ①当… II. ①巫… III. ①黄专（1958 — 2016）— 生平事迹
IV. ① K825.72

中国版本图书馆 CIP 数据核字（2018）第 203485 号

主　　编：巫　鸿
执行编辑：方立华　王　景

出 版 人：李健军
特约编辑：白　榆
责任编辑：韩正凯
责任技编：罗文轩
设　　计：王序设计

当代已然成史：我（们）与黄专（上卷）
Contemporary is Now History: Huang Zhuan and Us

出版总发行：岭南美术出版社
（广州市文德北路 170 号三楼　邮编：510045）
经销：全国新华书店
印刷：广州岭美彩印有限公司
版次：2018 年 8 月第一版　2018 年 8 月第一次印刷
开本：787mm×1092mm　1/16
印张：38.5
印数：1 — 1500 册
ISBN 978 - 7 - 5362 - 6601 - 8

定价：198.00 元（上卷 / 下卷）

目 录

序 言

巫 鸿

对于这本访谈录的参与者来说，黄专的离去所带来的悲痛有着双重含义。一方面我们失去了一位不可多得的挚友、诤友和战友，一方面中国当代艺术失去了一个具有关键意义的实践者、思索者和见证者。

黄专从20世纪80年代起就积极参与了方兴伊始的中国当代艺术运动，在其后的30年中撰写了大量艺术批评和理论性文字，参与了多种书刊的编辑，策划了多个带有地标性的展览，缔造了新型的当代艺术机构。所有这些工作都已成为中国当代艺术发展过程不可分割的部分，也是研究和理解这一发展过程的重要资料。他曾问道："当代何以成史？"又曾著文论证"史料"在理解历史中的不可或缺作用。在这个意义上，这本访谈录希望提供的并非是私人的友情缅怀，而是了解和研究中国当代艺术的一种特殊史料和素材。

这些访谈之所以能够具有这种史料意义，是因为它们通过对黄专的回忆，从参与者的角度描述了中国当代艺术发展中的许多重要事件。近80名被访者的不同身份、经历、年龄和工作性质，使他们的口述涉及中国当代艺术的多个维度。这些人既包括与黄专多年交往和合作的学者、艺术家、策展人、建筑师和设计师，与他合作建立当代美术机构和策划大型展览的企业家和馆长，也包括他的老朋友和老同学。以姓氏拼音排列，他们是：艾安、鲍静静、陈剑、陈侗、陈卫星、马可·丹尼尔（Marko Daniel）、董冰峰、范景中、樊林、费大为、冯博一、冯峰、高名潞、谷文达、关伟、郭晓彦、郭伟其、胡斌、胡震、黄小鹏、约翰·海雅特（John Hyatt）、姜杰、凯伦·史密斯（Karen

Smith）、乐正维、李公明、李行远、李媚、李邦耀、林天苗、刘建华、刘晓都、刘秀仪、刘卓泉、鲁虹、鲁明军、吕澎、卢昊、卢迎华、栾倩、马昌海、孟岩、欧阳潇、彭德、皮道坚、秦晋、尚扬、邵宏、石冲、沈语冰、舒可文、舒群、隋建国、王明贤、王广义、王璜生、王功新、汪建伟、王序、王川、王友身、魏光庆、巫鸿、吴文光、向京、徐坦、徐震、严善錞、杨国辛、杨小彦、展望、张培力、张晓刚、曾力、曾浩、朱青生、朱加、周力、爱德文·斯瓦克曼（Edwin Zwakman）。

为了突出本书的史料价值并便于使用者查阅，本书根据被访者的身份将访谈内容进行了初步分类。上卷的访谈对象包括艺术史家、评论家、策展人、机构负责人、设计师等；下卷全部为艺术家的口述记录。每卷中根据访谈所涉及的事件和历史环境，以时间先后为顺序进行排列。

这个计划缘起于我在2016年提出的一个建议，其后的筹划和出版工作得到华侨城集团原总经理任克雷、原副总经理陈剑及OCAT馆长栾倩的大力支持。黄专多年的知交严善錞带领一个工作组做出方案并给予很多指导意见。近80名被访者付出了时间和精力接受采访并对访谈稿进行审阅和修订并提供部分历史图像。参与访问工作的人员包括严善錞、郭伟其、方立华、王景、王俊艺、李彧莎、范白丁、徐坦、黄文璇、王静晗、蒋涛。方立华与王景负责本书的整体编辑工作。黄专夫人白榆女士对访谈的校订做了大量工作，王序先生为访谈录做装帧设计。在此一并致谢。

用生命实践一种理想

受访人：陈卫星（中国传媒大学教授、中国传媒大学传播研究院副院长暨国际传播研究中心主任）
采访人：范白丁、方立华
时间：2017 年 1 月 19 日　地点：北京
录音整理：黄可佳

方立华：您和黄老师在大学是同班同学，1982 年毕业于华中师范大学历史系。您能谈谈当时你们上学的情况吗？

陈卫星：黄专比我小一岁，没想到去年就突然不辞而别。我从微信圈里看到这个消息的时候，感到很突然，感慨唏嘘了很久。回过头来看我和他的交往，将近 40 年。如果是放在中国的地图上来看，基本上是围绕着京广线这样一条中轴线的相聚和分离。

在华中师范大学 78 级历史系，我们是同一个班，最开始在京山分校待了一年，后来回到武汉读了三年。当时 78 级有两个班，以男生为主。从某个角度上来说，大家学习的氛围是映衬着刚刚改革开放的那个年代，大家都抱着梦幻和希望。究竟是按照传统科班的路去皓首穷经做史学研究，还是对时代做一些当下的思考？其实每个人都在探索当中。从专业的角度来说，我和黄专的共同点大概是对本专业的兴趣不大，后来我们有共同语言是因为我们都对艺术有兴趣。我喜欢戏剧、电影和哲学，毕业后考到北京电影学院读研究生，那是后来的事情。我当时发现黄专喜欢画画，他爱讲毕加索，但是我们都不懂，对那些抽象艺术没有太多的感觉。

黄专是一个情感体验比较敏锐和丰富的人，这点感受比较深的就是在毕业分配的待遇上。当年的毕业分配似乎有些同学的理想和憧憬受到挫伤，我相对平静地接受了命运的支配，到了十堰的一个中学。黄专待的地方离我比较近，但是交通更差，他在

1982 年夏，华中师院历史系 1982 届毕业生合影，倒数第二排左六为黄专、左九为陈卫星（图片由陈宣红提供）

郧阳师专，属于大专院校，但那个地方在湖北的西北角。很奇怪，在中国当代史上一说到“西北角”都是比较差和比较偏僻落后的。我去看过他一次，他那时就感到很不适应。稍早之前有一个武汉大学毕业的诗人王家新也被分到那儿，对那种蹉跎岁月都有一种无可奈何的感觉。

我知道他那会儿要考研。那时候中国市场经济和职业结构比较简单，没有太多的选择，如果是到了一个文化理想上得不到满足的地方，唯一的摆脱方式就是去考研究生。那时候研究生招得比较少，他比我早一年考进了湖北美术学院，而我是在 1986 年考进了北京电影学院，1988 年被国家教委公派选派出国留学。从他考研离开之后，我们差不多就没见面了。我知道去国外学电影可能太局限，于是就报了传播专业，1988 年去了法国。

再见已经是 10 年以后的事情了。1996 年年底我准备回国工作，当时国内主要有京、沪、广、深的几所高校做出了回应，我在广州联系工作时，听说他在广州美术学院，就和他聚了一次。我当时感觉广东已经进入改革开放后的经济发展的黄金期。珠三角的发展从20世纪80年代开始起步，到1992年之后逐步成为中国的一个亮点。这也是我当初回来为什么会选择这样一个跟我在个人生活经验中从来没有关系的地方的原因，因为广东在国际上被看作是中国改革开放的一个样本，对重新认识本土显然具有更鲜明的田野意义。

我和黄专在广州交往的那几年，我发现他在做一件事情，就是借助珠三角经济发展的局面做文化事业。当时世界对中国的发展持有一种好奇心和比较正面的态度，实际上文化视角也是一个切口，但是如何把它作为一个学术形态进行探讨，就比较难得，也比较有难度。黄专试图做的大概就是这样一件事情，可能是由于学历史的原因，他有一种使命感，在90年代中期提出一个口号"谁来赞助历史"。他想立足珠三角，把经济成长所创造出来的社会氛围和艺术创作进行一种提炼，然后将其进行中国当代形象的文化阐释，或者是探索中国当代社会的文化路径。他做的就是这样一个有宏大使命感的事情。1998年他组织了一次大规模的论坛，请了很多当时国内有知名度的学者，比如赵一凡、张志扬、王铭铭。适逢纪念改革开放20周年，从时间、地点和主题来看都具有引领风骚的雄心和高度。

方立华：在彭德老师的一篇回忆性的文章中提到，黄老师从不承认自己是一个"批评家"，这个观念受到了三个人的影响，其中有一位是你们的老师张舜徽先生。这位老师当时传授给你们的是一种什么样的观念，对你们产生了什么样的影响？

*陈卫星：*张舜徽先生以考据见长，精于古典文献的校勘、版本、目录的学问。黄专是怎样从张老师那里得到这样的启示不得而知，但是我们知道，黄专从办杂志开始到后来做策展人，以及为这些活动所写的文字，都证明他实际上是一个批评家。而且在后来我没参加的一些"批评家年会"上，他也是以"批评家"的身份出现的。所以总的

来说，他应该是一个批评家和策展人。如果撇去了批评家这个身份，他在当代艺术史上怎么定位呢？

他要做的研究是作品和艺术家的个案研究，那么，要研究什么，不研究什么，怎么研究，这本身就是一种批评态度。而且“批评”很难说是一个褒义或者贬义的词，它就是一个中性意义的词，它天然就存在于你对对象所产生的一种态度里，不然就不可能形成一种关系，产生一种立场和表达一种态度，所以想回避它是不可能的。

在我和黄专后来的接触当中，我知道他是有他的观点的，虽然我并不一定赞同他所有的观点，但是他通过他所呈现的作品说明他的一种批评态度。如果没有“批评家”这个内涵的话，著书、批评和展览应该怎么进行？在专业场合上，我和他的接触其实也不是太多，但我认为他从事的是带有纯粹专业史考证和阐释的艺术批评，所以“批评家”的身份是毋庸置疑的。可能他和其他人的批评方式不一样，但他肯定是一个批评家。

方立华： 你们读书时的学术氛围是怎样的？

陈卫星： 头两年看的书比较杂，因为大家不知道看什么，以为别人看一本书自己也要跟着去看，因为那会儿书也比较少，选择范围有限。但后来兴趣形成后，慢慢地就各自分化了，就形成了一种个性化的方式。我读得更多的是戏剧、电影和哲学；黄专读的艺术类的书偏多，本科大三的时候就跟我们讲毕加索。

我们读大学那个年代，一是刚刚改革开放，有很多新的信息；二是所谓的启蒙文化的氛围比较重；三是从这个线路出发，对人文的、通史性的和基础性的知识的兴趣面是比较多元的。那时候有一种万象更新的感觉，跟今天不一样，这是基于那个年代信息供给量不大以及中国跟外界的信息差距太大所导致的结果。

范白丁：当时除了读各自爱看的书，你们在历史系所接受的传统训练是否比较扎实？或者是你们是否都觉得不太感兴趣？

陈卫星：一开始大家还是蛮认真的。但今天回过头来看，那个时候能接触的方法和理念还是很有限。只是当时做学问的态度更传统一点，比如那时候还是做卡片。

范白丁：张舜徽老师是有做小学的功夫的，黄老师除了批评之外，做艺术史研究也还是需要这样的功夫。

陈卫星：张舜徽先生对他有影响可能是在方法论上。我听说他起步的时候是研究董其昌的文人画，那可能就要靠他教的考据功夫了。也许从这个路数出发，黄专会体会到要形成一种批评可能是一件比较难的事情。因为中国当代艺术的面相太多，批评起来可能就是无穷无尽的争论。那么，做一个批评家是否反而会导致一种误解，就像“大师”这些词后来都成为污名化的效果一样，在满地都是批评家的时代，回避这个名称可能是想保持自己身份纯洁性的一种姿态。这是从他的心理去理解他的这种说法，不是说他没有这种活动的痕迹，而是他拒绝这种标签，因为这种标签已经没有价值了，只能这么去理解。

方立华：当时你们班里有哪些同学，总共有多少人呢？

陈卫星：我们班有 72 个人。有一个叫林益民（原名赖益民），后来去美国留学，现在是香港科技大学教授。还有一个叫官文娜，在日本留学很多年，后来在香港中文大学做客座研究，现在可能快退休了。王纪潮和唐刚卯是在湖北省博物馆，他们现在也退休了。王纪潮当年在我们同龄人当中在专业上是最活跃的，据说早年受到过武汉大学名教授吴于廑的指点，在学术讨论中的发言总是不同凡响。何方耀是研究道学的，他

《电影的本性——物质现实的复原》，齐格弗里德·克拉考尔著，中国电影出版社，1982 年 10 月第 1 版

在广州华南农业大学。还有的是在湖北社科院、北京中国社科院以及一些高校，等等。

我和黄专 10 年后再见，他对毕业分配的事情记忆犹新。这对他的事业心而言可能是一个打击，是不是激发了他以后的奋进，变成一个反向的激励机制，我也不知道。在这一点上，黄专应该感受比我敏锐，说明他有鲜明的个性，这倒是和其后来的艺术生涯有一种内在联系。

方立华：您本来学的是历史，后来为什么选择了摄影专业？这跟当时的社会环境有关吗？你们当时在这方面有相关的讨论吗？

*陈卫星：*我那会儿想学导演。那个年代中国对外界完全是不了解的，所以，电影尤其是外国电影是让年轻人产生想象的一种比较直观而且影响比较大的信息源。1975 年《人民电影》刚刚复刊的时候，谢飞教授有一篇文章讲的是物理学和心理学在电影重复调度中的功能与作用，这对我的触动很大，所以我后来又读了克拉考尔（Siegfried Kracauer）的《电影的本性——物质现实的复原》。我们这代人因为自身所遭遇的痛苦、压抑和排斥的经验较多，这是一个时代的原因，于是就产生了一些情感上的想象，能不能通过再现的形式释放出来。

2015 年，“记忆的灼痛”展圆桌论坛现场（图片由 OCAT 研究中心提供）

但是后来我想导演专业的竞争太大，而且电影首先还是具象的东西，需要依靠摄影。所以我在工作的时候就去买了一个相机，自己去暗房冲照片，然后就去考了摄影专业。但是等我到了电影学院才发现，其实艺术圈跟我原来想象的不一样，所以后来有一个机会，我就出国读书了。而学习始终是一件没有尽头的事，因为总会发现不断有需要修正的地方。

我在法国待了八年，读学位差不多五年多，后来在巴黎的《欧中经贸》当执行主编，这算是一种业界实践，有了这些经历之后回到课堂上才有根据。从国外学的一些理念和知识还是管用了一阵，有些文章后来还拿回来在珠三角被一些杂志重新刊用。那个时候我与摄影无关，再参与摄影界的活动是在回到北京之后。

黄专始终在关注和推动当代艺术。当然，后来的当代艺术也不光是绘画了，也包括装置和新媒体等，新的艺术形式是中国当代社会文化生态的一个信息节点，只不过你要给它包装上各种各样的意义来进行阐释，以便提炼出一种被称之为意义性的东西，这也是一种信息竞争。因为任何人活在一个时代总要竞争一个信息定位的问题，所以这些活动便是必不可少的程序，只不过现代的手段、种类和形式越来越多样了。所以我也就理解黄专病了之后为什么还要坚持策划活动了。

其实黄专患的病也不算小病，他需要身体处在不能劳累的状态，但他还能顽强地支撑了这么多年，而且又经常到北京来办活动。记得2010年还在北京大学朱青生那里组织了一场讨论电影问题的论坛，我对此感到很吃惊。我觉得还是有一种信念在支持他，他想给历史过程灌注一些东西。后来我知道他的身体状态，也就没怎么打搅他，因为他需要安静，所以只是断断续续地在北京碰面。北京OCAT研究中心开馆的时候，就是于贝尔曼（Georges Didi-Huberman）来的那一次，我也去了。我想如果按正常逻辑推断，他照这样的状态还能再坚持个10年甚至20年，但是没想到世事无常。

范白丁： 黄老师大学期间在校内是不是不算活跃？

陈卫星： 活跃程度算中等。他在外面的活动我不清楚，在校内他也会有个性化表现的时候，比如他画了一幅画，很多人都看不懂，也不知道怎么评价，就是凑凑热闹，他也不在乎。

方立华： 他画的是什么类型的画呢？

陈卫星： 小油画。如果没有这种专业表达，他怎么可能会去考艺术院校呢？

方立华： 他考的是阮璞先生的中国美术史专业，不是学绘画。你们班学艺术的就只有您和黄老师吧？

陈卫星： 对，就只有我和他。

方立华： 20世纪90年代末黄老师策划了“何香凝美术馆艺术讲座”和“当代文化与艺术学术论坛”（后来更名为“首届何香凝美术馆学术论坛”），您当时也参与了论坛，能否谈谈当时的情况和您的看法？

陈卫星：他也请我去做了一次演讲，我讲的是关于广告文本的文化研究的一个题目。他当时负责策划学术讲座和大论坛，在那个年代应该很超前。回过头去看，能够在当时把人文圈、艺术圈的学者聚集起来讨论中国当代艺术生产和社会观照的想法，在现在都属于有想象力的宏大叙事，而且他还想方设法地请到了一些他认为在国内学术界有代表性的学者参与。很遗憾的是当时的讨论我没有全程参加，因为我第一天发完言之后，就接到暨大（暨南大学）的电话说蒋述卓书记要开一个"改革开放二十周年座谈会"，非要我作为留学教师代表回去开会，所以那次讨论我没有经历全程。

那次研讨会的发言比较多，从参与者、发言内容的多样性和广泛性来看，在中国当代艺术生产史上算是一件节点性的事件。这件事凸显了广东的活力和生气，广东不仅在经济改革方面具有引领性作用，也同时扮演着一个中外文化交流的中介者的角色。

方立华：黄老师做这样的项目，将跨领域的学者请过去，其实有他的野心和想法，他希望当代艺术是建立在人文思想的基础之上。

陈卫星：这就回应了刚才提到的，黄专说他不想当"批评家"，他想当思想家，也许他有这样一个宏愿。当思想家是可以传世的，有这样的想法很正常，这是一种人文学者的追求标高。他见证了中国的巨大变化，把它当作一种思想资源来予以总结，这个愿望的产生很自然，但是操作难度很大，而且是一个没有尽头的工程。首先，思想不容易产生，而且往往需要一个系统；其次，思想一旦产生就摆脱不了被人评说的命运。当然也会产生一些令人意想不到的效果，这得交由历史来评说。有这样一种愿望作为动力是值得赞赏的！

方立华：这是不是您回国之后第一次参加由艺术机构所组织的学术项目？

*陈卫星：*算是作为一种业余爱好以及对老同学的支持。另外，从我过去的学习背景来看，也有一种相关性，所以我还是很有兴趣去参加这次活动。这次论坛的成果是后来出了一本文集。看得出来黄专一直想生产一种宏大叙事，或者说在主导一种宏大叙事的生产，他有这么一种追求。

*方立华：*您当时在何香凝美术馆做讲座时观众的参与情况是怎样的？

*陈卫星：*我没想到会有那么多人！我发现广东、深圳的公共文化活动做得还是很活跃的。首先，广东的外来人口中有不少文化移民，而这又和深圳的新兴产业的活跃性有关。直至今日，深圳在中国仍然位居新产业前列。当时我刚回国，讲的东西比较洋化，一方面会吸引大家的兴趣，另一方面又会产生似懂非懂的效果。总体而言还是不错的。

深圳这么多年一直还有这个文化势头，OCAT 就算是一个标本，是一个标志性的艺术机构。所以接下来 OCAT 应该有一个非常称职的领头人，把这么多年做的一些活动进一步提炼和提升，进而将其扩大成为 21 世纪中国新文化的一个样本。第一能对全中国产生影响；第二有国际示范效果，从而产生从中国走向世界的传播价值；第三是培养出一批人才，而这批人才可以在国内外释放出一股新的力量。

*方立华：*能否谈谈当时您主编的《欧中经贸》杂志的背景？您觉得当时国内外办杂志有什么样的区别？

*陈卫星：*我出国的时候就已经意识到一点，可以吸收新知识，但想把自己重新格式化是不可能的。因为我们对于中国文化和情感的联系和依赖有点根深蒂固，所以我考虑博士论文答辩之后就回来。当时读书不在巴黎，因为最早办传播学专业的学校以及专业创始人都在外省。为了积累专业经验，我毕业后去巴黎《欧中经贸》工作。当时中

国极力想把西方企业文化和消费文化引进来，所以在20世纪90年代那份杂志绝对比国内刊物时髦，它在审美形式和内容表达上都比较新锐和前卫，就像李媚当时在深圳办《现代摄影》杂志那样。当然，我们那份杂志更加国际化。

在这样一个背景下，那份杂志需要的人是很精干的，所以我在里面几乎是全能的，什么都做，包括组稿、采编、写稿、选图和编版。我还去过法国好几家公司拉广告，那时候一个封面广告大概几万法郎。每期的社论都是我写的，写了20多期。那会儿年轻，写稿子都是可以熬通宵的。采编业务算是工作资历的专业积累，但这个活儿只能年轻的时候干，因为消耗太大。设计是专门找的一个小伙子，他很早就在用苹果机做版面设计。这本杂志是属于信息沟通性的，实际上是把国外的信息传到国内的有关部门，那个年代中国还没有类似这样的杂志，比如它会把欧洲发展得最好的一些行业或者最需要引起中国关注的行业信息、理论信息写出来。我认为这算是一个专业化的过程。

我想不能办一辈子杂志，于是就回来了。确实是有一定反差的，但我们这些所谓读过书的人有一种偏爱，就想做专业。再回过头去想，其实按照市场的方向走也没什么不好，但人有时候会按自己最早的理想板块去设计自己，这种趣味对现在的年轻人来说，可能已经不存在了，他们不需要背这些包袱。因为当下这个世界信息流动大，所以不存在人被信息绑架的事情，这实际上也是现代化过程当中，人对实践的看法的频率折射。

我想起中国第一个军事主题公园，就是深圳的明斯克航母世界，20年前的这个广告项目就是我们策划的。那时候我在广东参与了很多市场实践，有了市场的体会之后感觉就要实际一些，所谓本土就是一个实践过程，在广东的几年工作，在这点上体会最深。

从广州到北京，在当老师这一职业目标上，我认为课堂教学是一种检验职业的方式，课堂其实对老师而言还是最主要的一个标志性存在。2011 年黄专来找我谈事情的时候，我还和他讨论过这个问题，我说我喜欢上课，一个星期要上多少节课，他就说："我现在备一次课要一个星期，上一次课就累得不行！"这里面除了工作兴趣的差异之外，可能还有身体的原因。

方立华：黄老师在读硕士期间参与过《美术思潮》的编辑工作，对此您了解吗？

*陈卫星：*对这段经历了解最多的应该是邵宏、杨小彦和严善錞这些人，因为他们当时是一个团队。我大概可以推测黄专对于艺术史或艺术思想最早的大构思可能和这段经历有关系，他在武汉读研，又正好亲身见证了"85 美术新潮"。我对中国当代艺术史了解很有限，但可以推测"85 美术新潮"是一个艺术观念的转折点，它影响了一批人，现在在国内美术界活跃的很多有资历的人都与之关系紧密。他们从中找到了思想表达的立场和出发点，并形成一种冲击姿态。

黄专想当思想家也不难理解，因为你会发现带有思想性的运动会产生一种持续性的影响。为什么我会这样说呢？因为他们在回顾这一代的时候，或者将其作为象征资本，或者非常感叹和激动，因为这是一种新生的狂喜，但同时也在表达一种焦虑和无奈，比如我们能不能超越，怎么超越？假定艺术史是有生命力的话，它肯定需要不断制造新的节点。我觉得现在这可以成为一种焦虑，也能成为一种老本儿，这一代人的职业生涯、思想表达、学术资本和象征身份都奠基于"85 新潮运动"。

方立华：您在国外留学期间是否会去看一些艺术机构的展览，对比国内外艺术机构的运作，您有什么样的看法？

*陈卫星：*在巴黎看过一些，但严格来说，看展览次数不是很多。法国是一个文化民族，表现力的水平应该说是最高的，虽然有官僚主义的色彩。蓬皮杜国家艺术文化中心当然也是一个标本，对当代艺术完全持开放态度，而且是具有公共服务性质的机构。它的运营要靠纳税人，虽然有些展览是营业性的。我问过一些市政官员，我问他们一个市一年的财政预算里文化预算的比例占多少？他们说可以占 15%，这在中国任何一个城市可能都做不到。所以他们是在公共预算方面首先体现出文化公共性，这才形成了法国较高水准的公共文化和法国人高傲的文化心态，这种心态跟他们从小享受的文化熏陶的丰富性有关联。这可能值得中国借鉴，因为中国的税收比例在全世界也是偏高的。

从黄专的角度来说，他也认可这种做法。他认为文化机构需要国有企业或政府的投入才具有可持续性，他觉得资本家或者是唯利是图的，或者是不可持续的，对此我也很理解。但中国这么大，文化机构的成长和生产应该是多样性的。OCAT 算是其中一种，它一直处于一种公益事业身份和企业赞助身份的结合。

*范白丁：*在 20 世纪 80 年代，你们这一代人都有一种理想主义色彩，想干一件事大家一合计就去做了，但后来资本的力量显得越来越大，也产生了很大的影响。我想黄老师在各个时期做事的方式肯定也不一样。黄老师之前离开北京的时候写了一篇《别了，北京》，他一开始没有做成 OCAT 研究中心，所以有点遗憾，于是抱憾而归。您刚才也提到法国对于文化事业的支持本来就有一个传统，但在中国却不一样。在学者或知识分子有自己的学术理想和学术抱负的时候，您觉得比较好的合作方式是什么呢？如果中国的房地产有一天不行了，您觉得在中国这种环境下，什么方式可以持续地发展具有理想色彩的事业呢？

2008年，“空间生产、社会变动与视觉表征”研讨会现场（图片由OCAT深圳馆提供）

陈卫星： 如果想做成国际品牌，在北京成功的可能性更大一点。国外也就是基金会模式，基金会是NGO，这在中国当下的制度安排中还没有形成一套相对成熟稳定的机制。基金会或有或无、可大可小，其命运不是由自己按照专业思维能独自发展成形的，它会受到行政的管束。要么企业经济效益好，要么企业老板情有独钟，他们会投入多一点，使之在一段时期内显得很有生机和活力，但很难保证持续稳定。这是中国作为一个文化大国在文化战略上需要考虑如何完善投资体制的问题。当然，这可能只是我们的想法，管理部门是按照行政逻辑和政策方向来进行投资和规划的。这就产生了两个特点：第一，资金规划是通过公共税收来的，也就是说，财政来源是通过政府控制；第二，项目内容是按照上面的政策定位来的，并不是按照你的想法实现。但OCAT毕竟是由企业支持，所以专业思维的独立性和专业性会表现得多一些，或者说是一直在往这个方向努力。如果说全部是由深圳市拨款，那就得按照市文化局的政策运行了。

方立华： 黄老师也希望可以建立一个良性的当代艺术运作机制，所以他一直在探索艺术机构的实践。

陈卫星： 个人是无法做到的。按照我的看法，个人只能在仅有的条件范围内努力，跳出机制之外的事情，发言权、主动权和意识权都不在自己手里。OCAT是按照企业生态的调整而调整的，企业如果还能够维持和发展，就可以继续支持。其实民生现代美

2008年，陈卫星在“空间生产、社会变动与视觉表征”研讨会上发言（图片由OCAT深圳馆提供）

术馆和康泰空间也都是这样的机构，全国可能还有很多大大小小类似的艺术机构，这会成为经济生长体当中必需的一个板块。

方立华：黄老师和您的联系虽然不算特别密集，但是也从来没有间断过。1998年的“当代文化与艺术学术论坛”，2008年的“空间生产、社会变动与视觉表征”，2010年的“从电影看：一个当代影像的电影周末”论坛，都邀请了您参与讨论。最近的一次应该是2015年OCAT研究中心开馆展的时候，当时举办的“记忆的灼痛”展览圆桌论坛也请您作了发言。这些活动并不完全是他策划的，但您也算是见证了黄老师所主持的这个机构发展的脉络和线索。您在参加这些活动的时候，是否和黄老师有过相关问题的讨论？能否谈谈您对于OCAT的看法？

陈卫星：我参与这些活动，是因为黄专叫我去。在运作机制方面他没有和我交流太多，他可能觉得我是局外人，所以跟我说这些意义也不大。我感到比较欣慰的是，这个事业还一直在持续和拓展，虽然他之前离开了北京，但是后来北京OCAT研究中心又开张了，这就说明也有柳暗花明的时候。所以，如果不是身体上的原因，黄专还是可以继续做下去的，在这一点上，我很佩服他有坚定的理想追求。按理说其实可以淡化一点，但他还在这么努力。听说他写了那篇《别了，北京》，我就在想，难道他有把这个事业摊子铺得更大的想法和投入？这其实是很消耗身体的，如果他不是那么投入的

2010 年，“从电影看：一个当代影像的电影周末”讨论现场（图片由 OCAT 深圳馆提供）

话，是不是他的生命会更长久？

方立华： 也许这是一把双刃剑。其实你们这一辈人都有一种文化理想主义的情怀，黄老师也不例外，而且他很执着和坚定。

陈卫星： 他是有一种精神追求的。他在最后的文字中讲到他没有信仰，但实际上他给我的印象，其实就是一个人文世俗知识分子的理想情怀的奋斗过程。如果是在一个宗教想象世界当中，那种感觉是不一样的，至少在精神的厚度上可能会有所差别。但在人文世俗的境界当中来奋斗，就又是一种体验。黄专是用自己的生命在实践这种理想，这是值得大家去纪念他的。

方立华： 在参加北京 OCAT 研究中心开馆展论坛时，您觉得他在这一时期的机构实践与之前是否有所区别呢？

陈卫星： 那次活动其实我没有完整地参加，但我感觉他在传播公共性上已经有了更大的追求。他在深圳的做法还是带有小范围的专业追求，而在北京的做法更追求一种公共影响力，就是要有传播意义和传播效果，要产生超出专业界的关注度，从而引来更多的支援或使企业有更大的热情。因为北京这个地方的象征意义跟深圳不一样，但操作平台从深圳向北京转移，这会带来更大的精力投入。如果从操作模式的可控性来

2010年，“从电影看：一个当代影像的电影周末”讨论现场（王俊艺拍摄，图片由OCAT深圳馆提供）

说，其实深圳更好；但是如果从满足各方面的需求和实现理想目标来说，北京的意义更大，那么平台架构需要重新设计。其实我觉得在这个过程当中，黄专的个人英雄主义色彩是不是多了一点？他身体并不是处于一种理想状态，如果全靠一个人是很消耗体力的，但这可能就是他做事的习惯，或者说是出于一种自信？

*方立华：*也许是一种博弈？他最想做的事情其实是安安静静地做一些研究工作，所以他后来很想做一个图书馆，以瓦尔堡图书馆为理想模型，但有自己的方法论和研究方向。因此，OCAT研究中心最开始是想叫作“OCAT文献与研究中心”，在他最初的规划上是要具备图书馆功能的。他还是想做一些远离吵闹现场的研究工作。

*陈卫星：*这是典型的人文理想。欧洲启蒙运动以来，欧美发达国家有过成功的案例，但在中国做这样的事情需要一种理想主义精神将其转变为现实，需要更大的投入。20年前陈侗在广州开博尔赫斯书店，虽然坚持下来了，但始终成不了气候。它可以作为一种精神的标志，或者具有文化价值，但就传播意义和公共效果来说，其转化非常有限。但黄专的平台可能更好，也更大，是一个升级版，如果他还在世，是可以朝这个方向努力的。但实际上，今天这种平台的使用价值和功能并不是我们所想象那样的了，你去看看北京的单向街书店就知道。现在毕竟是一个数码世界，虚拟空间中带来的流动性和分离性成为一种特征，也符合当代年轻人的想象需求。胶片时代和印刷媒

体时代的人文氛围与数码时代是不一样的，如果黄专继续往下走，他会遇到这个挑战。而且从技术观念和身体状态来说，他也没有精力来成功应对这个挑战。所以他的工作只能作为我们在数码时代即将洪水般卷入之前，留下的最后一个标本。当然，如果不将它做那么大是可以的，但如果想要它引领时代，一定会失望的。

作为个体，如果全部用自己的资源和能力来做这件事，那就无所谓了，就像陈侗做博尔赫斯书店一样。但如果是和机构产生联系，你在某种意义上是“代理人”的情况下，就不可能完全按照纯个人的想法进行操作，因此不可能不遇到一点挑战。所以黄专对民营资本有这样或那样的态度表达，我想他还是希望在一个安定的环境里来继续往前走，这是一个人文性很强的理想。这在欧美环境里社会氛围可能会好一点，但在中国，这种起伏和波动的变化性完全是在个人能力之外。黄专能够做下来，已经是一件了不起的事情了。

*方立华：*我想正是因为中国没有这样的环境，他才坚持做这件事情吧，他还是希望能够慢慢地形成一个比较好的生态。

*陈卫星：*对。我觉得可以做一些好玩的事情。出版方面他已经出了很多力吧？

*方立华：*是的，出版是他一直很强调的工作。从 2005 年 OCAT 成立之后，他就一直强调要做研究性的出版物，希望这些出版物能够成为学者研究当代艺术的基础文献。OCAT 研究中心的出版物就更往前推进了一步，他强调的是古代艺术和自 20 世纪以来中国现当代艺术的视觉艺术实践的理论研究。不仅研究的对象大大地扩展了，而且将“知识、思想与研究”紧密地结合在一起。

*陈卫星：*后来他更注重理论了，因为在做的过程中发现了好多理论问题需要解决，另

外也发现了中国在这方面的缺口太多。

方立华: 您是怎么看中国艺术机构的生态的?

陈卫星: 中国的艺术机构主要是两个板块: 一是场馆。一方面是个体性的场馆, 主要看经费和个人的兴趣, 目前还不够活跃; 另一方面是公共机构。二是学术研究。做研究做得比较好的主要还是高校和像 OCAT 这样的民营赞助的机构。目前也就是这两种模式。当然, 在经济发达地区马上会有一些完全个体性的场馆出现, 但不知道能不能维持下去。那些就不一定是纯艺术了, 可能还带有能产生市场价值的东西, 这也很正常, 因为它们的社会切面不一样。以上这些如何纳入当代文化生态中进行考察就是另外一个话题了。这些场馆在长三角和珠三角比较集中, 主要跟实用艺术或文创产业相关, 因为人文传承的艺术的需求量有限, 主要面向一些有文化诉求的年轻人, 尤其是高校。这些艺术门类有其共通性, 所以, 以后它们都是要互相补充和互相支持的, 行业接口越多可能会发展得越好, 在某种意义上也可以跟政府提倡的创意产业发生关系。然后小方可能就会想: "难道黄老师的人文理想就要过时了吗?" 因为你跟着他走了 10 多年, 他对你的影响是很大的!

方立华: 我想那是一个时代要解决的事情, 不是过不过时的问题。黄老师近几年还策划了"艺术史名著译丛", 邀请范景中老师担任主编, 主要翻译西方的艺术史经典, 这项翻译工程最后是由何香凝美术馆和商务印书馆合作的。艺术史翻译也是黄老师一直以来比较关心的事情。

陈卫星: 这在中国学术考核体系中不重要, 所以找人来做这件事情也很辛苦。我也做过翻译, 我知道将选本质量和翻译质量两者统一起来特别难, 比如有些读者就对湖南美术出版社出版的于贝尔曼的书很不满意。

范白丁: 商务印书馆在这方面的控制还是很严格的，对译者的要求比其他出版社要高，译者都需要经过试译确定，翻译完了之后还要审稿，不好的话也要退稿重译。黄老师之前也强调稿费要给高一些，因为翻译这个工作太辛苦了。

陈卫星: 黄专后来的学术想法又回到古典主义和艺术史了？

方立华: 他一直强调要用艺术史的方式研究当代艺术。

范白丁: 对，只不过后期他是回归了艺术史本身。可能以前的艺术史是比较隐性的，这两年变得比较突出了。我指的是大家能看见的现象，我们虽然知道他一直都在“两手抓”，但表现出来并不是很明显。

陈卫星: 他年纪大了之后又回到了古典心态。

范白丁: 那是因为他一直觉得艺术史很重要，只不过这几年他做的项目，让大家清楚地看见了。

陈卫星: 艺术生态还是值得研究一下。从2005年到现在，OCAT已经做了10多年。像黄专那样要表达一种艺术的独立性，还是很不容易的。一般这些都是机构的附属产品，可有可无，点缀性的成分偏多，在文化史上没有什么值得书写的东西。这个事业挺不容易的，以后你们可以写一本对这类文化活动的来龙去脉进行回顾的追溯的历史，作为以后的文化史的素材。

他的才华和成就
建立在知识分子的良知上

受访人：马昌海（北京服装学院退休教师）
采访人：范白丁、方立华、蒋涛
时间：2017年1月20日　地点：北京
录音整理：刘献弘

方立华：您和黄专老师在大学期间是同学和舍友，能不能谈谈你们当时一起上大学的这段经历？当时你们所接受的教育，对于之后的研究有没有产生影响？

马昌海：“新三级”群体（指恢复高考后最初的77、78、79级这三个年级）出了很多人才，在各行各业都出类拔萃（比如北京电影学院78班，一个年级的学生，居然成就了“第五代导演”群体，这在中国电影史上是绝无仅有的）。黄专就是“新三级”群体中才华出众的一位。他表面上是一个温和的人，作为普通教师的子弟，从不惹是生非，但内心有自己的想法和主见，也有激情。大家都公认他的才华。我入学的时候已经28岁了，比黄专年长七八岁，属于“老三届”中的学生一代，“文革”前就进入中学读书了，进大学以前还当过10年的知青和工人。班里有不少同学与我年纪相仿，甚至比我还大。

“文革”开始的时候黄专不满10岁，他的中小学教育是在那个荒芜的年代完成的。黄专高中毕业后下乡插队虽然只有三年，但对国情也有了初步的亲身体验。他是从农村直接考进大学的。我们比这些年轻的同学文化基础要好一点，读过的书多一点，见识广一点，为人处世的社会和生活经验也多一点。在刚刚入学的时候，我们对他们有过一点引领作用，这也是很自然的。黄专在我们78级属于不大不小的中层，比那些十六七岁没有接触过社会的应届高中生要成熟一些，知识面也更广阔一些。结果，因受了我们这些“老大哥”的影响，我们78级的一些应届高中生出身的小同学，一个个

1979 年初，在华中师范大学京山分院教学楼前合影（图片由陈宣红提供）

都显得“少年老成”有余而活泼可爱不足。他们整天皱着眉头在思考问题，居然还看不起与他们年龄相仿的低年级的同学，认为这些孩子浅薄。当然，如今这些小同学，大多修成正果，令我们刮目相看了。

但到了高年级，黄专这些年轻同学的优势就显现出来了。入学数年，大家都如饥似渴地读了不少书，专业学术训练也开始渐渐入门了，等到了做毕业论文的时候，这些年轻同学就和我们不相上下了。比如黄专的论文是评述宋朝的书画理论家米芾，陈卫星的论文是评述萨特及其存在主义,当时在整个历史系居然找不到合适的指导教师，老师只好以逻辑是否清晰、层次是否分明、文笔是否顺畅来评判成绩。

大学毕业以后，我们这些年长的同学难免后劲不足，为抚养子女和家庭琐事所累，锐气已不如当年。而黄专他们这些年轻的同学仍然势不可挡继续前行，原有的聪明才智和潜质、活力被进一步地开发和挥洒，其后发优势是我们所不及的。比如耶鲁大学博士、香港科技大学的林益民教授，中国传媒大学的陈卫星教授，湖北省社会科学院的曾成贵院长，等等。

20 世纪 80 年代是一个令人终身难忘的“激情燃烧的岁月”，让人充满了蓬勃向上的希望。

1980 年，在华中师范大学操场秋季运动会合影，从左至右：孟棣、龙钢、唐刚卯、黄专、吴思忠、李林、张京（图片由李林提供）

我们作为新中国教育史上一个特殊学生群体，来自各行各业，其中不少人在入校之前，多少有过一段刻骨铭心的蹉跎岁月。这批人后来被称为"新三届学人"。大家入学后如饥似渴地学习，以天下为己任，关心世事、国事，忧国忧民，思想活跃，不循规蹈矩，富于创造性思维，颇具批判怀疑意识，敢于批评权威，自我管理及组织活动能力都比较强。那段火热的校园生活，凡是经历过的人都是终身难忘的。老师们在"十年浩劫"后重上讲台，也十分敬业，尽心尽力地传道、授业、解惑。老师们对多年来少见的这一批学生的整体素质，也十分赞赏。

当年在国门久闭之后，形形色色的外来思潮突然一股脑地涌进来，青年学生对此不可能无动于衷，有一点眼花缭乱及生吞活剥的新鲜感，也是不足为奇的。其实我们基本上还是囫囵吞枣，来不及辨别、思考，更谈不上消化、吸收和接受。

那个年代上大学，我印象很深的还不是课堂教学，而是下午常有的各种各样的学术讲座。当时有一批一流的学者，经常在全国各个大学和研究机构巡访，做学术报告。这使得我们这一代大学生深受其惠。

*方立华：*您还记得当时有哪些学者做讲座吗？

马昌海：比如中国近代史、中华人民共和国史大家，中共中央党史研究室主任，中国社会科学院院长胡绳教授；中国社科院民族研究所所长牙含章教授；语言研究所所长吕叔湘教授；美国普林斯顿大学教授刘子建，等等。所有的讲座都是面向全校的，不是只有我们历史系，包括中文系、教育系和外语系、政教系都有讲座。只要有学者来做讲座，学校就会发一个布告。除了理工科的讲座我们听不懂以外，其他的我们都会去听。如果某天同时有两场学术报告，我们就分头去听，然后交换笔记，认真阅读和讨论。当时有的内容听得似懂非懂，来不及消化，但实际上，已经潜移默化地进入了我们的血液，对我们的影响是深远乃至终身的。

另外，我印象特别深的是冬夜看露天电影，我们把所有衣服都穿上了还浑身发抖。记得曾经看了一部物理系的教学片，是美国人拍摄的、描绘未来战争场面的纪录片：军舰上的那些官兵都没有穿军装，全穿着防护服，军舰上表面啥都没有，没有任何武器装备，全是自动化操作……这些学科最前沿的讲座和电影，使我们耳濡目染，积淀在我们的大脑皮层里，启发我们去求新。

范白丁：那时候在大学里是不是比在校外更容易接触到新的知识？

马昌海：对，众多学者的讲座介绍的都是其最新的研究成果。相反，有的老师在课堂上讲的某些东西，现在回头一看，有个同学说得难听点，叫“伪史学”。首先是教材陈旧，用的都是“文革”前甚至“文革”中编写的教材，参考书也都是“文革”前的。其次，有些老师的观念也有问题，水平不高。入学后上第一节课的时候，水平很高，非常受学生欢迎也很看重我们的秦汉史专家熊铁基老师说，中国古代史研究有“五朵金花”：1. 农民战争；2. 古代社会的历史分期；3. 资本主义萌芽；4. 土地制度；5. 人物评价。现在再看就觉得未免可笑了。中国从未有过标准的奴隶社会，中国也只有过短期的封建社会。经年不舍、连篇累牍地讨论中国奴隶社会和封建社会的分期是在哪个朝代，而且居然有六种不同的意见争论不休！关键的症结还是根本没有把奴隶社会和封建社会的概念搞清楚。我因为年纪较大，常常混进教师阅览室看资料（一些工农兵学员出身的老师与我的年龄相仿）。有一次，我看到一份内部刊物，整整一期都是评述意大利学者翁贝托·梅洛蒂（Umberto Melotti）所著的《马克思与第三世界》（商务印书馆 1981 年出版），是研究亚细亚生产方式的著作。

自秦始皇建立起中央集权的君主专制国家（郡县制）后，中国就绝对不是封建社会了。这个常识已经被学术界所接受。但时至今日，还有多少中国人以为：清王朝灭亡以前，中国是个封建社会？中华人民共和国建立以前，中国是半封建社会？我回到寝室以后，就把我的发现与室友们讲了。这样的讨论在大四以前非常多，经常吵得不可开交。大四以后都忙着写毕业论文了，也大致有了一个自己关注的研究方向。

其次，如果连资本主义的定义都没搞清楚，凭什么去讲其萌芽的产生？资本主义仅仅是经济现象吗？资本主义同时也是法权关系，是上层建筑。中国什么时候建立过资本主义法权关系？定义都没搞清楚，怎么谈资本主义萌芽？

再者，人物评价的标准也有问题。什么是进步？什么是落后和反动？标准是什么？很难一致。比方说促进国家统一就是进步，割据分裂就是反动。但是，我们都知道，资本主义法权关系就是在欧洲割据分裂的状态中产生的，在中国那种“大一统”的中央集权专制制度下，是不可能产生资本主义制度的。从今天研究的角度来看，在统一政权中产生的消极因素和社会弊病的根源，并不是统一本身的问题，而是用什么制度来实现统一，如何统一，统一到什么程度的问题。同样，分裂社会中存在着的积极因素，也不是分裂本身带来的，更不是战争和破坏所能造成的，而是分裂的冲击削弱了旧体制的结果，是外力迫使中央集权制度暂时和局部解体的副产品。

所以我们这一代大学生，包括黄专在内，我们所受到的熏陶和影响，其实是和 20 世纪 80 年代的氛围有着很大的关系。

记得大三的时候，有人发表了一篇文章，说明代早期的倭寇是日本海盗，但到了后期，就是以中国沿海的武装走私通商集团为主，与政府对抗。教过我们中国近代史，后来从事民族学研究卓有成就的彭老师，给从事明史研究的李长弓同学带话：太不像话了，应该反驳。你要是不搞，我就搞了。

中国古代史研究尚且如此，中国近现代史研究中的问题就更不用说了，特别是现代史，由于思想观念陈旧以及档案不够开放等诸多原因，至今还存在着很多重大问题。

当时武昌街道口的书店，一有了新书，大家就会找来看，包括存在主义哲学，弗洛伊德（Sigmund Freud）的泛性论，尼采（Friedrich Nietzsche）、叔本华（Arthur Schopenhauer）的哲学，等等。黄专和陈卫星看哲学书多一些，这对他们以后的事业影响应该是很大的。当然，这只是一个客观环境。人还是要讲天赋，黄专有艺术才能，他喜欢这些东西，这可能和他从小成长的环境有关，也跟他认识的人有关。

刚入学的时候，我们排演了一个话剧，黄专画了一个幕布背景。别人怎么就画不出来？他还是有天赋，再加上自己又努力，又赶上 80 年代比较开放的环境。当时整个社会的精神面貌，特别是大学校园，都是朝气蓬勃的。在这种背景下，我们历史系出了黄专、赖益民和陈卫星、肖传亮这样“比较另类”的、没有从事纯史学专业的同学，我觉得很正常。

我记得，当时全国 13 个重点大学的中文系和新闻系的学生社团一起出了一本杂志《这一代》。13个大学的学生，居然联合在一起办杂志，这是不可想象的事，是一件很了不起的事情。但是刚刚出了第一期，当天下午就被湖北省委追回（有少数已经发出），因为那里面有一些内容是不能被容忍的。但是这在我们心里留下了什么？当时它对我们的影响很大，我觉得对黄专也有很大的影响。我们这一代人，对等级特权和腐败都深恶痛绝，自然而然地向往自由、平等和法制社会。

哈尔滨师范大学77级的张琦，主编过一本《抹不去的记忆：老三届，新三级》。这本书收入了我的几篇回忆文章，题目是“回忆与思考”。老三届是指1966年、1967年和1968年毕业的中学生，这些人有的当过红卫兵，有的当过造反派，大部分人都做过知青，这批人中有不到10%的人在恢复高考以后进了大学。我就是属于老三届的初中生，连高中都没有上过，所以有时候上课点名的时候，有的字我都不认识。黄专不是老三届，他更年轻，更富于激情，所以后劲更足。像我们毕业后都30多岁了，有的人也没有黄专他们这些人的雄心壮志了，没有像黄专他们那样继续努力，当然成就也不如他们。在我们的同学中，有些人进政府部门了，那应算是另辟蹊径吧，其中的酸甜苦辣和做学问毕竟有所不同。

*范白丁：*当时入学的时候，大家的背景都不一样，经历也有些差别。您能不能回忆一下，黄老师当时给大家留下的是怎样的印象？

*马昌海：*印象就是刚才说的，他人比较温和，不惹是生非，自己闷头看书，但是偶尔争论起来的时候，他也挺激愤的，或者说有点情绪化。

*范白丁：*您能回忆起是什么事情吗？

*马昌海：*就是刚才说的看电影的事。当时在中国文学史上第一个写“文革”的作家张

贤亮，他写了一系列小说，被改编成好几部电影，比如《黑炮事件》和《牧马人》，等等。

《牧马人》的主人公许灵均（朱时茂饰）在1957年19岁时被打成了右派，22年后终于"平反"了，上级派人给了他5000元钱的补发工资。这在当时是一笔不小的巨款，因为那时大学毕业也就一个月50元。我当时就很生气：你们懂不懂官方的话语体系？1957年的右派是"改正"，整了你22年，结果没补一分钱！"平反"才是恢复名誉，补发工资！黄专也是特别激愤地骂那个给他5000元钱的人：什么嘴脸？劳改了22年，给了5000块钱作为补偿，还板着个脸说什么"相信你能够正确对待"，而且还是一种居高临下"施舍"的态度。黄专骂的正是这一点，他毕竟有艺术感觉，十分敏锐地捕捉到了这个施舍者的表情（我就没注意到）。我当时从这件事上可以感觉到黄专这个人的正直和正气，所以印象很深。

*范白丁：*我们和黄老师接触，也感觉到他是一个很有正义感的人。虽然外表很温和，但是骨子里头还是很有骨气的。

*马昌海：*对，黄专绝对是保持了知识分子良知的一个人。他的才华和成就也是建立在这个基础之上。所以我想起这么好的同学就这样英年早逝，心里很难过。黄专辞世的消息在我们78级的同学里面传开后，大家震动挺大的，我们在同学群里哀悼难受了好多天。

*方立华：*刚才您提到那时学校经常举办讲座，这个背景还挺重要的，我感觉这些讲座对于黄老师后来的当代艺术实践也起到了一定的作用。在他后来所策划的学术论坛和艺术讲座中，他也强调邀请跨领域的学者进行演讲和讨论，我想这和他在大学里头接触到的这些人文讲座是不是有一定的关系？能不能谈谈当时学校举办这些讲座的具体情况？

马昌海: 当然有关系。这是70年代末到80年代初的一种普遍现象，不只是我们学校这样。其实我们学校的过路学者并不是很多，像武汉大学或者北京大学这样的综合性大学，那就更多了。学者们在各地川流不息地行走，很多是学校请他们去的，也有一些是刚好到那里去参加会议路过，然后被学校请了过去。这些讲座对于我们这一代来讲有什么作用呢？我认为它对于打破过去的僵化思维和追求自由表达的风气绝对是有作用的。

我现在想不出一个具体的例子来说明这些讲座对黄专起了什么样的影响，但是我们一起听完讲座回来以后，大家都会非常热烈地讨论。在听了某位顶级专家的讲座以后，我们甚至还会有不同的意见，比如他哪点说得不对，哪点是在哗众取宠，哪点是夸张了，我们都会具体地讨论和分析。通过这些讲座，我们就形成了这样的思维习惯：不会轻易服从于任何一个人的权威，因为学术探讨是无止境的。

我觉得这些讲座对于我们来讲，最重要的是学习了一种精神，包括探索精神和怀疑精神。所以对于我们这一代人来说，大学四年最重要的就是渐渐形成了怀疑和批判精神。这就是做人的基础，再加上良知和诚信。当然，黄专有其自身的天赋和才能，同时与他后天的努力也是分不开的。

方立华: 当时有没有艺术方面的讲座呢？在您的印象当中，黄老师有没有参加这方面的讲座？

马昌海: 我印象很深的就是中央乐团指挥李德伦的讲座。李德伦在我们学校的讲座影响可大了！他当时介绍普及交响乐，顺便把李谷一贬了几句。李谷一当时不是唱了《乡恋》嘛，他说："李谷一是我们单位的呀，你不是邓丽君啊！那种所谓'气声'唱法，你学她干什么呀？你应该有自己的风格啊。"李德伦的讲座以后，我们学校出现了一

种奇怪的现象，整整一个多星期，在宿舍里面没有人敢听流行音乐，因为你听流行音乐，就等于是李德伦所说的“低俗”。虽然李德伦冠冕堂皇地说“流行音乐、民族音乐、古典音乐、现代音乐，我们都可以听……”，但是他大骂20世纪三四十年代上海滩的流行音乐，说他当年听了以后，回家就洗耳朵。实际上是变相地贬低流行音乐，结果弄得同学们谁都不敢听了，因为谁听了好像谁就没有文化似的。足足过了一个多星期，才有人又开始悄悄地听，过了一个月才没事了，想听就听。美术方面的讲座，我没有印象了，因为我不懂美术。

*范白丁：*您能不能再详细地谈谈，在您和黄老师的接触中，他和艺术产生关联的片段和一些事？

*马昌海：*有一次，他不知道从哪儿弄来了一本画册，非常精美，里面有山水风景画、人物画和静物画，好大一本画册。我半夜失眠起来，就把他的画册找出来，一页页地翻看。第二天早上，他起来就跟我发火了，他说：“老马，你怎么回事？手指甲把画都给划了。”我只好说不是故意的。

我还记得，他好像跟湖北艺术学院的美术老师或画家有联系，回来以后，他就会说今天去拜访了谁，但具体内容我不记得了。

*范白丁：*你们第一年在湖北京山分院，您刚才也提到了黄老师画幕布的事情，最开始你们是怎么知道他会画画的？

*马昌海：*我们大一的中国古代史课讲到“陈胜、吴广起义”的时候，汪连天同学写了一个剧本《陈胜王》；大二学习中国近代史的时候，罗家祥同学写了一个剧本《石达开》，都是歌颂农民起义是推动历史发展的唯一动力。然而，现在的人不妨想想，这些农民

起义的领袖，有几个是真正的农民？陈胜、吴广应该算是下级军官吧，刘邦是基层官员，黄巢是个盐商，朱元璋是游僧，李自成是驿卒，洪秀全、冯云山是乡村教师，石达开是富农出身，曾外出经商，韦昌辉是“客家”地主，哪个没有一点“走南闯北”的经历，多少见过一点世面。我们78级同学里喜欢文学的人特别多，很多同学进了大学以后，觉得历史系的课程太枯燥了，有好几个同学甚至要求转到中文系去。我记得至少有五六个同学，下了课就在写诗、写剧本，如谭汉生、肖传亮、李卫，等等，一直到今天，他们还有文学的梦想，还在捣鼓着写东西。歌颂农民起义是要适应那时的观念和氛围，然后黄专就画了一个背景的幕布。

*范白丁：*当时是他主动提出来画的吗？

*马昌海：*应该是学生会组织的吧。李长弓入学前当过九年的文艺宣传队队长，1977年报考了湖北艺术学院理论作曲系，不知道什么原因没有录取（不知是政审未通过，还是不会钢琴）。后来给他面试过的考官老师带话来，要他1978年再来报考，结果他没有去。所以当时话剧表演的背景音乐、插曲和歌词都是李长弓编写的，他把懂乐器的同学都聚集在一起，手风琴和胡琴也都弄在一块儿，组织了一个小乐队，他是指挥。赖益民同学是吹黑管的，陈卫星、李卫和我等几个同学伴唱。于是，乐队、伴唱和指挥就都有了。我觉得黄专肯定是主动提出来的，要不然谁知道他会画画呢？所以那是第一次发现黄专还有这方面的才能和爱好。

*方立华：*您还记得当时画的是什么样的画面吗？

*马昌海：*画的是陈胜、吴广起义的地点安徽宿县大泽乡，是一片低洼湖泊，上面有一面旗帜写着“陈胜王”。这有可能不是他的原创，因为当时也有这方面的图片。我好像见过这个题材的油画，不知道是谁画的，画的就是大泽乡“揭竿而起”的农民起义。

当年排演《陈胜王》的大食堂内景，背后就是黄专画的幕布（图片由季小俊提供）

*范白丁：*有可能，这个题材以前肯定有人画过。

*马昌海：*对，黄专当时有可能是临摹，他把画面里的人物去掉，留下了低洼湖泊作舞台背景。当时我还上台表演敲锣。那是我这辈子第一次化妆，那个文艺宣传队队长李长弓，给我的脸上抹了腮红，描眉毛和胡子。我们没有表演服装，就穿着中式的衣服，弄了根绳子往腰上一系。话剧演出挺轰动的。当时在京山分院只有三个系，中文系、历史系和政教系，总共400多人，还是挺热闹的。那时候的生活真的很苦，整天就吃萝卜青菜，没有油水，每天上午第三节课还未上完，就会因体内血糖的降低而发慌，手发抖无法做笔记，注意力不集中，加上因看夜书而睡眠不足，上课时常昏昏沉沉的。

*方立华：*之前提到陈卫星老师特别喜欢看电影，当时学校是不是也引进了很多电影？您和黄老师也会跑去看吗？

*马昌海：*第一次看外国电影就是在那个年代，看了很多。

*范白丁：*是在露天看的还是去电影院看的？

马昌海: 自己也到电影院看，就在华师大门旁边的街道口洪山影院。每个礼拜六晚上，学校肯定是会放露天电影的，有时候还放两场。

方立华: 放的是什么样的片子?

马昌海: 放的就是正式发行的片子，比如《牧马人》和《黑三角》，学校放的绝对是这样的片子。还放过一些日本片子，《望乡》《追捕》，美国电影《未来世界》等。另外就是各个系放的教学片，比如中文系放《安娜·卡列尼娜》《战争与和平》《悲惨世界》《巴黎圣母院》，教育系放马卡连柯的《教育诗》，我们也会去看。我们系放的是历史片，比如《血战大西洋》《中途岛》《阿拉曼战役》以及苏联的战争片，如《夏伯阳》《柯楚别依》《丹娘》《解放》《攻克柏林》，等等。外语系放的原声片，尽管听不懂，但也常常会去看，如《红菱艳》等。放教学片是没有限制时间的，不一定是在礼拜六，只要片子调来了当晚就会放，谁愿意看谁就去看，反正是一个露天电影场。我们更喜欢看教学片，基本上都是外国影片。另外只要听说有什么新影片上映了，我们也会去影院看，但不是经常去，还是怕耽误学业。

方立华: 当时电影票贵吗?

马昌海: 不贵，五毛钱。我上大学是带工资的，一个月有 37.4 元。多数同学虽然不带工资上学，但是师范大学有一个好处就是有助学金，一个月发 17 元。很多同学最羡慕我的一点就是，买书时不需要再三考虑，看到喜欢的就买下。他们看到新书以后还得盘算，这本书能不能从图书馆借到，如果能借到的话就不买了。黄专拿来那么一本昂贵的精美画册，估计很贵，得十几块钱吧，也不知道他怎么搞来的。那本画册里边有法国印象派和现实主义艺术家的作品，比如莫奈和米勒。所以我翻看时无意间用手指甲划伤了画册他就很生气。他说：“你看你，你看你……”我说，“怎么了？”他指着

画册说，“你看看！”

范白丁： 他用武汉话说的吧？

马昌海： 对，我说普通话。

范白丁： 黄老师后来研究美术史，他特别强调考据或者小学的功夫，这是不是受张舜徽老师的影响？

马昌海： 这是普遍性的。我们有一门课叫“中国古代文献选编”，从《尚书》《诗经》到《史记》《汉书》《后汉书》《三国志》……要求大家最好都能找来看看，结果我们跑到图书馆一看，《史记》全都被借走了，可见那时候学生的学习热情有多高。再往下一直看到梁启超和章太炎那些人的著作，这是作为史学专业学生的基本训练。

不管是黄专还是赖益民、陈卫星，虽然他们后来不是做纯史学研究，但这种史学的基本训练对他们还是有很大影响的，他们可能受西方文化的影响也不小。当然，赖益民、陈卫星后来出国留学了，他们是直接感受到了西方文化的；我觉得黄专也是受到西方文化影响的，但他骨子里还是一个儒生，可能在形式上，他还是“中体西用”。

范白丁： 其实他在家里读的书基本上还是一些古文。

马昌海： 中国传统文化对我们这代人的影响还是很大的。

范白丁： 你们当时看的书是和专业有关的，还是别的？

马昌海： 我们什么书都看。当时学校的图书馆和教室都座位不足，很多人基本上是在

1979 年春天，在湖北京山乡间春游（图片由陈宣红提供）

1979 年春天，在湖北京山乡间春游，左起：黄专、孟棣、王文华、唐刚卯、张京、李林（图片由唐刚卯提供）

宿舍里自习，很容易相互干扰和影响，陈卫星还让我买了一个工业防震耳塞，但塞进去以后还是有声音，不大管用。那个耳塞要到北京前门外的一个特别小的劳保用品商店才能买到。

范白丁： 那只能坐在床上看书吧？

马昌海： 我们每人都有一张有盖的课桌，盖子掀起来里面可以放书，然后有一个合页锁。每个人都有一张这样的桌子，一个宿舍有四张床，上下铺，桌子就在床边。

范白丁： 宿舍房间有多大呢？

马昌海： 大概 18 平方米吧，我们住的是 50 年代大屋顶的老房子。

方立华： 四张床不是可以住八个人吗？你们是六个人一间宿舍？

马昌海： 是的，还有两张床放箱子。

范白丁： 平时除了上课以外，你们在校外还有没有什么别的活动？

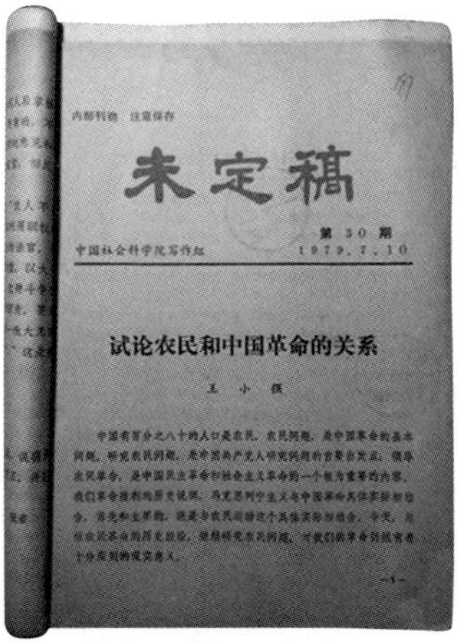

《未定稿》第 30 期，1979 年

《病夫治国》，皮埃尔·阿考斯、皮埃尔·朗契尼克著，新华出版社，1981 年 7 月第 1 版

*马昌海：*有春游和秋游，我们到东湖去了两次。80 年代初开始讨论异化问题的时候，我们就跑去参加武汉大学哲学系学生组织的活动，听他们讨论异化问题。

我还有一个小优势，寒暑假回北京的时候，能看到《未定稿》，这是当年中国社科院出的一本半公开的刊物，里面有很多最前沿的观点，一些文章都是在那上面先登，然后才正式发表，或者有的就不发表。因为我妈妈在高校的图书馆工作，能够以图书馆的名义订阅。我带回华师以后，大家也都抢着传阅。那本内部刊物对我们的影响不亚于讲座，因为它比讲座更系统。另外，各高校的图书馆还有内部的购书证，可以到内部书店去买书。后来连教第二次世界大战史的高明振老师都找我借《病夫治国》。这本书的作者是瑞士的医学博士皮埃尔·朗契尼克（Pierre Rentchnick）和法国记者皮埃尔·阿考斯（Pierre Accoce），他们合写了这本传记专著。从医学、生理学、心理学等角度探索了 20 世纪具有世界影响的政治领袖们丰富的个性世界与政治生活。书里列举了很多例子，包括斯大林和罗斯福、丘吉尔、戴高乐、艾森豪威尔、希特勒，等等。这些叱咤风云的历史人物都患有不同程度的疾病，甚至是不治之症。病人在做决断的时候，他们在生理上和心理上的作用对历史进程有巨大的影响。我们拿到这样的书就感觉耳目一新，这些观点对我们这代人也就产生了一定影响。

*方立华：*黄老师也看了《病夫治国》这本书吗？

*马昌海：*看了。我从北京带回来了一批书，《病夫治国》只是其中的一本。80 年代我们看了一批内部出版的书，包括“黄皮书”和“灰皮书”“白皮书”。

方立华：《病夫治国》这本书确实很有意思，他们不只是从医学的角度，而且从社会学和心理学的角度切入分析。如果黄老师看了这本书的话，我想对他的启发应该也挺大。

*马昌海：*我拿回来的书他肯定是看了。

*方立华：*能否具体谈谈您刚刚提到的《未定稿》刊物，都是什么样的内容？

*马昌海：*这本刊物基本上是每周都出，刊登一两篇最前沿、最敏感的文章，内容涉及哲学、经济学、社会学、史学、文学、美学、艺术理论、心理学、教育学等人文社会科学领域，写文章的人都是我们国家的优秀学者或者新锐人物。

*方立华：*谁主编这份刊物的呢？

*马昌海：*1977 年成立的中国社会科学院有一个写作组，编辑出版《未定稿》。由李凌负责，他和两位返京的知青王小强、王小鲁共同编辑，到 1982 年这四年多的时间里，《未定稿》共出版 195 期，发表文章 300 多篇文章。李凌和王小强、王小鲁离开后就由其他人续办了。

中国社会科学院办的权威性杂志，比如《中国社会科学》；历史研究所办的《历史研究》，哲学研究所办的《哲学研究》，经济研究所办的《经济研究》，法学研究所办的《法学研究》，民族研究所办的《民族研究》，这些全国顶尖的杂志收到的那些不便于公开发表的稿子，就刊登在这份《未定稿》上。我们学历史的不能只看历史学方面的文章，所以我后来也锻炼出来了，涉及法学、经济学、社会学的东西我也看，我开始都看不懂，觉得很费劲，但是后来也慢慢地习惯了，这其实就和早年接触的这份内部刊物有关系。比如美学家高尔泰写的《异化现象近观》，这是我当年看到的对异化问题阐述得最明白的一篇文章。北京大学林毅夫手下的经济学家周其仁，当时还是 77 级的学生，就著文《两种"小生产"不能混为一谈》说：中国的小生产和俄罗斯的小生产不是一回事，俄国的小农经济可以自发地产生资本主义，而中国这种自给自足的小生产就不可能演变为资本主义经济。他说得清清楚楚。

方立华：黄老师也看过这些内部刊物了吗？

马昌海：看了，他是近水楼台啊，他会主动问我："老马，带什么书回来没有？"我们宿舍的人肯定先看了，然后其他宿舍的人听说以后，也跑来要。我记得有个同学把某篇好文章都抄下来了。王小强在《未定稿》刊登了一篇《农业社会主义批判》（后来正式发表在《农业经济问题》1980 年第二期杂志上），这是我看到的第一篇把毛泽东搞的社会主义说成是农业社会主义、太平天国式的平均主义的文章。看了令人目瞪口呆，有振聋发聩之效（有人转述过胡乔木的私下谈话，但出处记不清了：毛泽东搞的不是科学社会主义，而是农业社会主义，但没有看到其展开具体论述）。后来，中共党史研究室主任、中国社会科学院胡绳院长也撰文《毛泽东的新民主主义论再评价》（《中共党史研究》1999 年第三期），谈到毛泽东受民粹主义（农业社会主义）影响的问题，还引发了一场争论。

再如，《未定稿》刊载过中国现代思想解放的先驱者顾准的一篇读书笔记《资本的原始积累和资本主义发展》，其中提到毛泽东说，如果没有帝国主义的侵略，中国也会自发地进入资本主义社会，这种说法无异于梦呓！当时我们刚刚从个人迷信的愚昧封闭中走出来，那些半公开内部刊载的文章比讲座对我们的影响似乎更大。

范白丁： 后来毕业分配的时候，黄老师被分到湖北郧阳师专，他自己心里是不是很介意这件事情？

马昌海： 那当然啦！他的反应比我激烈多了。我分配到河北涿县以后收到过黄专的一封信，他给我列了一个调查提纲，一共写了八九条，准备上告，这是他曾经打算做的一件事。我相信不会只是我一个人收到那封信，他肯定是发了很多。信是用毛笔写的。他认为是系主任吴某某（现已痴呆）害了他，无缘无故把他搞到那个地方干什么？而且还不是针对他一个人，是针对整个78级的群体。与黄专同年且关系非常好的彭中一同学，有一次对我说，黄专曾经对他说过："我们那个辅导员李某某，应该像法国大革命时一样吊在华师的路灯杆上……"激愤之情，溢于言表！王文华和黄专一起分配到郧阳共事三年，应该对他毕业以后的心态比较清楚。

在传统计划体制下，在完全剥夺了学生的知情权和相对自由选择权利的前提下，实行封闭式的暗箱操作，甚至以某些掌权者的好恶来决定一个学生的毕业去向，既不人道也不合理，更谈不上公平透明和公正，使许多人成为这种体制的牺牲品和受害者。如果碰上执掌分配权力的某些人心术不正，就更加大了这种体制的弊端。对人的伤害之深，足以延续多年，多多少少影响了许多同学的命运选择。

1985年，黄专考上湖北艺术学院的研究生，我也去了北京服装学院任教。黄专有一次到北京来开会，我赶到会场去找他，里边全是美术史专家或美术评论家和艺术家。从他的住处出来，我们坐在故宫筒子河的宽大堤坝上聊天。他说："我当年去郧阳以后心里整天就在想，应该怎么去收拾那些主持分配的人，先搞哪个，再搞哪个，如何搞……”他说，“后来我把这种心态说给一位心理学家听，他说这是典型的犯罪心理！”虽说那只是一时的激愤，等到他开始读研后，这事也就过去了。毕业分配让黄专和我们更深刻地认清了这个社会中的某些本质性的东西，更深刻地看到了人性中丑的那一面。因为那纯粹就是整人嘛，这对我们以后对整个社会和人性的认知，肯定是会有影响的。所以，黄专在后来的事业中更追求真善美，这是我对他的理解。

1999 年，我们四个同学曾经在北京彻夜长谈，黄专和我、香港科技大学的林益民以及借调到中共中央办公厅的李长弓。我拿出 1998 年拍摄的 78 级同学相识 20 周年聚会的照片给他们看，他们三个人都没参加。黄专说：“华师只有王瑞明老师一个好人。”黄专评述宋朝书画理论家米芾的毕业论文就是请王瑞明老师审阅的，宋史专家王老师非常诚恳地说，“我看不懂，就文章清晰的逻辑关系和流畅文笔来看，我给你个‘优’吧”。黄专还当面问我：“我是至死也不回华师的，你们聚会时见到了系主任、辅导员等人，为什么不臭骂一通？”在 1999 年提起这件事情的时候，他还是愤愤不平，说明在他心里头肯定是有过创伤的。

陈卫星几次对我说：“老马，算了吧，别提这些事了，大路朝天，各走半边，你干你的事吧！”黄专比我放得开，我是最放不开的那个人。

*范白丁：*黄老师的遗书里面，也提到他看到了一些丑恶……

*马昌海：*他说了“宽恕”。

*方立华：*他说他一生没有敌人。

*马昌海：*对，没有敌人，金蝉脱壳！

曾任深圳市教育局副局长的李长弓说：“虽然我跟黄专曾住在一个宿舍里，交流却并不多，但他的正直人品和才华是一目了然的。一次，我受命与黄专一起参加黑板报比赛，他画报头和插图，我板书，两个人都不多说话，默默干活。最后得了一等奖，此情此景终身难忘！”

*范白丁：*他那次跑北京看展览是什么时候？

*马昌海：*1982年底，刚刚大学毕业不久，北京展览馆展出文艺复兴时期的经典画作。这些原作能从法国罗浮宫运到中国来很不容易，所以他特地跑来看。我记得是冬天，排长队。

*方立华：*黄老师在他的一篇文章中提到，1980年他在念大二的时候去北京度假，偶然在中国美术馆看到了一个“星星画展”。他这次看展的经历您了解吗？

*马昌海：*我知道，他回来以后跟我说还去了山海关。

*方立华：*回来之后有谈他看了这个展览的想法吗？

*马昌海：*没有，我们都是外行。好像是被说成是中国当代艺术的开端。但美术家艾未未，朦胧诗人北岛，作家钟阿城、芒克，这些名字，我还是知道的。

*方立华：*他平常都不跟你们谈艺术方面的事情？

*马昌海：*不讲。我还问过他，印象派是怎么回事，为什么还有后印象派，还有野兽派？黄专说：“老马，这三言两语说不清楚。”

*蒋涛：*黄老师会在宿舍里画画吗？

马昌海: 我倒是见过他画水彩画，好像是在一个教室里头，在那里一站就是半天。我忘了他是给谁画了。

蒋涛: 平常不怎么画?

马昌海: 他平常不画，我记得毕业的时候好像送过谁画了。

我们住在一个宿舍，我睡下铺，李长弓睡上铺，斜对面是黄专睡下铺，陈卫星单独一个人睡在门口那边的上铺，他的下铺放了很多箱子。

我还有一个优点，我当过工人，我就帮他们装床头灯，从走廊拉一根电线过来，因为辅导员一到晚上十点半就拉闸了，整栋宿舍除了楼道以外全黑了，然后我们的宿舍小灯就一个个亮起来，那都是我的杰作。那个时候的钨丝灯泡用硬纸板罩着，过了一段时间，硬纸板就被烤煳了，然后再换一个……想起来，当年有些事情是挺有意思的。

方立华: 他当时给您写的信还保留着吗?

马昌海: 那太遥远了，应该找不到了。我印象很深的是他用毛笔写的，字有大有小。用毛笔写字，这也是中国文人的一种习惯吧。

方立华: 他读研这段时间跟你们的交往是不是比较少了?

马昌海: 是的。他来北京也找过我，我们还一起去找过在外交部亚洲司工作的罗照辉同学，小罗现在是中国驻印度大使，也是事业有成。十几年前，黄专在北京人民医院接受他姐姐的骨髓移植以后，和他太太在北京租房养病，适逢彭中一、荐志刚同学来

北京，陈卫星和我，一共四个同学，还去看过他。

我记得有一次黄专来京开会，与他同房间的有一位沈阳鲁迅美术学院的画家，他说："我出了两本连环画，这两年家用的钱没问题了，然后可以安心搞创作了。"我当时就想，这些画家和评论家也要挣点钱，也要养家糊口。我有时候跟黄专也有"隔行如隔山"的感觉。唉，可惜了，还不到60岁……

*方立华：*不过，他已经做了很多他想做的事情了！

*马昌海：*对，而且做成了！他从那么艰苦的年代一步一步地走过来。有点遗憾的是他没留下一个孩子。我们是同学，但我们也是君子之交，道义之交，在精神上能够产生共鸣的朋友。所以想起了黄专还是很难过，少了一个精神上能够相容和交流的好同学。

理想的守护者

受访人：严善錞（深圳画院研究员）、邵宏（广州美术学院艺术史教授）
采访人：郭伟其、方立华
时间：2017年1月11日　地点：深圳

*方立华：*范景中老师提到你们曾经在一起谈论过瓦尔堡图书馆的事情，当时的讨论可能也代表了你们那一代人的一些共同的理想。后来黄老师依照自己的方法论形成了一套图书馆计划，希望把这个理想付诸实践。能否先聊一聊这个背景？你们当时到底是怎么讨论以及怎么考虑的？

*严善錞：*我是1984年至1985年帮范老师编《新美术》和《美术译丛》，我向范老师介绍了阮璞先生和黄专的情况。范老师非常敬重阮先生，也非常期待与黄专见面聊聊，希望大家能在一起做些美术史方面的研究工作。不久，邵宏和黄老师也就去了杭州，和范老师一起聊起这个事情，当时还有杨思梁和徐一维。范老师一直有一个理想：我们自己也有个瓦尔堡那样专业的美术图书馆，好好地做研究，把美术史变成一个人文学科。大概是在松江的董其昌国际学术研讨会以前，浙江摄影出版社的社长盛二龙老师请我们去杭州的新新饭店开会，在会上，邵宏讲我们一定要建立一个自己的"瓦尔堡"。

*邵宏：*应该是在1988年，当时我就是在会议上瞎说的吧，我说我们应该有能力搞一个类似于瓦尔堡图书馆。说了以后我就回来裱画，争取多赚点儿钱。

*方立华：*能否谈一谈这个会议的背景？

《新美术》，1984 年第 4 期

《美术译丛》，1984 年第 2 期

邵宏: 当时浙江摄影出版社出了一套贡布里希的书，包括《艺术与错觉》和《秩序感》。

郭伟其: 这几套书出来之后你们才开始讨论瓦尔堡，之前有没有相关的讨论？

邵宏: 之前我们只是在下面调侃，因为没有钱，也没有见到有什么“金主”。我们当时是把盛二龙当作“金主”，因为他有想法，也有钱。当时在大陆出版那些书是很不容易的。

严善錞: 瓦尔堡的事情有点像乌托邦一样，大家就是谈，是一个理想，当时知道有这种可能性，但是好像成功的概率很低。当时也有些前卫画家说，待他们的画卖好后，一定会来支持。

邵宏: 吕澎后来加入了。

严善錞: 我们四个人只要闲聊的时候，都会把它当谈资。吕澎说他要在海南的清水湾搞一个瓦尔堡，好像也就是十多年前的事，我印象很深。那时他经常电话里和我们描绘那里的环境。我说：“吕澎，你不要再许愿了，你给我白纸黑字地写上哪一年哪一天搞定就行，面积有多少。”他当时还真给我写过一个条子，好像是说 400 平方米的小楼两年内完成。我一直把它钉在我画室的墙壁上，黄老师每次看到后，就笑笑，吕老师自己看了也笑。

*方立华：*那就是2000年之后吗？

*邵宏：*我去海南还借了他的车，那是在2003年。差不多要开工了，但是后来没搞成，全部黄了。我在2003年还是2004年带着一个日本人去玩儿，找他借了一辆本田“奥德赛”。

*严善錞：*他当时有一个朋友在海南做房地产。其实只有黄专是把这件事当真的。我最佩服黄专的是他说过的事情，一定会惦记着要把这件事情弄成，弄不成的话，也要有一个交代。吕老师这个“瓦尔堡”算是烂尾了，但黄老师好像心里不甘。

*方立华：*你们想象的“瓦尔堡”是什么样的？

*严善錞：*有一个500平方米左右的房子，我们大家把书都拿出来放在里面。当然最好边上有几套小小的客房，可以住在那里做一些研究。吕澎的设计也基本上是这样的。

*邵宏：*从1994年开始，我还办过一个外文书店。当时潮汕的一个孩子是刘纲纪的学生，他有一次问我能不能帮他一个忙，他说中华商务公司有一大批书（以前中华商务的外文书店有很多书），他把这些书收回来了，没有人要。我说我没有本钱，他说：“没有问题，你到时候给我20万元。”那个时候20万元是很大的数，我居然在一个月内把他的书卖完了，还给他20万元。以后我就有本钱进书了，全进外文书。我后来又联合三联书店，在那里拿外文书，一直搞到1997年，我去读博士就关门了。那个书店就办在广美（广州美术学院）交流馆门口，而且我那个档口门面很小很小。其实我那个就是“瓦尔堡书店”。

*郭伟其：*你们在谈论瓦尔堡学院的时候只是模模糊糊地说是一个美术史派，一群人聚在一起研究美术史，还是真的已经认识到瓦尔堡是一个什么样的人，以及他的学术

体系是怎样的？

*严善錞：*我们不太懂，但是范老师很熟悉。我跟黄老师看了贡布里希的书就觉得他很厉害，因为他们有一个很开阔的人文科学的视野，如果用这样的方法来搞中国美术史，那是不得了的事情。所以，我们就一直有这样一个理想，要有一个这样的图书馆。邵宏是在那次现代摄影会议上正儿八经地作了演讲。那次会议和摄影没有什么关系，主要谈的是美术史。实际上瓦尔堡图书馆也要有赞助人，当时我们都期待着盛老师。

*邵宏：*当时是讨论已出版的贡布里希的书，相当于现在的"新书首发式"，主办方就是浙江摄影出版社，范老师就在那里签名送书。当时浙江摄影出版社这些书已经出版了四五本，其实可以转换成以瓦尔堡图书馆的模式慢慢地做。我们回来之后，黄专还一直惦记着，其实我们就是随便说说罢了。

我在刚刚读硕士的时候，我们图书馆也有《艺术与错觉》这本书，我当时拿着就想翻译，但是看了之后觉得太难了，我就想要不找找岭南美术出版社吧。岭南美术出版社当时有一个负责人叫梁鼎英，我们拿着这本书，然后到他家里说这本书很好。没多久，严善錞就把我带到杭州找老范，结果老范他们已经开工了，1988 年开始就陆陆续续出版了，到了 1989 年已经差不多出完。

*方立华：*黄老师参加这次会议了吗？

*严善錞：*当时黄老师有没有去我记不得了，有可能没有去。我们平时也会在一起聊天，基本上是在 1988 年和 1989 年前后谈得比较多：一是希望有一个"金主"帮助我们做事情；二是想用这样的方式做中国美术史的研究。

*邵宏：*那个时候范景中、杨思梁和徐一维都非常投入，而且他们是系统性地进行

翻译，按照一个系列慢慢地把经典翻译出来。因为当时有很多人不懂外语，他们就可以利用这个系统做研究。但是1990年范老师就生病了。

*郭伟其：*黄老师经常说起差不多会议前后您几位有一个分工，可否从您的角度来谈谈当时是怎样分工的？

*邵宏：*那是范老师说的。

*严善錞：*有点儿开玩笑性质。我当时写禅宗，对这方面比较感兴趣，所以让我搞玄学；邵宏是搞小学，黄老师搞笔记小说，杨小彦不知道搞什么……

*邵宏：*杨小彦就是搞摄影。

*郭伟其：*严老师和黄老师合作写的《文人画的趣味、图式与价值》，黄老师也谈了几次说当时是直接受贡布里希的影响，当时具体是怎么提出这三个概念的？

*严善錞：*我和黄老师在武汉的家住得很近，所以我经常会过去找他聊聊。黄老师也很认真，那个时候像《美术译丛》一到，我们都是一个字一个字地抠。"图式"这个词肯定是从贡布里希那儿来的，"趣味"也差不多，但是"价值"这个概念，还是和我们自己的传统比较接近，更确切地说，和当时的新儒家思想有关。

郭伟其："图式"这个词提出来是专门用来对抗风格的吗？

*严善錞：*这个词用在中国美术史，尤其是文人画的研究中，确实是有点探索意义的。范老师是比较肯定的，但也有一些老师是有点存疑。记得1998年，薛永年老师来参加"深圳国际水墨画双年展"研讨会的时候，他还非常认真地提到西方的图式和中国

的程式这两个概念在研究中国美术史中的问题。我也作了自己的解释，我说，图式主要是与对象的一个匹配和调整的关系，程式是形式自身的发展和演绎。我觉得薛老师基本上是认可的。对于风格这个概念来说，我觉得图式显然是一个更具有操作意义的概念，我们可以更为具体地去研究或者说描绘一个艺术家的创作乃至学习过程，它是一个更加接近画面自身的概念。风格这个概念在当时的"美学热"中，有点显得大而无当，好像什么人都能来谈，却又不知道在谈什么。当然，如果我们再回过头去看看西方美术史家关于风格研究的书，也就会觉得它是一个很实在的概念，一点不虚。而我们当时一些谈风格的人，用的都是一些文学上的词汇，与绘画没什么关系。

范老师也说过几次想要我们重出这本书，当时我们有一个想法就是把我们使用的这些概念稍微梳理一下。黄老师先写的是"董巨逸轨"，其实谈的就是图式问题。实际上当时的中国山水画发展到五代至宋之间的时候，就涉及一个图式和一个自然匹配的问题。到了元以后开始有点儿"程式"的概念，"图式"的意味显然就削弱了，因为那个时候的画风不再注重与自然的矫正关系了，至少从直观上看是这样。其实这个问题我们过去也在谈，但我们是用苏联那套理论在教条地谈，苏联的反映论，基本上是"白板论"，所以谈到中国画与自然的关系，就觉得非常生硬，非常简单。当我们看到"图式"的概念就觉得特别好，因为它涉及上下文，有历史感。当然，这个问题一扯就扯远了，它涉及认识论的问题，涉及心理学的问题。

郭伟其："趣味"这个概念明显是用来对抗时代风格和时代潮流的。

*严善錞：*主要是时代精神。

*郭伟其：*当时"时代精神"的概念对你们产生了什么样的影响？

《理想与偶像》，贡布里希著，上海人民美术出版社，1989年7月第1版

*邵宏：*我是1984年来到广美的，当时我就把图书馆著录全部翻了一遍，图书馆的外文书全部都是由我来订，他们不会用英文著录，我就把它翻译成中文。我那时就找到《理想与偶像》这本书，然后把《为多元论辩护》翻译出来，这就是专门批判时代精神的文章。当时发表在1986年第3期的《美术思潮》上。后来，我按照贡布里希的说法学美术史，在这个过程当中，我自己感觉进入的是另外一个天地。在那以后我才跟你一起去找老范，谁知道老范对贡布里希非常熟悉，就这样对接上了。

我们当时就想找一个对手，所以就找到李泽厚。李泽厚这个人很不错，他看过我们批判他的文章，他说"这才是真正做事的人"。现在他已经80多岁了，写文章还有那样的胸怀，而且他后面也完全回避了我们批判的那些东西，不再谈了。如果没有贡布里希，我们可能还要在黑暗中摸索好长时间。

*严善錞：*确实变了一个世界。

*邵宏：*我后来发现《理想与偶像》这一篇是曹意强翻译的。1986年老范说："我用了你们翻译的一个词，叫'探针'，'批判的探针'用得太好了！"因为我想起以前下农村在棉产区，棉花是怕高温的，仓库里面要拿很长的一个叉子，叉进去然后拿出来看看温度合不合适。我就想那就是"探针"，跟探体温差不多，所以我用了这个词。

*郭伟其：*黄老师怎样在这种问题上开始跟你们聊起？

*邵宏：*他就是看《美术译丛》。黄专跟别人不一样，他看书很细，那种翻译的书都很难读的，一般大家只是看看大意就完了。

*严善錞：*当时《美术译丛》刚刚出来的时候，我跟黄老师就像读《圣经》一样。我到武汉印象最深的有两件事情：第一件事是听阮璞先生的课，我发现原来美术史应该这样去理解。第二件事是我跟黄老师整天看《美术译丛》，篇篇都是精读。但读起来确实很辛苦，比我们读商务印书馆出的汉译西方哲学名著还辛苦。一方面我们不知道是理解还是翻译上的问题，确实感觉有点儿生涩；另一方面里面涉及的知识点太多，我们都不熟悉。

*邵宏：*这里面有一个插曲。我翻译的《为多元论辩护》在 1985 年寄给了《美术思潮》，当时我最崇拜张志扬，他是搞哲学的。张志扬看了说："对高深的人低了，对低的人又高了，不上不下。"后来杨小彦写了一篇《〈为多元论辩护〉读后感》。杨小彦本科也不是学美术史的，但是他有一些基本的知识，贡布里希的文章一看就知道了，这跟以前我们的概念完全是两回事，他看了也有触动。说实话，贡布里希的那篇文章不难译，类似于《大字报》似的。当时《美术思潮》也给了几个人审稿，反馈回来都不喜欢。而且湖北还有一个怪现象，他们很反感我们提贡布里希，为什么？因为贡布里希上去了，过去的语言系统就变掉了。如果要面对贡布里希的话，以前的知识就全部崩溃了，因为没有办法对话，这太厉害了，厉害到他们没有办法接受。我想我们真正的转变就是在 1984 年和 1985 年。

*严善錞：*因为黄老师是搞历史出身的，所以他很容易接受这些东西。

邵宏: 黄专那个时候把我和杨小彦叫作“批判的艺术史研究”，因为我们连着写了几篇批判文章。

郭伟其: 接触贡布里希之后是不是很多概念就没法谈了？因为知识不确定了，关于什么是艺术，什么是美，是不是一下子就没有办法聊了？

邵宏: 我们原来是先学美学，但是李泽厚是把美学和美术史混在一起。其实李泽厚自己是清楚的，他专门写过《美学的研究对象与范围》，在《美学》上发表的。由于我没有系统的知识，我刚看到的时候觉得美学就是美术史，因为他写的《美的历程》是中国美术史的文学性阐述。那个书太火了，在武汉大学周边，50 000 册一下子就卖光了。当时我拿的是手抄本，我找人家借来一本。我自己的感觉这就是美术史，所以美术史跟“美”这个字是永远连在一起的，等你发现贡布里希不谈美的时候，才发现原来我们搞错了。但像我们这一辈人，仍然有很多人认定美和美术史、美学是一体的，当时也有过讨论。

方立华: 波普尔（Karl Popper）的出现给你们带来什么样的影响呢？

邵宏: 波普尔的出现最早是《历史决定论的贫困》，那本书很过瘾，他从柏拉图开始一直批到马克思，我们那辈人看到批马克思是很激动的。我很早就参加工作，当时每天都要进行政治学习，《反杜林论》和《自然辩证法》这些我全读过，那时我才十几岁，所以我对马克思有着无限的崇拜和无限的敬仰，为什么？因为我那个时候还小，凡是看不懂的就觉得是很好的。而且我喜欢看后面的索引，原来在剧团的时候有一个比我大的兄弟，他看了《马恩选集》，后来送给我了，我们最喜欢看后面的古希腊神话。我们小时候玩过一个游戏，就是相互之间比，看能够背出来的外国人名最长的是谁。后来看到波普尔才发现，原来在那个思想领域还有另外一种声音，这是很有趣的。

《历史决定论的贫困》，卡尔·波普尔著，华夏出版社，1987 年 7 月第 1 版

严善錞：当时我们主要是看《美术译丛》，黄老师是很认真的，而且他看后转化过来比我们要更容易一点，因为他搞的是史学。

郭伟其：最开始是什么时候翻译波普尔著作的？

严善錞：波普尔最早是出现在《哲学译丛》。

邵宏：当时邓小平的儿子邓朴方在残疾人协会，残疾人协会下面有一个出版社就把波普尔的书翻译出来。当时一般人都不敢出波普尔的书，因为搞哲学的人都知道波普尔就是反马克思的，怎么能够让他的书出版呢？范老师从来没有在《美术译丛》上刊发他的文章，但是私下他是特别喜欢的，而且他可能是在"文革"期间看到了波普尔的书，他后来讲到原来的《西方现代资产阶级哲学论著选辑》里边有一篇波普尔的文章。

方立华：黄老师在 1989 年写过一篇文章叫《关于中国现代美术的两难》，里面就引用了波普尔的理论。

邵宏：1987 年和 1988 年的时候他最喜欢跟我谈的是《历史决定论的贫困》。他是认认真真地喜欢波普尔，也读了波普尔的书，我没有读过。

严善錞：波普尔的文章出来对我们颠覆很大，另外就是周扬的《论马克思主义是一种

人道主义》，它们都对当时的思想界影响很大。

邵宏: 比较敏感的人都知道波普尔真正打开的话，从前的唯物史观的话语体系全部都崩溃了，那样一搞就完了，比如时代精神、绝对精神的整个体系。

郭伟其: “世界 3”这个概念，你们是在什么时候接触到的？

严善錞: 我印象中应该是在《哲学研究》上。当时到武汉就订了两本杂志，一本是《哲学研究》，一本是《哲学译丛》。大概是在 1982 年开始接触到“世界 3”的概念。

郭伟其: 显然“世界 3”这个概念对黄老师影响太大了。

严善錞: 因为我们从小说的就是按波普尔讲的“世界 1”和“世界 2”，也就是“物质性”和“精神性”，我们没有想到符号性和概念性的“世界 3”，不会把语言系统、思想作为一个独立的世界。对于我们来说这个概念很新。

邵宏: 这个概念得益于张志扬帮我们解释。因为有一段时间，差不多在世界范围的哲学界都在讨论这个问题，我们和张志扬比较熟，所以经常找他聊天。那应该是在 1983 年，因为 1984 年我就离开了。

郭伟其: 但是好像你们长期没有使用这个概念，直到两年前黄老师在 OCAT 研究中心办的刊物就叫《世界 3》，当时这本刊物的命名有没有跟你们讨论？

严善錞: 黄老师比较喜欢这个概念。

邵宏: 他写的创刊词给我看了。我一看，就是以前我们讨论过的问题。他的心态很年轻，还喜欢这个概念。

郭伟其: 我们知道，除了上面谈到的之外，黄老师还受到另一个学术传统的影响，他是阮璞先生的学生。阮先生在黄老师的学术生涯中是一个什么样的角色呢？

邵宏: 阮先生非常清晰地知道自己的领地在哪里。阮先生到敦煌考察的时候，迟轲作为“小年轻”帮他们鞍前马后地张罗，因为迟轲比阮先生小几岁。迟老师跟我讲过，他说阮先生挺有趣的，他没事就写诗，刚坐上火车一下子诗兴大发就会写。应该是1980年的时候，阮先生和迟老师他们大概有通信，阮先生说：“迟轲先生现在对美学感兴趣，我也喜欢美学。”但是他喜欢的美学是马采的“艺术学”的概念，那里面是用美术史的事例校正美学观，那是德国艺术学的传统，也是从费德勒（Konrad Fiedler）那个传统过来的。阮先生有这种训练，而迟老师没有。阮先生有一个好处就是他心中没有权威。

郭伟其: 当时你们大家都有去听他的课吧？

邵宏: 我们有时候过去串一串。那个时候还没有黄专，前面实际上他是带着罗世平上课，罗世平跟邵大箴在央美（中央美术学院）帮忙编过《世界美术》，回来以后就在学校里面做老师。

严善錞: 当时开什么课呢？

邵宏: 美术史。那个时候阮先生是中国美术史、外国美术史、美学都讲。

严善錞: 我后来去的时候主要是听他讲画论。

邵宏: 他后来开始专业化了。

*郭伟其：*在黄老师师从阮先生之前，你们已经开始跟阮先生有所接触了？

*邵宏：*他就住在我们那里，我们那个大院里全是这种牛人。“小年轻”过去听课，他也挺开心的，我们一敲门就进去了。

*严善錞：*阮先生的课是蛮有意思的，影响了一拨人。他给黄老师开的课是最认真的。

*郭伟其：*当时上课的情况是什么样的？

*严善錞：*正好他们学院招了几个研究生，黄老师是学美术史的，其他几个是学绘画的。因为阮先生要给黄老师开美术史课，他的意思是其他研究生就一起来听。那个时候李松都去听，皮老师也去听，我们都记了笔记，据说皮老师是记得最认真的。

*邵宏：*黄专还把他的笔记寄给了我，后来我还给他了，是一个蓝色的笔记本。

*严善錞：*当时有几套丛书的出版很重要，于安澜的《画史丛书》和《画论丛刊》，黄宾虹、邓实的《美术丛书》，阮先生的课等于是给这些书做了导览，并指出了其中的优劣。我印象就是在一个小教室，我们有六七个人。阮先生很认真，他从头到尾全是板书，所以我们记笔记都很方便，基本上就是直接抄板书就完了。他几乎从头讲到尾，也没有什么提问，我们根本说不了。阮先生身体好，他从9点钟开始一直讲到中午12点钟，好像也没有什么课间休息，最多休息五分钟，方便一下。还好我们只听了五六次，再听下去肯定受不了。

*郭伟其：*黄老师写文同的时候呢？还完全没有接触过阮先生吗？

*严善錞：*没有。其实现在看他写的文同，基本上还是搞历史的人的写法。我当时看他写的文章也觉得很新鲜，因为我们画画的人肯定不会这样写，也写不到那个水平，当

时搞美术史出来的人最多也就是写到像上海人民美术出版社出的一套《中国画家丛书》那样的水平，很难作为论文去写。搞史学出来的人写美术文章就是不一样，我们当时最崇拜的就是郭沫若和高二适的“兰亭论辩”。黄老师从史学的角度来写，他这个路数阮先生肯定很喜欢。

邵宏: 那是他本科毕业论文。我是从《美术理论文稿》看到他的名字的，我看了那篇文章之后就对他有无限的崇拜和敬仰。但是我们是到了 1985 年才通过严老师认识的，因为 1985 年我回武汉。我第一次和黄专见面是在武汉的水果湖省政府招待所，我跟杨小彦住在那里。那是一个冬天，黄专骑着单车来了。黄专注意力是很集中的，他那个时候有一个新概念叫“地平线”。当时好像是美国哲学里提出来的“知识地平线”。我当时就坐在黄专对面，我们正在讲如何吃“龙虎斗”（我刚到广东的时候对广东的食物无限崇拜），我正在讲广东的蛇怎么好吃，结果他跟我讲“地平线”，这完全是错位的……我就想他怎么这么执着！

那段时间形成了那种氛围，只要我回武汉，彭德、祝斌、黄专、鲁虹、严善錞，我们几个就会聚在那里胡吹，谈累了，我们就找一个地方随便睡一觉，第二天继续，因为那个时候闲嘛。

郭伟其: 黄老师有没有跟你们聊过他是怎么样注意到文同的？

严善錞: 他自己原来对美术也感兴趣。另外，他们华师（华中师范大学）有一个老师是专门搞宋史的，他写这篇文章也许跟这个老师有关系。

郭伟其: 张舜徽好像也是黄老师特别敬仰的一位老师。

严善錞: 张舜徽是一位老先生，但也给黄老师他们这样的本科生开课。现在说起来

已经很神话了。

*郭伟其：*像张舜徽先生的课，你们也都听过吗？

*邵宏：*我是1975年进了那个大院子里的。张舜徽就住在澡堂子那里，他的老婆没文化，是一个文盲。张舜徽会英文，我们就去找他，那时候因为要高考了，我们就去找他讲《古文观止》，因为高考有古文，以前没有古文的课本，只有《古文观止》。他摇头晃脑给我们讲一讲，有时候还讲两句英语。

*郭伟其：*因为我一直在想黄老师后来对文献的坚持……

*邵宏：*那是华师本身的传统。

*严善錞：*深圳市教育局副局长李长弓是黄老师的大学同学。有一次我们在大运会期间做项目，我们聊起来，他说他是华师历史系毕业的，我说我有一个朋友是华师的，他说谁呀？我说黄专。他说黄专和他在一个宿舍，他跟黄专很熟。后来他读了张舜徽的研究生，黄老师也经常跟我讲起他，讲起他是如何为张先生做资料工作的。

*郭伟其：*当时阮先生带着黄老师下乡的经历是怎样的呢？

*严善錞：*他们就两个人走，我只是知道黄老师每次去都蛮辛苦的。对于黄老师来说，那两次出去也开了眼界。一是日夜陪伴左右，可以听阮先生讲，另外，阮先生还有很多师友，尤其是一些诗友，他都带着黄老师一起去见。黄老师跟我讲，阮先生身体好，和阮先生出行，他跟不上。

*郭伟其：*他上研究生之前自己说去到了山区的一个学校，具体是哪个学校？

邵宏：郧阳师专，靠近陕西，我去过那个地方，很远。

严善錞：我们77级的更惨，78级稍微好一点，像黄专这样已经很惨了，跟我们一样，都分配得很差。

郭伟其：那段经历他后来有没有跟你们聊过？

严善錞：他好像说在那边蛮苦的，所以他一定要回来。

邵宏：他有时候跟我聊过。我原来在剧团里，湖北所有的地方都跑过了。好像一起过去郧阳的有七个人，很苦，差不多到了吃不饱、穿不暖这种地步。在那个时候黄专好像还有一点点文学热情，经常还写一点诗什么的……

方立华：我看彭德老师的一篇回忆文章里提到黄老师对诗歌是比较反感的，他用了“蔑视诗歌”来描述他对诗歌的态度。

邵宏：那是后来调侃皮力，他说：“你这么大了还喜欢诗！”这证明他小时候也喜欢过。其实我印象当中他在郧阳师专的时候曾经写过诗，因为有一个很厉害的诗人王家新就是一起分到那边，他要是再不出来我估计就是一个“郁闷诗人”了……

严善錞：他当时写的文字是我们这些人当中最漂亮的。

郭伟其：他在文集的《自序》里边引用了王家新的一句诗。

方立华：“我就是那个被你征服了，但还在反抗着的人。”

严善錞：他偶尔也要弄点儿洋诗、新诗，他还是喜欢的。

《艺术世界中的思想与行动》，黄专著，北京大学出版社，2010 年 1 月第 1 版

邵宏: 我们那个时候都有这样的过程。那时候我们比较喜欢雪莱（Percy Bysshe Shelley）、惠特曼（Walt Whitman）。

严善錞: 黄老师也喜欢的，当时我买外国文学完全是因为黄老师的原因，我是一点都不喜欢。可能就是 1983 年，那个时候就是看些黑塞的小说，后来就看不下去了。

邵宏: 1980 年我就停止了所有的文学阅读，开始学英语了，因为学语言是要很投入的。我之前已经把能找到的小说全部看过。

方立华: 为什么你们当时那么热衷于学习英语，但是黄老师却不为之所动？

严善錞: 他学过的。

邵宏: 学英语是杀智商最有效的方式，我以前没有这么傻的。

严善錞: 我想起来，他读研究生时有一段时间想哭，眼睛也出毛病了。那时学校要他们研究生学许国璋的英语，很痛苦，我印象很深。

邵宏: 他们的老师，一个是郑更茁，后来郑更茁生病了就在外面请了一个。

*严善錞：*黄专是正儿八经读了研究生以后还要考英语的。

*邵宏：*是，要学一年。

*严善錞：*那个时候我觉得他的眼睛也不怎么好，反正学得很郁闷。进校以后就不学了。

*郭伟其：*刚才严老师说这种翻译的文字一般读不下去，在当时的情境下，你们在读的时候有没有想过词源的问题，比如这个词在德语中是什么意思？

*严善錞：*我们一开始也会觉得很陌生，因为新鲜，偶尔也会想到这是不是翻译上有点儿问题。但是我们就会用自己最大的努力去琢磨，这种读书精神现在真是没有了。黄老师很认真，他拿一本书过来就说怎么会是这样，理解了以后也有点儿活学活用，马上就想到在中国的绘画里边，比如董其昌或董源里边有没有这个东西……

*邵宏：*我和黄专比较接近的是面对文字多一点。我那个时候还没有学英语，当时我觉得原来翻译可以这么重要。我们原来看的几乎所有的翻译都是经过严格审查的，基本不会出错，不像现在到处是错。严格说来翻译的黄金时代是 20 世纪 50 年代初，一直到 90 年代初这一段，这是中国翻译水平最高的一段，因为那个时候不能犯政治错误，这些翻译是要给最高领导看的，所以很严格，而且全是集体翻译，没有署名。等到批判“资产阶级法权”还是“资产阶级权利”的时候就开始有这个感觉了。我是 1980 年开始学英语才有了这个意识，这个词英语叫什么，德语叫什么，慢慢开始有了这个习惯。就我个人来讲应该是受到我的英语老师李定坤的影响，他就是做翻译的。现在的《中国翻译》以前叫《翻译通讯》，他经常写文章阐述关于某个词的讨论，他就教我们，他上讲台第一句话：“记住每一个词在一个新的上下文里边就是新词，所以你得谨慎。”我们一般的翻译都是这样子，想到这个词认得，比如说 idea，理念或者是观念，于是

一路都是这么用。李定坤说:“我告诉你,辞典里面没有上下文,一定要还原到上下文。”这是一个概念。那以后我们这一辈人只要学过外语的,都很警惕地用词,尤其是如果做过翻译的话那就更紧张了。黄专没有做过翻译,但是他也有这种习惯,这是我很少见到的,直到后面他写文章都很注意用词。

严善錞: 我们跟黄老师在谈论文人画的时候,那些概念也是一种挪用,并不是直接按照它那个思路去谈,我们只是觉得这个概念用来谈这个问题比较合适而已。因为我们毕竟不是在讨论西洋美术史,不需要那么一对一地去较真,但是如果用这个翻译的概念再回到西洋艺术史,我们真是不敢写了。

郭伟其: 实际上就变成了一种启发。

严善錞: 应该说是一种启发。所以我们看范老师推荐的书,应该说是运用得很好,不一定是说理解得很好。

郭伟其: 刚才您也提到黄老师读书很细,如果翻译上出现问题,会不会读得越细走得越偏?

严善錞: 有可能。我想我和黄老师更多的是受他们的启发。其实我们面对的是新的问题,不一定是还原到本来的意义上去,我们跟邵老师他们做的工作有点儿不一样。我们要解决新的问题,用一个更有效或者是更有趣的方法来说中国古代美术史的现象,所以角度有点儿不一样。

郭伟其: 后来聊起来,他一方面也是自谦,他总是说当时写的那本书很幼稚,现在在你们看来,到底幼稚在哪儿呢?

邵宏：那本书我都没有看过，他们从来没有送过给我，但是他们写的这些文章我都看过，其实就是原来发表的文章的一个汇总，然后再调整一下。从今天来看，我觉得用“图式”这个概念稍微显得轻率了一点。因为用了这个概念，人家就会追问你对西方这个概念的背景的理解。因为这个概念在当时的语境里面太新鲜了，新鲜到人家要追问它的定义、它的词源特征。但是今天再用这个概念就没有问题了，就像范老师有一次写的，大家总算接受图式的概念，那个时候还是有点儿突兀。但是“趣味”这个词用得非常好，因为当时的语境是西方谈趣味，中国人从来不谈趣味，事实上在中国传统里面谈趣味是最多的。“价值”就是一个中性词，大家都可以用，具体的文章每一篇都不错，在当时都算是非常突出的。

郭伟其：后来这本书为什么没有重版？这是很可惜的事。

严善錞：我们一直想重写，但是一直也想不到好的题材，另外里面还要增加两个章节，黄老师要写项氏家族，我本来想增加一个关于苏轼的趣味集团的内容，现在一说，就觉得很陌生了。

方立华：当时好像计划要出台湾版？

严善錞：当时是高信疆先生来跟我们谈的。黄老师想要增加一个项氏家族部分，我要增加苏东坡和李公麟部分，因为苏东坡的个人趣味影响确实很大，他的诗文、书法都很好，绘画虽然存世的没几张，但他的评论很多，写得也漂亮。现在有很多硕士论文、博士论文都在做“西苑雅集”这个概念，肯定做得很好了。因为现在资料好找，但那个时候找资料很难。当时我们为什么没有做下去的原因也是因为找资料太难了，我们写董其昌多辛苦啊，比如找《容台集》，那个时候《容台集》没有几本，要开证明，跑到上海图书馆找熟人借出来抄。

郭伟其: 后来黄老师对我们使用数据库、电子书来写文章，一直抱有一种强烈的怀疑态度。

严善錞: 黄老师嫉妒你们现在太方便，日子太舒服了，我们那个时候太辛苦!

邵宏: 我以前教英语的时候谁要用电子辞典，我都说这个东西不行。结果外语学校的学生毕业了考到我这边读研究生，我看他用电子辞典，他说这是老师推荐的，我一看，就是把我的纸本辞典变成了电子辞典，我就赶快弄了一个，方便多了。以前真辛苦，我到了 2013 年出门都还是一定要带上一本大字典。

严善錞: 现在的这些论文我看过几篇，应该说都不错，但是还是感觉是一个学术工业的产物。

邵宏: 那个时候整个氛围好，大家喜欢写，现在是没办法写。还有一个重要的原因就是那个时候我们喜欢讨论，后面就没有这种氛围了。

严善錞: 我跟黄老师两个人互相都很受益。那个时候都是一笔一笔考究的，他写"董巨逸轨"的时候，真的很细。我们那个时候没有几本书，画册不全，也不系统，主要用的是《中国古代绘画图录》，咖啡色封面，那是上海人民美术出版社最早出的图录，上下两册，印刷质量很差。后来开始出版了七人小组编的《中国古代书画图目》，但是我们基本上已经写完了。那个时候黄老师可能买不起那套书，我是咬咬牙到深圳来才几乎买齐了，一两百块钱一本。我当时跟黄老师说，我们以后有这套书写东西就太舒服了。

郭伟其: 说起画册我想到这么一个案例。比如说《艺术发展史》里面的这些图，我们以前读书看的都是那些黑白图，我前段时间到维也纳艺术博物馆一看，那种银盘、盐

罐从现场看差别太大了，感觉跟从书上获得的印象完全不同。当你们接触贡布里希和西方艺术史的时候，图片本身有没有给你们造成什么样的冲击，或者是刺激，或者是启发，还是仅仅是文字？

严善錞： 1980 年还是 1981 年时上海展出了“波士顿藏画”，这对我影响很大，算是开始看懂了一些现代绘画。看了这样的原作，显然会改变自己对美术史一些问题的看法。当然，就中国美术史的研究来说，我觉得看画的情况还好，当时国内的博物馆经常会展出一些名画，尤其是在上海博物馆、故宫博物院，我们觉得最欠缺的还是文献部分。

邵宏： 还有一个渠道是我到广州后才知道的。那时候我经常混进中山大学外语系去蹭课，当时的外教都非常厉害，有一个德国人，她是牛津大学文学博士，她放了一个肯尼斯·克拉克（Kenneth Clark）的《文明》录像，那个人很认真，最后讲完了每个人都得复述。那个时候外语系跟绘画系一样，只有十几个学生。最后她发给大家她自己的打印材料来让我们对着看。因为肯尼斯·克拉克就是在那个上面开始火起来的，后来 BBC（英国广播公司）就把它变成了一个常规节目，一直到最近去世了的约翰·伯格（John Berger）。当时这个渠道是一般搞美术史不知道的，只有外语圈里面的人才知道。广美（广州美术学院）图书馆的画册的数量曾经是在全国仅次于浙美（浙江美术学院，现中国美术学院），另外就是杂志，浙美订得不多，实际上是上海大学美术系第一，广美第二。看外国杂志是一个了解世界艺术非常好的渠道。

郭伟其： 刚才谈起写作问题，严老师也在说那个时候有高有低。我的感触是现在的写作很少有假设中的读者，当时您和黄老师在写作的时候有假定读者吗？当时有没有想过写文章给谁看？

严善錞：先是我们两个自己看。然后就是范老师，最认真的就是范老师，其他人不太看。那个时候最后的途径就是文章能在杂志上发表，比如《朵云》和《新美术》，主要是这两本杂志。

邵宏：那个时候读者多，一本《美术》杂志的发行量都很大。

严善錞：当时在《朵云》上发表一篇文章是不得了的事情，都知道。但是那个时候很难发表文章。

郭伟其：那个时候写文章其实也是心里有想着发表？

严善錞：那个时候都是约稿的，卢辅圣先生很认真约的，我们也认真写。

邵宏：我都是自己写了投稿，那个时候杂志社没有腐败。我当时写过很多翻译的文章，我寄到哪里，哪里都发表，没有开后门什么的。那个时候范老师是看到我和杨小彦写的《艺术史的意义》发表在《美术》上，他给我写了一封信，他说："你有什么好稿就给我。"那个时候人都很正气。我记得信上面说，"我们的《新美术》貌似要学术一些，你的文章何必给《美术》杂志。"关键是有一句话说到可以发长文，《美术》只能发5000字，《新美术》的文章可以发到10 000字。

严善錞：那个时候的风气很好，杂志的主编都很认真，把工作当回事在做。

方立华：《美术思潮》也聘请了一批年轻的特约编辑，其中也有邵老师和黄老师。当时特约编辑到底是做什么样的具体工作，对于《美术思潮》有怎样的影响？

严善錞：当时分几拨，一拨最核心的是编委，除了彭德以外还有五六个人，黄老师本来应该是编委的，但是阮先生比较反感这件事情，他觉得不要参与。阮先生可能对现

代美术的运动比较反感，所以黄老师就没有参加。我无所谓，我就被拉进去了。下面就请了一些特约编辑，当时每一期都请特约编辑，我是每年第三期做特约编辑，他们可能不一定是那样。我做过两三次，一期做建筑方面，一期做的是关于范景中的。

*邵宏：*我只做过一次，在广东约稿。

*方立华：*约稿和编辑方向是你们自己定的吗？

*严善錞：*这一点彭德很好，基本上就是特约编辑自己定，他最后审一审，如果没有太大的问题就可以了。当时一年就六期，但是因为通讯不方便，所以搞得很辛苦。而且校对、排版和下厂，都是我自己一个人弄。

*邵宏：*我没有下厂，只是组稿。当时组稿并不成功，所以我等于是一个混混。但是我翻译的稿都是在《美术思潮》那里发的，比如《为多元论辩护》《禅宗与艺术家》《何谓抽象艺术》，等等，我帮迟老师翻译的这些稿子，一方面是给《美术思潮》，另外就是给我们的《美术学报》。迟老师自己主编的那期当时是一次性把我翻译的稿子全部都发了，他编的《西方美术理论文选》，其中有一大半都是我译的。后来《美术思潮》停刊了，我就慢慢地转移到了《美术译丛》。

*郭伟其：*黄老师当时来广州之前，武汉还挺热闹的，但是他好像是从武汉逃离到广州一样，当时是一个什么样的情况？

*邵宏：*第一，那个时候在湖北的杂志已经开始停刊了，没有场地了。第二，“新潮”那一块，年轻人有点受压。黄专来了广州美术学院以后，他上课非常认真。他刚来没多久我们私下还办了一个班，是一个香港的太太班，香港有钱的人过来学美术史，他们对黄专的课都非常的推崇，你们从杨永芳他们身上都可以看得出来。所以黄专是替

1992年，黄专在广州美术学院（图片由白榆提供）

我们美术史系赚过港币的。

*郭伟其：*我刚去的时候他还上过大课。他来之前没有犹豫吗，他之前来过广美吗？

*邵宏：*他来过。来广州他没有犹豫，武汉气候不好，加上广州那个时候等于是现在的瓦尔堡研究中心的广州分部。

*严善錞：*他更愿意到广州这边。

*郭伟其：*我还有一个好奇的话题，"广州双年展"（"广州·首届九十年代艺术双年展"）当时是一个什么样的情况？如果放在这个系统里边来看，跟你们早期开始接受贡布里希有没有关系？

*严善錞：*没有关系，那个纯粹是一个策略的炒作。

*郭伟其：*那个展览从一开始就是一个生意？

*严善錞：*也不是生意，是一种策略，当时整个政治生态就是这样。吕澎当时不是出了《理想与操作》嘛，从操作层面来看，实际上是利用一些经济上的资源做点当代艺术的活动，跟学术研究没有什么关系。

1992年，黄专与吕澎、皮道坚在“广州·首届九十年代艺术双年展”开幕式上（图片由白榆提供）

*郭伟其：*我觉得奇怪，从思路上来看，一方面贡布里希是在批评名利场，另一方面刚好他们就是在做一个名利场。

*严善錞：*当时说得好听一点就是比较多元，说得难听一点就是大家当时都比较朦胧。

*邵宏：*不能把这个事情看得太认真。我们那个时候还是年轻人，也是想出去到处玩一下，结果吕总弄到一个艺术公司的钱，他拿到广州找我们一起来玩一把。那个时候我们才开始有了策展的意识，有了怎样被艺术家簇拥的感觉，这是吕澎直到今天都还喜欢的一种玩法。刚好我那个时候去了日本，那一次广美的张书记到中央酒店看双年展，结果还要他掏20块钱买一张的门票……但是那一件事倒是刺激了黄专——艺术能不能借助一种经济力量？这跟以前他的纯学术的思维不大一样。

这是吕澎最早想做的事情，他想探索经济能不能使艺术运作，所以吕澎到今天仍然会使用“改造历史”这些话语。黄专在这里边找到的是什么？如果不借助经济力量，其实你自己的理想是没有办法实现的。其实OCAT的这些想法，全是黄专自己从那里面获得的。

*严善錞：*黄专是很反体制的，其实跟商人打交道很累。

*邵宏：*他有一次跟我说："我的伤心之处是什么？就是在深圳谈生意谈得好好的，突然一下子这个事情又变了。"我们是一起玩起来的，但是黄专最后是把它当成一个理想慢慢地做，才知道这里面太苦了，后来他就找到了现在的这个模式，这是最好的。

严善錞："广州双年展"之后就是香港的杨洁圣支持他做了一个展览，被文化部卡掉了。所以从何香凝美术馆过来 OCAT 算是最好的选择了。

*邵宏：*算是找到了一条很正规的路。中间有一段编《画廊》，那个重要的是什么？他想实践的是出版与推动当代艺术之间的关系。所以《画廊》到他手上完全变了一个面貌，马上就很火了。

*方立华：*能否谈谈他参与《画廊》改版工作的背景？

*邵宏：*杨小彦当时当了岭南美术出版社常务副社长，《画廊》由他管，杨小彦就叫黄专一起做，黄专马上按照自己的想法去做，刊物一出来感觉就跟以前完全不一样。黄专开始把《画廊》变成栏目模式，后来几乎所有的杂志都是学《画廊》的那种栏目模式，一直到现在你都会看到，比如说《封面人物》《艺术家工作室报告》和《手记》，这些都是黄专想得非常精细的栏目，其实弄到第三期就已经非常火了。

郭伟其："名利场"这个概念你们是怎样讨论出来的？

*邵宏：*那是"名利场逻辑"嘛。这里面还有杨宓翻译的《名利场》（*Vanity Fair*）那本书，这是我们以前看的小说。像我那一辈，一般我们看的是法国文学、俄罗斯文学多一些，英文文学这一块，这是最重要的，然后再加上贡布里希的，马上把原来的那个概念的

东西连起来了。

严善錞：新潮艺术搞起来之后慢慢地就有了“名利场”概念。范老师说得比较尖刻一点，名利场就是出名嘛。

郭伟其：1985 年怎么有这个概念？

严善錞：高名潞在当时比较热衷于推动“85 新潮”，范老师和我说，这种运动很容易成为一个“名利场”，他和高名潞是老朋友。但后来越谈越多了，也就变成一个学术概念。所以，有时候学术和时尚很难泾渭分明。

方立华：关于“艺术史名著译丛”，作为参与者，邵老师能否从您的角度谈谈这套译丛的背景？

邵宏：这就是黄专的“瓦尔堡”的延伸，他一直想搞这个事情。为什么说黄专对翻译阅读的能力简直像是学过外语的，他很抠细节，他的这个习惯是从文献训练出来的，他有时候跟我谈起，会说“我搞不懂这究竟说的是什么意思”，这是最近这些年他经常提的问题。以前他会死抠，怀疑自己是不是理解错了，后面开始怀疑是不是翻译错了，这是最近这十来年的一个转变。

我这次在《艺术批评史》前面专门写了，因为黄专开始越来越注意翻译的“译语”的时代性问题，我们讨论了迟老师翻译的那个版本，我说“译语”有 30 多年的差异，我只是在这个基础上做了一个合乎我们现在“译语”的调整。黄专实际上非常喜欢看西书，而且看得很细，其实外语不好的人一般没有这种阅读习惯，后来我想可能是他本身在写作上也很讲究，所以他一定在看那些东西的时候也很讲究。你看北京大学出版社出的他那本文集，就很注意学贡布里希的表达方式，从起句、悬念这些做法都可

《艺术批评史》，廖内洛·文杜里（Lionello Venturi）著，邵宏译，商务印书馆，2017年4月1日第1版（图片由商务印书馆提供）

以看得出来。他看书很细，所以他的写作会把这些东西融入进去但又不令人觉得生涩，这是他这些年给我的感觉，这跟他以前的写作方式不大一样。

方立华：您知道他当时为什么要开启做这项翻译工程吗？

*邵宏：*他具体没说，可能还是一种阅读的冲动，使他觉得不能够还看那些老书，他想看真正的经典和可靠的书。大概是2012年还是2013年，范老师和小英（周小英）来广州过冬。我们那次一起吃饭，吃完饭黄专就把我们拉到旁边说我们再谈谈另外一件事情，他当时就谈到做翻译项目的事情。我当时觉得不可能，现在搞翻译都没有人了。

郭伟其：我是这么想的，范老师那套《美术史的形状》还有没有计划往下做？原来说好10卷本的，但是好像就没了，是不是因为这个？

邵宏：《美术史的形状》是2002年开始出的，我写《从王国维到范景中的研究：西学"美术史"入华100年》的时候，我问范老师这套书还出不出，他说出！但是范老师眼睛也不好了，现在愿意做翻译的人也少，翻译做得可靠的更少。你这么一说，我倒是觉得可能黄专真有这种意图，因为黄专特别想看到好书，他对西书很敏感，还有他希望有新的东西进来。我记得我以前给教研室买书，像什么《新批评》之类的，黄专立马就借回去看，他喜欢看这些东西，而且他看得很细，对于那些翻译得不是很准确的文字，他可以按照正确的理解重新叙述一遍，他有这个能力。他也喜欢写那一类文章，

我后来发现他很有讲究，像他这么细心的我觉得特别适合做翻译。

这么多年来，黄专心中如果是清晰地认定做这件事情的话，他就不想让它废弃了。还有一点，他大病恢复了以后，他抓紧时间把想要干的事情一桩桩地落实到了极致。我总是说赶快找年轻人，我们也顶不了，我如果运气好，还能译得了七八本书已经很了不起了，但是我有时候一冲动又想写一点东西就耽误了。我们的翻译如果能够恢复到像日本那样的做法——不要求外语很好，但是专业上一定不要犯糊涂，翻译之后请英语很好的人从头到尾过一遍，这就省事多了。我最怕的是英语专业的译者对于艺术史专业不懂。现在绝大多数外语专业的学生毕业后都会转行做专业翻译或者干脆去读美术史，这种情况在台湾比较普遍，我们现在更是这种模式。所以我在前言里写了，我这本书就是翻译给黄专看的，因为他在广州教中国艺术史学史，他说他看这本书不是太明白，我就重译一遍给他看。

*方立华：*你们私下聊天的时候有没有讨论过出版的问题？

*邵宏：*我们谈得最多的就是出版，我们恨不得收购一个出版社，我们原来总是想把岭南美术出版社变成我们的。黄专非常重视出版的问题，因为如果这些没有出版物的话，那就没有意义了。黄专做事总是能够落到实处，实实在在地进行，我虽然想过，但是我总是做不成。

思想只有进入行动中，才有一种逻辑上的可能

受访人：皮道坚（华南师范大学美术学院教授）
采访人：郭伟其、方立华、徐坦
时间：2017 年 2 月 17 日　地点：广州

郭伟其： 皮老师对黄老师前期的一段生涯影响非常大，大家都说皮老师既是黄老师的老师，也是黄老师的兄长。可否请您谈一下跟黄老师最初的相识、交往？

皮道坚： 确实。我和黄专老师的交往时间很长久，我们的交往也很深，我以有他这样一个朋友、一个同道，感到荣幸，也感到很骄傲。我是 1981 年从湖北美术学院研究生毕业，我们的研究生班是两年制的，毕业以后留校任教。我的研究生导师是阮璞先生，阮老师当时招生的方向是中国美术史理论研究。大概是在 1982 年和 1983 年之间，湖北美院老院长杨立光先生的儿子杨丹和他的朋友岑龙一起来找我，说有一个朋友叫黄专，学历史，对美术史感兴趣，就介绍我们认识了。通过几次交往，我觉得这是一个很不错的年轻人。我印象中在我们谈了几次话后，他本科毕业被分配到郧阳师专当老师，记得他去郧阳后给我写过一封很长的信。他大学毕业论文写的文同，拿给我看过，从那篇文章也看得出来，黄专的知识积累开始得很早。谈论文人画从什么时候开始？有的说是王维，有的说更早一些，黄专就明确提出来是从宋代中晚期开始，他的整个论据、论证都很充分，那个时候他关注的这个问题，好多人都还没意识到。因此我就很欣赏他——我现在不记得是我建议还是他自己提出来报考研究生，反正是我向阮先生推荐了他。他去了郧阳没多久，就给我写信说要考阮先生的研究生，阮先生对他的情况了解以后，觉得非常合适，也很高兴，欢迎他报考，他的考试应该说很顺利地通过了。

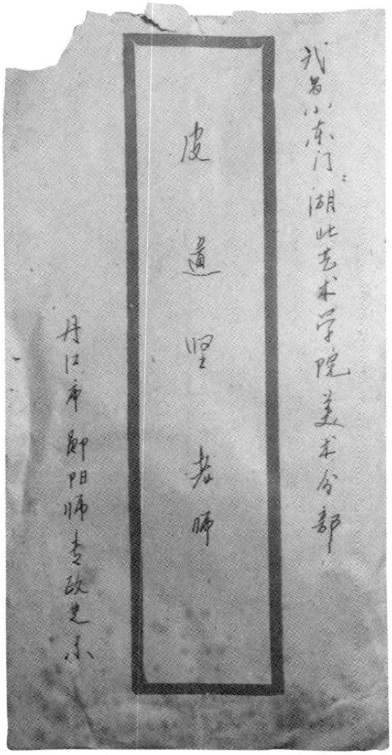

1983 年，黄专写给皮道坚的信－信封（图片由皮道坚提供）

郭伟其：黄老师在郧阳师专那一段的经历您清楚吗？

皮道坚：我现在找不到那些来往的信件了，但感觉他在那里心情不舒畅、很压抑，想换一个地方（后来皮老师找到了一封当时的信件）。

郭伟其：关于文同那篇论文，您刚才提到它是谈文人画从什么时候开始的问题。但当时他实际上是历史系毕业的学生，毕业论文选择写了一个美术史的题目，他有没有跟您聊过为什么会选这个题目？

皮道坚：现在不记得这个题目是经过我们聊天后他决定写的，还是他写完以后再拿给我看的。

郭伟其：皮老师是不是也是在那段时间写了那篇《中国美术史研究中的方法论问题》？

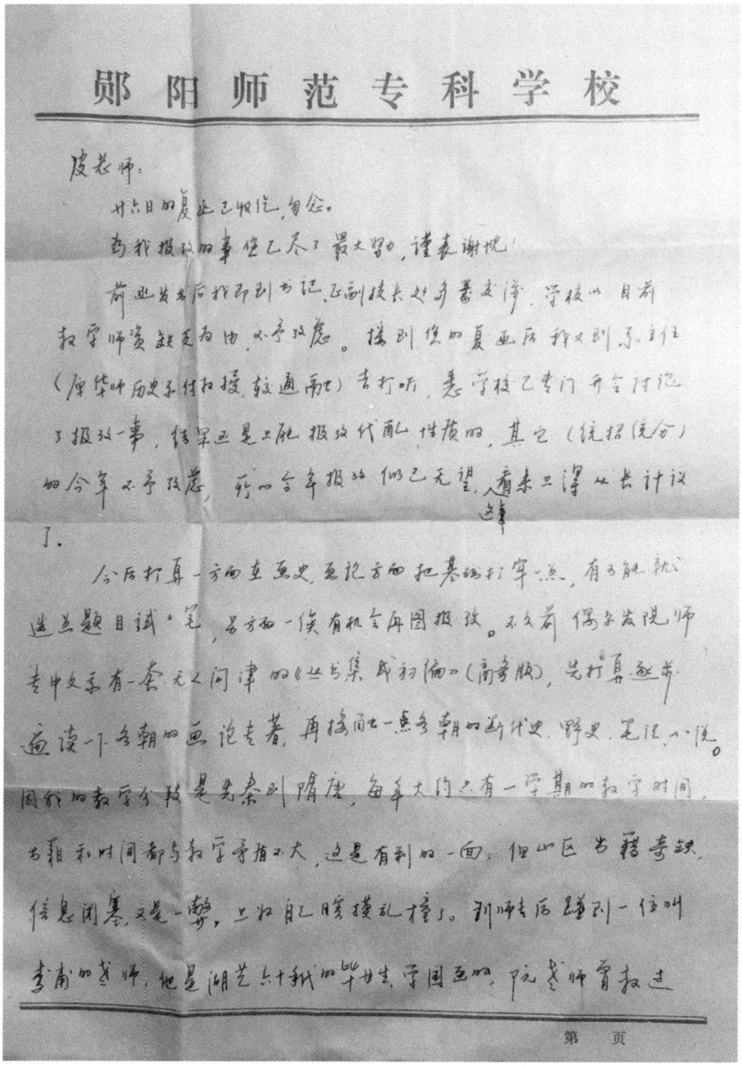
郧阳师范专科学校

皮老师：

廿六日的复函已收阅，勿念。

为我报考的事您已尽了最大努力，谨表谢忱！

前函发出后我即到书记、正副校长处分别交谈，学校以目前教学师资缺乏为由，不予考虑。接到您的复函后我又到系主任（原华师历史系付教授，较通融）去打听，悉学校已专门开会讨论了报考一事，结果还是只能报考代培性质的，其它（统招统分）的今年不予考虑，所以今年报考似已无望，这事看来只得从长计议了。

今后打算一方面在画史、画论方面把基础打牢一点，有可能就选点题目试试笔，另方面一俟有机会再图报考。不久前偶尔发现师专中文系有一套无人问津的《丛书集成初编》（商务版），先打算逐步通读一下各朝的画论专著，再接触一点各朝的断代史、野史、笔记、小说。因我的教学分段是先秦到隋唐，每年大约只有一学期的教学时间，书籍和时间都与教学矛盾不大，这是有利的一面；但山区书籍奇缺，信息闭塞，又是一弊，只好自己瞎摸乱撞了。到师专后还遇到一位叫李甫的老师，他是湖艺六十年代的毕业生，学国画的，阮老师曾教过

第　页

1983 年，黄专写给皮道坚的信－1（图片由皮道坚提供）

皮道坚： 那个要早一点，是我的研究生课程作业。当时有一门马克思主义哲学的课程，阮先生跟我们讲历史唯物主义和辩证唯物主义，我把这个作为作业交了。那个时候我读了李浴的《中国美术史纲》，对这些方法论的问题很感兴趣。我和黄专的情况有些不一样，应该说我的基础比他差。我 16 岁高中毕业，38 岁才考阮先生的研究生，而且是以高中毕业同等学力报考的。我因为家庭出身问题，高中毕业就辍学了，之后 20 多年都是在社会上为生活打拼。不像黄专，他是学历史的，华中师大历史系本科毕业。

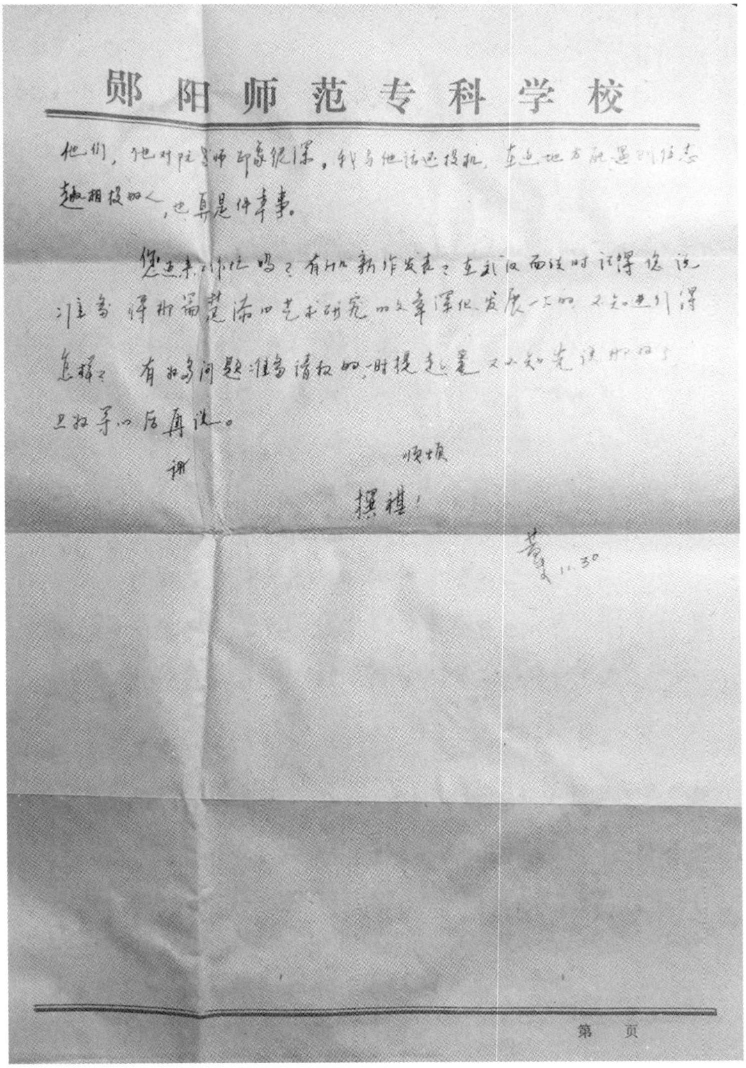

郧阳师范专科学校

他们，他对阮老师印象很深，我与他谈还投机，在这地方能遇到个志趣相投的人，也真是件幸事。

您近来还好吗？有什么新作发表？在武汉面谈时记得您说准备将那篇楚漆的艺术研究的文章深化发展一下的，不知进行得怎样？有许多问题准备请教的，一时提起笔又不知先谈那个了，只好等以后再谈。

顺颂

撰祺！

谨

黄专 11.30

第　页

1983年，黄专写给皮道坚的信－2（图片由皮道坚提供）

因此我读阮先生研究生的时候，凡是遇到这样的题目，我只能根据我个人的生活经历及对社会的了解，把我的这些东西带到学术中去。所以，我是从这个角度去读《中国美术史纲》，并以此来写我对“中国美术史研究中的方法论问题”的认识。当时湖北美院是有针对性地招研究生，招进来就是要用的，阮先生教我美术史、画论，我一毕业阮先生就要我接他的课，我的教学也基本上是按阮先生教我的那些进行。这篇文章当时在《美术》杂志发表，我想是因为与社会现实主义和非现实主义关系的争论有关，确实有一些影响，引起了一些争论，而且这篇文章一直影响到我后来对现当代艺术的介入和思考。

*郭伟其：*当时黄老师和您讨论关于文同或者准备考阮先生的研究生问题的时候，是不是已经开始介入当代艺术？

*皮道坚：*那个时候还没有。我可能比他稍微要早一点。我一毕业，就在神农架参加了一次全国美术理论会议。那时刚刚改革开放，开始思想解放运动。“文革”以后，大家都想冲破压抑的政治气氛，当时《美术》杂志的老主编何溶搞了一个征文，我那篇文章就是在《美术》杂志发表的征文之一。后来在这个征文活动的基础上，他们把这些作者都请到湖北神农架开会，老一辈的除了何溶还有几位，像沈鹏、叶朗、周韶华等，以及《美术》杂志和湖北文联的一些人，那次大家都是十分认真、投入地讨论问题，会开了一个星期，还去了武当山和神农架的一些地方。因为这篇文章，后来《美术》杂志继续向我约稿，又连续发了一些文章。彭德也是，这样我们就比较早地介入当时一些问题的讨论，较早地参加了一些学术活动。黄专应该是我把他介绍给彭德的。1983 年的时候，湖北文联筹备成立一个班子，大约是我们在神农架开会回来之后。

*郭伟其：*神农架这个会议是讨论美术史，诸如古代美术史或者是各种美术史的问题吗？

*皮道坚：*不是讨论美术史，是谈美术理论，针对当时的理论问题及艺术和政治的关系问题，如对“社会主义现实主义”应该怎么看的问题，等等。我记得吴冠中关于形式美的文章也是在那一段时间发的，是思想解放运动的一个重要组成部分。

*郭伟其：*那你们是怎么一步一步地介入当时艺术运动的？

皮道坚: 这就要谈到周韶华了，他当时在美术界是一员革新闯将，在艺术实践上，他主张革新中国画，他提出“隔代遗传”的口号，就是要把汉唐的文化精神传承下来。他当时和台湾画家刘国松有交往，刘国松在20世纪80年代初就到中国内地做巡回展览，当时他那种画风在中国内地引起不小震动。因为我们一直强调“艺术为政治服务，艺术为工农兵服务”，以主题性的创作为主。所以大家觉得他那种画法很新鲜，形式感很强。但那个时候革新派和保守、传统派对立斗争尖锐、激烈。周韶华当时任湖北美协主席，也是文联主席，他主张革新中国画，要找一些理论上的支持。他比较重视年轻一代，希望利用年轻人来制造一种理论氛围，记得当时他经常引用恩格斯的一句话：一个没有理论思考的民族是一个没有希望的民族。这样，湖北创办了《美术思潮》杂志，是当时全国唯一的一本以理论为主的美术刊物。改革开放时期美术圈有个提法，叫“两刊一报”——《美术思潮》《江苏画刊》(现在的《画刊》)和《中国美术报》。这种提法来源于“文革”时期新闻界的“两报一刊”，即中国共产党的中央机关报《人民日报》以及《解放军报》和《红旗》杂志，作为党中央的机关报刊，它们的消息是最权威的。当时的情况跟今天完全不一样，当时就那么几种刊物，其他地方报刊也都不过是转载而已，说“两刊一报”虽有点夸张，但却说明它们对当时的新艺术运动起到了很大的推动作用。到了“85美术思潮”时期，要建立新的美术理论，不得不引进一些西方现代的东西，包括艺术作品和一些理论文章以及一些艺术家介绍等，这对冲破当时美术界封闭、沉闷的状态很有好处。

郭伟其: 所以当时的思路是理论先起来，再有艺术运动?

皮道坚: 只能说有些人是这么想的，比如周韶华。但其实并不是，实际情况是在这个时候已经暗潮涌动。因为改革开放以后，西方的东西都进来了，就像我刚才讲的，那个时候《中国美术报》经常刊发一些国外的美术作品，有现当代绘画，甚至还有装置

一类的作品。《中国美术报》篇幅不大，但是短平快，一个星期一张；《美术思潮》是双月刊，两个月一期，因为刊发的都是国外最新的理论，所以，1984 年筹备，1985 年、1986 年和 1987 年办了三年就停刊了；《中国美术报》也只办了三年；倒是《江苏画刊》一直延续下来。所以说 80 年代的现代艺术运动，美术界的这三份刊物起了很大的作用。还有一份刊物非常重要，就是《美术译丛》，范景中主编的。我编的《美术思潮》第一期有一个《近期美术新论一览》栏目，那个时候还没有"文摘"的概念，我们是最早采用这种方式的，就是把各个刊物上发表的一些很有新意的文章摘录发表。我记得第一期、第二期都是我做的，第一期我就把《美术译丛》里面瓦尔堡学派、贡布里希的文章摘录，发表在《美术思潮》的创刊号上，后来我还做过几期《近期美术新论一览》不过用的都是笔名"松实"。

*郭伟其：*黄老师在《美术思潮》开始筹备的时候就加入工作了吗？

*皮道坚：*我想应该是的。当时我们就是一个圈子，彭德在文联的理论研究室，我在学校理论教研室。周韶华要办这个刊物，就专门把彭德调过来，他觉得彭德写文章很有锐气。彭德是逆向思维，写文章很生猛，比我和黄专都生猛。确实，没有周韶华，不可能有《美术思潮》，没有彭德，也不可能有这本杂志的运作。彭德调过来以后，首先找我合作，当时彭德是主编，然后想再找一些人做编辑。那时候我已经认识了黄专，觉得黄专很有才华，应该在这方面能让他发挥作用，于是我就把他推荐给彭德。应该是在《美术思潮》第二期，黄专做的编辑，发表了王广义的一篇文章。我们有一点是很明确的，就是要用比我们更年轻的人，像现在在北大的李松，当时是我的学生，鲁虹当时大学本科刚毕业，都是我推荐他们到文联去找彭德，还有严善錞那个时候刚刚由浙美（现中国美术学院）毕业，分配到湖北美术院（即湖北画院）。

*郭伟其：*当时黄老师已经入学了吗？

*皮道坚：*还没有，他应该是1985年入学，那个时候还在准备考试或是考了以后等录取通知。

*郭伟其：*当时你们一方面已经介入了“美术新潮”运动，另一方面你们又是阮先生中国古代画论的研究生，对于您和黄老师而言，意味着什么？

*皮道坚：*这个非常有意思。我去神农架开会，阮先生是不高兴的，他建议我伏案、读书，我那两年也确实跟着阮先生认真读了一些书。我觉得黄专后来的纠结和矛盾，和我的感受、体会是一致的。黄专曾在自述里说“沉思默想的学者生活和活跃进取的公民生活是一个矛盾”，但他又提出来：思想只有进入行动中，才有一种逻辑上的可能。我个人跟黄专还是更倾向于介入现当代艺术，但我认为——我相信黄专也是这样，我们从阮先生那里得到的教益是终身的，即使介入现当代艺术，但我们还是继承了阮先生的学风。阮先生做学问一直讲究不要空谈，主张无征不信，反对玄言相煽，反对游谈无根。他继承清代实学、考据学的传统做学问，我想，如果说我们和某些搞当代美术理论批评的人有点什么区别的话，那就是这方面的区别，黄专这一点做得很好。

*郭伟其：*当黄老师在选择考研的时候已经介入当代了，但还要考研，当时是一种什么样的想法？

*皮道坚：*他要找出路，因为考取了研究生以后，他可以改变身份。那个时候跟今天的情况是不一样的，今天非常多元化，做一个自由撰稿人或一个职业艺术家，也能够生存。那个时候考上研究生，毕业了以后，工作、生活都有保障，相对稳定。我那一届研究生是两年制，到黄专读研的时候就变成三年制了。

*郭伟其：*三年研究生经历，当时学习的状况是怎样的？

1987 年，阮璞与黄专（图片由白榆提供）

*皮道坚：*因为到他读研究生的时候，阮先生已经把中国美术史课交给我上了，所以第一年我给本科生讲中国美术史，阮先生安排黄专听了全程。我基本上按照阮先生的讲义上课。阮先生给我们开的课包括画论、美学……后来他还单独给黄专开了一门文献之类的课，当时还有一些其他专业的研究生有时候也会跟着一起听。

*郭伟其：*好像还有考察的课？

*皮道坚：*有，我读研究生的时候就有，阮先生带我们出去。当时带我去了西安、敦煌，走了一大圈。黄专的自述里虽然没有写阮先生带他外出考察，但我知道阮先生也单独带他出去过一次。他对阮先生的感情非常深，对阮先生的学问、为人都非常敬佩。后来阮先生生病的时候，他比我回去照看阮先生的时间要多，而且阮先生去世以后，他还发愿整理阮先生遗留下来的一些文稿。

*郭伟其：*黄老师选择做关于李日华的硕士论文，当时是怎样的情况？

*皮道坚：*我估计这是阮先生给他上课之后他逐渐形成的认识和选择的题目，这篇文章现在回忆起来主要是受阮先生的影响。

*郭伟其：*那个时候已经是 20 世纪 80 年代末了……

*皮道坚：*1988 年。

郭伟其: 好像您刚才提到了在接触《美术思潮》的时候，实际上《美术译丛》也已经开始了，黄老师在写硕士论文中有没有体现出受它里面的一些理论的影响?

皮道坚: 我感觉没有。

郭伟其: 是不是当时黄老师和严老师已经在考虑“文人画”那本书? 如果不是的话，现在看起来那两年很关键，1988 年写硕士论文还没有受影响，然后 1990 年那本书就出来了，那本书很明显地受了贡布里希观念的影响。

皮道坚: 应该说，他们最初对范景中做的那些翻译工作产生兴趣是从我这里开始的。我记得有一次杨小彦由广州到武汉，他们几个一起到我家来看我。当时我住的房子很小，我们挤在我那小屋里聊天，谈起来我在第一期《美术思潮》里把范景中译作的信息编进去的事，他们都很感兴趣，后来他们就到杭州联系范景中——记得我们和范景中在杭州还开过一次会，这以后他们跟范景中的接触就比较密切了，严善錞跟老范的关系也非常深，而黄专在美院读书的时候跟严善錞的关系很好。《美术思潮》当时也约过范景中的文章——我又想起来一个事情，黄专在《美术思潮》发表的文章都是用的笔名，他发过两篇文章，一篇《谈波普的启示》，署名“白荆”；一篇谈“文人画”，叫《文人画价值学研究散议》，署名“白纯”。我感觉他是这个时候开始受贡布里希的影响。“文人画”那篇文章不是他一个人写的，估计是他和严善錞两个人写的，所以署名“白纯”。我想那时他们已经在讨论这些问题了，后来他们就出了那本书。

郭伟其: “白荆”这个名字有没有什么意味?

皮道坚: “荆”是湖北荆州，荆州是楚文化的故地，荆楚文化，是不是跟这有关系? 在《美术思潮》他就发表了两篇文章，但是他编辑了好多期《近期美术新论一览》，他通过编辑往来认识了王广义等人，当时在《美术思潮》发文章的很多人后来都成

了中国当代艺术的中流砥柱，搞理论的很多人处女作都是在《美术思潮》上发表的。

郭伟其：当时的理论家和艺术家是怎么互动的呢？

皮道坚：就是大家在一起聊天，那个时候跟现在不一样，现在太物质化。那个时候一见面就谈学术，谈观点，谈读什么书，在哪里看到了什么样的作品。当时湖北武汉有一个特点，武汉的高校在全国来说算是相当集中的，所以思想文化的氛围比较浓厚。像武大、华工、华师都集中了很多年轻的学者。因为经历10年“文革”，埋没了很多人才，像我们这样考研究生进入高校的不少。这批人思想特别活跃，像张志扬、萌萌、陈家祺、邓晓芒、易中天等都是那个时候考上研究生。当时湖北有个中青年美学学会，我们经常拉他们参加美术界的活动，好像志扬、萌萌、家祺都在《美术思潮》发表过文章。

郭伟其：那个时候大家共同读的书有哪些？

皮道坚：虽然各有各的专业，但也有不少共同话题，共同读过的如弗洛伊德、卡西尔、尼采、萨特、海德格尔等人的书，更早一些的还有“走向未来”丛书（皮老师从书架上取下几册书）。

郭伟其：当时大家感兴趣的是什么样的艺术？

皮道坚：每个人都不一样，比方说，我那个时候是在做楚艺术的研究，我写楚艺术史，那几年到处搜集资料，到各个博物馆看文物。我觉得在接触王广义之前，黄专可能受严善錞的影响，对中国文人画比较关注，他对李日华的评价和他后来对于文人画的一些研究，前后有一些变化。这些细微的不同应该说还是很多的，也是值得研究的。

郭伟其： 写完硕士论文之后，黄老师就毕业留校了，当时是什么样的情况？

皮道坚： 当时要留校不是一件很简单的事，那是要争取的。有美术史专业，有油画和中国画专业，每个专业的导师都希望把自己的学生留下来。因为阮先生已经把我留下了，再留一个必须考虑到别人会有一些什么想法，要有足够的理由去说服人家，那时候我和阮先生就商量过好几次怎么留下他。

郭伟其： 阮先生一直都不支持你们做现当代艺术，但是他又希望你们留下来。

皮道坚： 对，阮先生是一个很宽厚的人，他对我和黄专都是这样的。阮先生对现当代艺术可以说是不以为然，但是他年轻的时候也是一个很进取、很激进的青年，写新诗，还画过表现主义油画。

郭伟其： 黄老师也一直在讲阮先生是一个民国的人，从他那儿可以感受到民国的血统。黄老师留校之后，当时负责一些什么样的工作？

皮道坚： 他留校以后也是教中国美术史，跟我分着上课。当时有几门课，有中外美术史、美术理论，还有美学课，黄专应该是教中国美术史。

郭伟其： 湖北美院在当时曾经是那么一个状况，今天变成这样，落差很大。当时湖北美院在全国到底起到一种什么样的作用？

皮道坚： 在八大美院里湖北美院排名较后，但从历史上看，它的前身武昌艺专还是相当有名的。武昌艺专的一些人，像早年留学法国的唐一禾，在全国也是很有影响的，他和徐悲鸿是同时代的人。中华人民共和国成立以后，武汉的中南美专搬到广州成为广州美术学院，湖北才成立湖北艺术学院，它的美术系前身是华中师范大学的图画制

图系，也就是后来的湖北美术学院。其中在全国有影响的人很多，因为阮先生的学术研究成果，在美术史界非常受推崇、受尊敬，在全国美术史界的老先生里面，我认为阮璞先生算是一位重量级人物。湖北美院作为一个整体，在前期并没有什么影响，但到了“85 美术思潮”时期，湖北美术理论的力量在全国引起了重视。后来在全国各地做理论研究的从湖北武汉出去的不少，有一些到了南方，有一些到了西安，还有一些到了北京，所以一般认为湖北做美术史、美术理论研究的人会多一些，我想这也是一种血统吧。要说湖北美术学院的影响力，有一段时间它确实在美术史和美术理论研究方面有建树，出来了一些人，但很可惜，很快就分散了。

*郭伟其：*这两个现象很有意思，就是它的聚集以及它的分散。像黄老师留校之后，当时在湖北美院就只待了一年。

*皮道坚：*对，他走的时候我是教研室主任，他跟我说他想调走。最初是迟轲老师要调我，让邵宏来跟我说，但当时我太太不愿意来，就没来成，这样就把谭天调来了。后来他们还需要人，邵宏就找黄专，黄专来跟我说，我很快就批了，并在学校里帮他做了一些工作，所以他是先我一年半来广州，他是 1991 年来，我是 1992 年来的，我晚一点。

*郭伟其：*当时华南师大怎么会跑到湖北美院挖人？

*皮道坚：*是整个大的气候叫“雁南飞”。当时我们有一个研究生来广州找工作，找到华师，华师就派人去湖北调查，了解这个学生的情况，就找到了我，这样就把我也调过来，让我做系领导。我来了以后，就请李邦耀、刘子建他们也过来。再晚一点，就是尚扬、方少华、杨国辛、石磊他们也过来了。

*郭伟其：*华师那个时候怎么会选择请这帮最激进的人过来？

*皮道坚：*他们想把美术系搞好，它原来只是一个教研室，后来变成系。他们原来师资力量明显不足，做理论的一个人也没有，就想要人。来了以后校领导也很重视，不仅给房子还解决一些生活上的具体困难，而且我在湖北一个月工资才几十块钱，来这里就涨到两三百。当时黄专去美院也蛮好，迟轲老师也是求贤若渴，那个时候迟老师身体还蛮好，估计他觉得邵宏在系里势单力薄，再加上邵宏跟黄专关系很好，也就想着多调来一些人。

*郭伟其：*从皮老师的角度，您觉得当时到了广州之后，学术的气氛如何？您和黄老师之间的交流有没有一些什么回忆？

*皮道坚：*我经常引用庄子的那句话："涸辙之鲋，相濡以沫，未若相忘于江湖。"在广州，人的生存状态相对宽松，就好比是把你们放到江河湖海去畅游，你不必牵挂我，我也不用抚慰你，大家自由自在。我来广州以后确实有这种感觉，至今我还认为广东人的生存状况跟内地及北方是不一样的，每个人可以做自己的事，自由度相对较大。就我个人来说，来到广州以后，学术交往方面，除了保持旧有的联系以外，又增加了许多新的学术交往，我去了台湾、香港、澳门以及马来西亚，所有这些跨地域的学术交流对我都有帮助。要在内地，这样的机会很难轮到我。在广州，我和黄专他们的交往也很开心，广美美术学系一有学术活动，经常请我过去，我都会参加。那个时候，一到春节，一大帮人到我家吃饭，黄专、杨小彦、邵宏等，都是带着全家来，一桌麻将，一桌扑克，玩通宵。大家在一起很开心，谈学术，很自由。那个时候经常来往，相互之间很亲密，也想一起做一些事。杨小彦在岭南美术出版社做副社长的时候，就拿了一个撰写中国现代美术史的项目，这些也是黄专老师一起参与的。还改版《画廊》杂志，那两年《画廊》杂志办得相当不错，很有影响，主要是黄专和杨小彦，邵宏也参与。当时还有一件雄心勃勃的大事，就是与吕澎一起做"广州双年展"，他们请我做学术总监。

*方立华：*皮老师能否讲一讲 1992 年“广州双年展”的背景。作为“广州双年展”的学术总监，您是怎么看待这个双年展的？

*皮道坚：*这个是吕澎和黄专他们弄的，投资人是一个四川的轴承商，是第一个“吃螃蟹”的人，据说后来破产了。1989 年春夏之交的政治风波之后，整个新艺术处于比较压抑状态，有一些艺术家觉得国内不能待了，于是纷纷出国。留在国内的沉潜下来，觉得再不能像“85 新潮”时期那样可以自由地进行艺术表达。处在这样一个阶段，像吕澎、黄专，包括我们大家就觉得要找到一种新的途径，让中国的当代艺术重新振作起来，能够继续发展。于是就考虑用经济的杠杆，引入资本来投资中国的现当代艺术，启动艺术市场。当时我在华师还开办了艺术市场的培训班，办了一期，在全国范围招了几个人。吕澎他们还拟了一系列宏伟庞大的出版计划，拉赞助、找市场，还办了一本刊物《艺术·市场》，小开本，出了一两期就没有了。实际上就是想要找到一条新的路，用资本的杠杆来推动艺术，但又不能牺牲学术的水准。像这样想一肩挑两副担子肯定是不行的，所以这一次展览虽然搞成功了，热火朝天，但是最后投资人的钱却打了水漂，因为条件不成熟。尽管当时我们充满理想，热情高涨，还很认真地讨论学术进行评奖。当时在一个部队招待所评画，天气很热，又没有空调，大家汗流浃背，都打着赤膊自己抬画，一幅一幅评选。

*方立华：*我还看到编了一本文献《理想与操作》。

*皮道坚：*对，当时的文献集就叫《理想与操作》。“操作”这个词也很搞笑，以前谁也没听说过“操作”这个词，没想到搞艺术、搞文化还要“操作”，当时“操作”也成为我们互相之间开玩笑的一个口头禅。

*方立华：*那个文献里边还收了当时制定的相关法律制度。

皮道坚: 对,评选的制度,要讲民主、讲程序。

方立华: 当时也有考虑要建立一个艺术市场机制的问题吗?

皮道坚: 是的,这正是大家的理想。我现在还保留着当时在《羊城晚报》刊登的办班广告。办那个班也搞得我很狼狈,把人请来了,就是没什么人报名,但又收了几个人的钱,老是担心这个班办不起来怎么办,压力很大。记得当时也很后悔,觉得不应该把这个担子接下来。但是大家都好像雄心勃勃,觉得蛮有意思。黄专一直强调学术,这一点品质非常值得夸赞,所以他的自述题目叫"思想是重要的",他从来没有放弃过思考,不管是做什么样的事情,认为都要尽一个学人的本分。专业以外的事,嬉皮、玩笑是有的,但是大凡要真正做自己想做的事情,他总是思考在先。

郭伟其: 当时有没有预想到未来商业、资本给艺术带来的灾难并不亚于政治?

皮道坚: 完全没有,预料不到,当时很天真。

方立华:《艺术·市场》为什么只办了两期?跟双年展的破产有没有关系?

皮道坚: 有,因为没有读者,当时还没有那种氛围,任何事情都应该水到渠成,那个时候可能还是早了点。后来《画廊》就自然而然地发展起来。

徐坦: 双年展时候的文献展是在广州美院做的,在一进门的教学大楼,当时在里面也发生了很多事情,一边是双年展,一边是文献展,非常热闹。

皮道坚: 当时官方的美协对这些活动也无所谓,这个印证了我对广东的判断:你搞你的,我搞我的,互不干预。

黄专很有幽默感,又很机智,智商很高,这是毫无疑问的。而且黄专有一个特点,他看不起的人他可以不在乎，可以不理，他能够做到这一点，我做不到。

*郭伟其：*青白眼。

*皮道坚：*青眼看人和白眼看人，这一点是武汉人的气质。

*徐坦：*但我有这样的感觉，黄专在艺术家的圈子里面似乎比较宽容，他有时候会对艺术家的评价很差，特别是商业化以后，但他还是会跟艺术家打交道，我就不知道他究竟是怎么想这个事情的。因为他跟我聊的时候，他会说广东艺术家没有一个人品好的，我会以为他说我也不好，但显然不是，他跟我关系很好，但他会在我面前这样讲……我认为他是对这些艺术家充满了期待，有种恨铁不成钢的感觉。我们现在说艺术名利场，按照贡布里希的说法，艺术家现在都是在名利场中间沉浮的话，黄老师是不是也要做这个工作？

*皮道坚：*我这样认为，他作为一个成熟的理论家，在这一点上他是不做道德评价的，艺术是艺术，道德是道德，他自己在文章里面也谈到了，他反对道德至上，反对自以为是在一定的道德高度去评判别人。他跟艺术家打交道主要还是从学术的角度，对人品从道德评价的角度和对作品从学术评价的角度，我想一个成熟的理论家应该是分得开的。

沟通古典与当代的界限

受访人：范景中（中国美术学院教授）
采访人：严善錞、方立华
时间：2016年12月19日　地点：上海
录音整理：蒋涛

严善錞： 林志告诉我华中师范大学有一个研究美术史很厉害的人，写的是文同。那时候黄专在写论文，也很忙，林志大概把我的情况跟他介绍了。他好像是1982年的秋天毕业的（我们是1982年春天毕业），他到了郧阳就给我写信，讲他怎么写文同和为什么对美术史感兴趣。1983年春天他回家过年，我们就在武汉见面。我印象当中，他父亲好像生病了，他每次回来都匆匆忙忙地处理他父亲的事情，我们偶尔见面时他也会谈到他父亲的病情。我把范景中老师这边的情况介绍给他，因为他那时对现代美术感兴趣，我还跟他说我的朋友查立很厉害，正在翻译康定斯基的《论艺术的精神》。那时候查立的这本书正要编进李泽厚主编的一套“美学译文丛书”。我们后来就慢慢地熟悉了，可能也是编《美术思潮》的原因，大家接触得比较多。

范景中： 第一次见黄专是严善錞领着他一起来看我，当时我正在编《美术译丛》，可能是1985年或者1986年。当时他拿了一篇写文同的文章让我看，我有印象他要写李日华，因为李日华的集子很难找，特别是他的《恬致堂集》，以及紫柏大师的一些文献，我知道他找这些文献很辛苦。另外我还有一个很深的印象，他说他的老师是张舜徽。我读过张舜徽的一些书，对于文字学和清人的文献，特别是笔记，他的功夫很深。我当时一听，原来他遇上这么一个好老师，心里挺羡慕。我觉得能跟张舜徽先生学，一定很不错。

20 世纪 90 年代初，黄专与严善錞在广州（图片由白榆提供）

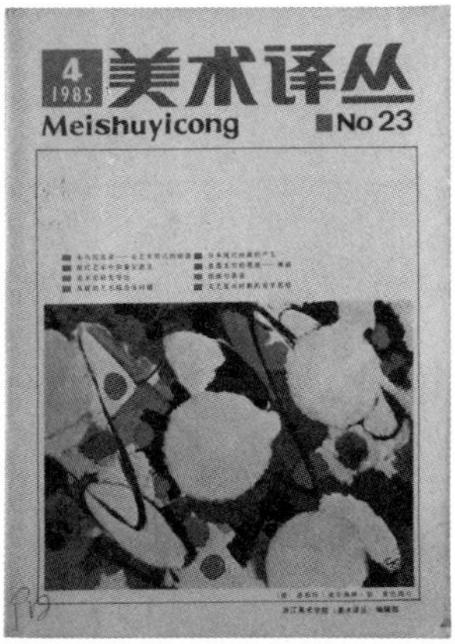

《美术译丛》，范景中主编，1985 年第 4 期

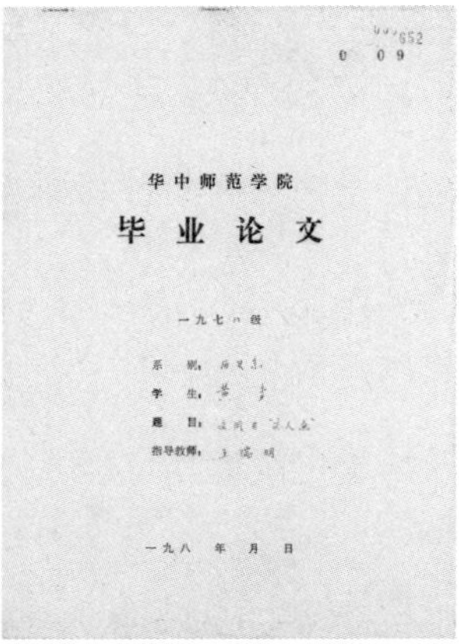

黄专本科毕业论文《文同与文人画》（图片由祝虹提供）

我在学术上可以说没有遇到过国学造诣很深的老师，虽然我听过很多好的课，比如杨周翰和任继愈等。我的老师卢泓基先生对于广东方言很有研究，写过关于广东方言的东西，但他感兴趣的东西太杂。他是一位雕塑家，喜欢理论，也喜欢写旧体诗，不过他不是做旧学的。

黄专具体跟张舜徽先生学什么我忘记了，但我知道他对张先生是非常尊敬的。好像黄专还经常去他家，因为张先生也喜欢美术，我不知道他们在这方面有没有过交流。张先生收藏的古画大概有一两百幅，虽然这些画的质量不是很高，但是我知道他是有收藏的，他也写过这方面的一些札记。后来我知道黄专跟着阮璞先生读书，虽然我在浙江他在湖北，但是我们在《美术思潮》上有呼应，我对他们一直很瞩目。也是因为严善錞的关系，我们的交往越来越频繁。

我和严善錞也是毕业以后交往才深了，因为我听别人说他读书的时候也在读黑格尔，我听了一愣，怎么版画系的学生在读黑格尔？后来有一次和查立在饭堂聊天，当时他已经译完康定斯基的著作，正在翻译贡布里希的书。查立去英国后还专门去看过贡布里希。查立和严善錞是很好的朋友，所以我知道美术学院有一帮人不光是画画，也在很用功地读书，譬如他和查立都是这种类型。

我的情况比较特殊，我从小画画，但是因为家里的政治问题没法画，那时候想摆脱出身不好的环境压力，我就经常跑天津的古籍书店，在那儿看书，从那儿开始进入古典文学。所以黄专一提到张舜徽先生就给我的印象非常深，后来又提恬致堂，给我的印象更深了。因为晚清有很多典籍是被禁的，很多书都提到了胡虏、抗夷，等等。虽然康熙、乾隆都那么喜欢董其昌，但他的文集还是被禁了。我对古籍一直有兴趣，所以对他的印象特别深。后来黄专在搞当代艺术的时候，我就一直在考虑这个问题，我想黄专身上流淌着古典的血液。

*严善錞：*当时黄专对当代艺术的介入，一方面是通过《美术思潮》，另一方面是通过《现代摄影》。他和李媚有一定的交往，但你和《现代摄影》的交往不多对吗？

*范景中：*不多。我是偶然看到几篇怀念黄专的文章谈到我跟他们在一起的事情，原因很简单，就是《现代摄影》当时要找一块阵地，我可能起了一些作用。他们和浙江摄影出版社合作的时候，当时浙江摄影出版社的社长叫盛二龙，他比较信任我，给我看《现代摄影》的文章，问我觉得怎样。我实际上一直跟现代艺术有隔阂，但是因为生活在当下，我也经常去看看。我看了觉得相当不错，我说你应该跟他们合作。后来还开会，我参加过，为两边的沟通起了作用。当时的合作可能对于李媚来说是很愉快的。在这个合作的过程中，可能黄专和杨小彦参与得比较多。

*方立华：*第一次见面时你们有没有具体讨论什么问题？您对黄老师有什么样的印象？

*范景中：*我已经记不清当时具体讨论的问题了。我印象很深的就是黄专当时非常客气，因为我年长一些，他希望我能给他的论文提一些建议，他非常客气也非常真诚，给我的感觉非常“厚实”，就是所谓“文质彬彬”里的“质”的感觉。我觉得他是个有厚度、有分量的人，没有虚与委蛇的客套。这种感觉经常会让我把三个人联系在一起——严善錞、黄专和祝斌。当时只要一提起湖北，我就想起这三个人，这是他们的

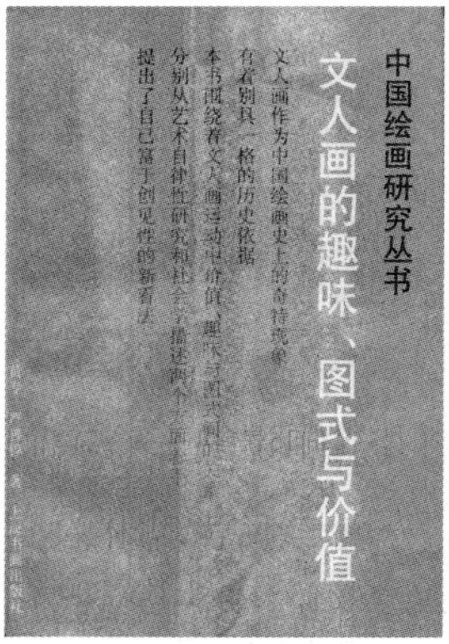

《文人画的趣味、图式与价值》，黄专、严善錞著，上海书画出版社，1993年12月第1版

《潘天寿》，严善錞、黄专著，天津杨柳青画社，1999年2月第1版

共同之处。

严善錞和黄专合写的《文人画的趣味、图式与价值》这本书，我是不管走到哪儿都会向别人推荐，我说这是写文人画最好的一本书。黄专还在的时候我就说你们这本书写得很好，应该重印。因为后来关于文人画的讨论太天马行空，游谈无根的东西太多，所以我觉得这书还是有再版的必要。因为隔了一段时间，思想可能有些变化，所以我建议再修订一下，配上图版，出一本更好的。

方立华： 早期黄老师和严老师在写作上的合作比较多，当时是怎么开始《文人画的趣味、图式与价值》这本书的合作写作的？

严善錞： 这在当时主要还是范老师的一些想法。缘起是黄专谈文人画和文同，在这个基础上我们聊了聊，后来我们觉得可以把文人画梳理一下。虽然过去也有人写，但相对不太系统。当时我们觉得纯粹从视觉的角度谈意思也不大，正好范老师在翻译贡布里希的著作，对我们的影响很大。那时我们都很认真地读《美术译丛》，虽然有很多概念看不懂。另一个机缘是阮璞先生给我们上课，我们想把这些东西整理成书。当时跟范老师说，范老师说这是非常好的想法。

范景中： 关于黄专和严善錞的写作，还有一件事情是我直接促成的，就是写潘天寿。

潘公凯特别希望有人能研究潘天寿，我跟他说你不要找看起来很有资历的人，他们不一定写得好。原因很简单，从20世纪50年代到现在，天天都是政治学习，根本没有时间搞业务研究，怎么能写得好？改革开放以后思想比较活跃，年轻人可能会有新的见解和新的眼光，说不定会写得更好。所以我给他推荐了两个人——黄专和严善錞。这本书后来被收进了郎绍君主编的“20世纪中国画家研究丛书”。研究潘天寿的著作陆续出版了不少，我觉得他们写的质量还是最高的。

*严善錞：*天津杨柳青画社出版了，但是发行量很小。我最近在重新修订，黄专也非常关心这本书，因为我们是花了不少心血写的。他还花了不少心血做后面的艺术年表。他的很多想法就是把张舜徽的史学方法运用到现代艺术家的研究。这本书发行量小，也没有好好地推广，出版后市场好像没有什么反应，我觉得很可惜。这次浙江人民美术出版社要重新出版，因为2017年是潘天寿诞辰120周年。我把这本书重新修订了一下，因为有新的作品出来，现在基本完稿。这些我都跟黄专讲过，那时候他已经病重了，他就说：“这事麻烦你多费心了。”另外一本就是《文人画的趣味、图式与价值》，这两本书都是范老师大力促成的。

*范景中：*从著作的角度上讲，黄专在全力投入当代艺术之前，他身上的古典学术的修养在这两本著作中得到了反映。如果想看黄专的另外一面，我觉得这两本书是必读的。我为什么谈这两本书，这和我们的一次聊天有关。在发现患白血病之后，黄专把这个消息告诉我。我患过癌症，有治病的经历，我一听就跟他说千万不要在广东治，第一步，先打听好医生，正好他的表妹在北京，联系到北京人民医院进行治疗。

那时我和王明贤陪他在北京香山转了转，一路上聊了不少事情。他跟我说有一件遗憾的事情，他知道我对他在古典研究的希望，他说这和阮璞先生对他的希望是一样的。黄专是一个非常尊师的人，他一直跟我说阮先生有几麻袋的笔记，他想帮他整理，但也鞭长莫及。他经常想起阮先生对他的希望。阮先生在所有学生中对黄专抱的期望可能是最大的，他希望黄专在古典学术中做出成就来。我不希望黄专在命运的关头有遗憾，所以也想些话来安慰他，我跟他说现在我们别的什么都不管，第一是治病，治病就是找到好的医生；找到好的医生后，就完全交给他，让自己的内心尽量做到平静。我把我治病的经历讲给他听，回忆起来，那也是非常艰难的一段时间。

那次我跟他最后在北京见面的时候，有王广义、黄专和他的医生，我们把黄专交托给了医生。我非常感谢潘公凯和邱振中，那时候当着医生的面，我给他们二位打电话，我说好朋友黄专得了重病，希望你们帮帮忙。潘公凯拿来一幅画，邱振中拿了一幅字，因为黄专第二天就要进医院，我们希望他能在医院得到好的关照，医生在治疗的时候能够尽心。

我知道治癌症很艰难，治白血病更艰难，因为我住院的时候，我的主治医生就是治白血病的专家，我也知道骨髓移植的艰难。所以黄专在无菌封闭仓的时候，我跟他说得了这个病敢于接受治疗的人就是英雄。我自己有这种经历，他面临的比我更艰难、更痛苦。我一方面为他感到很难过，另一方面也为他骄傲，他不仅挺过来了，而且一直是把正面的情绪传递给我，我觉得非常了不起。那时他就说自己要是病好了，能闯过这一关，以后还是要回到古典研究上来。

后来有人知道我参与了黄专的治疗，一个《文汇报》的记者给我打电话，他说你这样做太冒险了，骨髓移植可能两三年以后人就没了，受罪也保不了命，他说你何必让这个病人再经历一场痛苦。这个记者给我打了好几次电话想阻止我，他说这不是一个好的选择。我根据自己治病的体会，觉得生命到了这个关头，只能往前走，后退没有用，不努力我们可能会感到遗憾，面前有一条路，我们为什么不努力一下呢？哪怕是个死胡同，毕竟我们走了。这里有我治病的经验，也有我对黄专这个多年朋友的感情。我觉得还是要闯这一关。这里面另外一个人也起了作用，就是黄专的表妹。我到现在都认为这步棋没有走错，而且我感到高兴的是在治疗过程中，他一直保持着跟命运的抗争，跟死神的决战。我每次想起来都非常感慨也非常感动，我觉得他了不起。

他出院后跟我讨论学术问题的时候，他谈到金石学的问题，谈到郭伟其要做这方面的研究；他也谈到自己的学生方立华在做十竹斋的研究……那时我心里其实完全不建议黄专再做古典学术研究，当然这是他的心愿，他身上有古典的精神。关于做古典学术，我自己有很深的体会。很多人以为我的小孩会继承我，我坚决反对，原因就在于当代学术的环境变了。以前做古典学术的人都是在衣食无忧的情况下，比如西方人沃尔夫林，用贡布里希的话来说，他绝不会为衣食来分散自己的思绪。在中国，钱钟书的时代，或者陈寅恪的时代，他们都不会为自己的生活担忧。中国古典学术在现代的衰落至少跟这些因素有关系：一是衣食无忧的情况已经不存在了；二是我们能够直接接触的大师也都不存在了，整个学术的环境变了。从小没有童子功，经济压力又这么大，不仅做不好，而且落下一身病。我和黄专生这病可能是多种因素促成的，但这方面的劳累也可能是一个因素。所以我不建议他做古典学术研究，我说你现在重要的是治病。

现在回忆起来，让我感到震惊的是，黄专治疗完了渐渐恢复之后，又在当代艺术领域做了这么多的工作，赢得这么多当代一流艺术家的尊敬，这是我觉得他很了不起的地方。有人跟我说你怎么不做当代艺术呢？我说在20世纪80年代我遇到谁当头的事情，这是我讨厌的，所以避开了。另外一点是做当代是有条件的，就是身体要好，我身体不好是没法做的。黄专以这样的身体状况把当代艺术做成这样，真是奇迹。

*方立华：*之前听杨思梁老师谈到一个细节，你们当时在做《美术译丛》的翻译工作时，黄老师还帮助誊写过翻译稿。您能否谈谈当时的情况？

*范景中：*在开始做翻译的时候，我们就有一个抱负——美术史不能像过去一样，成为美术领域的附庸，要改变它的地位。我把想法和当时负责《学报》的副院长宋忠元谈过，还和徐著宣也谈过。徐著宣有个亲戚是学英文的，我就动员他的亲戚参与这场翻译。一开始我们的出发点是不想让美术史变成写评论或是记流水账，有利条件是我们有很多西方的经典著作可以读，我们可以借用他山之石来完成一个小小的愿望。现在回忆起来，这场翻译虽然是一个参与者不多的举动，实际上是为了一个学科所做的有计划、有系统的翻译，但在 80 年代以后没有一场翻译可以与之相比。尽管文学和哲学作品的翻译量也很大，但是像这么有计划和有立场的翻译，可以说没有与之匹敌的。我们完全是自发的而且坚持了 30 多年。

我虽然是个领头者，但是我得到了非常优秀的学者的支持，如果没有他们的支持，我的想法也是空想。譬如像杨思梁这样一流的译者，也包括黄专和严善錞这样的学者，他们都帮忙誊抄过稿子，但他们不是简单的誊抄，他们有学术判断，他们认为虽然不是自己的写作，但是也非常值得做，因为这可以提高我们学科的整体水平。现在看来也确实是这样，美术史现在能在高校立足，从事美术创作和美术理论研究的很多人跟我聊起来，都说是读我们的书长大的。所以这场小小的翻译运动在某种程度上还是取得了一定的效用。

那时我的想法，不光是让它在美术史研究，而是要对整个人文学科产生影响。这和我的一个观念有关系：美术史研究是一个国家、一个民族人文研究的“指示器”，因为美术史最难。陈寅恪曾经谈过两种眼光：一种研究的眼光，一种鉴赏的眼光。王国维认为宋代的学术水平最高，因为宋代的学术把鉴赏的眼光和研究的眼光二者融和到一起。美术史天然就有这种眼光，而且美术史也是跨学科最广泛的，所以说它是一个“指示器”。

我想黄专是最理解我的，他几次跟我谈瓦尔堡图书馆的事情，说西方经典翻译的事情。他做当代艺术的同时，跟我谈过三件事：一是瓦尔堡图书馆；二是经典翻译；三是金石学。他不是有一个中国艺术史学史的教学纲要吗？从那里就可以看出金石学所起的作用，我正好也对金石学有兴趣，实际上我们交流的还是古典的学问。我也非常理解他想完成阮璞先生的遗愿，从中我也可以感受到中国传统道德的那种“孝”对他应该是起了支撑性的作用。他后来跟我具体谈西方经典著作的翻译时（也就是现在何香凝美术馆和商务印书馆合作的事情），他问我领头来做这套丛书的主编行不行？我说行！因为我很理解他，我在国美（中国美术学院）也是做这方面的工作。我觉得他是想把它做得更大，而且在知道是他的一个愿望的时候，虽然我自己身体也不好，我知道我做不了什么，但是我愿意挑这个头，在这里面做些力所能及的事情。

我觉得黄专有两面：一面是古典，一面是当代。虽然他的人生道路不是很长，但是我觉得他都做得非常优秀，所以我说他做出的是一个奇迹。

*方立华：*黄老师对您所主持的翻译工程一直充满着敬意。他也很重视艺术史经典著作的翻译工作，所以在2013年找您谈“艺术史名著译丛”的想法（最初丛书的标题是“二十世纪西方艺术史经典译丛”），请您做这套丛书的主编。您在80年代所开启的翻译工作影响了很多人，但后来似乎没有形成非常系统的工程，所以他希望通过他的方式推动这个翻译工作，在艺术史上发挥更大的作用。关于这套丛书，你们有什么具体的讨论？

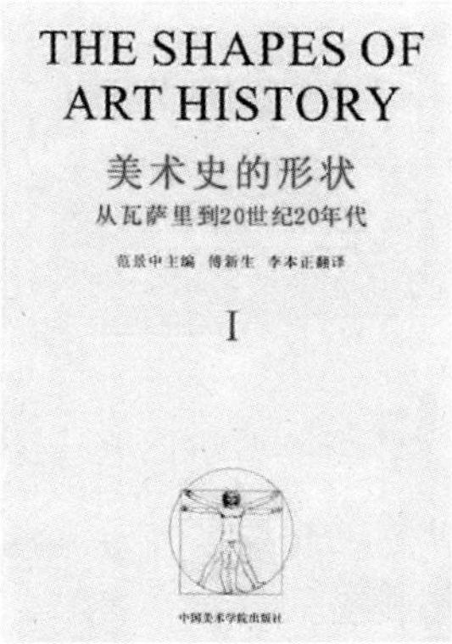

《美术史的形状》，范景中主编，中国美术学院出版社，2003 年 3 月第 1 版

*范景中：*我经常想起徐一维跟我说的一句话，他说，“你能写这么好的文言，你还做翻译干什么？”这句话经常不由自主地冒出来，虽然我并不认为自己能写出什么好东西来，但这实际上也是一种诱惑。我放弃翻译和眼睛有关系，那时候我想用《美术史的形状》把我的翻译工作终结了（这是徐一维在出国前我们拟定的书目），然后就回到中国的研究上来。

如果不是黄专经常跟我谈这些，我的干劲早就消失殆尽了。李本正翻译的瓦尔堡的稿子是我看的，因为我觉得那是比较难的。瓦尔堡这本书非常重要，它呈现了很多西方学术史的背景。回到黄专的话题上来，从 80 年代到他去世，我们是像兄弟一样的朋友，尽管他有很多非常好的朋友，但我觉得我们之间的这种关系很难被代替。

*方立华：*黄老师曾提到阮璞先生实际上并不支持他介入当代艺术，虽然他并没有直接说出来。不知您对他在这方面的工作是持什么样的态度？

*范景中：*实际上我们的看法有共通的地方，我们都认为如果做当代艺术会牺牲学术。我如果用他的话来表达，你就知道我们两人之间的感情和相互的信任度。有一次开会，他问我怎么不参加，我说参加这种会没意思，他说：“我们也知道没意思，不过你坐在那里，有些人就不敢胡说八道了。”他的意思不是说我有什么高深的见解，他也认为这里面的知识含量很少。

黄专是怎么沟通古典和当代的，我可以谈一下我的看法。他在住院之前跟我说："非常抱歉，我自己现在不知道会怎么样，辜负了你和阮先生的希望。我知道你们二位是最希望我做古典的。"我当时很感动，我说："我也很理解你，我从来没有在这方面阻拦过你，批评过你，我们还是好兄弟、最好的朋友。我没有阻拦过你的原因，你可能也清楚。"我没有说太多，但我知道他在做当代艺术的时候，是在努力沟通古典和当代之间的界限，一方面用美术史沟通它，使它有一个强大的知识背景，这是他和其他批评家不一样的地方。另一方面，他从来没有强调当代艺术非理性的一面，他一直在用波普尔的想法，我知道他是怎样用他的方式，来表达我们之间共同的愿望。我是从这两个方面来理解他的，因为我认为当代艺术有游戏和非理性的成分，个人表现的成分很浓。

黄专一方面是坚持理性，另一方面是给它知识背景，我觉得他在这两方面从头到尾是一以贯之的。他很清楚当代艺术的弊病，他是一个头脑非常清醒的当代艺术的推动者。

*方立华：*黄老师经常调侃说当代艺术的"门槛"太低了，但他还是坚持在这个领域工作，这跟您提到的责任感也有关系吧？

*范景中：*是的，因为我们毕竟生活在当下，我们对很多问题都敏感，只是有些人采取了直接进入的方式，譬如黄专；而我则采取了逃避或者超现实的方式。实际上人不可能超现实的，只是采取的方式不太一样，这里面有个性的原因，黄专的个性才能创造这样的奇迹。

*严善錞：*这可能和黄专接受历史学的学术训练有关系。刚才讲到阮先生，我突然想到一件事，阮先生不高兴黄专做当代艺术的一个主要原因是他对黄专期待太高，他觉得

黄专应该继承他的衣钵。黄专把阮先生和范老师看得都非常重，因为他们两个有相通的地方。范老师是从翻译的角度，希望美术史成为一个学科；阮先生也是这样，他其实心气很高，他觉得过去中国在美术领域里写文字的人，只是在写一些“报评”文章，没有把真正的史学建立起来。

阮先生给黄专开课是最认真的，他从张彦远开始讲，从文史的角度谈画论，这和他当年在浙江美院（现中国美术学院）给我们上课完全是另外一个路数。阮先生后来跟我讲，黄专是从华中师范大学历史系出来的，他的基础很好，所以对其他人来说必读的一些书，他就不用再读了。阮先生对黄专的期待特别高，他觉得黄专在这个领域应该有更大的空间，所以认为黄专去搞当代艺术批评有点可惜了。

*方立华：*我在黄老师家里还看到他以前上课的笔记，写得非常工整。

*严善錞：*阮先生除了给黄专开小课以外，还给他开了大课，开大课也是给其他一起上课的同学“回回笼”。我印象中就是黄专、我、皮道坚、李松，还有其他和黄专同时进校的学绘画的研究生。开课的内容都是阮先生最精华的课题，譬如画史问题、画论问题和画品问题。

*范景中：*我们在 80 年代对中国美术史是有抱负的。记得有一次我们在杭州的一个饭店里，一起还根据每个人的兴趣爱好做了分工，邵宏分的是小学，杨小彦分的是笔记，黄专分的是方志，严善錞分的是玄学。我们还说应该有个“瓦尔堡图书馆”，每个人根据自己的兴趣有个专攻的方向。邵宏是最认真的，他跑到中山大学去读小学，专门学文字学和音韵学。

*严善錞：*那时非常兴奋，感觉我们自己勾勒出来的中国美术史的图景非常完整和清晰。

那次邵宏在会上讲瓦尔堡，提出要建“中国的瓦尔堡”。

*方立华：*黄老师后来想做的一件事情就是建立一个图书馆型的研究机构，他希望在“OCAT 北京文献与研究中心”（后定名为“OCAT 研究中心”）实现，这个计划其实就是受到“瓦尔堡图书馆”的启发。他在 2010 年写了一份《关于建立一个中国当代艺术图书馆计划》，但由于各种原因一直没有实现，也是件很遗憾的事情。

*严善錞：*邵宏是叫得最响的，我们叫他“邵尔堡”。他会裱画挣钱，我们说可以用他裱画挣的钱盖瓦尔堡，盖一个研究中国美术史的研究机构，这是我们的一个心结。

*范景中：*这应该是在 1989 年之前。

方立华：“瓦尔堡”这件事是从邵老师的演讲谈起来的吗？《美术史的形状》里有一篇文章就专门介绍瓦尔堡图书馆。

*范景中：*当时《美术译丛》已经写了文章要介绍瓦尔堡学派，瓦尔堡图书馆就是我们当时经常谈论的事情。

*严善錞：*当时范老师的意图很明确，希望通过翻译建立我们自己研究中国美术史的方法，建立中国美术史研究的学科。

*范景中：*我们当时的翻译是有目标的，一是把我们自己的美术史做好，二是要影响整个人文学科，因为他们一谈起美术来完全是外行。我举一个例子，庞朴在学术界是那么著名，但谈起文艺复兴来简直就是一个外行，好像就只看了苏联人做的那些皮毛。当时我很吃惊，我觉得他们这样的学者应该看一看西方的研究。朱光潜名气这么大，他的美学史研究也有很大的一片空缺，沃尔夫林这么重要的人物，在他那里完全没有

地位。所以我们觉得中国的学术是有问题的。黄专是我们美术批评圈里，或者说搞美术史里最有史学基础的，他进来后让人看到另外的气象。

*方立华：*当时大家说要建立“瓦尔堡图书馆”，有没有真的推进这个事情，还是只停留在谈一谈的层面？当时是如何考虑的？

*范景中：*对我们来说真的是空谈了。刚才说起史学基础，这个圈子里有一个是黄专，还有一个是中国美术学院的洪再辛，洪再辛是杭大（杭州大学）历史系的。杭大的史学是宋学，他们的宋学研究可以和北大相比，是全国最好的。他们两个是有史学基础的，我们就像盲人摸象一样，一条大腿一条尾巴摸过来的。

我在生病以后，跟我们学校宋忠元谈过关于图书馆建设的事情，我想把我的书捐给学校，他说你现在还年轻，还不急。我当时也不知道自己以后会怎么样。1994 年我去贡布里希家，贡布里希说：“我死了以后这些书也不知道怎么办。”因为涉及人的生死问题，我就没有接话。他去世以后我就跟他家属联系，看是不是能把这些书搬到中国来。但是我也知道，私人是没有办法接收的，要是哪个老板愿意出钱，把这批书接下来，我们还可以干点事情。但我觉得这肯定弄不成，所以就放弃了。我没想到黄专后来这么用心和用力，自己希望把它变成一个现实的实体。这件事情他也跟我谈了几次，他到北京的原因之一就是要建立这么一个图书馆，他跟我谈的时候我还担心他的身体，不敢给他煽风点火。

我跟黄专的交往还有一个方面没有谈，这跟我们私人的生活有关系。1990 年我得病以后，得到了几位朋友的关心和帮助，其中，黄专和严善錞、邵宏、杨小彦在这方面是出力很多的人。譬如江南一带冬天很冷，每年冬天他们都想办法把我安排到广州去生活，帮我找住处，他们怕我身体再出现什么问题。那时候大家都没什么钱，都

20 世纪 90 年代初，黄专与范景中、邵宏在广州（图片由白榆提供）

是靠私人的感情来联络一些关系。广州也有古籍书店，黄专有时候陪我去转转，他在生活上帮了我很多的忙，就算他生病以后，他也一直非常惦记我的生活。他知道我喜欢看电影，还专门从香港买了一个可以随身带的播放器，托向京带给我。我对当代艺术家有所了解就是通过向京，理论方面就是通过黄专。我能在当代艺术这个领域开个很小的窗户看一看，基本上就是通过他们两个：一个艺术家，一个理论家。

方立华： 1998 年黄老师为何香凝美术馆策划了一个学术论坛，并编辑了一本文集《当代艺术与人文学科》，您当时写了一篇文章《人文科学的危机和艺术史的前景》。那个学术论坛也许体现了黄老师的一个野心，他把跨学科的学者聚集在一起，因为他一直强调当代艺术应该建立在当代思想的基石上，使当代艺术的讨论具有更宽广的视野和学理的支撑，不知道黄老师这样的思路和 80 年代你们在一起讨论学术问题有没有一些联系？

范景中： 我认为是有联系的。因为我们当时做美术史，实际上有一个野心，就是给其他人文学科打开眼界。黄专这种做法实际上比我乐观，我从来没有寄希望于各界的学者在一起开研讨会，因为我对于我们自己的领域，以及其他领域的估计都比较低。刚才我举的庞朴的例子也是我这种心情的一个反映。我自己对于哲学和古典文学都特别关注，因为我自己也在翻译哲学的书，比如翻译波普尔的著作。

方立华：波普尔的理论对于黄老师的影响很大，在他的一些研究文章中可以看到他受波普尔理论的启发或对其理论的借用。他主编的《世界3》，标题就是出自波普尔的理论。

范景中：对，黄专接受波普尔的批判理性主义。我觉得20世纪中国出不了哲学大师，因为中国哲学家的训练不足，可是20世纪的西方哲学家里有很多人不光是对数学，而且对物理学都非常精熟。其实我们最好的讨论对手应该是跟大师对话。有人说我只欣赏贡布里希，他们哪知道我心里还有其他的人，我在《美术译丛》有一篇文章里早就说了。当时像沃尔夫林的著作都是我请人来翻译的，当同学们跟我说很难读懂译文的时候，我自己也开始翻译他的著作。潘诺夫斯基最难的一本书《图像学研究》也是我和一个朋友合译的。西方研究比较文学的人就说得非常明确，潘诺夫斯基的书不仅仅是研究文艺复兴的人要读，也是比较文学领域的必读书，他的研究影响真是很大。

有人说我们只介绍贡布里希，其实贡布里希的书对于西方的莎士比亚研究都有影响，我经常想，如果到了我们真能批评贡布里希的时候，说明我们的水平真是很高了。我在读他们的书的时候感觉到涉及面确实很广，文史哲都包括在内，我的翻译其实是我在跟他们对话，我希望读者也能跟他们对话，我觉得黄专就是在跟他们对话。黄专主持这样的论坛，把各界的学者都联合起来，这正是跟他们对话的结果。

方立华：但将跨学科的学者聚集在一起，实际上很难形成一个真正的对话。黄老师做过很多的尝试，但也感到一些失落，这在他之后的访谈里边也有所提及。

范景中：他比我乐观，他去做了；我比较悲观，我都不敢去做。我之前在南京艺术学院有一个很简短的发言，我说美术史在跨领域上可以说是任何一个学科都不能比的，它把任何一个学科都吸收进来，没有另外一个学科像美术史一样这么包容。美术史能

《艺术与错觉：图画再现的心理学研究》，贡布里希著，浙江摄影出版社，1987 年 11 月

够在西方变成一个给人文学科赢得光荣的学科，而且到了现在被庸俗化为一种视觉艺术的时候还能够这么席卷他们的学术界，这是有原因的。

在西方，美术史确实太厉害了，比如说沃尔夫林不光是影响了文学里的巴洛克，音乐学里的巴洛克也都是从他那儿来的，甚至经济学都提到“巴洛克”这个词，这个影响真是大得不得了。西方美术史的研究确实水平非常高，我想，作为初出茅庐的年轻学者，在 20 世纪 80 年代那种情况之下，那些真的想做学问，而不想只是在这个领域当中赢得那些昙花一现名声的人，肯定都认真地反思和研读过西方美术史的一些名著。我想黄专在这方面一定是用力很深的人。

*方立华：*黄老师对波普尔理论的接受应该是得益于您的翻译和介绍吧？你们私底下有过什么样具体的讨论？

*范景中：*有，但有时候完全是一个即兴的讨论。特别是在 2000 年之前，可能谈学术谈得更多。其实我不参加会议还有一个原因。80 年代末，我在杭州参加过一次美术家协会关于史论的“艺委会”，当时我是艺委会的委员，杭州艺委会委员只有我一个人，我不去就太不礼貌了，而且当时我也刚当美术家协会的理事，那年我 37 岁，他们说我是最年轻的一个理事。那年参加“艺委会”后我就得罪了北京大学的叶朗，他当时讲了一通他的美学体系，我用波普尔的一个非常简单的理论反驳他，我说信息量越大，

知识含量越小。我举的例子是说那时候我对波普尔的印象很深，实际上我也是自觉地在运用他的一些理论思考问题。我们肯定谈到了波普尔，贡布里希在他的《艺术与错觉：图画再现的心理学研究》里面非常明确地提到，“如果说我的著作处处有波普尔的影响，我感到骄傲”。

我觉得黄专对波普尔理论的接受一定是有两方面的原因。因为我们翻译贡布里希就知道他最强大的理论力量是来自哪里，也会引起我们的关注。我接触波普尔比较早，是在20世纪70年代。我在上中学的时候一方面是在学习填词，另一方面是在看哲学的书。看哲学的书是跟我父亲当时使用一些苏联翻译的教材有关，即所谓的辩证唯物主义和历史唯物主义，读书的时候学校印作讲义发下来。在70年代，我自己的阅历开始丰富起来，特别是在农村时读了一本书《爱因斯坦和相对论》，当时感觉眼前的世界完全变了，我觉得唯心主义并不像我想象的这么简单。1973年地震的时候，我回天津探亲，正好天津古籍书店内部门市部开放，有一套书是《现代外国资产阶级哲学资料选辑》，商务印书馆印的，米黄色封面，其中有谈数理哲学的，有谈模糊论的，也有谈人性论的。人性论是西方著名哲学家言论的摘录，其中就有波普尔，我买了一套开始读，我觉得我应该开阔我的哲学眼界。我在内蒙古的时候读过那些书，在我上大学的时候正好《哲学研究》上介绍波普尔的“世界3”，一翻译贡布里希立刻就对上了。我开始关注波普尔有这么一个过程。至于我们具体怎么谈论波普尔，我记不太清楚了。

后来我又开始校订那些书，我觉得上海译文出版社出的那套书还不够专业，很多地方译得比较随意，校订的时候发现有很多错误的地方，所以我又做了一些补充。波普尔的写作就是不断地修改，就像他的“试错论”一样。

方立华： 在西方哲学界，波普尔并不是一个最前沿和最受推崇的哲学家。但恰恰是

波普尔的理论，启发了黄老师对中国当代艺术的研究。您觉得最主要的原因是什么？

*范景中：*波普尔在西方的哲学界不被推崇，所以贡布里希在凡是跟他有关的场合就引用他，或者说向他致意，有几个原因：一是波普尔到英国以后，实际上引起了英国哲学界的震动，但是受英国哲学界的排挤。贡布里希的意思是说因为别人引用他，不注出他的名字，所以他要经常强调受波普尔的影响，以此来反驳他们。二是波普尔自己本人有问题，他耳聋，他说话声音很大是因为他听不见对方，别人会觉得他很暴躁，这就引起了误解。三是波普尔在西方的影响是不对称的，他在哲学界受到排挤，但在政界受到了极高的评价。波普尔诞辰100周年庆祝会是在他的母校维也纳大学召开，主持这个会议的人是奥地利的总统，参加这个会议的人有一帮政界的名人，可见他在政界赢得了极高的荣誉。另外，在科学家里面，有几个诺贝尔奖获得者，他们公开说波普尔的方法就是科学的方法。波普尔有一些朋友都是诺贝尔奖获得者，包括他的合作者艾克尔斯（J.C. Eccles），他是一个研究神经学、生命科学的诺贝尔奖获得者。

我欣赏波普尔有两方面的原因：一方面是他有很深的数理化的造诣；另一方面是他的哲学不光是讨论认识论和知识增长的问题，他还讨论生物学的问题，而且还讨论政治的问题。所以说他的很多想法实际上是一以贯之，因为他特别强调人都是犯错的。

实际上生命就是一个试错的过程，如果走一步是对的，我们会继续往前走，如果错了，我们肯定会退回来再尝试。波普尔把很简单的道理用演绎的方法一下子贯穿到这么多领域，确实了不起。我想这些理论可能正是我们的学术界和当代艺术当中所缺乏的，如果我们仔细分析黄专的文章就知道他有很多地方是在用这些想法来讨论一些学术问题和艺术问题。

谈起黄专，我有非常敬佩他的地方，也有非常感谢他的地方。

曾经时尚是学术

受访人：鲁虹（四川美术学院教授、武汉合美术馆执行馆长、湖北美术馆研究员、国家当代艺术研究中心专家委员会委员、中国美术家协会会员）
采访人：范白丁、方立华
时间：2017 年 1 月 18 日　地点：武汉
录音整理：赵莹

方立华： 我之前看您写的一篇文章提到，您是通过在湖北美协编辑《美术理论文稿》认识黄老师的，而且在 1983 年第 7 期刊发了他撰写的研究文章《从文同看中国文人画的源起》，您当时是这份内部刊物的编辑，这篇文章也给您留下很深刻的印象。您能不能具体谈一谈当时的情况，以及和黄老师认识的过程？

鲁虹： 我大学毕业后就被分到了湖北美协（湖北美术家协会）工作，早期协助陈方既老师，负责编辑《湖北美术通讯》，这份刊物主要是记录和反映湖北美术界的艺术创作情况，偶尔也收录了一些理论文章。后来协会觉得刊物太薄了，理论分量不够，经过周韶华老师提议，于是办了一份《美术理论文稿》。陈方既老师是这份文稿的主编，我是执行编辑，主要负责第一稿的审读、校对和跑印刷厂等具体的事情。

记得当时皮道坚老师推荐寄来了一篇稿子，是黄专写的《从文同看中国文人画的源起》。写得非常好，我看了稿子以后，就写了一个建议刊发的意见，陈方既老师也同意，于是就下厂印刷了。我根本没想到黄专是一个比我还年轻的人，一直以为他是位老先生。后来听皮道坚老师说，黄专是华师历史系毕业的，分在了郧阳师专。在这个过程中，我们一直没见面，因为当时打电话也不方便，所以我们是通过书信联系的。

"第六届全国美展"举办前，湖北美协也投入了筹备阶段，在草图审稿的时候，周韶华先生带我们到郧阳去过，我还顺便去郧阳师专找过黄专，当时我想找两个人：

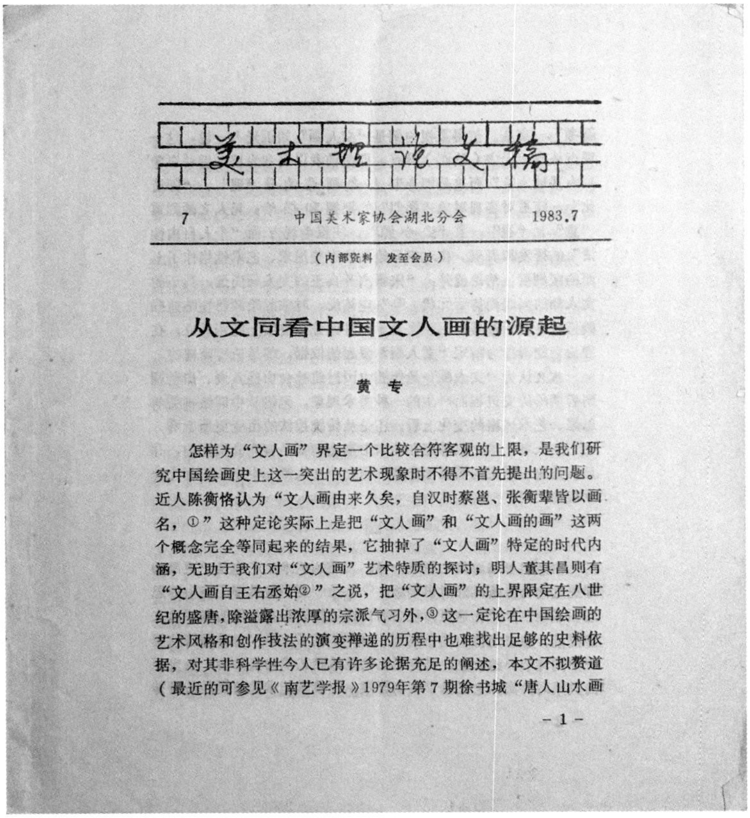
美术理论文稿

7　中国美术家协会湖北分会　1983.7

（内部资料　发至会员）

从文同看中国文人画的源起

黄　专

怎样为“文人画”界定一个比较合符客观的上限，是我们研究中国绘画史上这一突出的艺术现象时不得不首先提出的问题。近人陈衡恪认为“文人画由来久矣，自汉时蔡邕、张衡辈皆以画名，①”这种定论实际上是把“文人画”和“文人画的画”这两个概念完全等同起来的结果，它抽掉了“文人画”特定的时代内涵，无助于我们对“文人画”艺术特质的探讨；明人董其昌则有“文人画自王右丞始②”之说，把“文人画”的上界限定在八世纪的盛唐，除溢露出浓厚的宗派气习外，③这一定论在中国绘画的艺术风格和创作技法的演变禅递的历程中也难找出足够的史料依据，对其非科学性今人已有许多论据充足的阐述，本文不拟赘道（最近的可参见《南艺学报》1979年第7期徐书城“唐人山水画

－1－

《美术理论文稿》封面（图片由白榆提供）

一个是黄专，另一个是诗人王家新，后者是武大（武汉大学）一个很有名的诗人，当时在国内的知名度很高，本来是武大留校的，但由于婚姻问题，被分到了郧阳师专。不巧他们都不在，我就留了一张条子。过了好久，黄专考上了湖北美院（湖北美术学院）阮璞老师的研究生。有一次，他打电话来说要过来取“文同”那份文稿和样书，其实出样书时寄给他两本，可他嫌少，还想拿一些，另外还要过来取稿费。黄专那天骑着辆自行车过来，剃了个平头，长得很壮，穿着汗衫，我完全没想到他这么年轻，一点也不像个学者的样子，比较随意，喜欢开玩笑。后来我们一直保持着密切联系。

当时有一个契机，《美术理论文稿》已经不适应形势发展的需要了，周韶华就想办一个反映创新思潮的刊物，并物色了彭德老师。彭德当时是在湖北省宜城县文化馆工作，因为写了一篇反响很大的文章《论美术的审美功能》。那个时候陈方既老师也

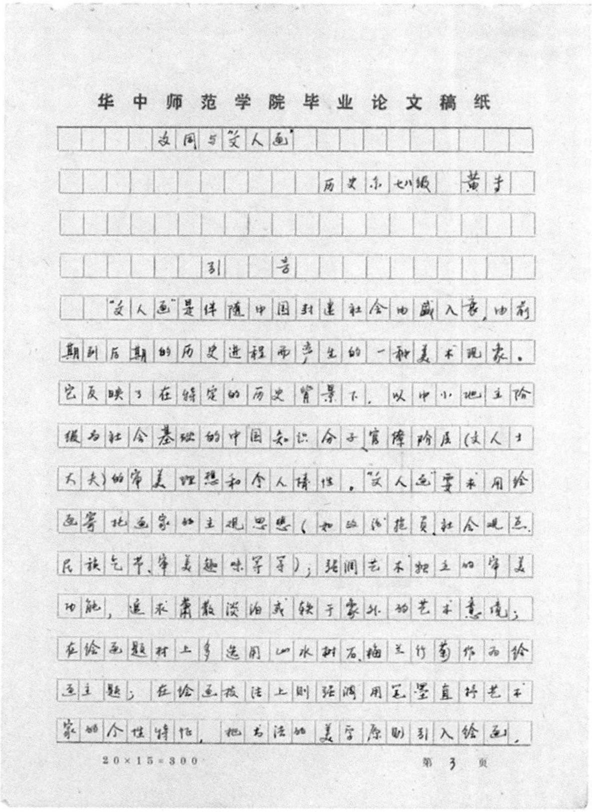

华中师范学院毕业论文稿纸

文同与文人画

历史系七八级 黄专

引言

"文人画"是伴随中国封建社会由盛入衰，由前期到后期的历史进程而产生的一种美术现象。它反映了在特定的历史背景下，以中小地主阶级为社会基础的中国知识分子官僚阶层（文人士大夫）的审美理想和个人情性。"文人画"要求用绘画寄托画家的主观思想（如政治抱负、社会理想、民族气节、审美趣味等等）；强调艺术独立的审美功能，追求萧散淡泊或超于象外的艺术意境；在绘画题材上多选用山水树石、梅兰竹菊作为绘画主题；在绘画技法上则强调用笔墨直抒艺术家的个性特征，把书法的美学原则引入绘画。

20×15=300 第3页

黄专硕士论文《文同与“文人画”》(图片由祝虹提供)

退休了，彭德老师一方面要接管《湖北美术通讯》和《美术理论文稿》，更重要的是要筹办一本刊物《美术思潮》(当时办刊物还比较容易，刊号比较好批)。刊物办成后，周韶华挂的是副主编，彭德是主编，那时在全国是比较少见的。周韶华给彭德在业务和经济等方面一路开绿灯，全部由彭德说了算。有了这个刊物以后，湖北的一批人就聚集在了一起，首先是彭德那一辈一批在文史哲方面很优秀的人，包括皮道坚、张志扬和鲁萌等，后来易中天也参加了进来；青年一代有黄专、杨小彦、邵宏、祝斌、严善錞和李松等，和这些人在一起非常开心。

我大学是学中国画的，并参加过五次全国美展，而且以画家的身份参加了全国美协。大学毕业后我刚到湖北美协的时候，陈方既老师对我说：“你以后要安心做理论啊，现在年轻画家多得很，理论家少，我们要好好培养你。”不过，当时我还是想画画。

到美协以后，我的作品参加了“第六届全国美展”和“第七届全国美展”，等等。但当我跟黄专、彭德、皮道坚、严善錞、祝斌这些人接触以后，在不知不觉中，竟慢慢地转向了理论批评。我觉得这就是他们的人格魅力。

方立华：《美术理论文稿》是一份什么样的刊物，对中国当代艺术有什么样的影响？

鲁虹：我到美协后被分配到创作研究部，参与了《湖北美术通讯》的编辑工作。这份内部刊物在全国美术家协会里面应该是办得比较早的，也产生了一些影响。但随着美术创作的深入发展，周韶华觉得这本刊物的理论部分太薄弱了，于是就出了《美术理论文稿》。这是一本方形开本的理论文本，由理论家或艺术家就当前艺术创作的问题撰写文章，每一篇独立发一个单行文本，字数不限。按现在的标准看，这份文稿印得非常简陋。每年出版 12 本，到了年底，我们会设计一个方盒子，把 12 本书都放进去，就像套装书一样。它以省内的理论家、艺术家为主，兼发外地理论家提供的稿子。出版后我们会向全国的美术家协会以及著名的理论家寄书，其产生的影响是不小的。

方立华：把一篇文章编成一本理论刊物，当时是怎么考虑的？

鲁虹：那时协会的工作经费很紧张，所以印得很简单。来一篇稿子，觉得可以了，我们就印，而且刊物的厚薄完全取决于文稿的长短。其中有很多文章，包括黄专、彭德和皮道坚的文章，后来都被一些杂志转载了。

《美术理论文稿》虽是内刊，却面向全国发行，可以说，当时湖北美协在理论研究上已经走在了全国前列，先是做《湖北美术通讯》，然后转向《美术理论文稿》，再转向《美术思潮》。也由于当时刊物极少，所以在全国产生了很大的影响。不过《美术理论文稿》没有《美术思潮》的影响大，因为时间太短了，它实际上是《美术思潮》的

《美术思潮》封面

过渡性刊物。

范白丁：所以写理论文章的话，《美术理论文稿》就是一个非常好的阵地了？黄老师的文章被推荐到这份刊物，这是一个最好的选择吗？

鲁虹：当时《美术》杂志发表理论文章在字数上是有限制的，如果想在《文艺研究》和《美术史论》发表文章则非常难，而且字数都有限制。《美术理论文稿》的优点就是没有字数限制，两三万字都可以，这就突破了当时美术理论杂志的限制，在刊物极少和阵地极少的情况下，它还是产生了一些影响。只不过《美术思潮》后来名气太大，把它完全遮盖了，但是没有《美术理论文稿》，就不会有《美术思潮》。

到了“85思潮”兴起时，因为艺术风潮已经发生了转换，所以《美术理论文稿》显得不能适应新的需要了。而且《美术》杂志也只是偶尔发表一点关于创新的文章，更多的是体现主流意识形态的文章，考虑到理论创新有巨大的需求，周韶华于是想要办一个反映创新思潮的杂志！很巧，当时《美术》杂志正在进行关于美术功能的讨论，实际上这与“星星画会”出现后艺术家开始重视自我表现的背景有关。当时大家对美术只讲为政治服务，或屈从于教育功能很是不满，所以很多人写了文章，有的谈美术的功能是教育，有的谈美术的功能是政治，等等。这时彭德写了一篇文章叫《审美作用是美术的唯一功能》，发表后产生了巨大的轰动，于是他就进入了周韶华的视野，他觉得做新的杂志，彭德是最合适的人选。

湖北美术家协会办《美术思潮》，我觉得这是时代的需要。虽然现在看《美术思潮》的印刷极其简陋，但由于彭德的办刊宗旨迎合了艺术界的内在需求，所以这本杂志马上就受到了全国的关注。当时在彭德身边聚集了一批人，老一辈的包括皮道坚、张志扬、鲁萌、陈家琪和易中天；中年一代是祝斌、黄专、严善錞、邵宏、杨小彦、李松和我。这是一个非常有意思的群体。

*方立华：*在黄老师写的自序里面，他提到 1984 年经皮道坚老师介绍，他认识了正在武汉筹办《美术思潮》的彭德老师，是这样一个契机，他参加了《美术思潮》的编辑工作，这段时间集中在 1985 年到 1987 年。您在回忆文章里也谈到在办《美术思潮》期间，经常和黄老师在一起，可能也有很多的讨论和碰撞。您能否谈谈当时的背景？

鲁虹：彭德来了以后重点就变了，即协会把经费重点转向了《美术思潮》，当时我还在编《湖北美术通讯》。彭德因为没有人手，就向协会提出要我过去当编辑部主任。其实当时只有我们两个人，彭德负责把握大的方向与纲领，他的编辑思想比较开放。当时祝斌、黄专、严善錞、邵宏、李松和我各编了一期，每期由个人提出自己的编辑宗旨，彭德从不干预。比如黄专编辑的那一期，就是他自己提出编辑方案，他想约谁的稿完全由他自己决定。

需要说明的是，严善錞当时起的作用非常大，他这个人虽然很内向，却把外地一大批优秀人才引向了《美术思潮》，这当中包括范景中、查立、王广义等。于是这批浙美的人与武汉建立起了联系。另外，通过严善錞的推荐，黄专和祝斌开始关注范景中老师办的《美术译丛》，而且读得非常入迷，后来只要出现贡布里希的书，他们都买。我那个时候虽然是编辑部主任，实际上我的身份还是艺术家，只是偶尔客串一下他们的批评工作。

1990 年在武汉，左起：祝斌、鲁虹、黄专（图片由鲁虹提供）

在这个过程中，湖北美协把祝斌也调进来了，于是他也参与了《美术思潮》的很多工作。当时参与《美术思潮》的编辑工作每个人每期的编辑费是 20 块钱，很低。另外，《美术思潮》是在一个民办的印刷厂印刷，条件是不可想象的差。

当时由于很多艺术家和理论家寄来的稿子字迹很乱，排版经常出错，所以后来每期稿子定下来了以后，我就踩着自行车，把所有由责任编辑编好的稿子送到黄专家里，交给他妈妈誊抄。我一个月要去好几次，分别是送稿子和取稿子。黄专的妈妈当时已经退休，钢笔字写得非常漂亮，每篇稿子抄得都非常干净。说起来我虽是编辑部主任，其实是跑编务的，包括送稿子、取稿子以及校对和跑印刷厂，等等。因为那个时候还没有电脑排版，常常是我自己用格子纸画版式，然后连同稿子一起送到汉口的印刷厂，等印刷厂排完了以后再校对。当时黄专编的那一期，就由他去校对和跑厂，他和严善錞、祝斌都非常认真，我就比较舒服。但是像杨小彦、邵宏他们根本就不在武汉，跑厂的任务就得我来，会辛苦一些。

《美术思潮》出来以后，马上在全国产生了巨大的影响，因为它既是一个舞台，又强调创新，所以正好迎合了那个时代的需要。虽然这本杂志印刷很一般，但它产生了现在任何杂志也无法产生的影响。应该说，这是在当时有巨大的需求又没有阵地的情况下，它一下子冒出来了，所以很快吸引大家的注意力。

方立华： 您刚刚提到《美术思潮》的自由度是非常大的，你们在编辑和组稿的时候是否有一个相对一致的框架或方向，然后在这个范围里进行编辑和组稿？

鲁虹： 我觉得在办刊方向上大家都有一种默契。早期范老师他们翻译沃尔夫林的形式主义理论，其实是和艺术家吴冠中强调形式本体的背景有关。实际上，黄专、严善錞和祝斌他们更赞成贡布里希的理论。

我是从画画转向理论研究的，理论基础十分薄弱，我在《我与美术批评》一文里曾经谈到过，黄专和祝斌就是我的老师。祝斌是从十堰市调到武汉的，那时因为他夫人还没调过来，他一个人就住在美协办公室里，很孤单，所以我每天都找他聊天。有时候黄专来了我也和他聊。黄专很机智，文章写得很好，他的确是个非常有才气的人，他一来无形中就会成为谈话的中心。黄专和祝斌是我接触得最多，也是让我受益最多的朋友。那时黄专住在武昌，我家在汉口，因为我要给他妈妈送稿子，经常去他家，所以我们关系特别好，他真的是在专业上给了我极大的帮助。如果说我今天在理论上有一点点的成果，那无疑是祝斌和黄专对我的影响非常大。

我那时受吴冠中的影响很深，后来看了贡布里希的文章以后，才开始知道艺术必须有一个历史，即便是形式和表现方法，它也有一个历史。而且，艺术和当时的时代背景以及艺术家的思想观念是有关系的。后来我也把贡布里希的书都看了。我想说的是，虽然贡布里希是一位艺术史家，但我一直是从批评的角度来看他的书的，实际上我现在用的方法基本上都是他的。画画的人都知道，他的“图式修正”的理论非常实在，比方说张晓刚早期学的是凡·高，他使用的图式和技术，你看得出来那就是凡·高的手法，也就是所谓“图式修正”吧。其实，我们一直是用贡布里希的理论来解释艺术家的作品，不像有些批评理论完全是谈观念。当然，如果完全从形式角度谈形式，也根本谈不清楚。比如说沃霍尔的图式与观念对王广义是有影响的，但是他要“修正”，他就要结合中国的背景进行修正，并最后形成他自己的特点。后来黄专写过“另一个王广义”，谈的就是他不断发展的问题。王广义很清楚，在世界艺术史里，如果完全用沃霍尔的那一套图式与理论来做艺术，他的地位是很难确立的。而他在运用“底片”这个概念作画的时候，他就完全超越了沃霍尔，并形成了自己的面貌。

范白丁：您提到当时搞理论的人会给您开书单，您还记得是哪些书吗？

鲁虹： 黄专、祝斌推荐的关于贡布里希的书我看得比较多，但是其他人推荐的书我到现在都没有看完，因为那些关于德国哲学或存在主义的书，我看了一半就看不下去了。我觉得做批评一定要专业，不能空谈思想观念，不能简单地把西方的存在主义一说，然后就拿一件作品往上硬扯。我总认为，艺术家的作品是一笔一笔画出来的，它一定是和形式、图像相关联的，如果纯粹谈思想，很多东西都讲不通。但贡布里希和巴尔特（Roland Barthes）的理论是让我信服的。其实，“85 新潮”时期谈哲学思潮成风，黄专他们谈的那些东西并不占主流。

范白丁：当时《美术思潮》影响很大，又是你们这一批人一起做的，为什么它所传达出来的贡布里希的理论不占主流呢？

鲁虹： “85 新潮”是一个在哲学领域特别受欢迎的时期，当时的艺术家和批评家都好像是哲学家，所以谈海德格尔、伽达默尔是一个风尚。我觉得张志扬对美术界肯定是有贡献的，他也启发了美术界，但他是哲学家，他说的那套理论，从美术批评的角度来讲，我觉得并不专业；而黄专、祝斌受贡布里希和波普尔的方法论影响很深，这从他们所写的文章就可以看得出来。受他们的启发，我把贡布里希的书都看完了，我觉得贡布里希给我提供了一个很好用的武器。但是，贡布里希谈得更多的毕竟是文艺复兴时期的艺术，在谈论当代艺术的时候，会有局限性，所以后来我看到巴尔特的符号学，觉得挺好，就把他们两个人的理论融合起来了。

*方立华：*你们当时接受的这些理论，会不会存在一定的误读，或者说是把它当作一个理论工具来解决当时所面对的当代艺术的问题？

*鲁虹：*误读太大了！以我来说，虽然我是受了贡布里希的影响，但我是看完了以后按照自己的理解再用他的理论。我毕竟不是一个从事西方艺术史研究的专业人员，所以我在解决中国问题的时候常会根据自己的体会来理解，于是就偏离了。其实祝斌和黄专他们在接受贡布里希那些理论的时候也是不一样的，祝斌认为不管是传统艺术还是当代艺术，都有一个客观的标准，可惜祝斌关于批评的文章还没有深入地展开。黄专并不一定认同这个观点，他是直接从波普尔的科学哲学那里学到了一些东西，他后来推荐我看《波普尔的传记》、波普尔的《猜想与反驳》，这些书对我启发非常大。黄专的写作风格其实是受波普尔的影响的，虽然他早期受贡布里希的影响，但波普尔对他的影响更大。比如黄专写的文章《通过知识获得解放》，标题就直接使用了波普尔说的话。我觉得绝对地还原太难了，误读是肯定存在的。

*方立华：*1986 年《美术思潮》有一个转型，当时请皮道坚老师做副主编，严善錞老师作为编委，您是编辑部主任。为了打破区域的界限，特约了一批年轻的编辑，包括栗宪庭、杨小彦、邵宏、黄专、李松，等等。这些编辑肯定有不同的学术观点和编辑方向，从您的角度来看，他们使《美术思潮》形成什么样的特点？

*鲁虹：*栗宪庭老师早期参与过编辑《美术思潮》，而且在我们编辑部做了好几个月，

后来因为各种原因没调过来，去了《中国美术报》。我觉得彭德最开放的编辑方针就是在强调艺术创新的整体框架上，请不同的人各编一期，这是彭德非常伟大的地方。如果每一期都由彭德来编辑，完全没有区别的话，《美术思潮》就不会像后来那样丰富多彩。比如黄专和祝斌他们用贡布里希的方式来工作，所以他们对于后来贡布里希理论在中国更大范围产生影响是有贡献的。事实上，范景中老师是直接翻译和引进贡布里希的理论，但他没有具体地用贡布里希的理论来对中国的情况进行解说。而黄专和祝斌一直在做这方面的工作，也做得非常深入。当时劳申伯格在中国办展览以后，黄专最早撰写了谈波普尔的文章，同时结合创作的实践又把贡布里希的理论方法运用进去，用得非常地道。应该说，我是受影响者之一，但又不完全和他们一样，可能因为我是一个画家，总认为离开形式是不能谈画的，这是我根深蒂固的想法，所以在观念和形式的结合上面，我和他们并不一样。

方立华： 1987 年《美术思潮》停刊，具体是什么原因呢？当时黄老师还在湖北美术学院修读中国美术史，他对于停刊这件事情有什么反应吗？

鲁虹： 其实省内的一些老先生是不支持《美术思潮》的，还有些人认为《美术思潮》是在搞西方化，背离传统，等等。在这样的风气下，《美术思潮》被停刊了。当时大家都觉得很可惜，而且我们的情绪也有点低落。但是彭德说停得好，认为是在它最应该停的时候停了，因为在创新方面已经很难突破，继续办下去也难以为继，实际上我们是很“光荣”地退了。他还说，一件事或一个人在最高峰的时候退出，在历史上讲是最好的事情。

后来，《美术思潮》和文联的《长江戏剧》等五个杂志合为一本杂志《艺术与时代》，于是，我从美协调到了《艺术与时代》编辑部，不过我也在这个杂志中做了一些当代艺术的介绍，黄专还给我们写了不少文章。

方立华：《美术思潮》的封面设计很有时代特点，当时的装帧设计和每期的内容编辑有什么呼应关系吗？特约编辑是否也会对封面设计提出不同的想法？

*鲁虹：*当时彭德觉得封面应该做一个非常新颖的方案，所以第一期的试刊号找了湖北工业学院的吕中元（现在是中央美术学院设计系主任）做设计，之后请了西安美术学院的陈绍华（现生活在深圳）做设计，他超越了以前美术杂志的设计方式，视觉上融入了现代设计的一些概念，他很强调创新，所以当他把设计稿寄过来时，彭德一看就觉得不错，并用了。

*方立华：*黄老师曾经用过一个笔名叫“白荆”，您是否了解他使用笔名的用意？

*鲁虹：*他当时谈恋爱了，于是将自己和白榆放在一起了。当时《美术思潮》有一个栏目叫《近期美术新论一览》，因为是三个月一期，彭德希望在这个栏目中能够呈现当下美术杂志发表理论文章的情况，于是请黄专来写，要他把当时能搜索到的所有美术杂志的重要观点进行整理，并呈现出来，很麻烦的。后来的事实证明，这个栏目起了很大作用，很多人了解当下的美术创作，都是通过这个栏目。

*方立华：*除了这个因素以外，是不是他在写作某一部分内容时并不愿意署自己的真名？

*鲁虹：*对呀，他写正式的理论文章，即代表他的学术观点的文章就用真名，但是像这种“新论一览”、会议纪要之类的就使用笔名。

*方立华：*在黄老师的自序中，他提到“当时武汉有一种沉着老道的学术气氛，与浮躁的北京和奇崛的江浙比较，风格迥然不同，在我的印象里，这无疑与张志扬、皮道坚

1991 年，黄专离开武汉赴广州前与朋友聚会，左起：李崧、彭德、严善錞、黄专、鲁虹、皮道坚、祝斌（图片由白榆提供）

有关……”您能否具体谈谈当时武汉的学术环境？为什么在 90 年代初期，你们相继离开了武汉，去往南方？

鲁虹：“85 新潮”时期，皮老师把张志扬引进过来，对我们美术界的影响非常大，他经常和我们谈西方最新的哲学思潮，而且总是以加拿大画家科尔维尔（Alex Colville）的作品举例，完全是从观念上来解释。记得当时湖北文联请张志扬、陈家琪、鲁萌他们分期做讲座；另外我们湖北还办了一个很重要的展览“湖北美术新作邀请展”，在这个展览中，周韶华一改全国美协办全国美展的模式，邀请了周思聪、刘国松、吴冠中、李津、阎秉会、朱新建等艺术家参加，展览在当时的武汉展览馆展出，同期还举办了一个座谈会，叫“湖北中国画新作邀请展暨《美术思潮》创刊会”。在会上，张志扬和谷文达这些艺术家面对面进行交流。

张志扬、萌萌（鲁萌）他们经常召开各种正式和非正式的会议。后来还在湖北美术学院举办了一系列讲座。1989 年春夏之交的政治风波以后，彭德转变了工作方式（当时彭德调任湖北省文联文艺理论研究室主任），即办了一个“楚艺术研究”的会议，他们都参加了，包括杨小彦、李媚和黄专，还出了一本文集《楚艺术研究》，黄专也

1991 年，黄专离开武汉赴广州前与朋友聚会，左起：祝斌、鲁萌、黄专（图片由祝虹提供）

写了文章。我注意到，他经常会以调侃的方式讲一些话，你很难判断是真的还是假的。有一次在彭德家里，黄专把彭德的一本书翻出来，书名叫《逆向思维》，黄专说，“彭德，我晓得了，你的思想来源就在这本书里。人家说黑的你就说白的，人家说红的你就说绿的。”在 20 世纪 80 年代强调创新的时候，这一套还是很有用的。

“85 新潮”时期，湖北所谓搞前卫的这些人一直很风光，把展览和刊物都占领了，这引起了一些人的不满。形势变化后，他们就利用政治来整人，把尚扬整得一塌糊涂，也整皮道坚等人。在这样的背景下，搞当代艺术的人在湖北就比较压抑，黄专先去了广州美术学院；接着是尚扬、皮道坚带领杨国辛、石磊、方少华、李邦耀也去了华南师范大学。这一走就撬动了湖北艺术家的出走，紧接着严善錞调到了深圳画院；后来深圳美术馆要人，严善錞就推荐我到深圳去了；再往后，石冲去了清华大学，彭德也调去了西安。我觉得，放彭德走是件极其错误的事情，对湖北有很大的杀伤力，因为湖北的批评家都走光了。本来彭德、祝斌在这里还能起作用，但后来彭德去了西安，祝斌又因一场飞机意外事故而离去，于是湖北就这样沉寂了下来，一直到傅中望做了湖北美术馆馆长之后，才慢慢地又做起来，湖北的气氛才形成了今天这样的局面……

*范白丁：*当年您作为一个艺术家，接触到像黄专、祝斌老师这些人，就开始读书。黄老师是学历史出身的，他又是怎样接触到美术这一块的？

*鲁虹：*这你应该了解，黄老师以前画过画，画得还可以。我记得有一次他画了一张画，然后开玩笑说："这是尚扬画的一张画，送给我的。"但我与祝斌都觉得不像，他才说是他自己画的，当然他也画得不错，但是和尚扬比还是差一点。据我所知，黄专以前学过画画，所以他接触美术是很正常的事情。他后来大学毕业被分配到了郧阳师专，这令他很压抑，他一直想离开那里回武汉，唯一的途径就是考研究生，但他没有考历史专业，而考的是湖北美院阮璞老师的研究生。

黄专的思维逻辑是反体制的，他对体制一直深恶痛绝。另外，黄专还谈过一件事情，即他们同学聚会，有人说在《历史研究》上能发表一篇文章简直是不得了的事情，黄专竟然在《美术》上发表了那么多文章，太厉害了！黄专说："这不是我厉害，是美术界太好混了。"我觉得学历史的人有个优点，他看问题不是就事论事，而往往会用历史的眼光去看。在方法上，他很相信情境逻辑。后来我看阮先生的书再看贡布里希的书，曾经跟黄专讲，好像阮先生就是在用情境分析的方法。其实，做历史研究的人就是这样，某件事情发生了，他一定要找这件事发生的各种情境因素。虽然以前没有人说过"情境分析"这几个字，但是阮先生的文章肯定就是贡布里希说的那一套。所以黄专喜欢贡布里希和他学历史的背景有关系，而且还受到了阮先生的方法论的影响。

方立华：其实阮璞先生对于黄老师参与当代艺术的活动并不是很赞同。您也旁听过阮先生的课，对他有所了解，能不能说一下这个背景？

*鲁虹：*对。《美术思潮》停刊时做了一期红色封面，上面有每个参与编辑的人的头像，但没有黄专和严善錞，为什么？就是因为黄专在学校有压力，最重要的是他的老师不赞成他做这件事。所以当时祝斌多次让他拿照片来，黄专都只是口头答应，一直到后

来要下厂印刷了，他都没有提供照片。另外，黄专当时即将毕业，面临着毕业分配问题，参与编辑《美术思潮》在当时还是一件不被认可的事情。他的导师说："要么就写规规矩矩的美术史的文章，不要搞什么批评，这不算是学问！"搞艺术史的人根深蒂固地认为，只有艺术史才是学问，做批评不是学问。

黄专虽然一直不承认自己是批评家，但他一直在做艺术批评，而且做得很学术。像黄专做谷文达、王广义、张培力的展览，他是把这些艺术家放在艺术史的角度来梳理，这当然和他接受的艺术史的教育有关系。但是我觉得这当中也有很多批评的因素，因为艺术史和批评也不可能完全分开，我认为实际上每篇艺术史的文章，在描述艺术家的时候，也涉及艺术批评的方法，比如文杜里（Lionello Venturi）写的一本批评的书（黄专送给我的，他送了我好多书），里面就谈到批评和艺术史是分不开的。当然在具体的运作上是可以有偏向的。

*方立华：*阮先生会直接批评黄老师做当代艺术的工作吗？

*鲁虹：*直接批评，他让黄专少做这些事情。黄专就像在做地下工作一样。他当时给一个艺术家写了一篇文章，不长，刊发在了《长江日报》上，阮先生批评他："像这种报头批评的文章你也写？"黄专很尊敬阮先生，他也没做解释。

*方立华：*黄老师曾经谈过一个场景，他说有一次去看阮先生，阮先生拿了一份报纸放在桌面上，没说话。黄老师一看心里就很明白，知道阮先生对他做这件事情的态度。

*鲁虹：*我相信黄专也一定很纠结。他在北京做手术的时候，我和王晓明去看他，黄专说："以后再不搞当代艺术了，当代艺术折寿啊！如果病能治好的话，我就安心地做古代美术史研究，带带学生，把教学搞好。"他当时是非常真诚地讲这句话的。但

过不了多久身体恢复了，他又开始做当代艺术了。他一定有两面性，有时候他也想像邵宏一样一心一意地做艺术史研究，但是当面对时代大潮的时候，他还是被卷进去了。

*方立华：*在 1992 年“广州双年展”（“广州·首届九十年代艺术双年展”）之前，您提到黄老师参与编辑《艺术·市场》，能否谈谈这个背景和他所做的工作？

鲁虹：《艺术·市场》是在 1991 年左右创刊。这份刊物每期会重点介绍一两个艺术家。我记得有一期介绍了尚扬，还有一个专栏谈艺术和市场的关系，一批艺术批评家都写了文章，包括祝斌、我和黄专。黄专写了一篇《谁来赞助历史》，虽然他以前并不喜欢市场，但他在写这篇文章的时候，已经开始乐观地认为市场可以帮助当代艺术往前推进。后来他筹备第二届“广州双年展”失败了，他就放弃了这种乐观的态度，还是强调学术的力量。

第二届“广州双年展”由黄专来做策划，也拉到了一家公司做赞助，《江苏画刊》还发表了有关文章。黄专那时开始考虑通过市场推动艺术的一些问题，而且他和对方还签了一份合同，如果落实的话是很好的，但是因为一些原因没做成。后来黄专又找了一家公司，谈得很好，《江苏画刊》也把公告发出去了，结果这家公司中途又撤出了。黄专两次都没搞成，这对他有点打击。这之前，他曾在《江苏画刊》上发表了一篇文章《谈文化理想主义——关于第二届广州双年展的学术问题》，是为未来双年展所做的舆论工作。

1996 年以前，黄专在策展上屡屡受挫，比如他在北京策划的“首届当代艺术学术邀请展”，开幕前被文化部禁止。1996 年以前，有些人说只要是黄专策展就成不了，这样看来，真正让他实现抱负的还是在 OCAT，因为在这里他想怎么做就怎么做。

方立华：您和黄老师在工作上的交集特别多，刚才您也提到你们在90年代一起编书的事情，能具体讲一讲你们一起工作的事情吗？

鲁虹：太多了！如果从时间上来说，首先是《画廊》。黄专当时想把我调到广州，他还带我去过华师，在这个过程中，我在广州是住他家里的。过后徐里（现任中国美术家协会秘书长）打算叫我去厦门集美大专（现在是大学），因我夫人不喜欢那个地方，所以就没去。后来经严善錞介绍我去了深圳美术馆。

到深圳美术馆以后，我们的合作非常多。黄专当时正在和吕澎一起筹备“第二届广州双年展”，我们经常在一起，有时候我们在吕澎的东辉公司吃饭，有时候到李媚那里去。我们曾经准备在深圳美术馆做这个展览，当时的馆长裴剑华还是比较支持的。《江苏画刊》上刊发黄专写的《再谈文化理想主义——建立中国当代艺术品市场的检讨和关于第二届广州双年展的说明》就提到这一点，“我想将这种努力调整到中国当代艺术批评的学科建设上来，我很高兴这一点在最近与深圳美术馆馆长裴剑华先生、《画廊》杂志社主编杨小彦先生和我的朋友鲁虹先生的交谈中获得了共识……”此外还找了深圳华韵文化艺术公司谈合作，结果没谈成；另外还和西安的一个房地产商谈过，是甘肃的当代艺术家曹湧介绍我们认识的，可是也没谈成。

在这段时期我们还和李媚一起做过《现代摄影》，主要是给她写一些文章。当时想和李媚做一本《视觉》杂志，黄专还提了很多建议，但是李媚却没有听从这些建议，而是办了一本《焦点》杂志，后来停刊了。

杨小彦后来当了岭南美术出版社的副社长，他做了两件大事。第一件是改版《画廊》。那个时候《美术思潮》停刊了，《江苏画刊》和《美术》杂志都不能介绍当代艺术，当代艺术在国内没有了阵地，所以杨小彦和黄专都在考虑这个问题。那阵子杨小彦经

1994 年第 4 期《画廊》(图片由白榆提供)

常让我去广州，都是他买单。黄专为此还开玩笑说：“80 年代我们吃周韶华，90 年代吃杨小彦。”后来我就不用住黄专家里了，由出版社安排住宿，吃饭则由杨小彦买单。杨小彦当时是“岭南王”，比较厉害。我们每天在一起谈《画廊》的改版工作，这里大部分的建议都是黄专提的，比如说《艺术家工作室报告》《装置点评》这些栏目，等等。

方立华：你们在谈改版的时候，有哪些人在场，具体讨论了哪些方面的问题？

鲁虹：有我和黄专、杨小彦、彭德等人。谈改版也不只一次，有时候是这几个人，有时候是那几个人。大家互相出点子，互相碰撞，但里边最重要的点子是黄老师出的。我们以前计划的是一个人编一期，早期是黄专做了一期，杨小彦做了一期，我做了一期，目录左侧还有该期主持人写的关于本期的设想。

方立华：是否有点延续《美术思潮》的方式？

鲁虹：一个人主持一期的这种方式是有点延续《美术思潮》，实际上做了三期以后，一直到停刊，都是黄老师一个人在编，编得非常好！我觉得在 90 年代初期，《美术思潮》停刊以后，《画廊》可能是唯一一本关于当代艺术的杂志。

方立华：当时《画廊》的定位是什么？

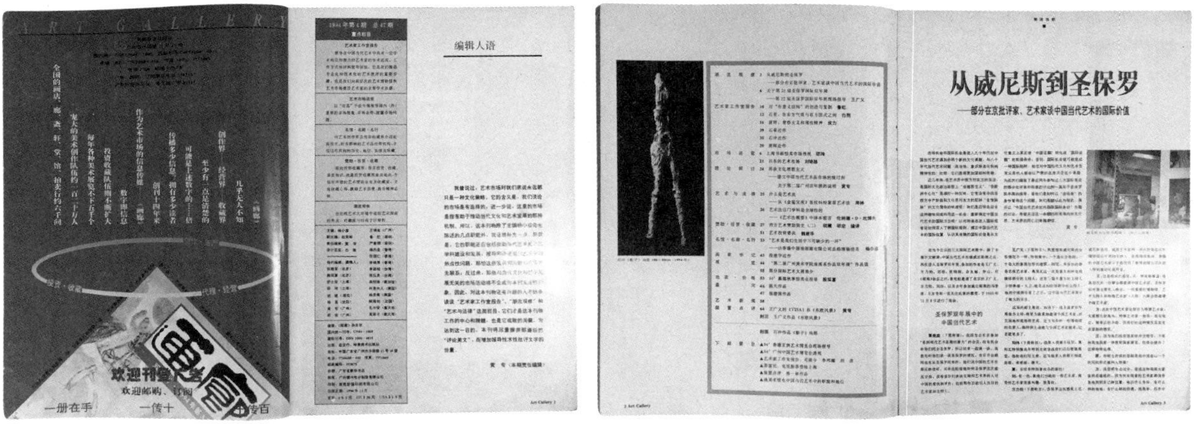

1994 年第 4 期《画廊》关于《艺术家工作室报告》专题（图片由白榆提供）

鲁虹：《画廊》早期是一本很传统的艺术杂志，附属于岭南美术出版社。我们并不喜欢《画廊》这个名字，但刊名和刊号都不能改，所以做的时候是关于当代艺术，有时会涉及与市场的关系，这样就把名字保留下来。早期是 12 开方本子，到了杨小彦和黄专主持的时候就改成了 16 开本，从 1994 年到 1996 年，大概做了三年。当时黄专做了好多工作，比如在威尼斯双年展举办期间，还组织栗宪庭和方力均他们开了研讨会，针对国际身份问题展开学术讨论，等等。另外，黄专还写一些针对装置、行为作品的点评，做得非常好。到今天来看也是好的，学术含量很高！总之，《画廊》在黄专的组织下确实做得很好，印刷也有改善。

方立华：《艺术家工作室报告》这个栏目当时是怎样构想和设计的？

*鲁虹：*在介绍艺术家的时候，早期杂志的做法是发表一两件作品，然后加一篇 2000 字左右的文章，总是不能深入介绍。《艺术家工作室报告》栏目就不同了，不仅有采访，还有艺术家的自述以及艺术家的作品，而且围绕一个专题给予了非常多的版面。现在看来，黄专做的都是在当下很有学术价值的一些艺术家，他当时在不断地推出艺术家，并且已经推出形状来了。具体说吧，改版后的《画廊》本来办得很好，但是因为各种复杂的原因，使得刊物不能按我们的想法办下去了，这对当代艺术肯定是一个巨大的损失。在早期，不管是黄专、我，还是严善錞和邵宏，我们到南方都得到了杨小彦

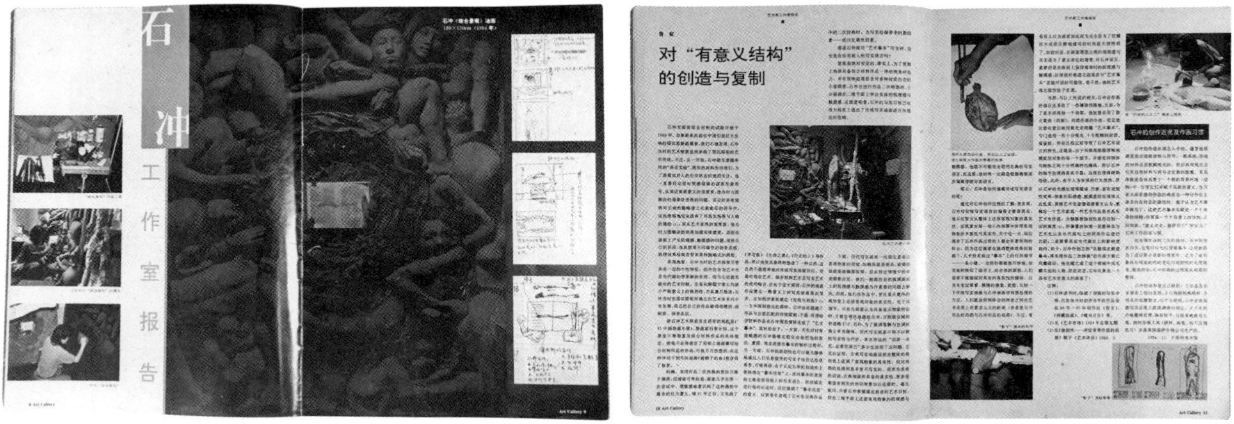

1994 年第 4 期《画廊》关于《艺术家工作室报告》专题（图片由白榆提供）

很多帮助。90 年代，杨小彦给我开一个月的工资是 1600 元啊，他给黄专开的比我的还高，当然，我们当时也做了大量的工作。

还有一件事情，我们一起写过《新中国美术史》，这是黄专和杨小彦策划的，计划从 1949 年写到改革开放以后。1949 年到 1966 年是陈履生写的，他写的《新中国美术图史（1949—1966）》后来由中国青年出版社出版了。“文革”美术史则分两部分，前面部分是 1966 年到 1976 年“文革”结束，这一段由严善錞和王明贤合写，《新中国美术图史（1966—1976）》这本书也由中国青年出版社出版了。我主要负责写“文革”期间的四次全国美展，即 1972 年以后由江青组织的“中央‘文革’领导小组”举办的四届全国美展，另外有一次流产了；黄专本来负责写粉碎“四人帮”以后的部分，叫“后文革”，即从 1976 年到 1978 年“十一届三中全会”之前的美术创作，但是后来黄专说他没时间，就把“后文革”这一部分交给我写了，我的这本书就叫《“文革”和“后文革”美术》，由台湾艺术家出版社出版。这就是《新中国美术史》的写作过程。

我们当时在一起还策划了很多活动，但都没做成。比如黄专策划准备做石鲁的研究，为他出一本画册，由杨小彦拉的白马公司投资，钱也到位了，还去珠海找了石果，并找了石果的妈妈与家属谈。石果和他的妹妹石丹是很支持的，但是他妈妈受到他哥哥操纵，在经济上对出版社提出了很过分的要求，所以这件事就没做成，为此我们筹

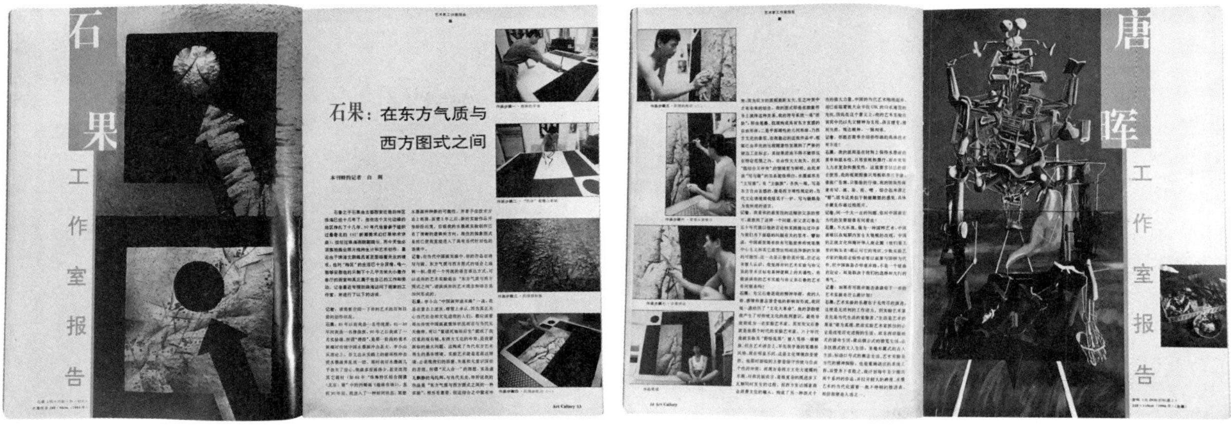

1994 年第 4 期《画廊》关于《艺术家工作室报告》专题（图片由白榆提供）

备了一年多的时间。

*方立华：*当时为什么选择石鲁作为研究对象？

*鲁虹：*我们认为，虽然石鲁在 60 年代也画一些革命题材的画，但里面已经蕴含了很多中国画改变的元素，只是没有得到很好的宣传，而且他的家属手头上有一大批作品，所以就选择了他，可惜没做成。

在 1994 年至 1996 年期间，黄专还策划了“首届当代艺术学术邀请展”，由岭南美术出版社《画廊》杂志和香港的杨洁圣的公司合作，谈判基本上都在深圳美术馆进行，黄专和杨小彦从广州过来，杨洁圣则从香港过来。那段时间是我们人生最丰富多彩的时间，有趣的是，我们总想做大事，但总做不成。当时谈得很好，香港老板也很支持，黄专和杨洁圣还签了一个协议，他要价非常低，一个月才 2000 块钱，包含了白榆免费打工，而且策划这个展览花了很长时间。本来，在中国美术馆的这个展览做得非常好，我也是学术委员之一，一切都是按照黄专没做成的“第二届广州双年展”的模式继续操作。但是很可惜，在中国美术馆的这个展览没展成，闭展的原因是因为全国性的展览都要向文化部打报告，只有获得文化部批准才能展出。黄专曾经问文化部的官员，现在这么多展览都是全国性的，有几个向文化部申报了？文化部的官员回答说：“是啊，闯红灯的人多着呢，可你被抓住了啊！”这个展览虽

1994 年第 4 期《画廊》关于《艺术家工作室报告》专题（图片由白榆提供）

然没有正式展出，但留下了很好的文本，也产生了一种持续性的影响。总而言之，在 1996 年以前，我们和黄专的合作项目，很少做成。

*方立华：*是不是正因为这种屡屡受挫，才会有“做大事”的情结？

*鲁虹：*我们那一代人其实都想做大事，但到底什么是“大事”，我也很难定义，反正就是要逮着机会做。后来怎么会想到要编一套关于中国当代艺术的图鉴呢？这显然与我自己的经历及研究方向有关。1978 年，我考入了湖北美术学院，毕业后又分别在湖北美术家协会与深圳美术馆工作，不仅完整目睹了中国当代艺术的发展过程，也在很大程度上参与其中，所以我一直希望撰写这一段具有重大转折意义的伟大历史。1998 年春天，我回武汉时购买了一本书，是由四川人民出版社出版的《艺术教育：批评的必要性》，读后深受启发，因为书中介绍了著名艺术史家詹森的写作方法，就是在撰写艺术史之前，要列出一个有意义的艺术作品目录，为此他挑选了 1000 多幅优秀艺术品，进而汇集成了《艺术史上的重要作品》一书。他的工作足以证明：具有杰出艺术价值的作品是书写艺术史不可或缺的环节与重要材料，而做重要艺术作品的排序工作，则十分有利于艺术史家从中探寻重要的艺术问题与书写的框架。于是，我也尝试着去做相同的工作，但当时并没有数码技术的支持，主要还是请艺术家提供图片，或者用传统相机翻拍画册，然后再配上相关的文字资料，并按年代排放。起初，我也并

没想到要去出版发表这些东西。1999年秋天，我的老师、湖北教育出版社的编辑陈伟先生来深圳美术馆时，看到了我正在做的工作，他提议将我收集的图片与文字资料分类出版，并认为在读图时代，这种以图为主、以文为辅的书籍很适用于读者的需求。他的建议令我十分感兴趣，幸运的是，湖北教育出版社的领导竟然同意了我的出版方案，于是我就开始了具体的编辑工作。其基本体例是结合具体作品图片附上少量的文字说明与艺术家简历，另外还在每集书的前面配上了相关评介文章。不过，收集资料为自己所用与出版发表毕竟有很大的不同，前者可在发现错误时随时修正，但后者则要求在出版时保证不能出错。考虑到工作量实在太大，我邀约黄专、傅中望、石冲等人一同参与了编辑工作。经过共同努力，加上很多艺术家与批评家的大力支持，该书在2001年9月正式出版。我看了黄专写的序之后，觉得写得太好了！他虽然写的是观念艺术，但很多方法论都在里面。《观念艺术分册》后来由罗伯特（Robert Bernell）做成了外译版，所以在这六本书里面，黄专主持的这本《中国当代美术图鉴1979—1999观念艺术分册》影响最大，也最有学术价值。其实，吕澎后来写艺术史有很多图像就是从这六本书里抽出来的。当然，我自己后来写艺术史，也不断地从这本书里借图用。我后来在湖南美术出版社李路明那里接着编了《2000—2005新世纪中国当代艺术图鉴》，接着在河北美术出版社冀少峰那里又出版了一本《聚变：中国当代艺术图鉴2005—2009》，这也构成了我写艺术史的基本素材。

*方立华：*在编这套“图鉴”的时候，挑选作品是依据什么样的标准呢？

*鲁虹：*我选择作品的标准，大致遵循的是以下几点：第一，作品是否提出了当代文化中最为敏感、最为核心的问题；第二，作品所提出的问题是否从中国的历史与社会情境中提炼出来的，而不是对西方作品的简单转换与模仿；第三，作品是不是用中国化的视觉经验——如中国符号和图像及中国式的表现手法来进行表达，进而突出了本土

《艺术教育：批评的必要性》，列维史密斯著，四川人民出版社，1998年10月第1版

《中国当代美术图鉴 1979—1999 观念艺术分册》，鲁虹主编，主持人：黄专，湖南教育出版社，2001年9月第1版

身份；第四，作品的表达是不是很智慧。不过，这些问题标准都需要放在具体的文化情境中，用比较与分析的方法结合具体的作品来谈。限于文字，我在这里就不深入介绍下去了。

方立华：我们接下来谈谈黄老师在机构实践方面的工作。首先是他在何香凝美术馆的实践，其实这段时期对于黄老师来说还是很重要的，虽然不免受到体制的制约，但对比起 1996 年的受挫，他也认为“在一个边缘的城市”做事情的自由度更大。从 1997 年开始，他实现了很多重要的学术项目，比如在 1998 年举办的“第一届雕塑展”（“第一届当代雕塑艺术年度展”），应该算是您、黄老师和孙振华老师三个人一起策划。能不能谈谈这个展览的策划背景和当时的想法？

鲁虹：那个时候我又认识了孙振华，也把他介绍给了黄专，他们两位都是才华横溢的人，他们在一起互相碰撞，经常是点子不断、笑话不断。我记得先是乐正维、黄专、孙振华和我一起谈论要做雕塑展的事情，讨论的结果我们就决定把它作为一个常设性项目做起来。

这里，我要先谈一下背景。1997 年，我和孙振华、严善錞在深圳南山策划了“永远的回归——97 南山雕塑展”，在这个展览之前，国内当代艺术基本上是架上展出居多，雕塑界很少参与，一是经费跟不上，二是雕塑界也没有出现很厉害的人物。1994 年北

1998 年，“90 年代中国当代雕塑艺术研讨会”（图片由何香凝美术馆提供）

京“四人展”出现后，局面有了一定改善，这使我们看到了隋建国、傅中望、展望和姜杰这批艺术家，所以在 1997 年，我们借助政府的一笔钱，以香港回归的名义在深圳南山区文化馆旁边做了一个雕塑展，隋建国的《衣钵》还参展了。

“第一届雕塑展”其实是顺着这个展览的思路来筹办的，当时我们是分片跑艺术家工作室看作品，包括川美（四川美术学院）、央美（中央美术学院）和湖美（湖北美术学院），等等，基本上点了作品就直接参展。因为当时很急，没有给艺术家重新创作的时间，所以是集合现成作品做的一个展览。当时还编了一本册子，编的具体过程中我承担了很多工作。当时太好玩了，黄专、栾倩、乐馆长、孙振华和我几个人坐飞机到处跑，经常说一些插科打诨的话，有一次黄老师和孙振华在飞机上还批评我：“鲁虹啊，像你这样活 200 年又有什么意思啊？你的生活质量太差了！”他们当时编了一个顺口溜：提高生活质量，加强生活节奏……搞了四句，我记不得了。他们两个像唱双簧一样，太有才华了，都是绝顶聪明的人。

方立华：“第一届雕塑展”是因为时间紧迫所以直接拿了现成作品参展，但是关于展览你们应该有很多的讨论，而且当时还组织了一个讨论会。能否谈谈关于学术层面的

《地门》傅中望，1999 年（图片由何香凝美术馆提供）

具体讨论？

鲁虹： 当时没有后来那么明确，很多事情都是慢慢摸索出来的。做“第一届雕塑展”时其实是糊涂的，但从“第二届雕塑展”开始发生了实质性的变化，目标很明确。“第二届雕塑展”是由黄专独立策划，与之前有实质性的不同，先是黄专有一个想法，然后邀请艺术家创作作品。当时傅中望在北京，听了黄专的想法后说“我想想”。第二天他找到我们说：“我想好了，做一个‘地门’。”于是在华侨城公园挖了一个洞，安了一个铁门，上了一把锁，是很观念的雕塑，对于人类无休止地开采地球表达了一种态度。黄专说：“哎呀，这个好！”《地门》就是这样产生的，现在看也是傅中望比较好的作品之一。那次展览发生了实质性的变化：第一，不是在美术馆的门口简单地摆一些现成作品；第二，在华侨城找了一块大型的区域作为展览地点，米丘他们参与还把公园也改造了。展览做得很轰动，那次是真正意义上转向了国际当代雕塑展。当时黄专请香港那边推荐邀请了贝纳·维尼（Bernar Vernet）参加展览，并创作了一件大型的作品，现在还留在华侨城那里。

方立华： 1997 年年底黄老师策划了“首届何香凝美术馆学术论坛”，把演讲、研讨和出版集合在一起。您当时也参与了论坛，能否谈谈您的看法？

*鲁虹：*黄专策划的那个论坛对于以后各美术馆组织论坛有很大启发。以前我们都是在批评家的范围里面找人，那次他把其他领域的学者请来了，并做了一个非常好的研讨会，效果非常好。会间大家常常讲些笑话，所以社会科学研究所的赵一凡说：“美术界太好玩了，这种活动以后要多组织！”现在批评家年会每一次开会，都会请两个非艺术界的学者来做报告，其实就是从那时开始的。

会后还出版了一本文集《当代艺术与人文科学》，很多重要学者都发了文章，我也写了一篇。那本书挺好的，现在看也是本好书！虽然这本书装帧并不是很豪华，但它的含金量很高。

*方立华：*不知道当时讨论的情况如何，有形成交锋还是学者们各自讲其研究的领域？

*鲁虹：*形式上是每个人上去演讲，讲完后请大家提问，并由演讲者作简单回答。好像没有形成激烈的交锋。中国人不像外国人，很多问题不会当场直接交锋的。

*方立华：*2005年黄老师开始主持OCAT的工作，在这段时期，他也邀请您参与一些学术活动，比如2007年“第三届何香凝美术馆学术论坛”、2009年“讨论观念的盲点是否还需要形而上学的方法”，您都参与了讨论。您能不能针对黄老师所开启的OCAT的机构实践，谈一谈您的看法，包括机构建构、工作方式和项目策划？

*鲁虹：*黄专作为一个艺术史学者，也参与了不少当代艺术的策划和写作。他在OCAT策划的艺术家个案项目不是简单地把张培力或王广义等艺术家的作品往展厅一放，然后写一篇简单的前言，而他是把展览、研究和出版结合在一起。他做的一些书是以对话的方式进行，但可以看出来，是下了功夫的，做得非常深入，完全是把研究艺术史的方法与批评的方法结合了起来。比如他策划“视觉政治学：另一个王广义”，他就

不仅仅是看到当下的王广义，更重要的是在看艺术史中的王广义。他的方法和角度，对我很有启发。

我到合美术馆之后，就要求要有一至三个展厅的手稿区，关于手稿研究在国外做得很多，但在国内像我们这样集中用三个展厅来做手稿研究展示的还不多，这就形成了我们自己的特点。当然我还是受黄专的启发，我想黄专也是从贡布里希那里学来的，但他在策展中把它实践了。

我觉得黄专在OCAT策划的展览应该对其他美术馆都有启发意义，因为当时大家更多的是做群展，黄专一直是在做个展，他所主持的OCAT是走得比较前沿的。实际上现在的群展比较少了，而且都是以个展为主。当然，其他策展人不一定会按照黄专的模式去做，但我们要借鉴他把艺术史的方式带入进来的做法，这一点影响很大。如果黄专要是身体好的话，那肯定不得了！

方立华：黄老师策划的展览基本上是分为两条线索：个案研究和课题研究。从2005年开始他就建立了研究、展览、出版和研讨一体的模式。在出版方面，他不满足于当下流行的纯粹图录式的编辑模式，所以他在描述自己的出版工作的时候，用的是“四不像”的词，意思是说它既不像图录，又不像书，而是介于这两种之间的一种出版物，是基于自己的研究立场和判断进行整理的出版物，他强调的是作为艺术史研究的文献。对于这样一些工作方法和观念，您是如何看的？

*鲁虹：*我认为黄专首先是一位艺术史学者，其次他一定对国外美术馆做艺术家个案有所了解。以前我们对画册的理解就是把艺术家的作品往里面一摆，前面有篇文章，后面再附上简历，这就是我们的出画册的模式。1997年我看到一本毕加索的画册，里面文章的比重占得非常大，不同的学者从不同的角度来谈及作品，图片在里面不占特

别重要的位置，反而文字更重要，简历也不是那种简短的，应该叫“年谱”了。我想黄专应该也看了很多国外的画册。加上他在OCAT的时候，华侨城给了他很好的支持，给了他相对多的经费和绝对的学术上的自由，所以他能够按一个艺术史学者和一个艺术批评家的方式跟国际接轨。

《艺术教育：批评的必要性》一书实际上也谈及国外美术馆的展览的举办，比如大都会艺术博物馆办一个日本画家的展览，曾派了两个学者在日本待了三年，先是搜集各种文献和采访，最后出了一本研究性的书，编得非常好。我们是望尘莫及啊！他们做展览的方式和我们不一样，他们准备展览要用三年时间，而且一个策展人只做一件事情，在中国有这可能吗？即使黄老师和国外的相比，这方面也没有办法做到同轨。这不是他的问题，因为他没可能派一个研究员为王广义做三年的文献研究，然后出书。我们现在已经比中国其他美术馆的条件都要好了，但我们也不可能做到那样，黄老师也是一样的，他还要管OCAT的运作。在国内，我觉得他已经是做得最好的了，如果我们想要做到和国外接轨还有很大的距离，这是体制上的问题！

我当时看黄专写的《别了，北京》，觉得这并不是华侨城的问题，作为一个企业，它没有义务来做这样的贡献。华侨城当时撤资后来又支持，都是正常行为，它支持反而是意外，不支持是很正常的。因为这件事是国家的事情，是相关基金会的事情，绝对不是华侨城的事情。中国的情况太复杂了，突然换一个人，这件事情怎么继续下去，就是一个问题。国外的体制是由相关基金会来解决这个问题。而一涉及体制问题，我们个人是无能为力的。

黄专想做一个图书馆，就像瓦尔堡图书馆一样，这是他的梦想，但是在中国太难实现了。他为自己选择了一件很难做的事，并为此付出了很大的代价。黄专比我们有理想，他很执着，但在中国太不可能了，这没办法，这是我们的悲哀！看到黄专的经历，我觉得尽力而为，有条件就做到最好，如果没条件也千万不要和自己过不去，从这样的角度看，我比较现实。黄老师这一点值得我学习，他就是为了一个理想，明明干不成了，他还要去努力。

现在我想问你，图书馆的书就算搜齐了，接下来怎么做呢？

方立华：黄老师在2010年做了一份详细的计划，他的想法是“以其独特的文献档案和图书资料的分类方法，为中国当代艺术的跨学科研究提供一种学术性的图书收藏体系，并在这个基础上形成具有独立研究、交流和出版的综合机制”。他想做的图书馆并不是传统意义上的公共图书馆，他其实还是强调研究的工作，所以在他的计划里，除了详细描述图书的分类原则和分类方式以外，在“工作机制”的板块还着重列出建立研究和交流机制以及翻译和出版机制。所以他想建立的图书馆并不是漫无目的地把图书堆砌在一起，而是一个研究性质的产生思想的地方。

鲁虹：我觉得黄专已经做到最好了！按照他的能力，如果提供一个更好的环境和制度，他一定能做到更好。这确实是件很遗憾的事情。黄专给我们留下很多值得我们研究的东西。其实如果各地都像黄专那样做，整体上就会形成更好的局面！

记得几年前吕澎曾经跟我讲，他在海南搞了一片地，想要大家都捐书，办个当代艺术图书馆，而且他要我把藏书也捐给他，我对他说：“吕澎，如果你离开或不在了，这些捐赠的图书怎么办？不是我不给你，我认为必须要解决法律上的问题。”我问过香港亚洲艺术文献库（AAA），据说他们和香港政府有法律上的协定，如果亚洲艺术文献库办不下去了，书的所有权属香港政府，并由香港政府重新调拨，即不仅可以调到香港大学，也可以调到香港图书馆，所以书交给亚洲艺术文献库大家是绝对放心的。

但我把书捐给吕澎，如果他离开或不在了，这些书也许就到了潘家园的地摊上。这是中国的问题，是一个制度的问题，所以一定要建立相关的基金会。

*方立华：*中国一直没有解决机制上的问题，所以黄老师在进行当代艺术实践的过程当中，他就一直有建立一个良性的艺术机制的野心，他试图建立一个当代艺术的研究机制，但这并不是他一个人的力量可以完成的事情。

*鲁虹：*确实是这样，可能还没到时候吧。黄专是为建立当代艺术的研究机制做出了贡献的。我认为，在现有的条件下，怎样带动研究和收藏，他已经走出了一条路，这对我们是有启示的。另外，我还认为，黄专和栗宪庭应该是我们批评界两个值得大家学习的人，因为他们做人非常好，不仅讲义气，而且在学术上有立场、有坚持！

方立华：2012 年 OCAT 成立了艺术馆群，能否谈谈您的看法？

*鲁虹：*我觉得这个创意挺好。有人说中国迎来了美术馆时代，但是中国的美术馆大多由文化局管理，太强调意识形态，太不专业。在这种情况下，由企业支持 OCAT 在各地设立分馆，我觉得很有意义。如果我们的美术馆像黄专主持下的 OCAT 那样以学术为准则，没有太多的限制，完全可以做得很专业。这也说明了一个问题，OCAT 在企业的有限支持下，有了一定的自由度就办得如此之好。那么，如果我们的美术馆能有这样的条件，并投入更多的经费，只要进一些更专业的人员，努力与国际接轨，完全可以做得更好。

方立华：您对于 OCAT 接下来的工作有什么建议吗？

*鲁虹：*这个太难建议了，中国的问题主要是体制的问题！OCAT 和华侨城首先要建立一个法律制度，以确保 OCAT 艺术馆群不会因人员的变化而产生问题，至少要有

制度上的保证，现在这个基础并不牢靠，随时都可能发生变化。

我觉得OCAT的黄金时期很难恢复了，它必须拥有三个条件：一是要出现一个任克雷这么有权、有文化和支持艺术的人；二是要出现一个陈剑，又是有钱、有权而且支持艺术的人；三是必须出现一个黄专这么有水平的人。这三个条件缺一不行！能不能比这做得更好，那只能看是不是能够出现一个能力比黄专还要强的人来运作，并且在物质、人力上有足够的支持。

*方立华：*您觉得中国有没可能出现像西方那样的基金会，可以形成一个良性的当代艺术机制？

*鲁虹：*其实我和我们老总也谈过这个问题，他意识到，从机制上来讲不应该是他一个人来投资，当理事长当然可以多出一点，但是其他人也应该参与。基金会的好处是不会因为某人、某事的变动而影响美术馆的正常经营，从长期来看，他一定要解决这个问题。但目前许多美术馆的基金会，在文化部的要求下是很形式的，并不像西方那样具有实质性的功能，这条路太漫长了，这也是你们这一代人要解决的问题。

*方立华：*在与黄老师交往的过程中，您觉得他还有哪些给您留下印象比较深刻的事情？

*鲁虹：*可能因为工作和得病的原因，黄专的精力后来也跟不上了，我们后来的交往不是特别多了。但是有一次，他约我一起坐一下，还有白榆和我夫人也约到一起，就在何香凝美术馆对面的海景酒店，我们聊了很长时间，很愉快，至今记忆犹新。

黄专那段时间用钢笔画了一批线描，而且还在研究昆虫，他还跟我讲了这些线描稿的图像来源。我看了他的画稿，觉得很有意思，我说："我来给你做一个展览吧，我

黄专用钢笔画的线描稿（图片由白榆提供）

帮你写文章。”他说：“好啊，再多画些再说吧。”后来这件事情就不了了之了。他的画大多都是根据当天报纸上的新闻画的一些插图，有的是广告，有的是政治新闻，有的是经济新闻。他这批线描，其实做一个展览是非常有意思的。

方立华：他有提到在什么样的情境下创作这批作品的吗？

鲁虹：刚做完手术之后，他心情非常好，但是医生叫他不要过于疲劳，他觉得画画是一个很放松的方式，那段时间他好像很投入，画了不少，他自己也觉得很愉快。我觉得他最大的缺点就是太不注意身体了，他原来身体多壮啊，就是太不爱惜了，得病前经常熬夜。他的工作方式肯定和我不一样，因为他是那种天才型性情中人，做起事来什么也不顾，包括自己的身体，而我是那种愚笨型但却用了比较健康的工作方式。我发觉，得病之后的黄专和80年代的黄专相比较，不太像是一个人，也许大病一场之后，人的性格会发生一些变化。

方立华：你们在80年代有书信往来吗？一般讨论什么样的问题？

鲁虹：有，我现在还可以找得到，我记得有一封被他要去了。那是他调到广州之后，给我写了一封信，谈的是艺术史的问题。后来《朵云》跟他约稿，他就打电话给我，说要写篇文章，内容都在信上，我就把信寄回给他。后来文章在《朵云》上发表了。

当时大家见面也好，通信也好，都是谈学术，所以我说那时的时尚就是学术。黄专书看得多，学术做得好，很有见地，但他绝对不是一个死搬硬套的学者，所谈的写的都是他理解的。如果没有黄专和祝斌，也许我现在还会是以画画为主，可见他们对我的影响非常大。

中国当代艺术与情境逻辑

受访人：杨小彦（中山大学传播与设计学院教授、博士生导师、副院长，广州美术学院客座教授、硕士生导师）
采访人：郭伟其
时间：2017 年 3 月 3 日　地点：广州

*郭伟其：*杨老师一开始是怎样跟黄专老师认识的？

*杨小彦：*我祖籍湖北，1984 年考上研究生。1968 年“文革”期间，我曾经在武汉读过一年小学，在水果湖小学，读六年级，住在我姑父家。这大概是我和武汉结缘的开始吧。考上研究生之后，我去武汉找邵宏，他那时也考上了广美研究生，是我同学。

*郭伟其：*您跟邵老师在广州认识的？

*杨小彦：*考试的时候认识的，所以跑到武汉就去找他了。同时，我的同学李晓鸿（李默）当时在湖北美术界也很有名，我去找他，他就带我去认识了尚扬。然后我发现，尚扬、鲁萌、陈晓琪、张志扬、皮道坚，原来是一伙的，他们常常在鲁萌家聚会。鲁萌家就在我姑父家的楼下，很方便，我就这样混进这个小团伙里去了。混进去不久，鲁虹和黄专就过来了，还有彭德，于是就都认识了。因为我在武汉读过一年小学，可以讲地道的武汉话，和他们认识，好像很自然，理所当然似的。认识以后就常来往了。我记得黄专还专门过来看我，说大家都是认识的，我、邵宏、鲁虹，还有后来不幸去世的祝斌，以及皮道坚和尚扬，常常在一起聊天。我记得当时主要是听张志扬讲美学，我听得一愣一愣的，发现他是这个小团伙里一个被公认的精神领袖。其实他也是湖北的一个民间的精神领袖。另一个就是鲁萌，大家都围着她转，喜欢她。周围的人都不叫她鲁萌，叫鲁萌她会不高兴，显得不够亲切，所以都叫她“萌萌”。

1984年前后，可以说湖北是中国思想改革开放的一个很重要的地方，因为这里有一个出版的平台，可以发表大胆的言论。湖北社科院的《江汉评论》是正式出版的社科经济类刊物，在这刊物之下，有一个很重要的刊物，叫《青年论坛》，在那个年代发表过不少很有影响的文章，张志扬、萌萌他们当年就是这个刊物的中坚力量之一。今天我们一般只重视当代艺术，因为我们是做艺术的，其实那个时候重要的不是艺术，而是改革开放，是思想解放。所以那个时候的《青年论坛》影响非常大。

1985年湖北美术家协会出版《美术思潮》杂志，主编是彭德，这是当年的一件大事，也是"85美术思潮"的重要舆论阵地。《美术思潮》创刊时，彭德就把我和邵宏聘为杂志的编委，希望我们给杂志写文章。从这一点看，我觉得和我跟武汉的交往有必然联系，其中自然也包括了和黄专的交往。我记得当年黄专带我去拜访阮璞先生，邵宏也一起去的。阮璞先生是黄专的硕士生导师，研究画论的大家。我们去他家，他穿着整齐地出来见我们，说话有板有眼，缓慢而认真。见阮璞先生，我不知道为什么总想起我的父亲，他也是一个穿着干净得体的人，对人非常诚恳。总之，阮先生对我们去拜访他的事看得很认真，而不管我们只是学生辈。我觉得他们那一代人有他们那一代人的好习惯，我们这一代人从小就在闹革命，好习惯都给"革命"掉了，没有他们那么讲究。我们几个毕恭毕敬地去拜访他，他让我们坐下，缓缓地说："你要读通'画论'，就必须读通'诗论'和'文论'。"他强调说，"'画论'其实是'诗论'和'文论'的产物，文人重视的是前者，不是后者，所以，'画论'大多从'诗论'和'文论'中借词"。当时我觉得阮先生很厉害，所以黄专也一定很厉害。事实上也的确如此，他对古代画论很熟悉。我不是学理论出身的，本科读的是油画，所以自觉要补很多课。我小时候跟着父亲学过一点旧诗，读过一些文言文，对"之乎者也"还有些感觉，有一点粗浅的知识。因为这个原因，我对旧学一直有兴趣，到今天也依然如此。阮先生的教导很重要，对我们影响很大。自那以后，黄专、邵宏和我，还有从浙江美院（浙江美术学院，现中国美术学院）版画系毕业后分配到湖北画院的严善錞，常常在一起讨论，讨论多不是画论，而是诗论和文论。我们读阮先生的书，以及按照他的提示，读郭绍仪《中国文学批评史》。我记得还有一个民国学者叫罗根泽，也写过一本《中国文学批评史》，只是没有郭绍仪那么出名，但也还是不错的。不久之后，我们又认识了范景中。在我读研究生期间，认识范景中是一件大事，对我、邵宏和黄专都一样，严善錞更不用说了，他是从浙江美院毕业的，自然熟悉范景中老师。我们全都认范景中为老师。想起来那还是一段奇遇。

*郭伟其：*那是什么样的情况？

*杨小彦：*我至今都很感谢我的同学邵宏。我是学油画出身的，在外语方面比较迟钝，总是学不太好。我们做同学时，邵宏就整天嘲笑我在这方面的能力，常常说："你们画画的人原来是这样学外语的，这是没有用的。"我说："那你告诉我应该怎样去学？"于是他就认真地告诉我，什么叫精读，怎样去咬语法，如何理解课文。这对我是一个促动，让我找到了正确的方法学习外语。另外，我也很感谢迟轲老师，我和邵宏，还有李行远，我们是迟老师的第一届研究生。我记得面见迟老师时，他笑着对我们说："没什么课好上的，你们就学外语，然后做翻译吧。"那个时候我们和现在的学生不太一样，一听说不用上课，自己去看书，简直太高兴了。世上还有比自己去看书更好的学习吗？至于外语课，迟老师请的是一位很好的老师，姓陈，广东外语学院的，教我们英译中。说起这位陈老师，我必须先说一下翁显良，他是 20 世纪 80 年代初中国翻译界的著名学者，反对翻译界流传已久的"硬译"和"直译"的说法，认为好的翻译只有一种，不分"硬"的还是"直"的。他强调说，所谓翻译，指的是用一种语言去解释另外一种语言，而且，越是偏向文学的，母语就一定越接近其所诞生的区域习惯，就越具有本土文化的内容，也就越是难以翻译。所以，最难翻译的是诗，其次是

文学和哲学，最好翻译的是科技，因为比较规范。翁显良当年出版了一本小册子，叫《意态由来译不成》，讲的就是这个观点，反对“硬译”和“直译”之分。按照翁显良的观点，著名的宗白华所翻译的《欧洲现代画家言论选》就是一本翻译得很不好的书，因为宗先生宣称用的是“硬译”法，结果中文常常连语句也讲不通。给我们上课的陈老师就是翁显良的学生，他说他所运用的就是翁显良的观点。可惜翁先生80年代初就去世了，否则，说不定迟老师会请他本人过来给我们上课。我记得陈老师的第一堂课讲的就是翁先生的理论，为什么说“硬译”和“直译”是错的，什么叫作“用一种语言解释另外一种语言”，课后留下一篇英语原文，作业就是翻译成中文。我靠字典理所当然地给翻译出来了，看中文很通顺，一些似乎不太理解的地方，我用中文思维加以整理，意思也就出来了。可邵宏就不同了，不断对我说，这一句应该不是这个意思，不能这样翻译。我其实似懂非懂，觉得他有道理。到下一次上课时，作业交上去了，然后拿到了老师的标准翻译，一看，傻眼了，我的翻译基本上是错的，邵宏比我做的就正确很多。所以后来做翻译就比较谨慎了，用精读的方法去解读句子，甚至闹到，英文都可以理解，没有单词，可中文就是出不来。再一对比陈老师的标准答案，才知道什么叫好，那可真是翻译得太好了。因为陈老师给的作业是英国19世纪的散文，很难翻译，折腾来折腾去，一看他的答案，才知道好的翻译是什么样子的。不过，令人更吃惊的是，陈老师说，他提供的标准答案并不是他的翻译，而是一个叫王佐良翻译的。对我来说，这是第一次接触到王佐良这个人，查他资料后又大吃一惊，果然是大家，早年在英国留学，是公认的翻译19世纪英国散文的高手。然后再去找王佐良写的散文来看，更加吃惊了，因为他用的是地道的汉语，一点“翻译腔”都没有。从那个时候开始，我才明白什么叫作“翻译腔”，才渐渐发现，艺术理论界流传至今的，很多写法其实就是一种“翻译腔”，还自以为有理论。从那以后，尽管我的翻译不怎么样，但是，我是真正明白了翻译的难处，明白了母语的重要性，明白了什么叫地道的汉语写作。

邵宏的厉害是，他很快就在图书馆找到了贡布里希的原著《艺术发展史》，还有《艺术与错觉》，他把书借出来，边读边和我一起讨论。这是我接触贡布里希的开始，他的观点一下子就把我给征服了。关键是，我觉得贡布里希的观点很好理解，很多时候说的就是画画时碰到的问题，帮我解惑，让我不断反思学习绘画过程中所碰到的困难。可以说，一接触贡布里希，我就发现自己已经自觉地成为一个贡布里希主义者，至今仍然如此。

1985年，《美术》杂志的一个编辑来广州组稿，他叫唐庆年，和我认识以后一起聊天。我记得当时和他讲的就是贡布里希的观点，以及反对流行的黑格尔主义的必要性。他当即要求我写文章给他发表，把所说的观点统统写出来。我很快就把文章写出来了，题目叫《我们面临着选择》，文章的主要观点是，艺术理论不能指导艺术实践，理论有理论要做的事，实践也有实践要做的事。我尤其提出，要反对庸俗的黑格尔主义，反对一种艺术的历史决定论。文章很快就发表出来了，1986年《美术》1月号，而且是头版。然后，我和邵宏商量，再写一篇，一鼓作气。这一次是邵宏执笔，叫《艺术史的意义》，观点则是一起讨论，我再行修改。在这一篇文章中，我们提出了一个观点，就是先有规则，后有艺术。我们用球作比喻，说：给你一个球，但不告诉你这是什么球，这个球就无法玩，首先必须规定，这是足球，或者篮球，或者手球，或者排球，反正，必须是一种什么球，游戏才能开始。文章也很快发表了，颇有些影响。紧接着我们就收到浙江范景中的约稿信，说很高兴看到我们的文章，希望我们给他主编的《新美术》写稿。这是我们认识范景中的开始。后来听说《艺术史的意义》发表之后，范老师身边的人对他说，他平时所说的观点，南方已经有人说了，要赶快把观点发表出来，否则就变成别人的了。没想到范景中的反应是马上向我们约稿。其实我们所说的，也不是我们的观点，背后就是贡布里希。从那以后，我们就和范景中老师结下了深厚的友谊。至今我都认为，他是现在中国文化界中为数不多的君子之一，谦卑而又自信，待人真诚。

和他接触久了，才知道，他才是真正有学问的人，但他却一直教导我们说，我们的知识是不够的，只能做一些力所能及的解释与推广工作，比如翻译。从那以后，我和邵宏一直合作写文章，全都发表在《新美术》上。事后听说，范老师对我们的来稿是不审阅的，来了就发。他的信任，现在想来还让我内心充满了温暖的感觉。大概也是在那个前后吧，黄专，还有严善錞，我们几个整天泡在一起天南海北地聊天，我和邵宏合作写艺术理论方面的文章，重点是批判国内的流行美学，尤其是李泽厚的“实践美学”和背后的黑格尔主义；黄专和严善錞则研究中国古代美术，重点是明末的董其昌。在我们还没有见到范景中老师之前，关于他的故事都是听严善錞说的。说范景中八岁就开始读词话，对宋词非常了解，对中古文学也深有体会，可以写一手精彩的骈体文。最让人吃惊的是，他的版本学知识非常丰富，可以说丰富得让人惊讶。严善錞所说的这些，几乎都是我的弱项，我只能算是粗读过一些古代文学，但不深入，版本学更是茫然无知。所以，在没见到范景中之前，就已经对他心向往之，觉得他很高大，学问不得了。后来到浙江见到范景中，发现他其实是一个很温和的人，一点架子也没有，而且多说鼓励的话。他总是强调学问的系统性，总是说我们这一代是被耽误了的，知识方面缺失太多，只能老老实实地做点翻译之类的事，做点个案研究的事，不要动不动就去搞什么大体系。

就这样，在范景中周围，我们四个人，邵宏、黄专、严善錞和我走在了一起，加上围在范景中周围的几个朋友，曹意强、杨思梁、洪再新等，形成了一个松散的学术团队，不断交流彼此的心得。这些人，除我以外，后来都成了很好的学者，都是我所敬佩的人。武汉的彭德针对我们的交往写过一篇文章，宣称中国有一个贡派，叫“范帮”，他主要指的是我们四个人。其实，我们从来都不是一个什么“帮”，只是聚在一起讨论的机会多一点而已。经彭德这么一说，于是“范帮”的叫法就在艺术界流传开了。

当时我们和范景中老师聊研究的事。范老师对我们有所期望，他说，黄专和严善錞做明末董其昌研究，邵宏做古代画论研究，我可以考虑做摄影史研究。黄专和严善錞的研究成果后来编辑成书，讨论文人画的价值与技术之间的关系，是一个成功的研究。邵宏也独立去做古代画论的研究，尤其研究《古画品录》中的“六法”，其中的“气韵生动”从语义学角度详加考证，以及翻译成外语的一般状况，在海外流布的具体情形，也是一项成功的研究。惭愧，我研究生毕业后就去了出版社，忙于世俗事务，尽管保持了对摄影的兴趣，但和真正意义上的研究仍然有相当的差距。

那个时候我们常常在一起聊天，讨论彼此的心得。严善錞、黄专在武汉，很快就介入当代艺术之中。严善錞是浙江美院版画系毕业，和我同届，我非常佩服他的学识，包括对艺术的理解。我说的是他的感性理解，如何看画，如何了解风格的形成，如何认识书法，和他在一起，我收获巨大，也意识到自己的短处。中国当代艺术，从某种程度上是从浙江美院开始的，因为几个重要的人物都是浙江美院毕业的，像王广义、黄永砯、谷文达、吴山专、魏光庆、张培力、耿建翌等，都是浙江美院出来的，他们都是严善錞的同学。严善錞主要写的是黄永砯和王广义。黄专其时也深度介入当代艺术的运动之中，和王广义建立了深厚的友谊，这大概和王广义 80 年代中定居在武汉有莫大的关系。回想那个时候真是愉快，大家交流很多。那个时候我在广州的同学都去做装修赚钱了，我则老老实实地读书和写作，有点小钱就拉上邵宏，几乎把广州吃了个遍。我们是边吃边聊要写的文章，饭后就把文章给写出来了。所以我们常常开玩笑说，我们的文章是“吃”出来的。有时候我们在家里吃，我夫人做饭，照样是边吃边聊，非常充实。这个时候黄专他们不时南下，一到广州我们就会相聚，所以家里人彼此也熟悉。我记得黄专从湖北美术学院调到广州美术学院来是邵宏提议的，其时我在出版社工作。不久黄专就真的调到广美（广州美术学院）了，他夫人白榆也跟着过来，先在一家广告公司做设计。1993 年我做了岭南美术出版社副社长，就把白榆调到出版社工作。

其实，那一年广美本来是要调我回去的，调令已经下了。1992 年我编辑出版了一本书，叫《广州设计年鉴》，是一次成功的出版行为，经济效益和社会效益都很好，结果出版社抓住我不放，新任社长马上提拔我，目的是为了把我留下来。广东省出版局也不同意我调出。我就这样做了出版社的副社长，手上有了点权力，才可能把白榆调到出版社来。不久，严善錞也南下，从湖北画院调到深圳画院。于是，我们几个就在南方重新集结了起来。

*郭伟其：*这段时间我采访了几位老师之后也慢慢形成几个问题，一个问题是每位老师是怎么样进入美术史的。每个人有每个人的原因，杨老师刚才也提到了您进入美术史的缘由，而像黄专老师读大学的时候就有一个很特别的地方，他当时在华中师大，本科毕业论文写的是文同，一个历史系的毕业生做了一篇美术史的论文，这好像在当时是不多见的情况。他从古代史入手，又介入《美术思潮》，马上又跟了阮璞先生读古代画论。杨老师怎么看待这种古代和当代之间的关系？其次，80 年代到 90 年代，武汉的美术史界或是学术界和广州的情况区别很大，很不一样的两个环境。杨老师作为广州人，又跟湖北有如此深的渊源，能否谈一谈两地的异同？

*杨小彦：*第一个问题非常有意思。我记得皮力当年的本科论文写的就是跟我们这帮人有关系的内容，以湖北《美术思潮》为主体对中国当代艺术理论建构的探讨。皮力读大学的时候，曾经多次和我聊过他的论文构思，他说他面临一个难题，就是做古典艺术研究的贡布里希，怎么会成为我们推动中国当代艺术的理论依据。从贡氏的书看来，显然他对西方现代主义艺术没有多少好感，他的理论体系似乎也难以解释当代艺术本身，但是，为什么“范帮”们却对中国当代艺术如此投入，还做了不少理论方面的工作，得到批评界相当程度的认可？其实，在这方面，我觉得严善錞和黄专的工作是主要的。严善錞是早期黄永砯的主要阐释者，黄专则是早期王广义的主要阐释者，

他们也有交叉，黄专写有关于黄永砯的文章，同样，严善錞也写过王广义。我和邵宏在广州，离当代艺术的中心比较远，有点边缘，所以我们多少有点游离，没有他们那么热心。我很可能还有点广州人的性格，不求激进，不求闻达，身边的事反而远观。比如，王度发起“南方艺术家沙龙”，曾经找过邵宏和我，但我们的反应都比较冷淡。大概也是这个原因吧，所以我们就没有参加重要的“珠海会议”。和邵宏相比，他比我更坚定地远离当代艺术圈，我比他还是要积极一些，严善錞和黄专一直处在新潮美术理论发展的核心，起着重要的作用。皮力因为他父亲的原因，很小就跟黄专一起玩。后来我编《画廊》杂志，时常邀请年轻的皮力写文章，可以这么说，皮力的理论批评生涯正是从《画廊》开始的。这些都成为皮力撰写本科论文的内在原因。至于他所提的问题，其实提得很好，显示了他的敏感与思考的深度。我记得当时给他的解答是，要注意“情境逻辑”这个说法，贡布里希理论一个很核心的方法论就是这个“情境逻辑”，它是波普尔提出来的，用以替代“历史决定论”。波普尔的意思是说，如果我们承认历史没有一个先验的发展规律的话，那么我们就必须承认，历史不是从空无中出现的，所有历史的结果都一定是特定条件的特定产物，都会呈现“微小的起因重大的结果”这样一种现象。研究历史应该回到产生其结果的那些个特定的条件中去。这就是历史发展的“情境逻辑”，说明历史只能依据现有条件，只能在特定情境中呈现出自己。贡布里希的理论，就方法论来说，是建立在波普尔“证伪主义”的原则之上，他对艺术史的解读也是具体运用“情境逻辑”的生动体现。我强调说，黄专他们正是运用了“情境逻辑”这个原则去进行论证的，黄专和严善錞研究明末董其昌，研究现代潘天寿，就方法论来说，用的就是“情境逻辑”。他们把“南北宗”这样一个似乎属于“艺术史”的问题转变为一个“情境”问题，指出董其昌所面临着的恰恰是这样一种情境，一方面他反对“伪逸品”，为文人画确立一个技术高度，另一方面他要反对“院体画”，强调文人画的价值与趣味。“南北宗”的价值立场必须从这样一个角度去把握，才能明白其中的真义。也就是说，对于董其昌来说，“南北宗论”与其说是历史，不如说是一面旗帜，让文人画集合在这一面旗帜之下去发展自己。这一研究在中国文人画研究中肯定是一个突破。同样，他们成功地把“情境逻辑”运用到了中国当代艺术的现场，用以解释王广义、黄永砯他们的艺术实践。

至于武汉和广州的区别，我刚才已经说过了，80 年代初武汉的《青年论坛》杂志是一个思想解放的中心，武汉还有以张志扬、鲁萌为首的一批学者，他们在改革开放之初做了不少理论工作，使武汉成为改革开放早期一个很重要的整合各种思潮的中心。我当时的感觉是，我所接触到的湖北人，在思想的敏锐度和深度上，似乎都超过了我在广州所接触到的同类学者。也许那个时候我在广州思想界的交游还不算太广泛吧。那个年代，张志扬是一个重要的学者，影响很大。湖北美术界还有一位老艺术家周韶华，他很早就参加革命，资历很老，但同时又是一个少见的思想解放的人，积极推动年轻一代去搞新潮美术。正是在他的支持下，湖北美术家协会才会出钱办《美术思潮》，才会调彭德到美协担任《美学思潮》主编。今天看来，武汉如果没有周韶华，湖北就可能不会有那么浓郁的当代艺术的气氛。从某种意义上说，正是周韶华的努力，湖北的当代艺术才能成气候。

*郭伟其：*80 年代后期 90 年代初期，包括黄老师在内的这一批理论家、艺术史家，还有画家、艺术家，从武汉忽然来到广州，当时是一个什么样的情况？以及来到这儿之后有没有说对广州的学术界产生什么样的影响？

*杨小彦：*黄专南下是邵宏提出的，鲁虹到深圳则是我推动的，严善錞大概看到黄专南下了，所以他也调到了深圳画院，孙振华原来就在深圳工作。武汉出了不少艺术批评家，但他们最后都离开了武汉。皮道坚到华师，彭德到西安美院（西安美术学院），

都从武汉出走了。这也应该算是一种现象吧？黄专和皮道坚南下广州后，我觉得他们基本上没有介入广东艺术中去，尤其是黄专，心中基本上没有广东当代美术。当然，黄专还是和“大尾象”关系很好。黄专之所作所为，还是和内地艺术运动有关。我想这也是一个有意思的现象。现在皮老师年纪大了，接触广东当代艺术也比过去更多。至于皮力，他基本上只关心广州的“大尾象”，只跟他们来往。1996 年我参与推动广州“卡通一代”，和黄专，我想也包括皮力，显然产生了分歧，他们不太支持“卡通一代”，甚至对此持反对立场。我的确是推动“卡通一代”的主要人物之一，不仅广东“卡通一代”的主要人物黄一瀚是我同学，而且在价值上，“卡通一代”的某些倾向我也持赞成态度。不过，这和后来泛滥的卡通风格并没有必然关系。黄专和皮力对“卡通一代”有看法，提出过批评。我想也可能是这个原因，本来我也熟悉的“大尾象”也就开始疏远我了，尽管我并不认为“卡通一代”的价值就像黄一瀚自己所说的那么前无古人，但我还是觉得，作为发生在广州本土的一个当代艺术的重要现象，应该积极参与，责无旁贷。其实，“大尾象”刚兴起的时候，我是他们的艺术的坚定支持者，我办《画廊》，还专门介绍过其中的成员林一林。“大尾象”第一次展览，其时我正在和陈侗合作办湖南美术出版社的《画家》丛书，还及时地予以报道。我想，可能是在 1994 年吧，我曾经针对把“大尾象”引向西方的侯瀚如写过一篇批评文章，指出：当反抗的利益超过了保守的利益时，人们就要去反抗，这叫作“反抗的利益”。这篇文章可能“得罪”了他们吧，所以我也就成为他们的某个对立面，受到明显的疏远。在广东美术馆举办的“广东特展”开幕式上，我当众受到林一林的羞辱，他公开说为三个策展人之一的陈侗干杯，把同为策展人的我和皮道坚晾到一边。馆长王璜生见状不对，马上站起来说“为皮道坚和杨小彦干杯”。在这个展览上，留德的广东艺术家杨杰昌的作品是把参展的大部分艺术家的作品作为“垃圾”扔到了他设置的垃圾筒里，除了“大尾象”的作品，当然也包括陈侗的作品。这完全是一种挑战。我想，这也算是

1992 年，“广州·首届九十年代艺术双年展”筹备期间合影（图片由祝虹提供）

广东当代艺术的一种有趣的情境吧，一种小圈子式的极端排外情绪已然代替了对艺术本身的冷静的价值判断。坦率说，我以受冷落为荣，因为我必须坚持艺术的多元价值观，不赞成用一种趣味去压倒另外一种趣味。我们在这一方面吃的苦头已经够多的了，希望不要在自己手上再继续延续这样一种“趣味”的苦难。

郭伟其： 您讲得比较连续，我想要不然从细节上再来补充一点。杨老师跟黄老师交往之后探讨过各种问题，我发觉好像杨老师当时在考虑人物画的问题，这个跟黄老师有一些什么样的讨论吗？包括黄老师来到广州之后你们的一些交往，像 1992 年的“广州双年展”（“广州·首届九十年代艺术双年展”），再往后是关于《画廊》的改版，能不能把这些问题也谈一下？

杨小彦： 我跟黄专的交往，随着他调到广州以后益发密切起来。不过，如果要说到学术上的交流，有一段时间可能我还是和邵宏交流更多。我一直觉得，今天也仍然这样认为，邵宏比我厉害多了，我向他学了很多东西，我们彼此之间也讨论过不少问题。至今广州美术学院某些所谓的“学术权威”仍然排斥邵宏，甚至想否定他在学术上的成绩，实在是太过分了。第二个交流比较多的是严善錞，我很佩服这个杭州人，他曾

1992年，筹备“广州·首届九十年代艺术双年展”期间，从左至右：杨小彦、黄专、邵宏（图片由杨小彦提供）

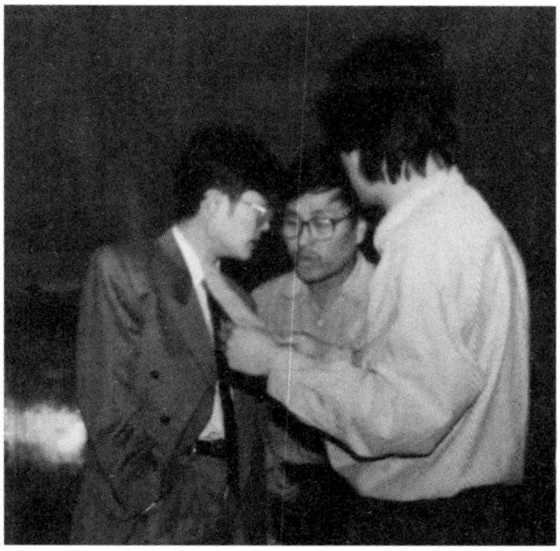

1992年，筹备“广州·首届九十年代艺术双年展”期间，从左至右：吕澎、杨小彦、黄专（图片由杨小彦提供）

经指点我学了不少东西，尤其是书法与绘画方面，对我影响很大，我今天的书法观，在很大程度上仍然和他有关系。我和黄专一起做事，第一次比较深入的是1992年的“广州双年展”。当年成都的吕澎来到广州，引来了一个西蜀公司，拉了100万元，搞起了中国的第一个“双年展”，具体合作就是我们三个，吕澎、黄专和我，我负责具体的宣传推广，包括安排画册设计和印刷。展览方面，吕澎则多和黄专商量。当时内部已经定下来了，如果继续做第二届“广州双年展”，策展人是黄专。在合作当中我很快就发现，我和黄专在性格上有不少差别，我觉得黄专比我要强，很多场合他都是一个中心，至少他认为他应该是一个中心，我则没有这样的能耐。我想，可能正是因为这样一种性格差异吧，我们反而能够做一些好的合作。在我和黄专的合作中，涉及一个重要的事，就是所谓的“实验艺术”这个概念。那个时候我和黄专同时都颇为热衷地谈论这个概念。90年代初陈侗邀请我和他一起主编湖南美术出版社出版的《画家》丛书，是第十七辑吧，副标题叫“在实验性与商业性之间”，标题就是我起的。后来我和陈侗还合编了《与实践艺术家的谈话》，书名也是我起的。我为这本书写过一篇有点影响力的前言，题目叫《别期望别人都说你好》，重点讨论的就是“实验”的价值与意义。事实上“实验艺术”这个概念就是这样兴起来的。前些年中国美术学院召开一个纪念贡布里希的学术研讨会，我提交的论文叫《实验艺术在中国——贡布里希在中国的世俗化过程》，着重回顾了这一概念在中国兴起的早期状况，以及贡布里希在《艺

1992 年，“广州·首届九十年代艺术双年展”展览期间（图片由杨小彦提供）

术发展史》中使用这个概念是什么意思，然后今天又如何变成了教育部的一个学科概念，变成美术学院的一个院系。要知道，当年使用“实验艺术”还是“前卫艺术”或“先锋艺术”，其实是有过激烈争论的。我记得有一次我们一帮人在议论这些概念，当时尚扬也在，黄专就很严肃地说：“实验艺术”不对，因为“实验艺术”不等于“前卫艺术”。从理论上说，黄专是对的，的确不应该把“实验”和“前卫”混为一谈。

回想起来，在我和黄专的交往当中，也发生过多次的争论，这很正常，比如我们争论过究竟如何看待装置艺术。有一段时间黄专很重视装置艺术，我曾经请教过黄专，如何判断好的和不好的装置艺术？他对此做了认真的解释，但并没有说服我，因为我觉得无法给“好”和“不好”一个客观理由。我们不停地讨论，谁也没有说服谁。至于说到我和黄专的合作，1992 年的“广州双年展”是第一次。在那之前，广州的李正天在江南大酒店注册了一家艺术公司，希望借此推动广州当代艺术的发展。他曾经想让我来打理这一家公司，正在谈的时候，吕澎进来了，李正天在征求我的同意之后就把公司交给了吕澎。于是吕澎很快就从成都到了广州，他还带来一家公司，叫西蜀公司，准备了 100 万元，说要做一个很大的展览。吕澎在广州主要的合作者就是黄专和我。我是广州人，父母在报社工作，对媒体很熟悉，所以负责宣传推广。黄专和艺术家交往比我多，也比我更熟悉，我则一直有点游离，所以他负责和艺术家打交道。吕澎就不用说了，总策划，一切由他说了算，尤其在决定艺术家的获奖名单上，他有“最后决

1992 年，“广州·首届九十年代艺术双年展”展览期间（图片由杨小彦提供）

定权”。同时他也是这一类展览的制度的设计者，为后来的同类展览打下了一些基础。

*郭伟其：*当时范老师分配给杨老师的是研究人物画？

*杨小彦：*对，范老师当时希望我做摄影的同时，更希望我做古代人物画的研究，严善錞和黄专做山水画研究，邵宏做画论研究。今天回想起来，我并没有完全投身古代艺术的研究中去。那个时候，我的真正兴趣其实是文学，花了很多时间读小说和尝试写小说，想去当作家。对于当代艺术，我和邵宏都有点游离。邵宏至今都不介入这一块，反而严善錞和黄专是其中的核心人物，在当代艺术界他们比我们有影响多了。不过后来严善錞也对当代艺术没有兴趣了，所以他也就基本上不参与活动，待在家里写作和作画。他的研究方向是古代文人画，作画则偏于抽象，以西湖为背景。他是一个真正的才子，眼光好，趣味好，文字功底好，艺术也做得好。当然，这都是后来的事了。“广州双年展”期间，我想黄专更多的是关注当代艺术理论，他和当代艺术家也很熟悉，与其中的大腕都是好朋友，不像我，只是表面接触一下而已。关于这个展览，我更多是去解决一些技术性的问题，比如安排画册的设计与印刷，安排广州的媒体报道。当时双年展出钱在《光明日报》做整版广告，广告词就是我写的，大概意思是说，想进入历史吗？参加双年展吧。那个年代，似乎“进入历史”是一个很迷人的口号。画册的设计和印刷是我去安排的，交给深圳的《现代摄影》编辑部，具体做设计的韩磊，

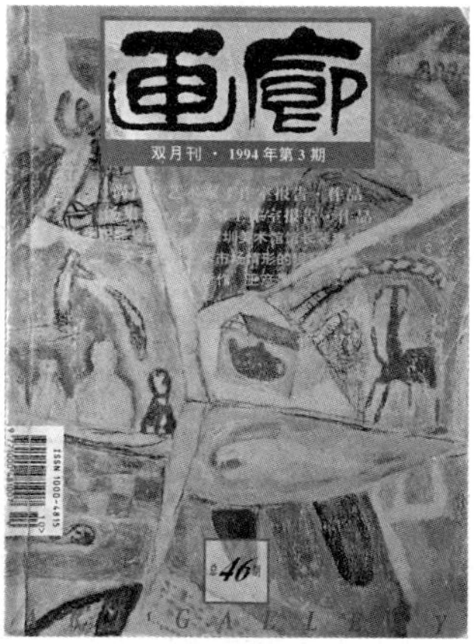

《画廊》1994 年第 3 期（图片由白榆提供）

他今天已是一个著名的图像艺术家，那个时候刚到杂志社做设计。韩磊同时还为吕澎主编的《艺术·市场》做设计。双年展越到后来，我就越有游离感，大多数场合都只有吕澎和黄专在，开幕式我也只是去晃了一下，就躲到一边去了。开幕式之后，黄专对我说，他是下一届的总策划，咨询我的意见。我说我仍然做我能够做的事，比如宣传和设计之类，去安排一些技术性的活。由于找不到新的投资者，第二届双年展也就泡汤了，于是“广州双年展”也就成了当代艺术界的一个“孤本”。

1993 年我做了岭南美术出版社的副社长，1994 年开始接管《画廊》杂志。原来的《画廊》比较保守，基本上只做地方艺术，尤其以南方传统国画为主，对当代艺术基本回避。我接手以后马上改版，开本改成 16 开，聘请黄专和鲁虹来做杂志的策划，内容则大幅度地转向了当代艺术。黄专对此很高兴，非常支持《画廊》的改版，出了不少好主意，比如《艺术家工作室报告》这个栏目就是他出的主意。我做了副社长之后，不可避免地卷入复杂的人事关系当中去了，每天疲于应付。《画廊》改变编辑方针，这也明显地得罪了广东本地的“美术大佬”，引起他们的强烈不满。当然，所有不满也只到我这里，黄专他们是感受不到的。1997 年吧，我还受到了当时的广东美协的主要领导的严厉批评，指责我聘请黄专和鲁虹来做《画廊》的特约编辑，使这本广东的杂志做得不那么“广东”了。其实，这个批评是不正确的，杂志是有刊登广东艺术的内容的，当然以当代艺术为主，不再以美协为主。事隔很多年以后，鲁虹还找到

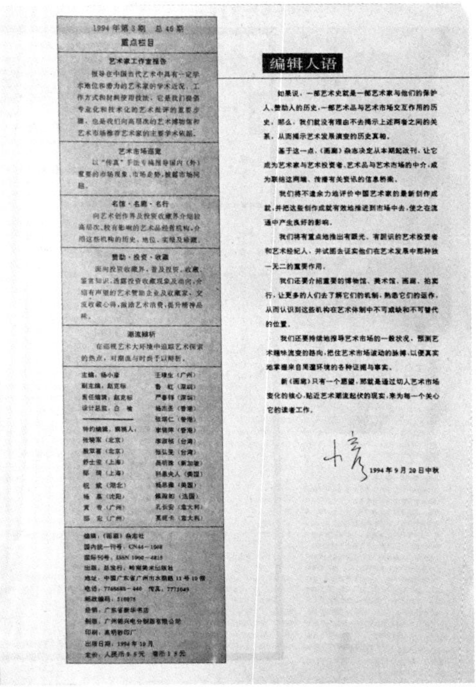

1994年第3期　总46期

重点栏目

艺术家工作室报告

报导在中国当代艺术中具有一定学术地位和潜力的艺术家的学术近况、工作方式和材料使用技法，它是我们倡导专业化和技术化的艺术批评的重要步骤，也是我们向高层次的艺术博物馆和艺术市场推荐艺术家的主要学术依据。

艺术市场透视

以"传真"手法专稿报导国内（外）重要的市场现象、市场走势，披露市场问题。

名馆・名廊・名行

向艺术创作界及投资收藏界介绍较高层次、较有影响的艺术品经营机构，介绍这些机构的历史、地位、实绩及前景。

赞助・投资・收藏

面向投资收藏界，普及投资、收藏、鉴赏知识，透露投资收藏现象及动向，介绍有声望的艺术赞助企业及收藏家，交流收藏心得，指涉艺术消费，提升精神品味。

潮流解析

在巡视艺术大环境中追踪艺术探索的热点，对潮流与时尚予以解析。

主编：杨小彦

副主编：赵克标

责任编辑：赵克标

设计总监：白榆

编辑：《画廊》杂志社

出版日期：1994年10月

编辑人语

如果说，一部艺术史就是一部艺术家与他们的保护人、赞助人的历史，一部艺术品与艺术市场交互作用的历史，那么，我们就没有理由不去揭示上述两者之间的关系，从而揭示艺术发展演变的历史真相。

基于这一点，《画廊》杂志决定从本期起改刊，让它成为艺术家与艺术投资者、艺术品与艺术市场的中介，成为联结这两端、传播有关资讯的信息桥梁。

我们将不遗余力地评价中国艺术家的最新创作成就，并把这些创作成就有效地推进到市场中去，使之在流通中产生良好的影响。

我们将有重点地推出有眼光、有胆识的艺术投资者和艺术经纪人，并试图去证实他们在艺术发展中那种独一无二的重要作用。

我们还要介绍重要的博物馆、美术馆、画廊、拍卖行，让更多的人们去了解它们的机制，熟悉它们的运作，从而认识到这些机构在艺术体制中不可或缺和不可替代的位置。

我们还要持续地报导艺术市场的一般状况，预测艺术趣味流变的路向，把住艺术市场波动的脉搏，以便真实地掌握来自周遭环境的各种证据与事实。

新《画廊》只有一个愿望，那就是通过切入艺术市场变化的核心，贴近艺术潮流起伏的现实，来为每一个关心它的读者工作。

1994年9月20日中秋

1994年第3期《画廊》（图片由白榆提供）

了当年我亲手填写的《画廊》的聘书，聘请他为《画廊》杂志特约编辑。当然，因为鲁虹他人在深圳，黄专则在广州，所以自然是黄专投入《画廊》的工作更多。不久我把黄专夫人白榆调进了《画廊》做设计，所以关系也就更加地密切了起来。实话说，黄专对《画廊》的改版是起了很关键的作用，有两个重要栏目就是他提出来的。他对杂志的编辑结构也提了很好的意见，每一期介绍三个艺术家，每个艺术家给10个版面，不像以前那样，整天刊登一些独幅作品，这种结构对推出艺术家有很好的作用。我记得《画廊》改版后第一期的《艺术家工作室报告》介绍的是尚扬，由我来和他对话。尚扬是非常优秀的艺术家，他于1942年出生，经历了新中国美术发展的所有阶段，也尝试过几乎所有的风格，一直没有停下变化的脚步。当然，编《画廊》我也有妥协，比如我当时规定，《画廊》原则上不介绍其时刚刚兴起的行为艺术。

90年代中，大概是1995年吧，香港中国油画会的杨洁圣经殷双喜介绍过来找我，希望为中国当代油画做一个展览。我们三个人在广州相聚，商量这件事，希望展览由

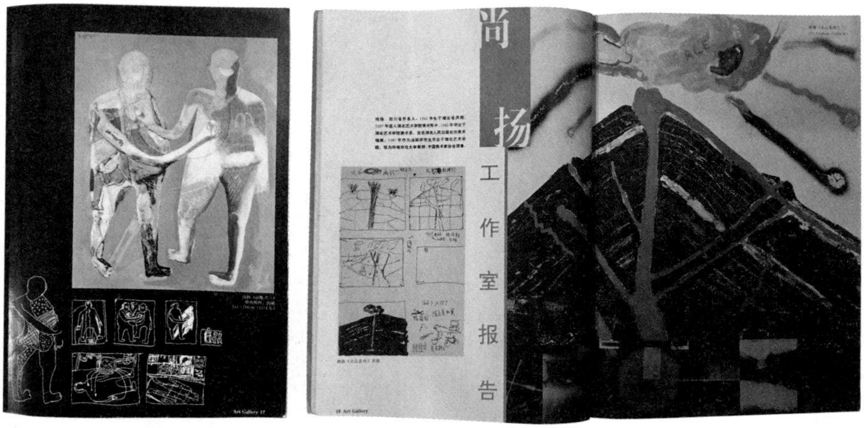

《画廊》1994 年第 3 期《尚扬工作室报告》专题（图片由白榆提供）

杨洁圣出资，《画廊》出面主办，由黄专来做策划。第二年，也就是 1996 年，先在中国美术馆开展，之后拿到香港去展。这就是“当代艺术邀请展”（“首届当代艺术学术邀请展”）的来由，我们集中展示能够体现中国当代艺术的整体实力，包括装置艺术。杨洁圣很赞成这个主意，愿意承担展览的所有费用。于是我们马上成立了一个组委会，杨洁圣做主任，我和殷双喜做副主任，黄专做策展人。展览中不仅要有当代艺术，关键是要有装置艺术，平面部分在中国美术馆展出，装置艺术则放在首都师大美术学院美术馆。我们预想，这个展览将成为中国当代装置艺术的第一个官方版的展览，这一点很重要，是装置艺术合法化的关键一步。展览邀请了当年几乎是中国最重要的艺术家，其中黄专做了大量的工作。当时他不太知道的是，我正顶着来自出版社和广东美协（广东美术家协会）高层的压力，不得不把主要精力放在处理这一类事情上。我没有把这些压力告诉黄专，我只是希望他能够顺利做完这件事，成功地让展览开幕，也就可以了。黄专并不太了解那个时候广东美协和系统内部的一些尖锐的意见，更不知道我已经面临着一场暴风骤雨的内部斗争，一场后来愈演愈烈的人事风波。我既要支持展览，坚持《画廊》的方向，又要应付来自内部的严厉批评。《画廊》不赚钱，广东美协的主流声音指责这一份广东办的杂志没有介绍本地艺术，意见传到出版社，出版社于是也有人趁机批评我。幸亏当时出版局的主要领导非常支持我的工作，我才能勉强撑住整个局面。

《画廊》1994 年第 3 期《尚扬工作室报告》专题（图片由白榆提供）

“当代艺术邀请展”在北京顺利地进行。可是，就是开幕的前一天，我忽然接到官方的正式通知，要我马上去中国美术馆参加一个重要的会议。我去到现场的时候，主持会议的是两个文化部的司长，参加会议的则有中国美术馆馆长杨力舟和首都师大（首都师范大学）美术馆一个姓袁的馆长。人到齐后马上开会，司长传达上头指令，说展览因故明天不能开幕，原因不需要解释，你们的工作就是去向参展的艺术家做好解释工作，不要起哄闹事。司长点了我的名，说我是《画廊》主编，是举办单位的负责人，又是国家出版社的一名干部，必须不打折扣地执行这个指令。我当时一头雾水，不知道为什么展览不给做了，其中有什么重大的原因？直到今天，我也不知道当年的这个展览为什么不让做。坦率地说，这个展览绝对是中国 20 世纪 90 年代被迫关掉的最重要的展览之一，也是一个应该留在历史中的重要的展览之一。我离开美术馆后感到很沮丧，找到了殷双喜，把事情的原委详细说了。他一听也傻掉了，因为没有任何说明，不知道什么原因。于是我们只好去找黄专说，黄专当场表示很愤怒，厉声说，明天的展览必须照常开幕，不管那么多，至少首都师大美术馆的展览要开幕。我说不可能的，因为袁馆长也去参加会议了。其实当时我最怕的是艺术家们趁机闹事。从出名的角度看，这是艺术家们通过闹事获得名声的极好机会，会一下子成为重大的艺术事件，受到国内外媒体的广泛关注。可我们不能那样做，因为艺术家的确是出名了，我和殷双喜，包括杨、袁两位馆长都不用在各自的单位里干了。至今我很感谢尚扬老师，我和殷双喜去找他，把事情经过说了，希望尚扬老师能够出面平息艺术家的愤怒，因为他德高望重，大家会给他面子，会听他的。尚老师冷静地对我和殷双喜说，不要着急，一定帮你们平息事态，和你们一起去向艺术家做解释工作，叫他们不要闹事。作为展览的策展人，黄专一直很愤怒，所以他没有参与我们的工作，我对此表示理解。我们几个去做艺术家的工作，一直做到深夜。现在回想起来，那应该是我人生当中最为沮丧的一件事。那一年的 12 月 31 日，晚上，寒冷的天气，下着大雪，我只身一人坐火车离开北京回广州，整节车厢就我一个人，冷冷清清的，一种内心的凄凉感紧紧地攫住了我，让我不得安睡。临行前是尚扬、殷双喜，还有在广州的邓箭今等几个好朋友设宴为我送行，大家的情绪都不高，又都要装着高兴的样子。那是我一生中难忘的一个寒冷的冬夜，我坐在南下的火车上，从 1996 年走到 1997 年。回到广州后，我马上向出版局的领导汇报了事情的经过，解释其中的原因，以及我的处理措施。因为《画廊》是岭南美术出版社的正式刊物，所以，文化部的停展指令也发到了广东省出版局的有关部门。还好，局里的主要领导能够理解我的处境，对我的处理也满意，所以没有造成任何不良的后果，我解释过了，事情也就算了，没有追究。从那时开始，我就对出版社的工作产生了强烈的厌倦，于是心生退意。不久，我考上了华南理工建筑学院的博士。再过不久，我自动申请调到暨南大学新闻系，做了一名大学的老师，彻底离开了出版系统。1999 年底，我干脆随家人移民去了加拿大，告别原来的一切，重新开始新的生活。我的遭遇，包括其中的挫折，只有我自己知道，我从来没有对人说起过。黄专作为局外人，他更不会知道我当年的真实处境，理解我的难处。出国之前，我找了个机会和黄专单独对谈，检讨彼此的关系以及其中的问题，居然谈了有四个小时之多。我觉得这一次谈话对我而言是一次彻底的放下，包括我们两人的关系，以及当中可能的误解，甚至是不理解，都在谈话中过去了。我们的态度都很好，诚恳面对。我至今都很怀念那一次的长谈。要知道，人生中这一类长谈是不多的。

人文哲学与科学哲学

受访人：彭德（西安美术学院教授、艺术研究所所长、国家画院美术研究院副院长）
采访人：郭伟其
时间：2017年8月19日　地点：西安

郭伟其： 彭老师好，能否谈谈您跟黄老师早期的交往，一起合作过的一些经历，一起探讨过的一些问题。

彭德： 我跟黄专的交往是通过编刊物，通过开学术研讨会，通过私人聚会，主要是这三种形式。《美术思潮》1985年1月创刊，黄专在1985年夏季做责任编辑。黄专是阮璞先生的研究生，阮先生最瞧不起美术刊物，称美术刊物发表的文章为“报馆文章”。“报馆文章”是贬义词，所以黄专编了两期《美术思潮》，编得很粗糙，错误百出。我说：“黄专，你做学问非常严谨，怎么编刊物这么粗糙？”有一次他编的一期要由鲁虹重编一次，署名还是黄专，所以鲁虹取了一个笔名，叫“无己”，“无己”就是没有自己。由于报刊文章都是美术界新手写的，属于批评文章，批评文章在学者心目中往往没有什么地位，特别是研究美术史的人。阮先生是研究美术史的，他写文章引经据典，言必有出处。另外，黄专还受两个人的影响：一个是他读本科时候遇到的知名教授张舜徽，专门做文献研究的。张舜徽通过读原典来写自己的书，对随口发的议论瞧不起。1988年以后，黄专又受到范景中的影响。范景中也瞧不起批评文章，他写文章也是引经据典，他翻译的书都有大量的注文。黄专比较适合做批评家，可是他受了这三个人的影响以后，态度就会摇摆。其实黄专锋芒毕露的学术观点特别适合做批评家，可是他一生都是在“史”和“论”之间摇摆，这是黄专的一个特点。同黄专年龄相仿的还有三个人：杨小彦、严善錞、邵宏，我称他们为“四条汉子”，统称为“贡（贡

2005年，彭德在深圳何香凝美术馆“翻译与视觉文化国际研讨会”现场（图片由OCAT深圳馆提供）

布里希）派”。他们四人对贡布里希的书特别有兴趣，言必称贡布里希。黄专自嘲为“范帮”，也就是长年执着于翻译贡氏著作的范景中的同伙。黄专爱开玩笑，喜欢自我调侃，不过他得病以后性情就变了。我们一直在议论黄专的性情为什么变了这个问题。他原来洒脱、开朗，不拘小节，后来变得见人很客气，不张扬。我的看法是他没有时间开玩笑了，因为白血病的存活期是有期限的，或者说医生认为是有期限的。

我经常和他们四人聚会，他们经常到我家，那是人生中最愉快的时段。“四条汉子”跟我的观点不尽相同，他们同范景中一道，崇尚波普尔的科学哲学，推崇用科学哲学从事美术史研究的贡布里希著作。我对波普尔剃刀式的明快的理论也感兴趣，我的书架上有所有翻译过来的波普尔的书，全部通读过，但是我们这个年龄段的人更欣赏的是人文哲学，是欧陆哲学，波普尔的思想属于英国的经验哲学。1989年7月4日，1989年春夏之交的政治风波刚刚过去一个月，我主持召开了“中国当代艺术研讨会”。“当代艺术”这个概念最早是从那个会议开始的，在那之前没有会议用“当代艺术”这个词。“四条汉子”都去参加会议了，与会者还有李媚。李媚当时是《现代摄影》的主编，是同一条战壕的战友。当代艺术圈关于思想方法和对艺术的判断，细分为很多不同的派别，最重要的两个派别是：一个受人文哲学的影响，强调艺术的文化含义，强调艺术的功能是“改造国民性”；而贡布里希的这一派，针对的主要是艺术。黄专曾经开过一个玩笑：什么对象都能被人文哲学说得天花乱坠，即便面对一个痰盂，都可以把解释学、现象学、符号学、语言学、存在主义、解构主义等都弄进去。确实，就像杜尚的《小便池》可以自由解释一样，痰盂一旦进入艺术，也是可以被自由解释的。

会议一开始发言的是我，关于中国当代艺术的思考，我发言完了以后就有人反驳，说我是宏大的黑格尔式的思路。我说我不是黑格尔式的思路，是人文哲学的思路。他们就开始抨击人文哲学，哲学家陈家琪立即反驳他们。陈家琪当时是湖北大学德国哲学研究所的成员，现在是上海社会科学院研究员，看问题比较深刻。“四条汉子”就同他对垒，引起另外一个人——华中师范大学王又平的参与。王又平年龄比他们大八九岁，也是推崇人文哲学的。双方反复争论，场面不相上下，最后发言的是湖北大学德国研究所的所长张志扬。张志扬没有反驳“四条汉子”，只是提了三个问题要他们回答，结果这四人都无法回答。张志扬是把科学哲学放在整个哲学体系里边来看待的，但在贡布里希看来，什么是哲学？哲学就是科学哲学；什么是科学哲学？科学哲学就是波普尔的哲学。贡布里希偏爱波普尔的科学哲学，将它看成凌驾于一切哲学之上的哲学思想。但在人文哲学看来，科学哲学仍然是哲学的一支，仍然被纳入哲学范畴，既然是哲学，就带有人文的性质。再硬的坚果，波普尔的利刀都可以切开，但人文哲学不是一个坚果，它是软绵绵的东西，无法切开，人文哲学具有弹性，很难做非此即彼的判断。那一次黄专发言不激烈，他没有反复地反驳人文哲学。黄专同我有点类似，他也会调侃科学哲学，他实际上也有人文哲学的情结，或者是他认为“改造国民性”是中国文人的一个任务，这也体现了他作为批评家的一个特征。我对人文哲学和科学哲学都感兴趣，基本上是持平的，对垒的双方我都喜欢，所以我没有参与他们的辩论，觉得两边都各有道理。会议完了以后，黄专推荐邵宏去拜访张志扬。后来我问邵宏拜访结果怎么样，邵宏说：“我坐在张志扬的面前，感觉好像坐在威严的黑格尔面前。”这意味着当时张志扬提的三个问题把他们打动了。

在那次会议之前，1988 年，我和黄专开过两次会议。一次是在杭州牛庄，是摄影界的会议，由李媚等人发起，参会的青年摄影家有顾铮、陈琦、伍时雄、潘科等人，杭

1988 年 8 月，在杭州西湖牛庄摄影会，从左至右：彭德、黄专、祝斌（图片由彭德提供）

州美术界有范景中、洪再新、杨思梁等人，我们湖北去了四个人，皮道坚、祝斌、黄专和我，另外还有广州的杨小彦。那时黄专就开始和范景中建立联系了。

同一年秋天，我和黄专又开了一次会议，是在南京中山陵旁边，宋美龄的“美龄楼”附近的别墅开的，会议叫“中国现代美术趋势研讨会”。会议由江苏美术出版社总编辑索菲策划，与会者还有陶咏白、张蔷、刘骁纯、贾方舟、陈孝信、邓平祥、陈传席、高名潞、栗宪庭、周彦、李小山以及美国学者李铸晋、安雅兰等 30 余人。第二天来了西安的两位研究生，一男一女，男的叫童立云，西安美院（西安美术学院）史论系的才子，其貌不扬，口才特别好，学哲学的。女生叫罗丽，长相靓丽，感觉他们是男女朋友。童立云侃侃而谈，有比较浓厚的西方经典哲学和美学成分，几位年轻学者就开始反驳他，其中反驳最激烈的是黄专。两个人辩论了几个回合，你来我往，最后黄专辩赢了。他用波普尔的科学哲学否定了黑格尔哲学的宏大叙事方式以及形而上学的、本质论的思考方法。他当时正在研究黑格尔的哲学问题——当时杨小彦和邵宏是迟轲老师的研究生，都在反思和反叛黑格尔，而黄专经常跟他们聊天，对黑格尔理论的弱点也比较熟悉，那次会议应该是黄专表现锋芒毕露的一次。

还有一次是 1999 年鲁虹主持的会议，在深圳美术馆，周韶华去了，台湾地区的刘国松去了，湖北去了很多人，有皮道坚、祝斌、孙振华、黄专，加上我，还有上海的王南溟。那次会议没设台子，像聊天一样，每人一把转椅，围成一圈。所有人发言的时候都是正襟危坐，唯独到了王南溟发言，他边讲边把椅子转来转去，显出一副倨傲的样子，黄专特别看不惯，他发言时说："有人没有受过正规的学术训练，谈起学问夹生半熟，居然还人模狗样地在那里指点江山。"鲁虹在会后说："黄专，你今天特别情绪化。"黄专对看不惯的人，经常爆粗口，有点像阮籍，瞧得起的他正眼看，瞧不起的他就翻白眼，压根就不理睬，或者正话反说，反话正说，言语带刺。不过黄专性情也比较豪爽，不记仇。我跟黄专一起至少开过 20 多次会议，大都是在武汉。

黄专平时性格很张扬，但他是学历史的，懂得韬晦。《美术思潮》的终刊号，1987 年最后一期的时候，要做一个总结，把所有参与的编辑和批评家的头像和简历登在刊物上面，黄专死活不提供，我和祝斌都感到很奇怪。后来我才知道，他马上毕业了，那一期正好会在他毕业前夕发表，如果刊物上面有他，他就会成为湖北美术学院保守派攻击他的一个口实。保守派认为《美术思潮》是一个异端刊物。

黄专写过很多文章，给我印象最深的是《谁来赞助历史》。当时吕澎在广州策划"广州·首届九十年代艺术双年展"，这个展览为后来中国美术从 1992 年以来的所有展览定了一个基调。一直到现在，凡是大型的展览基本上都是那个模式，就是有一个展览组委会和展览的学术委员会，编一部画册，邀请批评家开会，所有的活动都必须签订合同，有法律保障，请媒体，有辉煌的开幕式。当时开幕式是由黄专到广州的模特公司请了八个美女模特，黄专本来很高大魁梧，但是美女都比他高，所以大家调侃说是"一辆老式解放牌汽车拉了八辆奔驰"，"八辆奔驰"就是八个美女，"老式解放牌汽车"就是黄专。黄专是帅哥，但是美女们一去，就把全场的光芒给盖住了。那个展览做得很辉煌，黄专也下了很大的气力。不过，后来黄专做的展览同吕澎相比是反其道而行之。黄专都是做个案，这也特别符合波普尔的思想，主张微观研究，跟贡布里希的理论相吻合。做个案研究，做档案，这一点黄专是走在前面的。他和吕澎形成完全不同的两种策展思路和方式，他那种策展方式更内在、更可行。黄专也从来没有宏观地写过中国当代艺术史。他要写，他会写个案，因为在没有个案做铺垫的情况下，在没有文献做依据的前提下，所有的中国当代艺术史著作都将是短命的。

黄专的性格直率，对一个事情会马上做出判断，脱口而出进行肯定或否定，而且有时会爆粗口，当然他不是恶狠狠地爆粗口，是调侃式地爆粗口。黄专好客，大方，武汉人上餐馆都抢着付钱，黄专也总是抢着先付。黄专得病以后，我给白榆寄了一万块钱，黄专知道后就退了回来，寄了一个汇款单给我，还倒贴买了几本书送给我。我也给他寄过书，他寄给我更厚的书，他从来不欠别人的人情。在1991年年底，他要调到广美（广州美术学院），武汉批评界的人都去送他。后来陆陆续续调到广州和深圳去很多人，皮道坚、尚扬、鲁虹、李淞、孙振华、刘子建、杨国辛、李邦耀、方少华、石磊，都没有享受过他被欢送时的规格。

*郭伟其：*当时是一个什么情况？对于他调到广州是一个什么样的期待或者是怎样的一个议论？

*彭德：*主要是当时《美术思潮》已经停刊，当代艺术熄火了。1989年春夏之交的政治风波以后，当代艺术处于一种沉寂的状态，年轻批评家不得不重新去寻找自己的出路。黄专调到广美的原因应该是当代艺术走入低谷。当时，黄专对艺术批评骨子里还是有激情的、积极的。当时为他饯行的有哪些人呢？按照年龄排列，有：张志扬、皮道坚、尚扬、鲁萌、祝斌、鲁虹、李淞、刘子建、严善錞、王广义、曾春华和我12个人。后来其他人走的时候都没人送了，有两个原因：一个是黄专比较讨大家喜欢，他比较随性，没有打交道的障碍，他可以没大没小地开玩笑；第二个原因，黄专是第一个调走的，他调走后其他人就一个接一个地调走了。黄专去世以后，好多人写了文章。以后再去

世一个人，可能就没有人写文章了。像你们现在给他整理资料、编纪念文集，也可能只此一家。

*郭伟其：*我们想了解一下，您最初跟黄老师认识是什么时候，在什么样的情况下？

*彭德：*第一次见面可能是皮道坚或祝斌推荐的，皮道坚是他的学兄，俩人都是阮璞先生的弟子。黄专从大学毕业以后就分到了十堰市，在一个师范学校教书，周韶华、祝斌当时也在十堰市，萌萌也曾经在十堰市待过，祝斌同他的关系很好，大家经常在《美术思潮》办公室聚会。

*郭伟其：*您跟黄老师认识是在《美术思潮》创办之后，之前有过接触吗？

*彭德：*没有，但是一见面就一拍即合，都对当代哲学、当代学术、当代艺术感兴趣，另外我们是校友，他是华中师大历史系毕业的，我是华中师大中文系毕业的。

*郭伟其：*刚才您提过，您觉得当时大家的思想背景或者是思想倾向有一个科学哲学和人文哲学之分，您说人文哲学主要是想让大众开明智，那么科学哲学又是抱着什么样目的呢？因为从20世纪80年代初一直到像《美术思潮》这样的杂志开始做起来，大家都有很大的抱负，希望通过美术做一些甚至超越美术的事情。这两种思想背景分别寄托的希望是什么？

*彭德：*人文哲学更多地把美术看成一个改造社会的工具，科学哲学更强调的是美术自身。从这个角度来讲，我也是属于科学哲学这一派的。比如说有人认为重要的不是艺术，最典型的是栗宪庭，而我认为重要的是艺术。中国当代艺术这么几十年，特别是80年代，基本上是把美术作为工具，这和"文革"时期把美术作为工具在功能上完全没有区别，无非是为了不同的政治目的或者文化目的，都是把它作为工具。科学哲

学派的，特别是贡布里希强调的是艺术自身的逻辑——当然，贡布里希不是做当代艺术的。贡布里希的思想作为中国当代艺术的一个思想资源，我是一直反对的，因为他本来是研究圣像画的。采用贡布里希的图像学研究中国古代的艺术，尤其是研究欧洲艺术,那是非常有用的一门知识,但却不适合研究现当代艺术,像格林伯格就比较适合,他是跟美国现代艺术挂钩的。贡布里希是研究艺术史的，他面对的是历史，当他面对新的艺术，比如说现代艺术，他的研究就戛然而止了。我一直反对用贡布里希"实验艺术"这个词来界定当代艺术的说法，"实验艺术"的命名是受波普尔的"试错逻辑链"影响形成的术语，尽管"实验艺术"这个说法在国外也通行，但我一直反对，因为实验有目的，而艺术没有目的。实验是一种手段，通过这个手段达到一个目的，可是有一些当代艺术是一次性的，不是为了第二次艺术活动来做铺垫的。所以我认为用贡布里希思想来作为当代艺术的思想资源是有问题的，但是同时，我又反对人文学科单纯地把艺术作为社会变革的工具。我认为当代艺术就是社会变革本身。美术要是变革了，搞得很多元，那么政治也可以多元，经济活动也可以多元，社会形态也可以多元，人民思想都可以多元，社会就总体进步了，而不必要求艺术家一味地通过关注现实政治、关注时事来推动社会的进步。

郭伟其：当时您和像黄专老师这样更年轻的一些学者一起做《美术思潮》，大家有一个一致的兴趣点、一致的想法吗？

彭德：基本的目标是一样的。首先要改变现状，改变那种僵死的美术现状，要反叛传统，要反叛极左的艺术，要反叛学院派艺术，但想法不完全相同。至于怎么不同，就是按照自己的学术理想，各干各的。中国的刊物编辑，按照国家出版署的规定，要求建立三审制度。每篇文章、每本刊物，编辑要初审，责任编辑或者副主编二审，然后主编终审，这叫"三审制度"。《美术思潮》没有奉行三审制度，因为一开始编辑部没有人手，只有一审，谁当责任编辑，谁说了算。在编《美术思潮》的时候，我是终审，

通常我都是全权交给他们，当然我有时候会看一看，看看标题和大致结构，对文章内容不关注，他们约了哪些人写稿，稿件我不通读。所以你要仔细去翻《美术思潮》，它没有一个统一的学术标准，不能简单说它就是人文哲学的，或科学哲学的，或经典哲学的。我认可他们这批年轻的编辑，他们就去编。

*郭伟其：*黄老师一开始就接受科学哲学吗？还是在之前有另一个背景？

*彭德：*我还真不知道他什么时候开始关注科学哲学的，我想最晚不会晚于 1988 年，那个时候他认识了范景中，但在那之前，在 1985 年，他对科学哲学家肯定也不会陌生，因为当时科学哲学受到众多年轻学子的关注，书已经开始出版了。在书出版以前，有《哲学译丛》《哲学研究》《哲学动态》三本杂志，一般搞史论的都可能看过其中的至少一本杂志，那里边都有关于波普尔哲学的介绍。

*郭伟其：*刚才彭老师提到黄老师做《美术思潮》责编的那几期，可能有一些跟您不同的意见，或者您觉得他犯了一些错误，能不能具体地谈一下，回忆一下他编的那几期的一些情况？

*彭德：*1985 年第四期是他编的，他编过三期，有一期是 1987 年蓝色封面的那一期，但里面有些稿件不是他约的稿，是自由投稿，像邹跃进、王林都是自由投稿，王林的文章我还修改过——不是修改，是删节。他写了大概 8000 字，而我们事先有一个要求，所有文章不能超过 5000 字。邹跃进的文章我也删过。这些文章的编辑，包括跑印刷厂，都是黄专，校对也是黄专。我说的错误就是校对的错误，因为校对的是印刷厂的打样，猛一看很工整，会造成一种错觉，实际上里边错别字很多。因为经费有限，刊物用的是最廉价的 52 克书写纸，很薄很粗糙，但在当时美术界没有几本刊物，好像只有两家，另外一家是中国艺术研究院的《美术史论》，没有产生广泛影响，就是小圈子的

影响。而《美术思潮》都是年轻人在编，年轻人在写，它影响特别大，大家都很好奇，觉得这些年轻人写得还不错。

*郭伟其：*假如当时稿子都是现成的，像黄老师这一批年轻学者，你拉他们来做责编，是出于什么样的考虑，他们负责什么样的工作？

*彭德：*比如他负责这期的组稿和编排，他就要做归类，对文章做一些必要的修订，可能会和作者联系——那个时候主要是用信件，很少打电话，电话费很高。当时稿费也很低，编辑费也很低。我记得1985年，我们要评一个年终编辑奖，奖金30块钱，他们都争相表示自己那一期编得好，黄专态度不强烈，态度强烈的是严善錞，我就把奖金给了严善錞。

*郭伟其：*如果说这个刊物到了第四期才算刚刚做起来，当时投稿的稿件多吗？

*彭德：*到第四期稿件就开始多了，第一期、第二期、第三期，特别第三期的时候就没有稿子——第三期也是黄专编的。

*郭伟其：*这个刊物刚开始，就有那么多稿源，不用他们去拉稿子吗？

*彭德：*那个时候没有什么刊物，这个刊物编到第二期时在美术界就引起反响了，第一、第二期是我编的。我们那个时候的一个策略，是尽量不要用我和鲁虹的名字，为什么？要给人很多编辑的印象，有时甚至随便拉一个人当责任编辑。比如第一期责任编辑的名字是高山嵩，但他压根儿没编，他是我华师中文系的同学，我跑到他所在的县城，他引荐了县里的印刷厂，所有稿件跟他没有关系，我把他弄成"责任编辑"，是想要造成一种一个庞大团队的印象。其实第三期的内容最受激进派的非议，这一期真同黄专没有太大关系。之前编第二期的时候，这个刊物就引起了强烈反响，那一期刚刚印

刷完，油墨还没干，我就带到济南去。济南正在开中国美术家协会换届会议，中国美协的主席、副主席、理事、会员代表全部去了，好几百人，几乎人手一册，致使《美术思潮》成为会下的一个话题。当时会议的秘书长刘迅因此带我去见吴冠中。编第三期，黄专担任责任编辑是被动的。栗宪庭编的那一期也是挂了一个虚名，为什么？栗宪庭本来是要编1986年第一期的，结果到了1985年12月10日，他组织的稿子还没有寄来，也不够一期的篇幅，我就把他寄来的稿件放在下一期了，加一些别的自由来稿，署名为栗宪庭编，实际上他都没有到武汉来。

郭伟其：每一期的责编不一样，是为了显得人多，那黄老师为什么连续编三期和四期呢？这里面肯定有一个特别的原因。

彭德：《美术思潮》试刊时，鲁虹还没调进来，我就是一个“光杆司令”，忙于一些事务性的工作。黄专那个时候刚刚读研究生——我真的忘了第三期的责编居然署名黄专。我记得他是编了两三期，但没有想到是连续两期。我说黄专校对出错，是因为他看了印刷品打样，觉得很工整，他校对时眼睛一晃就过去了。但我是学中文的，对错别字比较敏感，那一期的校对工作主要是我在做。至于文章的内容，我从来不怎么插手，只要不超过篇幅或者是第一段不是写得太差，我觉得这个文章就可以用。凡是陌生人的文章我都会看，凡是熟悉的，像皮道坚、朱青生等人的文章，我就不看，我相信他们能够写好。后来黄专当了广州岭南美术出版社《画廊》杂志的策划和执行编辑，他也向我约过两次稿，我不知道他那个时候对编辑工作是什么看法，他那个时候已经到广州不在阮先生身边，可能对编辑工作稍微投入一点。我和黄专最开始的交往完全是学术上的编辑工作。第三期的责编挂黄专的名，这意味着我们认识很早，也就是说在1985年初我就认识他了，我们认识无非是三个人介绍，皮道坚、祝斌，或者是鲁虹，现在看来祝斌的可能性小一点，因为他调进《美术思潮》已经是到1985年下半年，他比黄专晚。应该是学兄皮道坚推荐的。

在学术上是一个很严谨和严肃的人

受访人：李媚（策展人、编辑，原《现代摄影》《焦点》杂志主编）
采访人：范白丁、方立华
时间：2017 年 1 月 19 日　地点：北京
录音整理：黄可佳

方立华： 您是怎么认识黄老师的？能否谈谈你们最早交往的过程？

李媚： 在认识黄专之前，他在 1986 年 2 月《现代摄影》总第九期就为我们写了一篇题为《摄影艺术的局限与超越——杜安·麦可斯的启示》，1987 年 6 月总第十一期又写了一篇《现代摄影艺术的文化——语言品质》。我们杂志从 1985 年开始摘录《美术思潮》的文章，经过朋友介绍开始与彭德通信，在信中请他为我们组稿，黄专这篇文章应该是受彭德之邀。

认识黄专大概是在 1988 年，浙江摄影出版社邀请我帮他们办一本杂志。那时我在深圳办《现代摄影》，那段时间《现代摄影》的经营情况很不好，出版也非常不正常。我第一次去浙江谈杂志方案的时候，出版社社长盛二龙请来了范景中，他们和范景中合作出了很多贡布里希的书。范景中听了我的想法，给了很多非常好的意见。当时范景中说，他对摄影并不是特别了解，但一直觉得我们的摄影完全没有一个摄影史的线索，因为 1949 年以前我们没有摄影教育，1949 年以后，我们和世界的联系就断掉了，他还提议让我到广州找杨小彦帮助。我实际上是把《现代摄影》转到《摄影》丛书里来了。我们建立了"摄影史论"和"译丛"这一类的栏目。

在为《摄影》组稿的时候，我第一个去的地方就是武汉。记不清是 1986 年还是 1987 年，彭德和皮道坚参加美术界的"珠海会议"后来到深圳，那是我们的第一次见面。

《现代摄影》封面

《摄影》封面

1985 年就和鲁萌、陈家琪他们开始通信，他们都相继为《现代摄影》写过文章。那时候武汉的这些朋友是我们杂志重要的理论支持。就是在这次去武汉组稿的时候见到了黄专。那时候鲁萌带着我一家一家地拜访，见到了好几位其实感觉上已经熟悉的朋友。第一次见黄专是在湖北美术学院尚扬那里还是在彭德家记不清了，彭德为我组稿还专门把大家都请到他家里，做了一桌子丰盛的饭菜。我想不起那时候黄专在湖北美术学院是已经硕士毕业呢还是正好要毕业。彭德给我介绍他，说他在年轻一拨里是很不错的。那天来了好多朋友：鲁萌、张志扬、陈家琪、朱正琳、尚扬、祝斌等。

后来，我在一个会议室放了一次幻灯，把原来《现代摄影》杂志刊登过的欧洲前卫摄影的作品和《光影档案》栏目的作品放了一遍。那是他们第一次看到那么多国外的摄影作品，看完了之后，大家都挺兴奋的。那次黄专也在，但他没怎么说话。

1988 年《摄影》第一期出来之后，浙江摄影出版社在杭州举办了一个摄影研讨会，武汉请了彭德、皮道坚、祝斌、黄专。后来黄专到了广州，和他熟识起来。我记得那时候我们开玩笑说黄专、杨小彦、邵宏和严善錞是中国美术理论界的“广东四小龙”，还说他们是“范爹爹”的弟子。他们有时把范景中叫作“范爹爹”，有时候也开玩笑称他是“教父”，他们都是“贡派”。那时大家关系就变得比较密切，我去广州就找杨小彦和他。《摄影》第二期，黄专给我们写了《事件：作为摄影的存在方式》，谈布列松摄影的意义。

在这个会议上，黄专、钱超英和范景中都在谈摄影的纪实摄影问题，觉得这可能是摄影特别核心的东西，而且我们应该重新从梳理摄影史开始。另外，我印象特别深的是范景中讲了很多翻译上存在的问题。当时杨思梁、洪再新都参加了那个会，他们也都讲了很多翻译上的问题，我印象很深，他们当时说到的翻译问题，让人特别绝望。

*范白丁：*在此之前，国内接受西方摄影的主要途径是什么？

*李媚：*我们跟香港的一批留学回来的摄影师关系很好，尤其是当时在香港理工学院当老师的冯汉纪先生，有好的国外展览或者摄影家到香港，他们会带到深圳来，而且还经常给我们带很多资料过来。我去香港的时候，冯汉纪就带我去买书，那时候我们就买一些关于摄影史和介绍摄影家的书。有一段时间，《雄狮美术》连载阮义忠介绍的西方摄影大师和新锐摄影，深圳的博雅画廊有《雄狮美术》，我们也从中盗版。香港其实是我们唯一的渠道，我们通过香港与欧美国家的摄影家取得联系。后来，20 世纪 90 年代在法国的曾年，也帮助我们联系了一些摄影家。

*方立华：*您当时给大家放的幻灯片也是从香港那边过来的吗？具体有哪些摄影作品？

*李媚：*对，是香港的朋友介绍给我们的。当时阿姆斯特丹画廊在香港办了一个“欧洲摄影艺术发展新趋势”的展览，具体的展览题目我不太记得了，画廊的策展人和总监经过香港朋友的介绍到深圳来，他的名字翻译成中文叫洛伦佐·麦朗，他把整个展览的幻灯片全给了我们。所以，我基本上带过去的就是这一批幻灯片，这里面有各种各样的实验摄影作品，传统摄影作品相对比较少。

*方立华：*他为什么把这一批东西留给您呢？

*李媚：*他是想再通过《现代摄影》把这些作品介绍到中国来。我们刊发了很多期，从

1988 年，开完“杭州会议”，李媚送彭德、皮道坚、祝斌、黄专返程时在机场合影（图片由李媚提供）

1987 年开始刊发到 1989 年。当时阿姆斯特丹画廊把前卫摄影作为他们的方向。

方立华： 您从 1984 年到 1993 年就一直在深圳编《现代摄影》杂志，能否谈谈这段历史？

李媚： 我是 1984 年 2 月到深圳的。我当时作为贵州代表去西双版纳参加西南四省的摄影理论年会，在会上认识了两个人：一个是深圳早期《现代摄影》的创始人苗小康，他那时候正在筹备《现代摄影》杂志；另一个就是我先生范生平。那是一个很神奇的地方，一下子就改变了我的命运，决定了我的事业和生活。

关于从《现代摄影》到《焦点》的创办过程，我曾写过一篇文章《告别理想年代》，回顾那段历程。

当时我们杂志就我和苗小康两个专职人员，开始杂志编辑中还会有一些非专职的外聘的人员参与，如伍时雄、刘学文、孙成毅、刘伟雄等。苗小康负责挣钱，我负责花钱，结果花到一定的时候就没钱花了。后来苗小康出国了，就把这个杂志移交给我。其实，《现代摄影》开始的时候比较简单，因为深圳是特区，当时深圳摄影协会（深圳市摄影家协会）靠给全国各地的各种机构卖进口相机盈利，所以深圳摄影协会可能是全中国摄影协会中最早富起来的，他们曾经在深圳还修过一栋大楼。苗小康是摄影协会的工作人员，他的地位比较特别，他当时提出应该办一份杂志，摄影协会就同意了，条件是资金自筹。苗小康到北京为这个杂志组过一次稿，当时他打电话给大家，但谁也没理他，所以他干脆就住到北京饭店，然后把当时北京摄影大腕都请到北京饭店来，大家才开始重视这件事情，于是就提供了一些稿件。其实在我到深圳之前，杂志的框架和稿件差不多都有了。

最开始办《现代摄影》时，学术方向并不是那么清晰，凭的是年轻人的热情和本能的反叛，因为“文化大革命”太压抑了，所以那时候对很多东西的反叛都是一种本能的、自发的。我们既没有理论框架，也没有参照系，而唯一接触西方现代艺术比较多的就是伍时雄。伍时雄毕业于广州美术学院，他是当时一个很重要的参与者。《现代摄影》第一期的创刊词居然是陈复礼写的，他是“沙龙摄影”的代表。也就是说，那个时候，大家实际上认为“沙龙摄影”是对抗“意识形态摄影”的有力武器。

我去了以后，就开始排版式和写一些栏目的编者按语，1984 年 5 月第一期创刊号推出。现在看起来可能会觉得第一期很幼稚，但是在当时已经是很了不起的一件事情了。后来第一期居然还再版了，其实杂志应该没有再版这一说，可见当时我们连基本的出版规则都不懂，比如杂志需要刊号这种概念在当时都非常淡薄，杂志都编好快要印刷了，还没有刊号，属于非法出版物，不能出。好在苗小康有很多老关系，他到广州很快拿了一个刊号，《现代摄影》才有了一个合法的出版身份。当时真的是挺可笑的，好多事情都是摸着石头过河，办一期算一期。但是还好，很快我们就和香港的那一批从国外回来的摄影师建立了联系，这对我们来说非常重要。

*范白丁：*后来您到杭州给浙江摄影出版社办《摄影》丛书，是不是实现了很多自己在《现代摄影》没能实现的想法？

李媚: 应该说它当时就是《现代摄影》的延续，不用考虑其他方面的需求，更纯粹更学术化。

1986 年《现代摄影》有一个很重要的转折，就是抛弃了“沙龙摄影”，办刊主旨转向对前卫摄影的探索。为此深圳摄影协会对我们的办刊方向很是不满。他们要求作为深圳摄影协会的一个杂志，首先必须有一些宣传深圳的东西。另外，当时深圳的摄影主体倾向就是“沙龙摄影”。所以从一开始我们就很另类，摄影协会也不愿意再管我们了，我们正好脱钩，之后我们就直属于文联（文学艺术界联合会）了。

我们在 1986 年介绍的美国现代摄影作品，是香港的朋友给我们的，那时候没有版权问题，所有的东西都是拿到就用，我们也不受约束。深圳有一个博雅书店，它除了卖《雄狮美术》之外，也经常会卖一些商业杂志，我们经常在那些杂志里面剪图片，有一些在我们看来非常新颖的图式，虽然那些照片的拍摄目的是出于商业，但我们认为可以借用。《现代摄影》后来有个栏目叫《光影档案室》，其实就是一个“拼盘”，里面各种各样的东西都有。

方立华: 您接手主编《现代摄影》的时候，想法发生了什么实质性的转变？您组稿时联系了一大批武汉的理论家，这些人并不一定是专门研究摄影领域的，比如像黄老师就是学历史的，他可能一开始甚至都没关注摄影。但是这批人对您或者《现代摄影》是否产生了一定的影响？

李媚: 我接手以后最主要的改变，一方面是我们抛弃了“沙龙摄影”，另一方面是开拓了跨界的视野。因为当时摄影资源太贫乏了，我认为当时基本没有一个“摄影理论界”。那时候连顾铮都没有搞理论，他重点还是拍照，是上海海鸥照相机厂的一个技术员。我接手后采取了跨界的策略，1984 年年底开始找《深圳青年报》的徐敬亚、

吕贵品、宫瑞华和王小妮等一批朦胧派诗人参与摄影观念的讨论。徐敬亚写过一篇《崛起的诗群》，他是对朦胧诗进行理论总结的重要人物，我们的合作很密切。

有一期杂志把中国的摄影现状做了一个总结，生造了各种各样的概念，而为了这些概念我们造了一点说辞。这一期就是和这帮诗人合作的，也就是第一次介绍欧洲摄影艺术发展新潮的那期，那期的封面是抽象作品：灰底上几根线条。有些画画的朋友说："你们太牛了，竟然敢用这种照片做封面！"我们推出的国内作品专号，算是对观念摄影现状的一次梳理。我们的观念显然与那个时候的文学也有相通之处，比如"寻根热""伤痕"。

后来又请杨小彦和搞文学评论的钱超英一起参与了"真实性"的讨论。杨小彦写过一篇文章叫《真实性：一个怪圈》，对摄影的真实性提出质疑。后来杨小彦写的一篇关于张海儿的文章《在拍摄者与被拍摄者之间》，关于"摄影关系"的讨论也是一个特别有意思的话题。再后来就是在摄影史的线索中寻找自己的定位与差距了。

*方立华：*所以您在80年代主要还是跟文学界的人联系比较多？后来又怎么和武汉这批人建立联系的？

*李媚：*对。那时我认识了一个在深圳的画家叫江文湛，他当时去武汉参加一个关于水墨的学术讨论会。他说他和《美术思潮》那帮人很熟悉，我就给了他几本《现代摄影》请他帮我带去送给他们，并且希望建立联系。他就把我们的杂志带过去了，回来时带了一封鲁萌的信给我，从那以后，我开始和彭德他们通信。基本上这一群人成了我们的中坚力量。

*范白丁：*当时是先设定一个主题，然后让大家围绕这个主题来写吗？

李媚: 《现代摄影》的时候不是每期都有一个主题的，后来的《摄影》从第二期也就是“杭州会议”以后，每期都设定一个主题，组稿基本是围绕主题开展。1991 年，浙江摄影出版社换了新社长，《摄影》在 1992 年初出到第六期就停了。我把《摄影》的编辑宗旨又转回了《现代摄影》。

范白丁: 黄老师写布列松（Henri Cartier-Bresson）的那篇文章《纪实摄影的人文主义传统》，是他自己想的题目还是当时大家讨论的结果？

李媚: 是他自己定的，但是也跟会议上大家的讨论有关。去杭州前，我拿了一本《世界摄影史》到广州去给杨小彦看，因为我不懂英文，我们按摄影史的线索翻拍了好多幻灯片，杨小彦就在会议上给大家做了一个比较系统的西方摄影史的介绍，回到纪实传统就是那次会议的直接结果。

方立华: 当时好像有 30 多人参加了会议，您还记得具体有哪些人吗？

李媚: 没有 30 多位吧，可能是包含了他们本社的人。外面参加会的人有彭德、皮道坚、祝斌、黄专、杨小彦、严善錞、钱超英、洪再新、杨思梁、范景中、顾铮、陈锦、潘科和冯汉纪。冯汉纪是香港的，留美回来，在香港理工学院教摄影。他对我们杂志帮助非常大，应该说他对中国摄影的帮助也是很大的，他是一个很低调的人，实际上冯汉纪做的事情很多，只是他没有自己的著作，但冯汉纪是真正参与我们整个进程的。

方立华: 当时在牛庄会议上您主要是推介纪实摄影，已经有了一个非常明确的方向。黄老师写《纪实摄影的人文主义传统》那篇文章是不是和这个会议有关？

李媚: 黄专写布列松这篇文章肯定跟这个会议特别有关系。因为大家通过梳理摄影史以后就发现，唯独纪实摄影与现实和历史的关系是无可替代的，人文主义是纪实的

传统，而且这一块恰恰是1949年以后特别缺失的，这一点在会议上取得了共识。

*方立华：*关于纪实摄影的讨论有没有出现分歧或者不同的声音？

*李媚：*在我们这边没有。因为我们在中国是始终处于边缘状态的，其实主流还是“沙龙摄影”或是主流意识形态的摄影。在我们和浙江摄影出版社合作终止之后，《现代摄影》的编辑宗旨从商业摄影改回来，我们请了一批人做我们的编委和特邀编辑，有黄专、杨小彦、邵宏、顾铮、冯汉纪、阮义忠和曾年，还有李兰妮，她是深圳的作家。在1992年改版后的版权页上有他们的名字。

*方立华：*特约编辑是负责写稿吗？

*李媚：*还会对我们杂志的出版方向提出一些意见。

*方立华：*黄老师在1989年写过一篇关于摄影的文章，叫《事件——作为摄影的存在方式》，里面也提到了很多国外著名摄影师的作品，比如卡帕（Robert Capa）和布列松的作品。他这篇文章所建立的基础，是否跟您之前所做的关于西方摄影作品的介绍有关？他是通过什么途径来了解西方摄影现状的呢？

*李媚：*他肯定是通过跟我们的接触了解的，比如通过那次会议，以及一些稿件和画册。他有时候也会来深圳，因为我们家买了很多画册，所以一般他来的话都会看画册，包括一些摄影家来我们家也会来我们家看画册。至于是不是有其他途径我不太清楚，他应该是没有跟之外的摄影界的人接触过。

*方立华：*1994年至1998年您创办了《焦点》杂志，从《现代摄影》到《摄影》，再到《焦点》杂志，您能谈谈杂志之间的这种转换过程的想法吗？

1992 年，黄专和李媚在香港艺术中心王友身作品展厅（杨小彦拍摄，图片由李媚提供）

李媚: 因为当时我们提倡纪实摄影，关注摄影和社会关系的密切性，但是我们发现照片对社会生活的关系非常疏离，社会纪实的作品没有传播途径，所以当时就萌生了一个念头。因为美国的 *Life* 杂志很有名，一大批世界上最优秀的摄影家都跟它合作过，我们杂志介绍过的很多摄影家也都跟它合作过，所以它成为我们心目中的一个样板，我们特别渴望办一本中国的 *Life* 杂志。

在此之前，我们还想过一个方案，想办一本《视觉》杂志。我跟杨小彦和黄专一起讨论过，想把所有视觉因素的东西都合在一起，为此我还到北京去找过做纪录片的吴文光、牟森，还到北京传播学院找过相关的人。在我们想做改变的时候，都会和他们一起讨论，慢慢地形成一个想法，那时候野心也大。还有一个原因就是，这本杂志在当时的中国摄影界非常孤独，现在大家都会觉得这本杂志很重要，实际上当时买这本杂志有不少人是美术界的。而且我们的发行工作做得也不好，杂志又贵，创刊时是 1.9 元，是全中国最贵的一本杂志。

方立华: 为什么买的人反而是来自美术界?

李媚: 因为摄影界的人不认识我们。美术界的很多人，比如谷文达、韦尔申和黄永砯都给我写过信，还有其他领域的一些人，他们都是当时这个杂志的读者。这是一件很

20 世纪 80 年代末，杨小彦、李媚在黄专家（图片由李媚提供）

李媚和黄专（图片由李媚提供）

奇怪的事情，摄影界的大多数人反而不怎么认可。其实，杂志真正忠实的读者和作者就是那么一个非常有限的群体。后来，我还找过彭德想办一期美术界的摄影作品，其中包括了纪录行为艺术的照片。彭德为此组了一些稿，结果因为改刊没做成。

*方立华：*80 年代您就去了深圳，当时深圳摄影界的生态是怎样的？为什么后来没办《视觉》了？

*李媚：*一开始因为是深圳摄影协会主办，杂志长设《深圳》栏目，后来我们就跟深圳摄影界没有多大关系了。所以直到现在深圳官方对这本杂志对于中国摄影的影响是没有认识的。

《现代摄影》在当时的处境挺艰难的。一方面是在经济上，这 10 年估计赔了差不多 100 万元，经营部门做画册和印刷赚了点钱都赔到这本杂志上了。另一方面是文化观念比较保守，杂志一直受批评，主管部门觉得我们在宣扬资产阶级的艺术观。记得我们用了一张西方的摄影照片，新闻出版局一位领导说："这就是资产阶级的裹尸布嘛！你们还把这种东西公开地登在你们的杂志上！"就摄影而言，其实当时整个中国的观念都是比较保守的。

《视觉》杂志没做成主要是因为难度太大了，学术和经济上的难度都很大。正好有一个机会，就改成《焦点》杂志了。

*方立华：*为什么觉得《视觉》杂志的难度更大呢？

1994 年，香港艺术中心举办的摄影研讨会部分参会者合影（图片由李媚提供）

*李媚：*因为所有视觉领域都得包含进去。首先一个问题就是需要很多钱，而且没法请这么多编辑。其实《现代摄影》一直办到它关门之前都只有一个编辑，就是我。后来韩磊来了，才有了一个专职的设计。最开始杂志设计是请深圳做设计的董继湘无偿帮忙，我们自己做版式，画版、贴版。好在出版周期长，季刊，一年四期。

《焦点》因为碰到了刘香成，他是一个美籍华人，原来在美联社。刘香成急于在中国找一个刊号办一本类似《新闻月刊》这样的杂志。我想既然有这么好的机会，而且他有一个很大块的新加坡境外投资，所以就干脆把《现代摄影》改成《焦点》。另外，《现代摄影》当时是在跟白马合作（白马当时在中国也是一家做得非常好的大广告公司），他们也同意把《现代摄影》改成《焦点》。其实我们的目的是想做一本中国的 *Life* 杂志，后来为这件事情还跟刘香成吵翻了，因为他比较"帝国主义"。刘香成很傲慢，他觉得大陆人办杂志都不行，编辑部不能放在大陆，一定要放在香港，而且所有组来的稿子和胶卷都必须寄给他。比如说我们聘了特邀摄影师，摄影师不能自己冲洗胶片，必须把胶片寄回编辑部，由编辑部把胶片寄给他，由他来处理。当时我就说："且不说你这种做法是不是合理，就是从操作层面上来说都是不成立的，你不懂大陆出版

1994 年，香港艺术中心举办的摄影研讨会合影（图片由李媚提供）

业的管理！”结果为这件事情，刘香成还和彭德拍着桌子吵了一架，也跟我吵了一回，于是我们就闹掰了。但我们已经申请了改版，所以只有改下去。

我记得 1994 年《焦点》试刊期间，我们在香港开过一次摄影研讨会，那次黄专参加了。黄专当时还推荐了两个作者，一个是王友身，一个是颜磊。我和黄专、杨小彦参加了会议。

方立华： 这个摄影研讨会具体讨论了什么问题？

李媚： 主要是大家相互交流。因为是第一次会议，大家带了好多作品去，互相交流。那次会议上，黄专还和吴玛莉发生了一点小冲突，因为吴玛莉在发言的时候说，“大陆的这些作品在我们台湾 70 年代就已经有过了”，她觉得我们很落后。黄专就发言反驳她：“每一个国家和每一个地区都有自己的艺术发展逻辑，也有自己的发展进程。艺术不能用‘进化论’来评判它，没有先进和落后之说。所有的历程我们都必须经历，但形态可能不一样，因为生态是不一样的！”这是会议唯一的一个小冲突。

在香港说起杂志的事情，黄专对我和杨小彦说：“你们就应该接受刘香成，帝国

1994年，李媚和黄专在摄影研讨会会场（杨小彦拍摄，图片由李媚提供）

1994年，黄专和李媚在香港街上（杨小彦拍摄，图片由李媚提供）

主义就帝国主义，你们干嘛不接受他？”他还说，“你们就跟强势合作嘛，本来事情就应该这样，先把事情做起来再说。”我们觉得当时就有点陷入了僵境。我对黄专的话印象很深刻，显然他很看重刘香成的背景。我们说：“如果是这样的话，这杂志早晚也得关闭。”

*方立华：*您在办三份杂志的过程中，黄老师跟您有什么样的交流和讨论？

*李媚：*每一次我们杂志要做专题，或者想改版的时候，都会和他们一起讨论，我和黄专、杨小彦讨论得比较多一点，和邵宏反而少。

*方立华：*彭德老师写过一篇回忆黄老师的文章，其中提到了一个小故事，1992年你们在一起游泳，有一些好玩的事情。那是一个什么样的活动把你们聚集在一起？

*李媚：*那次黄专没去，是彭德、鲁虹、杨小彦和编辑部的人一起去的。当时正好是《现代摄影》面临改变的时期，他们正好到深圳来，我请他们去海边玩，同时想听听他们对《焦点》的意见。就是在那次，突然萌生了请彭德做主编的想法，彭德读书比较杂，是一个“杂家”，他们都觉得彭德比较合适。我记得好像是鲁虹说起来，他说：“我觉得彭德挺合适的！”

*方立华：*1994年至1996年，黄老师正在参与《画廊》杂志的工作，刚好跟您办《焦点》

李媚、黄专、杨荔在沈阳鲁迅美术学院（图片由李媚提供）

杂志差不多同期。

李媚: 对，我们都在跟杨小彦合作。那时候去广州，不是去杨小彦家就是去黄专家，我还记得白榆做的面条特别好吃，到现在印象还非常深。

范白丁: 我姨妈老说黄老师拍照不行，给她拍的照片都很烂！

方立华: 拍的都是朦朦胧胧的，那是他的"方法论"。他自己说的。

李媚: 我们在一起的时候，他没怎么拍照，那时候他还没有相机。我记得后来我们一起玩音响，我们家有一条喇叭线还是黄专给我们买的呢！后来我们还一起去过鲁美（鲁迅美术学院），我们上火车去鲁美的那一天正好是黄专的生日，我送给他一张布里顿（Benjamin Britten）的《战争安魂曲》CD。

方立华: 去鲁美是去做什么事情？

李媚: 他们去访问了几个画家，包括赵大均、韦尔申，等等。一起去的有我和彭德、黄专、杨小彦，当时应该是为了编《画廊》杂志去的。后来我还带他们去了一趟摄影系，跟学生做了一次交流。

*方立华：*您在 80 年代跟彭德老师的交往就很紧密了，那个时期他们都在办《美术思潮》，黄老师在读硕士期间也参与了这本杂志的编辑工作。您是怎么看待《美术思潮》的呢？

*李媚：*我当然觉得《美术思潮》是中国美术界相当重要的一份杂志！我那时候在内心深处就认为《现代摄影》是摄影界的《美术思潮》，只是我们办得没那么好，因为当时摄影还是比较幼稚的，我们的作品和资源也没有那么好。

*方立华：*您离开深圳之前，黄老师已经被聘为"研究员"开始在何香凝美术馆工作了，那段时间您和他还有接触吗？

*李媚：*我是 1998 年离开深圳的。我因为《焦点》的事情有点焦头烂额，《焦点》是一本公众社会新闻杂志，不在他们关注的领域。因为这样一些原因，那段时间跟他们的交往就比较少了。后来我们搬到北京以后，黄专和孙振华、鲁虹一起到北京来，我们见过一两回。我们其实就是前面那段时间接触比较密。

*方立华：*您能否最后谈谈您对黄老师的总体印象？在与您交往的过程中，除了刚才提到的那些，还有没有其他让您印象比较深的事情？

*李媚：*黄专给我的印象一直是一个特别可靠的人。比如说，杂志组稿的时候，黄专只要答应写了，在指定的时间内肯定会拿出来。虽然我们有时候在一起也挺嬉皮的，他经常和我们乱开玩笑，但他在学术上是一个很严谨、很严肃的人，这一点在他身上体现得特别强烈。

*方立华：*他后来似乎没太关注摄影领域，也没有做相应的研究。但在主持 OCAT 的过程当中，他邀请了顾铮老师策划了"空间生产考察报告·北京——曾力摄影展"，这

是 OCAT 为数不多的一个关于摄影的展览和讨论。

李媚: 他介入摄影其实也就是那段时间，他的介入没有杨小彦那么深。

方立华: 当时大家似乎都有办一份杂志或者做出版的热情，这跟当时的环境是否有非常紧密的关系?

李媚: 对，那是一个理想年代。记得有一次我去香港长江大厦见施养德，他手下办了30多份杂志。施养德问我：“你为什么办《现代摄影》？”我跟他说了一大堆学术理想之类的，施养德就笑，他说：“我们没有这样子办杂志的。我首先得考虑广告商的需求，然后才会根据这个去办杂志。钱怎么来都没有想好，你怎么办杂志？”他是把杂志当作产业来经营的。我跟黄专说过这个故事，我觉得很不屑，但黄专却说：“施养德未必是没有道理的。”我说，“你觉得他有道理吗？”黄专说，“我当然觉得有道理啊！”他的原话我有点记不清楚了，但他的意思好像是说，活下去是很重要的，他很重视这一点。我当时还觉得有点诧异，这给我印象还是挺深的。

方立华: 1997 年黄老师到何香凝美术馆工作的时候，他很快就策划了一个项目叫“何香凝美术馆艺术讲座”。他当时在计划书里写了一份演讲的名单，其中就有您，题目是“西方摄影史欣赏”。1998 年邀请您去开讲座，您还记得当时的情境吗?

李媚: 好像何香凝美术馆没有人跟我讲过是黄专定的名单，我一点印象都没有。我去那里做过两次讲座，都是离开深圳到北京以后的事了。第一次演讲之后，何香凝美术馆还跟我联系过，希望把它形成文字出版，但因为那时候的照片都找不着了，所以这件事情就作罢了。我不知道要我去做讲座是黄专提的。

方立华: 您当时除了跟理论界和摄影师有紧密的联系之外，是否也会关注当时所做

的一些展览，您觉得当时的艺术生态怎样？

*李媚：*当时根本就没有艺术生态，我们唯一参与的就是吕澎策划的“广州·首届九十年代艺术双年展”。这个展览的所有平面设计都是我们杂志做的，包括画册、请柬和评委的意见书，等等。印象特别深的是，在这件事情上，杨小彦和黄专都非常帮忙。本来吕澎只想请我们的设计来做，后来黄专和杨小彦竭力推荐让《现代摄影》来做所有印刷的东西。黄专还跟我说：“你要小心啊，可能会不付钱！”我说，“那好，你们帮我盯着。”到了快要开幕的时候，东西已经在机器上了，我给吕澎打电话，我说：“请把钱付一部分，不给钱我就不印！”后来吕澎把印刷费付给我们之后才开机的，要不然很可能这笔钱就麻烦了。主要是因为当时我们自己已经捉襟见肘了，我们也很惨。

*方立华：*您是怎么看待“广州双年展”的呢？

*李媚：*我当然觉得这是非常重要的展览，毕竟是在“85新潮”以后中国的首届双年展，它确实是应该被记入历史的。那段时间“艺术市场”也是被反复提及的一件事，而且我觉得黄专对于艺术市场的讨论和关心程度超过其他几个人。

*方立华：*您知道后来黄老师策划“第二届广州双年展”的事情吗？当然，因为各种原因这个展览最后也没有做成，但是他写了文章。

*李媚：*当时是听说过“第二届广州双年展”由黄专来做主持和策划，但后来没做成的原因我不是特别清楚。

献身当代艺术史的建构

受访人：王明贤（中国艺术研究院建筑与艺术史学者、中国国家画院《中国公共艺术年鉴》主编，中国艺术研究院建筑艺术研究所原副所长）

采访人：王俊艺

时间：2016年12月23日　地点：北京

录音整理：陆汀敏

*王俊艺：*您最早认识黄老师是在什么时候？能否谈谈当时的情况，之后又进行过什么样的交流？

*王明贤：*我们是在20世纪80年代末认识的。当时黄专在参与编辑《美术思潮》，我和那批朋友都特别熟。而且黄专和严善錞是学术搭档，他们合作写了好几本书，还一起编杂志，我和严善錞以前就非常熟了，所以我和黄专自然也就熟了。但是我觉得80年代时黄专还比较低调，他最早是做古代美术的研究，研究李日华的艺术，然后转到了当代艺术。他当时挺低调的，他就是认真听，说得不是特别多。我觉得黄专是到了90年代，他的才华才真正显现出来，所以90年代是他很重要的时期。而且，黄专最辉煌的时期，反而是他生病的这14年。作为一个很严肃的批评家和策展人，其实正是在他生病和最难受的时候，他起了最主要的作用。

*王俊艺：*您在还没见到黄老师之前就已经知道他了？

*王明贤：*对，没有见过就像很熟了一样。因为他那些朋友都跟我很熟，都会提起他，另外他是《美术思潮》的编辑，我也在上面看过他的文章，所以虽然没见面，但其实已经很熟了。我有很多非常要好的朋友都没见过面，原来有一位朋友是南京的艺术家董欣宾，他已经去世了，他在世时跟我特别好，整天给我打电话，特别熟，无所不聊，其实我是在他临终前一年才和他见面。我跟黄专一开始没见过面，但其实我们互相已

经都很熟了，也都很了解。

*王俊艺：*那时候黄老师是《美术思潮》的特约编辑，我知道王老师（王广义）也给《美术思潮》写过文章。当时您也在《美术思潮》吗？黄老师还有一个笔名叫“白荆”……

*王明贤：*我是《美术思潮》的作者，我跟他们都很熟，包括彭德、皮道坚、严善錞、鲁虹、邵宏和黄专。“白荆”的“白”应该是用了他夫人的姓氏。黄专的夫人要照顾一个病人14年，而且他这种病其实是特别难治的，再加上黄专也不是纯粹的养病，还做了大量的工作，所以我觉得他的夫人非常不容易！

*王俊艺：*当时你们是通过什么方式沟通的？

*王明贤：*有时候写信，有时候他们来北京，我们就会见面。更重要的是我当时跟他们那批学术伙伴都特别熟，所以我只要看到他的朋友在做什么事情，马上就能知道黄专在做什么事情。当时他们不是被说成“范帮”吗，指的就是范景中和他们几个学术伙伴，所以我也非常了解他们。

*王俊艺：*你们当时的这种交往方式很好，不像现在有了微信，感觉有时候太快了！

*王明贤：*当时的交往比较好，有事就写写信，或者有时候他来北京，一见面，就很珍惜。不像现在，天天微信天天见面，就忘了。当时见一面是有点难得的。

*王俊艺：*您觉得当时还有什么事情是印象比较深的？我们希望能还原当时的语境。

*王明贤：*在80年代，黄专也是一个重要人物，但他还不是主角。直到90年代，他的学术作用才显示出来。80年代还有几个比较重要的人物，一个是张志扬，在《美术

《新中国美术图史 1966—1976》，王明贤、严善錞著，中国青年出版社，2000年10月第1版（图片由王明贤提供）

思潮》署名“墨哲兰”；还有一个是萌萌，另外一个是搞建筑的赵冰，他是一个很年轻的博士。他们经常在一起组织沙龙讨论。

*王俊艺：*你们有过什么样的交流？

*王明贤：*80年代武汉虽然有很多活动，但我都没去，黄专当时来北京应该也不多，所以我们面对面的接触也不是很多。到了90年代就比较多了，比较具体的接触就是当时杨小彦和黄专组织《中华人民共和国美术史：1966—1976》那部书的写作，他们组织了严善錞、鲁虹和我，以及陈履生，准备一起写作这本美术史，当时想按费正清的《剑桥中华人民共和国史》的学术标准来写，由岭南美术出版社出版，另外还找了白马公司（广州白马文化公司）赞助。我们已经准备要写了，还列了学术大纲，做了分工，所以当时接触得比较多。当时的分工是陈履生写第一章（1949年到1966年），我负责写1966年到1968年，严善錞负责写1969年到1971年，鲁虹负责写1972年到1976年（主要负责写“文革”期间的四次全国美展，“后文革”这一部分后来也由鲁虹写），黄专当时应该是要负责写1977年“后文革”美术。所以我们也经常一起讨论和研究，但是初稿写完以后，因为涉及“文化大革命”这个题材在大陆出版较难，所以这部书就没出版。后来我和严善錞就把我们那一部分整理并扩充，最后出了一本《新中国美术图史1966—1976》（中国青年出版社，2000年出版）；陈履生写的《新中国美术图史：

1949—1966》也由中国青年出版社出版；鲁虹的书就叫《“文革”和“后文革”美术》，由台湾艺术家出版社出版。这就是我们当时的研究成果。

*王俊艺：*这本书的编纂还有什么特点吗？

*王明贤：*我们当时还是想做一个比较大的美术史的工程，扩展成为整个中华人民共和国美术史，涉及从1949年以来到当代艺术的发展。当时有一个很宏大的计划，就像费正清的《剑桥中华人民共和国史》一样，按照国际上的学术惯例来写作，在学术上有非常过硬的研究成果，而且能得到国际上的认可。因为我们当时看中国美术界的情况，很多都是夸夸其谈、宏大叙事，都没有真正的研究，所以我们就非常注重每个细节的研究，这和范景中的学术观点是一致的，再上升到贡布里希的那种研究方法。

*王俊艺：*当时这个出版项目是怎么发起的？

*王明贤：*我不是很清楚，当时杨小彦在出版社，黄专在广州，应该是由他们主要发起的。当时他们跟白马公司已经谈好了赞助，第一笔经费也拿到，我们也都开始写作了。

*王俊艺：*这套书在研究上有什么新的发现吗？

*王明贤：*我主要是做1966年到1969年的美术研究，这实际上是红卫兵美术运动的时期，在中国美术史的研究上，这完全是一个空白。如果我们查90年代以前的研究，根本就不会提到红卫兵美术运动，所以我就把所有的精力都放在红卫兵美术运动的研究上。当时我还到北京的潘家园，或者其他旧书市场，把红卫兵美术运动的资料和报刊基本上都找出来了。我忽然发现，这实际上是中国美术史上一个非常重要的时期，实际上非常活跃，当时有几百种红卫兵美术报刊，还有很多展览，非常丰富，但我们看美术史上的记载却是一片空白。当时老一辈的艺术家都被打倒了，但是很多年轻的

美院学生创作了很多非常重要的作品，所以我就找到中央美院《美术风雷》和《红色美术》这些报纸，当然还有红卫兵自己印的刊物；另外还有中央工艺美院、浙江美院的，都非常多。

我们当时希望做很细的研究，而不是空谈，所以我基本上把从1966年到1968年的整个美术史的线索都找出来了，我们在那本书上也有很简单的介绍。如果没有我们当时的调研整理，基本上这段美术史就是一片空白，在图书馆也找不到资料。当时我们首先要做的就是非常细致的资料研究，但是我们又觉得有困难，因为我们实际上是希望先做个案研究，当然我们也采访了一些“文革”时期的艺术家作为个案研究，但是工作量太大，就我们几个人根本不可能做得出来，如果我们真的把所有个案研究都做得比较充分，可能得要50年时间才能完成得了，这个事情也就耽误了。所以我们后来就只是先做一部分个案研究，把整个梳理一遍，先出了一本书。

黄专当时自己也做了很多研究，另外他也很支持我的研究。有一次他到北京来，还拿给我几份报纸，非常大，像《人民日报》那么大，那是鲁美的红卫兵编的报纸，非常珍贵。我后来在所有其他的图书馆都找不到，因为是鲁美很专业的美术红卫兵编的，编得非常好！这是极其珍贵的资料，因为我是做这方面的研究，黄专当时就送给我了。

王俊艺：你们在写作过程当中会不断地交流和沟通吗？

*王明贤：*因为当时我们是分头写作，所以是写完了初稿大家再交流一下。但是后来因为停下来了，所以并没有特别具体的研究，只是大家互相知道彼此的工作进程，缺什么资料，我们都会互相提供。

王俊艺: 后来是因为出版社审批没有通过是吗?

王明贤: 对,因为有关“文革”的内容出版在当时还是特别困难的事,具体的我也没问太多,估计也是出版社表示困难,然后广州白马文化公司的赞助可能也停下来了。广州白马文化公司在90年代很有名,它支持了很多文化出版方面的事情。

王俊艺: 之后你们还有共同做什么事情吗?

王明贤: 没有了,都是一些特别松散的。1996年黄专策划“首届当代艺术学术邀请展”,在中国美术馆和首师大(首都师范大学)美术馆,布展的时候我们也都去看了,展览开幕前被叫停了。90年代黄专经常来北京,所以我们也经常碰头讨论关于中国当代艺术和展览的事情。

王俊艺: 那个展览原定有三个地方:中国美术馆、首师大和香港艺术中心。

王明贤: 对,中国美术馆被叫停,其实展览都准备好了。因为在1989年“中国现代艺术展”以后,基本上国家有一个规定,中国美术馆和国家美术馆是不许展出当代艺术作品的。当时黄专策划的那个展览的批准可能也是有点偶然,也许最早官方没注意审查,后来发现了以后,就被叫停了。实际上那是中国90年代当代艺术的一个非常重要的展览,因为当时中国展览的规模都很小,像那么大规模的展览是非常难得的。

王俊艺: 我听说展览虽然没有开幕,但还是有一个内部的晚宴是吗?

王明贤: 后来大家都在一起,因为展览后来还是在首师大展出了。那几天大家都在一起,所以也无所谓了。

2006年，“纪念与反思：中国20世纪80年代现代艺术座谈会”现场（蒋涛拍摄，图片由OCAT深圳馆提供）

王俊艺：当时的情境还能想起来吗？

王明贤：我没有特别地注意。我们现在看是一件大事情，但实际上在90年代，我们都觉得开幕式就是闭幕式。1989年“中国现代艺术展”刚开展，肖鲁打了两枪，警察就出来了，然后整个展览就被叫停了。我们经历过非常多这类事情，比如1993年任戬他们的“新历史小组”在麦当劳做了一个展览，当时也是通知大家都去看，最后也被叫停了。所以这是家常便饭。

王俊艺：我听王老师说，这个展览能办是一个非常大的问号。

王明贤：是，每一次都是这样，在展览开幕的前一天都还在考虑这个事情。我觉得90年代黄专是做了一些很重要的工作，但是他更主要的工作还是在生病以后，这些工作更了不起。当时他在北京人民医院治疗，在医院边上租了一个房子，那种治疗是非常痛苦的，但是黄专根本无所谓。当时我去看他，他跟我谈他们美术史系的图书馆什么书都缺，还托我帮他买书。他得的那个病一般来说是治不好的，基本上是被宣布死刑了，但是他很超脱，还在谈他们美院的美术史系应该怎么建设，图书应

2009 年，“讨论观念的盲点是否还需要形而上学的方法？”现场（王澍拍摄，图片由 OCAT 深圳馆提供）

2009 年，“讨论观念的盲点是否还需要形而上学的方法？”现场（王澍拍摄，图片由 OCAT 深圳馆提供）

该怎么弄……

*王俊艺：*所以当时黄老师的很多精力还是放在美术史学科的建立上？

*王明贤：*黄专事实上还是一个古典主义者，也是很难得的一位严肃的批评家，所以我们注意到他的批评和策展，实际上是把美术史作为一个很重要的基础。当然，他也是从贡布里希和波普尔这个系统出来的，包括跟范景中的研究也有关。后来黄专的病稍微好一点了，有一天他来北京，那是一个大的聚会，当时通知了很多人过来，有很多艺术家和批评家，当时他就要创办 OCAT。我们都很高兴，因为一般生完大病就宣布不行了，结果他又可以出来工作。

我觉得黄专比较了不起的是，实际上我后来发现他做的工作，比如策展的难度都挺大的。黄专不喜欢做像“后感性”或“对伤害的迷恋”那种极端的展览，他要做比较成熟的当代艺术家的展览，我觉得他做的这些工作对于建立当代艺术展览的机制是起到了很重要的作用，而且他做这些展览实际上是不太容易的。因为到了 2000 年以后，那些艺术家也逐渐成名了，加上 2005 年以来的艺术市场的推动，一下子就把他们变成了天价大腕，那么怎么做呢？如果做得不好其实就变成了商业上的东西，但是黄专恰恰是对“85 美术新潮”运动以来的这些艺术家的研究，显示出他的学术水准，包括他做谷文达、王广义、隋建国和汪建伟的个展，等等，这些艺术家在国际上都有很重要的影响，但在中国基本上对他们都没有研究。黄专通过他策划的展览和编辑的出版物，才真正地对这批人有了非常严肃的学术梳理。所以我们看到他策划的展览的水准，要远远超出国内一般当代艺术展览的水准，同时对于艺术家也起到很重要的作用。要不然大家可能会觉得他们是商业上的天价艺术家，但是他们在当代艺术史上又有什么意义呢？黄专的梳理就起到了非常重要的作用了。有一些在“85 美术新潮”时期有影响力的艺术家后来基本上就退出了，但是黄专帮他们做的展览，也可以说使他们重新展示了他们的意义。中国一些真正达到很高学术水准、很成熟的展览，实际上是黄专在 OCAT 做的这些展览。

*王俊艺：*当时黄老师说了 OCAT 的想法吗？

*王明贤：*他说在深圳华侨城要做一个当代艺术的基地，因为当时中国完全没有当代艺术机构，北京就不用说了，连展览都不允许，机构更是没有，有的就是民间的几个所谓的美术馆，比如说成都陈家刚的上河美术馆，但完全是民间的，而且整个资本马上就断裂了，然后就做不下去了。所以我们当时觉得黄专说要做 OCAT，大家都觉得很好。另外，这个机构由黄专来运作，我们当然也相信在学术上就有了保障。所以大家就设想怎么做展览，怎么做研究，都是一些比较空泛的设想，也不知道 OCAT 能不能做下去，因为当时中国所有的当代艺术机构在做了两三年之后，基本上都夭折了。所以实际上我们也没有对 OCAT 抱太大的希望，没想到它一直做下去了，而且还做得很好。

另外，黄专当时本来还想策划一个大展，叫“居住改变中国”，但是也没做成。开始的时候有一个房地产商准备投资，黄专就写了一个计划，那个计划如果真的做成，可能对整个中国当代艺术和中国的房地产都会有很大的影响。一方面，当时中国不可能有这种大的当代艺术展览，所以如果有房地产商的资金注入做成一个大规模的展览是很不容易的。另一方面，中国房地产业开始发展的时候极其混乱，所以黄专肯定有他的学术理想，实际上也是对居住改变中国的一种批判性的探讨。但是，房地产商一高兴就赞助，开始投入资金，后来又不做了。

*王俊艺：*当时开始是找谁呢？王老师也参与这件事吗？

*王明贤：*不是，是黄专已经跟他联系好了，再跟我说了，潘石屹跟我其实都很熟，所以会互相知道一些情况。这个项目是由黄专发起的。

*王俊艺：*当时这个项目的筹备大概到了什么阶段呢？

*王明贤：*黄专当时有一个宏大的设想，然后他又写了一个很有思想的策展计划，并且跟一些艺术家都交谈了。因为黄专做事是比较靠谱的，他也不会说一个完全没有的事就跑去跟大家敲定，他会跟大家说目前进展到什么样的程度。

我觉得黄专还有一个很重要的贡献，就是对中国公共艺术发展的贡献，包括他在何香凝美术馆做的“深圳当代雕塑艺术展”，实际上那是中国最早的公共艺术活动。10年前他又在上海浦江华侨城策划了一个公共艺术计划，所以在中国公共艺术的发展方面，黄专和OCAT的功劳真是功不可没。我们知道中国的公共艺术，原来大家都有一些误解，基本上都认为是城市雕塑，而城雕实际上都是“菜雕”，在艺术中最无耻的就是那种“菜雕”。黄专就把当代艺术引进公共艺术的领域，然后又邀请了很有学术水准的艺术家来参与，所以这应该说是很大的贡献。当然，比如“上海浦江华侨城十年公共艺术设计”，如果按照严格意义上来说，有些作品并不一定是公共艺术作品，他选的艺术家也是当代艺术家，并不是公共艺术家，但我觉得这并不

2001年，“第四届深圳当代雕塑艺术展”，艺术家安娜和巴特克·普瓦赫（Anne and Patrick Poirier）作品《风景中的风景》永久地展示在深圳华侨城燕晗山上（图片由何香凝美术馆提供）

妨碍这项计划，因为他实际上是给公共艺术领域引进了新的当代艺术的观念，使其真正具有当代文化的活力，所以我觉得这点是很重要的。

*王俊艺：*你们之后还有什么合作吗？还有什么印象特别深刻的事情？

*王明贤：*特别是从2000年以来，整个中国学术完全是艺术市场在主导，那么在这种情况下，黄专实际上对这种艺术的市场化特别气愤，他觉得艺术家或者批评家不应该考虑市场的问题，如果要挣钱那就去做生意，来做艺术干什么！他是很反感的，在中国目前是很少有这样的批评家的。现在中国大部分的批评家都没有自己的底线，写乱七八糟的文章，开乱七八糟的研讨会，我看他们一天到晚都特忙，因为现在批评家供不应求。但黄专基本上不去参加这种活动，不去写这种应景的文章，他是很少见的严肃的批评家。

*王俊艺：*关于公共艺术计划，你们有过什么样的讨论吗？因为您对建筑很有研究，而公共艺术与建筑也有关联。

*王明贤：*其实黄专策划的公共艺术计划在当代艺术史上是很重要的，但好像大家还

2007 年，上海浦江华侨城十年公共艺术计划“点穴：隋建国的艺术”，作品《偏离 17.5 度》展览现场（图片由 OCAT 深圳馆提供）

是没有把它从当代艺术史的线索中整体地联系起来。实际上我觉得这是整个中国当代艺术发展中一个非常重要的脉络，正是这么一次一次的展览，使中国当代艺术逐渐有了自己的学术规模。另外，那个雕塑展的名称也是在不断地改变，但是我们发现，他在当代艺术的学术意义上做得越来越好。起初就是一个普通的雕塑展，后来开始有很多当代艺术家的作品参加，甚至国际上很当代的观念都放在里面，所以就不是一个像雕塑一样的很漂亮的景观展览，而是一个跟当代艺术完全结合在一起的公共艺术展。如果很认真地去梳理这些展览，去看每一次的策展观念以及作品，肯定会有很多的启发。另外，这个计划对中国公共艺术的发展也起到了很重要的推动作用，当然也包括后来“上海浦江华侨城十年公共艺术计划”。

*王俊艺：*在开始创立机构的过程当中，黄老师有没有跟你们聊过他对这个机构的设想，或者是在做的过程当中的一些焦虑？

*王明贤：*其实我看他的文章里也会提到他的理想，而且也在逐步地实现。当然，我知道也不是很容易，因为中国当代艺术从 80 年代到现在的发展太曲折了，所以 OCAT 的发展已经远比我们想象的要顺利。我们原以为会做得半死不活，这已经很好了，而

2007 年，上海浦江华侨城十年公共艺术计划“点穴：隋建国的艺术”开幕现场（图片由 OCAT 深圳馆提供）

且还逐渐发展成包括北京、上海和西安各个地方都有 OCAT，所以他的理想应该说基本上实现了。在中国做事本来就很不容易，再加上黄专作为一个生过大病的人能坚持做到这样，而且还是在他生病的 14 年中，我觉得他是做得最好的！我和他都是生死与共的病友，因为黄专生病几年之后我也生病，也做了大手术。

*王俊艺：*作为朋友，你们对人生的看法有什么比较深刻的交流？

*王明贤：*11 年前我也生病，也做了大手术，没想到前一段就听说黄专又生病了，结果我今年也生病了，你看我现在戴着眼镜，今年也是我最痛苦的时候。我得的是泪腺癌，而且非常严重，去医院做手术，医院反馈的信息也非常恐怖，不过现在的治疗还比较顺利。后来传来黄专去世的消息。当时也正准备去住院，看到黄专写的《诀别的话》，他说“死亡是一种金蝉脱壳”，他对死亡没有恐惧，当时我看了感触特别深。我是能理解黄专的，作为一个病人，一方面是很痛苦，另一方面也是无所谓了，真的是觉得没有什么畏惧的，人生也就这样。

*王俊艺：*后来大家聊起来，都觉得黄老师生病之后，反倒看开了，一方面他做事也更纯粹了，另一方面也更懂得去把握每一个时刻。

2007 年，“自由主义与公共艺术”论坛（图片由 OCAT 深圳馆提供）

*王明贤：*所以他自己心里也有数，时间可能很紧了，他要抓紧时间。

*王俊艺：*您看看还有什么想补充的？

*王明贤：*我觉得黄老师是中国难得的很有学术理想的批评家和策展人，他对中国当代艺术的贡献确实很大，我们很难找到像他这么重要的人物。我觉得他生病后也是把身体置之度外了，他也知道自己的病，他真是献身给整个当代艺术史的建构了。

展览和机构是他的作品

受访人：朱青生（北京大学历史学系教授、国际艺术史学会主席）
采访人：范白丁、方立华
时间：2017 年 1 月 20 日　地点：北京
录音整理：蒋涛

方立华：能不能先谈谈您和黄老师最初的交往？

朱青生：我和黄老师关系一直不是很密切，但我们都是做学问的人，所以每次见面就像昨天刚见过一样。我们第一次见面，可能是在 20 世纪 80 年代，一直到他过世，我们都没有很密切的私人交往。但是我们相互间肯定是有很深的信任的，我曾经说过，他拜托过我两件事情。他说他在学术上不关心别的人，但是如果 OCAT 不做了，问我能不能接受方立华到北大（北京大学）工作？我当时答应了。第二件事情就是范白丁，他经常跟我讲，范白丁是学艺术史的，他问我觉得他是否可以这样或者那样进学，我一律尽力给予最为贴切的建议。他把一些重要的事情嘱托给我，你们都不知道，这都是背后的事情。当然，你们后来都发展得很好，都不需要我再去施以援手，我很欣慰。但这两件事也说明你们可能是他最关心的人。

我们每次在一起都是谈学术问题，当然，我们有时候意见并不一致，最大的不一致是如何编年鉴的问题。他希望编成一种高度精选的年鉴，而我想编成一种不能自由裁量选择的年鉴，这是我们之间很大的学术分歧。这个分歧导致我们在 2010 年以后我们的合作编辑结束。但是他有重要的讨论会的时候还是会找我们中心，我也会非常认真地准备和积极地参与。

我们在做档案的问题上观念也不一致。在做档案的时候，他和费大为、吕澎总的

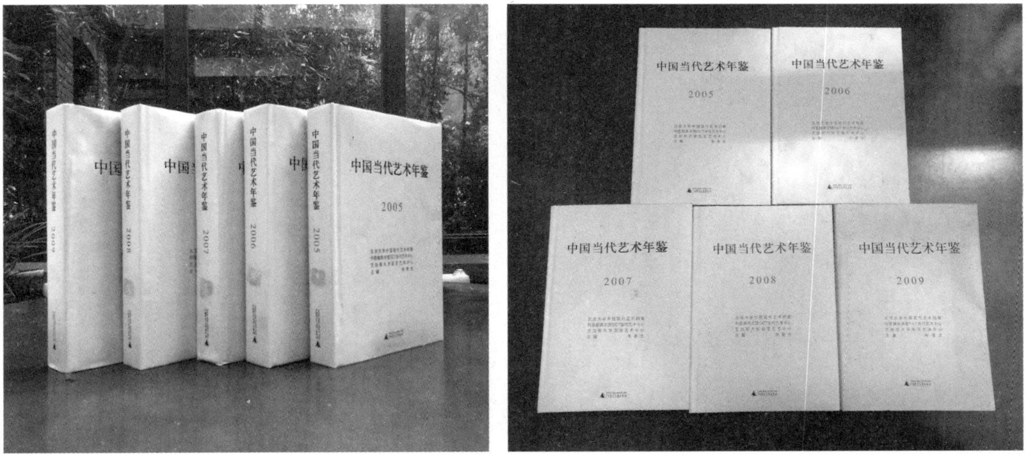

2005—2009 年《中国当代艺术年鉴》（图片由安娜拍摄）

意见应当是一致的（可能有细微的区别），就是在做档案的时候主管要独断地选择和判断。我的观点是档案必须是一个生态性的全体档案，收集制作档案的个人不能事先介入判断，而且要在当即实时非功利的情况下使档案尽量按原状（原始结构和最初记录）保留，也就是说，档案材料在你还不知道它干什么用时，你先把它封存起来。我们年鉴编辑部为什么要在元旦的时候给出前一年的年表呢？因为这个时候人们对前一年的艺术行为还来不及修改和增饰，它的原始记录已经出来了。当然“当即实时非功利”可能记得不全，但与有意有目的地编辑和删节造成的“不全”完全不是一个概念。这就是一个理念问题。我们注意到无论是福柯（Michel Foucault）还是本雅明（Walter Benjamin），他们可能更希望打破档案的权利，也就是不要让做档案的人有权力改变档案，或者增删档案。比如说有人在档案中加入了虚假或多余的东西，这本来就不在这个生态或结构中，那么性质和关系就改变了。当然，他们是从政治学的角度提出来的。

其实我的想法和黄专不一样，我认为今天的网络时代和数据储存技术给了我们一种可能性，它可以大规模地储存海量原始史料，过去我们不能这样办理是因为无法储存下来，过去的情况是只能捡一点留下来，其他的让它毁掉或者丢弃，这是博物馆态度。我们的档案态度是今天将所有能记录下来的都把它先存着，至于怎么用再说。我们今天没有意识到它有意义的部分，可能以后的人会觉得它有用。我们后来的工作并不是太密切可能跟我们的理念不太一样有关。

2005 年，“翻译与视觉文化国际研讨会”现场（图片由 OCAT 深圳馆提供）

我们能在一起工作是都对学术有一种责任感。这不仅是自己要做学术，而且是如何帮助社会或其他人做学术，在这一点上我们配合得很有默契，比如到现在为止北大的“艺术与思想”系列讲座还是按照黄专的设计来进行。他当初的设计很好，将各种思想、知识和艺术的讲座综合在一起，不断展现在不同学科的学生面前，展开讨论和研究。这就是我们一起在做的事情。

我想我和黄专是一种以道相交的方式，总体上来说我们有很深的信任感，但是平时并没有密切的私人交往。

*方立华：*黄老师在 1998 年策划组织“首届何香凝美术馆学术论坛”时开始邀请您参加一系列学术活动，您当时也提交了文章《出门与回家——20 世纪中国艺术与海外艺术的关系梗概》，后来被编入出版物《当代艺术与人文科学》。2005 年他在 OCAT 策划“文化翻译：谷文达《碑林－唐诗后著》”时，同期组织了“翻译与视觉文化国际研讨会”，也邀请了您做主题发言。黄老师非常关注思想界的动向，也非常注重邀请跨领域的学者参与讨论，希望当代艺术建立在思想的基石之上，他一直在努力推动做这件事情。所以从 20 世纪 90 年代末他就开始与您建立起了学术上的交流和联系，您在参加他所策划的这些活动的过程中，对于他在艺术机构的实践方式有什么样的看法？

2007 年，“《中国当代艺术文献选（1976—2006）》编撰会议”合影（蒋涛拍摄，图片由 OCAT 深圳馆提供）

2009 年，“国家遗产的构成、显现与文化传统研讨会”（王俊艺拍摄，图片由 OCAT 深圳馆提供）

2009 年，“讨论观念的盲点是否还需要形而上学的方法？”茶叙现场（方立华拍摄，图片由 OCAT 深圳馆提供）

*朱青生：*我觉得他做得特别好，因为他竭尽全力找到他认为最合适的学者来做一个学术共同体，从这点上来说他是我们的榜样。我们在北大本来资源应该更丰富一点，做起来更方便一点，但有时候并没有下那么大的功夫尽可能去邀请最合适的人到场。当然，他也不在自己的学校里做，他在把自己悬置起来的学术中心实现自己的目标。他的标志性活动不是在 1998 年，那时候他还只是零星地找人，做一些探索性的工作。他真正做成是在 2005 年成立 OCAT 之后，他所建立的学术委员会实际上是把当代艺术各方面的人都聚拢在一起，这些人到一起就像折中辩证思维一样，是一个机缘凑合的瞬间，我想是中国当代艺术一个象征。黄专一定是长期以来注重这样做，才会有

2010 年，“当代水墨与美术史视野”国际研讨会（王俊艺拍摄，图片由 OCAT 深圳馆提供）

2005 年这样一个象征性的学术现象。他找到的这些人有的估计过后就又各自走上了自己的道路，做自己的事情，并没有继续一起共同地做些什么。当然，我是属于跟他在一起做的项目比较多的人。我知道这样的准备和设计的背后，他的胸怀非常宽大和精进。

*范白丁：*您刚才说您和黄老师都有一种责任感。您觉得这种责任感是不是 80 年代普遍的一种理想的延续？

*朱青生：*当然是！我们这一辈人都是从“文革”时期成长起来的，今天我们对“文革”有很深的反省，但是“文革”也塑造了时代的性格，大家都会以天下为己任。更何况中国还有一个传统，即“先天下之忧而忧，后天下之乐而乐”的文人情怀。这种文人情怀是一种共同的时代特征，造就了大家会关心重大的问题和整体的问题，所以就必然具有责任感。责任感实际上是一种君子之风——不以个人的利益、喜好、欲望来决定自己的作为，而是以对事情的审时度势和对问题的理性的认识来决定自己应该发表什么样的意见和采取什么样的行动，这就是一种责任感的体现。这种责任感并不是一种性格的原因，而是一个时代的原因。其实这些人性格有很大的差异，做事的方式也

2010 年，“当代水墨与美术史视野”国际研讨会（王俊艺拍摄，图片由 OCAT 深圳馆提供）

很不同，所以我们用“责任感”这个词来说的时候，会把它看成一种个性或者对事情的一种态度，其实这一代人这么做是普遍的。也许我们以后应该换一个词来讨论这个问题，它不是“责任感”，而是时代整体所赋予的一种态度和处理的方式。

*方立华：*您之前在《去也未必分离——纪念黄专》一文里提到您和黄老师合作的事情不下 10 种。您也提到在方法和背景表面上相似，但实际上你们的观念和意见并不一致，比如您刚才也谈到在编年鉴上存在观念上的差异。不知道在治学方法或其他合作上您觉得有什么值得谈的吗？

*朱青生：*我们并不都是不一致，我们一致的地方也很多。他是历史系出来的，我现在就在历史系工作，在对历史的态度上我们比较容易认同。历史系实际上是通过材料、证据来推论真实的情况。我跟他有一个不同，就是他比较注意史料能推论什么，而我注重的是应该对史料进行多重的解释，并且对解释的结果要抱有怀疑。当然，这也不是我们的区别，我们共同的地方就在于我们都很注重史料的问题。他比较注重阮璞先生的考证问题的方法，我们这边做汉画也强调原始证据的考证，对史料进行精心的辨析，才能把它引用到问题的证明中来。

《汉画总录》，朱青生等主编，广西师范大学出版社（图片由安娜提供）

我们希望黄专能看到我们的成果，但是他已经看不到了，很可惜！汉画方面的工作我们已经做了很多年，但是还远远不够。我现在决定做一个史料的“局部性”整体，因为只有这一个部分的史料是周全的，史料的稽查才能做到“遍查书无此说”（古人做学问时的常用语），或有此说几处。我注重史料基本材料的收集，但是深知无论当代艺术档案或《汉画总录》，“全部”是不可能的，如果我们能在一个局部的点上或者一个有边界的范围内把相关的史料收全，我们再来研究的时候，它就不是采集式的研究方式，而是整体上像九宫格一样的分区规划，耙梳处理。

从 1995 年开始到现在为止，我领导的北京大学汉画研究所工作已经有 22 年，我们做了研究文献数据库、古文献数据库和图像数据库，并联合本所能做研究的人员推进汉代考古材料数据库。本来是想在 2020 年完成图像数据库的工作，编完《汉画总录》（正编 150 卷，补遗 50 卷），但我现在有点担心可能无法按期做完。我之前一定是跟黄专讲过这件事情。现在出现了两个情况：一是今天很多人的认识和我们不一致，他们保存的材料不想公开，因为觉得公开了以后别人就“占有”了他的材料。其实我们今天的观念是如果一个材料被更多的人使用和“占有”，其史料价值就会提高，也会受到更多的检验和质疑，其史料质量才会逐渐提升。现在有些人还保持着旧的学术传统，认为他秘藏一个资料，它就珍贵。我现在在北大教学，“学术规范”中是这样规定的，如果一个史料别人不可以获取并从另外的角度核查，这个史料就无效！史料必须是别人可以顺利得到并且进行稽查与核对的，否则这个东西可能还是伪造的、未经批判的，也可能是错误的。要做到这一点就要做整体的基础工作，所以我们北大系统一做就是20年，还没做完。另外，关于汉代的石刻，现在的情况改变了。20年前一块画像石只需要几百块钱，没有人作假，因为满地都是，地里能挖到，桥上也能找到，但是现在一块逾万元，成了盗墓的主要对象之一，而且现在还有一个产业专门造假。据一位博物馆馆长相告，徐州一个地区，每天就以50元一块画像石的速度在造假，所以今天我们看到的新出土的画像石就有可能是假的，辨伪就成为一个重大的问题，工作增加了难度。因为有造假的可能，真的东西就成为被追求的商品，就会脱开考古的环境流传。它的破坏太大了！而且过去的发掘记录不全，一块画像石只要离开了现场，就损失了无数的精密的信息，这对我们现在的妨碍极大。更何况不要说汉画像的考古发掘资料和著录发表了，连最杰出的工作海昏侯的发掘都有很多值得我在科学上推敲的地方，我们的材料记录在今天的难度和要求就突然增大了。

本来我之所以选择汉代画像石作为推进艺术史档案建设的突破口，一方面是它的数量有限，另一方面它在学术上有转折点的价值。但是没想到后来国内整体盗掘猖獗，现在连竹木简都脱离了它的原生状态。对于我们来说，简牍的置放方向和摆放的方式这种图像学的信息和它的文字信息是可以同等齐观的。所以我也很伤心，好在这件事情已经立项，至少把我们想做的事情不间断地昭示出来。我虽然达不到想要的目标，但是我能把我们做事情的方法同时记录下来。

为了这件事情，我差不多20年没有发表个案研究，因为我担心我不断发个案研究，保存材料的人就会紧张，他们会觉得我们是到他那里淘材料的。所以我是帮着大家一起做材料，而且所有的发表都是以当地的所有者为第一作者，我为第二作者，尽管所有的经费和出版的事情都是由我们来承担。但即使如此，也没有能够按照当初和黄老师陈说的计划做下来。

范白丁: 刚才您也说现在的信息非常多了，但这些信息和材料存在不真实性的问题，这对我们的研究有非常大的困扰，这也可能与您和黄老师做档案的分歧有关。您能不能谈一谈我们的艺术史和学术研究在面对真实性问题的时候，我们该如何做出反应？

朱青生: 这要从两个方面来说，首先我力图改变了处理汉画以及所有艺术史材料的方法，使之更接近于真实性，而不是因为其反正不完全真实，从而就放弃对相对真实性的追求。我还在做另外一件事情就是和吴宁合作整理吴作人档案。在编撰《吴作人全集》的时候，我们的编法是把每幅画放在“日志”中间呈现出来，这样我们就可以看到，这一天（时间维度）他在哪儿（空间维度），他在做什么和只可能被允许做什么（社会行为维度），他才可能有这张画（事实）。这本书就像一个精雕细刻的年谱。但这样的做法会遇到一个情况——实际编撰中有很多东西是摆不进去的，因为我们现在失去了当时的“所有”上下文和信息，因为当时没有人去做“全体生态”和“即时非功利”档案。怎么办？在这一点上，我们更纠结的是针对汉代（遥远的古代）。还有对于作假的问题，首先材料必须辨伪，才能进入编目和全集编撰。其实距今越远，其掺杂越多。如果在档案的缺陷和矛盾材料问题无法在编辑前确定，其实处理方式也很简单，第一是“割让”。凡是某年之后的暂时不收，我们可以绕过这些，将原始材料封存待补（2008 年编印的《吴作人年谱》和 2012 年编印的《徐悲鸿年谱》均以“待定本”标注）。但问题是：万一去掉（或封存）的是真实的关键材料该怎么办？所以我们目前采取了新的理念，叫“全集编辑法”（catalogue raisonné）的“存疑”作为第二种——标识材料来源的真实性程度。其中有可以肯定是可靠的，有怀疑根本不是真的，但它已经流传在这里了，我都将它记录在这里，使用者可以根据我提供的信息，自己来研究和决定怎么用。这个问题一下子就解决掉了。

这个方法并不是我们创造的，是因为我们看到了《伦勃朗全集》的编辑方法。人们在长期的研究中发现有很多作品是伦勃朗画的，但也有很多是伦勃朗工作室画的，有的是伦勃朗改过，但有些伦勃朗只画了草图就交给别人完成，仅是他的风格，是别人为了卖钱照着他画的，还有的是被误判为他画的，这样加起来就有很多所谓的“作者”。《伦勃朗全集》将这些全部编进去，标明各种作者，而且标明研究过程中相关的成果。这样的编法其实只是以此为名，呈现的是一套资料批判和作假质疑的过程，这也很重要。所以我们在编《汉画总录》时纠结就没有了，只是痛苦，痛苦是因为东西被破坏，信息永远损失。买卖和造假扰乱了学术，但并不是说我们没有办法处理它。所以我在做这件事情的时候非常有信心和有章法，只是内心充满了痛苦而已。

方立华：所以《中国当代艺术年鉴》以及建立中国当代艺术档案库的方法是与汉画和吴作人档案的工作方法一致？您能不能系统讲一下这块的工作，以及您和黄老师有哪些具体的讨论？

*朱青生：*黄专讽刺我做的是一堆“垃圾”，其实我对“垃圾”的学术价值挺感兴趣的。我认为做艺术史是艺术为对象研究历史和问题，其实并不是“为了艺术”而做，而是为了人类的历史和精神的记录而做。在很大程度上，“垃圾”也是一种材料，这是我和他不一样的地方。我们是很好的朋友，经常在一起开玩笑。他喜欢和重要的艺术家及杰出的人物一起工作，而我无所谓，我认为人是平等的，即使不重要的艺术家我也会很仔细地记录他们的档案。在做展览的时候我也非常注意和黄专的区别，他都是找重要的艺术家，他说这就好比做一部影片需要找好演员表演才可以演得很精彩。而我做的展览经常只是一个现象，里面有好的艺术家，也有“不好”的艺术家，甚至把“不是艺术”的部分也放进来。我想让它变成一个现象，我认为好的艺术家只是一个现象里面闪光的部分。这确实牵涉我们怎么收集档案了。

我们有一个档案就是收集“流言蜚语”的流言筐，我认为“流言蜚语”很重要，所以我们有一个专人每天在收集流言蜚语，我们以档案的名义在网站或者微信群里收集。这些流言蜚语有时候很无聊，但是无聊的流言蜚语有时候就是一种“风”，而“风”就是社会思潮和人内在的心态，这种心态不会在一件事件上或者写作上呈现出来，经常都是在流言和谩骂攻击中表达。

我们平时的收集办法是以年为单位，比如去年我们记录了 2961 个当代艺术展。在北京我们有一个拍摄组一共五个人，他们能拍 500 多个展览，每个星期向社会转述比较有意思的展览。我们还有一个阅读组，有专人把网络上和杂志上发表的文章搜集在一起，交给一组人阅读，过去我们只是给出一个目录，现在我们做得更加细致了，我们的阅读组每周会进行梳理性的阅读，然后挑出有意义的文章进行主题词、关键词和内容提要的标注，这样就档案化了，然后由中心网站和公共号对外推荐，而这些主要成为编辑年鉴时综述的根据。我们一年最多会收集到 10000 种文献，其中有 1000 千多种会写出报告，前一年是 600 多种。

若问我们为什么要这么做？拿来干什么用？这就比较复杂了，比如说我们每年要选出年鉴中记录的艺术家，我们一般会记录 130 至 150 位艺术家。那么，被记录的艺术家是怎么被选出来的？为这我经常被批评和讽刺，有人说我们做的东西没有“史实”，也就是说没有判断的本事，依靠的是统计。其实我们是有意将权力限制让未经历史检验的当代艺术现象处在“无我”的状态中被选择。因为我不能用“我的”意见，我们依赖的是客观调查和数据统计。但是统计要加配权重，比如有些会炒作的人能把商业展览弄得很喧哗，我们的阅读和直接从展览考察中的研究和判断就成了权重的配置的根据，这些考察和阅读不是某一个人或几个人一时的意见，而是反复吸取“当代艺术学界所有人”的意见。批评文章也是这样，很多人现在拿钱买文章，有的人天天在播发自己的事情，就会出现统计上的频率偏多。但是，多了也没有用，我们会通过阅读来配置权重，通过这样对史料重复性和利益相关性的批判性检验设置权重之后，才能进入统计，这样才使我们最后得到了统计的结果。当然，我们首先是普遍的日志记录，然后才有专题的调查，对作品的调查，对事件的把握，对流言蜚语的记录，还有对文献的阅读，这样统计的时候就有了根据。

我们为什么被讽刺呢，因为我自己没有权利选，他们觉得我就成了一个“废物”。虽然我是主编，我有很强的艺术判断力，但是我不能把它用在我的档案和年鉴的编辑中。虽然尽量客观地调查统计确实容易机械，可能失去对最有创意、但还未被接受和关注的艺术家或艺术作品的关注，但是我们后面还有两个补救措施：第一是编辑委员会，都是一些前线的评论家，他们和我们意见不完全一致，有些甚至和我们都不熟，但我们会拜托他们检验这 150 个人，他们会提出增删意见。我们利用了若干人的判断帮助我们纠偏。其次，我们还有一个学术委员会，原来的学术委员会就是 OCAT 的学术委员会，因为我们和 OCAT 一起合作编年鉴。后来它就不活跃了，如前所说，自从成立之后，几乎就没有正式活动过。我们就改成让批评家年会的当年组委会成员作为我们的学术委员会。他们可以进一步帮助我们增删，由此我们可以选择出被记录的对象。之后我们就进入了两层工作，针对对象进行立案调查和建档。

我们做这件事情有特殊的优势，因为我们有一个北大“现代艺术学会”领导的学生编辑组，如果有 30 个学生编辑，每个人做四个人，基本上很快就做完了。

另外我们会在 100 多个艺术家中选出 30 个艺术家的作品做年鉴展，其他以文献展出，实在是条件、场地和经费所限。北京民生现代美术馆成立之后，我们就开始举办“中国当代艺术年鉴展”。进入年鉴的艺术家，我们还会对他进行调查和访谈研究，所以这30个艺术家基本上是1对1地搜集所有的出版、发表的作品，对他个人进行直接访谈和通讯调查。我们从来不相信自述，所谓“自陈不信”，我们希望所有的材料是三证俱全，即自证、旁证和物证。这有点像法律上的规定。进入了专案之后我们将终身跟踪。好在这150个人不是说每年都不同，而是总有重复，总体上的量不会大到无限，不至于不可收拾。我做档案只做当代艺术作为科学的部分，从事档案工作是宣扬自我的思想，也把年鉴和与此相关的年鉴展做成艺术探索展览，只是知识对真实性的揭示和记录。

方立华： 您刚才谈到把科学的方法运用到年鉴的编辑上其实还是有一定的判断和选择，这就涉及之前讨论的选择和判断机制的问题和你们的分歧。2005—2009年，年鉴的编辑工作是由北大和芝加哥大学东亚艺术中心、OCAT一起合作，您和黄老师、巫老师一起推动这件事情，实际上是以您为中心，黄老师和巫老师并没有太多的意见介入进来，虽然也提些建议和参与讨论，但实际上他们非常尊重您的这套方法。但您的这套方法应该也有一个演变的过程？

朱青生： 是的，当然我很感谢他们。我们的编辑方案是从一开始就确定下来的，这套方法是越来越完善，自始至终没有太大的改变。在2005年的前言（编辑方针）里就是这么写的，现在还是用的这份前言，其实每年只改很小的细节。我和黄老师、巫老师平时的联系虽不紧密，但是我们在精神上互相爱护。他们确实很尊重我的意见，虽然他们有时候也不太赞成，但也会说，“你想这样做，那就做吧！”他们也会看到我这样做也挺有意思，只是他们不这么做而已。所以有些事情要保持“不理解原则”。

你刚才说我还是有判断的，但是判断和判断不一样，判断并不代表会将“科学”变成“文学”或者“思想”，致使背后的信仰和意识形态影响判断。我们编辑委员会有一个增删的过程，我也是编辑委员会的成员，但是别人可以增删，我不能，我只看别人增删是不是符合规范，因为我们有时候会出现编辑委员的错乱，他们会把自己喜欢的艺术家塞进来，而这个艺术家可能和他有生意上的关系，我就可以不接受这个意见，这就是主编的作用。我做这件事情的时候并不是在判断这个人，而是判断这件事情和我们原则之间的距离。学术委员的这一层也是这样，我也是学术委员之一，但是我没有权利对编辑委员的结果进行判断。这样就尽量减少我个人的意志在里面的作用。

*方立华：*能不能介绍一下您当时介入当代艺术这个领域的动机？在这方面您和黄老师有什么交集？

*朱青生：*我自己其实比较喜欢当代艺术，在2000年之前国内学界称之为现代艺术，我曾写过一篇文章，叫《我为什么从事现代艺术》。这篇文章是20年前我40岁那年写的。我在文章里讲得非常清楚我为什么要做当代艺术，这是我特别想讲的，我和黄老师的交集和对这个时代的贡献应该是在这点上。虽然在美术界也有很多艺术史家，但他们都是一些学问家，他们对当代艺术不感兴趣，尤其对当代艺术中那些“乱七八糟”的东西不感兴趣，他们觉得那都是垃圾。而我和黄专、巫鸿老师不仅感兴趣而且特别感兴趣，为什么？很多人不理解，他们觉得我们就是想做些出奇出怪的事情。

人们觉得我们做当代艺术会不会是一种名利场？我们三个当然都不会跟名利场有太深的关系。张晓刚前几天给我送来一幅画，这是他2008年答应捐给我们作为学术档案基金的，确定这次捐赠时黄专也在场，一共有多位艺术家参与。我后来从不去跟他们催要作品，因为有的人捐之前会设立条件，我们觉得有前提就做不了学术档案了，学术档案不可受制于这种交易。但是有几位认为答应了就一定要做，虽然他们不一定完全赞同我的所有观念和做法，就如尚扬、隋建国、曾梵志和张晓刚。最让我感动的是张晓刚，他每次见到我，都主动问："你什么时候来拿？"这样的情形持续了八年。他答应了我们的事情，终于把这件事情做完了。但是我心里的话不能跟他说，就是担心捐赠变为交易影响学术，当然他也从来没有那个意思。倒是有一天张晓刚跟我说："如果别人要做这件事情，我们不一定捐赠，但是我们看到是巫鸿、黄专和你在做这件事情，我们认为你们跟名利场没什么关系，所以我们愿意。"这是他无意中说的，我觉得他说的话大概代表了艺术界的看法。

当代艺术确实是个名利场，但是名利场和我们没有太大关系。有人会跟艺术家近一点，有人会超脱一点，可能相比之下我更远一点，我不大跟艺术家直接来往。巫鸿是跟他喜欢的艺术方向的人来往，黄专是跟很多重要的艺术家有非常友好的关系，我跟他们也很友好，但是我不跟他们一起吃饭。我不认为我们的态度跟艺术家的名利场有关系，至少我们一起工作的时候，到现在为止，没有太多的介入名利场。但我们的存在就是一种名利场。过去毛主席说过一句话："你不管政治，政治要管你。"有一天宇宁告诉我，她说："你知道吗，别人觉得我们也是个山头！"我后来一想，可能真的是，我们以为自己清高得很，其实别人看我们就是一个山头，就是一个霸权，只是我们这个霸权还摆出清高的样子，使人更加忌恨。我这样说是在自我反省，有时候"政治"是一种人间的权力结构和运作，话语权本身就是权力，有时自己没有注意就已经陷入一个权力结构中间，而且处在一个比较霸权的位置上，自己没有作为却在被各种力量对待、处理和玩弄。这是特殊的原因造成的，比如我在 1984 年就介入当代艺术（当时叫现代艺术）的运动领导。我们编年鉴，以为自己编得很客观，其实人家看到的就是我们的权力。所以有些事情不是自己就能说清楚的。在这种情况下我们要保持高度的警惕和适当的退出机制，也许有一天我就完全不再做这件事情了，任何利用我和影响我的权力，都会将它适当限制。

我认为当代艺术是对人性的一种不间断的拷问，是对人受到知识、计算和思想奴役的一种不间断的解放，是对无所谓前提和无所谓前置条件的人的创造力的鼓励和动作。这就是当代艺术的特点。当代艺术就是无中生有、莫名其妙来创造一样新的东西，其前提是你对自己能感受到但不能意识到的“限制”进行突破和解析。当代艺术是把人类活动中不可归纳的部分通通纳入其中，它是人的不可归类的自由活动的总称。如果没有它，我们对整体的人性就会缺乏理解和观照。

我想黄专和我一样保持着对当代艺术这种性质的观照。如果我们将其作为学术来做的话，把这种人类最有创造性和突破性的活动所取得的成就，不间断地引入了思想和知识层面，改造了我们人文学科的结构和素质，它就成为其中最活跃的部分，不断地有新义出来。如果我们不停地按照古代的、经典的方式去做，我们就无法处理人性中那种不断揭示和显现出来的本性的状态。所以，如果我们要对世界的本质和人的本性进行不间断的探求，我们绝不可以移开对当代艺术关注的目光。这就是我的想法。这不是我的选择，我认为这是作为人的基本需要。

范白丁：您和黄老师有一个共同点：你们既是艺术史学者，同时又从事和当代艺术相关的工作，您认为这两者有什么区别或者互动？

*朱青生：*过去我觉得可以同时做两件事。在艺术批评上我很早就写过文章，只不过是没有专门论述这层关系。我认为批评有三种：第一种叫“学术批评”，实际上就是艺术史的研究，只不过研究的对象比较新，是正在进行时。第二种叫“思想批评”，批评的目的是表达自己，我们看到的福柯（Michel Foucault）、萨特（Jean-Paul Sartre）、德里达（Jacques Derrida）都做这样的事情，他们都写艺术评论。第三种叫“创造性批评”，

他和艺术家是一样的，只不过是他们一起创造，或者一起找一个出路。这三种批评是不一样的，第一种批评本身就是艺术史工作，只不过研究的对象是活的还是凝固的。一般的学者会说我不研究活着的，因为它在动。但是现在我们觉得活着的有些问题也是可以研究的，今天我们的思想都在改变。

*范白丁：*会不会在我们死后过了几百年，后人看我们就像我们现在看瓦萨里（Giorgio Vasari）那样？

*朱青生：*瓦萨里的艺术批评是有限制的。他说的艺术指的是由菲奇诺（Marsilio Ficino）和达·芬奇（Leonardo da Vinci）共同建造的那种艺术。一方面是新柏拉图主义把理念加上艺术家的幻想和精致的呈现，变成为伟大的艺术作品。另一方面从达·芬奇这里，瓦萨里看到艺术家不是成为一个工匠，而艺术本身是一门科学，绘画是一门科学，音乐也是一门科学。他是把这样的东西作为一门艺术，再看别人符不符合科学的概念。这是经典时代的思维方法，也就是先确定艺术是什么，然后再用这个标准去衡量。

我们今天的思路是相反的，我们认为的艺术是把所有的东西变成"不是什么"（非限定性）的活动，这个活动的自由程度和创造程度，给我们的人性开拓了新的人性维度，这是根本的区别。虽然我们的做法跟瓦萨里似乎有点像，但是我们的时代给我们的任务不一样。所以我们今天并不是瓦萨里的继承者，而是经过了社会学精神方式阶段，人们考虑的问题不是这个艺术家做了什么，而是什么导致了这个艺术家必然这么做（瓦萨里还是物理学精神方式的艺术史家，物理学在这里是希腊语种将对事物之上的真理追求作为思考和研究的目的）。

到目前为止，这种社会学的方法还是"新艺术史"的主要方法，像克拉克（T.J.Clark）

他们都是做这样的事情的。但我现在对他们稍微有一点点否定，我认为我们今天做当代艺术实际上已经进入了一个艺术学精神状态，我们认为每个个体都是独一无二的，没有一个真正的学术方法可以处理社会学意义上的一群人或一类人，我将这种方法称为“人口学精神方式”。他们只是偶尔被人归纳成流派，没有一个真正的民族，没有一个真正的性别，每一个人都是独一无二的。你把它变成一个民族的、文化中的成员，就是对他个性自由的规制，实际上就是某种程度上对人的压迫。而且我们应该接受和允许每个人在对待问题的办法上是变动的，所有这一切的方法只有在艺术活动中才呈现出它全部的性质。这将是一个新时代的到来。

我们今后的艺术也不是一件艺术品一出来，将大家都变成粉丝，如果能让人变成粉丝的艺术，就是对人的某种控制和奴役。每个人的自觉性和创造性必须得到激发和鼓励，在大家谈话以后每个人应该变成他自己，而不是变成他人的追随者，这是今天我所追求的目标。我在做当代艺术的时候是有自己的诉求的，这是“第五次现代革命”，就是让人平等的价值在创造性和自觉性的层次上得以实现。“自觉性”是指不被别人所引导，“创造性”是指不接受别人的赋予，而是不停地激发自己的参与，这是我在当代艺术领域最为努力的方向。在思想上我认为每个人不能用自己的魅力和能力去干预别人，所以我对那些所谓成功的艺术家比较警惕。

方立华：我想回到和黄老师的工作和机构实践有关的问题上来。从 2005 年 OCAT 成立到 2012 年 OCAT 注册成为独立艺术机构期间，您一直是 OCAT 学术委员会的成员，也参与了一些学术讨论并且见证了 OCAT 的发展过程，能不能谈谈您对于黄老师所主持的 OCAT 的看法？

*朱青生：*他做得非常好！我很少用这样的词，但我觉得他确实做得非常好。OCAT

是在中国现有可能的情况下为当代艺术的机构建造了一个典范。随着他的逝去，这件事情再也不会发生了，别人会做得不一样。他的方法是什么？他要做的是什么？他拿当代艺术可以做什么？他是尽量通过他的策划让事情做到极致。我觉得这件事情非常有意思，他的每一个展览都是他的一件作品，他所做的机构也是他的一件作品。如果把他和冯博一所做的展览相比就非常明显，冯博一做的展览也挺好，但是看了以后大家会觉得这就是一个展览；黄专做的从来就不只是一个展览，他做的是“当代艺术的可能”。这是我觉得他做得好的地方，你看了展览之后会觉得原来他用他掌握的资源，可以让当代艺术做这样的事。

他做得很有成就，OCAT 也是他的一个平台，也感谢有 OCAT 这样一个地方让他能够这样做，因为可能有很多人想做但却做不到。他过去也做过，但老是做不成。1999 年他在首都师范大学美术馆策划了“首届当代艺术学术邀请展”，但最后开幕前被叫停了。后来他就变得很纯粹了，一个展览就做一个想法，或者说是一个方式。但它不完全是一个项目，它是一个通道。他找很多人来谈，他也做研究。我认为他根本上谈的还是我前面所说“艺术”，艺术既不是思想也不是知识，所以这才有意思。也许他并不同意我的看法。

*方立华：*他当时策划成立“何香凝美术馆艺术指导委员会”其实是试图建立一种良性的艺术机制。您记得当时的年会讨论了哪些具体的问题吗？能否谈谈当时的情境？

*朱青生：*他的想法是对的，但是他找的人都太“杰出”了，就像一把珍珠是不能包成粽子一样，这些人不能合作，当时有点像英雄聚会，各路诸侯会合。其实在 1986 年我们也会合过一次，包括《中国美术报》的刘骁纯、水天中、张蔷，《美术》杂志的高名潞和唐庆年，中央美院的我、范迪安、周彦、费大为、侯瀚如。当时计划要在农展馆做“中

国现代艺术展”，当时我借来的钱交付订金，现在在北京大学的“中国现代艺术档案”里还保存着当时的收据，后来因为形势原因没有实现，直到1989年才在中国美术馆做成。1986年的时候大家都很团结，但是1989年已经有点分散了。当时范景中、栗宪庭也是其中的参与者。黄专在2005年做的这件事情是中国当代艺术经历的第二次会合诸侯了。后来贾方舟力图在“批评家年会”上也召集大家，实际上开始于差不多的时间，黄专也参与了。最近的一次聚会就是2016年“第十届批评家年会”。这是一件挺有意义的事情，在我看来，这对于学术是一个理想，汇聚当代艺术界的象征作用大于实际的作用，跟我们年鉴的学术委员会差不多，实际起比较大作用的还是编辑委员会。

另外还有一个情况是他当时没有预料到的，就是当代艺术界的自我腐败和蜕变。当代艺术界本来是一个理想主义的群体，后来变成了一个名利场，里面有很多利益和关系，慢慢就腐败了。而当代艺术本身并不是一个市场行为，而是一个对社会和现实的批判，尤其是对人的算计和交易商业行为的反面，所以当代艺术不同意流行文化和娱乐文化产业的地方正在于其为当代资本主义社会的批判者和解毒剂，而却被市场化弄成一幅奢华的图景。20世纪80年代跟我们一起进行突破和战斗的少数成名艺术家，后来津津乐道于所谓的“市场神话”，这根本就不是什么“神话”，而是不公平和投机的社会占据的民脂民膏，腐败为奢侈的脓汤，流出来在边缘最后沾染和滋养了那些艺术产品，他们早已经失去了战斗力和批判性的谄媚，虽然曾经是以当代艺术为名，其实根本和当代艺术的根本性质毫无关系。今天的问题就在于我们的当代艺术到底在哪儿？其实不在“当代艺术界”，真正有创造力的探索反而又回到了年轻的教师和学生中间，年轻的研究者所在的学院里。过去被认为是最保守和最官方的地方，反而变成了当代艺术的生发地，因为他们还很单纯。社会上的独立评论反而未必独立，因为他们和体系、资本联系得太紧密，形成一个名利场。这是一个重要的变化，当代艺术没有了，机制又怎么能形成呢？一帮势利之徒聚集在一起怎么能形成良性循环？

方立华： 2005 年的艺术生态是否会好一点呢？

朱青生： 是的，当时他想做这件事情，还有会合诸侯的可能性，但 10 年后就变化了。

方立华： 在这个过程当中，黄老师的兴趣也有一个转变，或者说他在处理当代艺术的方法上变得更加极致。他在主持 OCAT 的时候，一直强调用艺术史研究的方式来开展项目，所以他做了一系列个案研究和课题研究的项目。到了 2010 年，他更“渴望”安静地做研究工作，所以他也开始在酝酿另一项他更感兴趣的计划，那就是建立一个关于中国当代艺术图书馆的计划，为此他还专门写了一份详细的计划。这件事情和您也有关系，因为黄老师还曾经跟您谈过合作，他曾经希望在北大实现这个计划。您能不能具体谈谈你们讨论的过程以及您对这件事的看法？

朱青生： 首先我非常赞成这个计划，我本来在北京大学帮他找了一块地，就在我们汉画研究所的后面，与燕南园隔墙，但是当时我们没有找到足够的资金赞助，这件事情就耽搁下来了。后来写了一篇《别了，北京》。其实我跟他有同样的心理，只是我在大学里，还有一个吴作人基金会支持，所以他计划的“艺术与思想”的讲座我们一直在维持着。2013 年之后我们北大这边的情况变得好一点了，讲座就会更加成体系。

他当时写的一份关于怎么建图书馆的计划，我还留着。我们当时一起看了地方，张永和答应帮我们免费做建筑设计。黄老师的想法是找一些艺术家捐作品作为基金，那些艺术家当时答应了，前面已经提过。我记得 2008 年就在你们现在坐的这个屋子里，我们一起讨论拿到资金以后怎样做这个图书馆，谈得很具体。后来由于这笔钱没有到位，事情就错过了。当时北大表示了积极的态度，后来这块地没用上，就被核磁共振中心拿去建了一个实验室。这些都成遗憾的旧事了。后来他筹建OCAT研究中心，那里离我有点远，加上我这边也很忙，所以就只能表示关心和支持，参加一些活动，没有介入细节设计。

我觉得图书馆这个想法很好，虽然我们的想法并不太一样，但是图书馆可以很大，不一样的东西都可以放在里面，这并没有什么问题，所以我同意他的想法。虽然我并不完全同意他的观念，但是对当代艺术有益的事情我一定会支持他，这是我当时的态度。

我和他在艺术史上的想法有很多一样的，譬如我们一起做翻译，他的做法是找一批人译书，我做的是“组合翻译”。实际上我们有英语、法语、德语、西班牙语等小组在做术语表，我们已经做了很多年，譬如做詹森（H.W. Janson）的著作，我们翻译了四次，虽然翻译得不尽如人意，但是作为一部大部头丛书、文献集成和字典、百科全书的翻译方法却建立完整。最近在北大建立了一个人文与社会科学研究院（相当于高研院），巫鸿和我还是其中的学术委员。我再次提出来做中国现代汉语的词源研究，这和我做艺术史的翻译思路是一脉相承的。因为如果我们没有一群人连续50年来做这项工作，就不可能把中国现代汉语内涵和语言构建能力建设好。因为这意味着我们必须对现代汉语的词源要很清楚，而这些词源不都是在中国，要把每个词语用的边界切割得非常清晰，它才能建造高高的教堂，否则只能搭一个小小的茅屋，因为它的基础都歪歪倒倒，建不起理论的大厦。这都是长远的想法。

说起来我们都是在推进艺术史著作的翻译，但是我们切入的途径不太一样。他在这点上比较像范景中，因为他们是一个系统的，我和他们不是同一个系统，所以我们的想法从20世纪80年代开始就不太一样。我在这点上成就不多，因为我们做得太慢了，没有成绩。虽然我们有《詹森艺术史》和《世界艺术地图》，但是都没有什么学术影响。

*方立华：*2005年黄老师策划组织的“翻译与视觉文化国际研讨会”，就邀请了您和冯华年做了关于“组合翻译”的专题演讲。

*朱青生：*对，但那是黄老师的方法，我觉得选题很有针对性。他当时希望谈的是刘禾的那种翻译，但是文化翻译的思想问题并不是如何翻译书的学术问题。当时我的发言他们都不感兴趣，因为他们讲得更加理论。冯华年当时正好是这个《世界艺术地图》项目的主持，但我的这个只是一个小项目，而那个讨论会的真正的亮点在于如何理解翻译这件事。那是一个重要的文化交流问题，有点像我们“世界艺术史大会”的问题，不是技术性讨论。当然，黄老师可以把学术、艺术和思想混在一起，这是他的特点。他做“国家遗产：一项关于视觉政治学的研究”也是这么做的，最后都有一个展览。那天也有一个他策划的展览，就是谷文达个展，他从里面抽一个问题出来，就变成一个学术研讨会。

*方立华：*因为他认为展览不应该只是简单地呈现艺术家的作品，他也不想组织一个仅仅是谈艺术家创作的讨论会，因为这样的会议很容易沦落成为一个“表扬会”，所以他从艺术家的创作里找出一个值得讨论的学术问题，然后组织跨领域的学者对这些问题展开讨论，并且尽可能地深入。我们在他之后所策划的一系列项目中也看到了同样的“手法”。

*朱青生：*是的。但是有些事情是他的策划。我记得很清楚就是刘禾的发言，巫鸿也做了讨论。我一开始不知道是讨论这个问题，我以为是讨论一个技术问题，这是两个不同的事情。这只是我们中文叫作“翻译”，他的“翻译”是海德格尔（Martin

Heidegger) 的概念，是指对世界的认识通过一种语言被陈述之后，再用另外一种语言重新陈述，这里面会出现变异和误解。这是一个重大的理论问题，它和我们的译书是两个不同层次的事。此翻译非彼翻译也，但都叫“翻译”，就像科学和艺术中间的创造虽然都叫“创造”一样，但它不是一件事。中文对此不加区分或者未加区分，这是现代汉语的重大问题。如果这个问题不解决，我们就无法建构思想的大厦。中文容易混淆，这是中文的问题，也是我坚持了 33 年（从 1984 年起）术语表的原因。

方立华：2012 年黄老师在 UCCA 做了一个演讲“我们需要一个当代艺术图书馆吗？”您觉得我们现在还需不需要这样一个图书馆？

朱青生：他的演讲被我们收录在年鉴里，作为其中一卷年鉴的导论之一。在我们这个时代，我们需要这个图书馆，如果能做下去当然很好。他的榜样可能有点像瓦尔堡图书馆。

方立华：他虽然是以瓦尔堡图书馆为蓝图，但他有自己的一套方法和计划。

朱青生：我认为做一个是可以的，但是不要把未来的图书馆全变成这样。我认为图书馆应该电子化，不要有实体书，每个人不仅是可以把图书馆带在身上，或者随时可以在手机上查阅，而且以后要植入身体，可以直接提取。我是这么想的，我在这方面特别激进，我一直反对保持图书馆的样式。

其实我刚在法国开会，我去拜访了法国国家艺术史中心（INHA）主任，他现在做的一个事情就是把黎塞留图书馆（quadrilatère Richelieu）进一步改造成法国国家艺术史图书馆（Bibliothèque de l'Institut national d'histoire de l'art），还在修大圆厅，现在已经开放了一部分。那是我看过的世界上最好看的图书馆。

我认为黄老师想做的这个图书馆当然值得做，你看法国也在做，并且做得这么大这么好，真是一个学术天堂。但是如果真的从学术方面考虑，我的想法正好相反，我认为不应该再做图书馆，而是要做新的存储方式和提取方式的创造和改变，所以我做汉画总录的时候都是先做数据库，而且免费提供给学者和学生使用，这是我的想法。

*方立华：*他做图书馆的想法还是以研究、交流和出版为核心，最终的目的并不是为了刻板地保存书籍，而是通过研究产生新的思想。

*朱青生：*这个理念挺好的，我不反对，但是如果我来做的话，我一定不会用图书馆来推进项目，我会做一个数据库和网络平台来推进项目。就像我们的汉画，所有的研究文献著录有1万多种，不断被增补，而且都会及时发给所有的人。也许他比较典雅（classical），比较优美；我比较粗糙，是个学术野蛮的人，所以我家小孙女叫我“蛮爷爷”。

*方立华：*您和黄老师的工作既平行又有交集，你们既是艺术史家，同时都介入当代艺术领域，做策展和出版，也注重推动翻译的工作。黄老师近两三年一直在促成由范景中老师主编的“艺术史名著译丛”的翻译工程。您是如何看待这项工作的？

*朱青生：*对，那件事情我从80年代开始就和商务印书馆谈过很多次，本来我也想做成一套《汉译世界学术名著》中的“艺术史系列”，但是这件事情还没有完成，如果黄老师能做成，我也很高兴。我的翻译一直是采取“组合翻译”，不是单独翻译，因为我知道翻译中间容易出问题。(据悉商务印书馆上海分馆已经接受学界共同的建议，开始筹备《汉译世界学术名著》中的“艺术史系列”，我重新给他们提交了选题书目。)

我们今天的谈话感觉黄老师还和我们在一起，我们就保持这样的感觉直至永远。

有学术抱负和责任感的人

受访人：高名潞（美国匹兹堡大学艺术史及建筑史系教授）
采访人：方立华
时间：2018年7月30日　地点：北京
录音整理：蒋涛

方立华： 您和黄老师是在什么时候认识的？在80年代你们有一定的交往吗？

高名潞： 80年代我去湖北的时候，大家也会在一起聚一聚、聊一聊。因为黄专是在南方，所以他和严善錞、范景中他们走得比较近。我当时在北京搞当代艺术，写了《85运动》和《关于理性绘画》等一些文章。黄专对于“理性绘画”和“北方艺术群体”为主的艺术思想有他自己的看法，他可能和严善錞的观点比较一致，所以那时候我们也经常讨论，都是在学术上的交流。但是在80年代的时候，黄专主要还是在读研究生，我是1984年毕业的，当时我已经开始工作了，黄专是1988年才毕业。我想他当时可能也比较关注杂志上发表的文章，比如《新美术》发表的东西，他肯定看得到，因为他和浙江美术学院（现中国美术学院）的一些人关系比较密切。1989年《新美术》有一期刊发的是古代美术的专题，集中在赵孟頫的研究上，范景中当时在上面刊载了我的一篇关于赵孟頫的硕士论文《论赵孟頫的“古意”——宋元画风变因初探》，然后他还发了李铸晋的研究文章《赵孟頫的〈鹊华秋色图〉》。后来，我忘了在什么场合下，黄专跟我谈起古代绘画研究方面的话题，他觉得我的路子是对的，因为比较宽，摆脱了当时流行的庸俗化的马克思主义社会学——简单的套用社会背景决定艺术作品意义的模式，他认为我是从真正的人文学科的角度综合地去探讨艺术问题。他觉得还是挺好的，所以我们在这方面有一些对话，谈得还挺不错，可惜没有文字记录留下来。

在80年代的时候我们就是这样，我们有来往，但是没有具体一起做过什么事情。1996年他做过一个展览叫“首届当代艺术学术邀请展”，我那时已经去了美国，他就给我写信，让我写一篇文章，发表在展览图录里。我当时写的文章题目叫《本土语境向国际语境的转移——从艺术本体的批判到文化的批判》，主要是从我到美国以后感受到的文化冲突这个角度来谈，特别是黄永砯、徐冰、蔡国强、谷文达等艺术家出去以后发生的战场转移、文化冲突等问题。

方立华： 当时还给您评了“艺术评论奖”，不知道您还有印象吗？

高名潞： 那个活动搞得挺大的，但我还真不知道给我评了奖。

方立华： 在《画廊》杂志上有一期关于“首届当代艺术学术邀请展”专题，上面公布了学术评审结果。有三位学者获得了“艺术评论奖”，除了您，还有栗宪庭和范景中老师。

高名潞： 《画廊》是广州的杂志。他那时候是不是已经去广州了？

方立华： 他是1991年去了广州。您是哪一年去的美国？在国外期间，您和国内的联系多吗？

高名潞： 我是1991年10月去的美国，那时跟国内有一些通信，但不太多。我在美国基本上就是“面壁”，因为在哈佛（Harvard University）要读很多东西，所以从1991年至1996年我基本上就在闷头读书，跟外面的联系不多。在这期间，1992年夏天我做了徐冰、谷文达、黄永砯和吴山专四个人的展览，叫“支离的记忆——海外前卫艺术家四人展”，1998年又做了*Inside Out: New Chinese Art*（“蜕变与突破：中国新艺术”）。黄专是在1996年跟我联系的，我们有通信。

2009 年，“讨论观念的盲点是否还需要形而上学的方法”茶叙现场（王澍拍摄，图片由 OCAT 深圳馆提供）

方立华：信件有没有保存下来呢？

高名潞：因为总搬来搬去的，信件很多都丢失了。我在美国也搬了好多次家，从南到北，所以丢失了很多东西，这真的很遗憾。我估计信件要是有的话，应该也是放在美国了。

方立华：您回国之后黄老师已经在主持 OCAT 的学术工作了，2006 年他策划“创造历史：中国 20 世纪 80 年代现代艺术纪念展”的时候，主编了相应的出版物，其中收录了您的文章《群体与运动——80 年代理想主义的社会化形式》。2009 年他策划“图像的辩证法：舒群的艺术”期间组织了一个讨论会，主题是“讨论观念的盲点是否还需要形而上学的方法”，当时也邀请了您参与了讨论会，不知道您还有没有印象？

高名潞：研讨会我印象挺深，去了不少人，会上有一些争论。其实在那之前，1996 年

我还去过广州，因为当时要办 *Inside Out: New Chinese Art*，所以我去了广州美术学院和华南师范大学艺术系，当时尚扬还在华南师大，皮道坚、杨国辛和邓箭今也都在那儿。后来我还到黄专那儿去了，他家就在广州美术学院内。

方立华： 那时黄老师应该是住在广美一个很小的教师宿舍。您那次去广州是为了筹划展览看艺术家的作品吗？

高名潞： 对，房子好像是不大，不过印象中还比较新。我当时是为了展览去考察和看艺术家的作品，可能后来是从广州去了香港。

方立华： 当时你们有没有具体讨论一些问题？

高名潞： 具体的有点忘了，但是记得我们俩见面谈了挺长时间，交流了一些看法。

方立华： 你们见面应该是在“首届当代艺术学术邀请展”之前吧？大概是几月份？

高名潞： 我没有印象看过那个展览。我记得应该是1996年春天或秋天去的广州。我觉得OCAT做得挺好的，黄专还是做了很多事情。

方立华： 黄老师一直很强调做研究出版的工作，所以他后来把工作重心放在北京OCAT研究中心这里，在此之前他还做了一份《关于建立中国图书馆的计划》，可惜这个计划由于遇到一些问题没办法实现，但围绕这个图书馆计划所设计的关于研究、出版和讲席计划一直在进行，2015年OCAT研究中心正式开馆之后一直在推进这项工作，同时围绕着讲席计划还组织了文献型的展览。不知道您去过OCAT研究中心没有？您有什么样的印象？

高名潞: 我觉得还行，空间不小，也有几百平米吧。对于机构而言，首先资金是一个比较大的问题。所以挺不容易的，好在华侨城背后的支持还很稳定。其实有很多机构最后都是因为资金链断裂了，然后就出现问题，民营机构都这样，更别提这种学术研究机构了。所以能够坚持下来，我觉得一方面和黄专的努力有关，另一方面也是华侨城的系统比较靠谱。OCAT 能够在不同城市持续地做还是挺好的。

方立华: 您怎么看待 OCAT 的运营方式？

高名潞: 我觉得挺好，应该说 OCAT 是发展得很全面，这就很不容易了。而且我觉得现在这样的方式也挺好，资金的压力不会太大。因为如果要弄一个很全面的艺术机构，可能经费问题马上就来了。OCAT 现在这样分散在不同的地方，比较自如，可以因地制宜的做一些事情，这样就更好一些。我想黄专如果还继续做的话，他还是雄心勃勃的，他也许会有更多的计划。

方立华: 其实后来黄老师更加倾向于安安静静的做一些研究的工作。我感觉他有点矛盾：一方面认为当代艺术的现场很重要，但是另一方面又表现出一种厌恶感，很想与热闹的现场保持一定的距离。当然，这只是我的感觉。

高名潞: 我想我能体会他的这种矛盾心态，作为学者参与现场肯定有这样的矛盾。其实我在 20 世纪 80 年代就有了这种感觉，因为 80 年代我也一直是在张罗做事，90 年代去了美国之后干脆就“面壁”了，后来自己慢慢地比较安静地把一些想法写下来。可能有一个平衡会比较好，但作为学者总要面临着到底是做策展人、活动家，还是做一个安安静静的研究者的选择，不可能全都兼顾。某个时期会偏向某方向，但总体还是有个选择。可能在国外就与中国当代艺术现场拉开了一定距离，在国内的生态环境里自己的选择更容易出现矛盾。其实我感觉他自己有一些想法，可能有

一些自己想做的课题，但他没有时间静下来做。因为给艺术家做展览和不断的编书，要花很多精力，虽然会得到益处，但最终还是需要静下来做研究。他可能是没时间，所以会有这样的矛盾心态。但我觉得也可以了，你不能要求一个人什么都能做好，人的生命长点儿短点儿也都差不多，能做成一两件事，并且把这一两件事情做好就很不容易了。

方立华： 您当时去美国也是想远离现场吗？

高名潞： 我在80年代写的文章里说过，中国现代艺术或者说当代艺术都有点儿浅尝辄止，从来没有下过很深的工夫，比如学习西方，也没有真正下工夫研究学习。其实我的英语并不好，我中学时学的是俄语，后来考研究生也是考俄语，一直没有正儿八经的学过英语。虽然说岁数也大了，但是我想正好有这个机会，还是决定亲自出去走一走，攻一攻这一关。你要知道，滋味还是得亲自尝一尝。那时真的是很苦，到哈佛大学说是攻读博士，其实博士对我来说已经无所谓了，但那样一个学术环境对我来说却非常重要，所以我真的是在那里很刻苦的学习。《极多主义》《意派论》和《西方艺术史观念》，都是花了多年的心血，我觉得也是值得的。很多都是我在哈佛大学期间的思考和研究笔记。

当代艺术越到后期越显示出它缺少学术性和艺术本体性的东西，我觉得黄专肯定是重视这个本体性的，但是总的来说，整个当代思潮是在破坏和颠覆这种本体性。所以当你没有办法对抗就需要自己去把它建设起来，当然，如果有同道一起做更好，如果没有那么就得自己去做。20世纪80年代的很多大活动基本上都是我在组织，所以那个时候能有时间坐下来写东西是非常奢侈的，因为时间都用在组织和策划展览活动上了。在这个过程中其实很累，我想黄专会有这种体会。但OCAT毕竟是一个机构，更重要的是它背后还有稳定的资金支持。但在80年代做展览完全不同，因为没钱，既没有政府的支持，也没有机构的支持，什么都没有，都是白手起家，所以在这个过程当中就会发现中国的艺术生态在某种程度上带有很多“农民起义”的色彩，还是一个不成熟、不理性的生态。我最后甚至对某些不顾未来的实际的激进行为有点失望，因为发现很难改造它，这也可以说是一个世纪以来的“群氓”意识。但是前卫艺术的命运已经很不错了，这很大程度是坚持理性的结果，要不然可能“当代”和“前卫”会一下子全都被抹掉。在80年代，理性和非理性之间的冲突其实已经呈现出来了，不过后来中国当代艺术的生态与走向和20世纪80年代不一样了。然而，艺术本体的理性建设的动力和实践其实始终没有能够形成一种生态。

我觉得80年代是不可复制的，因为那个时候政府、知识分子和大众是走到一起的，而且政府和大众都听知识分子的，知识分子有一种优越感和导向性。为什么？一方面是政府对“文革”的反思，另一方面是知识分子有积极扮演启蒙者的姿态，他们愿意在政治当中充当这样一个角色，大众是跟着知识分子的。所以80年代出现了一种特殊情况，虽然也有矛盾及政治冲突，也有左和右，但总的来说大家都还是可以合作的。简单地说，比如现在召开讨论会，搞当代的不会邀请搞传统国画的，搞实验的不会邀请一帮搞写实的。但80年代召开研讨会，各个方面的全到场，传统的、学院的、激进的、当代的以及老中青会坐在一起，大家一起辩论。那个生态特别正常、健康、不分裂，但是现在不行了。

20世纪90年代以后由于冷战转移，意识形态虽然淡化了，但实际上潜在的官方和非官方对立，加上资本的助推，职业艺术家群体的出现，艺术家跟官方没有什么关系，似乎没有必要发生关系，很多东西都可以独立了。但任何生态是不能独立生存、独立成熟的，不管是争论、斗争、竞争还是交流，它必须跟其他的生态力量发生互动。

因为中国艺术生态跟全世界都不一样，苏联虽然原来也是强调共产主义，但是苏联没有中国几千年的书画系统，也没有现在仍存在的写实油画和学院油画这一块。这两大部分在中国当代艺术界被认为是旧的、过去的事，但它们的受众绝对不比当代艺术的少，所以必须正视它们，而且当代艺术某种程度上离不开传统，也离不开“近传统”——20世纪毛泽东时代的艺术。从这个角度来说，实际上还必须有一种相互竞争的生态，但我觉得短时间内可能很难出现这样一个状态。这使得当代艺术没有自己的定位，很容易一下子跑到国际化、全球化和西方化那一边，虽然这是必要的，但最终还得有自己的文化逻辑和方法论定位。必须有一种存在于中国文化生态、文化传统和现实情境当中的特殊的与全球链接的当代艺术形态，这个系统的确立是现在面临的一个大问题。

从90年代以来这个问题在我头脑中不断地出现，别人也问，你出去到底是好还是不好呢？是失败还是成功呢？对整个中国当代艺术有什么影响？我觉得从长远来说这个选择还是对的，虽然从短期阶段来看可能有所损失，但是只要坚持做，就像刚才你说的黄专总想搞研究，总想做些什么，实际上这些年我就这样在做。现在我有好几个研究项目和写作在同时进行，可能这两年陆续会有一些东西出来。这样的话，作为一个学者、一个参与当代艺术的人，我也尽我的能力去做，而且我特别希望你们和后边的年轻人能回过头来看看我们这代人做的事情，有些如果觉得对的就接受，不对的就扬弃，能够做一个参照就挺好。

反过来看，其实当代艺术很热闹的现场里真正有价值的东西并不多，但是这是一个必要的过程。在这些现场里边，真正经过深思熟虑的思考和创作，真正有智慧以及洞见的东西永远是少数，在任何地方都是这样的。所以我没有全天候地参与其中并不会有遗憾，我现在对有意思的活动才关注或参与，不能参与也没关系，因为我手头上事情也很多，这样就挺自在的，因为知道自己要做什么事情而且必须做完。所以我特别理解刚才你说的黄专的矛盾心情，但是我觉得如果在中国能够多一点 OCAT 这样的机构，对中国当代艺术理论的建树就会更好。

*方立华：*2008 年在英国牛津举办了一次关于中国当代艺术的高峰会，黄老师之后在接受《中国艺志》的采访时专门谈及这次讨论给他留下比较深的问题和思考，他提及这次会议“表明西方博物馆或者说知识界开始出现一种焦虑，就是怎样了解中国”。因为当时西方的学者提出：“你们总说我们歪曲中国当代艺术，把你们政治化，那么，你们到底有没有一种独立的美学呢？”这里也涉及了中国当代艺术的理论建构的问题，对于这个问题，你们之后还有没有进行一些讨论？或者是在实践上是否有一些新的发展？其实您后来提出的“意派论”也是试图建构自己研究中国当代艺术的理论体系。

*高名潞：*很可惜没有机会跟黄专讨论。回来以后黄专挺忙的，我也理解做展览和出版这些工作都很费时、费心、费力，但是我觉得黄专做个案研究很重要。就像那次高峰会中提到的，最核心的问题是，中国人再怎么说西方的观点如何扭曲了中国当代艺术似乎也无效，因为，我们自己能拿出什么来？我们有没有自己的一套叙事理论和方法？100 多年里我们受到西方再现哲学这种叙事理论的影响已经根深蒂固，要想有建树，我们就必须首先把它梳理清楚，看它到底是怎样的一种叙事理论，我们是怎样受到它的影响的。所以《西方艺术史观念》这本书的目的就在这里。然后我也使用了比较形象的“匣子、格子和框子”的概念界定“再现”，去年我做过两次讲演，现在形成了一本不大的书。我主要是把西方的“再现论”和“意派论”进行比较，尽量通俗一些。对于“意派论”，我用“不是之是”说明它的非再现和非对称的哲学认识论基础，和西方再现的“立方体”匣子、格子、框子的结构逻辑不同。“意派论”

是一个多元和多向的球体之间互相扭曲、互动、纠结的结构关系。

在我的讲演和新书里边，我试图用这个理论看中国当代艺术作品、艺术家和艺术现象。比如说，大家说的写实、抽象或观念，这些都是西方的概念，我们能不能找到一个不同的概念和不同的角度，这就是我说的“不是之是”。我觉得从这个角度看当代艺术是必须得做的，如果做到这一步，大家能够展开讨论，就说明我们已经在思考如何建立自己的叙事系统和叙事理论。因为你的武器库不能永远是别人的武器，你必须生产自己的武器库。虽然现在的武器库不可能完全凭空出来，都是建立在学习人家、互相产生影响的基础上，可它毕竟是有自己的一个系统。国内可能没有多少人去关注这个，而在国外的学院系统里边，大多数得用国外传统文化逻辑中建立的理论模式去讲中国的故事。如果你用中国的叙事方式讲中国的故事或讲西方的故事就可能会被批判，而我就是被批判的对象。我 2011 年在麻省理工学院出版社的 *Total Modernity and the Avant-Garde in Twentieth-Century Chinese Art* 一书出版以后，牛津大学的柯律格（Craig Clunas）就说我的“意派论”可能会被中国官方欢迎并利用，其实他根本就没读过。他就是这样给你扣一个帽子，不愿意接受或者排斥你尝试创造一个叙事角度。我不是说人家的学院系统不好，但是在某些人那里存在着这样一种文化障碍。当然，不都是这样，比如《意派论》在匹兹堡大学就被列入了博士生艺术史方法论研讨班的课上读物之一，作为一种批评西方艺术史规范理论的声音。

方立华: 您能不能稍微谈谈这个高峰会的背景和当时讨论的情况？黄老师也一再回到这个高峰会讨论的问题上，可以想像西方学者的“诘难”给他很大的刺激。

高名潞: 当时会议的主办方是中国艺术基金会，在英国伦敦注册。因为我是基金会的董事委员之一，所以当时由我负责召集中方的参与者，另外是泰特（Tate）的一位策划

人负责召集西方的参与者，当时西方很多重要美术馆馆长和策划人都去了。这个会议有四个发起人：我和林明珠（Pearl Lam）、菲利普·杜德（Phillip Dodd）、苏珊·海蒂（Susan Hayden），当时中方的参会者除了我和黄专，还包括费大为、盛葳、隋建国、王璜生、汪建伟、王志亮、巫鸿、徐冰、许江、张东艳、张培力、周彦、朱其等。过了一年以后，在杭州还组织了第二次高峰会，但我不记得黄专去了没去。再后来这个会议没有做下去，主要是由于资金链断掉了。林明珠是一个很关键的人物，因为高峰会的资金主要是通过她，但是她遇到了一些困难。其实还是挺遗憾的。

在那次高峰会上，当时中国学者普遍认为西方在解读中国当代艺术的时候，容易从他们的视角，尤其是从意识形态的视角或个人喜好来看待中国当代艺术。总的来说就是西方好像有一个现成的理论，然后用这个理论来看中国当代艺术。现代主义乃至当代艺术在中国肯定存在一些错位，有可能就把西方当代最激进的艺术作为样板来看待中国当代艺术，但是中国当代艺术本身发展时间很短，它是混杂的，不存在前现代、现代、后现代、当代这样一个递进关系。如果你拿最近的作品来衡量，有很多其实都是过时的。这里有很多类似的错位，但是其实错位本身不是一个重要的问题，重要的问题还是我刚才说的叙事理论和理论的基本角度的问题。所以在会议上涉及具体艺术家的分析，中国与会者也提出反驳，比如说有的西方艺术史家谈到张宏图的作品，但他在谈的时候其实不太清楚张宏图在国内创作这些作品的语境以及他的针对性，他从他的视角去理解，特别是从政治的角度理解作品的政治性，就形成了一个错位。所以中国的批评家就不同意，认为他说得不对。当时有类似这样的问题出现。在会议上，其实西方的批评家的评论还是比较克制的，因为这似乎是他们第一次直接面对中国的艺术家和批评家，大家坐在一张桌子上面对面地讨论，两边的人数也都差不多，大家还是比较平和友好。但是问题摆到桌面上了，还是很尖锐的，最后确实是有的西方理论家、批评家就提出这种问题："你们指责我们有偏见，你们能拿出你们令人信服的完整解释吗？中国当代艺术自身的当代性到底是什么？"所以，这个问题摆上桌面，显然我们当时给不出一个答案，也没有办法回应。事实上在会议上大家七嘴八舌也回应不了，你也不可能真的拿出一本文本，即便有，也没有时间去看。

我在西方待的时间比黄专长，所以我早有体会。什么是前卫？什么是现代性？什么是当代艺术？西方怎么看这些问题？我其实是带着这些问题去的哈佛大学，当时也在检验西方自身的叙事系统，以及这个叙事系统与我们看待中国当代艺术之间有什么差别。我在很长时间里是有自己的思考的。实际上，1998 年策划 *Inside Out: New Chinese Art* 的时候，我已经提出"另类现代性"；2002 年我又提出了"极多主义"；2005 年我策划了"墙：中国当代艺术的历史与边界"。当时"墙"的概念的出现就是边界，要找到什么是中国当代艺术的特点，它的边界在哪儿？"边界"就是对它的定义，而定义就要进行比较，所以当时我对西方的叙事和中国的批评叙事之间进行了一些比较，然后找到中国当代艺术自己的特点。所以"墙"的出发点就是这样。2000 年我在纽约的一次中国水墨画的会议上发表了《极多主义》的一个讲演。后来，在中国南方和北方我都走了一遍，再后来，2002 年我策划的一个展览叫"中国极多主义"。"极多主义"正好和西方的"抽象"是反着的，我提出了自己的一种解读角度和方法。"极多主义""意派"和"墙"都引起了一些争议，但是这些问题没有沿着刚才所说的建设性问题往下讨论，更多的还是表面的传统和现代、保守及先进之争。

我记得黄专也问过一些问题，比如说当时在 OCAT 的那次讨论会上，大家就谈到了"意派"，黄专其实挺想跟我往下讨论的。那时候他谈到"理性绘画"是不是与"意派"有关呢？我记得黄专提过这个问题。记得黄专问这个问题的时候，我说当然有关系了，可是今天咱俩没法讨论，为什么？因为在坐的大多数人都不感兴趣，我们要谈的话，可以单独坐下来好好聊聊。我最近写的一本书当中，还特地把“理性绘画”这个课题拿出来与“意派”的想法，以及与中国传统的一些思想，比如说“传神”的概念放在一起讨论。我认为“理性绘画”实际上是当代的一种传神绘画，传神不是传眼神，而是指一种思想氛围和状态。我想艺术家不一定是借鉴古代的传神概念，但是不知道为什么，这些当代艺术家是潜在的还带有中国传统的思维方式，大家不期然而然地共同采用这么一种共识性的绘画方式。你可以在 80 年代甚至就在 1985 年这一年找到很多这种艺术家和类似的作品，这样等于我也回答了黄专的问题。

*方立华：*那场讨论是发生在“讨论观念的盲点是否还需要形而上学的方法”茶叙上，当时的争论也很多。

*高名潞：*对，争论很多，比如说吕澎还想跟我争论关于资本的问题，我都忘了具体怎么说的，我当时很直白地把吕澎反驳回去了。还有王林和黄专问的关于“意派”的问题，我想黄专对这个还是很有兴趣的，但是后来没有机会深入讨论，所以也很遗憾。那次会议挺有意思的，但是像这样的问题是没有办法作为一个专题在会上展开，很多人多年没见面，聚到一起也很不容易，所以都没有时间分享脑子里的东西，然后就直接进入展览的主题。其实黄专之前做过的实验水墨，他也有把传统转化成当代这样一种想法，但是类似这样的课题没有办法在会议上展开。这些课题也很有意思，为什么 OCAT 这样的机构或者其他的机构不能够有类似的专题讨论呢？哪怕半天，哪怕是在很小范围内进行，我觉得如果发到媒体上还是会有一定帮助的。现在大家都忙着做具体的事，无论从艺术家的角度，还是从机构的角度，还是从投资方的角度，都必须得做事，所以就顾不上静下心来思考一些对长远来说必须思考的问题。

*方立华：*您怎么评价黄老师以及他所做的工作？

高名潞: 我觉得黄专是一个很有学术抱负的人，对于学术投入也很有激情，而且他也很有责任感，对当代艺术和学术都有责任感，脑子里想的也是大的东西。可能因为时间的局限，他不可能也没有办法把自己想做的事情全部完成。但他做的事情都挺实在，挺好的！

当代艺术家个案研究的问题

受访人：吕澎（中国美术学院副教授）、严善錞（深圳画院研究员）
采访人：郭伟其、方立华
时间：2017 年 4 月 13 日　地点：深圳

严善錞： 在我的印象中，我和黄专与你认识好像是在 1990 年左右。记得那时你从成都过来，那天正好下大雪，我和王广义、魏光庆在他的宿舍里等了一个晚上，第二天你才到，黄专和我们就在湖北美院见面，大家一起神侃。应该是从那时起，你和黄专认识的吧？后来就有了大家一起参与的 1992 年“广州双年展”（“广州·首届九十年代艺术双年展”），以及后来黄专在 1996 年策划的“首届当代艺术学术邀请展”。

方立华： 1992 年“广州双年展”之后本来还计划筹备第二届“广州双年展”。

吕澎： 第二届，关于文化理想主义的，《江苏画刊》好像有发过黄专的主题阐释。

方立华： 刊发的是《再谈文化理想主义》，是黄老师为项目写的策划书。

严善錞： 你可以谈一些具体生活交往和事件，包括当时大家一起酝酿合作的过程。

吕澎： 我大概是 1990 年去武汉。因为《美术思潮》做了几年，武汉有点效应了，所以又去了一些当代艺术家，王广义算是一个重要的标志，我那段时间经常去，原因就是《美术思潮》——虽然后来也停了。因为反对自由化，还有影响比较重要的是鲁萌、张志扬，做哲学的，跟这些人总有牵扯，所以武汉有一种气氛，我想王广义去武汉的原因应该跟这些背景也有关，就像现在舒群去成都一样，跟环境有关。在我的记忆当中，黄专在给《美术思潮》写文章，有一两篇文章是关于形式问题的，所以有一次我去武汉的时候，

1992 年，“广州·首届九十年代艺术双年展”评委们在观看作品（图片由吕澎提供）

1992 年，“广州·首届九十年代艺术双年展”评委们在搬运作品（图片由吕澎提供）

大家就说去见一个人，这个人不错，今天晚上你们 PK 一下，他是做理论的。我们去他的宿舍，我记得走进去之后，头顶有一盏灯，直接照下来，他就坐在灯的下面，很装模作样，好像是迎接我们的到来。那一次印象很深，因为那个时候的背景跟今天不一样，今天见面都是吃吃喝喝的事，我说实话，那个时候一见面真是为了讨论问题，所以那次的印象很深。那次有舒群、王广义等，他们想让我们吵起来，我也吵不起来，只是想去认识他。那一段时间来来回回，都会去找他讨论艺术问题，印象很深的是谈论贡布里希这个话题，有一个概念主要是舒群提示的——“范帮、范帮”就是那个时候说起来的，当时在武汉就这么叫开了，那是 1990 年、1991 年。

*郭伟其：*1990 年之前您跟黄老师没有联系？

*吕澎：*不认识，只是在杂志上看到他写的东西，真正认识是那个时候，但是大家延续来往较多的还是在广州，因为他 1991 年去了广州美术学院。当时我去广州是想组稿，写艺术市场，因为那个时候我在编《艺术·市场》，是湖南美术出版社主办的。以后又拿到四川美术出版社出版，四川有老板提供资金，所以到广州去约稿。当时广州岭南美术出版社有一本杂志叫《画廊》，杨小彦负责的，1995 年、1996 年请黄专参与《画廊》的改版，以后大家会在一块，先是讨论约稿。1991 年的时候，李正天的第一任夫人有一个“艺术家画廊”，在广州美术学院对面的江南大酒店里面，探讨有没有可能合作。讨论合作也是邵宏、黄专提起，说其实你可以来做画廊，你们既然有钱，就去合作。这个画廊做的展览规模太小，展览定位也不准确，有一点“行货”的意思，

1992 年，“广州·首届九十年代艺术双年展”评委在开箱（图片由吕澎提供）

然后大家就说能不能在广州做个展览，这个时候黄专他们怂恿的力度就加大了，就是要在南方搞一点什么名堂。1991 年本来是要编《艺术·市场》杂志，很快就觉得做杂志没有意义，应该做展览，觉得在广州做展览有条件。因为当时广州已经是一个商品经济较发达的城市，于是就要我到广州去，说如果在广州做大家都愿意也能帮忙，这样才有了“广州双年展”的筹备。所以那一段时间的接触应该说很频繁，我经常去广州，到最后干脆住在了广州。决定做“广州双年展”是在 1991 年年底，我们在《江苏画刊》1992 年的第一期发了第一份“奉告”，到 1992 年的年底我几乎都在广州生活，经常去的地方就是黄专那里，在黄专那儿聚头的时间最多。那个时候他们几个人最主要的是怂恿我去找钱，大家认为我就是一个找钱的，他们是讨论学术的，这个展览该怎么做，找哪些艺术家参展是他们的事情。真正进入合作层面就是 1992 年，在双年展，大家都是成员、评委，要共同工作，最后艺术家的作品陆陆续续到了广州——你从照片上看，批评家们都在现场当工作人员。现在的展览都是有人专门开箱，戴上白手套，很专业，打开之后检查看有没有问题。那个时候全是我们自己动手，广州 35°C潮湿的气温，箱子我们自己开，每个人都是工人，都是身体力行去做，是这样一个状态。评委的工作、学术阐释，每个人分工，那段时间大家合作紧密度最强。我们做了一本“广州双年展”纪念文集，里面收集很多文字，能看到黄专的一部分工作，他写的文字，包括艺术家的评语，还有一些会议的纪要。黄专比较理想主义，他给第二届双年展起的题目就叫作“文化理想主义”，他觉得不能太商业了。其实他对（1992 年的）“广州双年展”有意见，因为太商业了，所以他想第二届要做得很学术。他给《江苏画刊》写了文章，都

2007 年，“第二届何香凝美术馆艺术指导委员会年会”（蒋涛拍摄，图片由 OCAT 深圳馆提供）

2009 年，“国家遗产：一项关于视觉政治史的研究”展览研讨会现场（王俊艺拍摄，图片由 OCAT 深圳馆提供）

是为了第二届做准备，可是那个投资人后来不做了，说没钱，耍滑头。所以那是黄专第一次想做的一个大型展览，还没开始就结束了，才有了 1996 年的“首届当代艺术学术邀请展”。当然学术邀请展里面的绝大多数艺术家和话题都应该进入 90 年代这个话题，它不像“广州双年展”，里面行货一大堆，只是主要的一些艺术家的作品很重要。

黄专在 1995 年、1996 年做的《画廊》是很重要的，搞了若干期和一些专题，比如“国际接轨”——今天我们用的词叫作“全球化”，那个时候叫作“国际接轨”。这个话题是栗宪庭 1993 年去了威尼斯后引出来的，他提出了“春卷”这个概念，他说当时的国际展览中，中国的东西也就是宴席当中的一个春卷而已，其实就是一个拼盘，没有多大意思，西方没有把中国当代艺术当回事，那个时候就引发了“国际接轨”的话题，应该有好几期专门讨论这个话题，这是黄专做的，我记忆很深。而且那个时候他开始到四川，张晓刚的画《大家庭》已经出来了。黄专的角度是不想涉及市场问题的，从来都是这样。市场就是一个工具，有钱就行了，其他不要再说。然后就是说艺术、说学术的事，他的大致习惯一直是这样。所以他做《画廊》的这些话题都不想涉及市场问题，唯一有一篇，就是做 1992 年双年展的时候写了一篇《谁来赞助历史》，从很学术的语言方式来谈钱的重要性，市场的重要性，因为那个时候做“广州双年展”，他肩负着为“广州双年展”做辩护的任务，其实他的学术工作更系统的转向，我觉得是从 OCAT 开始。因为 OCAT 能够相对稳定地思考问题，通过若干个展览构成对今天当代艺术的一个个判断，即是个案性的，展览多了以后就是一个很完整的判断，因

2014年，黄专与吕澎在捷克布拉格筹备“重逢”展览（图片由吕澎提供）

为这些艺术家的东西构成了我们过去10年甚至20年的历史。在这个过程当中，尤其是2000年以后，各种学科交叉，所谓的“跨界”，各种问题都来了。他策划的“国家遗产”（“国家遗产：一项关于视觉政治史的研究”）做了一个跨学科的研究，只不过这些跨学科的问题的方法论有讨论的余地。前年甘阳跟朱青生的争辩让我一下子清楚了，为什么跨学科效果不理想？有效性究竟有多大？这是值得打问号的，原因在于，中国除了艺术圈的人，其他人根本不具有最基本的艺术修养，这门知识是没有的，只有“艺术”这一个词，所以搞哲学的，搞宗教的，搞其他学科的一旦谈到艺术，就是瞎扯、乱扯，根本没有说到点子上，他不能说这个话题，因此跨学科本身，质量是一个问号，但这是另外一个问题。2000年以后，尤其是2003年皮力在何香凝美术馆做的展览“图像就是力量”（“图像就是力量：王广义、张晓刚、方力钧的艺术”），我印象最深的是从此之后——那时候黄专生病了吗？

方立华：“图像就是力量”是黄老师生病之前做的一份策划书。但是2002年元旦之后做检查，身体发现了异常，紧接着他就去北京治病了。

*吕澎：*他打电话通知我，皮力后来催我，我有这个记忆。我觉得他到了OCAT之

2014年，张晓刚、黄专、吕澎在捷克布拉格筹备“重逢”展览（图片由吕澎提供）

后，完全是纯学术，全是学术话题，一直到最近若干年，他生病恢复之后若干年——OCAT及黄专所有的工作，足以作一个博士论文，这是没得说的。之前的事就是那些事，最重要的事是在深圳做的展览、写的文字和做的一些学术活动，比较完整地呈现了黄专的学术思想，我觉得这一块很丰富，非常丰富。有一年北大（北京大学）出版社给他出了一本文集，我写的前言，我印象中，认真去分析当代艺术和研究问题的应该是OCAT。在我的记忆当中，我们打交道，无非三种：第一，人情世故。第二，一些具体事的沟通。第三，也许有时候有一些话题，大家不一定是一致的，比方关于市场的话题，我认为判断还是有不一致的地方，不一致的地方是说不要把今天中国的市场问题仅仅看成是一个市场问题，其实是整个艺术史的一个部分，跟整个艺术的发展和历史、今天的文化、政治背景是息息相关的。当然还涉及对20世纪90年代后期以后的中国当代艺术的一些判断和定位，这不是两三句话能讲清楚的，但他在这方面的工作做得很扎实。一般展览就是做一做，写一篇一两千字的序言，或者是简单开一个形式主义的座谈会，但黄专做的展览把文献部分做得很充分。

严善錞： 我想起一个事情，黄专有一个很大的抱负，他当时很想做艺术家的个案研究，

后来我们到海南去也是为了这个事情。大概是2010年前后，我们在北京的芝加哥大学研究中心参加一个水墨画问题的讨论会，会议结束以后，黄专跟我聊起这个事情，希望我们几个人，包括吕澎，一起来参与做这个事情。他当时还想跟其他机构合作，那次会议我是从“线条”这样一个概念来讨论水墨画的问题，他说能否用这种相对成熟的美学概念来梳理一下中国当代艺术家？像晓刚、广义、老隋（隋建国），他当时报了十来个人，问我对哪些感兴趣，我说：“广义偏重于观念，晓刚偏重于图像，晓刚跟中国近百年油画史的脉络可以联系起来。”这个项目延续下去会蛮有意思。晓刚这套书后来在雅昌那边就变了味，不是那个概念了，不是一两个作家写一个专著，变成很多人做一个评论集，还是没有做一个深入的研究，本来蛮有意思，这个项目不管是作为一个基金会的项目，或者是学术机构的项目，或者是OCAT的项目，都值得做。黄专当时就是这样的想法。当时我说，你给我多少时间，我慢慢做，给我10年、15年的时间，我写，因为我自己也有自己的工作。另外这种项目必须花10年、15年时间，大家慢慢来做，它不光是写晓刚或者是广义，而是写整个中国的这一段历史。每个人对历史有不同的看法，一方面是把艺术家写出来，一方面是把自己对这一段历史的感觉写出来，10个人写10个艺术家，10个艺术家也代表10种不同的艺术史的观念，应该有这样分量的研究专著出来。每个不同的史学家带着自己的眼光写一个艺术家，要有非常充分的时间，它是一个真正的学术项目。但我认为，这样的项目一定要有一个前提，要有一个很好的机构来支撑。当时我问黄专搞不搞得到钱，他说钱不是问题，艺术家也愿意出这个钱。按理讲，艺术家现在有这样的能力，关键是你有没有这样的组织能力，让艺术家放心交给你来做，或者是认可你来做这个项目。这会比今天一般泛泛地做艺术家的展览更有意思。黄专真正的想法，是把当代艺术的研究和艺术史联系起来，这是黄老师的一个抱负，他说当代艺术最好还是要变成“史”，他不想做成“批评”，还是想做成“史”的概念。

吕澎: 首先要有一个稳定的牵头人和组织者，其次是把钱准备好。

严善錞: 其实我觉得前期不用花太多的钱，没有想象的那么可怕。

吕澎: 没有任何人会掏这个钱，最后还是落实到写作者的学术上，否则等于白做。

郭伟其: 我觉得经费是一个问题，但就这个事而言，经费不是最重要的问题。比如说严老师愿不愿意负责个案，如果找到四五位学者获得这样的个案，四五项同时开始，这样就不会说每年必须完成一项，好像成为一个任务一样，研究过程的阶段性成果可以变成展览。

严善錞: 阶段性成果可以不断地向社会发布，让艺术家也放心，社会上有一定的效益，整个项目就变成一个良性循环。我印象很深，当时会议结束后，我们从芝加哥大学中心到我们住的酒店路上，大约有一个小时，黄专一直和我谈这个项目。到了年底的时候，黄专就约我和吕澎、晓刚、广义去了海南，我们花了两天的时间，在广义的别墅里一直讨论着这个项目。本来这个项目是真正可以将当代艺术和艺术史的关系连起来的，黄专好像对纯粹做当代艺术或者当代艺术批评不甘心，纯粹做历史也觉得没有什么，落实在个案，写作者艺术史观，这两点可能是很重要的。

郭伟其: 但首先是人手的问题，除了有四五个承担的作者之外，实际上还需要一批助手，处理文献材料的助手。

严善錞: 其实一个写作者有一个助手——我想起来，当时黄老师是希望我写黄永砯跟广义，他说我跟黄永砯比较熟，让我写，我说我对黄永砯不熟悉，尤其他在法国，这个可能有困难。他问我感兴趣的方面，我说我自己对百年中国油画史有兴趣，所谓的民族化问题，艺术家个性问题，如果用在晓刚身上比较合适。因为我跟广义太熟悉了，

也比较好做，当时我们两个谈了这些。后来黄老师说吕澎在写晓刚，我就写广义。《冥想与创造——王广义的艺术历程》这本书只是一个前奏，没有展开。如果现在有一个好的研究者，我可以把所有的资料都给他。

*郭伟其：*如果四五个项目同时开始，同样还是存在资金的问题，那是一大笔资金，不是每年一个项目。另外，当代史写作必然面临这个问题，假如你研究的结果不是艺术家想看到的呢？

*严善錞：*这就是黄老师找我的原因，就是要找双方比较默契的，他觉得广义会信任我，他也觉得我对广义的理解够做学术个案这样的水平，这一点最后的可能还是作者的问题。黄专的这个理想没有实现，我觉得以后有机会的话还是应该想办法做起来。就广义这个项目来说，我觉得你们可以慢慢地物色一些有能力的年轻学者，好好地做下去。

*吕澎：*不是没有水准写这样东西的人，而是没有写这样东西的信心，没信心。我们学校人文学院的博士生、年轻老师，他们是可以写的，但他们一点兴趣也没有，他们对当代艺术不考虑。

*严善錞：*就是这个问题，他们不能用一个艺术史的眼光来看待当代艺术问题，或者是没有能力把一个当代问题变成一个艺术史的问题，这是核心问题，这个也是黄专的一个抱负。

*郭伟其：*所谓艺术家信任作者这个事本身问题也很大，但仍然有这个顾虑，作者和艺术家意见的分歧。

*严善錞：*这是两个问题，一是历史的相对客观性，至少从资料的层面来说要做到这一点；二是研究者个人的史观。所以说，它既需要一个团队一起工作，同时也要保证

每个写作者持独立的态度。对于当代中国艺术，大家都会有不同的看法，不能简单地贴个标签，然后大家分工去写，这样就会乏味，还是要尊重写作者本人的意愿和兴趣。比如我对百年中国油画史感兴趣，是因为这一段历史我熟悉，关良、倪贻德是从日本回来的，徐悲鸿、刘海粟是从法国回来，他们带来的艺术问题，慢慢沉淀下来到 60 年代起了变化，到七八十年代，到了广义和晓刚这一代画家又变了，他们这一代下意识排斥某些东西，这完全跟我个人经验有关。一个今天 30 来岁大学毕业的人，他肯定没有这种经验，他感兴趣的当代艺术问题是一个哲学问题，是一个美学问题，也可以，但是他选择的对象、艺术家可能就不是晓刚，不是最合适的，所以艺术家的身份不同，艺术趣味的不同，要找到一个合适的写作者，一个合适的持艺术史观的人来写。写出来也肯定有偏颇，比如我写广义肯定有偏颇，只能写到广义的一个面，也许广义能接受，也许广义不能接受。比如广义有一段时间对福柯感兴趣，那我们找一个对福柯感兴趣的搞哲学的，比如汪民安来写广义，最后汪民安的写作文本非常有意思，但广义不认可，这是另外一个问题——但只要文本本身写得好，我想广义最后也会认可这个东西，这个文本最后跟艺术家是剥离开的，是有距离的，关键是我们现在写文本的这些人，像吕澎刚才说的，本身搞哲学、文化、史学、文学的人，不具备艺术修养，艺术上的趣味跟把握能力是有问题的。

*吕澎：*这件事挺难的。相当于你们收集了“文革”的资料，如何来看图像和图像当初的那些处理的方法、趣味？现在很多人是完全没有感觉的。还涉及一个判断的成熟度，它不是在完成一个任务，而是在完成一个真正意义的研究课题。现在三四十岁的人缺失一部分东西，直接经验不讨论，研究历史也可以不需要直接经验，问题在于他们缺失基本的历史知识的积累。他们对一些基本的事实不了解，甚至对现代主义的东西也不熟悉，虽然他们可以说两个名词，立马就跳到 60 年代以后的文论和理论研究

上去，迅速跳到福柯上面去，下面的东西根本不是很清楚。我们是从黑格尔开始说，从康德开始说，让他说两句话，说出来马上就傻掉了，为什么？他认为那个过时了，他没有一种知识的逻辑性，因为我在组织我的学生、研究生做这些工作，我就体会到了很难。

*严善錞：*两个问题：一个是史料，一个是写作。说老实话，史料靠写作才能带出来，没有写作是带不出来的，还是要有一个写作者、一个眼光去找史料，没有眼光没有用。比如有的艺术家，他可以倾其所有地把资料拿出来，但他不知道你需要什么，很多资料是你提出了问题后，他才会去寻找的，所以有时真的还是需要带着问题找史料。黄老师当时提到了五六个人，他觉得可以先做起来，比如晓刚、老隋、广义、黄永砯、张培力、顾德新……

*郭伟其：*您第一次和黄老师见面的时候，主要聊的是什么？您刚才也讲到现在的年轻学者，可能让他们从康德、黑格尔开始就没法谈了，那么你们当年对一些什么样的话题感兴趣？

*吕澎：*好像在 1990 年、1991 年的时候，我的印象当中是涉及转型问题，那个时候有几个词汇经常提起，一个是“德里达”。德里达当初有一句经典表述，叫“无底的棋盘”，事实上是指没有本质问题，只有在面上做游戏的这么一个东西。这个时候思想的转变其实跟 1989 年有关，因为 1989 年之前的 10 年，大家追求一个真理。1990 年的时候开始讨论德里达，讨论解构主义。湖北这帮人都在讨论解构主义，换句话说已经在进行操作上面的转换，所以之后有所谓的语言学转向，原来追求本质的“85 思潮”，讨论心理问题和所谓的人的痛苦，这些是非常不具体的层面。在艺术领域最多就是表现主义的绘画，和一些比较具有表现性的行为艺术，比如说他们在长城做的一些作品，这

些东西是直说的，好像不生效。那个时候已经知道了方力钧的作品，还有广义正在做《大批判》，我记忆很深，1990 年我去武汉的时候，他在画小的《大批判》，他说："上个星期老栗刚走，对这个好像不看好。"为什么不看好呢？因为《大批判》是比较粗糙的图像，当时好像最多 1m×1m，尺度很小，做实验，最主要是没有"大灵魂"了。在 1988 年，老栗提出了"大灵魂的激情"这个问题，没有"大灵魂"就没有意义了，搞这些现代主义——那个时候没有用"当代"这个词——艺术的目的和任务可能就偏离了，就讨论这个问题。而黄专想用贡布里希的想法，当然也是他们经常谈到的所谓的"图式修正"，我说你们究竟对"图式修正"这个词怎么理解的？他们没有回答我。1987 年广义在《美术》杂志上写了这个东西，当时他给洪再新写了一封回信，意思是他理解的"图式修正"，是一个所谓的艺术家的语言的问题，是层层递进的，没有一个所谓的原创问题。没有原创问题的实质是抛弃所谓的本质论这样的一种逻辑，就是不要去追求所谓的绝对真理，只要在原来的基础上稍微修改一下，就变成了一个新东西。所以以后就有了"挪用"这些词，都是那个时候开始的。

我们后来理解，或者把它定义为这是一种后现代艺术的开始，当然黄专是说后现代这个现象早在 1987 年就在中国开始了，因为那个时候耿建翌画了几个大头，包括"85 新空间"展览中对冷漠的处理也不是情绪问题，而是一个方法论问题。因为我那个时候在成都，西南的人还在搞表现主义，搞"大灵魂"——听说"大灵魂"不重要了，很诧异，所以就想以两种不同的观点来讨论。我那个时候已经在翻译德里达的书，没有翻译完，翻译了一半实在是不想翻译了，但我已经在读了，很清楚本质论结束了。原来是很现代主义，用一种绝对精神——尼采、叔本华无非都是强调人的自由和真实性，"自由""真实"这些概念其实都不说明什么问题。我们要说明的是你的语言方式，本身怎么回事。这是值得一说的。所以跟黄专就没有吵起来，也没有争起来，事实上大家都在讨论语言问题，我们不能仅仅停留在整个 80 年代、“85 美术运动”这样一个精神逻辑中。过了 1989 年之后，尤其是过了“中国现代艺术展”——这是一个标志，后面的艺术该怎么样做？这个时候有很多复杂的因素在引导大家去思考。那时，有一部分人出国了，那么留在国内的怎么办？西南的艺术家讨论更多的还是灵魂问题，生命哲学，但好像在武汉，他们不讨论这件事，痛苦有什么好讨论的？这是每个人自己的事情，问题是你要做艺术，应该怎么做？那个时候最主要就是基于这一点，黄专他们更多讨论的是贡布里希、德里达。

我也是持这样的观点，只不过西南的艺术家都是哥们儿，我也不好说。事实上已经很明显了，在 1989 年“现代艺术大展”，西南的绘画没有受到关注，大家都去关注行为艺术、观念艺术，当然这跟现场的景观和表演性有关系，但其实也有问题，就是西南来的这些作品都是 80 年代的东西，都已经结束了。我们如果一定要找分界线，因为在 1987 年，“新空间”成员已经做了很多规避性的东西，在一些观念下指导自己的绘画，而不是一种所谓的内心世界的真实性的表达，没有这个问题了。而且那个时候在北京，王鲁炎、陈少平、顾德新，他们在做“解析”的时候，说得很清楚：我们对意义和情感不做任何讨论，毫无价值，我们讨论的是语言逻辑。当时我听了以后，觉得这些都不是意义，还有什么是意义呢？当时是这个感受，但很快，当我读了后现代的一些书以后，就理解了。之所以去武汉，也是认可了才去，不认可就不会去了。

郭伟其：当您去武汉跟黄老师认识的时候，刚好武汉很多艺术家搬去了广州，包括黄老师，大概你们见了之后或者是见面的时候他已经在计划搬去广州。当时的武汉是一种什么样的情况，为什么有这么一大批人离开？

*吕澎：*武汉还是因为《美术思潮》起作用。《美术思潮》里有批评家，有文章，有话题，

还有张志扬、鲁萌。鲁萌虽然是搞诗歌的，但她是一个热情主义者，她很愿意把搞文学的人都聚集在一起。我们每次去武汉，不是在她家就是在别的地方，我们一起碰个头，一起聚会，这个很重要。欧洲19世纪末20世纪初的那些文学家、艺术家、诗人也是经常聚在一起，喝酒、聊天，跟这些有关系，有这样一种气氛就有话题，有话题就会有能量散发，通过表述，通过写作。

*郭伟其：*假如这个群体是在80年代中期开始凝聚起来的，刚好您去武汉的时候正是他们要解体的时候，当时是一种什么样的氛围？

*吕澎：*从他们的精神状态来说，倒没有解体的意思，还一直维系着，比如1987年《美术思潮》就停刊了，少一件事，但是不等于大家都不聚会，不碰头了，因为后来很快《中国美术报》接续了这一块的工作，从某种意义上讲大家就去看《中国美术报》。到了广州，从某种意义上讲，当初可能是华南师大很支持这些人去，事实上是一个接续和发展的概念，当然武汉因为人都走了，事情、活动、空气、温度就会减少，那是肯定的。但是我觉得在人没有走之前，不应该把它理解为已经到了后期，不要理解为湖北的后期。恰恰正是那一段时间，也许更具有跟今天发生关系的一些火花，因为那个时候才开始思考新问题。

*郭伟其：*黄老师大学阶段学历史，但本科论文是研究艺术史的，然后很快介入当时的现代艺术运动，接着又考了阮先生古代画论的研究生。至于两个领域怎样结合在他个人的身上，很少有老师谈到这个问题。刚才吕老师讲到1990年，当时黄老师正在准备跟严老师合写文人画的书，用到了“图式”这个概念，您刚才又讲了，当时的当代艺术已经在使用这个概念，可以说他做古代文人画的研究，跟他当时做当代艺术研究，某种意义上是统一的。

吕澎: 我觉得是贡布里希的一些阅读对他影响比较大。

郭伟其: 古代艺术史和当代艺术史研究在同一个人身上的这种统一，您怎么看?

吕澎: 尤其是他的老师，都是做古代研究的。做当代的研究，因为你是当代的人，正好碰巧，你的前后左右都是这些艺术家，当然会促成你对这个问题的理解。就像我在成都，我本来是在翻译西方的理论，但是前后左右全是何多苓、周春芽、张晓刚、毛旭辉这些人，大家晚上喝酒、聊天、听音乐——假如你只是研究西方美术史，不思考一下你左右的艺术家和中国这个时候的艺术家——它有一种环境使然，自然而然。何况我个人认为，除非是一个非常愿意做纯学问的人，把家里的门一关，否则他会把这两件事情看成是一件事情，不过是课题方向不同而已。

郭伟其: 您最开始因为什么样的原因进入艺术史？在做艺术史的过程中，一直到今天，您到底希望在艺术史上寄托的是什么样的东西，或者是要解决什么样的问题?

吕澎: 我去考美院，77 级没有考上，又必须离开工厂，因为当时我在工厂当工人，所以我就去了四川师范学院政治教育系。我想那就去学艺术史、美术史，起码跟我的爱好沾点儿边，可是我并不知道有一个叫作“美术史”的学科。我到学校图书馆，问有没有美术史的书。回答说“有，等一会儿”，他就去拿，拿来朱光潜的《西方美学史》上下卷，我一看，觉得不像，但是里面有达·芬奇的一个章节，但除了达·芬奇，其他都不是画家，当时就是这么愚蠢，22 岁，完全无知。然后我就到省图书馆去找，问有没有美术史的书，回答说“你等等”，他居然真找到了，1949 年的版本，由钱君陶写的《西洋美术简史》，不准借，我就全部抄了下来。这本书是从古希腊一直写到印象派，有一点黑白图，但是我知道了，这一定是美术史，因为全是画家、雕塑家，终于发现有这么一个学科。第二个学期的暑假，我到重庆川美（四川美术学院），托熟人找到

2011 年，吕澎与黄专在“小运动——当代艺术中的自我实践”展览现场（图片由 OCAT 深圳馆提供）

教美术史课的傅孝先老师，我问他有没有教材，他说没有，但有一本工农兵教材，油印的，刻蜡版刻出来的，30 多万字，我也全部抄写下来，那是从古希腊罗马一直写到抽象派与表现派，但那是资产阶级的形式主义。1983 年、1984 年以后，人民美术出版社的一位叫平野的老编辑不断地把他们出版的书寄给我，我就是这样学的艺术史。现在到书店看，没法看了，太多了。我翻译的第一本书是《英国美术史》，第二本书是沃纳·霍夫曼的《二十世纪现代绘画》。翻译让我学到和了解到了西方美术史，研究历史学的基本方法也是无形中学的，特别是翻译 20 世纪艺术史、绘画史和这些艺术家的传记，帮助太大了，让我知道了一个艺术史家是怎么深入地去做研究的，怎么开始起笔的，第一个自然段或者是序言怎么开头的。到后来，比如说我写张晓刚，几十万字，从体例各方面，对我来说根本不构成任何困难，唯一的困难是怎么把这些资料组织好得一些。

郭伟其: 严老师之前说在中国的策展，有批评家的策展，有艺术史家的策展，所以想跟您谈谈关于当代艺术史写作的问题，包括什么叫作艺术史家的策展。像黄老师这种情况……

吕澎: 我觉得最主要取决于一开始策展人的出发点和目的。

严善錞: 现在人的学养其实都差不多，都是学艺术史的，是必须具备基本的能力，只

是有的人会偏向于批评，有的人偏向于史论。批评这一块侧重于推出艺术家，包括跟时尚的关系，跟运动的关系，跟市场都有关系，如果有的人偏重于史论，可以把艺术家作为个案研究，跟时尚距离就相对远一点，这个时候，不管是策划，还是写作，肯定角度不一样。虽然受的基本训练一样，以史学作为训练基础，但最后的着眼点肯定不一样。其实从文本上看，写批评和写史的角度还是不一样的，写史的是希望在上下文关系和历史的脉络中给艺术家做一个定位；批评更多的是表达一些主观的感受。当然对当代艺术家来说，更需要的是批评，让市场接受，让公众接受。过分精细的分类和研究，对一个当代艺术家来说并不太需要。黄老师还是想从史学的角度来谈当代艺术，而不是时尚的角度。

*郭伟其：*吕老师的当代艺术史现在写到哪个时间了？找到一个什么样的线索？假如说是“当代艺术的故事”，就很容易让人想到贡布里希，吕老师怎样考虑这个问题？当代艺术的写作，到目前为止，您有没有找到一条路线？

*吕澎：*我有三个“10 年”：第一个 10 年是 20 世纪 80 年代，80 年代的核心问题是思想解放、获得自由，对人重新认识，有点儿启蒙的意思；第二个 10 年是 90 年代，艺术和市场发生关系，跟全球开始发生关系；第三个 10 年，是在一个特定背景下的一个艺术制度的产生。第四个 10 年史计划 2020 年第二个季度出版。这几个不同的 10 年还是不太一样，中国变化太快了，变化快意味着你研究的问题不是一个问题，很难有某种意义的连续性，每个时段解决的问题不太一样。我就是写了 80 年代和 90 年代的时候，才有心写 20 世纪艺术史。

*郭伟其：*它实际上直接涉及一个问题，很多历史学家认为至少放上二三十年，才有可能看得清楚，但您做这个案例，恰恰说明您看得很准。

吕澎：第一，这是史学界过去的一个传统纪律，年鉴学派，20 年到 50 年的时间，要放一放，但是整个人类的世界，加速度的发展及其信息的爆炸，导致没有这个条件了。如果还是要按照它的纪律，最多只能做一件事情，就是收集资料，可是你知道，过了 50 年，这些信息资料你看都看不完，你永远看不完，这是肯定的。第二，历史总是在当代书写过程中不断地进行重写、重写、重写。如果没有当代的书写，就会发现你离那个时代距离如此遥远，因为资料读不完，没法写了，这个跟我们过去的古人做古代史还真不太一样。第三，事实上我们现在看的很多经典写作，都是当代史，如果从美术史的角度，难道你能说瓦萨里的不是当代史吗？其实还是当代史。要几十年才能看清楚，其实是一个理想主义的史学观，它认为只要时间到了，就好判断准确，可是那不是你一个人能判断准确的，其实是要不断地重新来判断，而且历史可能是 10 个版本呈现的历史，而不是一个版本呈现的历史——甚至是 100 个版本呈现的历史，不要希望读一本书就能够对一段历史了解到位，做不到的，只有古代史可以。

郭伟其：这关系到当代史，和之前谈到的怎么做个案的问题。

吕澎：其实蛮难的。有一次黄专说去北京见舒可文，舒可文可能找了一个搞收藏的，要做艺术家个案研究。我马上就知道这个人的目的是什么，收藏家买了艺术家的作品，他想通过赞助写一点更深入的学术文章，以便于把他收藏的作品的学术地位弄扎实一些，他的目的还是广告。我跟黄专说，很难找人。10 本书，你能马上找到 10 个合适的作者？没有可能性，做不到。我写张晓刚是写 1996 年之前的张晓刚，我是出于多种理由写的：第一，资料很完整，不需要我再去折腾；第二，我们太熟悉了；第三，艺术家太重要了；第四，我有我的研究任务——怎么通过个案的研究呈现一段历史。这是一个史学课题，就是基于这几个理由，如果没有这几个理由，少掉一个或两个可能都没法写了。应该是写了 20 多万字，如果写到今天的张晓刚，估计要四五十万字。

*郭伟其：*刚才提到黄老师是学古代史的，但他整个生活是在当代艺术的语境里。他在广美的经历很奇怪，可能外面的人难以想象，他在我们系里讲古代画论，讲中国艺术史学史，从来没有正式地讲过当代艺术，这是一种什么现象？

*吕澎：*我觉得是心理在作怪，他心里有精英主义的东西，当代是我们自己的事，所以应该关心，但是本质上，古代更精彩，更有教养。

自由是一种境界

受访人：李公明（广州美术学院美术史系教授）、李行远（广州美术学院美术史系教授）
采访人：郭伟其、方立华
时间：2017年2月18日　地点：广州

*郭伟其：*两位老师好！这个项目就是采集资料，像做口述史，这些资料都是原始材料，怎么用是以后的事，用的时候——不管是文字或者是录像，各位被采访者都有权利进行修改，进行编辑，所以其实这个访谈本身倒是相对随意的一个访谈，像平时谈话一样。谈什么问题呢？其实从我们的角度来说，是期待受访者能够尽量地给我们补充尤其是其他被访谈者没有谈到的材料，这些对我们来说有历史价值，它本身是一个历史研究，如果说常规的问题——当然每个人情况不大一样，相对常规的问题，就是和黄专老师最开始的交往，是从什么时候开始的？对他所做的工作的看法是什么样子的？在共事中有过哪些合作或者是哪些交流？在哪些项目上有交叉？当然也包括系里面的教学，这个我想是其他访谈没有的内容，黄老师的当代艺术家朋友圈不知道我们在这个系里面到底是什么样的。大概可能是这么一条线索。两位李老师和黄专老师是怎么样开始认识的？黄专老师来广州之前，你们有没有接触过？如果没有，在广州是怎么样开始接触的？请公明老师先谈。

*李公明：*黄专来广州之前我跟他没有接触。他来的时候，我们当时还没有成立美术史系，那时候还是文艺理论教研室，迟轲老师当主任，黄专来的时候我记得是20世纪90年代初，1991年还是1992年——我忘记了，我记得当时我们还住在12栋。

*李行远：*这个我就没印象。我记得是他来我们在20栋的家，那时书房刚收拾好，杨

小彦带他来，他说你们家好多书，杨小彦使劲跟他说，你进去看吧。他来广美之前，我听邵宏和杨小彦讲过他——因为当时的《美术思潮》，我们也在《美术思潮》发表过一篇关于美术比较研究的文章。因为大家不是搞一个专业的，他来了之后在学术上的交流并不多。后来跟他交往比较多是在他生病前后，大概是2000年、2001年，当时带他去祈福（广州祈福新邨）看房子，后来他生病就去看他。给我印象很深的是，在“非典”的时候我和李公明有一次去祈福医院看他，发现他的病房里放了很多考古、文物类杂志，我就说哎呀，还看书呀，他说是呀，现在要来做一做学问了。以前有一次我不知道他是开玩笑还是正经地跟我说，在深圳那里是“炒更”，但还是要做学术。我觉得他读硕士的时候，受阮先生的影响很大，接受了比较好的国学训练，但一直没有在教学上反映出来。我觉得他一直有这种心结，所以后来几次去看他，他都是说他在那里准备这样一个东西，后来我才知道他其实是在备那个课——“中国艺术史学史导论”。

*郭伟其：*我记得他第一次讲的时候李老师也去听了。

*李行远：*我听了他一个学期的课，那个时候是给大三学生讲。当初他准备回来上课的时候，李公明是系主任，他就跟李公明说要报这个课程，我印象特别深。我记得我当时就跟他说我要去听你的课，结果我听了一个学期。开始的时候他说这个导论其实还是很粗略的，因为艺术史学史在今天各美院教学中都没有受到足够的重视，以致这门学科的研究规范、价值目标和教学方法等都没有一套比较完整的路径可以遵循，所以他说他想做这个研究。这时我才知道原来他有这么一个框架，他的设想比我原来认为的要广阔、要大得多，很有学术抱负。其实那个时候他做了移植手术以后，排异反应非常大，我们都看到了，但他还是要坚持做这件事情。听了他一个学期的课，我觉得他的结构整体上看已经很完整，如何从中国古籍中去研究中国的美术史学史，很多问

题他都考虑到了。作为一门现代学科的中国美术史本来就是西方传过来的产物，但是如果说要按照西方的框架去解释中国古代美术，我自己有时候都会觉得特别尴尬，不能直接用中国的材料去套西方的框架，所以我当时就觉得他的构想非常有意义。在我的记忆中，他提出了“新金石学”这样的构想，要把现代学术的方法运用到古代艺术的物质文化、传统价值观念和视觉艺术表现中去。我记得有一次他讲得非常兴奋，声如洪钟，下课时我就说：“哇！黄专，大病一场，结果就从当代艺术的教主重回传统学问基地，可喜可贺！”其实我不是说要抹杀他在当代艺术的工作，而是觉得他的学术构想和上这个课给我的印象太强烈了，因此我当时就有一种期待。

*李公明：*刚才行远说的几个方面勾起我的一些回忆。比方说，黄专要开美术史学史的课程，跟我商量，我当然是非常高兴，我觉得我们广州美术学院美术史的研究应该有自己的学科建设特色和独特性的成果。黄专来广美之前，陈少丰老师一直给研究生讲中国古代画论，但那时还没有办本科。因此黄专提出要做美术史学史的教学，并且作为重要的学科发展领域，我觉得是非常符合我们一直以来就有的传统。共事这么多年，我跟黄专在教学上比较重要的合作工程就是编写《中国美术史纲》。《中国美术史纲》说起来是1996年、1997年就开始动手进行组织编写，当时学校要求我们自己编写教材，中国美术史是我负责，西方美术史是李行远负责。我的这一块，一开始参与的人比较多，包括一些校外的专业教师。开始的时候进展不太理想，各部分交稿推得比较慢，但是黄专负责的宋代部分进展就比较好。当时我的想法是要面对新时期的学科发展和提高教学水平的要求，要在教材中体现严谨和系统的知识性及培养有一定深度的学术思维能力，于是在每一章后面增加一节“余论”，有选择性地介绍相关的学术议题，包括有争论性的学术观点，以引导学生的研究兴趣和开拓思路。黄专负责写的宋代绘画部分的“余论”，的确体现出他对于宋代文人画理论的深入研究，也可以看出他对

2007 年，“从自由看艺术：艺术抽象主义的思想史研讨会”现场（图片由 OCAT 深圳馆提供）

阮璞先生学术传统的领会和应用，比如在注释中把阮先生关于苏轼文人画论辩的那篇很关键的论文引用进来。和我一样，他也是读历史专业出身的，我们对于学问上的传承、对于学术争论不同观点的引证都有一种敏感性。刚才行远谈到黄专做当代艺术与做中国美术史研究的彼此关系，这个问题究竟怎么看？我觉得她提出的这个问题颇有研究的价值。在史学中的人物研究当然可以有多种视角，其中有一种就是心理学。但恰好心理学研究在目前做学术人物研究，或者说人物评价这方面是最弱的，因为它涉及对于被研究对象在个人生活、社会交往、人生转折等过程的一种心理变化的认识、理解和判断，研究者本人最好也应该有相关的人生经验与阅历作为基础。所以，究竟是不是一场大病让黄专把他对中国美术史学史研究的这样一种学术志向重新点燃起来，重新让他更加大力度去做这个工作，这是很有意义的问题。应该把黄专生病前后，特别是生病之后的谈话的更多细节、他的个人工作计划等材料都融汇进来，这样的话就有更多的有说服力的实证材料。他生病之后，深圳那边的工作就有了一段空白，那时乐正维馆长来美院找我，希望我参与一些深圳何香凝美术馆的工作，有一些学术性展览和讲座需要我参与策划，我就答应了。我忘记是从 2002 年还是 2003 年开始，反正做了两三年。通过这个工作，我也知道了黄专对于何香凝美术馆是比较早地介入参与，当时黄专的职位是叫什么？

*方立华：*学术研究员。后来李老师的职位叫艺术总监。

*李公明：*对，那时我做艺术总监。我知道黄专其实也把他的学术抱负融汇到了这样一个美术馆的建设过程中。所以我在何香凝美术馆参与策划的展览，比如在巴黎举办的“中法文化年”的中国雕塑展等，以及我组织的一些学术讲座，我都觉得跟黄专之前做的工作是非常吻合、非常一致的。当代艺术的研究、展览的策划，这方面工作的确在黄专的整个艺术研究生涯里占有非常重要的位置，至于跟他的美术史学研究是处于一个什么样的转换调整的状态，这是可以去研究的，但是我觉得两者不可以偏废。同样有一个问题也应该引起我们思考的是，在他的当代艺术研究中，他所针对的对象不仅仅是艺术家或大牌艺术家，而且很多时候是针对观众来的，我比较看重的是，他在前几年开始讨论“观众怎么看待当代艺术”的问题。另外，他不只在一篇文章或访谈中谈到，观看当代艺术最重要的是自由的价值观和心态。在这里我想要特别指出的是，在黄专的价值观念的底色中肯定包含有自由、良知这些思想成分。在一个政治高压、社会问题非常严重的社会中，作为一个有良知的学者，我们应该怎么去面对这个社会？我们应该怎么面对我们身上所承受的压力？我们应该怎么看待诸如自由、宪政、民主、平等这些核心观念？虽然黄专和我——我们并没有共同往这个方面去做过一些什么事情，但我相信他是属于具有这些正确的核心观念的这么一位同事和学者。

*李行远：*其实你们也有过合作，至少是在“自由”这个概念上你们就有过一次合作，当时立华她们已经在那里工作了，2007 年的一个抽象艺术展。

*李公明：*我知道，实际上我是说没有在公共政治领域中的合作经历。

2007 年，“从自由看艺术：艺术抽象主义的思想史研讨会”现场（图片由 OCAT 深圳馆提供）

*李行远：*但是你刚刚说到了“自由”，因为刚好那个展览的关键词就是“自由”，它是一个抽象艺术展。黄专要李公明去做学术主持，我也作为嘉宾参与讨论。那个讨论的论题就是“自由是一种境界”，而且参与讨论的还有一些研究政治的学者，其实你们是有过与政治话语相关的共同工作经历的。

*李公明：*你说得对。另外我想谈的是，平常与黄专在系里开会、吃饭、聊天，在日常交往中我都感到我们在思想与价值立场是非常有共识的，这是没有问题的。当然我们知道中国社会政治状况非常复杂，在大的价值观念共识之下仍然可能存在对某些具体问题的看法上有分歧，这是正常的。我觉得我们今天谈黄专也好，谈任何一个学者也好，在中国现实语境中，一个学者的思想立场、价值观念、道德良知是不可以避而不谈的。我们都是生活在 20 世纪下半叶的中国，都是过来人，我们经历过“文革”，正如黄专在“遗书”中谈到过，我们经历过荒唐的革命，我们看到过所有那些荒唐的事情。我觉得从这一点来讲，我们有这样的一位同事，也是值得我们骄傲。

郭伟其：刚才李老师谈到了在讨论的过程中可能会有分歧，但大的方向我们是一样的。因为李老师也做过美术馆的刊物，肯定对美术馆也有一种设想，所以我想问一下，当初开始接手何香凝美术馆的时候，您的设想是什么样子？跟黄专老师有什么异同点？

*李公明：*其实当时我在何香凝美术馆，更多的是想在学术性、规范性的建设方面做些

2007 年，“从自由看艺术：艺术抽象主义的思想史研讨会”现场（图片由 OCAT 深圳馆提供）

工作，如藏品著录、展览的文字、学术出版物的学术性和规范性。另外就是学术讲座，我一直觉得美术馆是很重要的公共交流平台，不应该局限在艺术欣赏、艺术传播，所以我当时邀请前来做讲座的学者远超出艺术界范围，比方说我请徐友渔、谢泳他们来讲中国政治、中国现代史研究等问题，我觉得这都是我心目中的美术馆应该具有的思想性与公共性。黄专更多的可能是关注当代艺术的发展与在策展方面如何体现它的一种前沿性，而我则更多关注通过公共领域的建立来培养社会的公民素质，更多地关注在人文学术和思想普及的方面。后来我给广东美术馆编《美术馆》刊物，我特别希望在人文学科的理论、历史研究等学术领域中多做一些研讨。

郭伟其：如果说把讲座作为一个非常重要的项目来做的话，我不知道在当时你们是不是有这种共识，实际上后来黄专老师对讲座也是很重视，尤其是后来在创办 OCAT 研究中心的时候，在会议记录里面明确地提到说是以讲座为核心，其他的活动围绕着讲座来做。刚才听李老师这么一说，我就好奇最开始李老师有没有和黄老师讨论过讲座在美术馆的发展中起到的一些作用？

我们做这一系列的采访，其中很重要的一点是直接跟黄老师的交往。除此之外，其实我们也很希望受访者能够提供一个大的环境，也是对我们材料一个很重要的补充。比方说黄专老师跟两位老师一样都是历史学出身，这一点可能是在整个圈子里面都会是挺珍贵的这么一个传统，大家有同样的一个起点。这个起点也就使我想起来——像这段时间我们整理黄老师的材料，当然也会涉及各种早期的材料，我们发现他在华中师范大学历史系的本科论文写的是文同。因为两位李老师也是历史学出身，我想问一下这种现象，比如说1983年左右，一个历史学的本科生，他研究一个关于艺术的题目，或者是一个美术史的题目，这个算是一个什么样的情况？

*李行远：*应该很少见。李公明在大学本科的时候，他已经有接触美术史了，我就完全没有，都没有听过美术史为何物。

*李公明：*作为历史系大学本科生，选美术史做毕业论文的确是很少见的。我想黄专在读书的时候肯定接触过阮璞先生。

*郭伟其：*昨天跟皮老师聊过这个问题，他记不太清楚。

*李公明：*这应该是可以肯定的，要不然的话不会那么巧，研究文同。从我个人经验来讲，我在本科读历史专业的时候，高年级的专业方向是中国近代史研究，毕业论文原来写青年梁启超研究，由于之前做过“戊戌变法”，最后交的毕业论文是《戊戌变法性质的再探讨》，就是毕业后发表在《华南师范学院学报》那一篇。1978年春天入学之后，杨之光老师介绍我来美院认识陈少丰老师，我就跟陈少丰老师学美术史，当时中央美院王逊先生《美术史》那本书的手稿要抄写，是我帮他誊抄了很多的章节，也帮他做一些整理居廉、居巢的资料工作。陈老师教我怎么抄题跋、做卡片。但是黄专，他如果在本科的时候没有接触过美术史的老师，没有阮璞先生，我觉得似乎很难设想，除非是有很独特的个人因素，否则的话很难想象这一点。在我们系，大学一年级的时候，我们同学办了一本油印的历史系刊物叫作《读史》，第一期我写的文章就是关于宋代的花鸟画写生，但是在毕业论文的选择上，我都没有想过要写关于美术史的论文。

2011 年，“可能的语词游戏——徐坦个展”现场，左起：黄专、李行远、李尔克（图片由 OCAT 深圳馆提供）

郭伟其：没有想过是因为觉得它不重要，不能够体现出你在历史学方面想要做的事吗？

李公明：倒不是觉得它不重要，而是因为身处当时的氛围中有一种特殊的社会政治关怀，我们受到的思想启蒙，革命、改良、梁启超这样的议题对于我来讲其吸引力自然要大于艺术史。你这个问题其实是很有意思的，就是说，黄专和我这个年龄的这一批做美术史的学者，是怎么样走向美术史研究道路的？当年是怎么学习的？这个如果整理出来恐怕也是有意义的。我在 1982 年 1 月被分配来广州美术学院文艺理论教研室当教师，然后陈少丰老师让我当他的助手，我就开始先在美院附中上美术史知识课，本科这边也跟着陈老师上课，帮助辅导学生。最重要的是 1982 年 3 月，陈老师去北京美研所写他的雕塑史，把我也带过去，就像师傅带徒弟一样。那时我就接触到中央美院恢复高考后第一届的美术史专业学生，跟他们一起听薛永年先生讲课，还跟他们一起去宁夏须弥山做佛教石窟考古。这个过程，如果能够把黄专后来怎么跟阮璞读研究生的过程联系起来，我们就能看出历史专业出来的人转向做美术史研究，他们有一些什么共同点和差异点。话又说回来，后来黄专做史学史研究，肯定毫无疑问与他当年读历史专业有紧密的联系，因为我们历史专业的课程里面就有史学史，在当时是一门很重要的课程。

郭伟其：本科阶段对他影响最大的可能是张舜徽的文献学。

李公明: 对，张先生的书我们当时也在看。不过说起来，我在读大学的时候，心还是野了一点，我喜欢读的书的领域比较广泛。当时华师是广东近代史研究、孙中山研究和康梁研究的重要地方，我们自然会受影响。

郭伟其: 行远老师那个时候毕业论文是写什么呢？

李行远: 我是写魏晋玄学，其实那个时候对于本科论文的学术规范远没有今天我们要求学生这么严格，我常跟学生说，我们那个时候读本科的没有什么开题报告，老师也没有正式教我们什么学术规范。我的论文写完后给魏老师看，他很高兴，还问我读书以前是不是做文字工作的。我当时写的那种魏晋玄学其实很有点"六经注我"的味道，反正是把自己的观念尤其是那种对自由的向往全部都让古人替我说出来。

郭伟其: 您是怎么样走向美术史的？

李行远: 我从华师毕业后分配到广州师范学校教书，那时我想读现代文学的研究生，和公明结婚以后也想考中国美术史，但陈老师那年不招研究生，于是1984年就考了迟轲老师的西方美术史研究生。我觉得开始学美术史的时候，像《美术研究》《世界美术》这些专业杂志都给我们很大帮助。但是那个时候不像今天，那时获取学术信息、学术交流的机会极为稀缺，西方美术史方面就更可怜，甚至直到进入新世纪，国内的西方美术史研究同行的交流仍然非常少。在广美教了这么多年书，我从没有出去进修的机会，全部靠自己的修为。

李公明: 说到这里我倒是想起来，黄专好像在学校也是没有拿过什么研究资助？

李行远: 没有的。

*郭伟其：*从来没有，他是报过，但没批，他报了一个潘天寿的研究项目。实际上我想起当时迟老师选择那些篇目，现在看起来是挺厉害的，是怎么样把那些篇目给选出来的？

*李行远：*其实不是迟老师选的，而是詹森编的，他去美国，把那个复印回来了。当然他意识到这个选本的价值，因此他拿回来组织我们翻译，这也真实地反映出当时我们这个学科的状况。

*郭伟其：*说起这个问题，我也是在想，这一代的历史学出身的美术史家也还是不多，大家到底想在美术或者在美术史上面获得什么？之前也采访过其他老师，就会想起那个时候学美术，包括借着古代美术研究怎么样又介入了当代艺术的关注？到底他们当时想要用美术这个东西来获得什么样的东西？当然，这期间还涉及一个问题，就是基本上所有的艺术史家实际上都是从喜欢画画开始的，我想两位老师肯定也是从喜欢画画开始——当然也有可能是例外。刚才李老师提到过当时给《美术思潮》投过文章，但是同时又说自己实际上对于当时的当代美术运动并不是很关注，这是一个什么样的情况？

*李行远：*我讲讲我自己，我不记得是尼采还是叔本华说过，越了解历史的人就越做不了创新。其实我记得当时黄永砯把美术史书籍放在洗衣机里头搅，因为我当时学了美术史，我就觉得中国人是不是需要把所有西方人弄过的东西在形式上再走一遍？我解决不了这个问题。

*郭伟其：*80年代您就有这个意识吗？

*李行远：*是的，我那时在想为什么中国人要把西方的东西重新走一遍？

郭伟其: 在《美术思潮》上写的是什么文章?

李行远: 是关于比较美术的研究,是我们自己选的题。当时我们正在思考东西方艺术的比较研究的方法论问题,从讨论东西方思维模式的角度切入。大概是1984年、1985年,我读研究生的时候,可能是杨小彦和邵宏与《美术思潮》有联系,因此他们向我们约稿。

郭伟其: 公明老师呢?刚才也提到过来美院工作很可能是个偶然,但是进来之后,总也会想在美术史寄托点儿什么吧?

李公明: 其实我是从小就爱画画,读中学的时候曾经去过青年文化宫学画画,后来当知青的时候在农村也画人物速写。1975年我在农村画农民人像写生,是学习杨之光的人物写生风格,有几幅作品现在还在。当年高考的时候不敢考美院,因为知道广美的招生太少,所以考文科。其实我从小就认识杨之光老师,有时候拿我的画去给他看。毕业后分到广美,杨老师就要我跟着国画系一年级一起画画,我就跟着他们画石膏素描、人体素描,那时是陈振国老师上素描课。也曾经跟着青年教师画人体写生。有一次王肇民先生也来了,他画水彩,我画油画,这些画现在都在。后来跟中央美院去宁夏须弥山石窟,我一路上画油画风景写生,这些画曾经在这座教学大楼的中厅橱窗里展示过,后来发表在广东一本刊物上,还是王肇民先生给我题的字。因此,从我的画画经历来看,做美术史研究也是很应该的。

郭伟其: 就是说你在写雕塑史、写广东美术史的时候实际上没有想到怎么样来把自己的抱负寄托进去?

李公明: 写雕塑史是因为陈少丰老师的安排。当年王伯敏先生主编《中国美术通史》,

2015年，黄专与李公明在广州美术学院美术史系办公室（图片由樊林提供）

陈老师负责其中的雕塑史部分，他选了两个人跟他合作，就是浙江美院的洪惠镇和我。编写组决定先写元代作为试点，陈老师就先让我写第一稿的元代雕塑史，我在他指导下很刻苦地收集和整理史料和作品，完成了初稿，最后是洪惠镇和陈老师修改。说到广东美术史，也是机缘巧合。1990年广东人民出版社要出版一套《岭南文库》，他们请我去参加讨论选题，约我写《广东美术史》。我接受了这个选题，开始很认真地把从远古时代到清代的广东出土文物、美术作品整理一遍，后来终于完成了这部地方性的美术通史。从某种意义上说，我觉得某些机遇对于一个学者往哪个方面发展还是有很大的影响的。

*郭伟其：*我想这个问题可以从几个方面延伸：一个是，刚才谈到这批学者最后选择了美术史，到底从里面想要获得什么东西？在这几天的采访中我就发觉，当时在武汉的那个群体里面，他们很明确，通过艺术，通过美术史，通过理论，他们到底要的是什么样的东西。所以这紧接着出现另外一个状况，当然也是跟黄专老师有关，就是“雁南飞”的情况，忽然一下子，一批武汉的学者、艺术家来到广州。当时作为像李老师这样典型的广州人，感觉到这一批人来到广州会有一些什么样的不同？或者说在对待

问题的方式、在思考方式、在学术上或者是对待艺术的态度有没有给您造成某种冲击？

李公明：就我个人来讲——无论是当时还是现在想起来，几乎没有感觉到什么“冲击”。可能这是与广州人的性格有关，喜欢随意、自在的生活方式。如果把这个问题放在学术研究视野中来看，就是一个学者成长的地方性格、地方传统问题。谈当代政治社会中的本土性、在地经验、地方传统，可以看看历史研究中的华南学派。前段时间我写过中山大学历史系刘志伟教授一本书的书评，我重新梳理了华南学派的脉络由来，可以看出有一些与大一统的宏大叙事、国家叙事很不相同的区别。

郭伟其：我觉得这一点很有意思，刚才问起两位学美术史的经历，好像跟武汉的情况不一样，他们明显的就是能够在艺术上面得到他们想要的东西，但好像从你们的经历中，美术史就是美术史。

李公明：在中国当代思想学术景观中，的确有一种现象可以被称作“武汉现象”，像张志扬、鲁萌等学者在中国哲学界、思想界产生过很大影响。我现在还无法归纳什么是“武汉现象”，但是比较具有理性自觉，能够用个人化语言给思想定位，做具有独特性的表述，这些可能是其中的特征。黄专与这个地区的思想氛围应该是有内在联系的，从而形成自己的学术性格，能够在一个比较独特的个人化语境中展开自己的思维。《美术思潮》带有比较浓的思辨性色彩，可能也与这个有关。

郭伟其：我追寻这个问题，一方面也是因黄专老师的双重生活，刚才实际上已经涉及了，一方面是古代的、古典的，而且在古典里面还是倾向于文献学的，不是一般的古典；另一方面他又特别当代。这个时候我就很奇怪——像李老师刚才讲的，您从美术史里面觉得还得做一个跟美术史完全无关的东西，但是他好像还是在美术史里边，又把当代结合起来，这两者之间的关系——刚才可能李老师也已经提到过了，我不知道还

有没有可以补充的，怎么样认识这个现象？

李公明： 刚才说过，因为读大学那个时代氛围所打下精神烙印，让我对中国近现代历史和政治历史研究感兴趣，使后来我的阅读和研究兴趣一直没有局限在美术史领域中。80年代末期发生的重大事件更使我超脱于社会与历史，作为一个历史系出来的学生，我一直觉得对于思考和研究中国20世纪历史负有某种责任。所以多年来我读的很多书、写的书评都是属于近现代中国史的。近10年来，我自己特别关注20世纪中国政治与艺术的关系，尤其是关于左翼美术、“文革”美术、知青美术，还有宣传画中的农村题材和农民图像。回应侪的问题，就是回到美术史研究中，但是我的政治与历史视角和图史互证的研究方法使我找到一条合适的路径。我把中国近现代美术的图像作为历史的承载物和视觉表现来看，而不仅仅是作为艺术品来看，我觉得这里有很重要的研究价值。前几年我和行远先后在台湾大学、香港中文大学访学，看材料、参加研讨会、做讲座，我都觉得是在美术史与政治史、社会史互动研究中走过来的。

郭伟其： 对于黄老师的情况您会怎么样来理解？假如说站在一个客观的角度，您作为一个广州人，完全站在外面来看，您觉得他走的这条路，一方面是古典的，一方面是当代的生活，这两者对他来说是不是一个分裂，还是说您觉得结合起来的可能性有多大？

李公明： 客观上来讲，我觉得恐怕要承认一定程度的分裂，这并不是指两个不同的领域的隔离和性质上的区别，而在于这两个领域所面对的语境是有很大差距，甚至是非常背离的差距。比方说在当代艺术的策展、评论活动中常会遇到各种非学术领域本身的问题，名、利、竞争等问题需要参与者面对、处理，可能黄专已经尽了他最大的努力，处理得非常好。但是不管怎么样，不管你做得怎么好，在这样一个语境下仍然会产生

一些你控制不了的东西。

李行远: 这其实也是我的一个问题。我不认识巫鸿先生，但是我觉得他也是有两面性，巫鸿做古代史，他从故宫出来，但是他后来也非常积极参与当代艺术中去，如果有机会我也会向他提出这个问题。因为我觉得不能说“人格分裂”，但是我认为这两个领域毕竟还是两回事。我想起黄专开始的时候好像是招中国美术史的研究生，但是后来招你们的时候方向就叫作史学史了。有过一阵子他招的方向叫作批评史，但是招了那一届之后他就说再也不招了，他病了以后就改成了史学史？

郭伟其: 我当时考的时候是画论，但是进来实际上就改成史学史。

李公明: 其实做美术史研究，也需要做普及美术史知识的工作。多年前我和行远受广东美术馆委托，做了一个“世界美术大系展览”，在这个过程中我们也在不断地充实对于这个学科我们需要寄托什么的一种理解，比方说关于人文的理想、人文的教育，特别是近几年来已经非常普及的一个观念，叫作“通识教育”。通识教育中的艺术教育是非常重要的一环，让美术史走出贵族化的殿堂而被平民大众所接受、所了解，这也是非常有意义的理想。真正能够在学术研究中寄托自己的人生理想，这是非常幸运的，意味着你的生涯与你的学术、你的精神价值观是完全融为一体的。就我们而言，可以说我们是能够做到把人文学科与我们的人生体验和思考基本融为一体，这一人文学科包括美术史，也包括其他学科领域。如你说的，希望能够在人文学科研究中寻找到某种寄托，这是毫无疑问的。

一个真正做实事的人

受访人：巫鸿（芝加哥大学讲座教授、东亚艺术中心主任、OCAT研究中心执行馆长）、
王璜生（中央美术学院教授、中央美术学院美术馆馆长）、冯博一（策展人、评论家）
采访人：郭伟其
时间：2017年4月14日　地点：深圳

郭伟其：如果从与黄老师交往的角度来谈，我想先提两条线索：第一，你们是从什么时候跟黄老师认识的，曾经一起讨论过什么样的问题？第二，黄老师也参与策划了“广州三年展”（“首届广州当代艺术三年展”），刚好三位老师都是当事人，你们是不是可以从这个角度谈一谈？

巫鸿：我们三个人谁最早认识黄专？

王璜生：应该还是我比较早吧。我是1990年到了广州，1990年至1993年在《画廊》杂志，之后又调去了广东画院。《画廊》杂志是从1981年就创办了，在当时国内的刊物来讲是印刷比较精良的，也介绍了一些国外的艺术家，等等，在业界还是有点影响力，但是它所缺乏的可能是与当下或者与中国现实的联系。在“85美术思潮”期间，国内的很多刊物，比如《江苏画刊》和《画家》杂志，很多都介入这种新潮的艺术和现实，但是《画廊》杂志一直是在保持它的品质，又是游离于这样一种关系之外。

1990年我到《画廊》杂志之后也开始做一些与当代艺术有关的事，因为《画廊》的周期很长，一年才有一次轮到我做责任编辑，但就在我当时所做的三四期里面，也包括去北京采访一些艺术家，等等。我离开之后，很快就是黄专和杨小彦接手，他们对《画廊》杂志进行了改版。我觉得在他们接手的阶段，《画廊》杂志发生了非常大的变化。

1992年,“广州·首届九十年代艺术双年展”合影(肖全拍摄,图片由石弘提供)

巫鸿: 哪年?

王璜生: 我大概是在1993年离开,他们应该是1994年就接手了,做了三年左右。《画廊》杂志的开本改变了,而且所推出的内容也是在我们业界反映很强烈的,我觉得挺好。在这个阶段,我和黄专就有所接触,而且对于一些问题也有所交流。其实我一直都是抱着一种向黄专和杨小彦学习的心态,因为大家年龄差不多,但是他们在业界一直有较大较多的成果,所以当时我在和他们的交流中,更多的是在向他们请教。

我写的那篇怀念黄专的文章开始就说到,我接触黄专印象最深的是在我做广东美术馆的时候。他是一个我比较敬重的人,所以我也多次邀请他来看看应该怎么做当代艺术。但是他可能对于曾经有一个阶段的广东美术馆很不以为然,他觉得这是一个官方背景太强的机构,所以刚开始时,他曾半开玩笑地说:“你不要叶公好龙,真正做起来可能有很多问题。”我觉得他这句话挺有深意的,这句话在我后来的工作中,也给了我很多警醒:做一件事还是要把握一种东西,而且要坚持做下去。

冯博一: 之前我就知道黄专当时在编《美术思潮》,武汉有几个人,包括彭德、黄专、

《画廊》1996 年第 2 期关于《艺术家工作室报告》专题（图片由白榆提供）

鲁虹和祝斌。我和黄专真正的交往应该是在 1993 年 11 月 16 日第一次“广州艺术博览会”的时候，不知道王璜生还有没有印象？

*王璜生：*那次我是组织者之一。

*冯博一：*那是当时比较早的博览会。博览会还是与艺术市场有关，但在 90 年代初期，中国还没有形成一个比较成熟的艺术市场。博览会有一个媒体区域，当时他们就邀请了一些媒体过去，也给了一个摊位，其实那种方式和后来的博览会也差不多。我当时是在中国美协编《美术家通讯》，所以我们是为了这件事情过去的。到了广州之后我们就住在广美旁边的一个招待所，我们是早晨到的，但是我们都不太熟悉广州。因为郭彤在《美术家通讯》帮忙，她和黄专比较熟，所以我们早上入住酒店之后就直奔黄专家，他就住在广美。我们的火车早上四点多就到了，特别早，那会儿黄专好像刚起来。后来黄专就带我们去吃早茶，在广美旁边的一个有点像大排档似的餐馆，那是我第一次吃到正宗的广东早茶，肠粉和凤爪之类的，反正就是那种广东的点心，原来我都没有吃过，所以印象特深。那算是我第一次跟黄专接触，他特别热情。我们当时因为坐火车也挺劳累，而且又饿，结果吃了那顿饭之后，我至今印象还很深刻。

王璜生：“广州艺术博览会”是陈永锵倡导起来的，当时拉了我和梁江两个会写点东西的人一块帮忙。当时还在《粤港信息时报》开辟了一个专栏，发表一些和博览会、

《蝙蝠计划》黄永砯，2003 年，钢板，860cm×350cm×1060cm（图片由 OCAT 深圳馆提供）

艺术市场有关的文字。其实 1992 年吕澎就策划了“广州·首届九十年代艺术双年展”开始关注艺术市场问题。

冯博一： 对，那是第一次把展览和赞助、艺术市场结合在一起，黄专他们一帮人也在一起弄，我还记得肖全给他们拍了很多照片，拍得特别好，有点像艺术照。1993 年就是首届“广州艺术博览会”，陈永锵是画花鸟的广东艺术家，也挺能折腾的，当然现在年纪也大了。

王璜生： 后来我们都没再参与“广州艺术博览会”了。

冯博一： 其实做了好多届，但是后来做得不好，关键是王璜生不干了。我也是在这次博览会上第一次认识了王璜生，我印象挺深的。

巫鸿： 当时声音还是蛮高的，我们在外面都听说了。

《黑皮书》，1994 年第 1 辑（图片由冯博一提供）

*王璜生：*对，因为那是国内第一个艺术博览会，原来也是寄予了很大希望，因为毗邻香港。

*冯博一：*也有“广交会”这样一个基础，当时的场地就在“广交会”那里。

*王璜生：*1994 年我们也接受了《广东美术家》杂志的邀请，我和黄专两个人一起策划了“实验水墨”专辑，“实验水墨”这个词就是我们在那一期提出来的。

*巫鸿：*有人说“实验水墨”这个词是黄专提出的？

*王璜生：*其实那一期是我们两个人一起做的，包括艺术家的挑选，等等。

*冯博一：*刚才王璜生提到 1994 年《画廊》改版，因为当时杨小彦是岭南美术出版社副社长，他请黄专来帮助做《画廊》，我印象比较深的是有一个栏目叫《艺术家工作室报告》，每期会介绍一位艺术家，一般是刊登几件代表性的作品，有一篇艺术家创作访谈，大概就占两页，比较简短，每次黄专也都会写一个评语，大概 100 字，不长。我印象挺深的是介绍顾德新那期，黄专当时让顾德新写，顾德新说他不写，他对自己

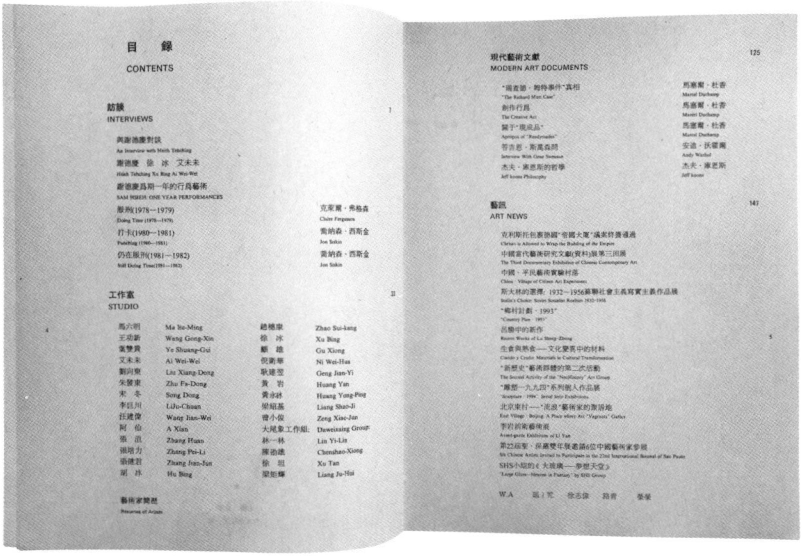
目 錄
CONTENTS

訪談
INTERVIEWS 7

與謝德慶對談
An Interview with Hsieh Tehching
謝德慶 徐 冰 艾未未
謝德慶爲期一年的行爲藝術
SAM HSIEH: ONE YEAR PERFORMANCES
服刑(1978—1979) 克萊爾・弗格森 Claire Ferguson
打卡(1980—1981) 喬納森・西斯金 Jon Siskin
仍在服刑(1981—1982) 喬納森・西斯金 Jon Siskin

工作室
STUDIO 21

馬六明	Ma liu-Ming	趙穗康	Zhao Sui-kang
王功新	Wang Gong-Xin	徐 冰	Xu Bing
葉雙貴	Ye Shuang-Gui	顧 雄	Gu Xiong
艾未未	Ai Wei-Wei	倪衛華	Ni Wei-Hua
劉向東	Liu Xiang-Dong	耿建翌	Geng Jian-Yi
朱發東	Zhu Fa-Dong	黃 岩	Huang Yan
宋 冬	Song Dong	黃永砯	Huang Yong-Ping
李巨川	LiJu-Chuan	梁紹基	Liang Shao-Ji
汪建偉	Wang Jian-Wei	曾小俊	Zeng Xiao-Jun
阿 仙	A Xian	大尾象工作組:	Daweixiang Group:
張 洹	Zhang Huan	林一林	Lin Yi-Lin
張培力	Zhang Pei-Li	陳劭雄	Chenshao-Xiong
張健君	Zhang Jian-Jun	徐 坦	Xu Tan
胡 冰	Hu Bing	梁鉅輝	Liang Ju-Hui

藝術家簡歷

現代藝術文獻
MODERN ART DOCUMENTS 125

"瑞查德・姆特事件"真相 馬塞爾・杜香 Marcel Duchamp
創作行爲 The Creative Act 馬塞爾・杜香 Marcel Duchamp
關于"現成品" 馬塞爾・杜香 Marcel Duchamp
答吉恩・斯萬森問 安迪・沃霍爾 Andy Warhol
杰夫・庫恩斯的哲學 杰夫・庫恩斯 Jeff koons

藝訊
ART NEWS 147

克利斯托包裹德國"帝國大廈"議案終獲通過
中國當代藝術研究文獻(資料)展第三回展
The Third Documentary Exhibition of Chinese Contemporary Art
中國・平民藝術實驗村落
China · Village of Citizen Art Experiment
斯大林的選擇：1932—1956蘇聯社會主義寫實主義作品展
"鄉村計劃・1993"
呂勝中的新作
生食與熟食——文化變異中的材料
"新歷史"藝術群體的第二次活動
"雕塑—九九四"系列個人作品展
北京東村——"流浪"藝術家的聚居地
李岩前衛藝術展
第22屆聖・保羅雙年展邀請6位中國藝術家參展
SHS小組的《大玻璃——夢想天堂》

《黑皮书》，1994 年第 1 辑（图片由冯博一提供）

的作品从不作任何阐释，黄专就在评语中把这个意思表达出来。那个时候我在跟徐冰和艾未未编《黑皮书》，其实我们是在 1993 年开始编的，1994 年才正式印出来，当时《黑皮书》也有一个栏目是《工作室》。我现在想起来，当时大家都有这种倾向。

黄专对《画廊》踌躇满志的，也非常投入，其中我印象特别深的是，他并不满足于在所谓的艺术系统做一些努力，他当时还想做电影，他想把《画廊》杂志做成一个我们叫"跨界"的这种形式，我觉得黄专比较宏观和长远。我为什么对这方面有印象呢？因为他想做电影，但他对这块也不是特别熟悉，他想了解这方面的情况，而我哥哥是做电影的，所以我还约了我哥哥跟他见了一面。

*巫鸿：*我都不知道他对电影有兴趣。

*冯博一：*我的意思是说他想把它做成一种跨学科的杂志，而不仅仅局限于所谓的当代艺术，还包括实验电影、戏剧、摄影，等等。这样视野就更宽了，内容也更丰富了。黄专的想法还是很敏感，而且也比较超前。因为 90 年代初大家还是按照艺术系统本身走的，所以对这方面我的印象挺深的。

巫鸿: 广州的各种机制的变化还是很敏感，包括艺博会、展览、杂志和艺术市场。

王璜生: 《艺术·市场》是吕澎编的那本杂志，黄专也参加了，当时是在广东编的。

冯博一: 没出几期，时间不长，后来就不做了。

王璜生: 但是影响挺大的。

冯博一: 影响很大。我印象中殷双喜还写了一篇文章，他说艺术市场在中国，尤其是当代艺术这一部分到底会怎样，当时还有很多的疑问或者说质疑。

巫鸿: 这还真是有点儿叶公好龙。

冯博一: 但是没有想到艺术市场已经起来了。当时吕澎的那种把一个所谓的学术展览和商业、赞助相结合的方式，其实是比较早，也是一种民间的方式，不过当时官方的美术馆系统肯定也不做这一块。

巫鸿: 当时没有真正的商业系统，反而变成一种比较超前的中国特有的东西。

冯博一: 1994 年的博览会我也去了，正好是在红蚂蚁酒吧做“大尾象”的展览，杨小彦和黄专就约我和冷林在一起聊当时《画廊》应该怎么做。因为我们在北京，相对比他们又年轻，他们就希望和我们合作把这件事情给做起来，我印象挺深的。

巫鸿: 黄专策划的“首届当代艺术学术邀请展”是在 1996 年？后来被叫停了，他当时应该和很多艺术家都有联系，展览规模蛮大的。

冯博一: 对，1996 年的展览后来被叫停了，等于是文化部这块没批，其实基本上都弄

成了。后来黄专特别伤心，这次对他打击挺大的。2001年他策划的“被移植的现场——第四届深圳当代雕塑艺术展”，当时和法国合作。黄永砯做了那件“飞机”作品，正好因为当时中美在南海上空飞机发生冲突，法方后来害怕了，觉得这件事情太敏感，他们怕因为展览而引起法国与美国的冲突。最后做了妥协，但是弄得也特别紧张。

*巫鸿：*咱俩还一块写了一篇文章。后来那个飞机尾巴就留在那里了。

*王璜生：*飞机前半部在广东美术馆，最后也被拆掉了。

*巫鸿：*是吗？那是飞机机身带一个翅膀，那件作品做得很好。

*王璜生：*比飞机尾巴还好。

*巫鸿：*飞机左翼是不是被管艺拿走了？

*冯博一：*管艺好像收藏了。

*王璜生：*飞机头是尤伦斯收藏了。

*冯博一：*为了收藏这件事，后来艾未未还和费大为打起来了……我大概知道一点情况，当时费大为带着尤伦斯想收黄永砯这件飞机，艾未未带着希克也想收这件飞机，后来就发生了冲突。艾未未说是他和希克先跟黄永砯谈的，黄永砯也满口答应了；但是后来费大为带着尤伦斯也想收，而且黄永砯也答应了，因为黄永砯和费大为的关系不错，他们早期一起做“大地魔术师”，是老关系了。所以艾未未就开始发飙了，当时艾未未有气，因为是他先说的，然后就和费大为发生冲突，但是没有动手，他把费大为的手机抢过来给摔地上了。

王璜生: 后来尤伦斯也收了艾未未在“广州三年展”上的那件灯的作品。

冯博一: 反正有这么一档子事，巫老师不知道后来发生的这些事情吧？

巫鸿: 我大概已经离开了，因为80年代和90年代初我也不在这儿。黄专的名字开始出现在我的视野里是我开始做当代艺术的时候，当然首先就是《美术思潮》，那还是非常重要的刊物，包括《美术报》和《江苏画刊》。当时《美术报》也很厉害，但是《美术报》什么都有，有小事，也有一般介绍性的文章，而《美术思潮》明显更像一份前卫刊物，有思想的高度，也很严肃，而且好多人都在参与。其实后来广州发生的这些事情，有好多我都没太注意，因为参与人也比较多。

黄专策划的“首届当代艺术学术邀请展”，我看了图录，我觉得从挑的作品和整个架构来看，这在当时确实还是相当重要的展览。我觉得它比较持平，学院外和学院内的艺术家都有，好像用的“当代”或者“学术”的概念与一般的都不完全一样。其实“学术”这俩字不光是一个词，因为黄专很重视学术的立场，所以这对于我在那边做还是起到了一定的作用。当时展览还分成两部分：一部分是在中国美术馆，另一部分在首师大，反正装置类的作品都不在中国美术馆，所以有一些分野，但是整个框架都是当代艺术。

第一次见黄专是我在美国做“瞬间：90年代末的中国实验艺术”展以后，大概是在1999年。其实我当时是要写一本关于“废墟”的书，里头也包括当代艺术，但是我回到中国以后就完全转向了，因为我在中国最兴奋的是发现艺术体制的变化。当时是古根海姆给我的钱，我后来就跟他们说我不做那个方向了，我要研究艺术体制的问题，所以关于“废墟”的书就往后推延了。我和你们二位见面可能也就是在那一年，我见了很多人。

冯博一: 您当时住在华侨大厦。

巫鸿: 对，反正那一年挺热闹。我当然也看了很多地方，包括上河美术馆、广东美术馆、何香凝美术馆，大概也都是一环一环地找。我当时觉得好像人的立场也不一样，有的人把当代艺术和实验艺术看成是比较反官方的和地下的，有的人开始希望能够改变这种官方的体制，从里往外改，说服一些人一块进行工作。我的调查是各种各样的都有，比如关于当代艺术展览的地点，冯博一策划的“生存痕迹：’98 中国当代艺术内部观摩展”，我觉得就是一个样板，因为那个地点的选择特别清晰，是在城乡交界处，但是作品和空间、社会都发生了关系，从展览到作品都很有意思。不过黄专的学术邀请展的策展方向又不太一样。

何馆实际上非常有意思，它比较早开始做当代艺术。我当时和乐正维也谈了不少，她希望把当代艺术纳入进来，大概是在 1997 年请黄专过来任职，然后在他的框架之下做当代艺术。那个时候我就见到黄专了，就开始请他谈一谈他的想法。1998 年的时候已经做了“第一届当代雕塑艺术年度展”，我觉得那个时刻他是很希望通过体制来实现和发展他的一些想法，这也就是后来 OCAT 的开头。

我想黄专也都在慢慢地变化，我认识他的时候，他虽然很受伤，展览被叫停了，但是他还是希望社会也在变化，也看出可能性。到了 2000 年“第三届上海双年展”以及 2002 年“首届广州三年展”举办了之后，当代艺术基本上也就合法化了。但是在 1997 年至 1999 年期间，他还是有点儿前瞻式地看到这种合法化的可能性，反正就不那么容易做了。后来我也把它写到书里了，叫《关于展览的展览：90 年代的实验艺术的展示》，是去年翻译的，在导论里提到了这点。当时我和黄专没有什么太深的接触，主要是谈展览、展览结构和中国大的变化，我好像还有当时的访谈。

2001 年，“首届广州三年展”前期筹备会议，左起：冯博一、巫鸿、王璜生、黄专（图片由广东美术馆提供）

到了 2001 年，我接到王馆（王璜生）的电话，说他在美国。因为 1999 年 MoMA 要做亚洲的项目，他们就请我推荐一些非西方国家的馆长，他们需要比较年轻并且有比较开放思想的人参与，我就推荐了王馆。当时是一个夏天？

王璜生： 春节，从 1 月初到 2 月初，我正好在那儿过春节。

巫鸿： 这也是大家的互动。大概你回来之后就开始全面考虑“广州三年展”的问题？

王璜生： 在美国我们通了很长时间的电话，确定了“广州三年展”的事。在这之前其实我和冯博一也谈过，而且大家都在探讨应该怎么做“广州三年展”。我是 2000 年开始担任馆长，便开始考虑做“广州三年展”的问题，当然也考虑到底是做“广州双年展”还是“广州三年展”，等等。我记得好像也跟黄专谈过，大家都有一个共同的意向，都觉得应该做 90 年代，所以在美国我给您打电话谈这件事的时候，您也谈到应该做 90 年代比较好。1989 年高名潞他们做了“中国当代艺术展”之后，其实 90 年代发生的变化也比较大。

巫鸿： 我记得当时你问了很多情况，我觉得不一定要用“上海双年展”的模式，因为那完全是一种国际模式，我们自个儿做的话，可以先把中国当代艺术的底子打一打，所以我们有点儿不谋而合的感觉。后来你问我找合作者的人选，我当时很明确地提出

要冯博一和黄专两个人合作。作为馆长你也得问很多别的人，后来你还跟我说过有一些讨论，有人也不是那么同意，但是我很坚持，因为通过不长时间的接触，我觉得他们一定能够合作得比较好，而且博一和黄专都跟艺术家有一种很深入的关系，对于中国美术史也没有很极端的某种观念。我是比较持平地看，看得比较远，最后证明我们的合作也是挺好的。

王璜生： 当时一开始讨论得比较多的还是做一个 90 年代的回顾展好不好的问题。后来我们大家都商量增加“继续实验”的板块，也是因为这个板块才会产生后来艾未未跟费大为“打架”的作品，都是一些新作品，而且都是非常有分量的新作品。

巫鸿： 那个“继续实验”的部分确实不错，徐冰当时做了“斑马”，“大尾象”做的也很有意思。因为黄专后来病了，在他生病以前，我记得比较深刻的就是你提的，其实黄专本身也提了几次，就是关于讨论的程序，我们每个人都提供一个自己的基本名单，而且有一个论证。我记得我从美国还背了很多幻灯片过来。

王璜生： 那时还在筹划，也开过会。有一张照片是我们几个人在廊道里面走，广东美术馆应该有很多当时的照片。

巫鸿： 应该找出来。黄老师虽然没有完整地参加“广州三年展”，但他还是很关键的。因为我当时回来对国内这些展览都不太了解，都是黄专和冯博一两个人去跟王馆谈，至于具体的行政方面的工作，我都交给外面。

王璜生： 当时郭晓彦就是黄专推荐过来做整个组织工作的。

冯博一： 因为在上河美术馆的时候她和黄专认识，黄专觉得郭晓彦挺能干的，所以做“广州三年展”的时候就推荐过来，正好那会儿上河美术馆也不行了。

王璜生: 听说黄专生病了，我们两个人还去北京的医院看他，是在移植手术之前。

巫鸿: 我是之后去的，就在西直门旁边的人民医院，情况不是很好。当然之后我们就认识了，而且不知道怎么黄专开始比较想把当代艺术和艺术史挂钩，他常常跟我讨论国外做艺术研究所的状态，以及西方的图书馆。他对图书馆特别情有独钟，所以他要做图书馆，也说了很多图书馆的概念，当然和瓦尔堡图书馆比较接近。我发现黄专脑子里要做的事情比较大，不管是在何馆还是在哪儿，他首先想找一个地方，所以他首先就要考虑这个研究所和图书馆究竟放在哪里。当时也有一些可能性，一个可能性就是在北京大学，其实他和朱青生都谈了相当长的时间了，但是中国的事情就是这样，最后也没有成。另一个可能性就是余德耀，也谈了不少，黄专几乎都要签字画押了，在巴厘岛会谈的时候就谈了很多关于研究所的建制的问题，谈得都很起劲。当时我就说："余德耀，你把黄专请来比谁都好，他做所长。"当时基本上要签字画押了，但是黄专最后一刻觉得还需要再考虑一下，我觉得他是正确的。

冯博一: 黄专有点谨慎。

巫鸿: 对，当时他比较谨慎。后来他也跟我谈，他说这真的不是一冲动就去的事，因为当时他得从 OCAT 抽出来，不是说两边都兼着做。后来还是觉得一个人支持比一个企业支持的安全系数更小一些。

王璜生: 其实也是。余德耀美术馆开馆展的时候邀请我们去，还做他们的学术委员，他正好是跟我住一个酒店，一块在餐厅吃饭，还一块去机场，他也看出了一些担忧，因为在接触中碰到一些问题。他觉得开幕将我们这些人请过来做学术委员会，感觉一切都不是太规范，只是随便谈谈而已。当时他也是有点儿看法。

*巫鸿：*这么一想，有点儿像春秋战国的时候，这些有抱负的知识分子到处去找孟子和梁惠王之类的，但是孔子又如丧家之犬……有点儿这种状态，当然是理想主义的状态。

*王璜生：*黄专很有抱负，他在判断一些事情上面也是比较谨慎和精细的。刚才你谈到他在 1997 年到了何馆，他也是想借助一个体制来做当代艺术的活动。我记得是在 1998 年左右我跟他谈过，我问他能否一块来协助广东美术馆，他就表示出一种态度，就说了"你们不要叶公好龙"。我现在回想起来也觉得非常有道理，因为当时广东美术馆就像中国美术馆一样，给大家印象是差不多的一个机构，他又在中国美术馆受过伤，所以他可能想接触像何馆这样一个相对比较小，但是又可能可以做事的机构，可以在体制里面改变一些东西，去做一些具体的事情，可能广东美术馆太官方，也太大。

*巫鸿：*我记得他跟我说他在何馆做的事很独立，虽然在体制里头，但是展览都有它的独立性。

*王璜生：*他在做 OCAT 的时候，也不断提到"独立"的问题。另外我也看过一些资料，说 OCAT 开始建立艺术馆群的时候，其实是各地地产商纷纷想要借助打艺术和文化的牌来建立美术馆，但是从黄专的角度来看，他就认为他们去做的话，这个品牌就没有了，因此还不如统管起来，执行馆长这些都由他来选择，而且应该在当地建立一种相对独立的机制。

*冯博一：*对，其实黄专在做 OCAT 时就想完全独立，等于是借助华侨城的支持。他本来就说要做一个独立机构，实际上是不想跟何馆有关系，但好像是因为法人方面的问题，最后只好挂靠何馆。我记得当时的财政和行政这块还得挂在何馆，但是它在专业运作上是独立的。

2007 年，“何香凝美术馆第三届学术论坛”合影（谢安宇拍摄，图片由 OCAT 深圳馆提供）

*巫鸿：*后来才正式独立。开始确实会出现一些问题，那个过程也是不可避免的，当时也不可能一下子就跳过去，因为中国没有这种状况。

*王璜生：*黄专经常讲他和何馆的合作也好，跟华侨城的合作也好，包括之前所做的《画廊》杂志，他都是在做一种测试，他是想用他的具体工作去测试社会制度和当代艺术的关系，包括媒介的关系，等等，去进行这样一些问题的讨论。他也说过他的测试很多是失败的，但是这个过程很重要。

*巫鸿：*他又不光是一个测试，他还是一个真正做实事的人，包括他想做图书馆和研究所，这些都是很具体的事情。他和一些学者的类型完全不一样，他是作为学者、策展人和机构的建立者。

*冯博一：*对，他不是那种在书斋里头的学者。其实黄专很细心，想得也非常周到。另外，他是一个特别理想化的人，甚至有一点乌托邦的色彩。你说他是一个严格的策展人吗？其实也不是，尤其是到了后来，他说他无意做一个策展人，他希望通过一种机制和方式，把自己的想法实践性地建立起来。他的理想色彩其实挺浓的，但

是在中国的现实层面上，黄专的想法在实施的过程当中往往会发生一些变化。黄专其实是挺伤心的，他后来在机场写了《别了，北京》，因为他的想法没有在实施层面上，他太理想主义了。

我一直觉得黄专挺纠结，也挺焦虑的，但是黄专的想法比较大，其实他的框架和视野都比较大，他不是靠著书立说，他还具有一种实践性。但是黄专在现实过程当中也是挺矛盾的，在这一点上我还算是了解吧，他又要依靠华侨城的机制，但他的想法又在这个过程当中得不到实现，或者说要受到很大的限制，所以这一块黄专一直挺难受的。

刚才说到他在何馆的工作，"深圳当代雕塑艺术展"就是黄专一手推动的，最开始是和孙振华、鲁虹一起合作，第二届基本上就是他来策划，他也是想做一个带有品牌性的计划。后来他还策划了"何香凝美术馆学术论坛"，当时做了三届，他找的也都是比较综合性的学者，不是当代艺术系统的，我记得他还找了戴锦华、汪晖等，同时也做"人文之声"（最开始是叫"何香凝美术馆艺术讲座"），他也是希望除了展览以外，还做一些讲座之类的活动，所以他在这一块的视野、理想一直都是挺明确的。

我一直说黄专是想做大事的人，开玩笑一点地说，他的野心也挺大的，他也试图既做美术史，又做当代艺术。所以他特别佩服巫老师，后来他和巫老师的合作也比较多。他不希望仅仅做美术史，或者仅仅做当代艺术，他希望是一个综合的、立体的事情。在90年代，实际上黄专已经有这个意识了，而且这个意识也是带有实践性的，在这一点上我觉得他当时是超越了所谓艺术界这个江湖内的一些认知。

我印象特别深的，一是当时他做"首届当代艺术学术邀请展"，二是他和法方策划人合作的“第四届深圳当代雕塑艺术展”。他特别地伤心，又很无奈。由于受到法国使馆的压力，法方开始害怕，黄专最后也是弄得挺难受的。

*王璜生：*那个事件可以感受到这种文化政治的压力不仅来自于所谓的集权国家。

*巫鸿：*而且在广州又重新出现了类似的情形，美、法、中三方都施压。我当时还写了一篇文章叫《国际审查制度》，就是用了这个做例子，在美国讲一讲国际审查的问题。

*王璜生：*最后时刻我正好在北京，我还跑去文化部跟外交部谈，他们说不要谈了。

*巫鸿：*我还陪着黄永砯去找法国和美国的大使。这是作为我们的个人行为，后来我们两个签字的文件都出现在展览上。

*冯博一：*当时黄专生病了。

*巫鸿：*我还专门写了一份带有抗议性质的英文的说明，那还是有必要的，艺术家们自己写了一份抗议书，后来黄永砯都把它做成作品了，放在一个竹子做的飞机上。

*冯博一：*后来都归于《蝙蝠计划》。

*巫鸿：*现在那个东西被余德耀买走了。蒙着红、黄、白、蓝的布，里面陈列的都是文献，做得不错。

*王璜生：*飞机拆掉之后，我现在还保留了一块铁，上面有黄永砯的签名。

*巫鸿：*我当时比较傻，没要一块，他们送我，我都没要。

*冯博一：*我当时也没有在场，后来好像是谁给我寄了一块。

*王璜生：*当时是李纲出的主意。我现在那块还挂在家里。

*巫鸿：*黄专确实是对什么都有兴趣，个人的求知欲特别强，对古代和哲学的东西都有兴趣，他策划过"'柏拉图'和它的七种精灵"，就是把很多哲学的东西也都拉进来。他的美术史概念也不是那种一般的美术史，实际上接近于瓦尔堡的那种有很多知识结构的问题。但是他对中国古代确实也很有兴趣，他的一些学生也在做金石学的研究之类的。

他说他不是一个策展人，我觉得他后期还是做了不少展览，比如"国家遗产：一项关于视觉政治史的研究"是其中相当重要的展览。基本上他策划的艺术家个展都带有一种档案性，比如张培力和徐坦，做得非常扎实，完全是干货。王广义和谷文达的展览有点接近，也有很多历史材料的呈现。昨天我跟张晓刚聊天，张晓刚那套书《张晓刚：作品、文献与研究（1981—2014）》是他最后主持编的，但是他最后没有看到，这是一个大的系列，他对资料的重视也反映得很清楚。但是这样的展览很少，因为观众也不一定喜欢，美术馆也不一定喜欢。

*冯博一：*黄专还是挺纯粹的，也是挺愤世嫉俗的。我觉得他不是那种随波逐流的人，他基本上不写应酬型的文章，这一点还是挺难得的。而且他对他比较熟悉的艺术家还是做得特深入，不是那种泛泛地做一个展览，出一本画册。

*王璜生：*我曾经和他谈过做水墨的展览，他说他对水墨没有什么了解，一般他都不参与。但是我发现他也策划过水墨的展览，而且是在国外做的。

*巫鸿：*跟我有点儿像，我对水墨也不甚了解，其实还是了解，只是说把水墨完全放到水墨的框架里去，还是放在当代艺术里。

2007 年，“《中国当代艺术文献选（1976—2006）》编撰工作会议”讨论现场（蒋涛拍摄，图片由 OCAT 深圳馆提供）

*王璜生：*你是觉得水墨应该放在当代艺术的框架里吗？

*巫鸿：*两边都可以放，看艺术家自己，放在哪里都可以。水墨也不只是一个媒材的问题，很复杂。比如大都会博物馆做的那个展览就很明显，有很大的问题就出现在题目叫“Ink”（水墨）上，其实我和何慕文（Maxwell K. Hearn）也谈过，他认为“Ink”不是我们看到的那个“Ink”，录像也可以和水墨连接上，但是观众不懂，包括批评家进来一看，也说这也不是那也不是，弄得他每天都焦头烂额，整天都要解释什么是水墨。

我感觉黄专得病以后，他对生病的心态，我还是很佩服，他从来不把它当作一个什么事情，虽然眼睛和嘴一直都很不舒服。这是很难想象的，也是他的人格有魅力的地方。黄专有一种魅人的魅力——他有一种思想的魅力和人格的魅力，所以才有那么多人对他很怀念。如果只是用“学者”或“策展人”这些词，其实并不能完全诠释他，他有一种人格的魅力，而且有一种公信力，大家都很相信他，有一种严肃性，这些都是比较深层的人格的问题。

*冯博一：*我觉得黄专还是比较纯粹地坚守自己，现在被“招安”的艺术家和所谓的知

2007年，“《中国当代艺术文献选(1976—2006)》编撰工作会议”合影，左起：费大为、黄专、刘骁纯、朱青生、巫鸿、莎拉·铃木(Sarah Suzuki)、杰·莱文森(Jay Levenson)、王必慈、吕澎、杜柏贞(Jane Devevoise)、乐正维(蒋涛拍摄，图片由OCAT深圳馆提供)

识分子都太多了，他一直是挺坚守自己的。

*巫鸿：*而且黄专也很幽默。

*王璜生：*每次跟黄专在一起的时候，我总感觉他心里有一种忧郁，无论他笑，无论他幽默或者是谈一件什么事情的时候，他都不是那种开怀大笑或者是非常爽朗的感觉，我觉得他的性格里面还是有一点点忧郁。这种忧郁是怎么形成的，当然可能和他的理想主义以及他在现实中各种各样的遭遇有关，还有他本人的气质和性格关系。我总觉得黄专是一个非常丰富饱满的人物。

*冯博一：*我那会儿一直说黄专心大，黄专心也很硬。我还是觉得他属于中国知识分子那种特别有理想、特别有热情，也有这种实践的激情，但是现实给他的老是不顺。我觉得黄专老想做大事，而且他的身份其实也挺综合的，包括美术史研究、策展、批评、编杂志和出书，他都做，他是一个很丰富的人，而不是一个线性的、单线条的人。

*巫鸿：*我的总结是知其不可为而为之，是知也。他总是在做知其不可为而为之的事情，

这种理想主义在中国的很多状态下根本达不到，你说这种完全的独立程度在企业里怎么可能完全实现？但是他还是要做，这就是知其不可为而为之。包括 OCAT 北京馆的状态，他也完全知道，所以也很纠结，但是最后他还是做了，所以“是知也”这句话是很厉害的，它并不是说是一种负面的东西，因为这也是需要一种勇气的，同时也不是说就是完美，因为有一种悲剧性在里边。但是这句话把悲剧转化成一种很正的事——世界就是如此，不可能完全摆脱，也不可能完全离开，有点儿像孔子说的：“鸟兽不可与群，吾非斯人之徒与而谁与？天下有道，丘不与易也。”还是要给世界做点儿事。

冯博一： 刚才王璜生说到黄专有一点忧郁，其实可能跟他的身体状况也都有关系。黄专一直是要做大事，后来他还是属于中年生病。

王璜生： 我总有这种感觉，因为跟他讲话的时候，他的眼睛不是很直接对着的，他有时候会开心一点或者是忧郁一点，这些很细节的东西，其实也反映出了他内心还是有一种什么样的东西。

冯博一： 多少有一点悲剧色彩，后来他的身体状况对他还是打击蛮大的。另外我觉得他对于年轻人，或者他比较认可和接受的年轻艺术家都特别好，包括他对学生也都很好。实际上我觉得黄专心境也很高，他一般人看不上，有点愤世嫉俗。比如说 2005 年黄专做 OCAT，他后来就推荐我去何馆，他要做 OCAT，他问我能不能来何馆。当时他有一句话也是让我印象很深，他说：“你们这帮批评家我没几个看得上的，也没什么好人，我觉得你还行。”所以他其实心境很高。

巫鸿： 是，黄专确实是心境很高，眼界也很宽。

郭伟其：我倒是想起黄老师生病之后，2003 年他从北京治病回到广州，就在系里开了“中国艺术史学史”的课程，不知道这个课程的开设会不会和巫老师有关系？

巫鸿：我们肯定谈过，艺术史学史在西方是一个关键的课程，但是没有什么特别深刻的讨论。2005 年他开始做 OCAT，我就变成了艺术指导委员会主席。反正我们一直都有互动，也挺高兴的，这批人都来了。后来我做的一件事就是和 MoMA 出一本书《中国当代艺术：原始文献》，黄专非常高兴，他说能不能由 OCAT 来做当时的讨论会的主办方，所以就把 MoMA 的人也拉过来了。

黄专与何香凝美术馆

受访人：乐正维（何香凝美术馆常务副馆长）
采访人：方立华
时间：2016 年 5 月 24 日　地点：深圳

方立华：我们都知道，黄老师与何香凝美术馆有着深厚的渊源，这与您对他的理解和支持有关。今天想请您谈一谈黄老师与何馆的故事。虽然以前也听你们提起过一些经历，但都有些碎片化。也许可以从您是怎么认识黄老师，以及为什么邀请他来何馆策划当代艺术项目谈起。1996 年他在中国美术馆策划了“首届当代艺术学术邀请展”，您当时是不是还在中国美术馆工作？

乐正维：我听闻黄老师的名字较早。80 年代，他在广州美术学院任教并从事当代艺术活动，那时在中国美术馆工作的我就有所耳闻。1996 年，黄老师来中国美术馆策划“首届当代艺术学术邀请展”。遗憾的是，那年我被借调到国侨办筹建何香凝美术馆，未能在场。但美术馆的同事向我描述了展览的情况，让我加深了对黄老师的印象。真正认识黄老师是在 1997 年，我在已落成的何馆主持工作，当时就邀请黄老师来深圳见面。

1997 年，人们常以“年轻而富有活力”“挑战与机会并存”和“文化沙漠”等词语来形容深圳。我记得在办理何馆相关手续时，政府部门的办事员就曾说过：“这得何香凝本人来！”类似的笑话也发生在公众身上。譬如在何馆门口，常有一些人眼神迷惑，在那儿徘徊，我上前跟他们打招呼却被问道：“你是何香凝吗？”

那时的深圳，很少有艺术史研究的学者。在何馆也没有什么具有艺术史背景或者

1996年，黄专在中国美术馆门口（图片由白榆提供）

美术馆实践经验的人才，对于刚刚起步的何馆来说，专业人员的匮乏是亟待解决的问题。因此，物色一个有知识和能力的领军人物，把何馆的学术工作开展起来，成为迫在眉睫的事情。有一天，我和当时在深圳美术馆工作的鲁虹、陈君两位老师议论起这件事，不约而同地想到了一个人，那就是黄老师，我们一致认为他是最好的人选。广州与深圳在地理位置上的便利，加上当时何馆由华侨城代管这种体制上的可能性，这一切都促成了我们的会面。在鲁虹老师的引荐下，我和黄老师见面了。

几乎没什么寒暄，我直接把美术馆运作中遇到的困难和想法向黄老师和盘托出。我说我不想走出租场地的老路子，希望把何馆做成一个开放的、能够和这个城市发生关系的、有特色和影响力的美术馆。但目前何馆的专业力量很弱，所以想请黄老师来主持学术方面的工作。面对我的坦诚，黄老师也很直率，他谈到可以考虑针对深圳的城市特点和中国当代艺术发展的问题，有计划地策划展览、建立品牌，让外界关注和了解何馆，使何馆进入国内外的视野，产生一定的影响力。

我发现黄老师不仅思维敏捷、观点独到，而且不乏幽默。他最后半开玩笑地说："乐馆长，你其实完全可以走一条相对轻松简单的路，如果让我来做，可能就会复杂，你的压力也大。"这句话，后来黄老师也不止一次地跟我讲过。我感觉他虽在开玩笑，但看得出他还是有兴趣，因为广州相对保守，而深圳作为新兴的城市，它的开放性和

20 世纪 90 年代末，黄专与乐正维、鲁虹、吕澎在何香凝美术馆商谈项目（图片由乐正维提供）

可能性很大。当时流行着一句话：“只要你有多大的胆，你就能做成多大的事！”后来发生的一系列事情，果真验证了这句话。

这次见面后不久，1997 年 10 月 10 日，我们正式聘请黄老师作为何馆的研究员（实为策展人），侧重于学术方面，尤其是重点展览、讲座和研讨会的策划。从这个时候开始，何馆也就建立了策展人的机制。

*方立华：*但作为以“何香凝”命名的美术馆，研究、展示和收藏何香凝艺术才是它的重要工作，为什么您当时会请黄老师来何馆策划一些当代艺术的学术项目？在 90 年代，当代艺术还没有大范围地获得体制的认可，中国也还没有开始所谓的“美术馆运动”，并没有那么多的艺术机构在关注和推动当代艺术。

*乐正维：*作为以“何香凝”命名的美术馆，我们一直是把研究、展览和收藏何香凝艺术作品的工作放在首位，它是办馆宗旨。从建馆初，主展厅就专设有何香凝艺术精品陈列，到现在从未间断过。从 2003 年起，我们将“何香凝艺术精品展”带到了香港、澳门、上海、台北、北京、武汉、南京、广州、杭州、桂林和惠州进行巡展。

聘请黄老师来何馆主持学术工作，其实与何馆的定位并不矛盾，因为何香凝艺术与当代艺术是相互关联、共同推进的。首先，通过当代艺术展及相关的学术活动，可以将观众吸引入馆，了解何馆和何香凝艺术，从而扩大何馆的影响力；再者，艺术史研究的方法其实是相通的，通过当代艺术的策划、展示和研究，也可以为何香凝艺术的研究和展示提供一些参照。

黄老师上任后不久，他于 1997 年 10 月 17 日为何馆策划了第一个学术项目“何香凝美术馆艺术讲座”（后更名为“人文之声——何香凝美术馆学术讲座”）。这是当时黄老师拟定的“’97 何香凝美术馆艺术讲座”的计划方案：

讲数	时间	演讲题目	主讲人
第 1 讲	11 月 1 日	中国古代绘画艺术欣赏	皮道坚（华南师范大学美术系教授）
第 2 讲	11 月 8 日	中国古代雕塑艺术欣赏	李公明（广州美术学院美术系教授）
第 3 讲	11 月 15 日	西方绘画艺术欣赏	李行远（广州美术学院美术系副教授）
第 4 讲	11 月 22 日	西方雕塑艺术欣赏	孙振华（深圳雕塑院研究员）
第 5 讲	11 月 29 日	中国书画鉴定与收藏	陈滢（广州市美术馆研究收藏部主任）
第 6 讲	12 月 6 日	艺术品拍卖常识	邓桂娴（广州市艺术品拍卖公司副经理）
第 7 讲	12 月 13 日	西方摄影史欣赏	李媚（《焦点杂志》主编）
第 8 讲	12 月 20 日	建筑艺术欣赏	饶小军（深圳大学建筑系副教授）
第 9 讲	12 月 27 日	中国近现代绘画艺术欣赏	郎绍君（中国艺术研究院美术研究所研究员）

为时两个月的九场讲座，都设定在每周六下午。从内容设置、主讲人的选定以及时间的安排上，已显示出了该项目策划的系统性、普及性和专业性，同时，讲座“制

1997 年，“'97 何香凝美术馆艺术讲座”，中国艺术研究员美术研究所研究员郎绍君关于“20 世纪的中国画”的演讲现场（图片由何香凝美术馆提供）

度化”的思路已初见端倪。如今，在美术馆举办讲座等公共教育项目已经很普遍了，但在 20 世纪 90 年代还是凤毛麟角。讲座打开了理解艺术和走进人文思想的一扇大门，所以特别受人们欢迎。我至今还记得 19 年前第一场讲座的情形。那天是皮道坚老师的讲座，学术报告厅里座无虚席，连走道上都站满了听众。皮老师极富感染力的声音和对内容的把控力，吸引并调动了听众的情绪和求知欲，互动场面十分热烈。从 1997 年 11 月 1 日开始到现在，“人文之声”讲座已经举办了 230 讲，成为何馆的学术品牌。它是我馆涉猎最广泛、影响力最深远的学术项目。在建馆 10 周年的时候，我们编辑了一本厚实的讲座文集《人文之声——何香凝美术馆学术讲座集粹（1997—2007）》，黄老师为这本文集撰写序文，谈及当初讲座策划的想法和社会动机：“何香凝美术馆学术讲座的设置出于一个朴素的学术愿望：希望通过邀请中国各人文学科的学者以公众讲座的形式，讲授各领域的前沿课题，传播对文化发展真正有效的知识，从宏观角度恢复人文主义的声音，从而使中国艺术界重建与中国其他人文领域的结构性联系，使中国当代艺术的发展建立在当代思想和学术同步的厚实基础上。当然，启蒙大众、传播独立思想、培养当代多维人格也是讲座重要的社会动机，尤其在深圳这样一个人的发展高度‘经济化’‘单面化’的城市中。”

《人文之声——何香凝美术馆学术讲座集粹（1997—2007）》，何香凝美术馆编，岭南美术出版社，2008年10月第1版

黄老师在何馆策划的项目，他的视野从来都不是局限在当代艺术上，从序文中可以看到，他是通过当代艺术与跨领域的学术思想的链接，来推动当代艺术的良性发展，并且启蒙大众。可以说，他是一位怀着崇高理想和勇于冒险的实践者，他试图通过建立一种学术共享的机制，使大家从中受益。

方立华： 除了学术讲座，黄老师还策划了学术论坛，邀请跨学科的学者、策划人、批评家和艺术家参与讨论，论坛也逐步发展成为何馆的另一学术品牌。1998年首届论坛还编辑了文集《当代艺术与人文科学》，收录了当时各位学者的研究成果，这应该也是黄老师试图让当代艺术建立在当代思想基石上的又一实践。

乐正维： 是的，黄老师紧接着便策划了“’98当代文化与艺术学术论坛”（后更名为“首届何香凝美术馆学术论坛”），项目从策划、筹备到实现，历经11个月。

1998年1月9日，我收到黄老师发来的“’98当代文化与艺术学术论坛暨何香凝美术馆讲座计划”。在计划中黄老师详细谈及论坛的宗旨和研究的主题，他拟将艺术讲座和论坛结合进行，以提高“讲座”的学术层次及知名度，使“介绍、交流、研讨”融为一体，并把论坛的时间初步定在1998年12月下旬，而且提出要征集与会者的论

1998年，“首届何香凝美术馆学术论坛”现场（图片由何香凝美术馆提供）

文进行出版。计划邀请的学者有徐友渔、周国平、赵一凡、梁治平、张颐武、王岳川、朱青生、张永和、王明贤、张志扬、刘小枫、范景中、曹意强、朱学勤、易丹、易英、岛子、吕澎、邱志杰、余虹、陈卫星、姜伯勤、马钦忠、孙振华、严善錞、鲁虹、皮道坚、邵宏、李公明。这些学者横跨哲学、人类学、文学、建筑和艺术界，黄老师希望请他们聚到一起，讨论有关中国当代文化的性质、问题与趋势，建立艺术界与其他学界的学术联系和交流。通过这个论坛，提高中国当代艺术理论及批评的专业水准，改变当时学术“北重南轻”的格局。在计划中，黄老师对活动内容、时间流程、经费预算都做了详实的规划，甚至已经提前拟好了邀请函。所以当我看到这份计划书的时候，异常兴奋。它主旨明确、内容严谨完整 而且操作性强、影响力大，让我有信心也有决心去实现它。

1月12日，我把黄老师的计划呈报给任克雷馆长（时任华侨城集团总经理），经他同意后，我们便开始了筹备工作。6月10日，黄老师再次给我发来传真，建议给与会者发催稿函，并告知他们论坛正式更名为“首届何香凝美术馆学术论坛”，力争把它做成我馆常设性的学术论坛。8月13日，黄老师拟写了“首届何香凝美术馆学术论坛新闻稿”，除了介绍论坛的基本内容外，还着重介绍了论坛的背景，也就是何馆以及所在城市深圳、华侨城的文化建设。10月5日，黄老师撰写了“学术

《当代艺术与人文科学》，文献编辑：黄专、乐正维，湖南美术出版社，1999 年 1 月第 1 版

1998 年，“首届何香凝美术馆学术论坛”合影（图片由何香凝美术馆提供）

论坛宣传计划”、《当代艺术与人文科学》一书的前言及封底内容。到了 12 月初，黄老师为“论坛”的相关事宜又多次发来传真叮嘱。这些手稿都被我保留了下来，每次翻看时总感慨他做事情的仔细和严谨态度。

和黄老师共事相处 19 年，除了敬佩他的思维敏捷、知识渊博、能力卓绝，以及他在学界的影响力和权威性之外，最重要的还是信服他这种做事的果断、认真、严谨的态度。这是一位学者最踏实和坚定的信念，也是黄老师能让大家聚在一起、共同做事的人格魅力。

12 月 17 日，“首届何香凝美术馆学术论坛”如期举行，除极少学者因身体原因或出国在外，绝大多数都到场了。论坛的成果和影响力可见之于我们 1999 年编辑出版的《当代艺术与人文科学》和《何香凝美术馆年鉴（1997—2001）》。论坛期间，我陪同徐友渔、赵一凡两位老师参观，他们对何馆、华侨城和深圳的开放和发展都感到非常惊讶，我至今还记得徐友渔老师那不可思议的口吻，他对我说：“鬼使神差地，我们就来了！”赵一凡先生后来也以书信的形式表达了同样的心情。当时我就在想，甚至今天也依然这么认为，如果没有黄老师的策划，没有他的人格魅力的支持，何馆论坛怎么可能构想出来，又真的实现了呢？

2005 年，“第二届何香凝美术馆学术论坛”合影（图片由何香凝美术馆提供）

首届论坛之后，在 2005 年和 2007 年我们又举办了两届论坛。第二届论坛“第一种声音——中国当代艺术家论坛”由黄老师和冯老师合作策划，首次以艺术家为主体开展讨论。论坛分为三个单元，主题分别是“主人还是客人：第三空间中的中国艺术家”“学术还是操作：‘策划人时代’的艺术思考”和“艺术还是技术：高科技 / 多媒体和艺术创作的关系”，单元的主持人和主题发言人均由艺术家担任，批评家和策划人则以列席发言人身份出席，论坛的参与者阵容强大。

单元	主持人	主题发言人	列席发言人
第一单元	谷文达	徐冰、吴山专、宋冬、秦玉芬、张永和	巫鸿、高明潞、冷林、冯博一、皇甫秉惠
第二单元	叶永青	许江、隋建国、艾未未、黄锐、陈侗、邱志杰	尹吉男、吕澎、皮道坚、黄燎原、王明贤、鲁虹
第三单元	张培力	汪建伟、吴文光、王友身、三功新、崔岫闻、石头、王波	凯伦·史密斯、高士明

论坛对当时敏感而核心的问题进行了深入讨论，作为主体的艺术家们表明了在全

2007 年，“何香凝美术馆第三届学术论坛：中国当代艺术生态考察”合影（蒋涛拍摄，图片由 OCAT 深圳馆提供）

球化、资本和“策划人时代”对自身处境和意识的反省，以及处于海内外不同文化境遇中建立独立交流机制的愿望。论坛还延伸出一个更为重要的命题，即在所谓“策划人时代”，艺术家能否及如何在新的基点上恢复其艺术第一主体的地位。

第三届论坛则以“中国当代艺术生态考察”为题，由黄老师和费大为、冯博一两位老师共同策划。论坛邀请了来自国内外 40 余位相关的批评家、策展人、媒体记者、艺术空间主持人，围绕着“艺术策划”“艺术传媒”“艺术空间”三个单元主题进行讨论。与前两届论坛相比较，第三届论坛是建立在每位与会者的实践经验的基础之上的理论探讨。

起始于黄老师策划和主持的系列学术论坛与艺术讲座，使何馆成为聚集各领域学者、策划人、艺术家的阵地，也使得何馆成为一个展现前沿理论研究、艺术实践的平台。

*方立华：*1998 年何馆开启了“第一届当代雕塑艺术年度展”，这个项目后来也成为何馆重要的常设性艺术展事。它打破了人们对于雕塑的固有观念，也打破了“白盒子”

2007年，“何香凝美术馆第三届学术论坛：中国当代艺术生态考察”合影（蒋涛拍摄，图片由OCAT深圳馆提供）

作为展示空间的限制。同时，这个项目也给社区带来了很大的影响。当然，它也和黄老师密不可分。您能否具体谈谈这个项目的背景，以及这个项目是如何发展的，包括在组织项目的过程中发生的一些让您印象深刻的事情。

*乐正维：*当时华侨城在世界之窗与何馆之间修建了一条“雕塑走廊”，摆放了一些城市雕塑（现在依然还在），让市民、游客在行走时可以观赏。有一天，集团副总经理陈剑（兼任何馆副馆长）对我讲：“何馆可不可以在户外广场展出一些当代雕塑，与雕塑走廊连接起来，形成互补？”我觉得陈总的想法很好，就和黄老师商量。于是黄老师和孙振华、鲁虹两位老师一起讨论，合作策划了“第一届当代雕塑艺术年度展”，后来发展成为“深圳当代雕塑艺术展”。

1998年11月举办的“第一届雕塑展”是一次综合操作，对当时中国城市雕塑庸俗化的状况提出了质疑并发起挑战，强调“推介雕塑艺术的最新成就，促进当代艺术的健康发展”。我们按照国际惯例成立了学术委员会，在黄老师的带领下，到北京、上海、杭州、成都、广州与艺术家见面，到工作室看作品。1998年，我们已经看到隋建国、展望、于凡、姜杰、向京、刘建华、傅中望等艺术家开始进行实验性的探索，思

1999年，"第二届当代雕塑艺术年度展"合影（图片由何香凝美术馆提供）

2001年，"第四届深圳当代雕塑艺术展"策展人与艺术家讨论展览事宜

考创作中的当代性问题。

访问艺术家工作室，对于刚成立不久的何馆来说，是一种很好的了解中国当代艺术生态的方式，同时又是宣传和推广何馆的门径。从那时起，何馆开始结识艺术家，

筹备"第四届深圳当代雕塑艺术展"合影，从左至右：程昕东、佚名、黄专、阮戈琳贝、乐正维、栾倩（图片由乐正维提供）

黄专、乐正维、栾倩赴法国考察（图片由乐正维提供）

和他们打交道、交朋友；艺术家们也逐渐地知道，深圳新建了一个何香凝美术馆，他们要做与其他美术馆不一样的展览。正是通过这些前期的考察工作，何馆建立了和中国当代艺术界沟通的渠道，使得越来越多杰出的中国当代艺术家愿意来何馆参与活动、举办展览。现在回想起来，这些都是上任不到一年的黄老师所打开的新局面。

"第一届雕塑展"最终选择了隋建国、展望、于凡、姜杰、向京、刘建华、傅中望等 20 位艺术家的作品，这些作品在何馆的户外广场展出一年，与公众密切接触。雕塑展的成功举办使何馆与艺术家、批评家、公众、企业、社区、城市等诸多社会关系开始有了相互的接触和碰撞，它为何馆、华侨城、深圳带来许多新的元素、新的焦点。这项大型公共艺术项目创办的意义，正如黄老师所说："它完成了由企业投资—美术馆组织—批评家参与的展览模式，代表了艺术展览制度发展的一个必然趋势，具有动态的意义。"

到了 1999 年黄老师策划的"平衡的生态：生态城市的未来方案——第二届当代雕塑艺术年度展"，2001 年他与法方策划人阮戈琳贝（Alberte Grynpas Nguyen）合作策划的"被移植的现场——第四届深圳当代雕塑艺术展"以及 2003 年侯翰如、皮力策划的"第五系统：后规划时代的公共艺术——第五届深圳国际当代雕塑展"时，展览的空间已扩大到华侨城的绿地、山上、湖里、中心公园、生态广场、写字楼、商业街、居民社区——整个华侨城都成为展览的场域。艺术的公共性成为该展览持续发展的中

《2001 年 12 月 12 日》顾德新，2001 年（图片由何香凝美术馆提供）

心要素，挑战性和复杂性也越来越大。

当作品已不再是人们习惯的传统雕塑，而以意想不到的材料、形态进入社区时，我们可以想象它们带来了怎样的反响。

在“第四届雕塑展”中，许多作品都发生了有趣的事。展览开幕时已近傍晚，10 吨又红又香的富士苹果漂浮在生态广场雾气弥漫的池面上，人们都很惊讶地看到这幅奇景，而不曾注意远处一根 3 米高的金属立柱上的一尊镀金苹果。这只“金苹果”与 10 吨“真苹果”相对，两种材料属性的转换，以及这种关系的张力，是顾德新的作品《2001 年 12 月 12 日》的核心内容。那些真实的苹果会以什么样的方式消失？是自然腐烂的方式还是人为掠取的方式？而最终展出的结果是，很少有人拿走水中的苹果，连儿童停下来玩一玩也会把它们再放回去，倒是物业管理怕苹果堵塞池塘的排水，每天让工人把腐烂或即将腐烂的苹果打捞出来。

尹秀珍的《深圳制造》也是一件与公众互动最多同时又备受争议的作品。她来深圳考察场地时就发现这里的打工者非常多，一栋栋楼的阳台上都挂满了他们晾晒的衣

《深圳制造》尹秀珍，2001 年（图片由何香凝美术馆提供）

服，十分醒目，这给她留下了很深的印象。那些晒着的衣服似乎向她诉说着这群深圳打工者的经历。于是，她用新衣服、新脸盆、新搓衣板跟他们换旧衣服、旧脸盆、旧搓衣板，最终征集了数百件打工者的衣服，一部分用水泥砂浆封存在脸盆里，摆放在生态广场一条木栅通道上的两侧；另一部分旧衣裤，甚至袜子、内衣被悬挂在了通道上方的豪华棚架下。尹秀珍认为，这些旧衣服凝聚着深圳创造者的汗水，言说着他们的故事。但作品所处的位置恰好是行人的必经之路，于是这件作品受到了社区居民的抗议。他们认为作品被放置在自己散步、休闲的路上，旧衣服与周围环境很不协调，破坏了他们的雅兴。尤其是广东人有很多的规矩。在两年的展览期间，每逢过节，反对的呼声甚至是骂声就更强烈了。《深圳晚报》也以《数万红富士漂在水塘里，数百件衣服晾在高棚顶，如此行为叫艺术？》为题提出质疑。

确实和当时大部分展览不同，由何馆创办的雕塑展是一个发生在公共空间，并且有一至两年展期的当代艺术展事，它强调“平衡”“开放”和“移植”，到了“第五届雕塑展”时更强调“融入”。但是真的那么容易“融入”吗？当作品对生存、消费、权利、资源、都市人群及其自我历史表述等问题的思考触及都市文化根源时，必然会产生矛盾、冲突，特别是引起在地居民的关注。比如郑国谷的《何香凝美术馆再盖一遍》

《何香凝美术馆再盖一遍》郑国谷，2003 年（图片由何香凝美术馆提供）

就是“第五届雕塑展”上公众反应最猛烈、最具争议的作品。他按比例“克隆”了何馆主建筑中的玻璃盒子，用钢架结构将封闭的美术馆置换到华侨城居民社区中。整个空间面向公众开放，艺术家希望它成为居民自由进入做展览、搞活动的场地，他试图表明美术馆的开放性对于社区文化建构的重要作用。由于作品体量庞大，室内空间面积达 70 多平方米，这样一个庞然大物被安置于生态广场两座 34 层高楼中间的一个小广场上——那里本来是居民晨练和晚间休闲跳舞的地方，所以作品一经完成，便引起很大的争议，以至于被人在建筑本体上画了一个大大的“拆”字。后来在华侨城集团的论坛上，对本届展览和作品的讨论持续了 10 天，回帖达 231 条，有骂的，有赞的，但都是社区居民对雕塑展的热烈参与，也使雕塑展成为国内外当代艺术与社区居民进行有效互动的一个生动案例。

*方立华：*黄老师被聘为何馆的研究员，这个身份是一直持续到 2002 年他生病的时候吗？

*乐正维：*是的。2002 年黄老师病后在北京治疗，我们去看他时他还牵挂着工作，因为当时有一个很重要的展览——“图像的力量”（后更名为“图像就是力量”）是黄老师

郑国谷作品被观众写上“拆”字（欧阳勇拍摄，图片由 OCAT 深圳馆提供）

从 2000 年就开始策划的。他当时就认为，王广义、张晓刚、方力钧是中国 80 至 90 年代以来最具有代表性、学术价值和国际影响力的当代艺术家，选择这三位艺术家进行研究和展示，是一项当代艺术史研究的重要尝试。而且可以预见，这样的展览项目可以推进中国当代艺术的研究，引起国内外学术界的关注，也会增强何馆在中国乃至国际的地位和声誉。我非常认同黄老师的这项策划，他在生病前已经开始这个项目的策划和筹备工作了，而我们正在筹措资金。

我们在病房探望黄老师的时候，他对我说：“我现在无法实现了，想来想去最合适的完成者只能是皮力。他与三位艺术家都熟悉，也熟悉我的想法，能把握做这种项目的性质、层次和分寸。我给皮力写了信，请他帮我完成。我也和广义、晓刚、老方说了。”所以后来这个项目的展览、研讨会、文集都是由皮力完成的，他做得很出色。这个展览甚至与同期举办的“广州三年展”“上海双年展”形成呼应，又独具特色。但在当时，我听到黄老师说他无法自己去实现的时候，心里特别不是滋味。

方立华：2004 年，在深圳地铁通车前夕，黄老师策划了“深圳华侨城段地铁壁画工程”，邀请王广义、张晓刚和方力钧三位艺术家分别为华侨城段地铁三个站点创作作品。2006年，这三幅当代艺术的原作得以在地铁空间进行展示，让公众在地铁里也有机会看到当代艺术的杰作。这在当时可以说是一个创举，但这个项目的实现有些曲折，前后经历了两年多的时间。您能否具体谈谈这个项目的背景和实现的过程，以及您对这个项目的看法？

乐正维： 地铁壁画这个项目，从最初策划到实现，历经了两年，确实很不容易。

我记得是在2004年6月的一天，任馆长打来电话，他说华侨城三个地铁站想做一些装饰壁画，希望何馆能够提供一个策划方案。我当时就考虑，其实请中央工艺美院的老师来做，对何馆来说并不是一件难事，但做出来的东西肯定和我们常见于公共场所的壁画不会有太大的区别，这没多大的影响和意义。思来想去，还是觉得这件事要和黄老师商量一下，听听他的意见。那时黄老师在广州休养，我打电话询问他有没可能请一些有代表性的中国当代艺术家进行创作，以体现深圳和华侨城当代文化的特征。我当时希望他能对这件事提出一些想法。黄老师当即表示这是一个富于挑战和让人兴奋的提议，他会认真思考并给我答复。

第二天黄老师就回复我了。他认为王广义、张晓刚、方力钧是这个项目最合适的人选。他们是中国当代艺术最具代表性并且有极高国际学术地位的艺术家，而且他们的创作都是从本土问题出发，利用本土资源，图像具有鲜明个性和公众知名度。如果能请他们来创作，不仅可以在深圳地铁这一独特空间展示优秀的中国当代艺术，也可以体现深圳文化最本质、最精华的内涵——敢为天下先的开放品质。所以，无论是对于华侨城还是深圳来说，这都是一次不可多得的文化机遇。聊到这儿，我们都对这个计划兴奋不已。

第三天，我按黄老师的想法起草了一份报告递交任馆长。第五天，我收到了任馆

2006年，“深圳地铁华侨城段壁画工程”合影，左起：栾倩、王广义、任克雷、张晓刚、方力钧、蒋维彬、黄专、陈剑、乐正维（图片由OCAT深圳馆提供）

长批复，于是打电话给黄老师，希望他能做这个项目的策划人，并请他联系艺术家。第六天，也就是2004年6月30日，黄老师打电话给王广义商量壁画创作一事，他甚至半开玩笑地说：“这相当于15世纪文艺复兴的艺术家得到了教堂订件。”他让广义转告张晓刚、方力钧两位艺术家。当晚，广义回复黄老师，他们三人都充分了解这件事的意义，欣然接受创作邀请，并表示将破例不先考虑价格问题。

大概又过了半个月，三位艺术家到华侨城地铁实地考察，黄老师也特地赶到深圳。考虑到当代艺术与公共环境的关系，黄老师提议以华侨城三站的景区——世界之窗、民俗村和欢乐谷为题材，提炼出三大创作主题：大同、和睦和欢乐，分别由王广义、张晓刚、方力钧创作。在创作方式上，他们原先考虑用工艺制作方式复制，但马上被黄老师否定了。他认为这次创作的意义在于“原作”，可以给深圳文化留下当代艺术遗产和文化旅游景观，并且以中国代表性当代艺术家的原作装饰地铁，在世界上恐怕也是首创。黄老师打趣道：“如果深圳地铁15个站点都能用上中国最优秀的艺术家的作品，那它肯定会成为世界上第一个流动的‘地铁美术馆’。”艺术家还考虑了现场创作的可行性，但发现各方面都不具备现场创作的条件，最终商定以架上油画的形式

“深圳地铁华侨城段壁画工程”草图（图片由 OCAT 深圳馆提供）

完成。三位艺术家甚至表示将这次合作看成是一种公益活动，所以他们以大大低于市场的价格考虑作品酬劳。

又过了 10 天，三位艺术家寄来了电脑样稿，分别是王广义的《世界，你好！》，张晓刚的《大家庭——地铁》和方力钧的《欢乐颂》。8 月 20 日，艺术家再次寄来了第二稿的手绘草图。9 月 2 日，在华侨城集团的壁画听证会上，我对筹划过程进行了汇报，黄老师将壁画对深圳和华侨城的文化意义，以及策划的构想、艺术家的创作和思考进行了阐述。这项计划得到了与会者的一致认同。

但是后来项目经深圳市相关部门审批的过程就不那么顺利了，前前后后我们经过了两年的漫长努力，直到 2006 年 5 月 18 日，三幅大型公共壁画进入华侨城的三个地铁站展示，分别是王广义的《世界，你好！》（200cm×280cm×5）、张晓刚的《大家庭——地铁》（200cm×280cm×6）和方力钧的《欢乐颂》（200cm×280cm×5）。

方立华：其实黄老师在 1997 年受聘为何馆研究员的时候，除了策划艺术讲座、学术论坛和雕塑展三项常设性的项目，也策划了一些重要的展览，比如“进与出”“过渡

《世界，你好！》王广义，布面油画，200cm×280cm×5，2004年（图片由OCAT深圳馆提供）

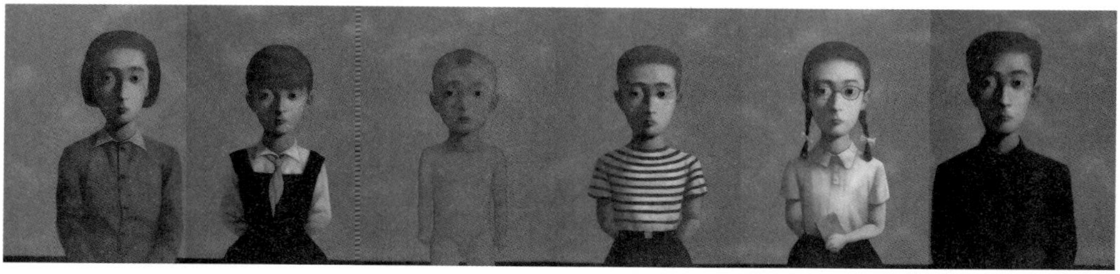

《大家庭——地铁》张晓刚，布面油画，200cm×280cm×6，2004年（图片由OCAT深圳馆提供）

《欢乐颂》方力钧，布面油画，200cm×280cm×5，2004年（图片由OCAT深圳馆提供）

中的青年：中、德、英青年艺术家交流展”“城市俚语——珠江三角洲的当代艺术”和“图像就是力量——王广义、张晓刚、方力钧的艺术”。这些展览关注和讨论的问题各有侧重。“城市俚语”主要是关注广东的当代艺术生态，对于根植于深圳的何馆来说，也起到了推动本土当代艺术的作用。

*乐正维：*不仅推动了珠三角当代艺术的发展，也促进了何馆与周边粤、港、澳地区的艺术界的交流与互动。我记得应该是从1998年开始，黄老师和我们就与香港艺术发展局创始成员、时任当代文化中心主席、进念·二十面体艺术总监荣念曾先生，香港艺术中心展览总监何庆基先生，正在筹备后来建成的亚洲艺术文献库（AAA）董事会

2001 年，“城市俚语——珠江三角洲的当代艺术”展现场（图片由何香凝美术馆提供）

主席、艺术顾问杜柏贞（Jane Devevoise）女士，董事、汉雅轩负责人张颂仁先生，总监与创办人徐文玠女士，香港艺术馆总馆长朱锦鸾女士等有了接触和往来。何庆基先生还是“第二届雕塑展”的展览学术委员会成员。2001 年我馆与香港艺术公社联合主办的“珠江三角洲的当代艺术展”在香港展出，我们又与香港的艺术家有了新的认识和交流。之后我们也被邀参加在香港举办的一些国际会议、展事活动，何馆通过香港的窗口在海外逐渐地产生了影响，来访问的各国专家、学者也多了起来。

另外，我们与澳门艺术博物馆首任馆长吴卫鸣在建馆初就有往来，他曾经在广州美术学院学习，与黄老师有着师生关系，和他的认识也使得何馆打通了和澳门艺术界交流的渠道。在“第二届雕塑展”中，黄老师作为策展人，除了邀请大陆的艺术家之外，特别邀请了香港的陈丽乔、澳门的朱焯信、台湾地区的朱铭，还有法国的贝纳·维尼（Bernar Vernet）、英国的菲利浦·金（Phillip King）五位艺术家参展，他们与中国大陆的 22 位艺术家一起于 1999 年在何馆开启了中国当代艺术与国际的交流与对话。

2001 年，为筹备“第四届雕塑展”，我们和黄老师一起赴欧洲考察，在参观博物馆之余就是拜访馆长、策展人，见艺术家和考察艺术家的工作室。在法国我们还和旅

2001 年 3 月 25 日，“城市俚语——珠江三角洲的当代艺术”展研讨会（图片由何香凝美术馆提供）

“城市俚语——珠江三角洲的当代艺术”展合影（图片由何香凝美术馆提供）

居国外的费大为老师、黄永砯老师等见面、聊天，了解他们在海外的生存状态、工作和创作。如果没记错的话，在途经荷兰海牙时，我们和旅居那里的艺术家倪海峰拜会了荷兰王子基金会的负责人，黄老师曾策划了一个国际影像艺术展，拟请该基金会给予资助。所以，何馆在建立一种国内外当代艺术交流机制方面，其实就是从黄老师的工作和实践中逐步建立起来的。

*方立华：*可能很多人都会惊讶，作为以“何香凝”命名的美术馆，却做了很多当代艺术领域的工作。

*乐正维：*是的，初来何馆的观众会感到好奇，但慢慢地看下来，可能会发现，在这么一个不大的、精致的美术馆，同时可以获得不同的感受——既有传统的、精英的艺术，又有前卫的、实验性的艺术，它们之间是不是有着某种联系？我记得在2002年，巫鸿教授到馆出席“图像就是力量”的国际研讨会，他做了一个关于“当代性”的演讲，会后我陪他看“何香凝艺术精品陈列”，他看得很仔细。当时他就觉得，何馆既做何香凝艺术又做当代艺术，同时都做得这么认真、执着，这是很有意思的现象。

*方立华：*2005年何香凝美术馆OCT当代艺术中心（OCAT）正式成立，成为隶属于何馆的独立艺术机构，黄老师几乎倾注了他的所有精力和心血来推动当代艺术的实践和研究工作。他在《在独立艺术机构实践中寻找自己的逻辑》中也谈到了OCAT成立的背景，以及他的构想，并提及他与何馆的渊源。我想沿着OCAT这个线索，请您谈一谈这个背景和一些鲜为人知的故事。其实在如何创办OCAT上，最初也有一些不同的提案，但为什么最后确定请黄老师做OCAT的学术主持？

*乐正维：*在地铁壁画听证会之后，2004年9月，黄老师交给我他起草的《关于OCT当代艺术中心的报告》。当时OCAT的筹建工作已摸索进行了一年多，如果从华侨城

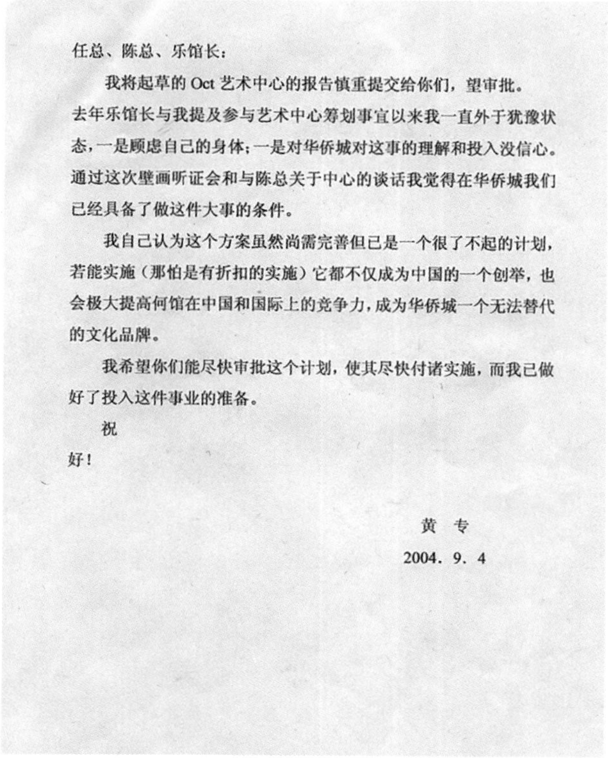

任总、陈总、乐馆长：

我将起草的 Oct 艺术中心的报告慎重提交给你们，望审批。

去年乐馆长与我提及参与艺术中心筹划事宜以来我一直外于犹豫状态，一是顾虑自己的身体；一是对华侨城对这事的理解和投入没信心。通过这次壁画听证会和与陈总关于中心的谈话我觉得在华侨城我们已经具备了做这件大事的条件。

我自己认为这个方案虽然尚需完善但已是一个很了不起的计划，若能实施（那怕是有折扣的实施）它都不仅成为中国的一个创举，也会极大提高何馆在中国和国际上的竞争力，成为华侨城一个无法替代的文化品牌。

我希望你们能尽快审批这个计划，使其尽快付诸实施，而我已做好了投入这件事业的准备。

祝

好！

黄 专

2004. 9. 4

黄专信函（图片由何香凝美术馆提供）

集团有意参照 798 模式，把华侨城东部工业区进行改造，希望何馆在那里建立分馆算起，那就更早了。

我们积极响应并带头推动华侨城东部工业区旧厂房的改造计划，同时也为拓宽何馆的功能。2003 年，时任何馆的艺术总监李公明老师和我们到北京、昆明等地的旧厂房改建区考察，叶永青老师向我们介绍了昆明创库的运作方式。回来后李老师拟写了《建立当代艺术中心的基本想法》，何馆还专门成立了筹备小组。我们和华侨城房地产公司、都市实践反复进行了可行性的调查研究，比如华侨城的居住结构、居民生活习惯、消费习惯，旧厂房改造区的规模、面积、价位，艺术中心的属性、财政关系，等等。然后开始由华侨城地产公司投资、都市实践进行规划设计。紧接着，工业区旧厂房 A 栋、C 栋（约 3000 平方米）的改造，拉开了东部工业区乃至深圳旧厂房改造的序曲。2003 年 12 月 12 日在“第五届深圳国际当代雕塑展”开幕当天，我们还举办了一个当

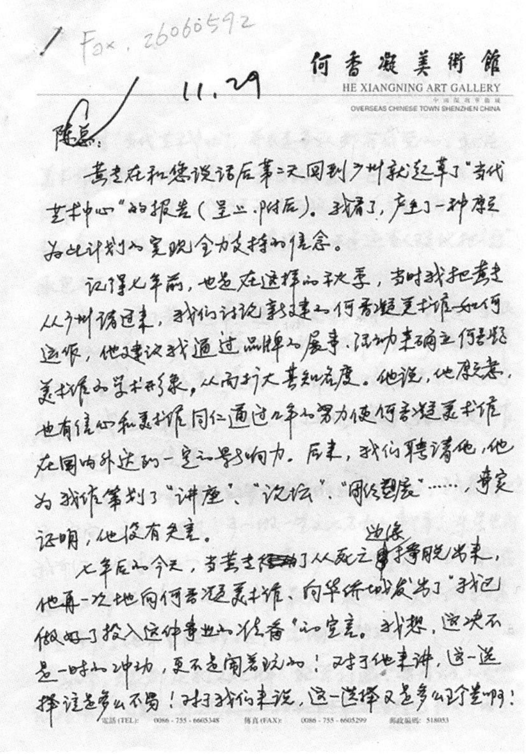
Fax, 26060592
11.29
何香凝美術館
HE XIANGNING ART GALLERY
OVERSEAS CHINESE TOWN SHENZHEN CHINA

陈总：

黄老在和您谈话后第二天回到广州就起草了"当代艺术中心"的报告（呈上，附后）。我看了，产生了一种愿意为此计划的实现全力支持的信念。

记得七年前，也是在这样的秋季，当时我把黄老从广州请过来，我们讨论新建的何香凝美术馆如何运作，他建议我通过品牌的展事、活动来确立何香凝美术馆的学术形象，从而扩大其知名度。他说，他愿意，也有信心和美术馆同仁通过几年的努力使何香凝美术馆在国内外达到一定的影响力。后来，我们聘请他，他为我馆策划了"讲座"、"论坛"、"国际型展"……，事实证明，他没有失言。

七年后的今天，当黄老了从政之边缘摆脱出来，他再一次地向何香凝美术馆、向华侨城发出了"我已做好了投入这件事业的准备"的宣言。我想，这决不是一时的冲动，更不是闹着玩的！对于他来讲，这一选择该是多么不易！对于我们来说，这一选择又是多么的珍贵啊！

電話(TEL)：0086-755-6605348　傳真(FAX)：0086-755-6605299　郵政編碼：518053

何香凝美术馆常务副馆长乐正维致时任华侨城集团副总经理陈剑信函（图片由何香凝美术馆提供）

代艺术中心的开馆仪式，都市实践做了一个关于"空间阅读与都市实践"的多媒体展览，呈现了都市实践围绕 OCAT 及周边环境进行改造的过程。

OCAT 的空间改造相对简单，而 OCAT 的定位、管理体制以及运作方式、经费来源和专业人员配备等一系列问题相对复杂。这时，OCAT 筹建、摸索之路处于卡壳状态。当时何馆也忙于筹备曾梵志的展览、何香凝艺术赴澳门巡展以及地铁壁画项目的推进等，也正是在这样的背景下，在地铁壁画听证会后，黄老师把他起草的关于 OCAT 的报告交给我，附上写给任总、陈总和我的一封信。从这封信上可见他当时下的决心与做出的决定有多大。报告是一套完整的计划，包括《华侨城当代艺术中心（Contemporary Art Center）计划》《OCT 当代艺术中心开幕式活动计划》和《OCT 当代艺术中心关于建立"国际当代艺术家工作室"的报告》共三个文件。在第一个文件中，黄老师阐述了 OCAT 的性质、目标、组织架构、工作计划、2004—2005 年度工作计划和预算等五个部分。黄老师的方案清晰、明确、系统、完整。他首先明确了OCAT的性质："OCT当代艺术中心是何香凝美术馆下属的国际当代艺术机构……中心以其所在地命名。……以综合推动中国当代艺术与国际艺术互动为目的，通过展览、国际艺术家工作室制度等项目，使其成为具有国际一流水准的当代艺术机构。"黄老师的计划与其他方案不同的是明确了OCAT是一个专业机构；OCAT所做的事情，是建立"立足于中国本土的当代艺术的运行机制"。"机构"与"机制"是黄老师特别强调的，所以他在计划中谈到OCAT的文化目标后，虽然也谈到经济目标，但是他是以当代艺术活动为引擎，拉动华侨城东区的艺术经营。

我看了黄老师的信和计划书之后非常激动和兴奋，并立即写报告给陈总，表明了我对黄老师的敬意和信任，对这一了不起的计划的肯定和支持。我对陈总说："在中国能够做出这样计划并实施的人非黄专莫属。……如今，大家都在打'文化牌'，能否打赢，要看谁有智慧谁更高明了。做一两个展览、搞一两个活动容易，要连续不断地持续做下去，就需要建立一种机制、一个制度。所以，我恳请陈总认真考虑黄专的策划方案，我相信，若能按此计划来做，华侨城的当代艺术中心将成为中国最好的、唯一的，它一定能带动华侨城东部厂区的改造与置换，它将给华侨城地产注入重磅含金。"

事实也的确如此。从2005年OCAT正式成立之后，11年过去了，黄老师的预言已见成效。后来发展到OCAT艺术馆群的布局，也是在黄老师的策划下，在他生前实现了。

*方立华：*2005年还成立了"何香凝美术馆艺术指导委员会"，当时是怎么考虑的？对于何馆来说，学术委员会起到什么样的作用？

2005 年，“首届何香凝美术馆艺术指导委员会年会”（图片由何香凝美术馆提供）

*乐正维：*黄老师很重视艺术指导委员会，“首届何香凝美术馆艺术指导委员会”主要就是他提出并搭建起来的。主席是巫鸿先生，秘书长是冯博一老师，委员包括许江、黄专、费大为、高名潞、范迪安、易英、乐正维、张永和、艾未未、徐冰、黄永砅、王广义、汪建伟、张培力、朱青生、凯伦·史密斯、冯博一和严善錞。首届年会于 2005 年 1 月 26 日至 1 月 27 日下午举行，一天半的会议审议通过了《何香凝美术馆艺术指导委员会章程》《OCAT 工作室交流计划》，并就“第六届深圳当代雕塑展”计划展开讨论。专家们的想法在不断碰撞和磨合中形成了不少有价值的意见和建议。年会基本上确定了“第六届深圳国际当代雕塑展”的方式，并且深入讨论了 OCAT 的交流职能、展览和运作经费等问题。

对于何馆来说，建立艺术指导委员会机制是一项建构艺术机构专业运作的重要尝试，它使得何馆具有一种开放性的多元视角。但随着黄老师的工作重心转移至 OCAT，艺术指导委员会也主要设立在 OCAT，何馆后来并没有建立相应的工作机制。

*方立华：*黄老师一直很重视研究和出版工作。1998 年在何馆编辑的《当代艺术与人文科学》，集中呈现了当时各学科的研究成果。在 OCAT 工作期间，他以艺术家个案

2007 年，“第二届何香凝美术馆艺术指导委员会年会”合影，从左至右，前排，费大为、黄专、巫鸿、乐亚维、凯伦·史密斯，后排：冯博一、吕澎、汪建伟、殷双喜、王广义、严善錞、张培力（蒋涛拍摄，图片由 OCAT 深圳馆提供）

研究和专题研究两条线索，分别主编了系列重要的出版物，最具代表性的两本出版物是《张培力艺术工作手册》和《国家遗产：一项关于视觉政治史的研究》。后来在 OCAT 研究中心，他还创办了《世界 3》，并为何香凝美术馆策划了“艺术史名著译丛”。这些研究和出版工作，看上去虽然不是一个艺术机构的主要工作（因为美术馆既不是研究所，也不是出版社），但在艺术史上却有着重要的意义。您是如何看待黄老师在这方面所做的工作的？研究和出版对于何馆来说又有什么样的意义？

乐正维： 黄老师在何馆与 OCAT 主持学术工作将近 20 年，作为艺术史家的他，对研究与出版工作的重视，给了我最为深刻的记忆。他除了策划编辑《当代艺术与人文科学》，创办《世界 3》等重要出版物外，他还策划了谷文达、隋建国、汪建伟、王广义、张培力、舒群、徐坦等艺术家的个案研究展，同时主编出版了“中国当代艺术家学术展览丛书”。今天，我们是应该从他留下的一本本沉甸甸的出版物中，认真思考黄老师留下来的精神遗产。

“艺术史名著译丛”（图片由商务印书馆提供）

我在管理美术馆的经历中，有件事情让我一直不能忘怀，而这个经历是与黄老师的策划、研究以及他主编的出版物有关。在 2000 年，有一位中央美院的毕业生，怀揣着《当代艺术与人文科学》一书从北京来到深圳见我，要求到何馆工作。她说她和同学们看到这本书，很受启发，深受鼓舞，是《当代艺术与人文科学》这本书告诉她，让她到何馆去，她希望在黄老师手下工作。这件事情让我深深地体会到了出版物的传播作用和影响力，同时更加坚定我们在这方面的工作。

所以后来当黄老师策划的“艺术史名著译丛”的翻译出版遇到了困难，他征求我的意见和何馆的态度时，我毫不犹豫地表达了我的看法，我认为黄老师和范景中老师信任何馆，何馆能有机会为中国当代艺术学术建设尽一份力量，做实实在在的事情，是很有价值的。于是，在黄老师的策划下，2014 年何馆与商务印书馆正式合作，计划用五年的时间，把世界一流艺术史家的艺术史研究经典著作译介到国内。我们邀请了范景中教授主编这套译丛，由他亲自敲定选目，同时还邀请了国内资深艺术史研究者、译者投入翻译工作，试图通过大约 50 种译著，以全景式呈现现代西方艺术史一个多世纪来的面貌和形态，为中国的艺术史学研究提供新的研究方法与视角。2015 年 11 月首发的两本书《论艺术与鉴赏》（[德国] 马克斯·J. 弗里德伦德尔著）和《美术学院的历史》（[英] 尼古拉斯·佩夫斯纳著）分别由广州美术学院邵宏教授和上海大学陈平教授翻译并出版面世了。

值得庆幸的是这两本译著在黄老师生前出版了，同时遗憾万分的是黄老师没能够看到更多的译著出版就离我们而去，这项工作还仅仅是开了一个头。

我今天还在想，不知是巧合还是有意安排，黄老师为何馆策划的首个项目是“人文之声——何香凝美术馆艺术讲座”，他策划的最后一个项目是“艺术史名著译丛”，两个项目的跨度有 18 年，但它们却有着一脉相承的联系，它们都是人文科学的基石。这么多年来，黄老师在何馆和 OCAT 的艺术实践，一直践行着他的学术理想，这些艺术实践也逐步显现出它的意义和价值。何馆作为一个中国的现代美术馆，也深受启示和影响。

*方立华：*之前您接受《深圳特区报》的采访，也谈到黄老师严谨的治学态度、人格的魅力、专业的素养令您敬佩，纪念他的方式就是将他的专业精神继承下来。您能否最后谈谈何馆在这方面的计划呢？

*乐正维：*目前我们还没有形成一个完整的计划，但我们会尽一切努力推进“艺术史名著译丛”的出版工作。我相信大家都会从中受益。

学术与实践

受访人：栾倩（OCAT理事会理事长、总馆馆长）
采访人：方立华、王景
时间：2017年11月16日　地点：深圳

*方立华：*您应该是在何香凝美术馆工作的时候认识黄老师的吧？能否谈谈您最早和黄老师认识、交往的过程，有哪些是您觉得印象比较深或者有意思的事情？

*栾倩：*和黄专老师认识是从1998年我到何香凝美术馆工作开始的。何香凝美术馆是国侨办下属的国家级美术馆，由华侨城集团代管，从1996年奠基，到1997年正式开馆，华侨城集团都特别重视。当时我在集团（经济发展总公司）投资部工作，被抽调出来参加接待工作，奠基时接待了当时的文化部副部长。开馆时我负责接待艺术界嘉宾，包括靳尚谊先生、故宫的杨院长，等等，所以我那时对何香凝美术馆就有较深的印象。投资部有一个同事苏迪是负责何香凝美术馆筹建工作的。何香凝美术馆成立了以后，她就当了办公室副主任，蔡伯洪任办公室主任，乐正维和陈剑是馆长助理，任总（任克雷）是馆长，当时是这样一个结构，只有两个部门，办公室和展览部，唐递宏、王鹏分别任展览部主任、副主任。1998年3月，集团调我去何香凝美术馆做办公室主任，就认识了黄老师，黄老师那时已经与何香凝美术馆有学术方面的合作了。

我刚去何馆时，主要是梳理和建立、完善行政、人事、财务等各项管理制度，对学术涉及不多。当时何香凝美术馆主要是做何香凝先生的艺术作品的展示、研究，后来也提到海外华人华侨和女艺术家的研究，跟何香凝先生的身份和侨办的业务有关系。考虑到何馆位于华侨城旅游中心区，任馆长就提议可以做一些户外的雕塑展，可以让更多的人来欣赏艺术。当时关注何香凝美术馆的人并不多，苏迪曾经写过一篇文章《何香凝美术馆离华侨城有多远》，意思是虽然何香凝美术馆建在华侨城这个区域，可是多数华侨城的员工、业主、游客并不关注美术馆，美术馆就像一个象牙塔，来看展览、听讲座的观众不多，怎么能让美术馆真正进入我们的生活。任馆长提议做户外的雕塑展，也是考虑能让更多的人走近艺术、了解艺术、喜欢艺术。1998 年 7 月开始筹建雕塑展，从那时起我就跟黄老师有了比较多的接触和工作联系。当时聘请了黄老师、孙振华和鲁虹做雕塑展的策划人，我和乐馆长跟着黄老师、鲁虹、孙振华一起去了北京、武汉、重庆，直接去选艺术家的作品。那个展览开幕是 11 月，考察选作品是在八九月份，时间特别短，大家也没有概念应该怎么做，因为都是第一次做，乐馆长不太清楚，我也是，大家都是摸索着去干这个活。但我挺兴奋，因为跟着黄老师、孙振华还有鲁虹老师一起去几个美术院校，第一次接触到艺术家和作品。当时选了 20 件作品，有四川美术学院、湖北美术学院、浙江美术学院（现中国美术学院）和中央美术学院。

王景：当时主要就是去各大美院？

*栾倩：*对，去找他们比较熟悉的艺术家，因为时间很短，这样的做法在其他地方也没有——我现在知道没有，以前不知道。跟着他们三位策展人，去见了很多艺术家，像隋建国、展望、姜杰、傅中望、于凡等，黄老师不仅给我介绍艺术家，还给我介绍他们的作品。后来黄老师说再选几个年轻的艺术家，就有人推荐了向京和朱志伟。那时有个台湾人在桂林做了一个雕塑公园“愚自乐园”，他们请艺术家去创作，给材料费，作品留在那儿，但是听说那里管理不太好，作品有被偷被拆的现象。姜杰参加我们第一届雕塑展的作品就跟她在“愚自乐园”那件作品有关系。我们当时也没有收藏的概念，包括平面设计、做画册、做海报等，这些计划性都不是那么强，因为时间太紧了。那本画册是白榆老师设计的，它的封面有点水磨石的纹路，有肌理的感觉；梁小武设

计了海报，两个眼睛，一个上一个下，他说是立体三维的概念。那本画册其实就是特别简单的一个图录，有策划人和艺术家的问答及艺术家简历，当时画册的编辑工作好像是孙振华负责的。第一届雕塑展开幕的时候影响还是比较大，虽然我们只是把架上的东西从室内搬到室外，在何香凝美术馆外面那个小庭院里展出，但通过这个活动，让很多的艺术家认识了何香凝美术馆，也了解了华侨城是一个支持艺术的企业，深圳也是第一次做这么大型的当代艺术展览，对于黄老师他们来讲，更多的是考虑当代艺术与公共空间的关系。雕塑展的费用是华侨城赞助的，第一届30万，我做预算时也是边咨询边拍脑袋，所以记忆深刻。

方立华：“第一届深圳当代雕塑艺术年度展”（以下简称雕塑展）的筹备时间非常紧张，您能否谈谈当时做这个项目的背景？

*栾倩：*对于这样一个展览需要多长时间去准备，当时大家是没有太准确的概念，任总提出来我们可以做一个雕塑展，大家马上就全力以赴地去做。1998年艺术市场不像现在这么热闹，没有现在这么多活动，深圳虽然有关山月美术馆和何香凝美术馆及20世纪80年代就开馆的深圳美术馆，可是更多的都是室内的展览，在公共空间做雕塑展可能是第一回。现在都过了20年了，整个艺术的环境和氛围完全不一样了。当时我也不知道做一个展览要多长时间。我们做第二届雕塑展的时间甚至更短，虽然筹备的时间长些，但做的项目的概念不一样了。第一届展出的作品全是现成作品，拿过来就可以展，布展是请华侨城合作的一些工程队。

除了第一届雕塑展，1998年黄老师还策划了两项大的学术活动，一个是上河美术馆的收藏展，还有一个是“第一届何香凝美术馆学术论坛”，现在回忆起来，他当时已经把理论、研究、民营美术馆的收藏、展示和何香凝美术馆这样一个国家级美术馆的学术功能结合起来了，就是用这些资源来初步探索美术馆应该做些什么。像上河美术馆的收藏展，学术论坛，以前都没有做过的。上河美术馆的收藏展，都是特别有影响的艺术家的一些作品。黄老师请来参加学术论坛的老师也都是在各个领域最活跃的学者，有哲学界的、建筑界的、艺术界的，像范景中老师、徐友渔、赵一凡、张志扬、周国平、张永和、朱青生等，黄老师把这些人聚集起来，把这些资源结合起来，希望能互相交流、互相碰撞。我记得好像从那个时候开始何馆就有了“人文之声”讲座，这些都是黄老师当时策划的学术项目。何香凝美术馆做了雕塑展以后，确实打开了很多可能性，也许这是侨办在办馆初期没想到的，当时他们只是期望把何香凝的艺术研究作为主项而建这个馆，但是任总结合了华侨城旅游的资源，觉得应该做一些公共艺术项目，把这个任务给了乐馆长，乐馆长就邀请黄老师来做。

方立华：任总在提出希望做这样一个项目的时候，是不是受到其他方面的启发？

*栾倩：*华侨城80年代开始建设的时候，就非常重视规划，重视环境。80年代末到90年代初，华侨城就有了和艺术相关的活动，比如在城区有著名雕塑家的作品展示，锦绣中华和世界之窗的景观设计和雕塑作品都有和美院合作。另外在深圳湾大酒店，也收藏了不少艺术家的作品。所以我觉得当时华侨城已经是一个相比其他地方更有文化和艺术气息的城区了，何香凝美术馆落户华侨城，艺术资源就更丰富了。

方立华：鲁虹老师提到你们在筹备第一届雕塑展时，一起去考察艺术家工作室的路上总是笑声不断。您最早认识黄老师的时候，他给您什么样的印象？

*栾倩：*当时确实很开心，很热闹，都是年轻人嘛，对一切充满好奇，又有热情，大家出差，和艺术家在一起又很活跃、很开心，反正就是各种好玩。我觉得黄老师当时虽然很年轻，但他原则性很强，治学很严谨，包括选艺术家、选作品方面。

1999年,“平衡的生存:第二届深圳当代雕塑艺术展”,左起:栾倩、米丘、菲利浦·金、任克雷、贝纳·维尼、金董建平、乐正维(图片由栾倩提供)

方立华: 能不能谈谈雕塑展这项公共艺术计划的发展脉络,以及您对它的看法?

栾倩: 从第一届开始,黄老师就在思考当代艺术和公共空间的关系;第二届算是真正的开始,黄老师也是这么强调的,他开始考虑环境,考虑根据环境来创作,而不是直接从架上拿过来、从室内搬到室外,这个意义是不一样的。当时做完第一届就考虑做第二届,第二届成立了组织委员会和学术委员会,组委会聘请黄老师做策展人,学术委员会负责征集作品和确定参展艺术家。黄老师为这届展览确定的主题是“平衡的生存——生态城市的未来方案”,他还想把这届展览做得更国际化,希望有欧美、香港、澳门及台湾地区的艺术家。他带我和乐馆长一起去上海见了米丘,当时米丘刚回国,有些国际艺术资源。米丘介绍了天华设计公司的乐星做展场的环境设计,展场就设在华侨城沃尔玛前面的广场,现在华侨城大厦的位置。这次参展除了有知名的艺术家如隋建国、展望、姜杰、傅中望、米丘、王功新、林天苗、赵半狄等,还有10多位青年艺术家,像向京、瞿广慈、喻高、琴嘎、仲松、史金淞等。实现这些艺术家的作品对我们来说又是一个挑战,一些年轻艺术家的小作品需要放大,就出现很多意想不到的问题。当时困难真是太多了,国际艺术家贝纳·维尼、菲利浦·金和台湾艺术家朱铭的作品是现成的作品,要报关运输;澳门的朱焯信和香港的建筑师陈丽乔的作品是根据环

2001 年，“过渡中的年轻人：中德英青年艺术家邀请展”开幕现场（图片由栾倩提供）

境现场创作；有几件作品制作材料费较高，因为是专门结合环境创作的，艺术家需要特别的材料费。所以这次展览我们就开始考虑收藏了，像展望的《鱼戏浮石》、傅中望的《地门 2 号》、喻高的《倾斜的苹果》。没有收藏的作品只给了很少的材料费，好像是 2000 元。

*方立华：*当时没有另外的收藏费吗？

*栾倩：*当时这几位艺术家申请的材料费比其他人高好多，就说好当收藏费了。第二届开幕前黄老师因为澳洲有个会，他去了墨尔本，后期展场的作品安装等工作和画册的设计是由米丘负责的。米丘找了韩家英做视觉形象的设计，除了画册、海报，还做了明星片、T 恤等衍生品，这在当时也是一种尝试。那是 1999 年国庆节，50 周年第一次放七天长假，假期大家都在加班，10 月 16 号就开幕了，时间真是特别紧张，但我们都做下来了。黄老师曾说，那次才是雕塑展作为一个公共艺术项目的开始，因为这届展览艺术中的公共性因素成为展览策划的中心要素，这些因素包括展览与华侨城自然、人文环境的关系，展览在华侨城文化景观中的位置，以及展览在华侨城与公众接受模式及社区状况的关系等。那次做得真的很辛苦。做完以后，任总就说以后“一大一小”，不要每次都做这么大，太辛苦了，所以第三届就又回到了何香

凝美术馆门口那个小庭院。

*方立华：*这些藏品是如何被选定的？

*栾倩：*集团收藏，地产出资，收藏的作品由学术委员会确定，主要是以任总（任克雷）、陈总（陈剑）和黄老师的意见为主。

*方立华：*那些藏品留下来的时候，社区居民有什么反应吗？

*栾倩：*社区居民都挺欢迎的，因为场地是在沃尔玛前面的广场，原来就是一个草坪，现在增加很多雕塑，大家都觉得挺好。从当时人的审美和艺术家的观念，观众都是能接受的。雕塑展做完四届以后，它的规模就出来了。第一届、第二届的时候，就是一个开始，第三届的策展人是易英老师和殷双喜老师，场地又回到何香凝美术馆前的小庭院，规模小了很多。到第四届的时候，黄老师又有了一个新的突破。第二届的突破是还没有人像他那样专门请艺术家就环境、主题来创作，更多的可能是做雕塑公园的概念。到第四届，他打破了传统的雕塑概念，请了很多不是雕塑家的艺术家来参加雕塑展，像王广义、汪建伟、尹秀珍、张永和、徐坦、曾力、施慧等，确实很超前，那时候才2001年，当时我们和法国合作，法方有五件作品，丹尼尔·布伦、安娜和巴特克·普瓦赫、埃里克—迪特曼、哈迪组合，还有黄永砯，黄永砯的飞机，最后没有展成。那时候工作量真大，很多作品都是在现场制作，我和办公室主任许春红一起，每天去协调各种关系，包括为法国艺术家找作品需要的石料等。法国策展人阮戈贝琳开始对我们不了解、不信任，筹备期间每天来我办公室打长途电话向法国方面汇报，大家都觉得问题太多了，展览好像不可能完成。对我个人来说，是一个特别好的学习和锻炼的机会。当时黄老师和阮戈琳贝两个策展人也很着急，包括程昕东，当时是法方邀请的副策展人。筹备期间对黄永砯的作品怎么做，开始一筹莫展，我们找了很多关系，最

2001年，“被移植的现场：第四届深圳当代雕塑艺术展”，栾倩与丹尼尔·布伦（图片由栾倩提供）

后找到了给欢乐谷公园做模型的师傅给黄永砯做飞机。

*方立华：*第四届雕塑展的背景是什么？当时为什么选择和法国合作，是因为中法年吗？

*栾倩：*当时是任总提出来的合作。因为意大利、法国和华侨城的文化交流的项目比较多，主要是一些表演和建筑的项目，华侨城生态广场是由法国的欧博公司规划设计的，在1999年12月31号落成典礼上，法国驻广州领事馆的总领事等都来了，大家都很关注华侨城。基于前几届雕塑展的基础，任总就提议做一个中法的雕塑展，法国领事馆很积极，包括法国驻华大使馆，当时大使馆的一个文化参赞对中国文化非常感兴趣，对这些艺术家也很熟悉，所以就有了这一次合作。其实2003年才是法国的中国文化年，2004年是中国的法国文化年，我们2001年就做了雕塑展，提前了两年。

*方立华：*法方的策展人是由他们任命的吗？

*栾倩：*法方策展人是由法国文化部推荐的，当时这个展览的规格很高，主办单位是何香凝美术馆和法国外交部艺术行动协会，相当于他们政府部门跟我们美术馆及华侨城一起来做。他们推荐了文化部的外联司司长阮戈琳贝做策展人，她当时已经60岁了，她来之前甚至都不知道有深圳这个城市，不知道深圳有机场，她是飞到广州再过来的，知道深圳有机场她还挺吃惊。当时任总还让我尝试去找找赞助，法国电力、南山区政府、

深圳航空都为这次展览提供了一些赞助。

方立华: 第四届雕塑展遇到了很大的问题，黄老师与法方策展人似乎有很多的分歧。

栾倩: 是有挺多矛盾的。我自己觉得，黄老师是一个独立的策展人，他到何香凝美术馆做策展，何香凝美术馆也好，华侨城集团也好，在专业上从来没有干涉过黄老师对艺术家和对作品的选择。但是法国的策展人就不一样，因为她是官方的，所以她选作品和黄老师的标准不一样，相对黄老师，她会更正统或者更保守，另外还有工作方式的不同引发的矛盾，可能也有东西方文化的差异。

方立华: 当时的问题和争执主要是集中在黄永砯的作品《蝙蝠计划》被拒绝参展上吗？

栾倩: 开始并不是因为黄永砯的作品，有很多争议是包括作品摆放的位置等问题，到黄永砯作品出问题是已经快开幕了，画册都基本做完了，拿去审校，当时法方的副策展人程昕东把画册拿去给法国驻华大使看，大使看到黄永砯的作品很敏感，从外交方面、从法国和美国的关系、中法关系考虑，他觉得这件作品不合适，那时展览就要开幕了……阮戈琳贝要求黄永砯退出展览，因为黄永砯是代表法国艺术家来参展的。

王景: 黄永砯一开始是谁邀请来参展的？

栾倩: 应该是阮戈琳贝邀请的，可能是黄老师推荐的。当时我们和黄老师应法方邀请去法国考察，谈具体合作事宜，去看了一些机构，见了几位旅法艺术家和策展人，像黄永砯、沈远、费大为等，考察是由法国外交部和文化部接待的。

方立华: 当时阮戈琳贝也一起去了吗？

*栾倩：*在巴黎见了阮戈琳贝，但她没和我们一起考察。我们是 2001 年 9 月 10 日到巴黎的，第二天就是“9·11”，当时我们正在参观巴黎市立美术馆，陪我们参观的人哇啦哇啦说美国纽约的双子塔发生爆炸，我们冲到人家办公室看电视，就看到第二架飞机撞上去，这个记忆终生难忘。

*方立华：*所以到了不能展出黄永砯的作品时，矛盾才最终爆发了？

*栾倩：*对，我觉得之前的争议是求大同、存小异，不至于那么激烈，展览还是可以做成，可能是对艺术家的认识，或者选作品的时候，他们会有一些争议，但都没有妨碍大局，但最后黄永砯这件作品不能展出就把黄专老师惹恼了。后来黄老师他们开研讨会的时候，多位艺术家、策展人对这一事件表示了强烈的不满，他们还写了一份请愿书，表达对这种干涉艺术自由行为的愤慨。另外，制作这个作品也是一个挺大的投入，黄老师觉得这么重要的作品不能展也要留下来，之后把它放到了欢乐谷。第四届雕塑展展出了两年的时间，一直展到 2003 年 12 月，2004 年筹备 OCAT，有些作品就由艺术家捐给 OCAT 收藏了，包括张永和的《戏台》、顾德新的《苹果》，黄永砯也把他这件《蝙蝠计划》捐给 OCAT 作为馆藏。这几件作品目前都展示在华侨城创意文化园内 OCAT 的周围。第四届雕塑展是 2001 年 12 月 12 日开幕的，2002 年的 2 月我调回华侨城集团任行政总监，有一天我正在开会，白榆给我打电话，说黄老师病了，我当时听了特别紧张，和任总、陈总、乐馆长一起讨论怎么帮助黄老师和白榆。经过近两年的治疗和修养，黄老师身体基本康复后，又被邀请来筹备 OCAT。华侨城创意园这块区域原来都是一些厂房，集团产业调整后，工厂搬走了，厂房空了，任总和陈总计划把这片区域做成 Loft 的概念，一开始艾安和马楚他们在做一些空间的设计和规划，在 OCAT 现在的 A 展厅还做了一个康佳 25 周年的展览，展示康佳各个时期的电视机产品。后来任总、陈总邀请黄老师来做一个当代艺术机构，行政上隶属于何香凝美术馆，资金由华侨城地产负责投入，整

2004年，在深圳华侨城威尼斯酒店聚会，前排左起：黄专、任克雷，后排左起：白榆、栾倩（图片由栾倩提供）

个架构，都是陈总和黄老师具体商量的，最后任总同意的。

方立华：从第四届雕塑展开始陆续引发了一些问题和“麻烦”，比如社区居民投诉郑国谷的作品“侵占”了他们的公共空间，等等。尽管如此，华侨城还是一直支持着这个项目。那么，从华侨城的角度是如何认识和思考这个公共艺术项目的？

栾倩：首先任总当时是非常支持雕塑展的，他是一位有理想有情怀的企业家，在文化艺术方面表现出很宽容的态度，他不会以他个人的喜好来决定我们该做什么，不该做什么，我觉得这一点很了不起。华侨城从马总开始，到任总，他们都是非常尊重专家意见的，他们一直讲究“专业的人做专业的事儿”，他们知道对作品，特别在公共空间的当代艺术作品，可能大家会有不同的反映，但是也没有关系，至少说明大家在关注。我觉得这是华侨城了不起的地方。黄老师为什么能和华侨城合作这么长时间？虽然他中间也有很多他自己觉得不如意的地方，他也试过和其他一些机构合作，别人也邀请他，但都没有太满意，他自己也经常说这个问题。和华侨城的合作，说实话是双赢，因为他给华侨城带来不管是公共艺术，还是当代艺术中心，在专业上都是学术品质的保证，而华侨城也给他提供了这样的平台和机会。因为有些批评家或者策展人，他们会有很多想法，很多策划理念，但不一定能按照自己的想法去做，有时做一个展览可以，持续地做可能没有这么好的机会和条件，我觉得这一点确实了不起，任总和陈总他们

当时的眼光和胸怀是值得敬佩的。现在OCAT越做越大，我觉得华侨城集团对当代艺术的支持也是有目共睹的，而目前OCAT在学术上所取得的成绩也是黄老师带给这个机构、带给华侨城的，非常了不起！黄老师是按照他的学术理想和目标一步一步去实现。

*方立华：*能不能从华侨城的角度来谈一谈OCAT成立的背景，包括任总和陈总的一些考虑？其实在黄老师提交方案和OCAT真正成立之前，华侨城已经有过很多讨论了。

*栾倩：*2003年任总和陈总在考虑整个东部工业区改造的时候，参考了Loft这样的概念，考察了798的改造情况，也想把这变成一个跟艺术有关的园区，这也得益于何香凝美术馆在华侨城，因为有这样的艺术资源，通过康佳那次的展览，他们就觉得这里做一个跟艺术、创意相关的片区比做成其他工业厂区会更有意义。当时在这个区域有几十家“三来一补”的工厂，生活在这里的人群都是工厂的打工妹、打工仔，这个地区的商业做不上去跟这个群体是有关系的，这些人是不消费的，穿工服住集体宿舍吃食堂，不改变这个群体，商业是做不起来的。整个规划要改变，功能要提升，所以就希望做一些文化的和艺术创意的设施，考虑做成Loft，现在看来很成功。当然也是参考了一些国内国外成功的经验，他们才把这边定位成做创意设计和艺术片区，黄老师身体康复后就请他来做OCAT的筹备工作，黄老师当时兴致很高，跟我聊要我做什么做什么，我说我可以来帮您协调所有的事情。

*王景：*因为你们一起经历了雕塑展。

*栾倩：*对，比较熟悉。黄老师当时做了方案，筹备期间的一些活动我也参加了，包括开新闻发布会等。OCAT是2005年1月28号正式开馆的，2004年12月在北京国际俱乐部开新闻发布会，地点是黄老师选的。在筹备OCAT期间，黄老师还策划了地铁

2004年，赴方力钧工作室考察地铁壁画创作合影，左起：方力均、乐正维、黄专、栾倩、陈剑（图片由OCAT深圳馆提供）

2004年，赴张晓刚工作室考察地铁壁画创作合影，左起：黄专、张晓刚、栾倩（图片由栾倩提供）

壁画这个公共艺术计划。

方立华: 2004年黄老师应邀策划了“深圳地铁华侨城壁画工程”，但是直到两年以后，艺术家王广义、张晓刚、方力钧的三幅地铁壁画原作才按原计划真正下放安装到华侨城段的三个地铁站点进行展示，您能否谈谈这个项目的背景、筹备过程（包括当时在实施过程中所面临的问题）以及您对于这项公共艺术计划的看法？

栾倩: 深圳地铁在通车前，就邀请华侨城集团在辖区内的三个站——侨城东站、华侨城站和世界之窗站设计三幅地铁壁画，因为地铁公司的领导和深圳市的领导觉得华侨城文化产业做得好，地铁站也要有文化氛围，华侨城来承担这项工作最合适。他们当初的设想应该是首都机场壁画那样的模式。华侨城接到这项任务后，任总请何香凝美术馆来落实，乐正维副馆长邀请了黄专老师来策划这个项目。黄老师策划了一个地铁美术馆的概念，设想在地铁这一公共空间展示当代艺术的作品。黄老师邀请了中国当代艺术领域最具代表性的三位艺术家王广义、张晓刚、方力钧来深圳进行创作。那是2004年6月，三位艺术家来深圳后，基本确定了主题：侨城东站是“大家庭——地铁”、华侨城站是“欢乐颂”、世界之窗站是“世界，你好”。作品完成后2005年1月25号参加了OCAT的开馆展，之后就边展出我们边协调，希望能把这三幅地铁壁画原作放进地铁站。当时地铁公司有些领导担心当代艺术作品在公共空间展示有风险，我带

2004 年，栾倩在北京王广义工作室（图片由栾倩提供）

我们集团规划部的同事去了地铁集团几次，力图说服他们接受这个方案……几经周折，最终得到当时深圳地铁集团张晓莉董事长的支持，2006 年 5 月至 6 月这组作品在三个地铁站展出来了。

*方立华：*您是如何理解和评价黄老师在 OCAT 所做的工作的？

*栾倩：*我觉得黄老师之前跟华侨城、何香凝美术馆有合作，已经有了一个很好的合作基础，待他生病治疗过后康复期间又开始规划 OCAT 的时候，他已经比较清晰地知道要做什么了，他希望做一个以学术研究为核心的艺术机构，展览与研究匹配，同时他还设计了艺术家驻地计划、放映、表演等公共项目，这些都是以前在何香凝美术馆没有做过的。你们刚毕业就招了来 OCAT 工作，他把很多他自己接触到的和他设想的都在 OCAT 当代艺术中心实现了。开始按照项目计划一步一步地实施，遇到比如说需要集团，或者是何香凝美术馆，或者是地产配合的，他就会跟我们有一个沟通，每次我们都会专门开会讨论。我觉得这些都是他在 OCAT 的实践，他在当代艺术领域全方位的实践。

*方立华：*从作为赞助人华侨城的角度来看的话，OCAT 起到什么样的作用？

*栾倩：*OCAT 是华侨城文化战略的一个重要组成部分，也是华侨城集团履行社会责任、支持文化公益的重要载体。华侨城是一个文化旅游企业，除了主题公园、主题酒店和主题地产，创意园是华侨城文化产业发展的一种新的模式，而在创意文化园这个

2006年,“创造历史: 中国20世纪80年代现代艺术纪念展”现场,左起: 王鲁炎、樊宁、王广义、栾倩、舒群(图片由栾倩提供)

区域，OCAT 肯定是一个核心，一个灵魂，是一个“旗舰店”，它决定了创意园的学术高度和先锋引领，对设计师也好，艺术圈也好，或者是创意园的整个片区，大家看到有一个以当代艺术为定位的专业机构，在做国际国内最领先的一些展览、学术活动、公共项目，它塑造了一种品质和格调，一个高的标准。后来陈总他们在选择一些驻地机构时，基本以先锋设计和新锐文化为标准，这个标准是跟 OCAT 的水准匹配的，这也在创意园整体上保证了一个高的层次。华侨城在全国的跨行业、跨区域发展的时候，OCAT 的作用也显现出来，北京、上海、西安、成都等，每一个区域都希望把华侨城的文化模式搬到他们那儿去，除了有住宅、景区、商业，他们也希望有艺术，而且这个艺术应该是高标准的，不只是一个建筑的空壳，而要有实质的内容。我觉得大家都意识到 OCAT 成了华侨城成片开发模式中不可或缺的一个部分，这也是华侨城有别于其他企业的地方，我们非常重视整个社区文化的培养和投入。

*方立华：*2011 年黄老师向任总和陈总提交了“关于建立‘华侨城当代艺术馆’及馆群的计划”，2012 年 OCAT 注册成为独立艺术机构，也正式开启了 OCAT 艺术馆群的新的历史阶段，您也出任了 OCAT 馆长。能否谈谈这个机构转向的过程和背景？

2011 年，第六期 OCAT 工作室项目艺术家与 OCAT 工作人员合影（图片由 OCAT 深圳馆提供）

*栾倩：*当时不是“馆群”的概念，是因为武汉华侨城要做一个美术馆，武汉华侨城项目是在武汉最好的地块东湖边上，任总在谈规划时，向市政府承诺，我们要做公益的项目回馈给市民，要做一个当代艺术中心，一个生态中心，一个体育中心。武汉华侨城就开始做规划，这个艺术中心怎么做？他们邀请专家来开研讨会，邀请了傅中望，我们当时推荐了黄专老师。应该是 2010 年，中间有很多来回，后来在何香凝美术馆的馆长办公会上，任总提出来，可以把华侨城所有需要做美术馆的项目做成一个馆群，当时也没有明确是由 OCAT 还是由何香凝美术馆统一来管理，只是提出这个概念，不要做得很分散。当时已经有很多馆出现了，华侨城上海置地做了苏河湾艺术馆，跟华美术馆有联系。华美术馆几个展览巡展到苏河湾；西安华侨城把售楼处改成了展厅，做了傅中望的个展；北京华侨城也做了“柏拉图和它的七种精灵展”。华侨城的各个项目公司都在做展览，但主办方五花八门，任总就希望资源共享、统一管理，不要东一榔头西一棒子，分散了品牌的影响力。任总邀请黄老师做一个馆群的方案，当时黄老师的方案是叫“华侨城当代艺术馆”，是华侨城集团下属的国际当代艺术馆，包括理念、架构、决策和咨询机构，主任任克雷，副主任郑凡，几个专业馆他都拟了一个

学术方向。还有“艺术指导委员会”，主任是巫鸿，副主任是陈剑，委员包括凯伦、卢迎华、黄老师等；馆长是任克雷，副馆长是陈剑和我，艺术总监是黄专，这是他最初的方案，我们开过好多次会，包括跟任总、陈总讨论。我也和黄老师一起做了行政管理的组织架构、管理流程等。黄老师这个方案是2011年写的，从集团层面怎么做，当代艺术馆和集团、何香凝美术馆的关系是什么，任总要我牵头同集团品牌办、财务部、战略发展部组成一个小组去调研。我们去了保利博物馆、今日美术馆、民生美术馆考察，然后做了一个特别详细的方案，上报集团办公会通过，包括后来深圳馆的名字又改为“中心”，因为觉得它既然是总馆，还是叫“中心”比较合适；还有原来想请任总或郑凡书记担任馆长，但他们从实际工作考虑，最后决定由我来担任总馆馆长，各分馆的馆长由项目公司的一把手担任，便于落实场地和经费；“理事会”和“学术委员会”这些名词都是我们调研以后改的，因为黄老师最早的方案是叫“组织委员会”和“艺术指导委员会”。馆群跟集团的关系，跟股份公司的关系，都是大家讨论后决定的。以前OCAT相当于何香凝美术馆的一个部门，地产出资做艺术项目，它跟整个集团的架构没有什么关系，现在它从何香凝美术馆独立出来以后，怎么做？它的身份是什么样的？是一个公司？还是一个民办非企业的法人单位？我们调研以后给集团意见是把它定位成一个民办非企业，但是去民政局登记的时候，民政局也有不同意见，认为是国有企业下面的机构，能否作为民办非企业单位，我们解释了作为艺术机构，我们没有国家的拨款，是利用民间资金运营，他们也就认可通过了。

*方立华：*您对于黄老师在馆群的学术规划方面是怎样理解的？

*栾倩：*黄老师对馆群规划方面一个非常大的贡献就是他对我们美术馆的总体定位，各分馆的学术定位，学术委员会的成立、组建，执行馆长的人选等，其实“执行馆长”是我提的，最早黄老师的方案里是“艺术总监”，我看到上海民生美术馆，银行派的

管理人员当馆长，周铁海（艺术家）是叫“执行馆长”，就有这个概念，我就跟任总、陈总建议，要黄专当执行馆长，我觉得这样对他来说也是更大的责任和更大的权利，权利和义务是相符的。黄老师在学术上就是 OCAT 的核心，他对各个馆的定位使得我们馆群很完整，我觉得这是他的一个很大成就。

*方立华：*后期黄老师把精力主要放在建立 OCAT 研究中心上，但在筹备的过程中遇到一些问题，他当时也失望地写下了一篇短文《别了，北京》，也引起了很多的讨论。您在 2012 年起担任 OCAT 馆长之后，也一直在协调馆群上做了大量的工作。能不能谈谈在这个过程当中您是如何面对和解决这些问题的，以及您对于黄老师的理解，您觉得应该如何才能建立一个更加良性和理想的机制？

*栾倩：*做了馆群以后，黄老师主要是想在北京把研究中心这个事儿做起来，这是他的兴趣，也是他自己觉得要花更多力量来完成的一个事情。当时遇到一些问题，主要是协调工作做得不够。我做馆长，有一大部分工作是协调项目公司和各地分馆的关系，因为确实不是所有的人都能理解这个事情的，黄老师也一再强调这个问题，不是所有做企业的人都能理解我们为什么要做美术馆，或者美术馆到底怎么做，别人也不一定懂，很多人都觉得只要找一个策展人做一个展览，就是美术馆了，而我们是更有计划，有明确的学术方向。2012 年 5 月，在文博会之前，我们 OCAT 馆群对外做了发布，开了第一次学术委员会、第一次理事会，理事会正式聘请了所有的学术委员和执行馆长，当时也是第七届雕塑展的开幕。上海馆在 2012 年 9 月开馆了，张培力老师和上海华侨城置地的袁静平总经理沟通得比较好，而问题比较多的是西安馆，因为没有团队，基本上什么事儿都做不成，凯伦老师非常着急，我跟朱丹副馆长一直在想办法帮凯伦协调西安馆的事儿，当时我的精力没有放在北京馆。

黄老师在 2012 年下半年又一次生病住院手术，期间他想辞职，觉得压力很大，觉得行政、企业和机构之间有很多问题，他认为一个艺术机构应该是平等开放的，不应该有企业管理的东西。我觉得他是一个理想状态，因为要做一个馆群，必须有管理，必须靠制度，要维持秩序和更好地发展。他写了辞职报告以后，我跟任总、陈总也商量过，我还是在挽留他，但考虑他身体的情况，我当时说，尊重他的意见，很感谢他这么多年对 OCAT、华侨城的贡献，希望他能够早日康复，如果身体条件允许的话，希望他继续做北京馆，他说他考虑一下。很快，应该是在 2012 年的 12 月份他在北京复查，医院报告一出来，他就给我发信息说，他要做北京馆，他说医生说他身体没什么问题了。我知道黄老师心里其实是放不下的。北京馆的筹建工作量很大，要找团队、定规划方案、创模式，工作了一年多，因为费用没有及时到位，他在朋友圈发了《别了，北京》，吐槽了制度的弊端和做研究机构的困难。之后很多转发，对黄老师发文的本意有误解，中间的一些事情并没有人去深究，多数人并没有考虑怎么去解决这个问题，只是想把这个事情扩散，很多是歪曲，甚至把这个事情放大，这样对黄老师的伤害也很大。后来我跟黄老师说，你不知道网络有多么的险恶，很多别有用心的人利用这些东西做了很多文章。黄老师说他再也不接受采访了。黄老师那篇文章更多的是想表达在中国现在的状况下，做一个研究型的学术机构，更多地需要政府和各部门的长期支持，这是一个国家的责任，而依靠企业很多事项不确定，很难做。但是被很多人说成是投资方反悔了，其实根本不存在反悔这个问题，大家理解上有偏差。我觉得还是要看得清自己，其实每个人的能力不一样，不能说谁高谁低，谁强谁弱，要让一个机构有良好运转的话——其实现在我们人才培养是有缺失的，艺术圈培养的人，可能对管理是不了解的，做管理的人对艺术也不是那么了解。像我们这个机构又很特别，它又是馆群，馆群要统一，理事会要发挥作用，也要落实到人来做，我觉得还是不容易的。后来到 2015 年北京馆也顺利开馆了，黄老师后来也一直跟我说，觉得行政管理真的

2015 年，OCAT 十周年纪念活动（图片由 OCAT 深圳馆提供）

很重要。

方立华： 对比你们共事过的两个历史阶段，从何香凝美术馆到 OCAT，您觉得黄老师在学术策划或者工作方法，或者管理上面有什么样的变化吗？

栾倩： 在何香凝美术馆的时候，他相当于一个策划人。从 2005 年到 2012 年，他是作为 OCAT 当代艺术中心的负责人，他开始思考很多管理方面的事情，从品牌、宣传，到人员、人事问题、经费问题，在何馆时他不可能考虑这些事儿。后来也是基于这个独立的机构才有了馆群，馆群中各馆的学术定位及学术委员会的委员建议名单都是他建议的，他是 OCAT 学术的灵魂人物。

方立华： 您觉得纪念黄老师最好的方式是什么？

栾倩： 把 OCAT 的事业继续下去，就是对黄老师最好的纪念！黄老师去世以后，有媒体采访时我都说了：纪念黄老师最好的方式就是把 OCAT 坚持下去。我认为对黄老师最大的安慰也是这样，因为他的心血、他的牵挂很大一部分都在这儿。

方立华: 您觉得用什么样的词能够比较贴切的描述黄老师?

栾倩: 我觉得他是个理想主义者，很正直、很有才华的学者，也是积极的艺术实践者，能力也很强，做事非常执着。在中国当代艺术界黄专是不可以忽略掉的一个人，不管今后怎样发展，他对中国当代艺术研究、发展所做的努力和贡献是不容忽视的，他创立了一种OCAT模式,用巫鸿老师的话说,“OCAT的重要性在于引进了一个新的模式，把当代艺术的创作、展示、研究和交流作为交叉和互动的平等方向进行发展”。他的学术理想、艺术实践很大一部分是通过OCAT这个平台实现的，更具有实践性、探索性，而且和整个中国当代艺术的发展和机构的发展都是紧密相关的。

一位让人温暖的学者型策划人

被采访人：郭晓彦（北京民生现代美术馆副馆长）
采访人：方立华
时间：2017年12月1日　地点：北京

方立华：您是什么时候以及在什么样的契机下认识黄老师的？

郭晓彦：1998年左右，成都成立了上河美术馆，是建筑师陈家刚投入建立的，应该是中国第一家民间美术馆。我记得当时邀请了一些策展人、批评家和著名艺术家做美术馆的学术委员；黄专是比较重要的一位学术委员，其他学术委员很多是艺术家，比如张晓刚和周春芽、舒群、叶永青等。1999年，巫鸿先生也加入了学术委员会。上河美术馆虽然叫"美术馆"，但它其实还是与地产公司有关，美术馆也由售楼处改建而成。美术馆的倡导者、发起人吕澎是史论出身，加上学术委员的支持，美术馆做得比较规范。1998年上河美术馆刚开始的时候，黄专就与他们经常接触，我认识黄专是在1999年。

记得他每隔一段时间或者有展览开幕的时候，就会来上河美术馆跟大家一起开会。当时我觉得他是一个非常儒雅的学者，但很幽默，会开玩笑。对于美术馆的事情，他是非常认真的，而且感觉有热情要做好民间的美术馆，这是他给我的最初印象。

方立华：能否谈谈当时的背景，为什么陈家刚先生会找黄老师作为学术委员？

郭晓彦：我记得学术委员有黄专、吕澎、舒群、周春芽和张晓刚，基本上都是一些在成都的艺术家，周春芽还是上河美术馆的艺术总监。这些"学术委员"经常帮陈家刚在关于展览和收藏的事上出谋划策。

我想，可能是这些艺术家引荐黄专的。因为他们非常尊敬黄专，也认为他是一个能够对美术馆提出专业性指导意见的人，又是非常认真和靠谱的人。我查了一下，1998 年的时候，何香凝美术馆做过“首届上河美术馆收藏展”，在这个展览中，黄专是学术主持，起到非常重要的作用。这可能是他们交往的基础。

*方立华：*能否谈谈黄老师作为学术委员所参与的工作情况？这个学术委员会的运作机制是怎样的？

*郭晓彦：*应该是每年有两次的见面开会，大家在一起讨论一些展览计划，很多时候也是在给陈家刚“上课”。其实陈家刚有很多精力也要用在运营房地产，所以不是像现在的这种学术委员会那样会定期开会，很多会都是见缝插针，临时集会式的会议也比较多，比如在什么地方碰见大家就会聚在一起商量一下工作，我记得很多都是这样的情况。当然，陈家刚也经常邀请他比较信任的学者来美术馆参与讨论，其实主要讨论展览和收藏。

*方立华：*不知道学术委员会的想法是谁提出来的呢？在那个时期，国内的美术馆其实都还没有建立学术委员会的运作机制。不知道当时是否有一个参照系？

*郭晓彦：*我觉得最早应该是吕澎和黄专他们一起提出来的，这些朋友一起出谋划策的。就是觉得既然要做一个美术馆，就要做得比较正规，比较有未来，所以大家也有点儿互相督促、制衡和互相帮助。上河美术馆也给这些策展人、艺术家提供了平台，因为当时中国的现状是国家的美术馆都不能展示当代艺术的创作，尤其是青年艺术家的作品，所以民间的美术馆就变得非常的重要。当时比较重要的展览，如艺术文献展要么是在何香凝美术馆，要么就是在上河美术馆，上河美术馆虽然小，但有一定学术品牌的项目，大家还是很愿意参加。

关于参照系，因为他们都读过西方艺术史，这里有一些参照。他们在设想上河美术馆的时候，陈家刚的公司叫“豪斯公司”，似乎他们最初也想做一个类似德国包豪斯那样包括建筑、艺术、教育等一体的机构。春芽从德国巴塞尔回来，叶永青、晓刚他们那个时候已经有出国的经历，他们对于新成立的美术馆都会给予一些指导性的意见，这也算是一些参照。

方立华： 您是什么时候去了上河美术馆？能否讲一下上河美术馆当时运作的情况？

郭晓彦： 我是 1999 年 9 月去的。之前我也参与了一些工作，因为我当时在其他单位上班。1999 年我们在上河美术馆做了“视觉的力量”（“视觉的力量——上河美术馆 99 学术邀请展”）。当时舒群是馆长助理，我负责展览及办公室的工作。我们的团队没有几个人。

上河美术馆是成都的豪斯公司支持的。我想，他们在建立豪斯公司的时候，还是对建筑、艺术很有抱负的。名字也有借鉴包豪斯（Bauhaus）的意思，公司的标志也设计成红、黑、白三色，感觉整个形象都是在学包豪斯，甚至想要成立一个豪斯学院，研究建筑和艺术、社会等问题。是他们的一个很大的设想。吕澎当时在参与，可能这帮艺术家也都提出过自己的一些看法。陈家刚最初是要去考美院，当艺术家的，后来考了建筑学院，是一个对艺术有幻想的人。所以在那个时代，就顺理成章地做起了美术馆，这在全国是第一个。之后有沈阳的东宇美术馆，天津的泰达美术馆，其实都是由公司来运营的民间美术馆，这三个美术馆在那个时代是同时出现的。

方立华： 1999—2002 年期间，您参加了上河美术馆的组建和主持工作，黄老师当时与上河美术馆也有一定的合作，比如他在 1999 年策划“首届上河美术馆收藏展”“视觉的力量——上河美术馆 99 学术邀请展”，2000 年策划“社会：上河美术馆第二届

上河美术馆前台（图片由郭晓彦提供）

学术邀请展”。您在上河美术馆第一次跟黄老师合作的展览应该就是从“视觉的力量”展开始的。能否谈谈在合作这个展览期间，您有什么比较深刻的印象？

郭晓彦：“视觉的力量”其实是一个关注年轻艺术家的展览。这些艺术家有很多都是出生在70年代的在四川美术学院读书的艺术家，比如谢南星是第一次出现在展览上，他后来画得比较震撼的那批画，有几幅画也是在这个展览上出现。像陈文波、赵能智、张小涛、何森这批艺术家也是在这个展览里推出。我觉得黄专在做这个展览的时候，他是有非常敏锐的学术洞察力的。他可能在研究这些艺术家的过程中发现画面已经有所改变，他非常强调视觉的冲击力，像谢南星和赵能智的画都是用了大片的灰调子，陈文波当时画的是维生素人。我觉得这个展览对于那批艺术家来说还是蛮重要的，他们刚刚从大学毕业。那个时候，也是刚开始推出年轻艺术家的时机。我觉得黄专的观察点是非常敏锐的。“视觉的力量”主要展出的是绘画作品，其中黄专还带来了一位广州的女艺术家杨帆的作品，当时她也是刚从病中恢复，她画了很多蓝色调，要消失在水中的人的形象，印象还蛮深的。

因为我当时刚刚加入艺术的工作，觉得黄专老师好厉害，他的学术能力，对展览的构建，以及阐述的能力都非常强。他给我的感觉是特别喜欢跟艺术家交流。那个时

2000 年，“社会：上河美术馆第二届学术邀请展”开幕式（图片由郭晓彦提供）

候这些艺术家经常会去小酒馆聊聊天、喝喝酒。其实“小酒馆”在成都就是一个很传奇的地方，是一个艺术家的聚集地。所以到了晚上，年轻艺术家都会聚集到那个地方，在那里可能会遇到很多艺术圈、文学圈和音乐圈的人。

2000 年还做了“社会：上河美术馆第二届学术邀请展”，展出的是李邦耀、魏光庆和杨国辛等一批生活在广州的湖北艺术家的作品。在这个展览里，我觉得比较有意思的是把他们和社会的变化、社会的图像，包括即将到来的消费时代的东西都展示了出来。

方立华： 黄老师在上河美术馆就策划了三个展览是吗？

郭晓彦： 对。从 1998 年到 2000 年。2001 年上河美术馆因为出现了经济的问题，慢慢地就没有太做活动了，上河美术馆差不多就那三年的时间，当然还做了好多出版。

方立华： 在去上河美术馆工作的时候，您还没有接触过艺术领域，但从一开始就着手黄老师策划的展览的工作，您有什么样的体验和想法？您当时是怎么理解这些作品的？

郭晓彦： 我觉得能够比较顺利地理解当代艺术，是因为注意学习和积累。之前我自己读了一些关于艺术史的书，虽然我自己的专业是心理学，但本身也有关于认知、观看和感知的理论，所以我觉得我进入这个行当并没有那么多的隔膜。我倒是觉得见到黄

2000 年，“社会：上河美术馆第二届学术邀请展”开幕式（图片由郭晓彦提供）

专老师他们以后带给我很多启发，那个时候，我就努力向他们学习各种展览经验。从组织能力上来说，我觉得自己的问题不大，有一些工作历练，可是判断力还是需要迅速地跟上。所以我比较注意观察他们，听他们的论点，他们提到的那些知识，我会去找书来读。在最初的工作中，认识黄专老师对我来说有很大的帮助，虽然他并没有具体地指导我应该怎么样去做，但对一些事情的建议使我获益匪浅。

*方立华：*在上河美术馆工作期间，您和黄老师的交流和讨论多吗？

*郭晓彦：*刚开始他还是像老师，是一位让人非常尊敬的学者。到了 1999 年做“视觉的力量”展的时候，因为我们在一起的时间比较长了，也就熟悉了，他比较人情化的这一面在工作中就会慢慢地流露出来，大家慢慢地就成了好朋友。

*方立华：*冯老师曾提到说黄老师觉得您很能干，所以把您推荐到广东美术馆帮助筹备“首届广州三年展”。我想您在上河美术馆工作期间，肯定和黄老师有很多具体的合作和沟通，能不能就一些具体的工作展开谈一些案例？也许通过这些细节可以反映黄老师做事的方法或者说性格。

*郭晓彦：*我觉得黄专特别认真，他给我们的艺术家清单都非常详细，而且指令也非常详细。比如说我们开会的时候，他就会告诉我们需要向艺术家要哪些资料。他觉得我

“社会：上河美术馆第二届学术邀请展”展览现场（图片由郭晓彦提供）

能干可能是因为我能把这些事情都执行下来，因为那个时候，没有什么专业的团队，就只有几个人。我在上河美术馆的时候什么都做过，包括联系艺术家、出版编辑、展览执行，也包括打扫展厅。我们当时没有具体分工说谁是策展人谁是助理，所有的工作大家一起做。

*方立华：*黄老师在1997年年底就开始在何香凝美术馆工作了，但在这一时期他并没有提出要建立一个学术委员会的机制，直到2005年他才提出建立“何香凝美术馆艺术指导委员会”，也就是现在我们所说的学术委员会的机制。

*郭晓彦：*我觉得黄专的工作一直是非常有建设性的，他通常都想得比较长远、规范化，有建设性，这是他一贯的风格。但是我觉得上河美术馆是一个特例，因为陈家刚这个人非常喜欢交朋友，也特别尊重这些朋友，喜欢听朋友的建议，他能做到跟大家一块商量。但是那个学术委员会并没有特别正式、严肃地开会，只是大家有什么信息或者例子都会分享给他，我觉得大家都是在帮助陈家刚做这个事情。也许大家都想建一个自己可以“玩”、可以自己做主的平台（独立的）。

*方立华：*在上河美术馆工作期间，您还有没有一些其他印象比较深的事情？

*郭晓彦：*在展览期间，黄专老师肯定很忙，但是我记得有一次他去我们那儿工作，可

能是“社会”展开幕。工作间隙，我跟周春芽陪他去玩儿，印象还蛮深的，好像我们去了刘文彩庄园和收租院，我记得我还给他拍过照。在玩儿的时候黄专老师是特别幽默的。我就记得这一次是大家一起出去玩，平时就是工作。

*方立华：*黄老师在给上河美术馆策划项目的同时也在何香凝美术馆进行机构实践，您当时对他这块的工作有没有一定的了解？

*郭晓彦：*当然，我觉得那边的工作是他投入精力比较多的，包括他对这个馆的构建和设想都是非常有远见的。我觉得上河美术馆毕竟是一个小的美术馆，展厅只有 400 平方米，另外加上一些院落。所以对他来说这是一个小的但是更有灵活性的实践的田地。

我在上河美术馆的时候没有去过何香凝美术馆，但是在 2002 年我去了广东美术馆以后就有机会经常去看。其实何香凝美术馆这边做了很多特别重要的活动，比如“深圳雕塑双年展”，2001 年那届雕塑展还因为黄永砯的作品引发了一些争论。我觉得那个时候黄专处理事情的态度非常果断，很有立场，也有风范。

*方立华：*您去广东美术馆的时候正在筹备“首届广州三年展”，前期黄老师也参与了展览的筹划和讨论，但是因为 2002 年年初黄老师生病了，他后来就没有参与策划的工作。您能否谈谈当时的一些情况？

*郭晓彦：*我记得是在 2001 年冬天黄专还没有生病的时候，他来成都跟我聊起这件事，他说他们在广州筹备大展览的事情，我记得黄专还问我愿不愿意去广州。当时王璜生馆长也来过，参观过上河美术馆，觉得做得挺好的，他还说：“你们这儿只有 400 平方米，做得这么好，气质很不错。”那个时候我还没有考虑过去广州的事情，到了年底，王璜生就跟我说黄专老师生病了，但是他推荐我去参加他们的工作。我当时决定去广

州，有一部分原因真的是基于我对黄专老师特别佩服。当时因为他生病非常严重，那个时候还没有骨髓移植，大家很紧张，我就觉得应该帮助黄专老师。

2002 年 2 月，他已经决定在北京进行骨髓移植了，我也决定去广州了。我记得当时我和王璜生以及另一个同事，我们三个人专门去北京跟黄专见了一面。黄专当时在北京人民医院准备做骨髓移植，见面时，他的脸色比较苍白，但还是把这些事都交代得特别清楚。从北京回去，到广州是 3 月 18 日，我记得特别清楚。当时艺术家名单很多都定了，其实就是一些执行的工作，我就开始和三年展团队一起开始跟参展艺术家要材料，打听展览作品在哪里。因为当时是一个回顾展，很多作品都要去找，看看是在哪个藏家手里或者是由哪个美术馆收藏，这些都要跟艺术家理清楚。我记得我去广东美术馆就开始在做这些资料的整理工作。

*方立华：*您还记得当时交接工作的一些具体的细节吗？

*郭晓彦：*我记得黄专拿了一张纸，我和王璜生都在，他们的策划方向和艺术家名单都定了，具体的事情就是开始整理材料，黄专就把这些东西讲了一遍，我就领受了这个任务。就是根据名单跟参展艺术家联络，要简历和作品图片，他们甄选了很多作品，这些作品在哪里都要向艺术家问清楚，等等。这些都交代得特别清楚，当时的工作已经进入这个阶段了。

后来，另一个策展人冯博一来广州现场工作了，我就在冯博一的带领下一起工作，好像每天都特别忙。三年展办公室是在美术馆的五楼，只有一间办公室，很忙乱。巫鸿老师他们提出要开一个国际研讨会，研讨会的组织是陈殃在负责。冯博一和我是负责展览执行，但是也有很多具体的事情，比如像黄永砯的作品是要在现场制作，展望的作品要埋在地下，宋冬要搭建一个东西，徐冰要把马和毛驴弄成斑马，诸如此类的事情很多，工作量特别大。

我们还蛮想念、惦记黄专的，也很关心他。11 月，展览开幕的晚上，大家都在庆祝，我和老冯（冯博一）就去看黄专了。黄专是在 2 月做了骨髓移植手术，我记得在这个展览开幕之前他回广州了，我们去看他的时候，他身上、脸上全是黑的，刚恢复过来，觉得自己经历了一次地狱的感觉，当时还跟我们讲了很多病中的细节。

*方立华：*当时北京见面，有没有谈及他关于“广州三年展”的想法？

*郭晓彦：*他没有来得及谈。1 月大家说到这个事情，他就生病了，然后就去治疗。但是我觉得那个展览有很多想法是来自他的。后来，我去广东美术馆工作的时候就可以看到很多他们当时写的策划案。

*方立华：*他写的手稿有什么样的内容，您有印象吗？

*郭晓彦：*不是手稿，都已经是打印稿，其实就是一个策划案。因为我介入他们的工作的时候，他们经过差不多一年的讨论，已经定案了，我去的时候就拿着这个策划案执行，处理一些具体的事情。这个时候黄专的工作已经完成了，包括方案、想法和讨论已经都做好了。

我不是特别了解他们几个人策划、讨论的细节，我拿到的已经是定稿。后来我和另外两个策划人王馆长、冯博一的讨论比较多。黄专应该大部分的思想贡献是在那个策划案上。我记得我们还经常要拿着看，里面有关于中国当代为什么要做这样的展览的论述。我相信这是他们三个人讨论过很多次的成果。

*方立华：*您在广东美术馆工作期间其实跟黄老师也有很多的来往，能不能谈谈这段

黄专手稿（图片由白榆提供）

黄专手稿（图片由白榆提供）

时间您对黄老师的印象，在这个过程中有什么样的讨论？

*郭晓彦：*黄专生病在北京治疗之后回到广州，“首届广州三年展”就开幕了，三个月之后结束。我留在广东美术馆三年展办公室工作，有时会去看他，也不是特别多，我觉得他的状态一天比一天好，黑色的斑点慢慢地褪掉了，皮肤也变得正常。我觉得他非常厉害，这样一场疾病都没打垮他。后来我跟冯博一去看过他，他给我们看了他画的手稿，觉得像经历了一场地狱之旅的感觉，非常痛苦，我觉得他其实也想讲述那段体验，确实是非常不一般的体验。但是他每次见到我们还是特别的乐观，从来不说自己的身体的付出。

那时，由于治疗后遗症，他没有唾液也没有眼泪，老是用人工泪液，随身总是带着一瓶水，这是他给我的一个特别深的印象。我们都特别担心他的身体，他倒是挺淡然的，该吃饭吃饭，也跟我们玩儿。其实没有唾液讲话还是很困难的，总是要喝水，可是那个时候他还是很关心学术，一直在思考，也问我广东美术馆在做什么，想做什么。我觉得他也是比较反感体制的，所以经常“洗刷”一下我们，他可能也有一些观察。

*方立华：*您刚才谈到看了黄老师生病期间画的手稿，那是在什么时候？他有谈到他画这些画稿的一些想法吗？

*郭晓彦：*在“首届广州三年展”开幕期间，他出院之后，我跟老冯去过两次他的家里，

黄专手稿 (图片由白榆提供)

有一次去的时候就看到了，但也不是全部。他觉得那就是他的体验，因为他刚接受骨髓移植以后身体非常难受，就是将自己经历的感觉画了出来。你不知道具体是哪种感受，但这个画面能让你感到比较痛苦。看那些画稿，就觉得他身体受了很多罪，当时我们还说要做一个展览，他还开玩笑地说他要再画一些。

*方立华：*为什么后来没有做呢？

*郭晓彦：*我觉得他肯定不想做。我一直挺惦记的，但是他没有愿望要做，因为这是他自己体验的东西，纯粹是一种身体在那种极端状态下的感受，画得很不错。

我觉得黄专是一个总为别人着想的人，不愿意给别人添麻烦，他总是愿意给别人营造一种舒服的气氛，这是他非常优秀的特点，他通常不麻烦别人。我记得当时他生病的时候，有一些艺术家特别想帮助他，有一些朋友在他生病期间想给他一些帮助，他都记下来，后来他都把钱物送还，觉得自己还是能够承担。我就觉得特别有风度。

*方立华：*我印象当中曾经在网上看到他写的一封致谢函，把帮助过他的朋友的名字都写在上面。

2006 年，“创造历史：20 世纪 80 年代现代艺术纪念展”展览现场（图片由 OCAT 深圳馆提供）

*郭晓彦：*是的。而且他把钱物都退还给他们了。

*方立华：*您对他在何香凝美术馆这段时期的工作有什么印象比较深的？

*郭晓彦：*我觉得他发起的那几个系列的展览，特别是公共艺术方面做得好，比如他做的“深圳当代雕塑艺术展”，已经完全突破了以往的雕塑展的定义。而且他一直喜欢思考型的艺术家，比如说丹尼尔·布伦（Daniel Buren）和黄永砯这样的艺术家，也能理解他们和支持他们的创作。所以我觉得他在那儿最早建立的那些体系都非常好。

到了 OCAT 的时候就更加放开了。“创造历史：20 世纪 80 年代现代艺术纪念展”是对 20 世纪 80 年代的一个总结，当时我记得好多美术馆都在做 80 年代的回顾展，但是黄专这个回顾展做得特别深刻，也很有人文性，把 80 年代的历史状态提示了出来。他的历史学的功底很深，学术训练有素，总能抓住问题，也能很好地把这些问题表述出来。“国家遗产：一项关于视觉政治史的研究”也是给我印象比较深的展览，对新中国的一些建筑、图像和事件都经过一番梳理和思考。我觉得他做的几个个案都非常精彩，包括张培力、王广义、舒群，这几个个案都很精彩，也提供了一种对艺术家的个案进行研究的范例，对我们的同行有很多的启发。

2006年，“纪念与反思：20世纪80年代现代座谈会”合影（图片由OCAT深圳馆提供）

方立华：您觉得黄老师在不同时期做这些策划工作的时候，他的方法和观察视角有什么样的转变？

郭晓彦：从我1999年开始认识他，到“首届广州三年展”，再到他后来在何香凝美术馆和OCAT主持工作，我觉得他后来的思考越来越系统化，包括他对中国当代艺术的看法，比如说他认为“85美术”运动是一场人文主义的运动，这种定义其实拓展了以前我们对“85美术”运动的一些看法。他也不断地吸收一些新的理论，阅读很多，而且他有一个很扎实的历史学的训练，所以他看问题非常有学理、非常有章法，而且他能概括出来。他和王璜生都是能干事的人，但是他们两个的风格不一样，黄专是学术训练非常扎实，他对中国当代艺术的思想建设有很大的贡献；王馆是敢于突破，敢于实验，创造了以前没有的展览和模式。

方立华：刚才您也谈到他所做的公共艺术的项目对您来说印象还挺深刻的，其实除了“深圳当代雕塑艺术展”，还有“深圳华侨城段地铁壁画工程”以及“上海浦江华侨城十年公共艺术计划”。能否更具体地谈谈您对于他在这块工作的看法呢？

郭晓彦：我觉得黄专把公共艺术这个项目想得更加学术化，推进得比较深。比如说历

届雕塑展给我印象比较深刻的是大型的装置和非常有思想性的小型作品，这种想法在当时对雕塑的概念都是有贡献的。后来他在社会空间、公共空间和艺术这些问题上想得比较多，我觉得他对公共艺术的学理方面的思考是很深刻的。他做的这些展览，不是说把这些作品汇集在一起就行了，里面都有一个思考的线索，比如他会考虑公共艺术怎么样做既能让大众理解，又保持它本身的学术性和严肃性，在这方面有很多案例给我们启发。

*方立华：*您是怎么看待他所主持的 OCAT 的？

*郭晓彦：*在黄专的带领下，OCAT 无疑是中国最好的艺术基地。OCAT 就是他的一件作品，他实践的一个园地。其实我觉得这还不只是他的个人想法，而真的是有一些担当，比如你怎么看待 80 年代的艺术，怎么看待你所信任的这些艺术家的工作及对于他们的梳理和定义，这些都是要靠一定的功夫的。

*方立华：*您又是如何看待 OCAT 艺术馆群的？

*郭晓彦：*我觉得最有意思的地方是 OCAT 艺术馆群在每个城市的形态是不一样的，不是说依托华侨城地产到处复制一样的东西，而是根据不同地方的特点和不同领衔人的特点做不同的美术馆，这非常有意思。比如说 OCAT 上海馆是张培力当执行馆长，他就做得很有意思，有他自己的号召力，也有他自己的想法，包括他对录像艺术的认识和支持。我觉得 OCAT 艺术馆群是蛮有意思的设想，做得比较突出的还有 OCAT 北京馆，它从文献和研究方面进行策展，这在中国是没有的，也特别有意思。由凯伦·史密斯领衔的 OCAT 西安馆也比较有特点，它注重社区的交流，都挺有创意。我觉得黄专在规划的时候特别有智慧。

方立华：对于OCAT以及OCAT艺术馆群未来的发展，您有什么建议吗？对于OCAT的运作您还有没有一些别的观察？

郭晓彦：其实我觉得每个美术馆的特质都不一样，如果要长久地发展，对于每个美术馆来说都一样，就必须要有一个长久稳定的资金支持的渠道。我听说OCAT是没有基金会的，这样的话可能对于它未来的发展不是特别有利。我觉得有这么多馆应该有一个基金会的支持，基金会负责给美术馆支持，这样在运作上可能会比较好一些。我也不知道华侨城具体的运行模式是什么样的，我们民生银行就是董事会捐助基金捐助给基金会，基金会再捐助给美术馆。通过艺术基金会的捐款可以减免过高的税负，可能从机制上来说，如果企业直接给美术馆钱，也有比较麻烦的程序，其实建立基金会是需要做的。

方立华：黄老师很注重做研究和出版这一块的工作，他在OCAT做了很多艺术家个案的研究，也有一部分课题研究。后来他为今日美术馆策划了“自在之物：乌托邦、波普与个人神学——王广义艺术回顾展”，他也主编了一本很厚重的出版物。最后他倾力主编的一套书是《张晓刚：作品、文献与研究 1981—2013》。我想请你谈一谈关于您对黄老师做出版工作的看法。

郭晓彦：我觉得这是他的一个学术志向，他的研究和他长期的学术理念有关，他做的出版都很严谨，有那种艺术史家的训练。他找的王序设计公司也在广东美术馆的楼下，我还去看过他们的几次讨论。我觉得黄专对于出版物应该怎么设计都有自己的看法。我还比较了解他想做图书馆的想法是来自瓦尔堡图书馆，我们也聊过，我还看过他的一个关于图书馆的计划书。

方立华：他在UCCA曾经还做过一个讲座“我们需要一个当代艺术图书馆吗？”您是

怎么看他的这项计划的?

郭晓彦: 我听了，我觉得特别重要。我知道黄专特别想抵制的可能就是那种对艺术比较肤浅化的思考，他想把这种艺术的人文价值体现出来。他做图书馆、档案和研究，他的目的也是基于此。

方立华: 你们有直接讨论过吗?

郭晓彦: 没有。很多年之前，民生的何炬星想支持他的这项计划，所以我拿到过这份计划。

方立华: 黄老师曾经想过跟何先生合作，但是不知道后来你们是怎样讨论和考虑的?

郭晓彦: 可能何先生也蛮感兴趣的，但是民生的机构很大，在民生内部也有很多要协调的地方，这对于何先生来说也是比较麻烦的，不是说他一个人就能拍板决定，而且这个议程很长，可能在这个过程中就发生了一些变故，没有进行下去。但是大家当时谈的时候都很有热情。

方立华: 您看到这份计划的时候有什么样的想法呢?

郭晓彦: 因为我听黄专讲过瓦尔堡图书馆，这是他心目中最好的一个图书馆，他也很想做这样一个集合艺术和人文的图书馆，这种理想特别值得尊敬，而且非常有价值。我当时觉得这是很厉害的想法，真的希望能够有一天实现。其实图书馆计划是非常有意义的也令人激动。我觉得黄专所做的事情确实是一种建构，他是在想着怎样有建设性地做这件事。很多人没有想法，虽然积累了很多资料，但是没有意义。这是一个关于档案的问题，如果档案只是放在那儿，那就是死的，我觉得必须要有一个灵魂才行。

方立华：你们平常会谈到他的教学工作吗？

郭晓彦：我们真是没有认真谈过。我开始还以为他教的是中国当代艺术，后来我是从胡斌那儿才知道的。

方立华：您当时知道他教的是“中国艺术史学史”是什么样的反应？因为这跟当代艺术完全没有关系。

郭晓彦：我没有吃惊，因为他是学历史的，他后来的工作也得益于这些营养。他本来就是一位学者，他做策展人也是学者型的策展。

方立华：您觉得他后来的性格有没有一些变化？您刚才也谈到对他早期的印象是非常幽默和风趣。

郭晓彦：我一直认为他是这样的。他生病好了以后有一种豁达，他一直是一个很认真的人，但是感觉他很豁达地去看待别人的缺点，宽容地去理解别人，而且更有智慧，这是我的感觉。他也很关心朋友，也会开导别人。他经常开导我。

方立华：能不能最后谈一谈您对黄老师总体的印象？

郭晓彦：我觉得他是一个特别正直、有良心、很公正的人，也是一个善良的让人觉得很温暖的人，而且他的思想对人非常有启发。既智慧、聪明，也很包容，这在周围的朋友当中是很少有的。我觉得他在学术和原则性问题上非常严肃，他的发言或者是他提的问题都非常严肃，非常有力量，只有在这个时候会觉得他有一点点冷的感觉，但这仅仅是在对待学术的问题上。

他真正地超越了疾病

受访人：凯伦·史密斯（OCAT 西安馆执行馆长、OCAT 学术委员）
采访人：刘秀仪（原 OCAT 深圳馆艺术总监、现任 K11 Art Foundation 艺术总监及 K11 美术馆部华南区助理总经理 - 艺术项目）
时间：2016 年 11 月 8 日　地点：上海
翻译：杨梵　译文校对：宫林林

刘秀仪： 请问您最早见到黄专是在什么时候？

凯伦·史密斯： 我们是 20 世纪 90 年代末在武汉见到的。他那个时候应该已经搬到广州了，但当时在武汉有一个会议，我已经忘了会议的主题。那次王广义参加了，我记得彭德也在，所以大概是一个展览的研讨会。那是我第一次见到他们。之后，从 2003 年末到 2004 年间，黄专开始为深圳 OCAT 的开馆进行筹备工作。我就在深圳待了很久，与他商谈 OCAT 的建馆流程和方向。当时他还四处奔波着，与诸多艺术界人士讨论如何建设好 OCAT。一开始，作为何香凝美术馆的附属，OCAT 的许多项目都是与何香凝美术馆联合进行的。当 OCAT 获得自主权且有望成为一个独立的艺术空间时，我与他一道为 OCAT 做了很多文献准备工作，例如规划 OCAT 的架构，陈述 OCAT 的使命，并为很早就已展开的驻场计划拟定目标。这就是我与黄专合作关系的开始。

刘秀仪： 那时您是否已经住在北京了？

凯伦·史密斯： 是的，我从 1992 年开始就住在北京，直到 2014 年。我曾为四合苑画廊工作过一阵子。在那之前，我（在外文出版社）经历了学生到外国专家的身份转变，之后又在四合苑画廊供职了一年半。从 1999 年开始，基本上我就以完全独立的个人身份为不同的美术馆做不同项目了。

2005年，黄专与凯伦·史密斯在“翻译与视觉文化国际研讨会”现场（图片由OCAT深圳馆提供）

刘秀仪：总的来说，那段时期的中国当代艺术界正被许多人重塑着。当时戴汉志还活跃着，黄专也是这股重塑力量中的一份子。如今，我们将上海和北京称为中国最主要的艺术中心，但当时，艺术活动的图景实际上更为分散，从北京到上海，从武汉到厦门，遍布大江南北。那时的北京是不是与现在很不一样？

凯伦·史密斯：当时中国的各个地方都发生着许多事情，从沈阳到长春，从成都到深圳，从北到南，我都跑遍了。当时艺术家、批评家居住的地方以及艺术活动发生的区域都很分散，但到了90年代中期，北京已然被视为中心，并与其他地方拉开了明显的差距。90年代中期的上海艺术家，要是不去北京，很可能见不到（外国）策展人。这产生了一些矛盾，因为同一时间从国外来的大部分批评家和策展人会造访北京、上海或重庆、成都，北京是一定会去的。但如果他们要去其他城市，更可能的选项是杭州和广州，他们不一定非要去上海。当时的北京风起云涌，鼓励了很多艺术家从四川成都这样的城市搬到北京，使后者真正确立了其艺术中心的地位。因此，我们必须铭记，在1996年底，黄专决意在首都策划一个大型展览，即“首届当代艺术学术邀请展”，以这样的方式回应1989年在北京中国美术馆举办的“中国现代艺术展”所留下的未尽事宜。1989年的展览被迫提前关闭，给艺术家和批评家留下了许多未尽事宜，之后也牵引出了许多讨论，例如当时入选的作品是否具有代表性、是否为有质量的作品，因为当时参展的很多人是碰巧认识策展人和批评家才获得邀请的，他们带来什么样的作

2007 年，“视觉遗产：政治学还是艺术史”座谈会现场（图片由 OCAT 深圳馆提供）

品无关紧要。这是我踏入这个圈子之前发生的事情了，所以我没有资格评判。但是，到了 90 年代中期，黄专显然意识到有必要做一个大型回顾展。继而在 1995 年到 1996 年间，他一直在筹备这个展览。我曾在中国美术馆见证展览布置的最后阶段。布展即将完成的时候，我刚好就在那里。我记得展望为自己的一件大型新作很是得意，他是专门为那个展览创作的，准备第一次亮相。那时他刚刚开始着手创作“假山石”系列，展出的那件装置作品十分大胆。除他以外很多人都在那里布置作品，场面热火朝天。我想起自己没带相机，赶紧跑回家取，我转头回来的时候，还没超过一小时，发现展览已经被叫停了。这件事对黄专打击很大，他非常失望。我认为这件事也使他对北京这个中心产生了强烈的抵触情绪，因为首都的文化生态非常封闭。中国的南方、北方之间出现一些沟通困难，如今也不是什么新鲜事，尽管现在是北京、上海之外的其他城市做活动，大家都在艰难地争取关注。

以至于后来很久，他都没有再回到北京策划展览或出席艺术活动。这件事给我留下了极深的印象。当 2002 年巫鸿策划“广州三年展”时，作为一个专注于回顾 90 年代的大规模群展，它回应了黄专自“首届当代艺术学术邀请展”就开始从事的研究。他所做的大量工作为展示 90 年代的全貌铺平了道路。在这两个展览之间，高名潞在纽约策划了“从里到外：新中国艺术展”。那是在 1998 年秋，但其中出现的关于 90 年代的论述，我认为参考了黄专为 1996 年展览所做的研究。虽然 1996 年的展览被叫停了，但我们都保存着展览画册，那本画册成为这类群展的思考基础。值得细想一下的是，黄专为何会付出如此巨大的时间和精力在深圳建立OCAT，他又为何竭力让OCAT立足于这个没有文化名望的城市，我认为黄专在北京的遭遇驱使他产生了这个想法，并且成为他聚焦于深圳的原动力。起初，大部分人都了解，与一个企业合作，建立符合我们愿景的理想当代艺术中心是多么艰难。90年代发生了好几例，公司老总对艺术有兴趣，瞧准机会涉足收藏。到了90年代末，这些人大部分要么破产，要么被调查。事实上，相信“一个深圳企业”真的对艺术感兴趣，在当时是很冒险的。那时黄专已经是业界备受尊重的重要声音了，但他仍然选择把精力投入OCAT的筹建中，因而也获得了他身边许多艺术家的支持，我认为这与当时国内艺术家聚居地的转移有关。或许，作为一个批评家或策展人，他感到OCAT在深圳可以有一番作为。

*刘秀仪：*聚焦于中国南方，并且在毗邻香港的深圳建立一个艺术机构，这是一个非常具有开创性的决策。如今我们期望深圳会成为另一个“艺术中心”，然而世界上99%的城市到最后都无法成为所谓的艺术中心，但那里的人们依然需要艺术和文化。2005年在深圳首建OCAT实际上是一个聪明的选择，它靠近广州，那儿有广州美术学院；亦靠近香港，那儿是连接中国大陆与世界其他地方的通道。作为一个经济特区，深圳独特的城市历史拥有激发艺术家探究的无限素材。OCAT始于深圳，但它亦将目光投射到了其他城市，包括上海、北京、武汉和你曾主持工作的西安。可否向我们透露一下，当时黄专是如何邀请您去担任西安OCAT的馆长的？西安是一个古老的城市，也没有可观的艺术社群，这当然与您居住的上海和北京十分不同。加入西安OCAT之后，您与身处深圳的黄专是如何合作的呢？

*凯伦·史密斯：*OCAT在深圳草创时期，黄专就曾希望我为这个项目付出更多的时间，甚至在OCAT里为我安排了一间办公室。然而我应该做多少工作他一直没有明说。

我是个非常务实的人，我可以很好地响应具体任务，并且为特定项目制定策略，但是我在 OCAT 的角色比较模糊，导致我不确定应该以怎样的方式与他一起工作。而且，那时候团队规模非常小，又因我并不住在深圳，不知从何入手，几乎可以说是“空降”。在场或者不在场所产生的限制中，我该如何发挥作用呢？我想他对此是有一点失望的，他不知道该如何更好地跟我交代工作，显然我也没有正确地回应他。那时还没有成立策展部，也没有人能预见到未来 OCAT 还会开分馆。我不知道究竟为何黄专会选择让我去西安，但是这件事已经板上钉钉了。当黄专给我打电话问我对这份工作有没有兴趣时，它已经作为一个通知正式对外公布了。那时有人恭喜我得到了新的工作，我一头雾水地说：“什么工作啊？”然后我才看到通知。事实上，我非常高兴。OCAT 的其他同事说：“你应该去武汉，因为那边各方面条件都比较好。”但武汉并非我心之所向。我认为黄专让我去西安是相当正确的。对我来说，西安从“深圳模式”借鉴了很多。当然深圳是一个非常具有实验精神的城市，因为它是经济特区，在蛮荒之中繁盛起来，它的文化并不在原来的计划之中。西安则反之，是历史，而非经济主导着这个城市的文化生活，历史塑造并左右了西安，这个城市充满了文化遗迹，但是尚没有当代艺术的一席之地。所以我可以从“深圳模式”中汲取很多经验，在西安应用。那时，黄专已经为 OCAT 工作近 10 年了。事实上他之前为深圳 OCAT 筹备了两年，所以当我们举办 10 周年纪念时，他在 OCAT 的时间应该比 10 年更长。我感到他对这个机构有所坚持，也付出了信任，这也包括了他对分支机构未来发展的期待。因此我也欣然领命前往。他给予了我很大帮助，来了西安很多次。因为华侨城在很多城市都有分支机构，为这些分支机构工作的人也对文化很感兴趣。他们乐见深圳 OCAT 的成果，有些热心人甚至想在自身的运营架构内做展览，但如果没有 OCAT 的架构，肯定是一团糟。或许我不应该这样说，但西安以前就是这种情况。没有战略，没有连贯性，任何美术馆都不可能成功，只有连续的高质量策划才能带来可持续性。因为只有这样，人们才会信任美术馆，才能从中学到东西。如果观众都不信任你给他们展示的东西，那他们绝对不会认可这是真正的美术馆。建立一个清晰的方向是非常重要的，我们希望西安OCAT能像深圳OCAT一样，逐渐完善起来。黄专花了很多时间精力与西安的团队商议，尤其是帮助西安华侨城的人理解美术馆作为一个具有功能的实体意味着什么。这真是帮了我大忙，因为他们当时对于我这个没有任何预兆从天而降的外国女人有点不知所措。

*刘秀仪：*让我们回到黄专在90年代策划的展览这一话题。正如你之前所说，这个展览几乎在开幕的同一时间就被叫停了。您认为黄专所策划的这个大型群展留下了些什么？现在每个关注当代艺术世界的人都在尝试挖掘90年代。例如，年轻的艺术史学家鲁明军在研究“后感性”群落及“超市”艺术展。你如何看待黄专在90年代的贡献？

*凯伦·史密斯：*组织一个口径一致的历史叙述永远是艰难的。参与者每个人都有自己的经历，因而取得令人信服或能够接受的客观共识困难重重。我想这从一方面解释了为什么有这么多批评家都去写大部头，目前已经有不少总结性的出版物了。黄专并没有这样做，而是另辟蹊径，选择聚焦一些特定的艺术家个体，与他们进行大量的互动和对话。我也无法判断这是否是一个正确的策略，但我认为这种方法可以呈现出关于那个时代的一种连贯思考逻辑。事实上，我的判断也许完全是错的，但当我想得越深入，我就越觉得这是他对于那些时代拷问的回应。有许多事情还未能被言说，因为你认识这些过来人，你也尊重他们，其中很多人被你视作朋友。但如果你要忠于自己作为一个批评家的角色，忠于你所信赖的作品价值体系，抑或对一个特定艺术家所做的贡献进行公允评判，站出来在公共场合发声就相当困难了。所有人都会觉得你这样做不“友好”，或认为你因为私人恩怨在针对某人。与黄专同一代的人是有特殊经历的，这代人对于公开批评极度敏感。黄专的著作总是被这些问题纠缠着，但他完成了大量

的严肃写作，探究了特定艺术家作品中的思想脉络、哲学理念及美学系统。那些他经常接触的艺术家，例如王广义、张培力，都是那个时代极具代表性的个体。他们拓展思维的方式、使用视觉语言的方法都很有代表性。黄专对于他们的研究，即便不是中国当代艺术的必读书目，今后也将保有重要的地位。黄专研究了启发这些艺术家的哲学家，将语境还原到了那个时代，这种研究路径的选择来自于大量的经验积累和反思。这也促使他为北京 OCAT 提出了新项目，其中包括一个出版计划——使用更当代的语汇和分析方法，重新翻译一些当时的重要文本。对于他来说，他希望将北京 OCAT 建设成一家真正拥有批判性思维的机构，并且可被纳入一个逻辑贯通的、有效的参考框架，以便来自各个年龄段的人都能够理解并参与其中。我是通过翻译《江苏画刊》及《美术》的文章来学习中文的，这些文章的作者都是八九十年代的批评家，翻译就是我的中文课。如今我回顾这些文章，已经觉得难以卒读，它们所使用的语言实在太具有时代特色。就像我刚来中国时，在大学里学中文，我们所用的字典里，例句的措辞和表达全是社会主义和马克思主义的，我学起来太艰难了，因为我并不是马克思主义者，我也想象不出日常生活该怎么使用这些句子，而那时候，用这种语言方式说话是那么稀松平常。黄专期待北京 OCAT 能做一些有意思的事情，从而为年轻一辈提供一种途径，去理解 90 年代的人在想些什么，那些作品又是在怎样的情境下产生的。

*刘秀仪：*您提出的语言层面的问题值得进一步探讨。许多研究 90 年代中国当代艺术的学者，对此都有提及。当您提到黄专与其他艺术家探讨影响他们的哲学家时，我也产生了一些共鸣。当我阅读谷文达、黄永砯等艺术家的访问材料时，我发现他们都提到了维特根斯坦的著作，当被问及艺术家们为什么会产生这种共同认知时，谷文达回答说，这位英国籍的奥地利哲学家的作品在"文革"期间是供批判的反面教材。语言层面在当代艺术史的研究中是一个被忽视的问题，亟待探索。我想您可能会有这样的体验，黄专肯定也有过这样的体验。每当人们试图向其他地方、向"外部世界"介绍

中国艺术时，总会使用“这是中国版本的……”这种比较模式，以为这些概念可以无差别借用，而不是历经塑造和重塑、转译和反转译、解构和重新建构。我们遇到很多所谓的艺术史著作不过是年鉴而已，应该在话语层面产出些什么，这也是值得慎重考虑的。至于您所提到的共识，每次当人们展示他们“以研究为核心”的大部头时，其实书里仅仅涉及了中国艺术史中的一张张面孔。人们并不关心话语的形成，只在乎谁被写进了历史，我想这是每个人都在尝试改变的习惯。所以让我们来谈谈历史写作吧。正如黄专一样，您是一个备受尊敬的艺术史学家，您认为您与黄专的历史观有哪些相同或相异之处呢？在这里，历史观指的是塑造整个世界的方法论或者角色。

凯伦·史密斯: 这是一个有趣的问题，因为西方人吸收的历史和艺术知识至少有一半是通过阅读得来的。他们当然会去逛美术馆，但不会以此代替阅读。我从不将自己视为一名艺术史学家，我写的是正在发生的事情，尽管我对当代事物的根源感兴趣，但就艺术史的真正学术意义来说，我既不是一个艺术史学家，也不是一名学者。在中国，艺术史有非常严格的定义，我印象中主要是指清朝之前的艺术历史，相关文本都是描述性并且程式化的，这些文本中的历史思考，常常令人感到索然无味，抑或难以对既有概念提出挑战，这是因为它们根植于现存史料中。而且，这种写作一般是很技术性的。至于撰写活生生的艺术史，在中国，写作的可能性和过程都会受到人际牵累，这也影响了你的研究方式，不管你是否认识你的研究对象。我可以说，在我读过的艺术文化类书籍中，非常有用且极具启发性的，哪怕是理论书籍，大概有 80% 以上都不是专门面向艺术界人士的，所有人都能够轻易阅读。这些书虽然不是学术性的长篇大论，但都是基于恰当的研究撰写的，内容确凿可信……同样地，西方（欧美）的美术馆通常都是面向公众的，是向每一个人开放的，它们自然也不再是精英专属。然而在中国，我们生活及工作的世界，是无比精英化的，很多关于艺术的写作都是以学术形式避难的。我用“避难”这个词，是因为学术性写作规避了我刚刚说的那个问题：当你去写

2013 年，OCAT 西安馆开馆合影，左起：汪建伟、王序、凯伦·史密斯、黄专、张培力（图片由 OCAT 西安馆提供）

那些你认识的还活着的人时，你怎么将自己抽离出来；怎么建设性地批评那些不习惯被批评的艺术家。我现在正在写 90 年代的艺术，回顾 1993 年到 1996 年间的历史是很有趣的，那时出现了许多新的艺术类别，例如“后’89 中国新艺术展”中使用的定义，在展览的那短短五分钟之内，这些定义完全起效了。你可以去研究一下在整个展期内，被归到“中国新艺术”类别里的每一个艺术家。当时这个定义确实行得通，但艺术家们都在持续地变化着。这些术语仅仅只是听上去不错的口号或是营销工具。至于在建构及认识论的层面上说，如今这些术语并不能帮助我们理解这段历史及其演化。这就又牵扯到了另外一件在中国很有意思的事情，我想这在文化中由来已久，例如画大山但不去看山，在书房里写首关于月亮的诗但不去赏月。一部分关于八九十年代中国艺术史的著作，就是在没有仔细观看艺术作品的情况下写就的。无论我写的是哪一种艺术形式，我都必须保持着对它的观看。当写作思路断了，你很可能发现自己开始胡编了，反正听上去逻辑是对的。所以回过头来审视艺术本身是必不可少的。今天的年轻人尝试做中国艺术研究时，遇到的最大问题是在何处观看艺术作品，尤其是历史上重要的艺术作品，他们常被困在故纸堆里，被困在支离破碎的文本里。黄专那一代人是最早的一代批评家、写作者，他们试图整理发生过的事情并且理出一个结构。他们分散在中国和海外各个地方，研究着不同的艺术家。最大的挑战是将一切整合起来，并将它们理顺。但就像很多中国其他的事情一样，如果你浮皮潦草地回顾过往，你只能发现一堆矛盾。就写作的角度来说，黄专和我的出发点并不相同，这并不是由我或者他个人造成的，而是因为我们来自截然不同的背景。我所受的教育使我秉持的价值观与黄专这代人所接受的价值观有很大差异。你在多大程度上相信你自己，相信你个人的价值理念？你能否勇敢地说出自己的想法？对于很多写作者来说，这些都是限制因素。我不能冒昧地替黄专发言，但大部分人都会认同他对艺术家个体所做的深度研究，是他为艺术史及未来研究做出的最大贡献，因为撰写整个 80 年代到 90 年代的历史仍然不可能，一旦你开始尝试，就会发现一堆人站出来说“你怎么不把我也写进去？我也经过了这段历史啊！”只有时间能当这个裁判，它会比任何个人都判断得更公正。

刘秀仪：在你们那么多次的合作中，是否有一次比较难忘的？

*凯伦·史密斯：*事实上我们并没有一对一地为某事合作过。我们的合作都是与遗留问题有关的，这也有黄专生病的原因。尽管确诊患病给他带来了痛苦，但当我们回顾他在那之后的成就，会发现生病或许在最大程度上解放了他的后半生。他真正地超越了疾病，也超越了限制着艺术界充分交流的复杂人际关系，很多人都深受牵绊。这令他拥有了完全不一样的视野，可以自由地从事严肃写作及展览策划，他在这段时期内做出的成果是一份伟大遗产。我想现在人们还未能意识到这些成果的价值，但当我们能够正确地看待这个时代时——这至少需要 10 年的时间——届时当研究者回顾历史并着手研究，将黄专在这段时期内的成果与其他作品进行比较，他的遗作会体现出更为长久的时间价值。

历史与当下

受访人：胡震（策展人、你我空间联合总监）、樊林（广州美术学院艺术与人文学院教授、艺术史学者、策展人）、
胡斌（广州美术学院美术馆副馆长、艺术管理学系教授）
采访人：郭伟其、方立华、徐坦
时间：2017年2月15日　地点：广州

*郭伟其：*胡老师是在武汉时期认识黄老师的吗？

*胡震：*在武汉时期，听人讲得比较多一点，真正和黄老师在一起有交集，还是1991年我到广美（广州美术学院）来读研究生的时候。记得当时黄专、吕澎、严善錞、邵宏他们几个在筹划1992年的“广州·首届九十年代艺术双年展”。他们经常聚在一起聊天说笑，我旁听，觉得很新鲜，也特别有意思。有时他们讨论的一些问题对我后来（包括看书的兴趣、对艺术史的理解）影响还是非常大的。

后来我接手做《画廊》杂志，因为有这层关系，我觉得有什么问题都可以请教黄专，他也确实给了我不少的建议，包括在具体的专题或艺术家的选择上。在和黄专的交往中，我比较有印象的两件事——实际上两次都是我没把事情做好。第一次，是做黄专的封面人物。我记得那次采访很顺利，黄专也聊得很开心。不久我就去法国待了三个月，黄专的采访录音只好让别人代为整理。时间有点久，具体情况也记得不是太清楚。当时我人在法国，每天在外面跑，没时间对照录音校对，所以仓促地把稿子看完就发回编辑部了。我不知道方立华记不记得，后来是叫他们发给你，说如果可以的话让立华跟黄老师再校对一下。杂志出来后，黄专也没有说什么，后来有一次我去祈福新村，聊到这个事的时候，他才不经意地说：里面的对话弄得有些零碎，一些话没说完整就出版了。我觉得以他个人对自己的要求、对学术的要求来讲，应该很不满意那一次的封面人物采访，但是我也没有跟他解释原因，杂志都已经出来了，确实是没有办法的事情。黄专对我一直都很包容，一直鼓励我多做些事情，即便做不好，也不会责怪，只是在适当的时候提醒我。还有一次，《画廊》做冯峰的“封面人物”，用的是黄专的一篇文章，那篇文章我跟冯峰都很重视，包括整个校对的过程，全部校对完弄到很晚，之后再交上去终审。我们把校对稿也发到邮箱，冯峰那儿也有，之后杂志出来的时候，文中的“福柯”不知道怎么变成了“妇科”，这事让黄专有点生气，说以后再不给《画廊》杂志写文章了。这不是一个水平的问题，就是一个态度问题。为什么不多看两遍？为什么这样一种幼稚的错误都可以犯？这两件事，我印象挺深的，这也导致我后来做杂志的时候，别人校对完后我自己还会反反复复校对，中英文也是，变成大量的时间都放在校对上，尽管还会出错，但是自己会觉得心安。

*方立华：*胡老师刚才说的这份封面人物访谈稿我没有什么印象，如果给我的话，我会发给黄老师看，他自己很认真的。他也说过采访稿相当于自己要重新写一遍，他后来也尽量不接受采访。

*胡震：*可能是时间紧他们干脆就没有发给你。那个事情是发生在2008年，我去巴黎艺术城那一年。1992年、1993年的时候，黄老师鼓励我，让我翻译一点东西，写一点东西，黄专、邵宏他们当时都有一些资源，就希望我要努力点。

*郭伟其：*刚才胡老师提到翻译的问题，我想起好像洪再新编的《文学》里边有一篇您翻译的，巫老师的文集也有一篇您翻译的。像这些活动跟黄老师有没有什么交集？

*胡震：*洪再新那篇是严善錞让我译的，巫鸿的那篇是黄专让我译的，我译的就是《摄影史》那篇，其他的是别人译我做校对。

方立华：黄老师是1994年至1996年参与《画廊》杂志的改版编辑工作的，您对这一时期他的工作有没有一些了解？他们当时的工作与您之后开启《画廊》杂志的工作有一些什么样的区别？

胡震：这一块实际的工作可能杨小彦比我知道得更多。我只知道黄专在做这个事情，会关注他发表的文章，因为有的文章是他自己写，但并不是用他自己的名字，后来在聊天的过程当中我才知道。到我接手去做《画廊》的时候，一方面，这个杂志已经转手几轮了，越做越不像样了，关注点也都不一样，一时关注水墨，一时关注市场，一时又关注其他，等等，来来回回折腾完了之后我才接手。另一方面，我个人兴趣还是更倾向于当代艺术这一块，黄专看到什么问题就会跟我讲，他仍然很希望这个杂志能够在当代艺术这条线索上做好。我觉得他们前面铺的路非常好，他们曾经把这个杂志办成了在国内具有一定影响力的一本杂志，我能做的就是尽可能努力地在当代艺术这条路上走得更远。

郭伟其：我补充一下，胡老师讲到在武汉时期认识严善錞，但是不认识黄老师，只是听说过，当时听说的黄老师是什么样子的？

胡震：黄老师在那边特别活跃，我当时去湖美（湖北美术学院）听艺术史课，主要是听皮老师讲课，而黄专更多的是跟那些年轻艺术家在一起做展览。

郭伟其：严善錞是做画史研究的，黄老师和严老师有很多合作，当时您是怎样理解他们这种关系？

胡震：我觉得这几个人在一起能成大事。在范景中的影响下，他们会经常在一起聚，一起讨论问题，每个人有每个人的优势和研究方向，非常有意思。

*樊林：*他们把自己称作“范帮”。

*胡震：*我觉得很有意思，他们会沿着自己学术的线索去走，有交集，同时也有各自独立的一亩三分地，在自己的一亩三分地里又各自做得最好。我感觉他们几个人在一起的时候，那种互动特别过瘾，很多是以玩笑的方式，会觉得很快乐，觉得做这个事本身是一件很快乐的事情，是一件很有趣的事情，而不是说，我是一个有沉重的抱负或者是说这个东西是我不得不做的，不是这样子。我觉得那种状态很好，会让外围的人不知不觉喜欢上这个专业，喜欢上这一群人，喜欢他们在一起的那种氛围，我直接的感受就是这样子的。

*郭伟其：*之前跟杨永芳老师聊天的时候，杨老师提到黄老师给研究生开过课，不知道您进来的时候，黄老师有没有开过课？

*胡震：*我进来的时候好像还没有，黄老师那个时候也是刚刚来。

*徐坦：*油画系学生有上过黄老师的课，是上大课，他们叫黄老师“穿红毛衣的老师”，因为黄老师上课穿一件深红色的毛衣。

*郭伟其：*油画系开课的时候讲什么？

*樊林：*讲艺术概论——当时叫作“艺术概论”，他刚来的时候，因为美术史都有老师，“中国美术史”是李公明上课，“西方美术史”有李行远老师，所以我记得黄专来的时候黄渭渔老师刚刚退休，“艺术概论”这门课缺人，所以黄老师来广美，刚开始是上“艺术概论”。

*方立华：*是哪一年？

2011年6月，广州美术学院美术史系研究生答辩现场（图片由樊林提供）

2011年6月，广州美术学院美术史系研究生答辩现场（图片由樊林提供）

*胡震：*1991年、1992年吧，我印象当中，我们进来读研究生的时候，黄老师没有上研究生的课。1991年他也刚来，“画论”——因为可能是他还没有准备，或者是因为学校没安排的原因，所以他没有上课。跟我们上课的就是李公明、谭天、陈少丰老师，大概是这样一个情况。我自己后来也没有完整地听完黄专的画论课，但保存着他的“古代画论”讲稿。

*郭伟其：*所以在你们的记忆中，黄老师在这儿最开始开的课就是“艺术概论”，然后才上“中国美术史”，在系里上“中国画论”，是这样吗？

*樊林：*因为我们第一届是专科生，在我之前，那会儿一个班级一共10个人，师生比例跟现在是完全不一样的，很多的课其实开得很扎实，那会儿我要给他们上“基础写作”，邵宏亲自给他们上“工具书检索”，其实那会儿的课程，名目和授课量都很大、很长，这和后来的师生比例的变化很不一样。

*郭伟其：*我之前好奇，在我的印象中，黄老师在广州美院，我跟胡斌只在1999年在设计分院听过一次他讲当代艺术。但奇怪的是，他在外面又是一个当代艺术研究者的形象，这两种情况，我自己觉得有点儿奇怪。

*胡震：*我觉得在黄专那里，做艺术史研究和做当代艺术并不矛盾，做研究跟策展是完全融在一起的，我很确信这一点。另外，他在做当代艺术的时候，始终面对问题的，

他要解决问题——这可能跟他学历史出身有关。学历史最终的目的是为了什么，仅仅只是做研究吗？不是，还是想跟当下发生关系。在这样一个连接当中，黄专选择做当代艺术、策划展览，我觉得是一个自然而然的事情。因为我曾经问他，你为什么做当代艺术策展、写文章都是你同代的一群人？“80后”“90后”，他们也很希望你能够帮他们写文章，他说：“一代人做一代人的事情，我做我自己能够做的，我做我自己熟悉的事情。”我觉得这个对我也是一个很大的启发。

*徐坦：*我觉得黄专有一个特点，做艺术史跟学院发生关系，做当代艺术一定不跟学院发生关系。2010年的时候，邱志杰在广东美术馆做了一个很大的教学项目，最后开会的时候，包括徐冰、吕胜中、邱志杰都来了，黄专没去，结果我去了。我当时在现场还跟他们发生了冲突，我很生气——我就去找黄专，我说怎么会在我们这里发生这种事情，黄专说这就是为什么我不会去，但你为什么要去？那是你自己找的。我一想，也对，黄老师从来不参与——中国美院、中央美院、广州美院这些地方的当代艺术，是不是？

*胡震：*我觉得他有他的底线，他坚持什么东西，这个是清清楚楚的，绝对清楚。

*郭伟其：*现在请樊老师讲，一样的问题。

*樊林：*黄专来广美的时候，实际上我也是在他之前一年来读书，当时之所以很向往广美，是因为有这些名字放在这里，比方说迟轲老师、陈少丰老师。其实我开始是想考陈少丰老师的研究生，但是正好遇到那一年陈老师中风生病，我就报考了迟老师的，还有邵宏、杨小彦。黄专来广州，包括皮老师、李邦耀、杨国辛老师几乎是前后脚就到了华师大，所以我开玩笑讲，第一官方语言就变成了湖北话。当时黄专的到来使我印象很深，因为大家有一种交往的方式，就是大家经常在饭堂买了饭，端着饭碗看去谁家待着，边吃边聊，然后把那碗难吃的饭吃掉，这种时候会伴随着他们的热烈讨论。

所以当时就会变得——我会觉得有点儿像一只小老鼠掉进米缸，他们的言谈有很多课堂上学不到的东西，而且这些东西是他们吸收、消化过之后充满智慧的一种——有时候是很幽默的对话，有时候是拍桌子吵架。因为我读书的时候就觉得77级、78级的人特别特别厉害，他们很多是老三届，都经历过——比方在“上山下乡”的那几年读过什么书。其中有一次谈话，是我们在谈论美院的所谓学术氛围和行政约束之间的关系的时候，黄专说：“那个书记他懂什么马列？我18岁就读《反杜林论》。”我印象很深。所以，一方面因为黄专是77级、78级的人，另一方面因为黄专本身是历史专业毕业的——他来了之后，接着听到的消息是他的毕业论文拿了吴作人的奖学金。也像刚刚胡震讲的，我会觉得，天哪，我怎么办？其实邵宏也好，黄专也好，他们始终在我这里是扮演——你知道跟不上的了，很难追，是一种榜样的力量，这种榜样的力量伴随我蛮多年的。

我们基本上没有课程的合作。我们的教学，从最开始一个教研室有专科的学生到有本科的学生，其实都是大家凭着自己当年读大学的一些经验去建构这个系的所谓本科教学的系统，没有哪个学院有一个现成的美术史的课程框架，都是凭自己读历史、读文学的经验去建构。所以这样的一个框架，到后来才慢慢养成——比方说借北美教学系统里面的一些可参照的方法，但是那种借鉴经常会让我们很感慨，就是我们的课程没有办法细分，我们美术史的课其实大部分是按照通史的方式来延续，每个老师的精力，包括学术兴趣，实际上很难让一个课程实现一种完整性和细分，但是我觉得有一些学术上的追求和一些严谨的要求，尤其体现在研究生的指导和答辩这一环节。黄专对我在学术上最重要的影响就是——因为我们每年要参加研究生毕业答辩，对我来讲，最开始实际上是做秘书，每次答辩委员会需要有一个人做记录，这个记录员要是用系里的非教学秘书，可能会在专业上出现一些错误和分歧，所以好多年前——当我读研究生的时候就开始做这个事情。直到今天，我们养成的习惯是每一次的研究生答辩都向所有的学生开放，要求所有的研究生都来旁听，实际上这是跟李公明、黄专、邵宏老师他们的要求相关联的。每次听的时候都会觉得强调学术规范很重要。

有一次，我印象很深，是我自己的一个研究生，是我的第一届研究生毕业的时候。因为在指导的时候我也有一个预设，那两年我不怎么在系里上本科的课，我会觉得学生们该懂，我也没在指导的过程当中专门提出来，就是要他们看我们认为已经有一定时代局限性的朱光潜的《西方美学史》。我的研究生的论文就涉及相关的一个美学问题，黄专老师就很不客气地指出来了，他说实际上如果有读过 19 世纪的那一段的话，你会把你所谈论的这个问题、这个论据阐释得非常清晰、非常完整。当时黄专还特别提到一句，说这不是针对你一位同学的，这是讲给所有在场的同学听的。我就会觉得，一方面是我的指导不够，另一方面就是我相对显得松懈了。有过那么几次，包括到后来学生在西方美术史这一块的论题其实是越做越细，每年放眼望去，有那么多的毕业生，有那么多的论文，所以黄专每次在要发表关于西方美术史专业的学生论文意见的时候，他总是先说一句：我很佩服。因为都知道在国内做西方是一个很困难的事情，所以我们经常讲不可为而为之。一方面表达尊敬，另一方面既然我们是老师，要把所看到的学术上的欠缺很严厉地而且是很完整地交代出来给学生。这样的一些交集，这样的一些场合，让我觉得，黄专始终是一个好老师。

*郭伟其：*在当代艺术研究方面，有没有给樊老师一些什么样的启发或者是有一些交流？

*樊林：*邵宏、黄专、吕澎他们几位在做 1992 年双年展的时候，我就有一个特别奇怪的警惕。之前我也开始为《画廊》杂志做一些翻译，做一些关于数据方面的东西，我就会觉得这个事情好像和我理解的那个艺术——就像刚刚胡震讲的，有那么一个块面

有很多的成交数据，在我看来当时好像完全没有办法理解。1992 年的那一个展览是非常非常热闹的，我就有意要退出来，没有被卷进热闹当中。正好那个展览前后，杨小彦和邵宏的合集、黄专和吕澎的合集也出来了，这个时候我就想，要以他们为镜子的话，我得有多少的积累？从黑格尔开始，一直去学习，然后到批李泽厚，觉得自己的学养真的不够。因为到我读研的时候，之所以挑选读美术史，是因为我觉得中文已经完全地——在我看来有一种坍塌的感觉，汉语没有一种自我生产的能力了，我要找一个别的学科来让我积累文字、文学的——作为工具能用起来。而实际上他们所做的事情，在我看来完全是在建立一种新的学术框架，觉得自己遥不可及。所以，我好多年一直是作为一个观察者，但我会有一种在场感。后来我 2008 年开始做展览的时候，黄专给了我一些鼓励，不过这些鼓励往往通过白榆来传递。然后我会有一些对比，印象较深的是黄专做"国家遗产"展览，我全程看报道，当看到展览出版物后，老天爷，我想我什么时候才能做出这样一种有学养、有框架，又很严谨甚至很克制的书出来？因为一旦做当代艺术，我发现，大家都是煽情的成分比研究的成分多，直到今天还是这样。我们在展场上会看到各种呈现，但是讨论性、研究性的展览却很少，关于展览的讨论和研究就更少。所以我觉得，黄专对于我来讲是一把尺子，他在那里，至少这种警惕你要始终保持，尽量去做那些不可为之事，这个影响对我来说特别大。

*郭伟其：*胡斌呢？谈一下。

*胡斌：*我是较晚才接触黄老师的，我从两个方面来谈一下感受：一个是在教学当中直接的接触；还有一个是从看展览、读他的文章以及他做的那些事情来谈。说到交往，我是 1998 年来到广美读本科，第一次跟黄老师见面应该是在开学跟所有老师见面的时候，系里的老师都到了，在这个见面的场合我对黄老师本人没有特别突出的印象。在我们整个四年的读书期间，对黄老师应该更多的是侧面了解，如那个时候他在何香

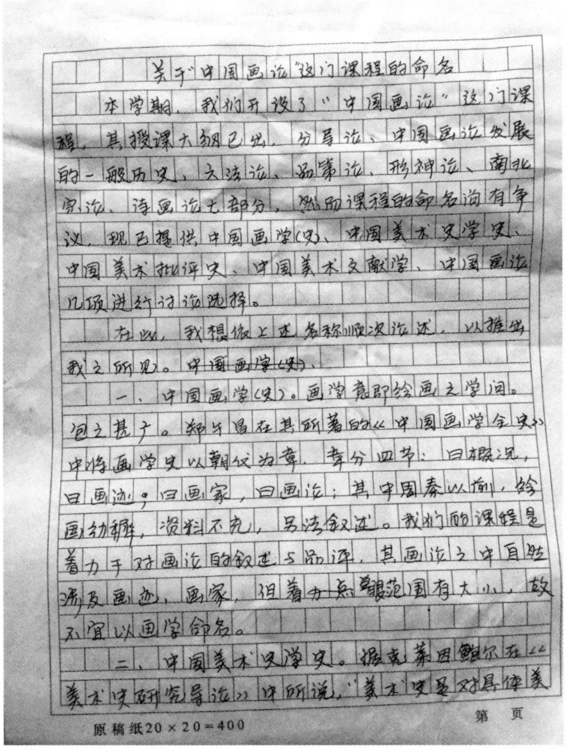
关于"中国画论"这门课程的命名

本学期，我们开设了"中国画论"这门课程，其授课大纲已出，分导论、中国画论发展的一般历史、六法论、品第论、形神论、南北宗论、诗画论七部分，然而课程的命名尚有争议，现已提供中国画学(史)、中国美术史学史、中国美术批评史、中国美术文献学、中国画论几项进行讨论选择。

在此，我想依上述名称顺次论述，以提出我之所见。~~中国画学(史)~~，

一、中国画学(史)。画学意即绘画之学问，包之甚广。郑午昌在其所著的《中国画学全史》中将画学史以朝代为章，章分四节：曰概况，曰画迹，曰画家，曰画论；其中周秦以前，绘画幼稚，资料不充，另法叙述。我们的课程是着力于对画论的叙述与品评，其画论之中自然涉及画迹、画家，但着~~力点~~眼范围有大小，故不宜以画学命名。

二、中国美术史学史。据克莱因鲍尔在《美术史研究导论》中所说，"美术史是对具体美

原稿纸20×20=400　　第　页

2000 年 "中国古代画论"胡斌课程作业 (图片由胡斌提供)

凝美术馆、在外面的一些活动，但是他的一些课程或者一些交往对我还是触动比较大的，虽然总体上交往不多。一个是他给我们上的"中国古代画论"的课，那个时候"中国古代画论"分六讲，从孔子对"艺"的看法一直讲到清代，分了好几个阶段。那个时候上课还是在黑板上写板书，边写边讲，他在黑板上写下很多对于我们来说仍然比较陌生的古代典籍和学人的名字，知识量巨大，觉得上课时精神压力很大，非常辛苦。他真的是满满地讲了六次课，每次从早上 8 点到中午 12 点多，后面还有一个讨论的阶段。我记得一个讨论的题目是让我们来思考这门课程——"中国古代画论"的名称是否合适，最初我还稍微有一点点诧异，觉得课程的名称不应该是由老师决定的吗？后来我才理解，思考它的名称实际上就包含着对这门学问、这个学科的一种理解。后来的课程——"中国艺术史学史"，其实是延续这门课的，这之间有一个连贯性的思考。我还在杂志上看到了他对于"中国古代画论"课程名称思考的那篇文章，他也把我们在课堂上的一些讨论纳入进去了。那个时候，还有一个与之对应的是杨永芳老师教的

术作品的学术性研究。"“美术史学者力图通过考证美术作品的材料及技艺、作者、创作时间及地点，作品的意义和作用，一句话，通过对作品的历史地位的考证，来分析和解释它。"这种研究的结果便形成了美术史学。史学史则偏重于史书之记载，探究史学的发生和发展及其基本内容。中国古代美术史的著作，美术史研究的对象是美术作品以及与之相关的历史事实。而画论的研究对象主要是画法画理。它们研究的对象不相同，范围也不一致（美术作品包括建筑、绘画、雕塑等，而画论主要针对中国画）因此，在它们的研究基础上形成的著作也就不同，进而使得对这些著作的研究也产生区别。所以，也不能用中国美术史学史命名这门课程。

三、中国美术批评史。据克莱因鲍尔解释"美术批评家的任务是描述、解释和评价表现在特定的形式中的具体作品。"是个多层次的活动，包括历史的批评、再创造批评和判断的批评三个方面。文杜里在他的《美术批评史》中试图把美术史和美学全部纳入美术批评之中。虽然

原稿纸20×20=400　　第　页

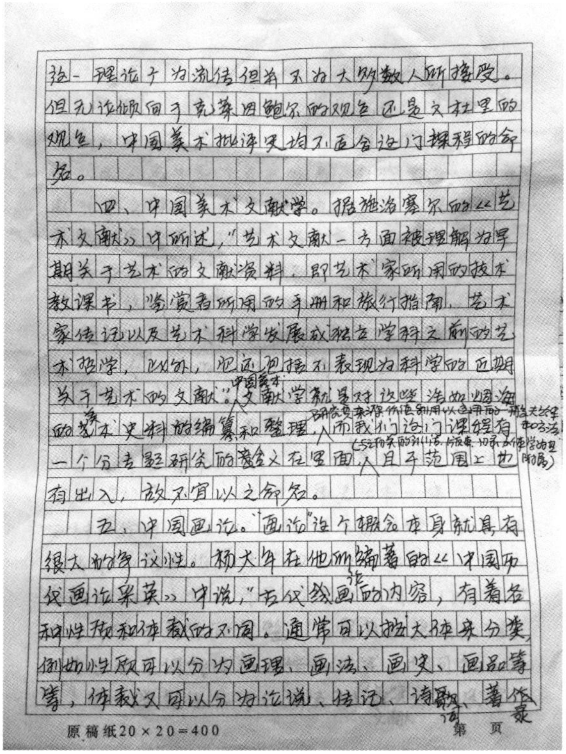

这一理论广为流传但并不为大多数人所接受。但无论倾向于克莱因鲍尔的观点还是文杜里的观点，中国美术批评史均不适合这门课程的命名。

四、中国美术文献学。据施洛塞尔的《艺术文献》中所述，"艺术文献一方面被理解为早期关于艺术的文献资料，即艺术家所用的技术教课书，鉴赏者所用的手册和旅行指南，艺术家传记以及艺术科学发展成独立学科之前的艺术哲学，此外，它还包括不表现为科学的近期关于艺术的文献。"中国美术文献学就是对这些浩如烟海的美术史料的编纂和整理，而我们这门课程有一个分支题研究的意义在里面，且于范围上也有出入，故不宜以之命名。

五、中国画论。"画论"这个概念本身就具有很大的争议性。杨大年在他所编著的《中国历代画论采英》中说，"古代绘画论的内容，有着各种性质和体裁的不同。通常可以按大体来分类，例如性质可以分为画理、画法、画史、画品等等，体裁又可以分为论说、传记、诗词、著录

原稿纸20×20=400　　第　页

2000年“中国古代画论”胡斌课程作业（图片由胡斌提供）

类似于西方艺术史学史的一门课程，至今回忆起来，我认为这两块还是很重要的。尤其是“中国古代画论”，现在研究这一块的人越来越少，能够很好地讲这门课程的人也很少。

我在写本科毕业论文的时候，对女性主义理论有一定的兴趣，了解了一些理论，想拿这个理论去解剖某一个对象，我首先想到的是当代的一些女性艺术家。我的指导老师是李公明老师，他是最核心的指导者，但我也会去跟别的老师讨论，我记得跟黄老师提过一下，黄老师就说：“从国内来说，这方面有徐虹、廖雯关注这一块，你要不要跟她们联系？”说他可以跟她们打招呼。我自己那个时候还没想好，后来又觉得好像做这个挺难的，就转为研究“文革”美术中的女性形象。然后我又跟他提，他马上又说：“现在国内做关于‘文革’美术研究的，一位是王明贤，还有一位就是严善錞，你要不要跟他们联系？”那个时候我已经确定了题目，我就说，当然最好不过了。这

歌诀等等。……在性质上，大都属于画理、画法；体裁上，主要是论说，个别也有其他。”郑午昌在《中国画学全史》里也有一段关于画论的论述，“画论有作自画家者，有作自鉴藏家者，或论画之理法，或论画之流传，或论画之优劣，要皆研究绘画，独有心得之言。”而于安澜选主编的《中国书画论丛书》中更是将《历代名画记》这样的以画史为主的著作全文纳入。而于安澜却倾向于将画论限制在一个比较窄的范围内。他的《画论丛刊》主辑关于画法画理之作，于叙述源流、品第鉴别之著，皆不栏入。古代的画学著作品类繁杂，只能从大体上进行归类。于安澜为了保持各书著作的完整性，便不能切割细分。他的《画史丛书》中“二十二种著作中，有的不仅是记画家传略，亦包括相当丰富的画论篇什。”如《历代名画记》前三卷就为画论之作。而我们作为这样一门课程便不必计较于著作的完整，只要有关画法画理，无论出现在何种体裁的论述，均可纳入研究范围。当然这其中也涉及到文献学、史学、

原稿纸20×20=400　　第　页

但这些都是附属其下，不是研究的主要对象。然而，就画论而言，其研究对象仍是绘画作品，是从绘画作品中研究其画法画理。而我们的课程所针对的都是画论资料，是对这些画论的分类研究与编纂。因此，我认为有必要在“中国画论”后面再加一个“学”字，是为“中国画论学”。就我看来，这是对我们这门课程比较恰当的一个命名。

2000 年“中国古代画论”胡斌课程作业（图片由胡斌提供）

对于我们学生的影响是什么呢？因为学生一般写一篇文章就是懵头懵脑找资料来看就行了，黄老师让我们根据题目将相关的研究者的网络尽可能连接起来。他马上就跟严老师说了，我也跟严老师联系上，我把我的论文给严老师看了，后来关于这一块还不断跟严老师有沟通。

还有一个事情对我触动也比较大。毕业的时候找工作，当时我在广东美术馆已经实习了很长时间，但还没有正式入职，广东美术馆那个时候也没有编制，那时我还不知道编制意味着什么。那个时候也有深圳的朋友帮我想办法联系深圳的一些美术机构，说那里待遇好，这个过程当中我觉得很不容易，费了好大的劲也没成。有一次碰到黄老师，他问我毕业去哪里？我说现在还不知道，他说要不要我帮你问一下何香凝美术馆？我觉得这好像只是一种很常规的问话，我也就说那当然好了。后来又过了一段时间，我已经正式留在了广东美术馆，有一天见到黄老师的时候——我甚至都记得，

就是在他住的那一栋楼和幼儿园那条路的分叉口处，他又跟我说："我已经跟何馆说好了。"我当时触动很大，我说我已经去了广东美术馆了，他马上说："那也很好。"我到广东美术馆工作以后，参与了第一届"广州三年展"的校对工作，当时领导问我愿不愿意参与三年展的时候，我看到策展人里面有黄老师，我就想，还没有跟他一起做过事情，这是一个很好的机会！但是很可惜，在我加入做三年展工作后，正赶上他生病。

我的体会也是像胡老师所说的，一方面他非常严肃，对很多问题的探索—说老实话，直到后来参加一些研讨会，只要他在场，我发言都特别紧张，要仔细掂量要讲的东西。但是另外一方面，跟一些同学包括黄老师的研究生去他家的时候，又发现他人很随和，随便开玩笑。让我觉得反差很大，自己很不适应。

现在我想更多的讲一下我对他做的一些事情的理解。首先前面郭老师也提到当代艺术和古代画论、中国艺术史学史的研究这两块的分裂，在我们读书期间，我也感觉很分裂。说老实话，尤其到了大三、大四的时候，我自己更多的会觉得现当代艺术更有趣一点，很难沉下心去关注古代。黄老师给我们上的课是"中国古代画论"，平时聊天，他似乎不聊当代艺术，很不愿意跟我们讲当代艺术，我们明明看着他在外面做那么多当代艺术的活动，可他就是不跟我们谈当代艺术。我们还跑到设计分院去听他讲当代艺术。有一次，一家报社让我采访黄老师，请黄老师说一下策划展览这门职业的一些规范或者是工作前景，他答应了，我就去采访他，当时我们是边吃饭边聊，给我的感觉是，他不太愿意谈策展这个工作，只是用一种很幽默、很诙谐的方式来聊。这是我接触黄老师的一些体会。但是我后来通过读他的文章，通过看他做的一些展览，慢慢地理解——只能说理解了一部分，他为什么要这样来做当代艺术，以及他真正在乎的学问是什么。在他去世前写的《诀别的话》更是给我们颇多思考。当时我敲那个

《诀别的话》的文字——因为要在微信上发（黄老师是打印出来的电子稿），我的神经高度紧张，因为郭伟其说，你千万不要敲错字，我当然知道不能够敲错字，我校对了四五遍，心里面却还是有点儿发麻的感觉。后来很多人写了回忆文章，讲他在当代艺术的成就，但是我觉得大部分——从我的角度看都没写出来，都只是谈交往的片段、谈互相之间的情谊、谈局部的成就，等等。当《艺术界》向我约稿时，我心里觉得我想写出点什么，但是我又跟《艺术界》说，我好像不是最合适的人，因为我跟黄老师接触真的是很少，很多都是侧面地去看他的活动。但是我后来还是写了，我想努力表达我是怎么理解他做学问，包括做当代艺术的路径的，他的总体框架当然还是艺术史的一种方式，这跟巫鸿老师也有关系，巫鸿老师也是这样来走近、观察当代艺术。艺术史的方式实际上跟他对于“中国古代画论”“中国艺术史学史”的研究是一脉相承的，是完全联系在一起的。从“中国古代画论”到“中国艺术史学史”，包括对“西方艺术史学史”的关注，实际上凝聚了他们这一代学人对于艺术史这门学问的总体蓝图。他们那个时候在看外部世界方面还有很多的制约，但是他们——当然更早一点的是范景中先生，实际上很想用他们的方法，竭尽所能地打造我们研究艺术史——不管是古代的、现代的还是当代的——史学框架，至少我们要有一个文献和方法论的基础，要有系统的积累，才能很好地来看当下的艺术现象，这是第一个方面。

第二个方面，他不只是去引进西方的理论方法，其实他一直试图从中国古代的历史与思想资源里找到一种切入现当代的路径。因为艺术史学的学科，包括很多现代学科都是西方建立的，“中国古代画论”是中国的一套方法，这套方法在进入现代学科的时候有很多问题和不规范的地方，但是又具有一些中国特色，这些特色能不能在现代学科里边被活化、被激活？甚至这样一个特有的路径能不能对整个现代学科有所贡献？我觉得他应该是在思考这个问题，包括他对金石学的强调——后来看他“中国艺术史学史”的讲义，包括跟郭伟其的交流，我能够感受到他想要从中国古代的资源里边找到一些对现代学科有所助益的因素。这个东西他其实谈得很早，后来我在接触到的关于古代图像和器物研究的学者那里才发现，金石学和考古学这样一种碰撞和结合成为他们研究的一个很重要的视点，其实黄老师很早就有这样的一些思考。所以我写的那个文章就是说，实际上他是从这样的一个渊源背景来切入当代艺术的。有一些回忆文章几乎只简单地谈到他在当代艺术的一些成就，然而却把这一大块都去掉了。我认为只有这样联系起来看，我们才知道为什么后来——尤其是生病以后，他着力推动图书馆，推动北京 OCAT 研究中心的建立。我是前些年听他说要建一个图书馆，一个瓦尔堡式的图书馆，那个时候我完全没有在意。大家都知道图像学，知道潘诺夫斯基，大概也知道瓦尔堡与图像学的关系，但是我没有特别注意瓦尔堡式的图书馆到底意味着什么。后来看到他推动的很多事情，他计划组织翻译的很多西方的典籍，包括图像学、方法论、文化史、哲学方面的一些书籍。他计划翻译的图像学的研究，把当下的新兴媒介也纳入进来，这个体系当然跟范景中先生有关，但是黄老师一直把它延展到当代。有意思的是，这一两年“中国瓦尔堡”突然成为一个大热门，大家都在谈瓦尔堡，西方的瓦尔堡热应该要早一点，但也是被冷却了好久的一位学者，近些年才热门起来，这大概和于贝尔曼、阿甘本这些学者都在讲瓦尔堡有关。仅仅是因为这些时髦的学者、新的一些学者在谈他吗？这些人为什么要提瓦尔堡？我才发现，实际上在范景中先生的《美术史的形状》里，十几年前，他就翻译了瓦尔堡的名作，那些篇章早已经在范老师宏伟的蓝图当中，我才恍然明白，原来黄老师做的这些事情实际上跟这个系统是有很深厚的内在联系的，他一直在很有序地推进他的宏伟计划。瓦尔堡的图书馆，它不是按照惯常图书馆编排的方式，而是依照邻近关系无限扩展开来的，从图像和语词都产生了一个巨大的像蜘蛛网一样的学科连接关系，这才是艺术史作为整个人文学科里面的一个门类，甚至是最重要的一个门类构架，从这里我们才能够理解他所做的一些事情。

所以我觉得，现在来回顾，假如我们说继承黄老师的遗产的话，更重要的应该是拎出这样一条线，我们才能够理解他做的一些研究，包括对同辈人的研究。他写过《作为思想史运动的“85 新潮美术”》，都是想要把美术现象放到一个整体的思想史和文化史当中来考察，而且他有要建构历史的一个理想主义者的抱负。我看他的文章，我觉得那一代人还是有很强烈的要创造历史的情怀，他所关注的艺术现象一定是跟整个文化史、思想史的进程联系在一起的。但是我觉得他可能有时候也有些失望，其实很多艺术现象并不是真的有那么大的能量，并不是真正达到那样一个程度，这里面有各种肤浅的、尔虞我诈的东西，实际上也不是完全匹配他所建构的关于 20 世纪 80 年代或者 90 年代当代艺术的面貌。

*胡震：*刚才提到瓦尔堡，我觉得可能不是黄专一个人，还是跟“范帮”的关系非常大，范景中大量的翻译介绍，他们在一起讨论，也应该说是共同的理想。从某种程度上来讲，我觉得他们有点儿像 20 世纪二三十年代的一批学者，了解西方不是他们的终极目的，他们还是希望做中国的东西——做当代艺术要面对当下问题，要解决问题。胡斌刚才讲的，其实他们都还是怀有要创造历史这样一种抱负，在某种程度上也可以说是他们这一代人的野心。关于这个事情我也问过吕澎，好像也问过黄专，他们自己说虽然总在这样想，但实际上感觉到局限性，这种局限性一个是时代造成的，他们没有像那批学者一样可以出国，或者是对西方可以非常系统透彻地去了解；另外一个，就是中国文化的这一条脉络，这一条线索，他们也没有像那一代学者能够那么完整地去理解、去接收，所以他们都感慨是有局限的。

*徐坦：*黄专跟范老师、邵宏——我们以前叫“湖北帮”，不叫“范帮”，包括杨小彦都

是湖北的。范景中老师那年（2013 年）在何香凝美术馆讲座，说他在 1989 年大展以后就突然撤出当代艺术，包括邵宏，都是对当代艺术不介入，只有黄专是真正做了延伸性的实践的，而且这个实践是真正延伸出去——不仅仅做了这个事，而且做出延伸性的结论，这是跟“范帮”的其他人不一样的。他有理论上的理想，确实也去实践。

*胡斌：*我觉得，在中国，艺术史和历史界的分野还是挺厉害的，古代和现代、现代和当代的分界也是非常厉害的。他们开玩笑说，做古代的看不起做现代的，做现代的看不起做当代的。一个是歧视，再一个是学科的分界非常厉害。好像听巫老师也说过，西方也是分得挺厉害。但我觉得看一些西方的或者是一些受西方影响的学者的研究，他们还是能够很通达，有一种当下的关照，他可能是写一个古代的东西，但是他可以或者是在结尾的时候——现在也成为一个流行方式，一下子跳到当下，我觉得这个在国内的研究者那里是完全看不到的。我觉得黄老师是很有意识地保持着他的谨慎，像《当代何以成史》这篇文章，一方面是在探讨可能性，另外一方面其实还是有所警惕，并不是像有的人好像随随便便，觉得我爱写什么就写什么，这里面还是有学科、方法论上面的一些考究，同时还有一个开放的态度在慢慢地推进，思考用一个什么样的方法把当代艺术纳入历史学的研究当中。

文字比声音、图像更重要

受访人：陈侗（博尔赫斯书店及其艺术机构 CANTONBON 创办人、录像局联合创办人、广州本来画廊创办人、广州五行非营利艺术机构名誉会长）、黄小鹏（艺术家）

采访人：王景、徐坦

时间：2016 年 12 月 22 日　地点：广州

王景： 请陈老师回忆一下当时跟黄专老师认识的过程，记不记得第一次见面的时间、情景？

陈侗： 不记得了，因为都在广州美术学院工作，那会儿就那么多人……

王景： 20 世纪 90 年代？

陈侗： 对，我跟他进美院的时间应该差不多，我记得当时他住的那一栋楼就是我后来住的那一栋，拆掉重建之前的 17 栋。当时那栋楼是一个筒子楼，大家共用一个楼道，70 年代建得比较开阔的楼，一个楼道，两边有房子……很舒服的一种简易设计。后来他好像又搬到饭堂楼上住，我去过一次，记得墙上挂了一幅现代水墨，不记得作者是谁了。

王景： 你们住得很近？

陈侗： 美院就那么大，大家都在一个院子里，所以不太存在专门见面认识这种说法。

王景： 就都是美院的同事。

陈侗： 对。当时反正就那些人——杨小彦、邵宏、黄专，还有美院外面的严善錞，他们这些人都一块玩、一块做——从吕澎组织的"广州当代艺术双年展"开始，之前还有"现

2005 年，“第二届何香凝美术馆学术论坛”现场（曾峥拍摄，图片由 OCAT 深圳馆提供）

代书法”展，大家都是这样折腾的。应该说当时以他们的能力和学术基础，在被社会的不定型波浪的推动当中，做这些开创性的工作是很自然的。但是直到去到何香凝美术馆，去到 OCAT，他才开始有了明确的目的和计划。

*王景：*当时黄老师去何香凝美术馆开始做关于当代艺术这方面工作的时候，有一些活动是有请陈老师去的。

*陈侗：*我记得他曾打电话叫我去做一个讲座。系列讲座中的一个，何香凝美术馆的。

王景：“人文之声”？

*陈侗：*对，“人文之声”。他说请我去讲讲我的那些文学出版工作，这个范围是他定的。

*王景：*哪年，记得吗？

*陈侗：*不记得了。后来出了两版书，正式版和非正式版。我的那篇是《新小说及其周边关系》。

*王景：*按照您当时做讲座的稿子，是吗？

*陈侗：*对，但是我后来也修订过。白色的《人文之声》——这是一次讲座，后来还去

2011年，“小运动——当代艺术中的自我实践”展开幕现场（图片由OCAT深圳馆提供）

参加了一些讨论会，关于艺术生态的，还有去参加“小运动”（“小运动——当代艺术中的自我实践”）展。

王景：“小运动”是比较后期的项目了。

*陈侗：*当时参加“小运动”的时候，他才知道我们做机构全部都是用自己的钱做，他原以为我们有一些外援的资助。

*王景：*就是说在“小运动”之前，你们虽然一直认识，但没有太深入的交流？

*陈侗：*可能吧，大家都是靠感觉了解对方在做什么。再说，艺术圈之间也不是时时讨论学术。我记得，当时林一林在水荫路有套房子，黄专经常去那里跟李邦耀、林一林他们打牌，我不懂打牌，就只能在旁边看着。偶尔也会聊些艺术上的事情，但主要是打牌。

*王景：*我记得“小运动”之前，您也参加过OCAT做的关于独立空间的讨论活动？

*陈侗：*对，我忘了是在“小运动”之前还是之后，当时黄老师在场，还有卢杰也在——卢杰还提出一个观点，他说：谁说非盈利机构不能卖作品的？就是看你卖了作品的钱拿了多少，因为长征空间本来也说是非盈利……当然最大的一件事，是后来我们之间闹了一个矛盾。我写了一篇关于空间的文章，发表在《画廊》上，说OCAT的空间是

很好的，但是——原话是怎么样的？意思是空间很好，但展览并没有那么好。黄老师就生气了，要讨个说法。后来我就跟他道歉，我说这个说法不太慎重、有点随意。当然这个说法有什么来历？可能跟我当时看整个艺术生态的一个态度有关系。

*王景：*您当时的态度是什么？

*陈侗：*我觉得，比较民间的做法，包括以前有些艺术家个体的方式，像“大尾象”的玩法，不可能谈到有空间上的安排，就是他们没有这些资源，也没有这些财力。而像OCAT，我觉得它有这种资源，甚至是权力，可以安排这个事情，可以做得很好。但问题是我看到的艺术资源，它并没有像空间那么丰富。其实我们都有这种情况，我们有自己的接触层面和感兴趣的东西，可能都没有做出能超越自己的事情。超不超越——即便我们不超越，可是我们用的是自己的资源，我们有缺陷，这是我们自身条件决定的，但是OCAT没有这个缺陷。所以我想，按道理，在挖掘新的资源的情况下，OCAT应该是更加突破，而不是仅限于自己的认知面。我可能是基于这样一种想法，觉得在这样一个空间里面，可以做出更强有力的作品，而不是把它做得很舒服。因为“舒服”应该是商业化的，而我们民间的根本做不到“舒服”，我们没有那么大的能力。以前“大尾象”做的展览，大家只是说他们很有干劲、很有创意，但是不会说他们找的地方是好还是不好，找得到都是好的，无论是什么空间，因为大家不会用空间的完美性、完整性去要求，一切的解释都是被他们的作品赋予的。可能在当时的广东——广州到现在也没有这样的空间，但是OCAT有这个能力，还是要拓展这个能力——或者整个深圳都有这种能力。

*王景：*可能这个过程也不是您想的那么简单……

*陈侗：*所以我就道歉。因为我觉得，确实我们从外面看到的东西，跟事实是有出入的。

我们不知道成因，里面有多么复杂、多么曲折的关系，我们不知道。当然我们也没有机会去交流这些，因为那会儿他身体已经不好了，现在也没必要去讨论这个事。他是在事实里面，我是在事实以外，这两个是沟通不了的，而且我说的只是一个感觉，我后悔的是我怎么把一个感觉的东西就这么写出来？所以后来在写作时，我都很注意这个事，尽量不触及这些方面——不光是关于黄老师的，写其他人的时候也尽量考虑让自己的讲法能够有根有据，无根无据的东西我就不谈了，虽然我也不可能把所有的事情搞清楚，但我们至少可以做到不要凭感觉去想象一件事情。所以那次的事情也是给了我一个教训。我觉得不做深入调查、没有搞清楚这个事情的里里外外，就这么说话是欠妥的，所以我就做出道歉。我们后来见面也很好，都不再提这个事情。

*徐坦：*那个事情是 2008 年的事情吗？

*陈侗：*不记得了。

黄小鹏：“广州站”的筹备期间，当时黄专说要退出“广州站”。应该是 2008 年“广州三年展”之前的事情。

*陈侗：*他很关注、很看重 OCAT 这个品牌，很爱护这个品牌，说要撤出“广州站”是对这个品牌的一个爱护。

*王景：*当时黄老师是因为这个要退出“广州站”吗？如果没有退出，是怎样一种参与？

陈侗：“广州站”存在配合的问题，要一定程度上的参与——我也不记得了，或者是一个署名什么的，但是他撤出，是一个姿态，这个姿态反而把我的作用夸大了，把我在“广州站”的作用夸大了。

*王景：*这个事情之后您跟黄老师的接触就比较少了？

陈侗: 也不是因为这个事接触少了。其实他接手深圳的工作后我们就没有很好地坐下来聊过，很多时候都是一大帮人在一起。只有一次，他约我去江南西的"手拉手"吃饭，除了我们两个外，当时在场的还有鲁虹。我记得我说过一句"作品还是应该有魅力"，鲁虹当场就笑我，他对着黄老师说："现在还有人讲魅力呢。"至于黄老师怎么表态的，我就不记得了。还有一次，大概是2005年，我在深圳画院为"黑极生像"展览做现场绘画，当时正在根据头一天报纸上的国际新闻照片画法国"烧车事件"，在现场工作的还有其他参展艺术家，黄老师和乐馆长来"探班"，他见我正在宣纸上涂白粉，就笑我——应该是笑我这种技法是受传染而不是真正有什么讲究，后来我就重新画了，不再涂白粉。我今天基本上不用白颜料，可能就跟那一次黄老师的批评有关。打那以后，我们就很少有这种刻骨铭心的交流，这可能也有我个人方面的原因——因为我总觉得我是靠自己、搞单干，不像黄老师，他是有背景在后面支撑他，对他可能有点敬而远之。

王景: 他跟华侨城的关系也是……

陈侗: 我知道，也有一个磨合的过程，但毕竟不用他自己的钱来做事，至少是这样的。我们的辛苦性质不一样，可能他比我更辛苦，因为他上面还有华侨城，我的上面就只有天。

王景: 您刚才讲的更多的是做机构的两种不一样的方法和态度，能不能谈谈对黄老师做策划、在学术上的看法。

陈侗: 我觉得相比全国整个的做法来讲，黄老师的做法是最好的，就是在有支持的情况下，他的做法也是最好的，因为他的系统性及各方面都很好，而且OCAT一直在发展。其他很多地方就经常变来变去，人也是变来变去，一会儿变成CEO，一会去画廊，一会儿又成了哪个机构的负责人，过了半个月或者半年又跑了。黄老师不是这样，

他的整个框架都很清晰、很严谨，很有持续性，我认为他应该是国内最好的艺术机构负责人。

*王景：*我们现在做一系列纪念黄老师的活动，陈老师有没有什么建议？

*陈侗：*我觉得首先要研究他在当代艺术方面所做的贡献，其次是研究他在传统文化方面的贡献。其实他个人方面的兴趣可能更多是在后面这一块，这里面有他真正的学术观点。再说黄老师也是被历史推着走，因为那个时候就那么多人，这个重担落在你肩上，你就得干，是不是？当时在全国来讲，湖北的批评力量是很强的，从美术史的研究开始一直到后来整个形成这么一个东西，这个重任肯定是落到黄老师身上。因为其他学术水平相当的人不爱参与这些事，不爱管事情，就黄老师有这种责任心和能力去做。但是，他自己更感兴趣的是哪方面的学术研究，这个我们是没法真正了解的。我觉得应该搜寻一下这方面他留下的任何的只言片语，一些手稿，这是非常重要的。在档案建设方面，文字比声音、图像更重要。

*王景：*陈老师还有没有什么想要分享的？

*陈侗：*他去世的时候，刚好我不在，没有赶上，所以觉得很遗憾，没有最后送他一下。我觉得你们也可以研究双重的东西，一方面是黄老师自己会研究的那一块，另一方面是要做的事情，它们是不是一个东西？是两个东西还是一个东西？还有结构性的研究，就像你刚才问我你们怎么认识的，我也说不上，我要是说上来，这个事就蛮有意思了。还有他是怎么样进入华侨城的，怎么从何香凝美术馆跑到 OCAT？围绕着这个关键点去研究，中间就不要管了。

*王景：*但是也就像您刚才说的，您怎么认识黄老师的那个点，那个回忆已经很模糊了。

*陈侗：*我们有特殊性，在美院没有办法。有些记忆确实有那么一种时刻，很多时候是没有的，因为美院的人或者说画画的人，都是靠感觉——对了，还有一个展览是黄老师要我做的，做一个从多少年到多少年的广东文献展，这是个很重要的事情，刚刚说的在“手拉手”吃饭可能就是为了这件事。

*王景：*哪一年，记得吗？

*陈侗：*也不记得了。

*黄小鹏：*好像是 2008 年，我记得我也有参加。

*陈侗：*在何香凝美术馆，他叫我做的，文献展。我们就是拿一些海报、图片和书籍，没有原作，就都是文献，可能当时是不是有一个档期，他有这样的想法——反正我感觉到是一个来得很突然的展览。

*王景：*他当时为什么邀请您做这个？

*陈侗：*他觉得我可能熟悉广东的这一块，跟年轻人也比较近，他曾经戏称我为“广东地下美协主席”，大概就是这个原因吧。当时我们还是按照“大尾象”“南方艺术家沙龙”这么一条线索来做，但是没有作品，都是文献、书、海报，就是一个复制品的展览。这个展览黄老师对我很信任，什么都由我自己把握，包括帮忙的人都是我自己组织。

*王景：*好像反而黄老师在何香凝美术馆工作的那段时间，你们交流比较多一点？

*陈侗：*是，在何香凝美术馆那边还有一些文化项目。他生病治疗回来后就到了 OCAT，在 OCAT 他就纯粹做艺术项目，就算我去参加活动也常常见不到他，或者是见到了而没有机会说话。

华侨城做当代艺术的引路人

受访人：陈剑（华侨城集团原副总经理、OCAT 理事会原理事长）
采访人：方立华、李彧莎
时间：2017 年 4 月 6 日　地点：深圳

方立华：应该是在 90 年代末，陈总就和黄老师开始有所交往了吧？

陈剑：何香凝美术馆 1997 年开馆，他应该是开馆没多久——1997 年年底就来当何香凝美术馆的研究员。

方立华：乐馆长提及“第一届当代雕塑艺术年度展”的形成最早出自于您的一个提议，能否具体谈谈这项公共艺术计划的背景？

陈剑：对，因为最早我在华侨城集团负责整个规划建设，特别是华侨城城区的规划建设，当时在何香凝美术馆到世界之窗和锦绣中华之间，我们规划建设了一条“旅游走廊”，想把三个主题公园的游客通过很舒适、很艺术的方式连接在一起，当时我就想要在这个走廊里面做一些雕塑，正好这个走廊的中间是何香凝美术馆，我想在“旅游走廊”里面，何香凝美术馆本身就是很重要的一个项目，“旅游走廊”两边都做了一些雕塑，中间的何香凝美术馆的室外展区要是也能够呈现一些当代的雕塑作品，或者是不定期有一些展览，那么就会更丰富了。当时我就跟乐馆长说了我的想法，乐馆长他们就提出了“雕塑展”的计划，后来演变成为“雕塑双年展”。“雕塑双年展”最早就是由这个动议产生的，第一届双年展准备的时间很仓促，时间很短，我记得当时有隋建国、向京和很多其他艺术家参加，当时那个展览还是很不错的，就在何香凝美术馆的室外展区，很好地和“旅游走廊”结合在了一起。那个时候我认识了黄专老师。

2001 年，深圳华侨城“被移植的现场——第四届深圳当代雕塑艺术展”筹备期间（图片由 OCAT 深圳馆提供）

方立华：针对展览本身，您和黄老师当时有没有具体的交流和讨论？

陈剑：当时因为有很多在当代艺术方面很有名的中国艺术家的作品在展览中出现，那个时候我就觉得黄专老师在这方面的专业性和眼光是很独特的，可能也是因为这件事情，导致华侨城开始做当代艺术。

方立华：您当时提出这个想法有没有一些参照？

陈剑：当时看得也挺多的，国内、国外都有一些这样的东西，都在看，也在考虑何香凝美术馆怎么做这个事情？或者是华侨城怎么做这个事情？当时确实还没有一个系统的想法。那个时候做一次算一次，因为当时华侨城做当代艺术还没有形成一种机制，就先做做看吧，是这样一种心态。

李彧莎：后来开放了场地，像在生态广场这样更广阔的空间，跟社区、居民发生了很多关联和互动，当时有没有设想这一块会走到哪个程度呢？

陈剑：当时做当代艺术肯定要跟公共性、城市融合在一起。因为当时华侨城的管辖范围是在五平方公里，就先在这五平方公里里面做一些实验，但是我记得做出来以后引起很多争议，特别是在生态广场的那一届雕塑展（“被移的现场——第四届深圳当代

2004 年，深圳 OCAT 成立前对空间的考察（图片由 OCAT 深圳馆提供）

雕塑艺术展），引起了争议。我记得当时这个争议颠覆了很多人对雕塑的看法，因为那个时候大家都不太理解，我们的展览对一些传统雕塑的认识带来一些新的理念、观念，我觉得很好，这是一个过程。而且当时可能也对华侨城这样的央企来出钱做这个事情有很多不同的意见，因为它有很多新的观念，有一些不同的意见，甚至是闲言碎语。花钱干这个？很多人都没有认识到这件事情的深刻意义，但我们还是坚持做了，也不容易。因为那个时候——你们都是经历者。

第四届引起了一些国际上的关注，记得当时法国大使专门从北京赶过来，约任总和我见面谈话。

*李彧莎：*华侨城对于黄老师是非常信任的，不会干预到专业这一块，给予黄老师和艺术家很大的自由度。

*陈剑：*这也是一个学习的过程，通常都是需要有这种胸怀才能来做这件事情，我觉得在国内这些机构里面，华侨城这块做得很好。确实，在中国这种习惯的思维里面，是谁出钱谁说了算，往往出钱后面都带有很多商业的动机。华侨城做当代艺术，其实是站得更高，看得更远，也不是求近期的或者是直接的商业回报。正因为这样，华侨城做当代艺术才能够在这个领域里面有一席之地，今天也能够得到大家的认可。

2004 年，改建前的深圳 OCAT（图片由 OCAT 深圳馆提供）

李彧莎： 正是因为华侨城对艺术的这种理解和态度，黄老师跟华侨城的合作也是非常有默契的。2005 年黄老师生病回来，又回到深圳被任命为 OCAT 的主任，黄老师开始负责 OCAT 的建设。当然前期华侨城也进行过多次的调研，考察北京、上海的艺术创意园区，与很多艺术人士交涉，最终选定了黄老师，包括黄老师的 OCAT 的计划。您能谈谈当时的过程吗？

陈剑： 应该是我最早有这样的想法，当时我想把华侨城的东部工业区改造成一个创意园区，就是现在的 OCT LOFT。当时就想做这样的改造，里面一定要有一些核心的内容和项目来支撑，我就想在这里做美术馆，或者是至少做一些很专业的艺术机构，才能带动这个区域的发展。当时黄专老师正好在何香凝美术馆做艺术总监，那个时候何香凝美术馆在华侨城的支持下，在中国做当代艺术已经有一定的影响力了——也因为是有黄专老师在主导。作为只有 5000 平方米的何香凝美术馆来说，它的空间和平台支撑不了做更大的事情，正好我们也有这个需求来拓展这个空间，这两个计划就很好地结合在一起，就是在新的创意园区里来成立 OCAT——当时是叫"何香凝美术馆当代艺术中心"，简称"OCAT"，那个时候我们就找了最核心的、你们现在做展览、办公的这一块地方来做，这可能是 OCAT 开始的情况。

2007年，“被锯的锯？——王鲁炎个展”展览现场（图片由OCAT深圳馆提供）

*李彧莎：*当时黄老师提出做OCAT，他希望做成一个研究型的学术机构。您当时接触到这个计划的时候，有没有提过一些特别的要求和想法？包括OCAT建设之后有没有怎样的考虑，这些问题不知道您和黄老师是否沟通过？

*陈剑：*因为我就想通过OCAT把在创意园区的艺术活动和氛围做起来，所以当时黄老师提的这些东西，包括他一开始提出来的一定是有专业性和独立性的一个机构，我都很支持。

“独立性”就是说他不希望有任何干预，我肯定明白这个意思，否则怎么叫独立呢？我们互相配合得还是很好的，我的理解应该是坚持才能够形成它的影响力，要真是被一些商业目的来驱动的话，这个事情也做不好。有了这样的共识，做起来就比较容易，就会简单很多。当然这只是OCAT以深圳作为开始，开始是很好的，而且也做得非常好。后来正因为本部这里做得很好以后，华侨城在全国的各个项目都有这样的想法，包括北京的、上海的、成都的、武汉的、西安的都想做这件事情，所以后来才有“馆群”的概念。当然，有了“馆群”这个概念，每一地，每一个项目的实际赞助和出资的机构和领导对当代艺术或者是对艺术的独立性和专业性的理解和商业的关系不一定特别到位，所以也导致后来有很多摩擦和矛盾的产生，这个其实也是可以理解的。总体来说，建立馆群以后，馆群或者OCAT的方向、整体的发展还是很好的。

2012 年，第七届深圳雕塑双年展“偶然的信息：艺术不是一个体系，也不是一个世界”展览现场（图片由 OCAT 深圳馆提供）

李彧莎：您刚刚提到，这个过程中间，难度也是非常大的，各方面声音不太一致，要坚持这么长时间来支持一个艺术机构，包括推动馆群各个分馆互相的发展都是非常难的。中间在 2013 年 8 月，黄老师曾经写了一篇《别了，北京》，当时这篇文章发出来后也引起艺术圈的热议，包括大家对 OCAT 的一些看法，对馆群的一些看法，其中有很多细节是大家不太了解的，您能不能谈一下这个事情？

陈剑：北京馆其实比较复杂，因为华侨城这种管理体制是条块分得很清楚的。北京这个项目也是一个合资公司，包括有卖方的股东在里面，大家都要出钱做这个事情，可能在认识上就不太一致，需要协调的事情就会很多。我在这里面看得很清楚，黄老师是有点儿急，因为他很重视北京馆。其实最早成立馆群的时候，他跟我说他就只想做北京馆的馆长，专门做研究这一块，我当时的理解是，在中国做美术馆有很多，真正做当代艺术的研究机构可能很少，所以黄专老师很看重这个。当时总馆或者馆群他都不想管，他就只想管北京馆。恰恰北京馆，我刚才讲的其实要协调的事情还是很多的，钱到不到位？股东怎么来协调利益？还有北京华侨城的主要负责人他们对这个事情的认识是怎样的？他们是希望通过这种事情产生对具体商业影响力的提升，他们很看重这个，但他们不一定能看到更深、更远的意义在里面，所以这里面就会产生很多矛盾，这个矛盾后来就引发了刚才你说的《别了，北京》这篇文章。我觉得总体来说这是一个插曲，后来应该还是很好的，把这个事情解决了，而且北京馆——不管是黄专老师

在的时候，还是现在他已经不在了——仍然还是运作得不错……开 OCAT 的理事会，讨论到北京馆的费用的问题，北京的领导和北京的主管领导都对费用提了很多困难，各种各样的问题在里面，当然都是很具体的问题，这个钱怎么出？包括跟对方股东怎么说？包括以后——因为北京的房子卖完了，利润越来越少，总部对他们的考核里面会问这个钱是不是不要利润？因为它是费用。正好这个主管北京项目的领导也是我们集团主管招商引资、拓展项目的，他经常带着各地的政府官员来我们的 OCAT 深圳馆、创意园里边来参观，我就说你要看原因，你去跟人家谈项目的时候，没有 OCAT，没有创意园，你怎么把这个东西展示给人家？人家怎么愿意来跟你合作项目？你不要只看重眼前的费用带来的包袱，要看长远一点，这些东西给我们带来更多更大的财富。后来我想他们也应该理解了，这些东西都有一个认识的过程，因为对做当代艺术本身他们就不理解，所以华侨城做了这个，大家看，觉得做得很好，其实是很不容易的一件事情，非常不容易的一件事情，他们觉得这是什么东西？你们做展览，天天都是挺热闹的，他们来了也看，看不懂，也不愿意看，而且一说你这一年要花几千万做这个事情就觉得——确实是不容易。

*李彧莎：*对于 OCAT，其实是有两个阶段，一个是 OCAT 的建设阶段，一个是 OCAT 馆群建立到目前的发展阶段，能否谈谈这两个阶段中，您对黄老师策划的展览项目中印象比较深刻的？

*陈剑：*我觉得 OCAT 所有的项目，特别是黄专老师，不管是他策展或者是他主持的，这些项目都挺有份量，很有影响力，而且非常有意思，这可能也奠定了 OCAT 在中国当代艺术史上的一个地位。正因为每一个展览都很有特点，很专业，都是很有代表性的作品的展览，包括一些艺术家的选择——每个展览都是很好的展览。

2014 年，“姜杰：大于一吨半”展览开幕式（图片由 OCAT 深圳馆提供）

*李彧莎：*您私底下对黄老师的印象是怎样的？

*陈剑：*我对他的认识也是一个过程。一开始我觉得他好像挺有个性，好像挺傲气，不太善于跟别人沟通，我们也见过很多做类似这样工作的人，我觉得黄老师在这一块是比较弱的。但是长久接触以后，就发现这个人的人品或者是他做事的执着——后来我也在观察，为什么大家都对他那么认可？确实，首先他做这件事情没有任何的私心，还坚持这个专业的导向、研究、专业，这样他就奠定了在这一块的地位，这样也成就了 OCAT。我记得在黄老师刚刚走的时候，我发微信说他是“华侨城做当代艺术的引路人”。其实华侨城一步步做当代艺术都是在他的带领下，当然中间有很多矛盾、冲突——肯定是这样的，后来之所以能够发展到现在这样——要是换了别人可能也不是今天这样的效果。

*方立华：*黄老师也一直非常感激您和任总的信任、理解与支持，他才能够保持 OCAT 的独立性和专业性，按照自己的想法来规划学术项目。但是，其实从 20 世纪 90 年代末以来，他所开启的当代艺术项目，也引起了不少争议。您是如何看待黄老师的工作的？这些争议其实也会给您和华侨城带来很大的压力，您在这个过程当中是如何扛住这些压力的？

*陈剑：*这个压力是从大到小的一个变化，刚开始肯定是大的，因为开始做这些事情，

绝大多数人是不理解的，那么坚持了，后来慢慢地做，随着时间的推移，大家慢慢地理解了，不是说全部理解，是从部分理解到大部分理解，然后到最后知道这件事情的意义，所以应该说压力是越来越小。确实在刚开始的时候，阻力是很大的，这里面特别要感谢任总，他对这一块——不说是理解，至少他是宽容的，他对这件事情是很支持的，而且他也是看得比较远。当然黄专老师跟华侨城这样的国有机构合作来做当代艺术，中间的这些故事、这些冲突，其实都可以作为一项研究，就是中国做当代艺术的过程或者是中国对当代艺术的理解这方面的一项研究。

*方立华：*2001 年“第四届深圳当代雕塑艺术展”就引来了巨大的麻烦，其中黄永砯的《蝙蝠计划》卷入了国际事件，郑国谷的《何香凝美术馆再盖一遍》遭到居民的抗议，等等，对于华侨城来说，要面对和处理这样一系列的事件应该也是相当棘手的。那么，您又是如何理解这些当代艺术项目的？

*陈剑：*因为有这样的声音才达到这种效果，可能当代艺术的意义就在这里。如果没有这种声音，没有《蝙蝠计划》的事件，谁知道展览的影响力会怎样？要都很正常、很顺利展出了就没有这个故事，这个故事本身是很有意思的一件事情。正因为有不同的看法和意见或者是不同的想法——我觉得当代艺术的意义也就在这里。

*方立华：*从这个角度来说，黄老师像是一个“麻烦的制造者”。

*陈剑：*当代艺术就是制造麻烦。

*方立华：*回到 OCAT 创建之初，据我了解，当时也有一些不同的提案，其中有一个想法是把这里做成 798 那种运营模式的空间，为什么华侨城没有考虑这个方案，最后确定了黄老师的方案？对于华侨城来说，可能盈利模式更加现实，为什么反而选择非盈

利模式，而且要保持它的独立性和专业性的诉求？

*陈剑：*2001 年、2002 年的时候，我们去温哥华，考察在一个桥下由废弃的码头和工厂改造的创意园区，当时有受这个项目的影响。当然，798 我们也去看过，当时的氛围也不错，但它是自发形成的，它的产权是分散的，是大家在一起来做，没有一个核心的管理机构。另外很多商业画廊在里面，尤伦斯也在里面，在北京这样的地理环境下把当代艺术做得很热闹。华侨城这个地方，当时是一个废弃的来料加工的工业区，因为特区劳动力成本的提高，这些工厂就都搬走了，空下来了。当时就想——当然改造以后赚钱是肯定要做的，要不然作为企业来说，不赚钱做这件事情是做不下去的，不成立的。那么在赚钱的同时，也想怎么做得更有意思，所以当时选择了把 OCAT 放到里面来做，当然它肯定就不是一个商业画廊的做法，也不是尤伦斯那样的做法。当时黄老师提出来，OCAT 要保证它的专业性、独立性，我们还是很认可的，正因为有这个东西，它才能把这个区域的水准，特别是学术水准和地位树立起来，这样它就会达到一种高度。如果完全是商业的画廊，就没有太多的意思，当时我们是这样想的，后来也是这样做的。OCAT 一开始就是这样做的，这个非常重要，确立了它的学术性。它等于是整个园区里面的一个核心、一个灵魂，其他的商业画廊、机构、书店都围绕着它。他们也做一些活动，但是围绕着核心，它就树立了一个标杆，这个标杆是 OCAT 树立的，因为有了这个标杆，才能树立园区的地位，所以我们把它作为一个标杆来树立，花多少钱都是应该的。当时就是这样想的。

*方立华：*温哥华创意园的考察给您带来一些什么启发吗？

*陈剑：*我去看那个创意园的时候，它已经很商业了，我听到很多故事。刚开始的时候那里很有活力、很有意思，有很多艺术家工作室及各种各样的机构。后来商业价值提

升了，租金提高了，艺术家都走了，剩下的就是商业的东西了，人气是有，但是变味了，变得越来越商业。当时我们就想不应该走这条路，赚钱是赚钱，但还是要保持原来特有的气质，我觉得那个创意园里面保持得最好的就是还有一所设计学院，所有的都商业化了，但设计学院还在那儿，我认为那所设计学院是那个区域的一个灵魂，要是设计学院也搬走了，那个区域就完全成了一个商业区，没有什么意思了，好比这里，要是把 OCAT 搬走了，这个区域也就没有灵魂了。

*方立华：*这样的一种理念驱使您认可了黄老师的计划？

*陈剑：*对，当时就想把 OCAT 做成一个标杆，一个核心，在这里花钱——当时你们提出多少我们就给多少了。

*李彧莎：*您觉得这个模式在中国是可以被复制的吗？现在很多地产商或是其他的企业，他们也在做这种大型的文化艺术园区的改造和投入，您觉得我们的园区和 OCAT 对于其他企业有没有可借鉴性？

*陈剑：*应该是有借鉴性，你看你们这里接待参观的密度就知道了，很多企业和个人都想做，因为看你们做成功了，但是要想成功也确实不容易，核心就是两个字：坚持。好比一个商业机构，一个开发商，你做一件事情做一次可以，做两次可以，可是要你做 10 次、做 20 次，这样坚持下来你才能成功。比如上海新浦江城做当代艺术计划，做了 10 届，做了 10 年，你就成功了，所以要做成功就必须坚持。其实要学习是很容易的，就这些东西来看，都知道怎么做，但是要真正坚持做下去就不容易。我觉得 OCAT 就是坚持，华侨城做当代艺术也是坚持，要是只做了一年，或只做了五年，可能就消失了，就没有了。OCAT 现在一直还在做，都快 20 年了——从 1997 年开始，20 年了，做了 20 年就能有一席之地了。

2016 年，“一次集结：缅怀与重构”展览开幕现场（图片由 OCAT 深圳馆提供）

*李彧莎：*您对 OCAT 未来的发展有没有什么建议或者是期望？

*陈剑：*我还是那两个字：坚持！希望能够坚持做下去，不要因为人员的变动，不要因为其他的一些情况来影响这两个字，要是不坚持的话就有点儿可惜了，因为已经做到一定的高度了，这个时候退了，大家都会觉得简直是太可惜了。

*方立华：*是什么样的契机使得华侨城与当代艺术结缘？

*陈剑：*最主要还是因为何香凝美术馆当时在做当代艺术，特别是黄专老师做了艺术总监以后，何香凝美术馆的影响力越来越大，它同时也对华侨城有影响，华侨城后来在这一块坚持做下来，其实有很多必然的因素，也有很多偶然的因素，都结合在一起，也是挺有意思的一件事。回过头来看这 20 年，很多光环在上面，当然也有很多挫折、很多矛盾搅和在一起，确实是挺有意思的事。

*方立华：*这里面是不是还有一个重要的原因，就是与您和任总对当代艺术的兴趣有关？

*陈剑：*有一定的关系，这个可能也是跟黄专老师和任总，还有咱们对这件事情的热爱，

2017 年,"金蝉脱壳——纪念黄专逝世周年邀请展"海报前合影,左起:谢安宇、陈剑、栾倩、李彧莎、方立华(图片由 OCAT 深圳馆提供)

这跟人是有关系的,任何事情都是人做的,假如没有这几个人的话,可能换了别人就没有这件事。这完全有可能是一种偶然性,当然也有它的必然性,那就是在大的历史环境下,在深圳这样一个地方,当代艺术也到了要发展、要经历的时候了,可能华侨城不做,也会有别的机构、别的企业来做,只是刚好华侨城做了,就变成这件事了。

*李彧莎:*您觉得怎样的一种方式才是最好的纪念黄老师的方式?

*陈剑:*我觉得就是把 OCAT 越做越好,首先当然是坚持,必须坚持,在黄专老师打下的基础上,咱们把这个事业做得更加辉煌、更加有影响力、更加有意思,这才是对黄专老师最好的纪念,因为我觉得 OCAT 对他来说应该是他最重要的一件事业,我们能够把它继承和发扬下去,这才是对他最好的纪念。

*方立华:*黄老师在主持 OCAT 的过程中,一直在探索一种比较良性的当代艺术运行机制,从您的角度来说,怎样的运作方式是更加理想的?在运作方式上您有什么样的建议?

*陈剑:*当然更加理想的就是像国际上通行的基金会的模式,但是现在中国的国情和咱们这种体制来做这件事情还不太容易,华侨城为什么选择现在这种模式?也是当前这

种情况下的一种选择，一种比较契合实际的选择。但随着各种各样情况的可能出现，这种模式有它的不稳定性，作为一个机构运作机制若能保持长期的运营，还是艺术基金会的形式比较好。

*方立华：*您觉得在中国这样的环境下有可能实现吗？

*陈剑：*应该慢慢能具备这种条件，当然这还需要咱们努力，把 OCAT 的影响越做越大，不管是哪个老总来执掌华侨城，他都不应该轻易地把这一块放弃掉，他要是放弃掉，就会成为他来执掌华侨城的一个错误。

*方立华：*这种良性的运作机制也许很难实现。

*陈剑：*其实也不难，但是需要做工作，有你们在，有你们的坚持很重要。

一个“闯入者”

受访人：吴文光（纪录片作者）
采访人：李或莎、王景
时间：2017年1月24日　地点：昆明

*王景：*您还记得你们第一次见面是什么时候吗？

*吴文光：*听说黄专老师这个名字是20世纪90年代中期，当时有两个人都姓黄，黄专、黄笃，两个都是做批评的，一开始我把这两个人搞混了。黄笃好像还早一点认识，好像是90年代末。碰到黄专老师是在一个既公开又私人的环境里面，当时他在北京做一个展览，在中国美术馆……好像是1999年元旦，听说展览没让展。后来在一个朋友家里开了一个Party，请那些各地来的艺术家，有一些我认识的，所以我也去了，就见到了黄专老师，但当时我们没有说话。我记得Party是在外交公寓，那天晚上我见到了黄专老师，他坐在沙发上，旁边还坐着两个人，他没说话。我们知道这是一个未遂的展览，在90年代，这种大家听到展览消息但没见到展览开幕是常见的事，所以大家也不奇怪。但这个展览比较大，而且是在中国美术馆这样一个国家级的美术馆举办，这就有点儿好像——就是在中国美术馆搞展览也不让你搞，内幕也不知道，大家好像对展览没有开幕就关掉了也习以为常，那时候这样的故事比较多。我记得当时是别人告诉我说那就是黄专。我跟艺术圈的关系纯粹是私人关系，认识几个人，或者通过这几个人又认识其他人，实际上并没有更多交往。所以当时跟黄专老师在那样一种场合见面，也没有说什么——当时也没有想到，在若干年以后会跟他联手做事情。

*李或莎：*是什么样的契机，慢慢地促成你们后来的合作？

2008 年，黄专和吴文光在“交叉：OCAT 当代舞蹈剧场演出季”期间（图片由 OCAT 深圳馆提供）

吴文光: 因为黄专——只有这个人，在他之前及在他之后我都不可能跟别人这样合作，在一个美术馆，因为艺术，把这个空间变成一个剧场。在国内展览的地方，之前也没有人做过，之后到现在有一些地方做了一点点，但是好像也没有持续性地做下去。所以我想黄专他是一个非常特别的人。我记得当时在深圳何香凝美术馆的一个活动上跟他见面，他跟我谈这个事情的时候，他一开始说的是不想一直做常规式的展览，一个展览接一个展览，他想要改变方式。跟他谈这个话是在 2007 年还是 2008 年，我记不清了。当时是 OCAT 年底的演出季，之前在何馆（何香凝美术馆）有一个活动，是一个论坛，两天时间从早上到晚上，很多艺术家都来了，张培力、王广义、方力钧等。一组一组上去的，当时我是在哪一组？好像是在何馆的报告厅，去了四五十人，特别多，反正是 2008 年之前，这个要回忆一下。2005 年 OCAT 开馆的时候是不是搞了一个论坛？人去得特别多，包括“北方群体”，还有湖北的，几乎“85 新潮”的艺术家都去了，差不多是老江湖会面了。汪建伟跟我比较熟，说他跟黄老师说以后应该做一些剧场表演的东西。我不记得当时我跟黄老师在谈话的时候汪建伟在不在，那天我们两个算是交换了想法，那是第一次。

李彧莎: 当时有谈很具体的计划吗？或是一个初步的概念、一个方式的想法？

吴文光: 我自己当时是想在外面做剧场，比如说像 OCAT 这样一个空间的地方，我

2008 年，文慧、黄专与吴文光在“交叉：OCAT 当代舞蹈剧场演出季”期间（图片由 OCAT 深圳馆提供）

是出于这个原因，当时在国内的独立剧场实际已经没有地方可以演了。草场地我们做了一个空间，但是没有机构的支持，没有一个像 OCAT 这样的地方，所以当时我很有兴趣去谈，是想把我们自己创作的，包括我认可的作品带过去——开辟一个空间来做，就是出于这种想法，实际上是给一些作品找到一个呈现的窗口。我们所熟悉的那些专门的剧场，大家都知道，他们不会接纳我们这样的演出，那个时候也几乎没有表演艺术节。

*王景：*以您的经验，像你们这种剧场的形式可能在国外比较容易被专业的机构接受，但在当时的中国还没有。

*吴文光：*对。首先，比如欧洲，已经有一个多少年形成的剧场机制，包括艺术节及一些专门的剧场也在做系列的演出。这种机构已经非常成熟了，创作也是水涨船高，像伦敦、巴黎、柏林，还有欧洲的一些城市。1999 年，我们去过里斯本的一个做表演的艺术机构，这个艺术机构实际上也像 OCAT 一样，是一个财团投资，在一幢大楼里面，辟出一层楼专门做展览。我们还去过美国的波特兰大，有一个广告公司，记不得名字了，耐克公司所有的广告都是他们独家做的。那个广告公司由两个人创办，他

们在很普通的一座建筑楼群里边辟出一个艺术空间，专门做表演。在国外，涉及这种独立演出已经是做得水到渠成、相当成熟了。在中国，实际上所有的剧场都是官办的，但是当他们开始可以作为营业来出租场地的时候，费用就非常贵，现在更是贵得不得了，真正独立的这种演出空间几乎没有。当黄专老师来找我谈的时候，他就是想做这样的事情，我手里积攒了一些东西却找不到地方能够呈现，他的想法和我的需要刚好相吻合，所以我们两个几乎是一拍即合。从他的言语中流露出，他对现成的展览体系有厌倦的感觉，差不多从2006年算起，到2012年之前，我们应该是有五六年的时间在谈这个事情，让我觉得，他非常想做有创造性的事情，不然就没有OCAT，或者说OCAT也不可能这样发展下来。他也在思考，到底艺术存在的现状是什么？它有什么样的作用？特别是作为一个展览的公共空间，它跟社群、跟公众有什么样的关系？黄专这个人，我想他可能没有把策展人当成他的一个职业，也不是一个位置，所以他不会小心翼翼地维护所有他得到的东西。所以，这种创造的东西实际上在他身上就显得很本能，我俩一拍即合也都是在这样的一种本能下。当时我看了场地，觉得非常好，因为我们做的不是小话剧，它是有肢体的，需要地面。在草场地我们已经有了一个形式，所以我提出在OCAT就把草场地的形式拷贝过去，包括观众席，可以拆掉搬到一个仓库里面搁起来，这样空间可以变成多功能的，而且造价便宜。

*李彧莎：*那个期间，黄老师有去看过草场地或者是看过您的演出吗？

*吴文光：*应该是在2008年前一段时间，2007年或2008年初。因为2008年12月是第一次在OCAT做演出季。当时他带我看OCAT空间，我觉得在这个空间里可以现场装置出一个剧场。因为涉及费用，我说我们做一个演出季，花钱要比做展览少得多，我们可以用各种可能的方式演出、实现，它不是一个挥霍钱的事情。之后黄老师到了草场地。第一年在OCAT做表演季的时候，因为各方面条件限制，就直接把草场地的

东西运过去了，好像 OCAT 那边只做了一个观众席的架子，舞台地板和地胶是从草场地运过去的，雇了一个灯光公司搭建了舞台。

*王景：*当时这种形式的活动对我们的工作人员来说也是比较新鲜的。

*李彧莎：*当时我们也了解到，观众觉得这种艺术形式特别不一样。从 2008 年开始，我们就慢慢把这个视为 OCAT 的一个常设项目，其实这也是比较特殊的，因为其他很多项目一开始都不是以常设性项目来实践的。黄老师跟您在这一块是不是有更深入的沟通？

*吴文光：*当时我们定位这个演出季的活动是一个面向大众——而且我自己的本意也特别想做和公众更多接触的东西。我也比较厌烦展览，就像办一个婚礼一样。演出的方式是跟公众直接接触的，观众是看到真人的，而在展览里边观众几乎看不到艺术家，艺术家都是躲在作品后面的。所以不能说这种东西不合理，但毕竟有它的缺陷，我想，可能在欧美很多艺术家都在做这种尝试——怎样打破艺术这种橱窗式的方式？像 1982 年的卡塞尔文献展，博伊斯做了 7000 棵橡树，这就是最典型的案例，这个案例是影响巨大的。草场地做的“村民影像计划”和“民间记忆计划”，也是受博伊斯“7000 棵橡树”项目的影响。

*王景：*感觉在国外的氛围里没有把艺术跟您说的剧场分开，都是当代艺术的方式。好像您讲的国内很多艺术机构还不能接受你们的创作方式，就是把剧场跟展览分开。

*吴文光：*艺术家也好，策划人也好，做展览机构也好，他们应该有一个共识，就是始终保持对艺术功能的质疑，它起到这个作用没有？是不是到此为止？在对艺术功能质疑的条件下才可能会产生出像博伊斯在卡塞尔文献展做的艺术创作，包括展示，包括

能够产生效用的实验的东西，所以它不是说我想实验，我想拿个新东西，它总是在质疑之后才发生的。黄专老师就是以一种质疑态度——对策划人的角色、批评家的角色，包括对展览的评审存在的局限的质疑。一个显而易见的事实，是做着做着就做成一个圈子的东西，做成沙龙的东西，做展览跟过生日一样。但是到了 OCAT 这样一个机构，不存在代理画家、代理艺术家的背景，当然最有条件能够打破这种东西。所以演出季能够在 OCAT 呈现，从开始谈，到后面真的变成一个事实，能持续几年做下去，黄专老师在此期间是扮演着非常重要的角色。在之前，不是说没有人想做，包括广州的时代美术馆，我们也做过一次演出，当时好像很兴奋，说要怎么怎么样，完了以后就像喝了一次酒，就是“一夜情”，第二天醒过来像什么事都没发生一样。类似这样的例子还有，包括在上海、杭州，杭州的浙江美术馆也去过一次，可能“一夜情”都说不上，算“半夜情”吧。去年北京 OCAT 研究中心做回顾展，涉及我们的这个“交叉”项目，董冰峰一手促成这件事，本来是让我再做一个讲座，我就考虑把这个讲座变成一个有表演的东西，OCAT 研究中心条件比深圳 OCAT 差，但是我们那个时候在观念、方法上都有很大的变化，可以去除掉所谓剧场里边必备的东西。但是后来，我不知道是因为董冰峰离开还是什么原因，这件事情没做成。同样是 OCAT，到了北京就不行——所以，就是黄专这个人，他专就专在这儿。

后来我在想，为什么人总是在他去世之后才想到他种种非凡的东西，他异于常人的东西。其实那时候我也知道他得了一场大病，手里永远抱着矿泉水，不断地喝水，即便这样，看到他仍是那么的朝气蓬勃、思路敏捷，大脑转得非常快。一开始做剧场的时候，我的初衷是属于我们现有创作的东西，包括像其他一些做得不错的，田戈兵、张献等，还有一些年轻人做的东西，也想找到一个呈现的场所。当时跟黄专老师谈的时候，想把国外的东西带过去，一开始觉得是一个不错的创意，也觉得应该，但是后

2012 年 12 月 16 日，深圳 OCAT 图书馆，左起：张献、文慧、杨美琦、吴文光（王静晗拍摄，图片由 OCAT 深圳馆提供）

面我自己的想法发生了很大的变化。不是我不喜欢国外的东西，国外的东西永远都需要，很多都比我们做得好，但是涉及一个非常重要的问题，国外来的演出团队非常强调他们所需的条件，不一定是要你的灯光达到什么样的效果，但要求你有非常专业的工作能力来配合他们解决问题，每一次演出都相当于一次创作式的工作，所以他们特别需要本地人跟他们合作。后期有一些变化，就是我自己有疑问，觉得做这样的剧场到底是端出现成的好饭好菜给人吃，还是让公众参与剧场、表演，从而产生更多的开创性？实际上我后来对做国外剧场的兴趣不大了。第一，我不是策展人，不是靠策展吃饭，这个东西可以直接拿来，但是拿来有很多条件，当时如果不是荷兰以及其他方面的一些支持——有很多是讲条件的，条件不是给他们多少钱，而是他们设置的演出状况要达到一个标准，而这些标准我们是很难满足的，所以，做得特别累。每一次他们要来之前，都是我在跟他们谈，谈灯光、谈剧场条件、谈各种要求，有些东西他们要带过来到这边做，等等，像谈判一样。第二，我发现我做着做着就变成一个职业策展人了，但我又不是，问题是我的兴趣不在此。最后到了第四年，我们在深圳做“深圳记忆”的时候，这个口子终于打开了，这个过程我一直在跟黄专老师沟通。黄专老师心里怎么想的我并不完全了解，但是他强调要有一点国外的演出。到第四年，实际上我是百分之一百个不情愿做国外的演出，我花那么多的时间和精力，还有费用等，还不如把更多的时间用在像“深圳记忆”这样的创作上，做出来以后真的有一些当地人——这个剧场落地了，真正地做到艺术跟社区发生了关系。实际上到第四年，黄专老师也没有办法参与太多，因为他的身体状况限制。所以后来我觉得比较遗憾的是在这件事情上的推动——刚刚看到一扇门打开，就又关上了。但是我想黄专老师一定还是想继续做下去，没有黄专老师，我们说的这个“交叉”就不可能变成一个落地的东西。

*王景：*我在想，当时坚持要一些外国的表演，是因为他要从一个机构整体的角度考虑，但黄老师跟很多艺术家合作或者在策划他们的展览的过程中，都是以艺术家的意见为主，尊重他们的最终决定。

*李彧莎：*黄老师在很多的项目设计上一直强调 OCAT 是一个“航空港”，包括做展览，有中国优秀的当代艺术的展览，同时希望有国外艺术展览的引入，这样才有一个双向互动。所以表演这一块，他也希望一方面我们有自己的剧场类型，另一方面也可以看到国外的艺术剧场是一个什么样的生态，这样就可以有交流并产生碰撞，提供给观众尽可能多的信息。黄老师在很多项目的设置上，都会考虑国内外的一个交叉，一种融合。

*吴文光：*如果做到那样的话，需要一个专门的团队，能够对国外进行考察、接洽，当然，若能做到这种程度，OCAT 会更加生气勃勃。但是很显然，当时我们的条件没办法做到。其实到现在都还有不少国外的舞团都非常想来中国演出，包括有些需要他们自己解决费用的，但是要落实下来，就必须有一个专门的工作团队来做这个事情。

*李彧莎：*现在好像各地的美术馆也开始尝试在公教活动中专门开辟跟剧场或者是跟舞蹈形式有关的活动，比如上海这方面就比较活跃，各个美术馆都有请不同的独立舞者或者是舞团，可能上海舞团的生存状况也会比其他地方稍微有优势。吴老师您对当

下的情况有了解吗?

吴文光: 如果要做到成为一个机构和系统来策划的项目并落实下来，上海那边看来是比较多一些，但是实际上可能也缺乏一个专业的团队来做这个工作。深圳OCAT事实上是有这个基础的，顺着之前的工作慢慢做下去，是可以看到前景的。

李彧莎: 未来OCAT会搬到创意园的北区，那边是场地更大的一个展场，包括活动空间。我们原来的场地就希望可以做一些表演类型，或者是跟公众更近距离的活动类型，所以您对未来OCAT怎么看?

吴文光: 问题是像黄专老师这样的角色谁来替代? 今天我们在谈论黄专老师这个人，很明显，是不可能再复制一个黄专出来，新生出来的应该不是“黄专”。我们谈谈黄专老师的角色问题，虽然是华侨城聘请他主持OCAT的整个事务，但他不属于华侨城的员工，他不是这个体制里边的，他真正的工作身份是广州美术学院的老师。所以他在OCAT相当于是一个“闯入者”，一个闯入者就会有各种匪夷所思的创新念头，因为他不会为了保有这个位置才做这个事情，他不需要争取提拔，也不担心什么论资排辈，他不用顾及周围的人际关系。可能有些时候要听取一些来自上面的意见，但以我对他这个人的大致了解，他是个精神上特立独行的人，人家也认可他这种特质，所以他在做这件事情时就有可能起到“闯入者”的作用。正因为有这么一个人，这些事情才可能产生、可以推动，但当这个人离去了，我们还想再做一些想做的事情时，就会觉得无能为力。

李彧莎: 您说到的他不在体制内这点，其实是最关键所在，因为这样他做出来的东西才可以是独立、不受任何干扰的，这也是黄老师接受做OCAT的初衷。他希望在中国建立一个这样的机构，这个机构是一个“独立艺术”的代名词。现在的话，确实可

能因为 OCAT 的发展、壮大改变了那种方式。不知道吴老师您在国内或者是国际上接触到的美术馆，当发展成一个功能健全的美术馆的时候，是不是就有可能不具备独立性的精神了？您有没有接触到什么范例，在这方面可以做到兼顾的美术馆？现在我们也尝试通过外聘策划人的方式介入我们的运作和运营，黄老师当时也不是以我们体制内的身份来介入，属于外聘的专业人员，现在其实也延续了这种方式。但是因为人不同，情感不同，甚至有可能会带来更多的缺陷，有时候如果专业方面的引导人是自己机构培养出来的，反倒不会有那些问题。不知道现在在中国或者是国外，有没有做得比较好的机构，既有它的独立性，同时也兼顾两者，做得比较全面。

*吴文光：*我了解在国外的，无论是做空间、做剧场的艺术总监，他们被聘，就有绝对的决定权来实现他们要做的事。通常一个艺术节的总监三年或者是四年一届，参加应聘这个职位有若干人，包括面试、资历的审核，一旦决定了人选，那么他们就完全可以决定它的方向，甚至会把原来的名字全部改掉都有可能。黄专老师建创了 OCAT 这样一个空间，可以说是从无到有，包括功能、机制、运营方式等都是他一手开创，在欧美几乎要几十年、上百年完成的东西，OCAT 在他的手里 10 多年就实现了。现在他不在了，如果公开招聘，它不像在欧美那样一个社会文化环境，有那样传统的机制，所以再出现第二个“黄专”这种具有开创式的人物恐怕比较难。黄专老师他本身是一个“闯入者”，他又把我这个“闯入者”带进去，我什么背景都没有，就是一个自由人，甚至我都不算视觉艺术圈里的人，但就是黄专老师，是他把我这样一个没有身份的人引入里边。

卢迎华当艺术总监之后，她本身也是一个外来的身份，但她明显是被聘用的，有时间段的限制。所以期待卢迎华或者是另外的人怎么把自己的理念贯穿，不在乎位置、时间的长短、能不能续聘——如果他过多考虑那些东西，考虑机构已经享有的东西，就缺乏黄专老师那种无所畏惧感。不能说后面的人没有想法，想法也是很多的，但是一下就被折损掉，或者是妥协了，可能区别就在于，黄专老师是一个真正的“闯入者”。他带着这个目的来，去实现想做的事情。类似这样的机构和空间越做越多了，可能彼此在影响、启发。但是我想有一种可能，可以让黄专老师这个想法能够贯穿下去。因为黄专老师所做的是系列个展，做档案的整理，这是非常重要的，当代艺术能够留下一些史料。在表演的空间、公共的关系里边，实际上在做“交叉”的时候，这是非常重要的一个尝试。我觉得这个事情可以完全落实下去——你们可以来做。它不属于展览的业绩，它属于公教活动，在公共社区里的活动，这是OCAT一直想坚持做的。实际上，如果说把原来“交叉”做的一些有意思的——比如说工作坊、表演跟社区互动的东西，只要在里边占用的资源不是太多，花不了太多的钱，其实你们可以接着做下去。我想，我们在谈论黄专老师的时候，不仅仅是在怀念他……

思维的结构——那些没做成的，价值并不低

受访人：舒可文（评论家、原《三联生活周刊》副主编）
采访人：鲁明军
时间：2017年5月25日　地点：北京

鲁明军： 舒老师，在您任职《三联生活周刊》编辑、副主编期间就一直很关注当代艺术，还记得您是什么时候开始介入其中的一些展览和活动的？

舒可文： 这既跟《三联生活周刊》有关系，也跟我自己有关系。这话说起来好像不是说黄专了。如果从三联的《生活周刊》创刊来说要更早一些，它的前身是邹韬奋当年的那本《生活周刊》杂志，后来复刊。复刊到比较稳定的时候是朱伟接手以后，应该是1995年。1995年朱伟过去了就把我也拉去了。《生活周刊》是当时中国第一本这种类型的杂志，全彩印，既有现场报道，又有新闻性，但是和报纸的报道又要不一样。因为是中国第一本，我真是不知道要干什么，最后就找摹本。那时候我们经常看的摹本是*Time*、*Life*和*Newsweek*，懂德语的人看德国的《明镜》（*Der Spiegel*），类似这种杂志编辑部有一大堆。当时是让我去做文化编辑，最开始有几个板块，包括社会、经济和文化。通常人们对文化最简单的理解就是电影、音乐、小说和文学，但是又不想做得像报纸那种通讯性的，怎么做呢？

鲁明军： 《三联生活周刊》的当代艺术文章都是带有评论性的深度报道和写作吗？

舒可文： 按后来看，其实样式很多，最开始大家想象的要求是既要提供资讯（有现场和采访），又要有一定的分析（可以是你的分析，也可以是来自你去采访的专家给予的分析），还要有趣味性和故事性。我们那儿最开始有学电影和文学的，就凑了这么

2014 年，黄专与舒可文参加“马语”展开幕式合影（图片由张春旸提供）

一个班子，还包括时尚，时尚也不是一个纯市场的报道，而是包含了一些设计理念的变化。而且杂志强调“杂”，尽量囊括真实的社会生态。我开始写艺术的题目是纯个人的原因，因为小时候学过几笔画，20 世纪 80 年代所有最热闹的展览也都跑去看。

鲁明军： 那个时候北京的一些展览大多还是属于地下展览。您大概什么时候开始报道当代艺术的？

舒可文： 最开始写的时候我是跟邱志杰认识，再早是跟当时美院的周彦认识，他有时候给我们提供信息。再早我还有一个小闺密的父母是美院教授，她也时不时带我一起去看各种展览，也跟同学朋友参加过一些相关的聚会，那是 80 年代，是把它放在整体的阅读范围之内的。当代艺术在当时的公共媒体中几乎没有作为常项的报道。《生活周刊》当时还有一个要求是要发现新理念，当代艺术中确实有很多值得叙述的事情，那就写呗。

鲁明军： 你们最早报道的是哪个展览，是“后感性：异形与妄想”（1999 年）吗？

舒可文： 不是，更早，1995 年或是 1996 年。最开始我自己也没有找到叙述的路径，另外，到底要什么样的叙述，我也不知道，当时也是在摸索的状态，所以我是从采访开始的，最早采访的是邱志杰，拿他练手。

当然，我得有我的叙述方式，但是怎么和另外一套叙述黏合起来，又让它顺当？如果我完全按照他的方法说，就像学舌，对于我来说是很难忍受的；如果按照我的方式又进入不了他的语境。那时候就拿邱志杰练手，瞎聊，也不是一个简单的单独采访，等于是有一个采访做底子，前前后后跟他聊的内容都放进去了，其实是一个“伪装的现场采访”，并不是真的现场采访。

*鲁明军：*那个时候他在北京还没开始活动，应该是在北大访学，跟着陈嘉映读维特根斯坦？

*舒可文：*还要更早，是在他没来北京的时候。他们在北京做了一个“现象与影像”展，到我们家去借录像机，因为他们有很多影像要放映，那个时候机构也没有那么多设备，就四处借。后来邱志杰给我介绍了方力钧，方力钧又给我介绍了很多朋友，因为认识的朋友多了，所以看的展览就更多了。

*鲁明军：*那个时候你发邱志杰这种稿子会担风险吗？因为当时当代艺术还是“地下”的。

*舒可文：*是“地下”的。

*鲁明军：*杂志审查严格吗？

*舒可文：*我在训练自己一种叙述方式。在非正式的地方做展览可以当成一种“地下”状态，但是也可以以叙述作为一种情境，它确实也是一种情景。我不把它处理为一个对立的社会态度，它可能并不真的是对立态度，后来的实践证明确实如此，现在还有谁在“地下”做？

*鲁明军：*其实也没有那么强烈的政治态度。今天我也跟他们聊，大家的想法也是说当时因为没有展览的地方，只是想办法找个地方做个展览而已。

*舒可文：*对，那个时候如果美术馆请他们去肯定会去的。所以我不想去标榜它的对立状态，而是一种情境策略。还有一个原因是，更值得叙述的是其中有什么理念、形式，而不是立场，即使是立场，作为叙述对象，艺术也一定有和宣传不同的质地。

*鲁明军：*很多时候政治是后来被赋予或建构的。

*舒可文：*是，或者是一种情绪宣泄，如果这样叙述，重心就转移了。我相信读者在阅读文章和领导审稿的时候，重心反而是展览、作品，或者是艺术家所讨论的问题，很多问题当然是政治性的，但不是意识形态化了的政治，而是其结构在我们生活观念中的。

*鲁明军：*黄老师在20世纪90年代的一些工作，您了解吗？他当时已经到广州了。

*舒可文：*黄专写的东西我读过很多。

*鲁明军：*他那个时候也写很多东西，90年代他还策划改版《画廊》杂志。

*舒可文：*他在《画廊》杂志时还约过赵汀阳的稿。

*鲁明军：*您跟黄老师是怎么认识的呢？

*舒可文：*具体什么时候我记不清了，那个时候昏天黑地的，三天两头乱吃饭。我们是在吃饭的时候认识的，我在出第一本集子《相信艺术还是相信艺术家》的时候还特意感谢黄专。

鲁明军： 您出那本集子的时候其实已经写了很多了。

舒可文： 我那个时候已经不写了。

鲁明军： 出书的时候已经停止了？

舒可文： 是这个专栏停止了。

鲁明军： 从第一篇文章开始到停止写作也没有几年？

舒可文： 五年。其实不是说我不写了，而是我的写作方法和这五年不一样了。当代艺术给我提供了很多营养，也是因为在跟他们的谈话当中我自己慢慢变了。因为有一些问题，尤其是由艺术家提出的问题很粗疏，你一追问，问题就跑了。后来我的阅读重心和方法都变了。

鲁明军： 有什么具体的变化吗？

舒可文： 差不多从 2000 年开始，有几年的时间我基本上是在做有关城市的专题了。

鲁明军： 2000 年以来的城市化运动也是北京的社会主题之一，很多艺术家的作品都是跟这个主题有关。

舒可文： 因为城市的具体逻辑不一样，所以我就投入了几年的精力。因为吃饭总能碰上黄专，所以我们就比较熟了。我珍惜听到他的点评，因为他是真的点评，有时候他问我为什么会这样评论，这样就能形成一种讨论，即便是与他有共识的，也会推进问题。为什么我那个集子要感谢他，就是因为他给了我好多支持和鼓励。他后来做展览总是叫上我去看。

鲁明军： 他是 1997 年去了何香凝美术馆。您是 20 世纪 90 年代就去参加过他的展览了吧？

舒可文： 我记不住了。有一次我们想合作没合作成。黄专当时找我，他想做一个展览叫“居住改变中国”。我们是从 2000 年开始也做与城市、房地产、设计和建筑有关的话题。

鲁明军： 那是最疯狂的时候了，房地产也大概是 20 世纪 90 年代末发展起来的。

舒可文： 我记得我们当时就在讨论房子作为私产和作为公产所引起的心理结构和对生活形式的规划。反正讨论了很多，我忘了后来为什么没做。但是我们周刊还是做了“居住改变中国”的专题，基本上是从一个理念去做，既没有讨论太多的建筑设计，也没有讨论其他，先澄清了理念，说了很多与居住、房子有关的一些问题。后来这个主题持续了 10 年，每年做一次，都是和居住、城市、建筑、设计有关。最开始是从居住入手，因为房子最开始就是用来居住的，但是因为有了居住，于是有了各种各样的问题。

鲁明军： 在参与何香凝美术馆或者 OCAT 的一些活动的过程当中，您印象最深的是他策划的哪个展览？2005 年成立 OCAT 以后，他策划了大量的个展和相应的学术活动，其中您印象比较深的有哪些？

舒可文： 可能每个人接收外界的触角不一样，我印象更深的反而不是集中在一些具体的展览，而是他提供的思路上。比如“居住改变中国”，我还留着好多黄专发给我的东西。我留下的一个比较深刻的印象就是他的“结构性”，这个“结构”不是一个文本的结构，而是一个思维的结构。这也是我觉得特别有启发的地方。

赵汀阳为"'柏拉图'和它的七种精灵"展创作的作品《原型柏拉图》

他每次来我们家就坐在这个位置，我也不知道他为什么喜欢坐这儿。他来我们家，其实没一次是来找我的。

鲁明军：赵汀阳老师后来也和他有一些合作，他还在那儿做过一个雕塑展，参加过他策划的一个展览"'柏拉图'和它的七种精灵"。我记得那个时候赵老师在《读书》上画漫画，画了很多年。

舒可文：画了10年。

鲁明军：后来为什么不画了呢？

舒可文：陆兴华有一次说汪晖的时候，还说赵汀阳也是，汪晖在那儿他就画，汪晖走了他就不画了。

鲁明军：刚好卡在汪晖、黄平离开《读书》的那个时间点。

舒可文：他当时去美国半年多，有点儿没顾上然后就停了，人家就找了别人，所以后

来就不画了。

鲁明军: 也是巧合。

舒可文: 时间是差不多的。黄专找赵汀阳聊天的时候，基本上是聊赵汀阳的话题，也是黄专和很多批评家非常不一样的一点。

鲁明军: 他肯定先了解赵老师的东西，才讨论他的一些想法。

舒可文: 他像“吸星大法”，不是自我繁殖。比如说他读那些政治学的著作，包括阿伦特的东西，他吸取的不是阿伦特的一个结论，这就让他的工作方式显得更加开放，而不是精专。

鲁明军: 在某种意义上，他也是国内最早跟知识界发生密切关联，在展览中植入相关讨论的策展人？

舒可文: 对，特别早。可能 1998 年是我第一次去参加他的活动，他开研讨会请了王铭铭等人。

鲁明军: 我记得他还讨论过“文化翻译”的问题，当时请了巫鸿和刘禾老师，当然这些讨论都和展览有一定的关联，记得当时正在举办谷文达个展“文化翻译：谷文达的《碑林－唐诗后著》”。

舒可文: 对。他之所以把这些资源引入，就是说他的展览不是仅仅属于艺术内部的问题，而是具有社会和文化的共享性。这是他挺在意的一点。他多多少少有一种倾向，我觉得他在修辞上花了很多工夫，我说的不是语言的修辞，还包括他的展示方式和话

《"自在之物":乌托邦、波普与个人神学》,黄专主编,岭南美术出版社,2012年9月第1版

题的设置。

鲁明军: 他看上去好像是在做一些艺术内部的事情,但是他讨论的话题有很强的辐射性和开放性,而且也是紧贴时代的重要变化。

舒可文: 我自己后来越来越清晰的就是当代艺术的政治性,其实黄专的政治性是很强的,但是这个政治不是政府与反政府、官方与非官方这样一个结构。如果按照政治比较经典的定义,它就是一个组织生活的方式,市场也都是一种政治结构。我觉得如果说艺术有某种敏感度和活跃度的话,是应该恢复人心中的这种政治意识。

鲁明军: 他早期比较敏感于这些东西。

舒可文: 这真的是他特别棒的地方!

鲁明军: 他后来离开了何香凝美术馆,组建了OCAT。OCAT在中国的非盈利艺术机构中确实是一个典范,今天看来是比较成功的一个案例。您对黄专所做的这些工作是怎么看的?他的工作方式和之前又不一样了,我记得他2006年做了一个"创造历史:中国20世纪80年代现代艺术纪念展",紧接着他开始做一系列个案,包括隋建国、汪建伟、王广义、张培力等。

*舒可文：*你看他编王广义的那本书《“自在之物”：乌托邦、波普与个人神学》，整个叙述逻辑已经脱离了20世纪80年代。

*鲁明军：*他就是要和栗宪庭那套叙述方式拉开距离。当年像他那样做的还很少，大多数还是做群展和图录，他的文献意识很强。

*舒可文：*这也是黄专对我特别有启发的一个地方。因为现在做档案的很多，黄专的意识提供了一种方向，比如说档案，是不是有文必录就叫好的档案？是不是每一个纸条具有同等的分量？是不是只要是亲笔书信就具有极高的价值？我觉得这些问题都应该是在档案文献的整理当中会碰到的。

*鲁明军：*黄老师对这批艺术家还是有一种情结，但是他在“85时期”并不算是重要的角色，他其实是从90年代开始有一些重要的介入。

*舒可文：*从90年代开始重要还是在于他的思维的整理。

*鲁明军：*我记得他有一个展览被叫停了，是“首届当代艺术学术邀请展”，展览全部弄好了，但是没有开幕。

*舒可文：*他的介入明显地让人感受到不同，这个不同其实是在他之前策划的研讨会，以及在《画廊》的文章当中建立了一个方式。他在考察当代艺术时很早就意识到一种很明确的方向，所以他介入的时候呈现的是他的成果，并不是在介入之后慢慢去找方向。

*鲁明军：*他毕竟是学历史出身的人，所以思考、实践有历史感。他后来讨论的一些问题，其实都是面向过去的，比如说讨论水墨问题，那个研讨会我也参加了，是重新清

理 90 年代关于水墨问题的讨论，这个讨论肯定也是直面当下的水墨。他的方法还是挺清晰的。

舒可文: 对，他有历史感。黄专这个角色在中国当代艺术生态当中特别重要，因为我们在 80 年代建立的一种“气息”——我不能说是一种思维方式，就是与过去的隔断，他的工作和这个气息是反着的。尤其是放在一个整体的生态当中，他就显得特别重要。即使是他当时在何香凝美术馆策划雕塑展，其实那个时候他也没有局限于美术馆，他恰恰不是“隔断”，而是要建立一种连接，虽然他可能用了一些非常刺激的或者是形式上特别不一样的方式，但是他的方向，并不是让你停留在作品上。这可能也是我并没有把思路停留在他提供的作品上的原因。

鲁明军: 他一般很少去讨论一个艺术家具体的创作，我记得有一次他在今日美术馆策划王广义的个展，当时是开了一个关于当代艺术史写作的研讨会。

另外还有一个重要的展览是“国家遗产：一项关于视觉政治史的研究”，那是非常有影响的项目，我参加了研讨会，我也是从那个项目开始真正参与 OCAT 的一些活动中。他对出版物非常重视，《国家遗产》还收录了赵汀阳老师那篇关于“天下制度”的文章。今天看大量的展览的出版物，除了 90 年代因为稀缺，任何一个纸片都觉得很珍贵，2000 年以后的出版物泛滥，画册成了负担，但是他一直还是很强调文本本身自足的意义。今天看，海量的出版物中 OCAT 的还是非常有价值的。

作为艺术总监或者是批评家，他的角色比较综合。在中国特别不稳定，因为机构毕竟是隶属于一个房地产，他为了组建 OCAT 北京馆，而且他的理想是要建立一个图书馆，您可以谈谈他这一块的工作吗？从认知层面或者也可以延伸到他当时要离开北京的那一段。

舒可文: 我其实不是特别了解，他只是说可能做不成，我也觉得可能做不成。很快他就写了《别了，北京》，具体的我还真不知道。

鲁明军: 不管怎样，OCAT 北京馆还是建立起来了，而且是作为一个研究中心，在中国尤其可贵。当然，在 OCAT 艺术馆群的结构中，他扮演着非常重要的角色，我觉得他还是带有一种很强的使命感。

舒可文: 这是特别明显的。

鲁明军: 很多批评家其实不具备这一点，很多人都放弃了或者是妥协了，但是黄老师有一点确实是不一样的，他是有坚持的，大家对他的评价是建立在很多事情他没做的基础上，而不是他做了多少事情。他的可贵之处也在这儿，他真的是很多事情没有做，所以反而显得很重要。

舒可文: 对于他来说可能没做成的事情比做的多。那些没做成的，价值并不低。

鲁明军: 我们那个时候也参与批评家年会，我记得我还跟他合作过一次，那一次他是组长，我是秘书，后来他说算了吧。当然，这肯定和他的身体有关，他不想把时间浪费在一些没有意义的事情上。还有一点，黄老师相信历史的客观性，他一直在做这方面的工作。

舒可文: 现场的价值和作为一种思想资源的价值是有距离的。黄专是很清晰这一点的。

鲁明军: 后来他也说过一句话，他觉得这么多年唯一做得不成功的就是跟知识界的对话。所以他现在理解甘阳和朱青生那次的争论真是没有办法，但赵老师似乎是特例，毕竟他还有艺术素养。

舒可文: 我其实特别同情，这也是我自己在写作的时候特别清晰的一个意识。我这两天在整理一个讲稿，赵力让我讲艺术，我说我不懂艺术，所以我还是讲一个思路——艺术是如何从公共语境当中飘移出去的？实际上很多艺术作品的指向和关注点是公共话题，为什么它在公共话语领域里，难以和别人形成对话？比如说一个经济学家和一个哲学家能够对话，一个历史学家和一个经济学家也能对话，但是为什么和艺术家形成不了对话？这个不能怪谁，其实是一个历史的形成。当代艺术里有很多人在做这样的努力，弥合这个断裂，但是你一看到一些具体的实践，这个弥合的行动反而是加深了这个裂缝。所以我觉得不是谁的责任，确实是一种历史处境。但是我们在谈论当代艺术的时候，如果没有意识到这个处境，就会互相觉得胡说八道，像甘阳和朱青生那样。其实谁都没胡说八道，但这是不是一个问题呢？我觉得是我们的政治语境的问题（不是意识形态化了的政治），我们的这种政治语境越来越丧失了对话功能，再说得俗点就是一个碎片化、平面化的文化。有时候你能感觉到大家都想往一起说，但老是黏不到一块儿，这是现代文化的一个悲哀，不是谁的责任，但是你又能看到黄专这种努力的使命感和重要性。

鲁明军: 甘老师认为，这么多年当代艺术界没有提供任何有价值的问题。

舒可文: 对于一个文化共同体，确实是。

鲁明军: 可能他们也没有仔细去观察或者是去衔接。

舒可文: 两者之间没有桥梁。

鲁明军: 很多隔阂是越来越深的，越来越难对话。

舒可文: 这种隔阂是不是现代性逻辑之中的？黄专是想过的。

黄专，一个独立的人

受访人：费大为（评论家、策划人）
采访人：方立华
时间：2018年6月3日　邮件采访

方立华：想请您谈谈最初您和黄老师的交往，包括你们最早是怎么认识的？您和黄老师早期的一些工作的交集和讨论。您当时对黄老师有什么样的印象？

费大为：20世纪80年代的《美术思潮》是一本很重要的杂志，但是那时候我只认识皮道坚和彭德两位编辑，和黄专却并不熟悉。我想我是在2001年12月“深圳当代雕塑艺术展”上认识黄专的。那时他是那一届雕塑展的策划人之一。对于黄永砯的飞机作品被撤除的事件，黄专表现出非常坚决的态度捍卫艺术家和作品，给我留下极为深刻的印象。

方立华：2005年黄老师策划成立何香凝美术馆艺术指导委员会（后来成为OCAT学术委员会），邀请您作为学术委员，这是你们第一次正式合作吗？能否谈谈最早讨论的情况？

费大为：我在此之前和黄专有过一些交流，这些交流在成立学术委员会之后，变得更加频繁。当时我正担任尤伦斯基金会的主任，主管收藏和筹备尤伦斯当代艺术中心（UCCA）在北京建馆的工作。在和尤伦斯的合作过程中，我所经历的问题和经验与黄专和华侨城的合作有着某些相似之处。如何处理好艺术专业工作者和出资人之间的关系，并坚持自己的立场和责任？面对这个问题，黄专是我最私密、也是最诚恳的讨论伙伴之一。我们之间常常倾吐各自的失望和希望，也会互相鼓励。在需要帮忙的

2006 年，黄专和费大为在“创造历史：中国 20 世纪 80 年代现代艺术纪念展”座谈会上（图片由费大为提供）

时候，黄专会毫无保留地伸出手来援助我的工作。在工作上虽然我和黄专处在不同的环境，但是很少有人像黄专这样和我保持默契。某些重要批评家在我提出合作要求时，往往首先考虑的是自己的利益得失，而唯有黄专和他们都不一样。黄专能立刻看到工作项目所具有的意义，而不是自己在这个项目中的得失。

*方立华：*您对于黄老师的策展工作和机构实践有什么看法和评价？您觉得他所做过的项目，有哪些给您留下比较深的印象或者觉得值得谈论的？

*费大为：*黄专的工作对中国的艺术机构建设，特别是民营企业的艺术机构建设起到了巨大的推动作用。他的严肃和幽默、宽容和严厉的作风能够团结起很多艺术家，这对于建立 OCAT 这个中国最早的企业艺术机构是至关重要的。

*方立华：*黄老师一直很重视研究出版的工作，同时也很重视文献档案的收集整理，对此他也非常关注和支持您在做的关于《八五新潮档案》的编撰工作。不知道关于研究出版以及档案的整理工作方面，你们是否有过具体的讨论？在档案的收集和整理的态度上，你们的观点是否一致？

*费大为：*在档案整理的工作上，黄专对我非常支持。关于如何筹集资金方面，黄专曾经提出他可以出面请他的艺术家朋友来支持我的档案工作。我没有接受他的善意。在

如何整理的具体工作上，我们并没有进行过具体的讨论。从黄专主持的一系列书籍出版中可以看到，他的方法和我的方法有显著的不同。但是共同点都是在考虑如何本着客观和全面的精神，对特定的对象进行深入的搜集。我的档案工作重点在于艺术家和事件的文本，而黄专的研究则侧重于对艺术家的作品序列。这两方面的档案可以相互参照，构成更加完整的历史。

*方立华：*黄老师曾经两次邀请您为OCAT策划一项重要的公共艺术项目，原来叫作“深圳当代雕塑艺术展”，后更名为“深圳雕塑双年展”，但最后都未能实现。能否谈谈您对黄老师所开启的这个常设性公共艺术项目的看法，以及您是出于什么样的考虑未能参与其中的策划？

*费大为：*非常遗憾我没能完成黄专对我的嘱托。对这个双年展的主题曾经有几个不同版本的想法，但是都因为不同的原因而被迫放弃了。第一次可能的合作大约是在2009年前后，我曾经设想在地下车库实现这个展览，但是后来由于不太清楚的原因，这个计划似乎就没有了下文。

到2015年前后，做双年展的想法又被提起。我想到在北京有一个颇具规模的科学家组织，这个组织的发起人竭力希望促成一个科学和艺术之间对话的展览，因此我提出了双年展可以在这个思路上展开。但是在准备的过程中，我逐渐发现这位朋友对此虽然有着巨大的热情，但并不一定具备真正动员科学家参与的能力。

第二个想法，我想到了一个和留学生有关的主题，想以此为切入口来做一个展览。参与中国当代艺术的留学生越来越多，这一现象正在改变中国当代艺术的风景线。这个现象应该成为一个重要的关注点。但是我在调查过程中发现了两个难点：留学生群体非常庞大，而且还在继续扩大中，他们的创作只有一小部分在展览系统中凸显出来。另外，随着调查工作的深入，我发现没有足够数量的重要作品得以撑起一个展览。因此，做这个展览的时机也许尚未成熟。我不愿意做一个毕业生的作业展览来交差，我希望在这个主题范围内能发现对立的倾向和多层次的展开，出现更多具有批判和反思力度的作品。缺乏这样的作品也是这个计划搁浅的主要原因之一。

方立华：您是如何看待 OCAT 以及在 2012 年成立的 OCAT 艺术馆群，对于 OCAT 今后的发展有什么建议？

费大为： OCAT 在黄专生前已经有了长足的发展，但是也遗留下来很多问题。黄专提出的问题一直没有得到很好地、彻底地解决。我认为在黄专提出的问题没有得到彻底解决之前，OCAT 将很难获得真正的提高。所以，黄专提出的问题，不会因为黄专的去世而消失。它也许会变得更加困难，需要我们以更大的努力去完成。

黄专提出的问题，表面上看是企业运营和艺术机构运营之间的结构性问题，实际上是企业为什么要建美术馆的意识问题。企业建立美术馆是为社会做了一件好事，为艺术做了好事。但是如果不按照事物的规律去办事，美术馆的运营不仅会给艺术带来伤害，也会反过来影响企业的形象，伤害了企业自己。我希望 OCAT 不要只陷于琐碎的矛盾中去就事论事地解决问题，而是要认真思考企业办美术馆的长远目标，从战略的高度去思考这个计划。

方立华： 2013年，黄老师在筹建OCAT文献与研究中心（后定名为OCAT研究中心）的过程中困难重重，他写下了《别了，北京》，并发表在他的个人微博上。当时引起很大的轰动，也有一些冷嘲热讽。对此您是怎么看的？

费大为： 恐怕没有人比我更能体会到黄专心中的苦涩。在我离开尤伦斯之后，一直对黄专的工作寄予很大的期望。我一直以为，只要黄专在，这个机构就一定会做好。但是，随着黄专的体力和精力渐渐不支，他对工作推进之缓慢也渐渐失去耐心。OCAT所面临的困难确实需要有人出来振臂一呼。黄专这样做并不是为了自己，不仅是为了艺术，也是因为他对企业的付出抱着比某些人更负责任的态度。

方立华： 在建立OCAT研究中心的时候，他把主要的精力放在组织学术演讲、研究和出版上，主编《世界3》，同时推动一些重要的翻译项目，但是作为一个艺术机构最核心的展览，反而在他的项目设置中被弱化。他改变了艺术机构的“展览中心主义”的传统做法，您是怎么看的？

费大为： 可惜的是，北京OCAT研究中心的研究性质还是刚刚起步，就已经陷入停顿状态。在北京OCAT的设置上展览被弱化，在我看来也是一种顺势而为的举动，因为最初的几年并没有展厅，要等待北京华侨城（OCT）的售楼处空出来以后才能启动展厅。但是黄专变被动为主动，把“不能展览”的约束变成主动弱化展览的机构方向，可能是一个明智的决定。黄专在最开始和华侨城合作时，提出了艺术机构的运行规则，曾经是开先河的建设性工作。北京OCAT以研究为中心的机构设想，也可能是一个开先河的工作。在民营美术馆到处开花的情况下，如何避免平庸化和重复化，如何建立机构的个性化，深化自己特定的方向，应该是非常重要的思考题。OCAT如何在有限的经费之内获得它特有的地位，全在于机构运作的构思如何进行。建立一个不可被复制的、独特的机构，当然是最有意义的思考。

*方立华：*能否最后谈谈您对于黄老师的评价？

*费大为：*评价一个人的价值，也可以从他没做什么事情这个角度开始。有一些事情是黄专从来不做的，那就是阿谀奉承，为了利益而行事。不管我们是否同意他在学术上的观点，我们都不能否认，黄专是一个干净的人。在这个混浊的江湖泥水中，黄专投入其中，只是为了他的理想，从来不会从个人利益出发去思考和工作。黄专也不是一个随波逐流的人，他总是保持自己思想的独立性，不会因为左右的潮流和影响而轻易改变自己的想法。黄专从不追求表面的胜利，他总是往问题的深处去考虑。黄专也不是知难而退的人，他遇到困境敢于斗争，绝不退缩。最后必须提到的是，黄专是一个忠诚的人，可靠的人，他绝不会背叛朋友，他愿意为朋友奉献自己。黄专待人爱憎分明，绝不轻易交朋友。在朋友和朋友的矛盾面前，他也不会轻易介入。黄专不会越过一些界限，但总是随时愿意帮助任何朋友。黄专的独立和忠诚精神，是我们这个时代里最珍贵的品质。

在学术上有“洁癖”的人

受访人：艾安（艺术家、中央美术学院艺术管理与教育学院客座讲师，曾任设计指导、设计师）
采访人：方立华
时间：2017 年 6 月 3 日　地点：北京

方立华： 能否谈谈您跟黄专老师最初的交往以及您对他的印象？

艾安： 我跟黄老师第一次见面应该是在 2002 年的年初，我记得那是挺冷的一天。当时要做王广义、张晓刚和方力钧三个人的展览，叫“图像就是力量”（“图像就是力量——王广义、张晓刚和方力钧的艺术”）。在展览之前黄老师生病了，他在北京接受治疗。皮力推荐我的工作室做这个展览的设计，他就带着我去见黄老师。我们是去西直门外见的黄老师，那时候他已经做完移植，出院后住在医院旁边一个租来的居民楼房子里，那个时候他还很虚弱。房子很简陋，没有椅子，我和皮力就坐在一个小马扎上。因为我的个子很高，坐在小马扎上感觉见黄老师很谦卑。当时印象很深。实际上这也是后来很多艺术家对黄老师的印象，他是一个很正直的人，也是一个特别有公正心并且很学术的人。

方立华： 当时具体聊了什么呢？有什么比较深的印象吗？

艾安： 我是去谈设计方面的事情，主要是听黄老师跟皮力谈他的策展想法以及具体的细节。这是我跟黄老师第一次比较近的接触，但是因为时间太久远，所以很多细节都不记得了。年底我们就在何香凝美术馆做了“图像就是力量”展，由皮力策划，我想之前应该是黄老师策划的整个方案。这个展览还是很成功的，无论是策展、展览现场还是设计，整体效果都很不错。这是我的工作室比较早期的设计，也下了很大的功夫，

2002 年，“图像就是力量——王广义、张晓刚和方力钧的艺术”展览开幕现场，左起：王广义、张晓刚、方力钧（图片由 OCAT 深圳馆提供）

算是很好的设计。我记得当时皮力也特别认真地从设计想法上提了很多建议，我们也落实得非常好。

方立华：能不能谈谈当时的设计想法？

艾安：因为是三个人的展览，我印象当中，展览的英文标题是 Image is Power，正好是三个单词，而且单独看也是成立的，所以我们在设计海报的时候就把王广义、张晓刚和方力钧的作品分别对应这三个单词。当时设计的时候，具体的细节都是皮力在跟我沟通，我们来实施和完成。我印象特深的是皮力给我拿了一本国外的参考书，他说那本书的设计版式特别好。我们在设计艺术家简历的时候，艺术家当年创作的作品和世界发生的一些大事都有一个并列的对比关系，完全是把他们作为中国的大师去做一个回顾。我认为这应该是他们三位艺术家在国内的一个很重要的展览。

通过这个展览，我们和华侨城、何馆（何香凝美术馆）都有了更深的接触，之后我还做了一些展览的设计，包括易英和殷双喜策划的“第三届当代雕塑艺术年度展”，

《图像就是力量—王广义、张晓刚和方力钧的艺术》，何香凝美术馆编，湖南美术出版社，2002 年 11 月第 1 版（图片由 OCAT 深圳馆提供）

以及黄老师策划的“第四届深圳当代雕塑艺术展”。由于与集团和美术馆的工作关系，很自然的，我们就进入筹划华侨城 OCAT 的创建过程中，在这期间，有将近三年的时间我一直是北京和深圳两地飞来飞去。

*方立华：*从黄老师治病恢复后到开始筹备 OCAT 之前的这段时间，你们是否还有见面和交流？

*艾安：*有见过面。因为那个时候还没有开始筹建 OCAT，我和他没有直接的往来，个人交情上的来往也很少。我们还是从 OCAT 开馆前半年开始接触得多了起来，从那个时候开始我对黄老师也有了一些比较深刻的理解。我记得有一次在酒店，他还给我看过他用钢笔画的一些黑白稿，画得还不错。当时我们还有一些探讨，因为毕竟我也是画画出身的。那个时候我才知道他还能动笔画画。

*方立华：*我们也很惊讶，他在生病期间画了一大沓画稿，后来还在王广义老师的工作室做了一个手稿展，他当时把那批画稿制作成版画展出。

*艾安：*那个年代的策展人都有这种能力，因为他们有很多都是学艺术出身的，起码是在早年比较注重造型的实践与认识。有时候我们设身处地想想黄老师的处境，我觉得十几年的带病生存，对他来说人生虽然很煎熬，但是他却做了那么多事情，从他内心

来讲应该是挺欣慰的。所以我看他走之前写的《诀别的话》，我很感动也挺伤心，因为我算是比较了解他的为人的。他早就知道自己的身体不能维持那么久，但是还努力地工作，我觉得放在我们身上根本就做不到，意志都垮了，黄老师在这一点上挺让人敬佩的。

方立华：在乐馆长邀请黄老师规划和筹建 OCAT 之前，其实已经有很多讨论。您能否具体谈谈当时的情况以及你们当初的想法？

*艾安：*OCAT 成立有一个特别偶然的因素。当时我是北京和深圳来回跑，因为给何馆做了很多项目，接触多了，也就比较熟悉了。当时北京的状况也是比较好的，当代艺术慢慢地火热起来，北京 798 已经开始慢慢地有一些艺术家入驻，老栗（栗宪庭）还在那儿做了一本杂志叫《新潮》，还有一些其他的艺术机构慢慢地也入驻了，实际上艺术区的状况开始有一点苗头。

1996 年我曾经去美国待过一段时间，基本上就住在纽约，我当时对 SOHO 这些区域比较感兴趣。SOHO 应该是过去的老工业区，很多工厂主把它作为生产车间或者仓储的地方，后来整个工业慢慢地衰败并且转移走了，旧厂房就留了下来。后来艺术家就慢慢地进入里面，因为这个地方租金很便宜，甚至有些房子是无主房，或者房主根本就不管了，所以就开始有艺术家工作室，之后就有画廊入驻，并且带来了很多客流。因为画廊是比较高端的一个行业，会带来很多很时尚的人，所以建筑、设计界的很多时尚人士开始进入 SOHO，以至于到今天 SOHO 成为一个很时尚的区域。

有一次在一个展览后的饭桌上吃饭的时候，我记得有乐馆长、皮力、李公明老师和我一起聊起来。皮力当时在中央美院读研究生，他对这方面很有研究，了解的也多，他从理论上把这个事情谈得很透。我就提出来说何馆应该在北京做一个当代馆，因为我当时有一个小私心，我觉得如果在北京能做成，我这边肯定就省得来回跑了，而且我也可以参与更多的展览策划的事情。没想到乐馆长觉得特别好，我们那天晚上就在深圳的一个小餐厅的包间里聊了很久，也聊得很高兴。所有的人都很兴奋，感觉一顿饭局就产生了一个艺术机构。后来想想也对，好多事情可能就是这样的，过去有一个词叫“密室政治”，就是聊天聊出来的，然后大家觉得不错就付诸行动了。这个过程现在想想挺有意思的。

这事儿过去没几天，乐馆长就打电话跟我们说，她跟华侨城集团领导汇报了，任总（任克雷）听了以后就说：“何必跑北京那么远建呢？华侨城东部工业区就有这么一块地方，就在这里做吧！”我记得我当时还专门从北京飞过来看现场，好像天还挺热的，应该是在 2003 年的夏天，我记得还有雨水的感觉，看到那么多厂房空置着，大家都很兴奋。为此事，集团专门召开了旧厂区改造的多方会议，会上皮力就 Loft 和艺术区的主题，在华侨城房地产的会议室里，给华侨城集团的领导讲过一次国外艺术区的发展情况，把纽约 SHOH 现状作为例子讲了一遍。那个会议上我第一次知道了都市实践事务所，然后这个事情就这么定下来了，进入筹备阶段。

*方立华：*当时谈的是怎样的一种运作模式呢？

*艾安：*当时讲的是整个艺术区的发展概况，以及怎么发展艺术区，艺术区应该有什么功能，等等。我全程参与了会议和讨论，基本上参与了所有艺术区策划过程中重要的节点。最开始皮力介入比较多，因为一些事由，皮力后来撤出了，李公明老师来得也比较少，再后来也不参与了。这样一来，当初的斯人，就剩下乐馆长和我，到后来基本就是我来接手处理筹备 OCAT 的前期概念。

我觉得这件事情完全是我们在一起喝高兴了，大家这么随便议了一下，这个事情

2005 年，“起飞：何香凝美术馆 OCAT 当代艺术典藏展”（图片由 OCAT 深圳馆提供）

就议成了，有点像艺术区的这种自然生发一样。而且也赶上当时中国的大环境，大家都有一种对艺术“大跃进”式的热情。当然，最重要的一点是它是全国第一家由企业出资来做的艺术中心。当时的想法是以艺术中心作为中心点，带动整个东部工业区的商业改造，包括设计、餐饮以及其他行业，这样的业态就会比较丰富。当初整个想法是在这时候确定的。当然，关于 OCAT 运作的主要细节是黄老师进入之后才确定的，这个我们一会儿再谈。

皮力老师退出以后，基本上就是我在全程参与，包括建筑上的规划及对接这些事情。当时是由深圳都市实践孟岩和刘晓都负责建筑改造设计，所以我们还去都市实践的公司参观，他们也经常拿方案跟我们汇报。我就在北京和深圳来回跑，这个时间跨度大概有两年多，接近三年。我当时有一个感受就是国企虽然下了很大的决心，但是动作还是慢。我记得我们还在筹备的时候，全国其他地方的艺术区很快都陆陆续续地建起来了。所以我们成了第一个吃螃蟹的人，但是最后才尝到味道。OCAT 是在 2005 年才举办了第一个展览。

方立华: 2005 年 1 月 OCAT 举办开馆展“起飞：何香凝美术馆 OCAT 当代艺术典藏展”，那本图录应该是您设计的吧？

艾安: 是我设计的。在筹备的过程当中，我往深圳跑了无数次，因为要提出一些美术

2005 年，“起飞：何香凝美术馆 OCAT 当代艺术典藏展”现场（图片由 OCAT 深圳馆提供）

馆的基本要求。从专业上来讲，当时国内还没有人做艺术区，也没有人做当代艺术中心。等到快落成的时候，在 2004 年下半年就面临着请谁来主持的问题，后来乐馆长在向上汇报时就决定选黄专老师来做 OCAT 的主任。我当时的关注点是在建筑和设计这一块，所以我的大部分工作是在这方面，至于黄老师什么时候进入这些具体的时间节点，我其实并不是太清楚。

*方立华：*在这个筹建期间，你们有没有进行一些讨论和交流？

*艾安：*当时整个方向基本上是由乐馆长在主持，她想扩大何馆的规模。因为当时何馆除了主展厅展出何香凝的绘画以外，我记得还有一些小展厅在做当代艺术展，基本上这方面的展览是越来越多了，所以她总感觉不太符合何馆的办馆方向，才产生要做一个当代艺术中心的想法。那么契机就是我们都正好在一起聊这件事情，大家可能完全说到一个点子上了。

在筹备的过程中，乐馆长一直在统筹，她觉得这个项目好，所以就一直在和华侨城集团的领导协调关系，所以 OCAT 的成立跟乐馆长多年来的坚持有很大关系，她投入了很多心血和精力，而且她很会用人，把大家的力量全发挥出来了。当然，很重

2005 年，“起飞：何香凝美术馆 OCAT 当代艺术典藏展”现场（图片由 OCAT 深圳馆提供）

要的一点是我们都有热情，这是最核心的。那个时候大家真的是不计名利，就是觉得这件事情特别好，我们能做中国第一家由企业投资的艺术项目很有意思。到了第一个展览开幕前，黄老师介入以后，使得 OCAT 的学术方向有了非常详细的规划。

*方立华：*我记得看过以前的照片，似乎都市实践在那里做了一个“都市阅读”的展览，看照片上面还挂了一个牌子叫“何香凝美术馆东馆”。能否谈谈这个活动的背景？

*艾安：*原来是叫东馆，后来黄老师真正介入工作以后才确定了 OCAT 的名称。

在开馆展之前，我印象中基本上就是跟华侨城集团在谈运营的细节了，包括馆名、组织架构、人员构成、每年展览的规模、艺术家工作室的运作以及运营经费等。我参与很多的就是跟华侨城地产集团领导谈具体的方案以及具体的落实。因为当时是让我担任 OCAT 的展览部主任，我记得当时的新闻稿发到网上，有好几年都能搜到这个信息，所以好多人还很奇怪地问我说怎么到深圳工作了。然后黄老师就开始策划开馆展。当时主展厅是展出王广义、张晓刚和方力钧的三幅地铁壁画作品（这相当于“地铁壁画”的首展了），另外还有何馆收藏的当代艺术作品，作为一个大型的开馆展。

*方立华：*OCAT 的建筑空间是在一个旧厂房的基础上改造而成，所以在筹备的过程当中，就涉及需要和都市实践的建筑师沟通如何改造的问题，并且还要考虑这个空间的

“起飞：何香凝美术馆 OCAT 当代艺术典藏展”图录封面

功能布局等细节，您能否具体谈谈当时的讨论和考虑？黄老师在 2004 年下半年提交 OCAT 计划之后，在改造工程方面是否也有提出一些意见？

*艾安：*有很多细节，我讲几个。都市实践做了整个建筑规划，当时在做 OCAT 外墙改造的时候，我们想保留那面涂有 OCAT 四个大黑字的主建筑外墙，我的想法是一定要保持原汁原味的墙面，因为原本的墙面非常好看。但是一眨眼的工夫没有盯住，工人已经把那堵墙破开了，因为原来的厂房其实是比较简陋的，要加结构。怎么办呢？我们又不能全做成新的，那样就失去了意义，原来的墙面是经过很多年的风雨剥蚀以后产生的斑驳效果。当时黄老师已经来了，我就问黄老师这墙破了怎么办？黄老师说没有办法，干脆就那么砌上吧。后来这个主意是黄老师出的，他说把 OCAT 几个大字（当时平面设计已经完成了），做成黑的，直接压在墙面上。后来我们做展览的时候，经常会拿半透明的网格布做一个户外大广告，隐隐约约透出里面 OCAT 字母的 logo，效果很好。其实网格布最早的想法就是我们在何馆做“图像就是力量”的时候落实的，所以到了 OCAT 开馆展的时候，也是在外墙做了一块网格布喷绘的户外广告。

*方立华：*您还记得当时改造的时间节点吗？黄老师正式提交 OCAT 的计划书是在 2004 年 9 月。

*艾安：*如果按时间推算的话，我记得是我们在改造完成前半年，黄老师开始进入，但

2003 年 11 月至 2004 年 9 月，OCAT 改造过程（图片由 OCAT 深圳馆提供）

是在之前他和乐馆长怎么谈的我就不清楚了。我印象中，有一次是在乐馆长的办公室谈过人选的事情，我们一起在聊天，当时谈了好多人选，都觉得不合适，后来觉得黄

OCAT 改造后建筑外观（图片由 OCAT 深圳馆提供）

老师和美术馆有很多接触，他离得也近，而且他那时候的身体状况也还好。当然，在这之前肯定也要征求他的意见，看看他能不能参与这件事情。后来征询他意见的时候，他说可以，基本上应该是在他来的前后把待遇都谈下来了。他来了以后，就开始进入到机构的名称怎么设定，以及整体的规划，等等。

我们说过当时还没有人把旧工厂改造成为艺术中心，在国内还没有先例。在国外我们看到的 Loft，比如 SOHO 这样的艺术区其实是一种自发的状况，符合西方社会自然规律的发展。而我们是一种主动的开发，因为没有先例，所以也有借鉴人家的成分，再加上我们自己对这件事情的理解。建筑师提出改造方案，他们其实是从建筑上来考虑的，在这方面建筑师肯定是不懂的，所以包括灯光、地面这些需求都是我们提出来，因为将来要做很多当代艺术展览，我们就要求地面不能做成普通的水泥地板，后来请的是为机场做跑道的公司来给我们做的展厅地面，我记得应该是有一尺半的厚度。事实证明这个想法是对的。因为在 OCAT 实施展览的过程当中，比如后来做了谷文达的个展，他的作品《碑林－唐诗后著》就很重，但是你看地面到现在几乎没有开裂过。这些技术上的考量主要是我这边给出的，然后建筑师来实施。

2005年，“文化翻译：谷文达《碑林—唐诗后著》”展览现场（亚牛拍摄，图片由OCAT深圳馆提供）

最早的设计方案是有艺术家工作室的，是在黄老师来之前就已经确定了的。当时我们计划要做工作室、图书馆和艺术品商店，以及一些公共教育活动。为此我们还跟康佳申请要了一个当时最先进的电视机显示屏做成一个大屏幕，后来拆掉了吧？

*方立华：*没拆，但是一直用不了，那是很早的技术了。

*艾安：*对，现在的技术已经完全超越它了。当时是康佳集团捐赠的一个大屏幕，在开幕式上使用很好。当时大家站在屏幕前边，背景有很多作品，效果挺好的。还有一些设计是我提出来的，比如说工作区域，原来想做成透明的玻璃，后来想想不太合适，因为透明的办公区和展厅会互相影响，视觉上也会有冲突，所以后来做成磨砂玻璃。包括里边的卫生间安排、停车场和二楼的休闲平台，这些都是建筑师和我们一起完成的想法，他们最后来落实。我印象当中，黄老师来的时候基本上建筑已经在收尾了，他赶上我们最后要做导视设计的时候。

*方立华：*当时确定由都市实践负责改造设计是出于什么样的考虑？你们具体是怎么沟通和推进这个改造工程的？

OCAT 办公区使用磨砂玻璃作为隔断（图片由 OCAT 深圳馆提供）

艾安: 因为都市实践和地产也有联系，而且他们三个建筑师都是清华毕业的，在美国留学回来，很年轻又有干劲儿。其实他们一直不知道我过去是一个画家，以为我就是一个设计师。有一件事我印象很深：认识好几年后，有一天孟岩突然给我打来一个电话，那时我已经又回归绘画，电话讲了一个小时，他说他在一个旧书摊上看到了一本我的画册，他说我画得那么好为什么不画画而去做设计？当然，这是其中的一个小插曲。相比我的设计生涯，我觉得绘画确实更能体现我个人的一种意志，因为做设计就是在不断地想各种创意，想到最后思维枯竭了，人也疲惫了，因为你永远有甲方，而甲方永远在提要求。就像我代表何馆（甲方）去跟都市实践提要求一样，这个过程也是在不断地磨合。

在改造工程中，这里面还有第三方落实的建筑单位就是华侨城房地产，所以都市实践根据我们的要求提出概念后，真正落实的实际上是华侨城房地产。关于前期的改造，黄老师是没有参与的，只是到最后快落实完成的时候，在我们面临着整个组织结构怎么运营的时候，乐馆长就要考虑人选的问题了，关于这个环节我真的不是特清楚。但是我印象当中，就在我们快落成了，我和黄老师就有了很多的接触，因为每天都要在一起开会。我那个时候在深圳办公的时间和在北京办公的时间基本上是一样的，半个月在北京，半个月在深圳。

*方立华：*艺术家工作室总共有五套，每一套的设计风格都不一样，当时是怎么考虑的？

*艾安：*好像当时是牵涉到费用的问题，所以艺术家工作室这一块的设计还是我出的初步方案。我在当兵的时候跟部队的建筑师有很多接触，所以我对建筑设计一直也很感兴趣。工作室的设计后来有较大的改动，完成后的工作室有两间还能看出我当初的设计思路。

OCAT 基本上的规划就是展厅、办公区域、二楼休闲区、图书馆和艺术品商店。关于展厅的空间，因为展厅三面墙的主背板实际上是固定的，所以我们当时设想每个展览要有一部分的费用，可以根据展览对空间进行改造。第一年的费用应该是 300 万，分配到六至八个展览，还有一部分费用是拿出来做驻地艺术家的项目，包括驻地艺术家每天的生活开销以及创作的材料费用，三个月的周期之后每个人再做一个小的汇报展览。不知道后来落实的情况怎么样？

*方立华：*黄老师在任期间是开启了驻地艺术项目，但他后来的规划不只是局限在艺术家，还包括了策划人、研究者，以及其他的艺术实践者。

*艾安：*因为我是一名设计师，虽然也画画，但是我不介入理论，所以我很欣赏和敬佩理论家的这种能力。黄老师有非常好的设计想法，他也一直在不断地提出很多完善的设计思路。

因为个人的原因，我在开馆展之前提出了辞职，所以未能接受在 OCAT 担任展览部主任的工作，这之后我就关掉了我的设计工作室开始专心画画。这是我的个人选择。但那之后，我也一直在关注着何馆和 OCAT 的发展。我觉得黄老师实际上是在中国模式这种特殊的情况下，探索和解决艺术在这样一个环境下怎么生存的问题，我认为这是很重要的。西方国家基本上没有“国企”这个概念，或者有的话基本上也是像私企那样运营。中国的情况很特殊，我的感受特别深。因为中间我和黄老师有过直接的接触，比如说我们要跟华侨城集团的老总任克雷谈，要和华侨城房地产的老总陈剑谈，要跟何馆的乐馆长谈，并且还要经常开会跟领导汇报项目进展的情况，等等。我后来有点儿打退堂鼓，也是因为我了解了太多之后，反而没有那么大兴趣了，一下子就灰心了，因为我觉得太难了。在这个过程当中，我觉得黄老师付出了太多的心血！我觉得黄老师在这个过程当中能坚持下来，而且当时还忍受着移植后遗症的折磨一直坚持下来，这太牛了，真的太牛了！所以我挺敬佩他的。

*方立华：*能不能再具体谈谈 OCAT 早期的 Logo 以及导视系统的设计？在设计上您和黄老师有哪些具体的讨论吗？

*艾安：*我们的 logo 是黄老师提出的设想，他说我们做一个“航空港”的概念，接纳各路人物和艺术，就是艺术航空港，所以也有交通网、起飞站和集中点这样一些概念。在设计的时候，当时我们就探讨说达·芬奇的人体标准图挺好，把人体去掉，圆、方和三角就是艺术的基本规则，中间把人换成飞机，这就是 OCAT 的 logo 的来源。OCAT 的 Logo 设计完全是从视觉出发，选择红色跟概念没有什么关系，只是认为视觉冲击力很强，而且我们也考虑到后期的制作，比如说后来导视系统都在大标牌上。

其实我们当时是把它作为一个整体来设计的，叫 Loft 项目，你看康佳边上有一个大的标识牌，除了红色的 OCAT 之外，还有一个灰色的板上面写的是 Loft。从华侨城集团的角度来讲，作为一个国企，它一定要考虑更大的利益，艺术只是其中的一个很重要的点，是一个要支持的项目，但是最终的目的是要通过当代艺术的介入，进行

OCAT Logo（图片由 OCAT 深圳馆提供）

Loft 的区域开发。到了 Loft 第二期开发的时候我就没参与了，后来我去过几次，感觉相对来说要更成熟一点，整体工作基于一期概念由都市实践全程介入，完全是商业区的开发模式。现在应该是很有知名度了吧？在全国来说应该是做得最好的一个艺术区了。那么作为 loft 它的核心在哪儿呢？我个人觉得就在 OCAT，这是整个区域的起步点，确实做到了黄专老师给中心的定义：交通网、起飞站和集中点。所以黄老师策划的第一个展览叫“起飞”，我觉得太有深意了。

Loft 园区里的设计基本上是我的工作室当时在深圳做的，因为场地的限制，我们只是在 OCAT 的周边做了一些导视系统，因为那个时候我们做完 OCAT 的时候，其他衍生的区域还没有发展得特别充分，只是说很多人开始进入了。在初始阶段，好像一开始是从几毛钱租金开始，慢慢地往上涨，这个涨的幅度也很大。当时像艺术家老方（方力钧）和狗庆他们做的茶马古道的企业也想进入这里，后来因为细节没谈好就没来，另外把现在都市实践所在的那栋楼里做成艺术酒店，这都是我们当时在谈的一些项目。实际上一开始的业态设定是很充分的，包括艺术酒店、艺术沙龙、酒吧、设计公司、建筑公司，以及比较有特色的咖啡、酒吧、餐饮等。当时就想营造一个丰富业态的富有艺术氛围的区域，是这么一个想法。

*方立华：*关于建筑改造方面，比如说外立面所使用的材料，这些概念是都市实践提

《蝙蝠计划》黄永砯，钢板，860cm×350cm×1060cm，2003 年（图片由 OCAT 深圳馆提供）

出来的吗？

艾安：这是都市实践提出来的，我们提出基调，比如说我们需要采用什么主色调，因为我们整个展厅是白墙，其他颜色必须服从于展示的需求，不能抢。所以我们没有要求特别多的设计因素，基本上就是钢网。早期用的钢网技术还好，现在看是有点儿落伍了。这 15 年来技术发展得太快了，从这个视角来讲肯定是落后的，但是我们不能否定它的历史意义。

方立华：黄老师着手筹备 OCAT 之后，你们有没有一些比较深入的讨论？您还记得哪些印象比较深的事情？

艾安：有，非常多！现在想起来我觉得那个年代就是大家都有热情，真是不能否认，这是特别重要的一点，如果只是单纯为了利益做这件事情是没有意义的，根本就做不起来。

我当时主要负责做展览的空间设计，当然也要参加其他的学术活动，大家一起开会。因为我当时是特别想做一番事业，觉得这件事情很好玩，比如我想做艺术品商店，我跟乐馆长说了很多次，我想模仿蓬皮杜国家艺术文化中心、罗浮宫、奥赛博物馆、泰特和大都会艺术博物馆等，这些大美术馆都有艺术品商店。我们也去考察过这些艺术品商店的情况。当时的想法很好，我们设想每个在何馆和 OCAT 做展览的艺术家都留下一件作品的版权，可以做复制品，另外还包括做版画、丝巾以及各种办公的艺术衍生品，这在当时的中国是一片空白，没有人在做，但是这里面牵扯到费用的问题，我们的起步资金没有找到。随着 OCAT 的正式运营，黄老师就不做这块的设计了，我也就放弃了，这是一件遗憾的事情。当然，我当时的兴趣也在慢慢地转移，我觉得绘画对于我来说是更大的内心需求，所以我也不再想这件事情了，从 2009 年开始我就正式拿起画笔重新画画。

我在华侨城待了那么多年，基本上跟华侨城集团和何馆上下的人都比较熟悉，我觉得还是挺愉快的经历。回想起来那是一个相对真诚的年代，物是人非，人一走，只能靠回忆了。

方立华：您其实也一直在关注 OCAT，您是怎么看待 OCAT 的发展的？

*艾安：*毕竟是摸着石头过河，在这个过程中，黄专也是一直在不断地调整思路。从初始谈的一些想法，到他去世之前做 OCAT 研究中心，他最后是越来越完善了 OCAT 的概念了。作为一个学术上的领头人，他做得非常称职，一直在推进 OCAT 的建设，而且现在还有了上海馆、西安馆、北京馆，华·美术馆也归入到 OCAT。黄老师的用心还是非常良苦的，还是那句话，他在生了一场大病之后，在那样的身体情况下付出这么多，确实让人很感动。

作为一位学者，黄老师肯定希望有学术成果，所以他的想法是希望做成一个在学术主导下的美术馆馆群。那么，在这个过程当中肯定会与体制发生矛盾，后来有一些事情也证明了这种冲突。作为国家的企业单位和作为想做学术研究的学者，肯定会发生矛盾的。

*方立华：*您和黄老师曾经共事过，也有过很多的交流，能否最后谈谈您眼中的黄老师是怎样一个人呢？您怎么看待他所做的这些工作？

*艾安：*我觉得黄专是一个少见的正直的人，做学术很专心，也很专业。我刚才谈那么多细节，谈到私下交涉的一些事情，实际上并不影响这个人的完整的人格，因为他在面对这些事情的时候，他也有烦恼，他也有个人的想法，在面对无论是体制上的冲突，还是物质条件上的冲突，他要想办法解决问题。既然黄老师接了这个项目，他一定会遇到很多现实的问题，但这些问题并不影响他对于学术的贡献。从艺术学术的角度上来讲，我认为他一直有一种“教徒式”的，或者说有一种“洁癖”的感觉，他一定要做得很严谨、很纯正。这是我的感受，用别的词我觉得不太能说得明白，我觉得他就是一个很正直的人。

画论、史学史与艺术文献

受访人：郭伟其（广州美术学院副教授、美术史系系主任、OCAT研究中心学术总监）
采访人：方立华
时间：2017年11月8日　邮件采访

方立华：从2003年开始您就跟随黄老师专心修读中国艺术史学史硕士课程，当然此前您也上过黄老师教授的专业课，2005年毕业后留校，您也跟随黄老师一起教授史学这门专业。从学生到同事的过程中，您觉得有哪些印象特别深刻的事情或者在治学上受到什么样的影响？能否具体谈谈您是怎么理解黄老师作为一位艺术史教授，他在这门学科上的建树和设立"中国艺术史学史"专业所做的工作，以及他所持的态度和观点？您觉得他的教学和课程设置有什么特点？这门专业在艺术史的位置和教学中的现状是怎样的？

郭伟其：我是2002年开始跟随黄专老师攻读硕士学位的，最开始的方向是"中国古代画论"，基本上延续的是阮璞先生的治学方法。当时正好是黄老师发现白血病的时候，因此他安排我到中国美术学院跟随范景中老师学习，期间他从北京寄来两份信函，大致阐述他对"中国艺术史学史"的设想，建议我们把方向调整过来，并且详细地跟我讨论了学习计划。其实在得病之前，黄老师已经开始考虑类似的问题，当时他设想将"中国古代画论"更名为"中国画学史""中国美术史学史""中国美术批评史"或"中国美术文献学"等可能性，但是最终以"中国艺术史学史"为名。2003年，黄老师病情好转，回到美术史系开设了这门课，由他主讲，我任助教。在当时国内学术界，似乎没有其他教学单位开设过同名的课程，很多老师半开玩笑地说，这是黄老师在一场大病中得到新体悟的一个成果。但我想这其实与黄老师20世纪90年代后期以来的学术兴趣是密

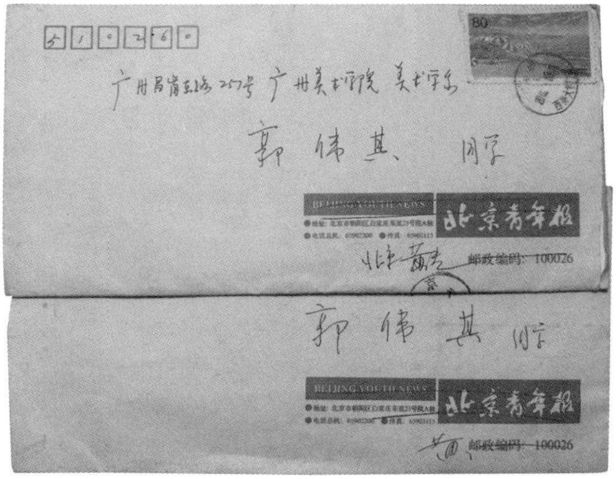

黄专给郭伟其的信－信封（图片由郭伟其提供）

切相关的，也与当时国际上学术史转向对国内的影响有关。80 年代以来，《美术译丛》在介绍西方艺术史研究的过程中也让国内学者接触到新兴的西方艺术史学史，比如克莱因鲍尔的“西方美术史导论”就奠定了当时学者们对西方艺术史学的基本印象，比如其“内向观”与“外向观”的区分也启发了国内学者对海外中国美术史研究成果的初步介绍，与此同时一些全新的中国艺术史研究成果也开始进入国内学者的视野，其中比较重要的如巫鸿教授的武梁祠研究和“纪念碑性”研究。正是在这种新的学术环境下，黄专老师决定把“中国古代画论”扩展为“中国艺术史学史”，把关注的焦点从古代书画文献扩展到包括金石学在内的更加复杂的文献体系。在 2003 年首次开设这门课程时，他把 12 个上午的课划分成绪论、历史问题、史料问题和方法问题四大部分，重点检查了如“艺术”在中国传统知识系统中的位置等问题，在课程的最后部分他还提出了一种“新金石学”设想，希望从中找到一种更加符合中国学术语境的研究方法，当时我也在他的指导下完成了介绍巴赫霍夫、研究《金石萃编》等一系列论文。从那一年开始，“中国艺术史学史”就成为我们美术史系的一门必修课程，14 年来从未间断，由我们两人轮流或分段上课。当然，在这十几年中我们的教学大纲有过一些反反复复的改动，有时候倾向于介绍“方法”，有时候倾向于整理“研究史”，有时候倾向于强调文献学基础，在最近两年黄专老师在这门课上的兴趣则侧重于寻找中国的“图像观”，即历史上如何看待“图像”的问题，他认为诸如文字学、易学等都是重要线索。他曾经跟我说过，如果天假以年，他还想写一本关于中国图像观的书。在近期的《世界 3》上我们刊载了黄

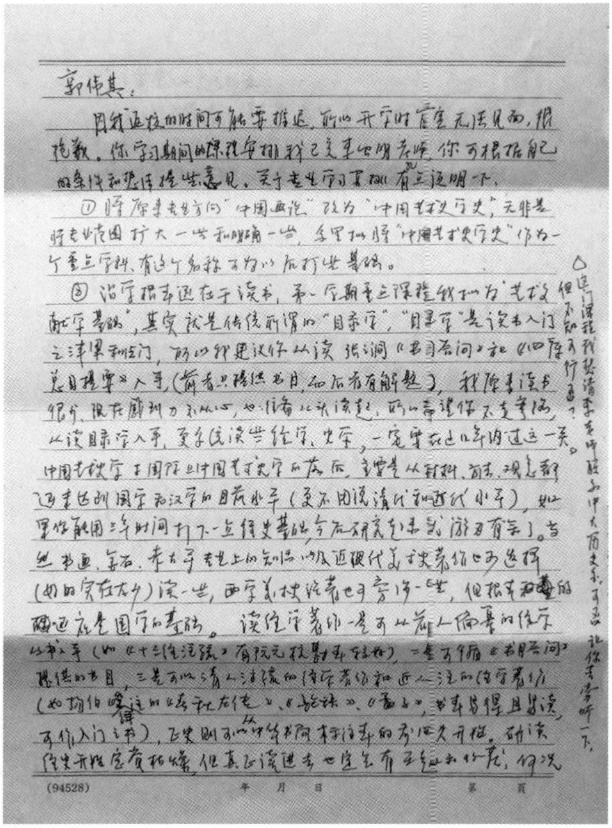

郭伟其：

因我返校的时间可能要推迟，所以开学时恐怕无法见面，很抱歉。你学习期间的课程安排我已交李公明老师，你可根据自己的条件和兴趣提些意见。关于专业学习我有几点说明一下。

① 将原来专业方向"中国画论"改为"中国美术史学史"，无非是将专业范围扩大一些和明确一些，希望把将"中国美术史学史"作为一个重点学科，有这个名称可为以后打些基础。

② 治学根本还在于读书，第一学期重点课程我拟为"艺术文献学基础"，其实就是传统所谓的"目录学"，"目录学"是读书入门之津梁和法门，所以我建议你从读张之洞《书目答问》和《四库全书总目提要》入手（前者只提供书目，而后者有解题），我原来读书很少，根底薄弱，只能从……读起，所以希望你不走弯路，从读目录学入手，更多读读些经学、史学，一定要在这几年内过这一关。中国艺术史学与国际上中国艺术史学的差距，主要是从材料、方法、观念都还未达到国学和汉学的目前水平（更不用说清代和近代小学），如果你能用三年时间打下一点学史基础，今后研究起来就游刃有余了。当然书画、金石、考古学专业上的知识以及近现代美术史著作也可选择（好的实在太少）读一些，西方美术史论著也可旁涉一些，但根本和重要的还是在国学的基础。读经学著作一是可以前人编著的经学入手（如《十三经注疏》有阮元校勘和标点），二是可循《书目答问》提供的书目，三是可以清人注疏的经学著作和近人注的经学著作（如杨伯峻译注的《春秋左传》、《论语》、《孟子》，都较易懂且易读，可作入门之书），史学则可以从中华书局标点本的前四史开始。开读经史开始定会有些枯燥，但真正读进去也就会有兴趣和收获，何况

另门课程我想请李老师联系中大历史系专家让你去旁听一下。但不知可行否？

(94528)　年　月　日　第　页

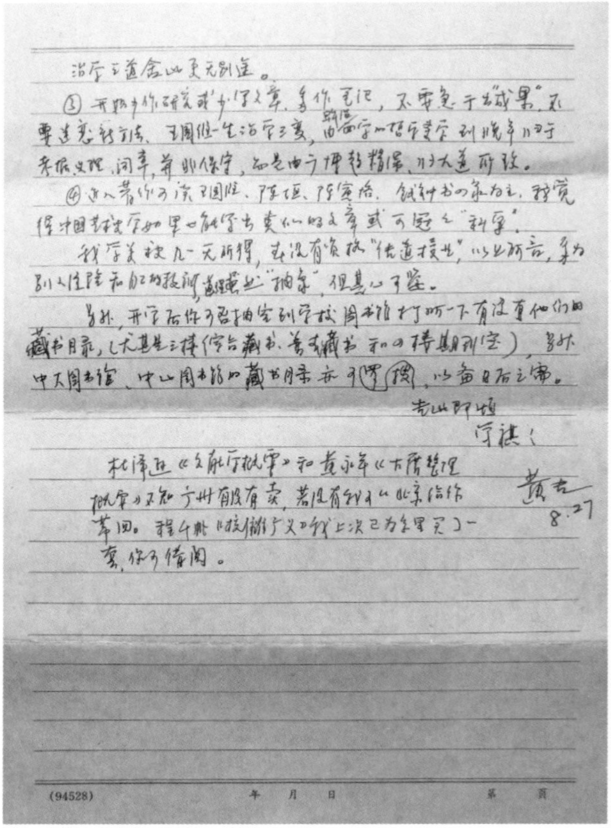

治学之道舍此更无别途。

③ 开始少作研究或少写文章，多作笔记，不要急于出"成果"，不要追求新方法。王国维一生治学三变，由西学的哲学美学到晚年的考据文理、词章，并非偶然，而是由于博约精深、归于大道所致。

④ 近人著作可读王国维、陈垣、陈寅恪、钱钟书的几家为主，我觉得中国艺术史学如果也能写出类似的文章或可冠之"科学"。

我学养较浅无所得，本没有资格"传道授业"，以上所言，系为别人经验和自己的教训总结出"抽象"，但甚以可鉴。

另外，开学后你可抽空到学校图书馆打听一下有没有他们的藏书目录，（尤其是三楼综合藏书、普通藏书和四楼期刊室），另外中大图书馆、中山图书馆的藏书目录亦可搜搜，以备日后之需。

专此即颂

学祺！

黄专

8.27

杜泽逊《文献学概要》和黄永年《古籍整理概论》不知广州有没有卖，若没有我可以从北京给你带回。程千帆《校雠广义》我上次已为你买了一套，你可借阅。

(94528)　年　月　日　第　页

2002 年，黄专写给郭伟其的信 – 1、2（图片由郭伟其提供）

老师的一篇课程大纲，大体上就体现出他最后两三年的学术兴趣。

方立华： 在古代艺术和当代艺术方面，黄老师都有相应的研究和著述，在这些研究中，您觉得有哪些是印象深刻和对您有所启发的？他的研究方法有什么特点？

郭伟其： 我一直认为黄专老师和严善錞老师合写的《文人画的趣味、图式与价值》是最用力也是最被今天学术界低估的一本书。我的意思是说，大家大都认可这本书，但仍然没有充分认识到其学术价值。我们评价一本书，要把它放回当时的学术史语境中来观察。黄老师谈起书中的李日华研究时常说，他当年所能获得的研究材料放在今天实在微不足道，但仍能体现出他们当时对学术的理解。作为书名的这几个概念，明显来自他们当时对西方艺术史，尤其是贡布里希《艺术与错觉》的学习，比如说他们谈到一种文人画图式，也即"董巨逸轨"的形成。同时也体现出黄专老师跟随阮璞先生

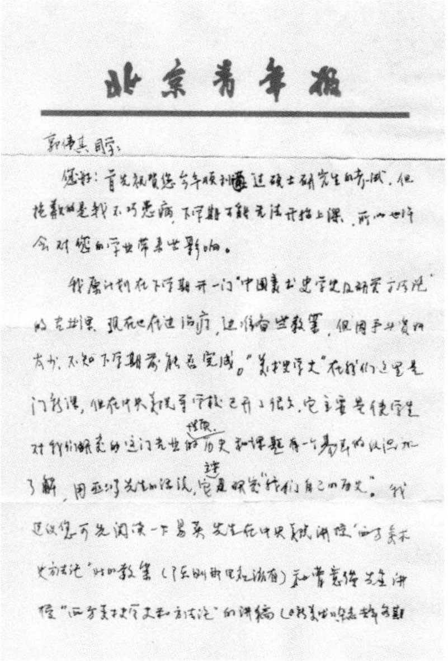

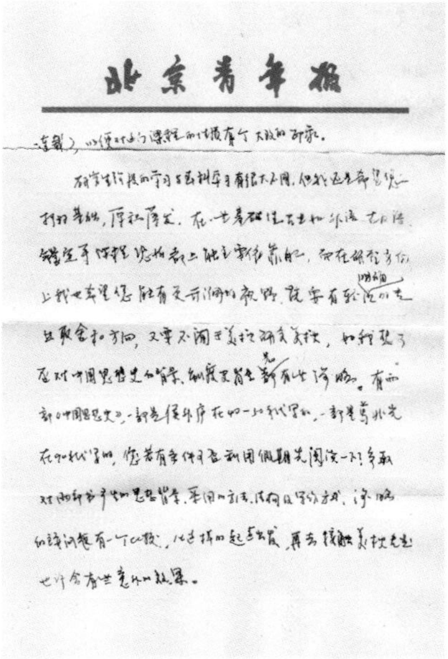

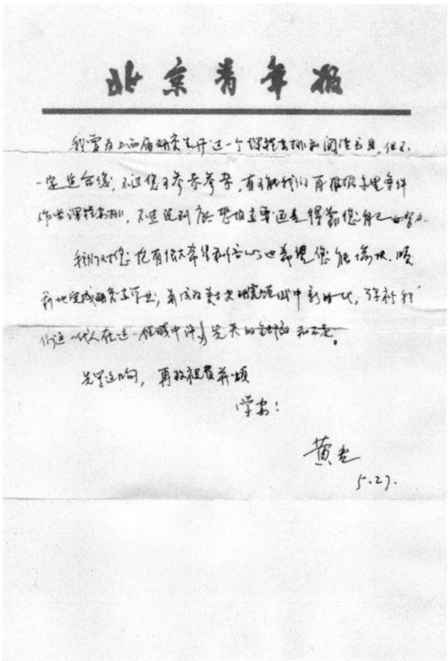

2002年，黄专写给郭伟其的信－1、2、3（图片由郭伟其提供）

学习的心得，阮先生在讲画论时概括出的“六法论”“诗画论”“品第论”“南北宗论”等范畴都得到黄老师的继承，但他除了对“逸品”做出更符合“艺术史”方法的阐述之外，还提出了“道艺观”的概念，用来讨论类似于“功能”的问题。后来黄专老师虽然不再专攻中国古代画史，但其中的一些价值观仍然是根深蒂固的。

*方立华：*黄老师后期把主要的精力放在组织学术演讲、研究和出版上，他主编艺术理论年刊《世界3》，同时推动重要的艺术史翻译工程“艺术史名著译丛”，他改变了艺术机构的“展览中心主义”的传统做法。2015年您接手担任OCAT研究中心艺术总监，在此之前，黄老师是否跟您有过具体的沟通？能否谈谈您当时对于OCAT研究中心的想象以及对于加入这项工作的想法？在此之前和之后，您是怎么理解黄老师在当代艺术领域的工作，以及如何理解他一手创办的OCAT？您觉得现在的OCAT研究

2007 年，黄专与郭伟其在苏州沧浪亭（白榆拍摄，图片由郭伟其提供）

中心在巫老师的引领下，如何在既有的基础上前行并开拓新的道路？

郭伟其：在那之前，黄专老师确实跟我提过几次参与研究中心的设想，我都没敢答应，一是因为广州这边事务繁忙，二是因为对自己的能力缺乏信心。后来研究中心确定了巫鸿老师作为第二位年度学者，黄专老师希望我来负责这个项目，我就没有再推辞，之后黄老师又几次提出希望我能参与到中心的长期规划中来，最后由于黄老师的离世，巫鸿老师和我商量了之后觉得这个机构是一个很纯粹的学术机构，我们必须把它做下去。多年以来，我是黄专老师在教学方面的合作者，但很少直接参与到他的当代艺术活动中去。在日常的谈话中，我知道他对当代艺术抱有一种矛盾的态度。他希望严肃地对待当代艺术，把学术研究领域一些相对成熟的方法用来研究当代艺术，但他同时对当代艺术的现状并不满意，因此他希望通过整理文献基础的方式为将来的研究做一些准备，这是他对"当代何以成史"的一种解答。从中我能看到他的学术研究与艺术活动之间的联系。实际上，大概 2000 年以后，黄专老师不仅在教学上而且在当代艺术的学术问题上都与巫鸿老师时有交流，在 OCAT 的规划上也早已体现出他和巫鸿老师的一些共识。比如他们都认为"当代可以成史"，他们都将 OCAT 研究中心定位为一个艺术史研究机构，这一点也是我参与其中的重要原因，我们现在就走在这

2011 年，“贡布里希纪念讲座”期间合影，从左至右：郭伟其、孔令伟、黄专、邵宏、李宏、万木春（图片由李宏提供）

条轨道上，以每年的年度学者演讲项目为核心，围绕这个项目设计一系列的出版、展览、工作坊和文献整理项目。在具体的工作中，我们不可避免地要遇到各种老困难和新困难，但我们还在前进中。

*方立华：*黄老师最后也希望能够实现一个图书馆计划，在这个计划下做一些研究和出版的工作，他专门写了一份《关于建立中国当代艺术图书馆的计划》。您也看过这份详细的计划，您是怎么看待他的这份理想的？在您看来，我们这个时代是否需要建立这样的图书馆？请谈谈您的想法。

*郭伟其：*图书馆计划也是吸引我加入这个团队的原因和期待之一。从 20 世纪 80 年代以来，黄专老师和我的其他几位老师就经常一起畅想有朝一日能建立起自己的“瓦尔堡图书馆”，这个说法半是玩笑半是认真，它实际上是一种学术理想。黄老师曾经提到要从四部分类法出发创造出一种更加适合于包括当代艺术文献在内的学术文献的整理方案，最近我们在查检中心的现有藏书时也在考虑有没有可能沿着他的思路发展下去。黄老师在日常聊天中喜欢引用博尔赫斯的那句话，想象天堂的样子就是图书馆的样子。我们这个时代尤其需要建立这样的图书馆。

在人格上有特殊的魅力

受访人：刘晓都（URBANUS 都市实践建筑设计事务所创建合伙人，主持建筑师）
采访人：李彧莎
时间：2018 年 3 月 12 日　地点：深圳

*李彧莎：*首先想请您谈一下您与黄老师大概是在什么时候认识的？

*刘晓都：*应该是在他还没完全介入 OCAT 之前，他当时应该是在何馆（何香凝美术馆）做什么活动，具体是哪一年我不太记得了。

*李彧莎：*2001 年之前，黄老师曾担任何馆研究员，策划过一些活动，2001 年之后他就生病了，是在那之前吗？

*刘晓都：*我印象里差不多是在 2004 年前后认识的。我知道何馆当时是想做一个当代艺术中心，他们一直在找人策划这件事情，那应该是在 2002 年年末到 2003 年期间。

*李彧莎：*能否谈谈当时做 OCAT 规划设计的前后过程？

*刘晓都：*我的印象是何馆邀请了侯瀚如和皮力来华侨城东部工业区找场地，希望能找到一个厂房做当代艺术中心。因为何馆的建筑本身不太适合做当代艺术，他们想找一个地方可以重新做，不用太精致的地方，所以最好是一个厂房。于是他们就在华侨城找地方，最后找到了东部工业区，他们认为这片厂区的位置挺好的，但是他们一开始并没有确定就在这里。好像华侨城的高层领导也在跟乐馆长（乐正维）一起策划这件事情，同时也在与规划局沟通。后来是规划局的一位官员跟我说，他们提议把这片

OCAT 和 E6 栋改造设计模型（图片由都市实践提供）

OCAT 改造设计模型（图片由都市实践提供）

厂区改造成为一个创意园。当时华侨城觉得这可能是一个机会，不是说一拍即合，但可以试一试。所以当时他们就找了一个建筑师做过一个规划方案，但是侯瀚如和皮力看完之后都觉得那个方案太炫，不是搞当代艺术的调性，所以才又找到了我们。我们就到这儿来考察，那时候有侯瀚如、皮力和乐馆长他们几个人，然后就定下来 OCAT 这个厂房，有了这个地方才有了现在的创意园。

*李彧莎：*那就是说先是考虑与何香凝美术馆合作做当代艺术中心，然后才开始对整体园区、环境进行规划，改造整个创意园，以一个艺术机构来带动或辐射整个园区，是这样的吗？

*刘晓都：*对！你想，在厂区中设立一个当代艺术中心，那么旁边干嘛呢？当时周边厂房几乎也都是被废弃的，那时在边上还有一个羽毛球中心，也就是现在高文安公司所在的那一块大厂房。当时 OCAT 和它所在的南区还很小，只有两三栋五层楼的建筑，其他都是一层的铁皮厂房。我们当时主要就是在做这一块的改造设计。我们曾经在改造设计的时候设想过加建为两层，甚至在里面还设计了很多加建，方案都做出来了，当时规划局也都同意了，正在准备实施的时候，突然赶上一个坎儿——“拆违建”（《关于清理各类园区用地加强土地供应调控的紧急通知》），就在 2003 年的年底出台了这个政策，所以工程一下子全停下来了。原来 OCAT 图书馆这里的场地是一层，就还是

保留原样，所以这一期我们就没有加建了。

李彧莎： 2004 年，黄老师正式提交了关于 OCAT 的运作方案，对 OCAT 的功能、定位、专业目标和理念方面都做了详细的规划，在这个过程前后，你们有没有就 OCAT 的设计进行更多的交流呢？OCAT 的设计除了展览空间以外，还有多功能厅和提供给艺术家创作、工作及居住的工作室空间，工作室空间以五种不同的风格进行设计，是因厂房的先天条件而产生的想法，还是之前与黄老师他们沟通提出的要求有关呢？改造完成、投入使用后，你们觉得和最初设想的 OCAT 以及创意园的规划设计一致吗？

刘晓都： 当时提出的工作室的具体设计要求，是给五个不同类型的艺术工作者进驻，我们就根据这个要求做了五间不同类型的工作室。当时我们开过几次会，那会儿主要是和何馆的马楚直接沟通的，他好像是负责 OCAT 建设工作的对接人员。我印象中黄老师也提过一些要求，但不是特别高。我对黄专老师的印象是他不太爱说话，其实在建筑设计这一块，他更多的还是听取我们的意见，他的反应并不是那种特别直接和激烈的方式，我感觉他还是挺尊重我们的想法的。最早图书馆空间是设计为一个多功能厅，可以做演讲和论坛等小型的活动，后来黄老师有一个比较主导的思路，所以我们也加了一些滑轨的设计，当然现在你们又做了一点改动。其实当时我们基本上也把几个主要的建筑改造完了，他好像也没有什么太多的意见了。

李彧莎： 早期关于 OCAT 的设想和设计的要求是比较抽象的吗？

刘晓都： 他们希望的东西就是比较功能化，不希望在建筑上有太多的表达，这一点我们也同意，这也是他们后来选择我们做这件事情的主要原因吧，我们也没有做什么花哨的设计。当时我们不能大改结构，实际上这个结构是加固的，原来的结构太弱了，所以就变成两层的钢架接在一起，荷载就强一点，所以把屋顶也给换掉了。但是空调

OCAT 建筑外观图（图片由都市实践提供）

OCAT 鸟瞰图（图片由都市实践提供）

管就不能走屋顶了，因为太重。当时展厅的这四个门也是一个挺大的事，想来想去后来还是留着，原来想象的是如果展厅中间有隔断的话，这四个门是可以使用的，现在实际上只用了两个门，偶尔会用三个门，有几次 OCAT 做表演的时候也用到了西南这边的门，实际上还是很灵活的。关于空调机的位置，我想来想去还是利用两面侧墙走空调管道，但是因为挂到外面很难看，所以我们就沿着挑檐把它封起来，中间的管道都是暴露出来的，它也表达了这个建筑的功能。当时这几位策展人基本上都对这个设计是认可的，因为简单直接，也有改造的意思。

李彧莎：OCAT 西侧的墙面写有“OCAT”四个字母，有点像一种标识，是希望把它作为一种标志吗？

*刘晓都：*外墙上的 OCAT 的 logo 是艾安设计的。当时施工的时候工人就把墙给挖了，因为他们要在里面加固钢柱。原来侧墙是抹泥的，确实不太好，现在看来以前那个泥还在掉，所以我们就拿水泥又抹回去了。墙面封好了之后在上面写上“OCAT”四个字母，写完就不太明显了，实际上就是一个痕迹的叠加。我们也觉得挺好的。从我们的角度来说，正因为有了 OCAT 这样一个所谓的“旗舰店式”的当代艺术机构在这儿，它才能把创意园整个档次提升上去，达到一个高度，实际上整个园区的规划是围绕着它设计的。后来我们又做了北区的规划，B10 又是 OCAT 新的总部的位置，这是比较有意思的。这就是整个创意园产生和发展的一个过程。

2003 年，“空间阅读与都市实践”展（图片由都市实践提供）

*李彧莎：*能具体谈谈你们做南北两区规划的一些不同的设想以及和当代艺术的关联吗？当时做 OCAT 及华侨城创意文化园的规划设计时，你们与华侨城的领导有过哪些沟通？他们对 OCAT 的设想提过很具体的要求吗？

*刘晓都：*当时在园区设计了一条中间步行道或者说主轴线，所有的功能场所都跟这条主轴线相关。南区地块很小，建筑面积大概 3 万平方米，北区大概 10 万平方米，在改造北区的时候，南区已经开始成型，也开始出名了，变成了华侨城的一张“名片”，所以华侨城也感觉到有意思。

当时我们做整体规划时，大致控制了一下业态的比例，60% 是设计和创意这方面的机构，也有一些画廊，20% 是商业机构。因为南区的 OCAT 已经很大了，其他类型的机构也应该有一些。不过星巴克也是在北区改造完之后才进驻的，所以这个园区的生态也是在慢慢地形成。北区的改造资金比南区多，所以北区铺地都是用了火山岩或花岗岩这些材料，还在旧天堂那里做了一些连廊的加建，就把那几栋楼连起来了。当时华侨城想要增加一些商业面，或者是展示面，让一些有一定商业性但又不是纯商业的机构进驻。当时的规划是以 B10 作为中心，基本上是这么一个格局，所以 OCAT 还是整个园区最主要的一个机构。

2003 年，“空间阅读与都市实践”展（图片由都市实践提供）

2003 年，“空间阅读与都市实践”展（图片由都市实践提供）

李彧莎：当时这里好像做了一个“空间阅读与都市实践”的展览，这个展览跟你们有关吗？

刘晓都：那是我们做的展览。我们把这些改造设计都做完了以后，他们说这里什么都没有，要不然你们做一个展览吧？我们就做了一个特别简单的展览，这也算是我们比较早策划的一个展览，当时开幕还弄得挺好玩的。

李彧莎：都市实践也是最早一批搬到这里办公的机构，您对 OCAT 的关注也比较早了，在黄老师策划主持过的众多项目中，能否举例谈谈您印象比较深刻和觉得意义重大的项目？

刘晓都：当时举办了很多艺术家个展，都做得不错。我其实经常跟别人介绍说，创意园的当代艺术中心应该说是中国南方当代艺术的高地，而且它确实是差不多把中国最好的这一批一线的当代艺术家都做了一遍，这个成就和地位其实还是在那里的。当然，因为我不做当代艺术这一块，也不太清楚 OCAT 在中国当代艺术领域到底应该是在一个什么样的位置和现状。但是整体上来说，我觉得 OCAT 还是做得很到位的，这跟黄专个人的努力还是有很大的关系，他也有很多自己的资源，有很多他熟悉的艺术家。

在我的印象里，当时他还找了王广义、张晓刚和方力钧三个艺术家，为深圳的三个地铁站点创作作品，现在想想，我对那个项目的印象还是挺深的。类似这样一些项目，是很不得了的事情。我记得当时这些作品还在这里展过一次。

*李彧莎：*都市实践除了参与 OCAT 的建筑改造设计以外，2008 年也参与华·美术馆的改造设计。以设计作为华·美术馆的方向实际上是黄老师跟任总（任克雷）在一次会议中提到的，不知道你们在这方面有没有一些交流？对于华·美术馆的改造方案和创意园中 OCAT 的改造，这两个馆的关系，在设计上你们又是如何设想的呢？

*刘晓都：*我的印象不是太深了。当时在说这件事情，最后我们有了一个很清晰的概念：如果把华·美术馆做起来，华侨城的艺术机构生态实际上就变成一个“三角”关系，何香凝美术馆是传统绘画的一个主要的地方，OCAT 占据的是当代艺术的高点，而华·美术馆就不该重复任何一个方向，它应该是倾向于时尚艺术和设计。在我的印象里，华·美术馆当时应该还不属于 OCAT 馆群，它属于洲际大酒店，作为酒店附属的一个功能，所以当时改造的时候我们也是往这个调性走的，建筑立面的设计风格相对来讲就更时尚，也更炫一点，而且它朝着深南大道这条主街，也应该有一个好的形象。我觉得这个想法是挺好的，这三个艺术机构有着不同的方向，它就可以组合成一个很好的艺术生态，华侨城这个区域就更加丰富了。

*李彧莎：*你们在做改造设计的过程中有什么印象比较深刻的事情吗？您是怎么看待 OCAT 的发展呢？对于未来 OCAT 及艺术馆群的运作，你们有什么建议或期望吗？

*刘晓都：*整个创意园的改造设计是从 2003 年开始的，到现在已经 15 年了，其实都是在慢慢地做，这肯定是有一个发展过程：一开始生命力挺强的（青春状态），然后发展到成熟状态（中年状态）。但是现在这种状态就变得更加混杂了，有些地方可能会

衰败，或者如果注入更好的机制或管理上做得更好，可能会出现一些新的活力，这些都不好说。

其实现在的 OCAT 跟以前还是不太一样的，因为别的地方开始慢慢起来的时候，这边的那种唯一性和特殊的调性就没有那么强了，如果没有一个显著的提升，它就会慢慢地流于正常了，从一个先锋回归到一种正常的状态。我觉得 OCAT 深圳馆如果从南区搬到 B10，那就是一个大的飞跃，但是如果完成不了这个飞跃，就会卡在那里。我觉得它是不是应该从一个相对来讲比较草创或者是比较简陋的状态里再跳跃出去。当然，我不知道你们现在的运行机制是怎样的，包括资金是不是都很正常？

作为华侨城文化创意园区域和馆群的一个主要的部分，OCAT 深圳馆保持现在的位置并没有什么大的问题，但是因为深圳慢慢地开始出现了一些新的艺术机构，比如设计互联和两馆（当然，两馆在未来要走很长一段路，它毕竟是政府的一个机构，它也没有什么像样的馆藏，它有一个很好的壳，但是填充里面的内容要花很长时间）。我觉得 OCAT 走的是另外一条路，它是以内容作为主要的特点，而不是强调硬件。从这个角度来说，OCAT 更符合当代艺术的特性，所以它应该是更健康的机构。

如果 B10 将来能够做成的话，OCAT 深圳馆将会有更大的进步。我想 OCAT 深圳馆除了展览以外，还可以有更多的公共性活动。你们已经攒了那么多的资料，做过那么多展览，其实可以每隔一小段时间就把做过的展览“插花式”地做一个开放，让大家能够有机会去了解 OCAT 深圳馆以前做过的展览。当然，这些内容都是需要用另一种方式去推介和传播的。让大家能够看得懂所谓的当代艺术，或者至少对当代艺术有兴趣，这种教育方式可能是更重要的。B10 地方够大，就会有很多专门的空间和位置可以去做这些事情，包括儿童教育，从小培养他们的兴趣，这些都挺重要的。

*李彧莎：*在与黄老师的交流中，您对黄老师是什么样的印象呢？或者说，从观察到他做的一些活动和做的一些事情，您有怎样的感受或评价吗？

*刘晓都：*我跟黄专老师交集其实也不多，在他最后那一年的时候，我有两次见到他，还跟他简单地聊了聊。对于我来说，黄专老师还是一位学者型的策划人，他是一个非常标准的学者，他做艺术史研究，在中国他应该是属于比较有地位的、德高望重的人。实际上，从我听到的或者是我看到的大家对他的评价，其实也是符合我对他的观察。总体而言，他待人还是比较宽和的，当然我也见过他发急的样子，那是在一次开会的时候。他很认真，有时候也是处于不苟言笑的状态，但是看得出来他不会应付地去做事情。他做了那么多一线当代艺术家的展览，把大家都召集过来了，这就是他的人格魅力所在。有几次我跟他聊天还是挺舒服的，他也不太谈建筑，我是建筑师，当然也不太谈艺术。但我觉得在人格上他是一个有特殊魅力的人。

行动是最好的纪念

受访人：孟岩（URBANUS 都市实践建筑设计事务所创建合伙人，主持建筑师）
采访人：李彧莎
时间：2018 年 3 月 26 日　地点：深圳

李彧莎：您跟黄老师是什么时候认识的？

孟岩：应该是 2003 年左右，具体时间我记不太清楚了，但肯定跟 OCAT 有关系，因为当时我们在做华侨城东部工业区的策划，这件事情跟他对 OCAT 的定位有关。那个时候这儿除了一片废弃的旧厂房，周围几乎什么都没有，完全是城市发展的一块遗留地。

李彧莎：当时是何馆（何香凝美术馆）找到您的吗？

孟岩：我记得最早是皮力和侯瀚如，那是在"第五届深圳国际当代雕塑展"的时候。我们公司还在华强北那边。侯瀚如他们在筹划这届展览，其中就牵涉当时何馆要做一个当代艺术中心的一些初步的想法，也是机缘巧合，他们来找我们，问我们能不能做这个园区的设想和规划？他们发现我们虽然跟当代艺术没有直接的关系，但是好像调性更加符合做这种规划设计。我记得之前华侨城也找了其他公司设计，他们看过之前的方案，认为做得比较夸张，更像是表现性很强的一个建筑师的方案，他们可能觉得那种调性不是特别适合，毕竟这是一个旧的工业区，他们希望跟当代艺术家本身所想象的艺术空间更加契合，所以就找了我们，然后我们也就认识了何馆的乐馆长（乐正维），也逐渐地接触到当代艺术这个圈子里的人，所以之后就认识了黄专。

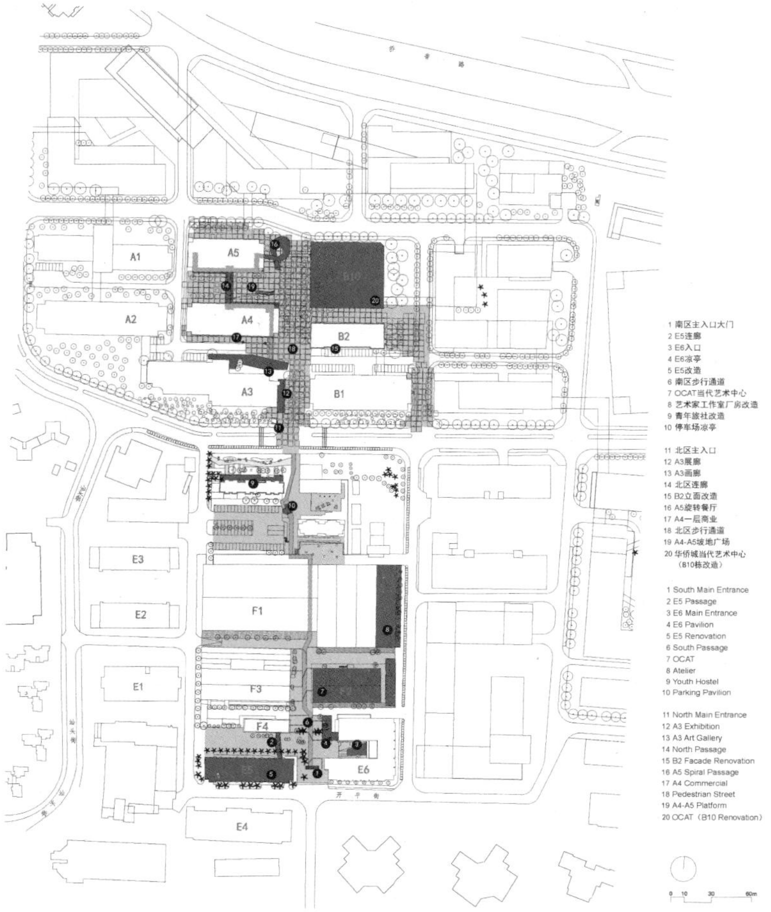

OCT LOFT 规划设计平面总图 (图片由都市实践提供)

作为建筑师，其实我接触当代艺术还是蛮早的。20 世纪 80 年代是一个文化爆发的时代，当年很多建筑师、艺术家都挺关注那些暗流涌动的事情。我们都知道圆明园村早期发生的事情，还有“中国现代艺术展”，但是我真正接触所谓的当代艺术，实际上是 90 年代在纽约工作那段时间，因为那儿的展览很多，发生和经历了各种事件，所以对这个环境背景我其实是比较关注的，自己也经常看一些书，等等。我们当时对自己的定位是当代建筑，希望建筑能够反映现实生活，从当下的现实中吸取养分，也就是说，都市实践对于中国城市化的问题一直是在跟随、观察和挖掘，我们不想只局限于建筑学本体的东西，更多的是跟社会现实和城市的发展有关。虽然建筑和艺术是

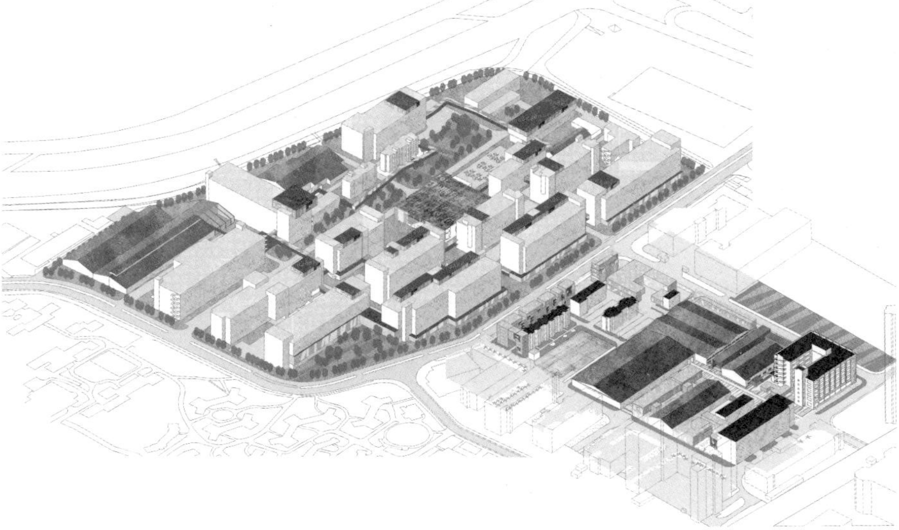

OCT LOFT 规划设计概念图（图片由都市实践提供）

很不同的，但是共同的契机是对于当下和城市问题的关注，所以当时跟皮力和侯瀚如一谈就很对路，因为那时侯瀚如也是在做“运动中的城市”，都是相关的一些事情。实际上当代艺术这一块也引发了我们自己的一个兴趣，作为建筑师，包括黄老师在内，其实大家都希望找到一个准确的定位，一种准确的氛围。

*李或莎：*当时他们有提到大概的专业方向吗？

*孟岩：*应该说当时的当代艺术馆的概念在深圳还是很新的，虽然北京已经有了这样的机构，但是深圳当时的土壤的养分是很弱的，我们最早接触的一些本地艺术家其实是很少的，只有杨勇他们几个。我不知道当时黄老师是怎么考虑的，但是他给我们的印象就是对艺术中心的定位非常高，一次到位，是一种“高举高打”的做法。这可能跟他的学术思考有关，他一下子就定到一个非常高而且非常准的位置，所以这里就变成了一个高地。迄今为止我仍然认为，他的这个定位一直影响到今天的 OCAT。当时还没有创意园这个概念，但是它是这个工业区改造的一个精神性的空间。

其实我们当时也很质疑这个东西将来怎么支撑，因为周边是一片荒芜，而且当时只有南边有住宅区，但这些中产阶级居住区的人到底对当代艺术是不是感兴趣？西面环山的原东部工业区居住的人口，可能迄今为止跟这方面也没有太大的关系。这种“高举高打”的东西进来以后，对于这个片区未来的发展到底是什么样的？其实大家都有些怀疑。在定位这件事情上，我记得我们跟任总（任克雷）、陈总（陈剑）都谈过，感觉他们一开始也是有点儿怀疑的。当然，这毕竟是他们很熟悉的一个领域，当年 OCAT 是作为打破何馆现有体制的一个新机构，它也是在冲破一个“茧”——何馆的学术定位、机构本身，等等，包括很多它在体制内容纳不了的当代艺术的东西，所以希望有一个突破口。从这个意义上来讲，我是很理解的。我在纽约生活了那么多年，我知道这种另类空间的价值，比如即便是 MoMA 那样的机构还会有一个 PS1，它会有一个更前卫、更具探索性的东西。当年我在纽约就住在长岛城（Long Island City）那边，我知道 PS1 周围其实是很破的，但是它就像一个火种一样，在一个很破的地区不断地点火，不断地制造一些城市事件，把年轻人聚集到那里，让人莫名其妙地都跑到那儿去了。那个地方平时是没人的，但是通过它点燃了一系列的火种。所以我倒是很理解这种“高举高打”——定位准确，然后坚持它的学术性。虽然跟周边没有关系，但是它在未来可能会引领或者激发一种新的关系，可能产生一种化学变化。今天其实就证明了这一点，它有一种潜移默化的东西在里面。

当时华侨城对于当代艺术中心这块应该是比较有信心的，但是对整个片区未来的发展还是有过很多的讨论，到底行还是不行？我记得有一次我们跟陈总几个人讨论这个片区的定位问题，大家都说，反正这是住宅用地（这片区域当时是工业用地，原来的目的是想把它变成锦绣花园四期），一旦不行，拆了还是可以盖住宅的。当时华侨城决定做这件事情其实损失了很多钱，虽然当时的房价没有今天这么贵，但也是一笔巨额资金，对于华侨城来讲也是一个很大的冒险，他们也不知道这件事最终能不能成功。

*李彧莎：*这种用艺术带动地产的方式，好像华侨城是走在最前面的。您觉得是什么

触发他们这样做的?

孟岩: 我一直坚信是很多具体的人物改变了历史。机制也是很重要的，但是在这个机制里对某一个个体的判断，他的前瞻性和愿景很可能不知不觉地改变了很大一部分的历史。我觉得很多事在一开始的时候，他们其实也是比较犹豫的。

我 90 年代末在纽约的时候，SOHO 有相当一部分地方还是挺破的，也在变化的过程当中，我很清楚地看到它是怎么一步一步地从艺术家聚集地到画廊的聚集地，最后变成时尚的聚集地，再到切尔西（Chelsea）、威廉斯堡（Williamsburg）和布鲁克林（Brooklyn）。我记得当时跟陈总有过一次关于创意园区的讨论，他说在深圳做这个到底行还是不行？因为深圳当时给人的印象还是以蓝领阶层和打工阶层为主，大家都是这么一种判断，跟北京和上海的小资是比不了的，大家心里都有这么一个问号。

很巧，2003 年正好赶上美国打伊拉克，我当时就举了一个例子（我不知道是否真的增强了大家的信心），我说当年为什么伊拉克出兵打科威特，就是因为地层里的油，科威特那个地层是一个低点，相当于油盆，所以它的油一抽出来，别的油就往里边走了，就是这么一个效应。当时这儿周围确实什么都没有，但是有可能就是一个“沙漏效应”，有点儿像科威特，谁先干这个事，谁就占了这个先机。深圳有上千万的人口，有那么多的年轻人，哪怕只有很少的人对艺术有兴趣，这就是一个低地，而且是第一个，大家就会往这儿聚。当时我们的讨论挺激烈的。我说这可能是谁一招先的问题，谁敢走出这第一步，可能今后就很难被超越。深圳就是抢资源，正是因为资源少，没有那么多艺术家，可是有设计师和建筑师，所以谁走了第一步，可能这些最好的人就汇到这儿来了。后来可能大家就通过很多讨论，增强了这种信心，于是就先行先试，因为最后不行还可以盖住宅，这是一个过程。

2004 年，“空间阅读与都市实践”展（图片由都市实践提供）

*李彧莎：*黄老师有没有跟你们说过整个空间的功能的具体设想？

*孟岩：*肯定是有的，但是我现在记不清楚是什么样的场合。我的印象是黄老师对于当代艺术的空间的把握，其实是有很多功能上的需求的。他并没有讲太多具体的形式，但是他很在乎空间的适应性，因为多么前卫的展览其实都可能在这儿发生。这对设计肯定是有要求的，像何馆那种铺着花岗石的地板是不能动的，我们的地板是可以改造的，最后我们也发现了好些艺术家都需要刨地。地面材料的选用，当时我们也希望是水泥地面，因为凿了以后还可以再弄。黄老师当时一直希望屋顶是可以吊东西的，因为当代艺术有很多大型的装置，但这是不可能的，这个空间完全不具备这种条件。因为这里原来就是一个库房，要想达到这样的效果，恐怕那些梁的加固远远不是这样的处理，可能动静太大了，对原来建筑的破坏有点儿大。另外，当时的投资也非常有限。

我们后来把厂房改造过程的痕迹全留下来了，所有的柱子也都进行加固。我们把屋顶两个单品桁架并在一起承重，实际上是“因陋就简”，但是能解决问题。我们当时想了很多办法，包括屋架承受力不够的问题，我们就把很多设备都放到外墙上。其实按他希望的，我们理解并处理得更加灵活，既然想变成一个前卫的实验性的艺术空间，就必须最大限度地满足这种灵活性和破坏性，因为每次都要改空间。一开始这一块的定位应该说比较准，最后黄老师还是比较满意，他觉得这个空间还是很灵活，因为后来还做了一些表演和放映的项目。开始在定位的时候，我们之间是有挺详细的沟通的，也摸得比较准。

*李彧莎：*像798那些空间可能纯粹都是展览空间，但OCAT还有一个功能是要做驻地计划，因为它强调的是一种双向交流。这也是一个不同于其他艺术空间的地方。

*孟岩：*其实最早的改造还真的不是OCAT这么一栋房子，而是整体改造计划，今天我还留着当时画的所有草图。记得在OCAT首展之前，我们做了一个预展叫"空间阅读与都市实践"，那个展览从某种意义上呈现了当时做这个改造的想法。当时的设想比这个规模更大，除了OCAT本身要改造成多功能空间以外，在旁边的E6和这栋楼之间要加一个两层高的筒子，我们发现OCAT这个空间的灵活性是没问题的，但是可能还需要一些配套延展的东西。在平行于OCAT和E6两栋楼之间的那条缝，本来是设计了一个两层高的大盒子在中间，现在的这条街被封掉了。那个空间实际上非常高，可以吊很重的东西，那是一个很好的当代艺术的展厅，也和这个空间连在一起。当时的设计等于是做了一个弥补，一是可能将来会需要空间储藏东西，二是有一些大型的展品可以在这里展出。当时是做了这么一条L形的空间，今天看到的这一条是一个简化版。最早我们做的模型和草图都有这些设计，是很有意思的。

李彧莎："空间阅读与都市实践"的展览是关于整个方案的呈现吗？

*孟岩：*只是一部分，当时我们用竹子搭了一个筒，其实是预示着这个方案是要这么做的。开幕的时候任总、陈总和黄老师都在。那个展览呈现的是未来OCAT的一个空间预览，是对未来空间的一种想象，我们按照1：1的尺寸把那个筒子用竹子搭了一个

OCAT 模型（图片由都市实践提供）

OCAT 改造前鸟瞰图（图片由都市实践提供）

L 形。不幸的是，当时正赶上深圳查违建，所以一个小的建筑，往往跟一个大时代的城市变迁息息相关。我的印象很深，当时规委（深圳城市规划委员会）的领导来这个屋里调研，我们汇报了这个方案，他还说："你们这个方案其实挺好，很幽默。创意产业其实就是违章搭建，搭就搭了。"他们还是蛮开放的。从规土委（深圳市规划和国土资源委员会）这个角度，他们觉得艺术空间本身是公益的，没有商业的行为，只要满足消防等条件，做一点搭建问题也不大。所以是一种支持的态度，结果在施工之前就赶上了拆违建的事情，最后就没有做成。后来只做了一个简单版的空间，最后因为空间不够又加了 B 展厅。

李彧莎： 原来 B 展厅是一个旧仓库，是作为仓库储备的功能。

孟岩： 那个本来是仓库，做展厅其实不是特别理想。当时还加上五套工作室也一并做了，就是希望能够有更多的驻场艺术家。在当时来说还是挺庞大的艺术计划。

李彧莎： 在整个设计的过程中，您有没有遇到觉得特别困难的事情或者是自己最满意的地方？

孟岩： 你要是看早期的计划，当代艺术对于社区的带动或者说这种激活的作用，其实都不只是这些设计，最早连 E6 上面我们都设计了一个屋顶画廊。这个计划是很有意思的，也很前卫，我们不但有草图而且还有模型。后来在 E5 的楼顶也加了一块，一开始是希望在屋顶上做艺术空间的，可惜最后没有变成公共的艺术空间。当然会有一些

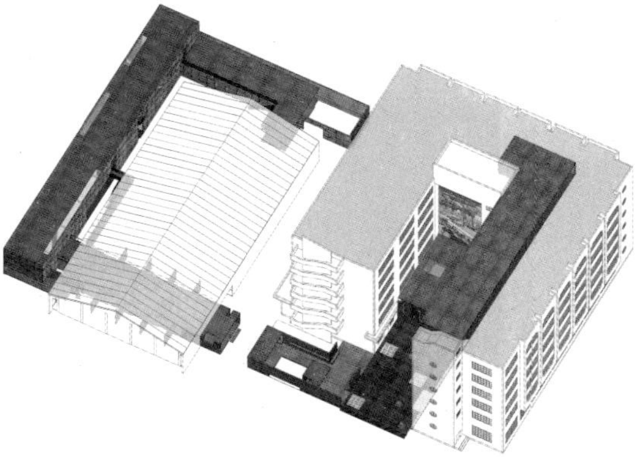

OCAT 与 E6 建筑的空间联接

消防和规范的问题。我们希望艺术不是在一个围墙里面，而是遍布各处。在这个园区里头，我觉得有很多未尽的设想。在当时的情况下，这些想法其实是很前卫的。

我一直觉得 OCAT 的设计定位是比较准确的，大家也可能觉得这个调性是对的。对于建筑师来讲，做好并不难，但是要做对挺难的，所以我觉得比较满意。困难当然有很多，因为当时的资金非常有限，又遇到了规范性的问题。做一件事情要突破一些规范性和制度性的东西是最难的，那是硬碰硬的关系，这个时候只能说，如果有人（领导或决策者）有前瞻性，愿意冒一点风险，愿意尝试一种另类的东西，可能从某种意义上会把规则改变。我觉得艺术介入城市，很多时候是要捅马蜂窝的，需要触碰那些边界和灰色地带，就像当年纽约 SOHO 得以保留，最后改变了城市的决策。

在今天看来，南区这一块规划我们做得最对的一个地方，也是很有意思的一个决策，就是把中间的大厂房打通，这是城市设计的策略和智慧。因为城市设计是为未来铺路的，结构性的东西是最重要的，城市设计要给未来奠定一个发展的基础和脉络。当时南区两边各有一条很窄的汽车路，我们注意到锦绣花园小区的居民要去西北边的小市场，当时就只有这儿有点人流。地铁一号线在这儿，当时二号线是规划了在北边有一站，所以我们当时的设想是在未来用一条步行空间把一号线和二号线这两个地铁站串接起来，将来人流是从南北两端过来，而不是从一个方向过来，这个潜力巨大。于是我们就切了这一刀，这是我现在最得意的一笔，切完以后就形成了一个步行街，而且至今这一刀一直延伸到了北区。北区建筑面积比南区大两倍还多，当时我们就看

打通中间大厂房的设计（图片由都市实践提供）

中了中间的 B10，B10 最开始并不是定位为当代艺术中心，而是定位为设计中心，这是我们最早的设想。

*李彧莎：*后来从南区慢慢过渡到北区，在北区这一块的设计上，以一个艺术中心辐射周边的方式其实是不太一样的。

*孟岩：*不太一样。B10 这一块我们当时也做了一个很大胆的设想，B10 计划不只是一栋楼，不是只有那一个方块。2005 年在南区做了首届“深圳城市 / 建筑双年展”，在 OCAT 展厅做了孟京辉的开幕演出，这个地方算是第一次得到了众多媒体的关注，这个借力挺重要的，正好借了双年展，又借了很多国际建筑界和一些媒体的关注以及很多建筑师的介入。大家都看到这个地方的希望。时隔两年，2007 年“深圳城市 / 建筑双年展”进到了北区，这也是一个挺好的契机，那个时候我们实际上已经是在做北区的规划了。

*李彧莎：*当时你们是给 B10 做了一个设计中心的概念，但是后来这个设计并没有实现，是不是已经有所改变了？

*孟岩：*那个时候已经变了。我们最开始的时候是希望北区以设计为主，因为那个时候入驻北区最多的是设计公司，艺术家并不多。整个园区的定位也慢慢清晰了，是以

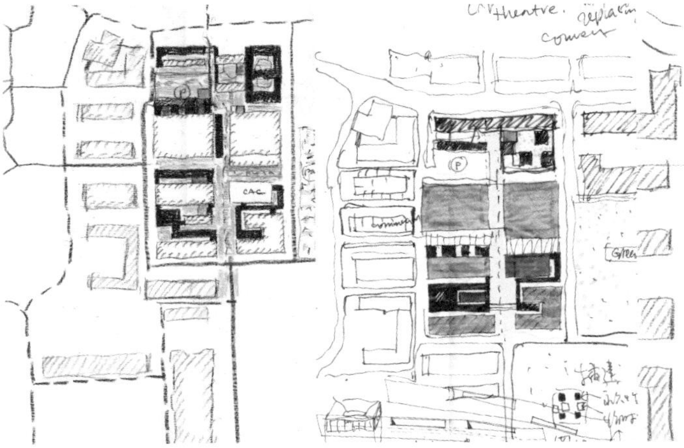

OCT LOFT 南区设计草图（图片由孟岩手绘提供）

设计产业为主，当代艺术机构在这儿是一个精神性的中心。在这种情况下，我们当时就设想 B10 作为一个设计中心，当然它也可以做当代艺术，还是有灵活性的。我们强烈地建议做一个设计学校，利用入住的这些设计企业，建立一个新概念的学校。但是没有做起来，如果做起来的话，华侨城又不一样了，会变成观念上更加领先的状态。当时我们的设计是这个学校以 B10 为主，通过一系列的连廊，把周边的厂房连起来变成一个网络，更像一个校区（campus）。这个学校就分布在 B10 的三楼，以及其他那些楼的某一层、某一个地方，所以是一种埋入式的。可能在屋顶上，也可能某个公司的一个多功能厅变成学校的一个报告厅，所有分散的空间都可以编辑成不同的内容（program），这就像一个心脏一样有很多血管，将血液输送到各个器官。从开始我们就一直希望 B10 是一个更综合性的东西。

李彧莎：后来 B10 要作为未来 OCAT 的新场馆，您能谈谈您和黄老师以及华侨城沟通的过程吗？

*孟岩：*一直到华侨城委托史建老师策划的“OCT 升级策略展”展览的时候，借助了很多建筑师的视角来看它的可能性，因为华侨城希望有更多的关于这个地方的想法，这说明那时的想法还没有完全确定。在那个时候大家还是在探索 B10 到底要干什么，应该是什么样的功能？我们当时希望 B10 底下是一个公共性很强的空间，跟社区和周

B10 作为功能混合的设计中心（图片由都市实践提供）

边的关系就像一个巨大的茶室一样，大家都能进来，是一个非常混合的场所。实际上我们当时是想把当代艺术馆架在上面，中间空出一个屋顶层，大家可以上去进行户外活动，然后像一个蘑菇一样长出一个当代艺术馆，在最顶上。我们当时的设计就是这么一个三段式的东西，这个想法我们坚持到后面才改掉。我们觉得这是最理想的一种状态，今天我仍然是这么坚持。那个时候还有书店，还有阿飞的音乐空间，都在底下这个大盒子里头，底下是非常活跃的，很多东西都可以发生，这实际上就是“共生”。后来才逐渐定位为当代艺术，希望做成 OCAT 的总馆，可能就更纯粹了，这也是经过了很长时间的讨论。

为了 B10 这件事情，我们跟黄专老师沟通还是蛮多的，也应该说这是我们跟黄老师最后的接触了。当时我们一起开会，他对这个馆的期待值是很高的，就像当年他做 OCAT 一样，经过了 10 年以后再做一个新馆，他提了很多想法。我们也提了很多想法，我们一直在跟他沟通，包括空间的使用，他提到了里面需要很多做讨论的空间，他希望这个地方不光是做展览，而是一个很综合的空间，希望里面承载更多的内容。其实 OCAT 总馆应该说是近年来我们花时间最多的一个项目，但是很遗憾现在却成了“烂尾楼”了。其实它承载了很多人的希望，我觉得它也是黄老师的遗愿，他真的花了很多精力，我们为了这个事开了无数次会。

*李彧莎：*您那次去上海参加OCAT开学术委员会议的时候，也跟所有委员介绍过这个方案。

*孟岩：*其时黄老师也在，我们花了很多很多的时间。大家对这个馆的定位都抱有非常大的期望，希望这个馆真的能走到另一个层面上，它真的能统辖中国各地所有的OCAT展馆，具有这样一种地位和空间的内涵。我们也跟黄老师沟通，提出这个馆的最顶层可以做成一个收藏馆，把OCAT现在的一些重大的藏品，包括当年黄老师所做展览的那些收藏呈现出来。其实那些收藏都是非常有见地的，我觉得需要给这些藏品一个很好的呈现的空间，所以当时我们希望有一部分是量身定制的。黄老师当时要求很高，他说那些作品恐怕要有恒温恒湿，等等，我们也非常理解，如果真能够做到这样一种状态，对黄老师也是最好的纪念。

对于我而言，我觉得纪念黄老师最好的方式肯定是行动。我们把他当年最看重的事情做出来，这就是对他最好的纪念，这比说任何东西、写任何文章都有用。将来B10做完以后，我们甚至应该给黄老师做一个小的纪念铜牌或者别的什么东西嵌在这个建筑里边，这才是最好的一种纪念。

*李彧莎：*OCAT成立以来，黄老师策划的这些活动，有哪些是您印象或感触比较深的？

*孟岩：*应该说前期黄老师在OCAT策划的那些展览，我几乎全看过，第一，我比较喜欢当代艺术；第二，黄老师做的那些展览的专业水准是很高的，包括谷文达、王广义、张培力的展览。早期的那些展览我几乎每次都有记录，一方面我是过来看艺术作品，另一方面我也是来学习的，我是在看展览和空间的关系，哪些展览跟空间的关系用得好，哪些用得可能不尽好，其实我也是在观察。

*李彧莎：*您觉得哪些好？

*孟岩：*很多啦。我觉得有几次是那种单一作品的呈现，很简单，是平铺地把空间全部撑满，比如说谷文达那种装置（《碑林－唐诗后著》）是很震撼的场景；张培力的"车间"（《静音》），那也是很震撼的，它使你一瞬间回到厂房最开始的状态，很纯粹。我一直在观察，每次展览我都会去看，看是怎么使用这个空间的，是否发挥了这个空间的最大可能性。后来有几次刨地比较狠的大型作品，我也是蛮喜欢的。作为建筑师，我一点也不可惜这个房子，我觉得越是被折腾得厉害，在其他地方越是做不成，而在这里做成了，这个建筑的价值就出来了。

*李彧莎：*最后想请您谈一谈对黄老师的印象和评价。

*孟岩：*他是一个很理性的人。我也接触过很多其他的策展人，很多策展人有理性的一面，但是大部分还是很感性，也很情绪化的，他和冯博一、侯瀚如他们其实都很不一样。黄专老师是一位学者，他的脸上经常挂着一点点笑，始终处在一种既在这个场景之中又在场景之外的感觉，他好像不是很现实的一个人，有点像《韩熙载夜宴图》里的主人那样，既在中间又在之外。你感觉到他始终是在琢磨很多事情。

我们和他的接触真的不算多，在我有限的几次接触中，他给我的印象是一个很专业的人，对一些东西要求很高，也很坚持，甚至有点儿固执。其实我们也有很多不同的意见或者是争论，但是我非常敬重专业的人。在他的领域里头，他对这个专业的理解和投入是让人敬重的。我觉得不一定所有的东西都跟我想得一模一样，恰恰是这种对话和讨论，甚至是争论，才能让你理解另一个专业里面那种比较高的非常专业的认知和判断，这样就能通过跟他的对话形成一种有效的互动。我们从来都没有互相吹捧，都是就事论事。这种很专业的对话，我觉得是最有价值的。

OCT 升级策略之以 B10 作为设计中心的 OCT 北区的概念规划（图片由都市实践提供）

OCT 升级策略之以 B10 作为设计中心的 OCT 北区的概念规划（图片由都市实践提供）

*李彧莎：*您对未来 OCAT 有什么建议或者是期许？

*孟岩：*我一直觉得 OCAT 是一个挺好的精神的支点，它的这个高度不能往下降。从某种意义上讲，当年是曲高和寡，面对的是一片空无，今天面对的可能更多的是一种时尚和流行，但是 OCAT 不是说简简单单的就是一个高高在上的机构。我也听到很多不同的观点，有的人认为应该跟周边发生更多的关系，要跟当地的艺术语境对话，我也支持，所以从某种程度上我也觉得，如果有这样的条件，OCAT 能更开放一点，但是我不觉得要降低标准去跟别人对话，因为标准是很重要的。其实我一直认为不要去讨好观众，在这一点上 OCAT 还是坚持得蛮好的，它不怕曲高和寡。有的展览平时似乎没有什么人看，但是我真的觉得不重要，哪怕这次展览只有一个人看明白了，这一个人可能就会发生改变。我一直觉得清晰的定位是挺好的一件事情，我不觉得一定要所谓的“喜闻乐见”，甚至是一定要跟当地的艺术生态发生关系。由于你的调性和学术定位就高不就低，所以是你在引领或者是刺激着某些人。

我觉得开放肯定是应该有一个度，因为当代艺术本身就很矛盾，一方面它关注现实，从日常生活中吸取很多东西，但是另一方面在某种意义上它又变成一个高高在上的（精神？）贵族消费的东西。就像杜尚的那些作品本来是要破艺术这件事情，最后又变成了别人的收藏品，让大家去崇拜这些东西，这就变得很讽刺了。那么，到底生产跟消费的关系是什么？当代艺术很重要的部分就是强调知识生产，我们在做 B10 的设计中，其实跟黄专老师也是在讨论，到底有多少生产的东西？有多少消费的东西？没有消费可能也不行，这周边全是消费，创意园的路径一定会从生产最后变成消费，这是一个既可悲又无法抗拒的特别悖论的事情。尤其是我们经历了那么多，我们眼看着纽约和北京的这种变化，所以我们也很警惕。

现在OCT的这个环境，消费和时尚已经变成了一个主流，在这个时候，OCAT淹没在这一堆人和事之中的时候，其实这种高冷的调性，从某种程度上来讲就变得更重要了，一旦妥协就特别容易被淹没进去。我们也是一样的，我们也算是一个生产单位，要是哪天创意园我们待不下去了，像我们这样的人走了以后，这里就真的变成了一个消费的地方，一个时尚的街区而已。我期待OCAT就算是在北区，还是要保持那种学术的领先地位，它是从上至下，有一种灌输和启发的作用，不是迎合。我特别希望OCAT能够坚持下去，给这个园区输送养分，那种养分绝对不是时尚所能企及的。

“无风格”设计

受访人：王序（平面设计师）
采访人：方立华
时间：2017 年 4 月 21 日　地点：广州

方立华： 我们都知道黄老师在主持 OCAT 的时候，他是非常强调研究和出版工作的，恰恰是在出版工作方面，您和黄老师有过很多的合作。他所主编的很多非常重要的出版物都是请您设计的，在这个过程中你们也有很多关于项目和出版物之间关系的讨论，我们也希望您可以从这个角度具体谈谈讨论的过程，以及在这些出版物上面所呈现的关于这些讨论的成果。首先想请您谈谈您是怎么认识黄老师，并开始出版物设计合作的？

王序： 我是先认识吕胜中老师的。有一次吕老师到广东美术馆做展览，我去见他，通过他我认识了当时在美术馆工作的郭晓彦。后来，郭晓彦介绍了黄老师给我认识。好复杂（笑）。

跟黄老师开始出版物设计合作的契机，是在 2005 年 OCAT 刚建立的时候，黄老师策划了“文化翻译：谷文达《碑林－唐诗后著》”展，他需要一个在专业方面非常强的平面设计师来为他工作，所以他找到了我，我当时的工作室位于美术馆负一层。

我是 1995 年从香港回广州成立设计工作室的，到 2005 年已经有 10 年时间了，期间为广东美术馆等一些艺术机构做过一些项目，其中包含了不少关于美术馆出版物的设计工作，积累了一定的经验。

《文化翻译：谷文达〈碑林一唐诗后著〉》，黄专主编，岭南美术出版社，2005年11月第1版(图片由王序设计提供)

方立华：《文化翻译：谷文达〈碑林－唐诗后著〉》这本出版物开启了你们第一次的合作，从装帧设计上看您是下了很大的功夫，可以具体谈一谈当时的设计想法和讨论的情况吗？

王序：是的，这是我与黄老师合作的第一个项目，除了出版物以外还有展览的推广设计。对黄老师来说，这是他主编的第一本关于谷文达的出版物，同时也是OCAT的一个开始。

着手这本书的设计时，黄老师、谷老师都给予了建议。我的想法是如何从传统的物体里表达出当代艺术的气息，记得当时看到谷文达老师的作品时，我觉得非常震撼——整个展厅摆放了50块石碑，空间反差很大，非常精彩！所以我从石碑的透视造型中抽象出一个几何图形，结合“x50”字符，打造了这次项目的主视觉。《文化翻译：谷文达〈碑林－唐诗后著〉》的函套尺寸也是根据石碑的尺寸等比缩制的。体例方面我不太记得是否有介入（主要是介绍作品搬运到展厅的过程这一章节）——它除了收录了学者的研究文章、作品文献，也收录了石碑在西安的制作过程以及搬运到OCAT展厅的过程。整本书的成本不低，选纸、函套以及印刷都比较讲究。做完这个项目后，我和团队得到了黄老师的认可，继续合作，没想到转眼就是10年，这10年对我、对我们团队，都是十分宝贵的。

《创造历史：中国20世纪80年代现代艺术》，黄专主编，岭南美术出版社，2006年10月第1版（图片由王序设计提供）

*方立华：*出版物对于黄老师来说是非常重要的，他后来主编了一套“中国当代艺术家展览学术丛书”，这是以艺术家个案为研究线索所编辑的丛书。其实《文化翻译：谷文达〈碑林－唐诗后著〉》这本书已经是这套展览学术丛书的“先声”，但是直到《点穴：隋建国的艺术》这本书，他才非常有意识地形成一套丛书，而开本的规范也是从这里开始提出来的。在之前他好像没有明确对出版物的尺寸提出严格的要求，不知道你们之前在这方面是如何讨论的？能不能具体地谈一谈当时项目和出版物之间的关系，以及在设计上又是如何呈现出项目的研究成果的？

*王序：*出版物“统一尺寸”“不统一尺寸”这两种方式，在世界各大美术馆里都是存在的，但我看到更多的是不统一，因为每个展览，出版物都会有各自的特点。当然也有统一的，一些平面设计艺廊例如东京的ggg，他们出版丛书的尺寸都是一样的，从20世纪90年代开始一直到现在都没有改变。

我记得最开始的时候，从《文化翻译：谷文达〈碑林－唐诗后著〉》一直到《创造历史：中国20世纪80年代现代艺术》和《气韵：中国抽象艺术国际巡回展》，这三本书都比较特别，开本不一样而且都比较大。黄老师提出“出版物要像书一样”，是因为他策划的每个展览除了作品以外，还有很多是文字信息，特别是后来的《水墨炼金术——谷文达的实验水墨》，我个人觉得这是最具代表性、黄专式的出版物，也是OCAT的标准出版物。

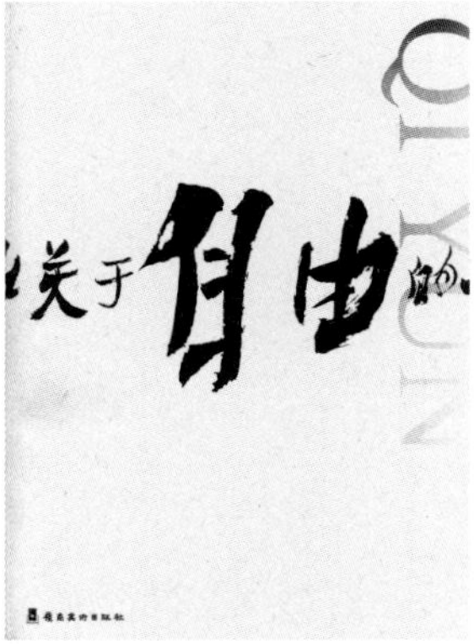

《气韵：中国抽象艺术国际巡回展》，黄专主编，岭南美术出版社，2007年5月第1版(图片由王序设计提供)

最初做《文化翻译：谷文达〈碑林－唐诗后著〉》，黄专老师还没有要求要规划OCAT未来书籍的规范，在设计的时候，更多的是我提出一些方案，其中有些看起来比较有说服力，比如函套，它就是“石碑的尺寸按比例缩小”，这点说服力很强，容易获得通过。在书的设计里，也应用了碑的尺寸比例，使得书和作品有了一个比照——这很重要，如果开本长的话，内文可能会显得满，所以用了比较方的版式，它不仅比较好用，视觉上也舒服，谷文达老师和黄专老师都挺满意。这本书没有谈到费用问题，所以设计上完全没有限制。

到了做《创造历史：中国20世纪80年代现代艺术》的时候，是比较“奇怪”的。当时还没有开始设计，黄专老师就说没有足够的印刷费用，怎么办？当看到书的信息以后，我就去找了一家纸行，问他们仓库里有没有废纸。他们问：“什么叫废纸。”“很多年没用了，客户没要，又开始发黄，在潮湿角落待了很久的纸。”我答道。当时那纸行说他们仓库确实有那么些不三不四的纸，给客户没法用，印书、印小折页也不够，而且尺寸、纸质也很不统一，问我要不要，我说“全部给我，以废纸的价格卖给我”，当时是这样一个情况。因为纸张的尺度不一样，所以就造成了里边切口的位置，所有的折首都不一样，但这本书的内容是可以用这种方式去表现的（从书口位置的参差可以反映出这点）。

这本书最贵的材料是裱在封面的布面，其实我也是受到一位老前辈的启发，他当

《创造历史：中国20世纪80年代现代艺术》，黄专主编，岭南美术出版社，2006年10月第1版（图片由王序设计提供）

《创造历史：中国20世纪80年代现代艺术》，黄专主编，岭南美术出版社，2006年10月第1版（图片由王序设计提供）

时也是因为费用不够，本来是整本书烫金，后来改为只烫一部分。我运用这布料的量很少，这种做法有双重意义：一是为黄专做这本书；二是向对我启发的书籍设计致敬。这是设计里的秘密，《创造历史：中国20世纪80年代现代艺术》用这样的方法去设计，省却了很多费用，黄专老师因此也很高兴。

方立华：《创造历史：中国20世纪80年代现代艺术》的封面使用的材料有什么特殊的含义吗？

*王序：*这个装帧布是这本书使用的最贵的材料，记得有家布料供应商介绍这种当时还算比较新型的材料给我，问要不要试一下，我说可以。它的好处在于通透，而且裱了以后不容易损坏。但这种材料比较贵，所以用量有限。

20世纪80年代中国当代艺术的核心图形是“不准调头”，我将它置于封底；通过这个图形，我又延伸出了一个“80”的标识置于封面上。为了让中英文字信息能有所区分，我需要使用这种半透明材料，这时，我想到了我的启蒙老师的作品——他在客户印刷预算不多的情况下，将原来整个封面烫金的设计改为根据预算来确定烫金的幅度，为了向他致敬，我也根据预算来决定使用布料的长短。我把“创造历史”四字烫在布面上，英文隐藏在里面（英文印在封面纸板，然后再裱上装帧布）以达到当时想要的若隐若现的效果，这样一来，中英文字虽然重叠但有主次之分，又可以

借此向我的启蒙老师致敬。不过，我没有将这个实情告诉黄老师。（笑）

方立华：一般您都会根据策划项目的理念提供几款不同的设计方案，然后经过讨论和推敲，最后确定最终的方案。不知道在设计这本书的过程当中，您和黄老师有什么样的讨论？

王序：确实会给出很多不同的方案。每次提案都会请黄专老师去评估和选择，然后或修改，或重来。在我的记忆里，跟黄专老师共事这么多年，他有时会全盘否定我们的设计，我们可谓是“屡战屡败，屡败屡战”。

《创造历史：中国20世纪80年代现代艺术》这本书有一个小变化，就是在每一部分的开头以“星星之火，可以燎原”的图像意念，后期通过拍摄的手法去表现出来，不过，我已经忘记是怎样完成拍摄的了。（笑）

我尝试去找当时给黄老师汇报的展示文件，但很遗憾，大多早期的设计方案展示文件因为软件的更新而遗失，这是我们的失误。

方立华：黄老师和您的合作，我感觉也存在一种博弈关系。因为您在平面设计界也是非常重要的前辈，您对每本书的设计都很看重，而且也是当成作品来进行设计的，但是黄老师作为一位艺术史家，在关于出版物的编辑设计上，他可能与设计师的想法会有很大的出入甚至分歧，在这个过程当中肯定会有很多的讨论和沟通，最后确定最理想的方案。在这么多出版物的合作过程中，您有没有关于这方面的故事可以和我们一起分享？

王序：根据同事的回忆，黄专老师不太喜欢设计感太强的方案，他更倾向简单、朴实的方案。“艺术，做加法容易做减法难”，他曾经这么说过，在此之后，我们都是按这

《点穴：隋建国的艺术》，黄专主编，岭南美术出版社，2007 年 9 月第 1 版（图片由王序设计提供）

种思路考虑设计方案的。由于是团队工作，方案会不止一个，有时候提完方案，黄专老师会悄悄走到某位同事旁对他说："我喜欢你的方案。"（笑）有时候也会对一些年轻的同事说："这是你们年轻人干的事。"

2007 年《点穴：隋建国的艺术》这本书，从一开始黄专老师便有比较高的要求。我印象中，在此之前的那些出版物，他还没有很多的要求，只是会问："老王，你为什么要这么做？"对书的统一性也没有很强烈的意识。《点穴：隋建国的艺术》是黄老师第一本对尺寸做出统一规范要求的书，后来他也越发注重这一点，不过他对这本书的设计评价不高，后来我发现这个设计放在展望老师的书上更合适。（笑）

之后，又做了被两位艺术家戏谑为"黑白双雄（双煞？）"的《视觉政治学：另一个王广义》和《张培力艺术工作手册》。其中《张培力艺术工作手册》当时设计的封面并不是这样的，我们做了好多方案，但黄老师说"不能有太多设计的感觉""要用非常简单的方法来处理"——他同时给出了这样的建议。

说到黄专老师满意的作品，要数《国家遗产：一项关于视觉政治史的研究》，他

《视觉政治学：另一个王广义》，黄专主编，岭南美术出版社，2008 年 9 月第 1 版（图片由王序设计提供）

《张培力艺术工作手册》，黄专主编，岭南美术出版社，2008 年 9 月第 1 版（图片由王序设计提供）

的评价是：拿起轻便，阅读舒适。其实当时黄老师对我们给出的最初方案也很不满意，后来他就从家里找了两本西方的书，说："老王，你看人家这样的书，我要的是这样的出版物，你能不能达到我的要求？"他知道我能屈能伸，也知道反正我得按照他的想法，把"不可见的影子"抓出来。

基本上，我们是这样讨论工作的。对于"平面设计"，黄专老师可能比较"歧视"，因为他可以和艺术家聊很久，但跟我们聊的时间却很短，一看设计方案不对，就会说是不是回去再做一个设计方案看看，讨论就这样结束了。但是，激烈的争论或者双方太过相悖的意见，在我印象里是没有的。

*方立华：*我印象当中，黄老师每次都很严肃和认真地跟您沟通项目的情况，以及他编辑出版物的想法。在开始一个项目的设计之前，他会来您的工作室，介绍项目到底是怎么回事，核心的理念是什么。经过这样详细的沟通之后，您才开始接下来的提案和设计的工作。这是一个工作的过程。您在做设计的时候，其实就是在捕捉一个"无形的影子"。

*王序：*对的，是这么一个工作过程。黄老师所介绍的这些当代艺术家，在中国当代艺术领域里都是很重要的一群人，他们有各自的表达方式和作品，在做设计前，黄专老师就担当起"导游"的角色，向我们介绍这些艺术家，同时也表达他期待的结果。因此，

《国家遗产：一项关于视觉政治史的研究》，黄专主编，瑞顿出版社（Righton Press），2009 年第 1 版（图片由王序设计提供）

我们能很容易地就了解到这些当代艺术，工作团队就会一起讨论：这个艺术家的作品如何？他最近有什么展览或新的作品？黄老师对 OCAT 为他举办的展览有什么想法？展览主视觉应该怎么做？虽然黄专老师并非平面设计师，但他自己有一个对艺术家的感觉，所以他时常会抛出一些建议，认为这样或者那样才能表达这个艺术家的展览，才具有代表性。当然，设计方案的产生还会给艺术家本人过目。在这期间，我与你沟通交流得最多，几乎所有的出版物都有。

我觉得黄老师有这样一个工作方式：通过我们，求得他心目中想要表达的艺术家的形象。我印象最深的是《图像的辩证法：舒群的艺术》，这本书的方案有很多都没通过，具体原因我不大记得了，但这个项目的主视觉的通过很艰难，当然其他的部分也有反复。我们跟黄老师的工作就是这样——我们提出一些想法，黄老师持有他自己的一些想法，这些想法碰到一块，经过几轮我们就能大概知道他要的是什么。其实，他要的就是像《张培力艺术工作手册》那样再简单不过的设计。

另外，为黄老师工作，就是要避免产生设计风格，要以"就事论事"的设计方式，不断地去变化，尽量靠近他的想法与期待，得到他的认可。我的工作室最大的特点，就是没有风格，如果我们设计方面有明显风格的话，估计黄老师也不会来找我们。

方立华：作为一名设计师，要真的做到"无风格"应该是难度特别大的一件事情。在

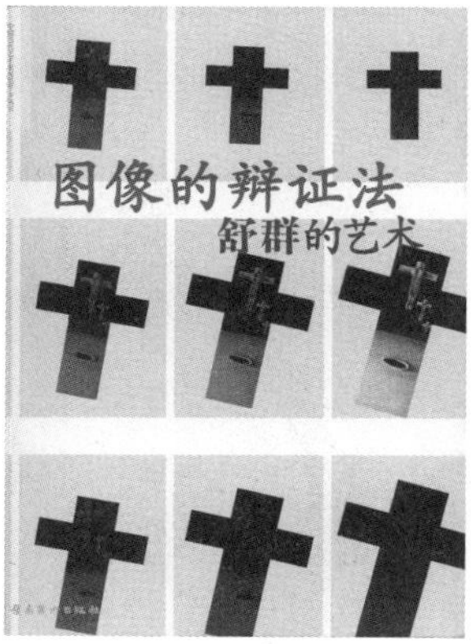

《图像的辩证法：舒群的艺术》，黄专主编，岭南美术出版社，2009 年 6 月第 1 版（图片由王序设计提供）

舒群、王序和黄专在一起谈出版物的设计（图片由 OCAT 深圳馆提供）

与黄老师开始合作之前，您已经有非常长的一段时间在做平面设计，"无风格"是从与黄老师合作开始，还是您一直以来就强调这样一种方式？

*王序：*一直以来我强调自己设计没有个人风格，但其实我还是有风格的。（笑）在我们这个行业里，存在着这样的现象：一种是设计师拥有强烈的个人风格，这样的设计师在欧美、日本等一些比较发达或平面设计历史悠久的国家更为多见，他们的作品基本集中在海报设计方面；另外一种，是设计师的设计方式没有很强烈的个人风格。按理说，我是受到走个人风格的平面设计师的影响更深，也走这条路的，但我们的环境还没有达到这种程度，相比欧美、日本，中国的平面设计起步较晚，如果你有很强烈的个人风格，在这个行业其实是很难存活下去的，毕竟整个社会大环境对于平面设计还不算了解。不过，话虽这么说，从事这个行业久了，还是会有个人的影子在，从想法到表达可能（跟自己）有一些共性，它并不一定是个人的，但仍然是一种风格。

为黄老师工作，要尽力避免强调自身的风格，我们经常是以团队的形式来为黄老师和 OCAT 工作，这样一来可以降低体现个人风格的风险，二来也可以让团队成员能有所发挥，最终在视觉的表达上做到恰到好处，正如同事所形容的那样，"不是特别夸张，也没有特别弱"。

*方立华：*2007 年对于黄老师来说应该是一个具有转折性的重要时期，这一年他开始

主编“中国当代艺术家展览学术丛书”，他非常有意识地思考OCAT的出版物应该如何编辑，以区别于以往的“图录式”的出版物，他提出“书”的概念，其实就是从《点穴：隋建国的艺术》这本出版物开始的，他非常明确地提出“融可读性、史料性和研究性为一体”，并且也非常强调将“中国当代艺术展览与中国思想界和学术界有机联系在一起”。而且从开本上他也进行了规范，提出应该像书一样的开本，具有便携性和容易翻阅的特点。这套丛书还有一个小细节，就是在书脊上有一个不同颜色的小标签的设计，作为标识，它把丛书有机地联系在一起。您能否从设计师的角度，谈谈这套丛书设计的形成过程？在设计上您是通过什么样的方式实现黄老师的想法？

*王序：*融可读性、史料性和研究性为一体，再加上作品介绍合成一书，可以说，这就是黄老师独树一帜的出版物，也是OCAT独特的出版形象，类似书体的VI。

“中国当代艺术家展览学术丛书”有一个特点，就是每本书的尺寸都是一样的，这样的好处在于，能使这套丛书在书架上的统一性很强，识别度也高，这一点我是支持黄老师的，为了加强这点，我在封面左上角和书脊处加了一个小色块。（但是“统一尺度”，这在平面设计专业里是存在矛盾的，因为每一个展览、每一个当代艺术家或者每一个事件都是不一样的，我们就此曾提议：根据艺术家不同的特点，用量身定做的尺寸进行设计。但黄老师不那么想，他要把文字、图像和采访等文献材料全部集中在书里面，他不需要做得很另类。）现在回想起来，当时国内各美术馆还没有将画册、书的尺寸统一起来，黄专老师的这一决定使OCAT的出版物走在了其他馆的前面。

此外，在设计方面，以《点穴：隋建国的艺术》为例，我们没有做到的一件事，就是“统一性”，比方说：图像和文字的排列，是不是在未来的出版物里面都需要统一？虽然这套丛书的尺寸完全一样，但网格、文字、图片的编辑以及展示方式都是不同的。至于书脊，其上的图标也是非常重要的，当时黄老师要求在设计上考虑这套丛书的可识别性，要实现这点，我在封面和书脊上做了标识（当然，每本书在书脊上的文字处理都不尽相同），这样一来，这套丛书在书架上就很清晰，一看就是OCAT的出版物了。内文上，黄专老师也没有细到要求排版模式、图像处理手段必须一致。

无可避免地，我和黄老师在刚开始的时候都持有不同想法，因为我们遇到的每一个项目、每一本书，都具有其独特性以及要达到的目标，我也曾试图说服黄老师，不过，既然是黄老师决定的事情，我们必须全力配合才对。其实书本尺寸统一之后，我们还是有设计空间的，从隋建国老师的那本成为尺寸范本后，我们会去寻找其他创意性的点子，例如在封面上使用具有可塑性的纸张等。

*方立华：*您刚才提到的另外一个思路，就是按照艺术家的特点给予相应的尺寸进行设计，您是怎么考虑的？

*王序：*按照每位艺术家的个性和特点进行“量身定做”式的设计，这个思路是成立的。从2005年谷文达老师的展览项目开始，直到2007年的《气韵：中国抽象艺术国际巡回展》，都是根据项目情况，给予“量身定做”的。《气韵：中国抽象艺术国际巡回展》的尺寸较大，封面设计我请了一位书法家去写，因为书法跟“抽象”有一定的关联性，像怀素的狂草。而这次展览名为“气韵”，所以我要求书法家在书写上能表达出这一感觉。另外，在“气”这种无形的东西的表现上，我对封面上的“气韵”二字（书名）做了UV处理，横跨封底、封面、勒口的书法字实际就是黄专老师的文章题目。再后来，我又请这位书法家用书法字体创作了OCAT的广告语。

对于“中国当代艺术家展览学术丛书”，黄老师早有自己的预想，他考虑的是阅读者的方便，所以开本不能太大，也不能太小，要能收集这个项目的所有文字、图片和其他文献记录。最终这套丛书在体量上，每本都不会相差太远。当设计《点穴：隋建国的艺术》的时候，我们认为：出版物还是要引起别人的注意，它的个性要被充分地体现出来，也考虑到隋建国雕塑家的身份，所以我们思考在纸张上的可能性，于是想到了用这种银色的纸，书体造型上做成雕塑的感觉，我们这点小小的反叛，得到了黄老师的认可。黄老师从这一本书开始，奠定了未来出版物的基础，他非常开心。

方立华：所以《点穴：隋建国的艺术》这本书，无论是对于黄老师还是您来说，都是非常具有实验性的一种尝试。刚才您谈到关于纸张的选择，其实是考虑到材料和艺术家创作之间的关系问题，包括《水墨炼金术：谷文达的实验水墨》这本书，封面的纸张也非常特殊，我记得当时您还专门找了一家做手造纸的厂家，把艺术家谷文达作品的一个重要元素"人发粉"融入进去。在这些书籍的装帧设计里面，我们也看到了您将材料和艺术家的创作有机地联系在一起的尝试。您能否具体谈一谈在这些设计背后的思考？在这个过程中您和黄老师有过什么样的讨论？

*王序：*在限制中进行创作，是平面设计的宿命，这个限制也包括时间，所以平面设计亦可称之为"限时艺术"。

好比说《语词、意识与艺术——徐坦"关键词"视觉语言实验项目档案》这本书，根据徐坦老师的一个项目（他将写了关键词的标签纸贴满墙壁，而这些标签纸色彩很鲜艳），我们选用了荧光色。当时黄老师看到这本书的封面大吃一惊，他问："哇，老王，这是什么颜色？""黄老师，这是荧光油墨。"我回答道。然后他又说："我怎么不知道是这个色调？"我又解释说："黄老师，提案的时候定的就是这个颜色。在电脑屏幕上，是无法真实反映这种颜色的，金、银这类专色也不行。""这种颜色好吗？"他有疑虑。但其实，我是用了徐坦在项目中用过的标签纸的颜色做了封面。黄老师对此不是特别认可，我感觉。

《语词、意识与艺术——徐坦“关键词”视觉语言实验项目档案》，黄专主编，岭南美术出版社，2011 年 3 月第 1 版（图片由王序设计提供）

在设计《水墨炼金术：谷文达的实验水墨》的时候，我一直在思考这本书怎样能与谷老师的作品发生一些关系。因为“人发粉”是一件在展览中很重要的作品，所以我想用一些人发粉去做手造纸，用于封面。我向谷老师“申请”了十多斤人发粉，把它们融入纸浆里头——这是我第二次做手造纸，也是一次很有实验性的尝试。黄老师、谷老师都同意了我的这个想法，这对我来说是件非常鼓舞的事。从《点穴：隋建国的艺术》有了设计限制后，我是通过纸张、印制工艺去寻求一点点突破的。而且，这本书的资料非常不一样，要设计编排一本这样的图录真的不是件容易的事，它结构比较复杂。

*方立华：*因为他是在编辑一本可以提供给学者做研究的文献，所以收录了各种史料。

*王序：*对。《国家遗产：一项关于视觉政治史的研究》也很具有意义，这本书是黄专老师主编的丛书中唯一一本内容以英文为主的，它的封面中文字体小于英文字体，也是做了很多方案（我记得当时黄老师还拿了两本外文出版物供我们参考），后来由瑞顿（Righton Press）出版社出版。不久，这个展览在曼彻斯特的角屋艺廊进行巡展，我也随同黄老师前往，去主理展览视觉。

《水墨炼金术：谷文达的实验水墨》，黄专主编，岭南美术出版社，2010 年 9 月第 1 版（图片由王序设计提供）

《水墨炼金术：谷文达的实验水墨》封面使用手造纸（图片由王序设计提供）

同样，《图像的辩证法：舒群的艺术》也是出过很多遍设计方案，一直没获通过，这可能跟舒群本人有点关系，他原来也是平面设计师，所以对设计有着更高要求。虽然方案一直不获通过，但大家并没有任何不满，我们也在思考到底存在哪些问题，为什么对方不同意？至于内页、排版和正文的文字处理完全不一样，比较另类。自 2007 年黄老师认可了丛书的尺寸和标识后，他并没有对其他方面进行干预，反而会积极参与不同的变化里边。

方立华：您刚才提到《图像的辩证法：舒群的艺术》内文的排版比较另类，它和其他出版物的区别在哪里？

*王序：*主要是字体和版式。通常，在一本书的设计里我不会选用多种字体，但舒群这本比较例外。应对不同的内容，我选用了楷体、加粗的楷体、宋体、粗黑体和黑体。一般来说，内文排版上是比较少用楷体的，不过黄老师和舒群老师都觉得，楷体比较符合这本书的气质。除了字体和版式，它的另类还体现在用纸和装帧工艺上——内文纸我选择了涂布纸和书纸两种，装帧上有插入各种不同的拉页。

方立华：为什么选用楷体，它和艺术家的创作有关联吗？

*王序：*黄老师很重视出版物中所选用的字体，就如《视觉政治学：另一个王广义》，他就强调用宋体，而不是黑体或者其他。有时候艺术家也会介入，像王广义老师就要

“国家遗产：一项关于视觉政治史的研究”展主视觉（图片由王序设计提供）

“国家遗产：一项关于视觉政治史的研究”展曼彻斯特站主视觉（图片由 OCAT 深圳馆提供）

求封面白底、字体用黑色与红色；张培力那本则要做成工具书的感觉，等等，所以有时我们会由创意变成执行，这也是在沟通中不断修正前行。

*方立华：*黄老师在编辑这套丛书的时候有没有跟您具体谈过关于“书”和“画册”这两个概念之间的区别？我想他在编辑这套丛书的时候有一种非常强的意识，他要通过对“书”这一概念的强调，与通常意义的“画册”拉开距离，因为他觉得“画册”在中国的语境里是一个被用得很滥的词，似乎把一些文章和作品的图片汇编起来就形成了“画册”。黄老师是很有意识地想要把 OCAT 的出版物做成一种非常严肃的文献，可以提供给学者进行中国当代艺术的研究。不知道在设计的过程当中，黄老师有没有和您进行过这方面的沟通和讨论？

*王序：*有的，虽然黄老师在平面设计这块没有介入太深，但我是有意识地为他工作。

事实上，画册与书对图文的处理是不一样的，画册以图为主，书以文字为主，黄老师所指的“书”是画册与书的结合体，我们看看王广义、张培力等书的目录便一目了然了。然而，这种画册与书的结合体对选纸和印刷会造成一定困难。一般我们会选择涂布纸张去印刷图像，而文字类、草图、示意图则会选择书纸，光粉纸（铜版纸）

“国家遗产：一项关于视觉政治史的研究”展曼彻斯特站导视设计（王俊艺拍摄，图片由 OCAT 深圳馆提供）

“国家遗产：一项关于视觉政治史的研究”展曼彻斯特站导视设计（王俊艺拍摄，图片由 OCAT 深圳馆提供）

用来印制重要的作品（它的表现比较细腻，对作品的呈现很清晰）。但是，当图与文字在一本书中不断交替时，我们只能选择一种纸去进行印刷，那么对纸张的要求就会拘泥于“满足图片印刷”或“满足文字印刷”二者之间，这样是有违所谓的专业规范的。在王广义、张培力的书里，我们用的是经涂布的书纸（它介乎铜版纸和书纸之间）——这样的纸张能较好地表达图与文，这套丛书总体上也是这种做法（除了舒群那本，那本选用了两种纸）。就这样，我们会帮助黄老师去做纸张的选择，像这个外文版的小册子，我们就不会用很光的纸去印刷了。

*方立华：*刚才您提到了英文版小册子的细节，其实也反映了黄老师的一种意识的转型。因为 OCAT 的出版物大部分是以中文版的形式出现，特别是“艺术家个案研究”（“中国当代艺术家展览学术丛书”）这套丛书，国外的同行无法通过这些出版物了解 OCAT 的研究，所以从《视觉政治学：另一个王广义》这本书开始，黄老师要求把重要的研究文章翻译成英文，做成英文版小册子插入进去。

另一套丛书是“青年 OCAT 丛书”，比如说您设计的《从电影看：当代艺术的电影痕迹与自我建构》和《动物园》，这套丛书也规定了一个开本，比“艺术家个案研究”丛书稍微小一点，同时也有丛书的标识。还有一个系列是“上海浦江华侨城十年公共艺术计划”这些图录，我们看到这些出版物并没有规范尺寸，每一本都非常独立和有个性，这一系列是不是遵循了您之前提到的，按照每个艺术家的创作特点和个性来考虑设计？不知道在这方面，黄老师和您是如何讨论的？

*王序：*或许跟上海浦江华乔城的项目预算更有关。像姜杰的《大于一吨半》，这本出版物的印刷预算非常少，就不能按照黄老师的想法进行了，并且姜杰这件作品比较新，所以也没有太多描述资料，只有后来组织了一个研讨会的内容。又如《中园：谷文达艺术展》这本，预算比较多，甚至可以做一个比较特别的装订，而且在印制材料方面的使用也可更另类，开本也比较大。至于"艺术家个案研究"丛书，总结了一下，前三本尺寸是不一样的，2007年的《点穴：隋建国的艺术》是个转折。之后的"青年OCAT丛书"是个全新的开始。浦江华侨城十年公共计划的出版物并无统一尺寸，最后是《世界3》。

*方立华：*应该说，"上海浦江华侨城十年公共艺术计划"这一系列的出版物，黄老师并没有什么严格的要求和限制，所以给您提供了一个非常自由发挥的空间，它既不像"中国当代艺术家展览学术丛书"，也不像"青年OCAT丛书"，更不像他后来主编的《世界3》，这三个系列的丛书都有尺寸和风格上的统一要求。

*王序：*也不是。"上海浦江华侨城十年公共艺术计划"出版物的确是以"量身定做"的方式去设计的，但主要原因还是每次展览给予出版物的预算是多少，例如谷文达老师的《中园：一种独特的中国生态乌托邦》与《无所遁形：爱德华·斯瓦克曼—刘建华的对话》，都属于预算较高的项目，而《王广义：冷战美学》则在设计上有着较大的发挥空间。除此之外，还有另外一个原因是艺术家的参与和介入，这在"上海浦江华侨城十年公共艺术计划"项目上比较显而易见。但在OCAT出版物上，不论设计怎么变，尺寸始终是固定的，在这方面黄老师有非常严格的要求。其实，OCAT的出版物在每个时期都有变化，它体现了黄老师对OCAT文献格局的思考。

《王广义：冷战美学》

方立华：“国家遗产”是黄老师特别重视的项目，您能谈谈《国产遗产：一项关于视觉政治史的研究》这本书的设计想法吗？封面上的红色色块，它和丛书的标签有关联吗？是不是希望形成一套书的视觉联系？另外，我发现这本书的纸张有一些问题，它很容易出现黄斑。

*王序：*这本书是选用轻质纸来印刷的，偏黄的纸张能带出点历史感，我觉得挺好。还有就是黄老师要求此书以拉丁文为主要语言，使用这种纸张能营造类似外版书的感觉（在设计过程中，黄老师拿过两本外版书给我们参考，它们一看上去就知道是属于文献类或者较为严肃的学术类书籍）。

这个项目，不仅仅是设计一本书，还有展览的视觉等需要纳入全盘的考虑。当时它是在英国曼彻斯特和深圳 OCAT 展出，如果只是出现一行字，就无法形成一个展览的视觉，必须出现一个标识，让人知道这是一个特定的主题和特定的设计，所以在封面的设计上我加了这么一个色块，这个色块的大小是通过 OCAT 标志的尺寸来决定的，从“国家遗产：一项关于视觉政治史的研究”展的现场推广设计来看，它的识别性还是很高的。

黄老师的要求是非常严格的，他一定要按照自己的设想来达到目标。这个项目对于我们来说，不需要考虑太多设计上的变化，因为它的分类已经非常清晰，只要把书的结构表达清楚就可以了。

至于你说的黄斑，是因为在长期的光照和空气影响下，书纸在靠近切口的地方会逐渐泛黄、受潮并产生斑点。

*方立华：*我印象挺深的，黄老师有时候会开玩笑说："老王屡战屡败，屡败屡战。"虽然你们没有非常激烈的争论，但在这句话的背后还是隐藏着你们对设计不同的看法。一个是艺术史家，一个是设计师，你们对于出版物的设计一定会有不同的理解和坚持，最后又是如何达成一致的？中间是否有过妥协？

*王序：*我真的是想念黄老师，与他合作的这10年，又或者说为他工作的这10年，太宝贵了。因为为他、为OCAT工作，我们或我自己才能或多或少地了解到关于中国的当代艺术，也认识了很多当代艺术家。

记不清了，好像是舒群老师的展览期间，黄老师召开了一个研讨会，我第一次以旁观者的身份参加，看到策展人之间激烈的争论，当时我就想：中国的当代艺术因为有了黄老师主持的OCAT，也就有了一个可以争论和发声的平台，太棒了！黄老师与我没有因为工作红过脸，对设计方案持有不同意见是很正常的，事实上我们私底下是好朋友，每次见面我都提醒他要去锻炼，就算喝水也要喝好一点的水，等等，我们的关系很融洽。

*方立华：*您能谈一谈《世界3》的设计吗？在风格上是如何考虑的？封面设计是如何确定的？

*王序：*这本书黄老师给出了很明确的要求：因为这是一本既学术又有所规划的书，所以可读性要高；文字、图像和注释的排版都要非常讲究，要考虑标题和文字、图

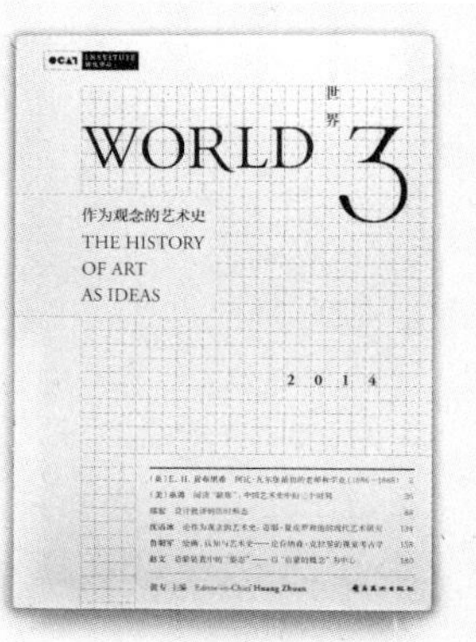

《世界3》，黄专主编，岭南美术出版社，2014年12月第1版

像的关系；选用的纸张质量不能太低（当时黄老师也给了一本参照的书）。封面设计上，是要很朴素的风格，并且应该出现书里的要目，拉丁字的表现要更为突出，中文字反而可以缩小。我们的想法是：在封面上把排版用的网格呈现出来，同时网格也像世界的经纬线，这暗示着与世界有关的想法。另外，封面也留出位置放书的要目，整本书的元素基本按照网格系统去处理。由于黄专老师的逝世，第二本的封面我们采用了黑色。

*方立华：*您最新的设计是《金蝉脱壳》这本出版物，能谈一谈您的设计想法吗？

*王序：*这个展览是由张晓刚、王广义、隋建国、王友声共同策划的，他们能找到我来做展览的视觉实在是一件很开心的事。你现在看到的是最后一个方案，这个想法是受到了黄专老师的遗嘱启发，当时我问你要过黄专老师的遗嘱，你说他的遗嘱是用Ipad输入的，所以我们想到了电脑光标的创意，它没有停顿，永远都在闪。封面上什么也没有，只有四个字和一个光标，这是我向黄老师的致敬。但是一本书不可能没有书名，也不可能没有条形码，所以我一定要加一个腰封，将很多附加的信息都放上去，请原谅我用自己的方法来处理这些。把腰封脱了，也有种“脱壳”的意味，这是我致敬黄老师的一种方法。

要说服四位发起人很不容易，他们都有各自的意见。比如展望和黄老师最后的微信记录，他们要求图片一定要摆正，我想平时拿手机哪有这么正，所以就偷偷地把图片转了 0.3 度。在设计的过程中他们都有很多的意见，我都要一一为他们解决，而且要不失专业的身份。很多的小细节，都体现在这本书里。

*方立华：*回过头来看，您怎么看待黄老师主编的这些书？

*王序：*首先，非常荣幸能够为黄专老师工作 10 余年，合作时间超过 10 年的客户，在我的工作室里也只有极少数。在 OCAT，黄老师从 2005 年起就一直在做中国当代艺术的研究和展览，一个个地去做，我一直觉得他为中国当代艺术机构树立了一个榜样：不浮躁、有憧憬、有理想。而且他为人虽然冷静但很热血，也很幽默，他会去思考和梳理中国当代艺术、当代艺术家的一些问题，然后去展现这些问题，我认为这是中国当代艺术领域所缺失的一种做法。

*方立华：*OCAT 艺术馆群成立后，黄老师推荐您担任以设计为定位的华馆（深圳华·美术馆）执行馆长，在这个过程当中您也参与了艺术机构的实践，能不能具体谈一谈您的想法？

*王序：*这个过程很有意思。在还没有成为华·美术馆执行馆长之前，我为华·美术馆做了视觉形象的设计（还是时任华侨城集团总裁任克雷亲自确定的，这里可以看到华侨城对华·美术馆的重视程度）。后来他们邀请我去做华·美术馆执行馆长的时候，我想，中国还真是没有一个设计艺术馆，而华·美术馆的空间，我觉得还不错。深圳是一个设计之都，平面设计活跃，所以作为一个设计馆，它在深圳肯定更加有人气，我也终于有机会成为黄老师的同事了（笑），可惜的是时间太短了。由于华馆的展览经费不多，所以在出版方面会受到一定限制，还记得那时“一目了然”展的出版物，为了解决纸张赞助的事宜，我还专门飞往东京去见竹尾的总裁（我与竹尾有几十年的交情了），印制方

面我找到了雅昌的董事长万捷，这才让整件事情有了着落。

回望这短短的几年间，我对华·美术馆所做的贡献，主要是收藏了纽约 ADC 所有的纸质年鉴，共 90 多本，这个不得了。纽约 ADC 是从 1921 年开始出的第一本设计作品年鉴，一直到 2012 年，从 2013 年开始他们出电子版，就不出纸质版了。据说这套年鉴连纽约 ADC 自己都没有完整的，据我所知耶鲁图书馆有一套完整的。再有就是收藏了 TDC（东京字体指导俱乐部）的纸质年鉴，他们是从 1987 年创立的，现在还在竞赛，也还在继续出版，每一年他们都会把年鉴寄给华·美术馆。这些宝贵的资料（特别是纽约 ADC 年鉴），反映了世界近 100 年来广告与平面设计的历史进程，是研究与教学的极佳资源。

作为一个执行馆长（对我来说是第一次），我看到了要建设一个现代设计美术馆应该具备什么样的条件。比如华·美术馆，它有必要从内部的空间进行一个彻底的改造，依据定位制定一个未来展览的计划，以及对于设计美术馆来说，典藏可以让其在社会上得到一个什么样的位置，它应该怎么去传播，等等。

对于华·美术馆的发展，我还有很多想法。例如，馆内常设展览的几个方向：第一种，是实验性的展览（所谓实验性的展览，即不是大家认定的展览模式）。记得有一次做了个这样的展览：展品是由设计师每天发来的信息打印成品后上墙，展线因此每天都会增加。第二种，是缅怀与回顾展——这些展览，也包含了作品的收藏，展出的设计师和作品都是在 20 世纪具有代表性的。第三种，是设计师、设计机构个展，这类展览主要是展现当下在专业领域活跃、有想法，且有所成就的个人和群体的创作。还有就是国际上具有影响力的竞赛展（我选择了纽约的 ADC 和东京的 TDC）。再有就是跨专业的展览，例如产品设计和建筑设计等。

就个人来说，我觉得还是非常遗憾，作为一个执行馆长没能去改变什么。假如有一个机构能依据我的想法给予足够支持的话，我估计还是可以做出一个很好的设计美术馆来的。只不过真的非常遗憾，我没想到这么快就离开。

方立华：您和黄老师的交往基本上是伴随着OCAT10多年来的艺术实践，您既是这段历史的见证者也是参与者。在这个过程中，您觉得黄老师的工作有什么样的特点？你们的合作是否随着时间的推移也在发生一些变化？

王序：“艺术做加法容易，做减法难”，黄专老师的金玉良言也是对我们的鼓励，所以能“屡战屡败，屡败屡战”。后来，他的身体开始不大好了，有一次提案，他口腔溃疡很严重，但是他一如既往，谈笑风生。黄老师生性幽默，他还时常讲讲荤段子，惹得大家哄堂大笑。

从2005年开始合作，我们之间的关系一直都很自在轻松，从未出现过非常严厉的批评这类的事。“死亡，只是一种金蝉脱壳。”——就算写遗嘱，他也不忘幽默，语带清风。他就是这样的人，笑看人生，觉得生死也是一件轻松的事。回过头来，看到他主编的这些可以流传下去的文献，就感觉黄老师离我们虽远若近。在我的心目中，他并没有离开我们，想想与他交流的这些日子，也是无比怀念、无比愉悦。

当代艺术研究的文献基础

受访人：沈语冰（复旦大学特聘教授、浙江大学世界艺术研究中心主任）
采访人：郭伟其
时间：2017年8月12日　地点：深圳

郭伟其： 很高兴今天能趁着展览的间隙采访您。我们这个项目主要是对一些与黄专老师密切相关的学者、艺术家进行访谈，希望能借此对黄老师的学术生涯以及相关的历史进行整理。首先想请沈老师从自己的角度出发先做一个陈述。

沈语冰： 谢谢！我想大概可以从三个方面来说吧。第一个方面，是黄专老师对当代艺术文献档案的研究，这是他的学术生涯中拥有鲜明特色的一块。因为传统的艺术史研究都是以古代为主，而他将当代艺术的研究纳入了艺术史研究的范围。第二个方面，我想谈一下黄专老师将学院以外的艺术空间与学术研究结合为一体的设想。这些设想的很多方面，在他带领下的OCAT那几年已经呈现出来了。他想通过一个艺术机构，把学院或者说书斋里的研究，与当下的艺术实践结合起来。他利用体制外的优势做了许多事情，花了很多心血，这也是他的事业中比较有特点的方面。第三个方面，我想简单地谈一谈我们个人交往中的一些事情，包括黄专老师对我的学术工作，特别是翻译工作的支持和鼓励。在这方面，我非常感激他，也非常怀念他。

先说第一个方面。黄专老师很关注、重视当代艺术的文献和档案，他在学术研究、教学、策展和批评领域里做的工作，有许多是围绕着当代艺术的文献和档案来展开的。我们都知道在美术学院或是综合性大学的艺术学院，艺术史的研究都是以古代的作品和文献为主，虽然对于现当代也有一定的关注，但是偏弱。高校美术史教师中，从事现当代艺术研究的人数本身就不是很多，学习和研究现当代艺术的学生也没有那么多。在欧美发达国家的高校里，这种情况也是到了20世纪下半叶以后才慢慢改变的。

在艺术史领域，研究现当代艺术以前会被认为是一件很奇怪的事，这在欧洲如此，在英美也是如此。但这种情况在“二战”以后，特别是“二战”以后的美国得到了改变。美国的艺术史学科没有很长的历史，战后由于欧洲移民艺术史家的到来，取得了长足的进步。20世纪七八十年代，有一部分人开始从现当代艺术研究入手来设计研究生项目，我印象当中比较有影响力和有代表性的人物就是罗莎琳·克劳斯（Rosalind E. Krauss）。20世纪七八十年代以来在纽约大学和哥伦比亚大学培养了一大批从事当代艺术批评和学术研究的人才，而她本人则在哈佛大学读的博士学位，但是她的博士论文曾经无法开题，因为她想做大卫·史密斯（David Smith）的研究。大卫·史密斯那时候还活着，是美国最有名的雕塑家之一。克劳斯的导师认为还活着的艺术家不能作为博士论文的研究题目，所以她很郁闷。有一天她从收音机里听到新闻说大卫·史密斯去世了，她高兴得大叫起来，“大卫·史密斯死了，我可以做我的博士论文了！”这件事很有趣，是吧？

其实欧美对于现当代艺术的研究也是很晚近的事情。我们国内的美术史从建制上讲，先是跟着苏联，后来又跟着欧美。我们还是偏重于中国古代美术史，当然也有一部分是中国近现代美术史，但是这一部分相对较弱，对当代艺术的研究几乎没有。有一些批评家、策展人的活动主要是在社会上，并不在高校里，所以我觉得黄专老师虽然也在广美（广州美术学院）工作，却将兴趣转向当代艺术，很有范式转换的意义。我觉得他是一个代表人物，代表了从传统的古代艺术研究转向当代艺术研究，像他这样的学者在国内并不是很多。

2005 年，“翻译与视觉文化国际研讨会”合影（图片由 OCAT 深圳馆提供）

在这方面他是比较有特点的，他做了很多当代艺术家的文献和档案的工作。这些档案很珍贵。据我所知，他做了谷文达、隋建国和王广义，还有更多的一些艺术家。我不是每次都参加他的活动，但是他经常会把编撰好了的大部头文献寄给我，我印象非常深。他对于当代艺术的关注已经超出了一个普通的美术馆或者艺术中心对于艺术家资料的简单收集或者是新闻报道的层面，他比较深入地挖掘了这些艺术家的成长过程，挖掘了好多原始档案，包括艺术家创作的手稿、所受的教育、早期的构思等珍贵的资料，以及有些作品在最初呈现时的样子，还有艺术家的生平、老照片，等等，都是非常珍贵的。他不是做一两个艺术家，而是持续地、系统地做，说明他已经有了一个概念，要把当代艺术家的档案或者说原始文献系统地梳理起来，我认为他的这部分工作对艺术史研究的贡献是非常大的。

我在浙大（浙江大学）召开过一个会议，是关于艺术史写作的方法的，我也请黄专老师去了杭州。我记得他发言的题目是《作为档案的艺术史研究——以 OCAT 为例》，他介绍了他的一些研究个案。他的发言在那次会议上是很独特的，因为只有他一个人是讲当代艺术，其他的都是以古代艺术为主，也有讲国外美术史研究的新方法和新理论的。我记得他在北京也举办过一个关于档案的系列学术活动，我参加了其中的一次会议，那次会议就是围绕档案问题进行的。这说明黄专老师不仅自己在收集资料和梳理原始档案，而且他已经想把它转换成一种学术形态或者说学术话语。他组织了不少这样的小型研讨会，说明他对当代艺术的关心不是出于一时热情，而是有意识地、系统地开展工作。

他后面几年一直围绕着这些问题在组织活动，应该是有一个很清晰的想法的。他可能也发现要把当代艺术直接引入学院的教学和研究都有一定难度，所以这可能促使他考虑到了要跳出学院的圈子，跳出体制的约束，与社会上的一些艺术机构合作，做一些更加能够针对当下的展览和作品的学术研讨。在这方面比较典型的是他和 OCAT 长达十几年的合作。我记得他邀请我来参加深圳 OCAT 的第一个活动，是谷文达的一个大型展览，这个项目还有一个非常好的研讨会，邀请了巫鸿老师做学术指导，讨论的是跨文化交流中的一个大问题，即翻译的问题。这个“翻译”不仅涉及我们的书面文字和著作的翻译，还涉及文化的差异和冲突，以及文化交流中的其他一些问题。

谷文达的作品是《碑林－唐诗后著》，他把唐诗的英译本找出来，然后把翻译成英文的唐诗又用“音译”再翻译回来，一来一去这首唐诗和原来的唐诗就差得很远了，这反映了文化交往中产生的误读和误解。谷文达把这些唐诗又刻成碑，用装置的形式呈现出来，这些唐诗是经过好多次转换的结果，我们都不知道这一首对应的是哪一首。我当时印象很深，还做了一个发言，由巫鸿老师点评。谷文达这件作品让我想到了马勒（Gustav Mahler）写的《大地之歌》。马勒的《大地之歌》选用了一些唐诗的德译本来写，有好几首到现在都还没有考证出来到底是哪些唐诗。马勒又根据德译本的唐诗意境做成了音乐，这是经过了好几重转换以后创作的，已经离唐代的语境和唐诗的意蕴很远了。但是这并不妨碍人们对马勒《大地之歌》的喜爱，大家都觉得很好。如果懂得一点欧洲音乐的语言，大概就能明白这里面有 19 世纪以来的浪漫派音乐，有

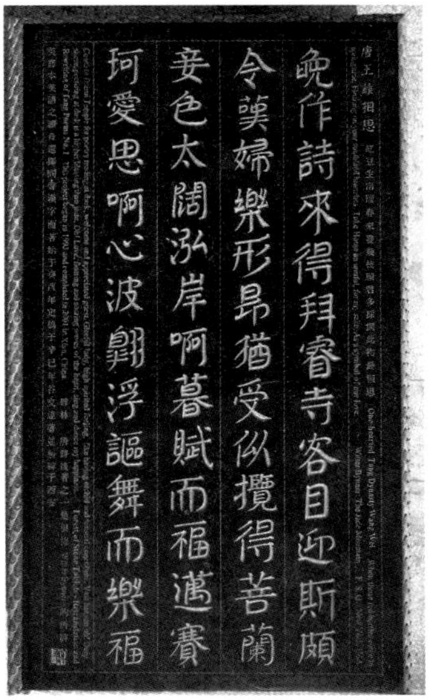

谷文达《碑林－唐诗后著》之一（图片由谷文达提供）

德国艺术歌曲，还有20世纪初带点现代意味的音乐和元素。马勒非常奇特，一方面他比较擅长写歌，他的交响乐里边有很多歌唱性的旋律和很优美的成分；另一方面他又擅长配器和大型交响乐队的编制，他把这两者结合起来了。

谷文达的作品让我想到了马勒所做的工作，反映了不同文化之间因为误读或者交流碰撞产生的错愕感，或者说在跨文化交流中出现的“文化休克”（culture shock），即一开始觉得很不适应。黄专老师当时在研究这样一些问题，大概是从谷文达的作品里延伸出来的想法，其实这已经不仅仅是在做一个当代艺术家的原始文献的编撰工作了，他已经有一个评论的意思在里面，而这也是一种历史的写作方式。他把这个问题纳入到一个更大的语境里来考虑。

他通过OCAT策划了这么多有影响力的展览，包括“国家遗产：一项关于视觉政治史的研究”展，当时是直接拿到英国去展出，在国内外都引起了较大的反响。我认识的当代艺术家并不多，但是我认识的那几个艺术家都认为黄专老师是他们比较佩服的、用心在做当代艺术展览和当代艺术研究的一位学者、策展人、批评家，这基本上都是公认的，这也是我比较敬重他的地方。他是持之以恒的，而且他的问题意识完全

2009 年，“国家遗产：一项关于视觉政治史的研究”展在英国曼彻斯特（王俊艺拍摄，图片由 OCAT 深圳馆提供）

是学术的，在这方面，当然艺术家们更有资格，或者有更多切身的体会来谈。

我参与了黄专老师的一些展览活动和论坛，我也一直关注他的这些工作，我觉得他在这方面所做的很多工作，如果直接放在美院的话，可能是做不成的，或者做不到那么大的影响。他把当代艺术研究带出学院范围，与艺术机构结合。我觉得他有很多想法，某种意义上也塑造了 OCAT 的基本格局，包括它的定位、功能和运作的原则。通过大概 10 多年的摸索和实践，慢慢地定下来，这些还有待于好好去挖掘。将来如果可以写一部机构的历史，比如 OCAT 的历史，那么他作为该机构的创始者之一，地位是很高的。

*郭伟其：*黄老师在您的会议上的演讲是发生在哪一年？

*沈语冰：*2015 年，是在浙大的一个会议。那个时候他身体已经不是很好，当时我请他过来，他还是来了。

*郭伟其：*他是讲了从 2005 年到开会期间的那一段历史？

沈语冰: 他的发言题目叫《作为档案的艺术史研究》。我的会议主题是艺术史书写的方法。他当时跟我说："我别的也没有专门研究过，我就讲讲 OCAT 和一些档案的编撰行不行？"我说："可以啊，这很好！"因为这恰恰是其他人没有做过的工作，是很新也很独特的工作。把当代艺术档案的编撰当作艺术史的一个方面，或者至少是艺术史的前史，这是很有意思的一个想法，这些原始档案 10 年或 20 年以后就进入历史了。当下的材料作为原始材料，过去需要 20 年或 30 年以后才成为历史，但是现在的速度越来越快，所以我们会发现每隔 10 年就会经典化一批作品，这些作品大多被博物馆收藏了，进入所谓的历史了。其实正在发生的就是历史，只不过不是我们传统意义上讲的书写出来的历史，但是 10 年以后肯定会进入历史。那么，这批被经典化的作品是怎样被挑选出来的？或者说，那些不该经典化的作品是如何被经典化的？这时候策展人、评论家就可以发挥比较大的影响和作用，不管是将某些作品经典化，还是将某些作品解经典化。我觉得黄专老师做了这样的工作，很有特点。

郭伟其: 您刚才也说西方对现当代的研究是从"二战"以后才开始的，如果我们以西方学术作为一个参照进行现当代的研究，您觉得我们必须做一些什么样的基础工作，怎样来建构这么一个学科？当然黄老师肯定是其中一部分。

沈语冰: 许多搞艺术史研究的人还没有认识到，当代艺术也可以成为历史研究的对象。我们在观念上已经滞后了好多年。还有一个根深蒂固的偏见：好像只有研究古典的学问，才是"学问"，而研究现当代，就不是"学问"，只是"理论"。"理论"在这里多半带有贬义色彩。我们要在这一点上改变观念，还有很长的路要走。而要在体制上跟上，似乎还遥遥无期。让我们来看看国外的情况，特别是英美大学里的情况。英美大学里艺术史系的老师分工是很明确的，比如说古代艺术，也就是希腊、地中海地区和罗马艺术，通常与考古放在一起。接着是中世纪艺术，然后是文艺复兴到巴洛克艺术，

最后是 19 世纪和 20 世纪艺术。有时候 19 世纪和 20 世纪没有细分，是可以放在一起的。但是在有些大学，比如哥伦比亚大学，他们的艺术史系的现当代艺术的研究力量很强，所以在 19 世纪艺术领域就有大概五六位教授，20 世纪艺术领域也有五六位教授，分工极其明确。

前一阵我在翻译乔纳森·克拉里（Jonathan Crary）的著作，他也跟《十月》杂志的编委们一起工作，他的研究领域是 19 世纪，20 世纪他就不管了。但是罗萨琳·克劳斯（Rosalind Krauss）、哈尔·福斯特（Hal Foster）、本杰明·布赫洛（Benjamin Buchloh）、伊夫 - 阿兰·博瓦（Yve-Alain Bois），这些人基本上都是研究 20 世纪艺术的，他们是围绕着《十月》杂志组成的现当代艺术研究的很强大的阵容。克劳斯在哥大，福斯特在普林斯顿，布赫洛在哈佛，博瓦曾经在哈佛，如今在普林斯顿高等研究院，他们都在美国艺术史传统很强的大学里占有一席之地。我们首先要确保在体制上有一批研究 20 世纪艺术的学者，当然中国的情形与欧美相比有其特殊性。我们往往把 20 世纪看成是近现代史，又以政治史或者社会史为背景划分民国时期或 1949 年以后的时期。

高校里做当代艺术研究的老师，一是人手非常少，二是像黄专老师那样兢兢业业、用心在做当代艺术研究的人就更少。很多人可能只是兼顾一下，比如研究古代艺术为主的教授，偶尔兴致来了也会写几篇关于当代艺术的评论文章，但很难说他是搞当代艺术研究的，因为他的主要研究范围还是古代艺术。但是像国外就划分得很清楚，比如罗萨琳·克劳斯、哈里·福斯特、本杰明·布赫洛、伊夫 - 阿兰·博瓦这些人就是研究 20 世纪艺术的，尤其是研究战后欧美当代艺术的。其中最典型的，一个是哈尔·福斯特，一个是本杰明·布赫洛，他们的所有著作写的都是战后艺术，特别是 20 世纪 60 年代以来的艺术，一直写到当下。而且质量非常高，除了巨量的文献外，还有很强大的方法论意识，与哲学尤其是法兰克福学派或法国理论紧密地结合起来。

本杰明·布赫洛是德国人，后来加盟了哈佛。他有法兰克福学派的传统，并以这样的学理背景来研究当代艺术。他不会因人家说沃霍尔好，就说沃霍尔好，也不会因为人家说博伊斯好，就说博伊斯好，实际上他对博伊斯和沃霍尔都有很多批评，而且很严厉。同时他还找出一些别人可能认为不是那么了不起的艺术家。他有很独到的眼光，因为他拥有法兰克福学派的学理传统，能够从当下杂乱无章的、比较难以判断的状况中，判断出哪些是好的，那些是次好的，哪些是差的。他对博伊斯甚至颇有微辞。所以我觉得在我们的艺术史研究里，可以做的一件事就是观念上要更新，艺术的发展永远是一个动态的系统，不能切断了当下，只做古代的研究。

我可以再举一个例子，那就是夏皮罗（Meyer Schapiro）。夏皮罗是研究中世纪艺术和罗马式艺术的公认的权威，但是他也是研究欧美现代艺术的专家。一般人认为这两个领域毫无关系，但是他却能够在这两个领域里来回穿梭、驾轻就熟。中世纪和罗马式艺术研究是他的强项，但他对现代艺术的介入又非常深。他住在纽约，而“二战”以后纽约已成为现代艺术的中心。他认识很多现代艺术家，甚至影响了这些艺术家，有些艺术家从美国的其他州跑到纽约去，就是因为夏皮罗在哥伦比亚，例如马瑟韦尔，他去纽约完全是因为夏皮罗在那里，他甚至想跟着夏皮罗攻读艺术史博士学位，但夏皮罗劝他从事艺术创作，而不是艺术史研究。在夏皮罗的劝告下，马瑟韦尔才专心从事艺术创作。还有德库宁（Willem de Kooning）最有名的作品《女人》系列，画得很狰狞恐怖，一开始德库宁认为这些作品都失败了，他想把它们毁掉，但是夏皮罗跟他说别毁掉，这些画很好，也许是新风格的基础，德库宁就把它们保留了下来，再继续往前走。结果《女人》系列被证明真的成了他后来一个时期作品的新风格的开端，所以夏皮罗对德库宁的作品有直接的影响。还有一个是法国赫赫有名的艺术家莱热

（Fernand Leger），他从巴黎来到纽约后，有一段时间找不到方向了，夏皮罗带他去了著名的摩根图书馆的地下书库，里面有很多古代手抄本，那些手抄本有精美的插图，莱热看了以后非常震惊，为他晚年的创作打开了思路。

夏皮罗对当代艺术的介入是很深的，他退休以后，纽约有20多位艺术家通过义卖作品筹集资金，建立了一个基金，用它设立了一个"夏皮罗现代艺术与理论讲席"。所以现在的哥伦比亚大学有两个以夏皮罗名字命名的席位：夏皮罗艺术史讲席教授、夏皮罗现代艺术与理论讲席教授。后面这个讲席就是艺术家们为他捐献设立的，这也反映了他在当代艺术家们心目中的地位。他自己的研究也深受现代艺术的启发，他直截了当地说，当代艺术（他所说的当代艺术相当于我们一般所说的现代艺术）会影响我们观看古代的作品，因为古代作品里一些以前没有被注意到的风格，有了当代艺术的启发后就被注意到了。这是他反反复复强调的观点之一。

夏皮罗还对一些很有名的学者提出过批评，包括对贝伦森（Bernard Berenson）的批评。贝伦森对意大利古典艺术的鉴定和研究毫无疑问是权威，但是他忽略了自己身边的艺术家和艺术，他其实很讨厌当代艺术（贝伦森那个时代的当代艺术就是我们今天讲的现代艺术），他对于塞尚以来的现代艺术基本上是一口否定的，他认为这是些毫无价值的东西。这一点让夏皮罗很生气，夏皮罗狠狠地批评了他。当然他们两个人还有其他原因发生争吵，但是对现代艺术的不同态度和立场显然是其中的一个重要原因。你没有注意当代正在发生的艺术现象，可能会忽略掉很多传统的东西。传统的很多风格的面向原来不会成为我们的注意力的焦点，但是有了当代艺术后，我们回过头去看才发现原来是这样的。夏皮罗就是一个很好的典范，能够从古代和当代艺术中彼此发明。事实上也确实如此，现代艺术在某种意义上讲就是对文艺复兴以来的错觉写实主义的反动，源头可以追溯到拜占庭和中世纪艺术。而中世纪艺术与现代艺术确

《20世纪艺术批评》，沈语冰著，中国美术学院出版社，2003年10月第1版

实有许多相通的地方，夏皮罗抓两头抓得很准。西方的主流学者都在研究文艺复兴，对之前的中世纪艺术和之后的现代艺术反而关注得很少。夏皮罗却关注中世纪艺术和现代艺术，这显示了他与众不同、卓尔不凡的一面。

*郭伟其：*我记得原来您在《20世纪艺术批评》（那本书里面提到当时还对艺术史家和批评家做了一个区分，库布勒（George Kubler）也做了这样一个区分。另一方面，刚才您也提到像夏皮罗这一代的艺术史家，甚至包括巴克桑德尔（Michael Baxandall），他只研究古代，但是他也说自己是批评家。那么现在您是怎样看待批评家和艺术史家的？是不是已经没有您最开始设想的那样一种区分了？

*沈语冰：*我一开始说他们是两类人，是为了突出批评家的地位。因为那个时候艺术批评不太属于正儿八经的学术讨论范围，好像只有一批体制外的批评家在从事这项工作。所以为了突出批评的重要性和批评家的重要地位，我强调了艺术史家和批评家工作的不同方面。事实上你再仔细考虑，就会发现这两个工作确实是很难区分的。巴克桑德尔为什么自认为是一个批评家？他在写《文艺复兴时期的德国椴木雕刻家》的时候，面临的一个问题就是文献的缺乏，但是实物却很多，几乎每个教堂都有大量椴木雕刻作品。遗憾的是那个时候很少有批评家或者学者有意识地去记录那些雕刻作品是怎么做出来的，做的人是谁，主要风格是什么？很少有文献可以作为参照。

那么，巴克桑德尔如何辨别不同的雕刻家以及一个雕刻家前后不同的风格呢？除了用我们的眼睛以外——但是用眼睛是有很大的风险的，因为用眼睛看永远不是一个中立的行为；总是需要有一个理论预设，或者说“你想看什么”的预设——还有什么法子呢？巴克桑德尔很聪明，同一个时期没有关于椴木雕刻风格的描述性词汇，但是却有许多描述书写风格的词汇。那时的德国教会很重视书写，他们开办了很多手抄本书写的学校。巴克桑德尔很惊讶地发现这些词汇与当时的雕刻有很多相通的地方。德文或拉丁文里的花体字母的书写，那些线条的勾勒、弧度、速率、力度等描述，以及它们怎样分行布白，怎样排列的描述，雕刻对衣纹的处理，凸面的雕刻还是凹面的雕刻，等等，有很多术语都有相通的地方。巴克桑德尔就根据这个加以推断，也就是借助于一些书法的批评语汇，来描述当时的木雕。这是非常大胆的一点，要不然就没法描述。如果硬是用20世纪下半叶的人们的眼光去看，用我们现代人的词汇去描述，那很有可能有强加于古人的嫌疑。因此，他非常聪明的一点是用当时描绘手写体书法的语言和修辞，去看待当时的木雕，就获得了一种新的角度。所以我觉得他说自己是一个批评家也是这个道理，因为他在研究古代历史的时候，找到了一套描述性的语言。描述是最基本的，然后才谈得上诠释和评论。而艺术史和艺术批评都涉及对作品风格的描述、阐释和评价。严格地讲这两个工作是很难区分的。

*郭伟其：*当时黄老师参加您会议的时候，北京OCAT研究中心已经开始做了吗？

*沈语冰：*我是在2014年冬天参加了OCAT研究中心的一个活动，是关于档案的研讨会，叫“档案热——关于档案的实践与方法”。2015年的春天我把他邀请到浙大，当时有一个关于艺术史写作方法论的学术研讨会。

*郭伟其：*OCAT研究中心是提倡以经典艺术史的方法来研究当代，带着当代的观念来

研究古代，这种设想之前有没有跟您交流过？

沈语冰：有好几次我们谈到过这个话题，可能是在一起吃早餐或者别的时候，但是没有深入地谈过，有点儿遗憾。

郭伟其：《世界3》创刊的时候你们有没有讨论过一些相关的问题？当时你们几位在一起聊，关于这个刊物当时有什么样的设想和规划？因为我们现在还在做这本刊物，想知道接下来应该怎么样去做。

沈语冰：他也跟我聊过要做《世界3》这本刊物，他提到了两本杂志可以作为参照，一本是《十月》（*October*）杂志，还有一本叫《批评探索》（*Critical Inquiry*），这是美国很有影响的两本杂志。这也说明黄专老师其实有一个心目中想要怎么做杂志的大概想法，他想使《世界3》区别于传统的美术史杂志。当时我说这个想法很好，而那两本可资参照的杂志恰好也是我关注得比较多的。

郭伟其：沈老师现在也开始想做一个年刊，这个年刊是什么样的设想？

沈语冰：对，我准备做《艺术史与艺术哲学集刊》。这个年刊有专题研究栏目，每期都有一个主题，我们围绕这个主题来约稿，每篇论文基本上不计长短。后面两块稍微做一点平衡。如果一个杂志全部是主题研究的栏目，它会变得非常前卫和前沿，但是在史学的厚度或者经典性方面可能会有所欠缺。第二和第三个栏目的字数跟第一块差不多，大概都是10万字，这两块内容是关于艺术史研究和艺术哲学研究的，但是不分具体主题，不分时间，也不分国内和国外，只要是质量好的稿子，我们都会采纳。这样就相对平衡一点，不是一味追求前沿和前卫，当然也不会一味追求史学的分量。因为有的杂志史学分量似乎是有了，但很多时候只是一堆资料的堆积，更像是考古报告，

你会觉得它们好像缺了点什么。我现在想做的是这样的杂志：在思想的前沿、前卫和史学的厚度上做一个平衡。但是还没有做出来，我不知道这个想法能不能实现。

我们还有一个栏目是书评，这是我要特别强调的栏目。每期大概会有10篇书评，可能国外的五篇，国内的五篇，对于近年出版的最有价值的学术著作进行学术评估。其实国外好的杂志都有很强大的书评页面，像贡布里希的许多经典文章都是书评。

郭伟其： 刚才讲的翻译问题，我也在想贡布里希当时翻译《唐诗》也跟马勒他们的传统是一样的，都有这么一个趣味。

沈语冰： 对。你多学会一种语言，就多打开了一扇窗户，获得了多了解一种文化的能力，绝对是这样。文化的活化石就在语言里边，尝试在两种文化中间来回，尝试着相互理解，翻译又是最好的工作。一个人在读外文文献的时候，也许会达到一种忘掉母语的熟练程度，但是无论是职业翻译家还是普通读者，他在尝试着理解外语的时候，不是经常在考虑这在母语里是什么意思，而这难道不就是在尝试翻译吗？因为理解的过程就是把外语和母语相融合的过程，要不然怎么理解外语的文本？我很难想象！除非是在两个文化、两种语言里面来回穿梭——你读外语文本的时候完全变成一个外国人。根据我自己的体会，我在读外语材料的时候，更多的是设身处地地从那种语言本身来思考，但有时候我也会把自己退出来，放在母语环境里来想象。也就是说，有时候我会这样问自己：这句话如果翻译成中文的话是什么意思，应该怎样表达？通过这样反复的比较，你对语言之间的共通与差异就会变得越来越敏感。

郭伟其： 刚刚您讲到跟黄老师最开始的合作也跟翻译有关，那个确实很有意思，现在也有一些人把小说重新再译一遍，比如看看《西游记》再翻一遍是什么样子。您是国内有名的翻译家，但黄老师的外语并不好，他又是怎样具有这种敏感的翻译意识，

在一个有关翻译的活动里面跟您开始最初的合作?

沈语冰: 可能还是一种缘分。我非常感激黄专老师的一点是:我一开始做翻译的时候,他让我认识到我的工作的价值和意义。当时能给我这种支持的人并不是很多,甚至我会产生自我怀疑——我做这个工作的意义究竟在哪里?当时的学术界有两种观点:一种认为翻译永远有价值。拿中国古代的翻译来说,我们翻译佛经,从汉末经魏晋南北朝,一直到唐代,经历了将近1000年才把佛教吃透,然后才能够创造出一种与我们的母语文化特别贴切的禅宗。而在这之前,我们一直在吸收外来的东西。从19世纪末晚清到现在加在一起,我们对西方的科学、文学、艺术、哲学的翻译和吸收,跟佛经翻译的时间相比还是短暂的,才100多年时间,所以我们的翻译是永远有必要的。还有一种观点认为,翻译是一种临时性的、过渡性的工作,它的意义随着国内学者和学生外语水平的提高已逐渐丧失了。这也有一定的道理,不是吗?所以,有时候我也感到困惑,我是不是有必要花这么大的精力去做翻译?

现在的学者和学生的外语水平普遍比我们那个时候要好。也有一些不觉得做翻译有什么必要的学者甚至会说,英语就是一个工作语言,相当于一种新的世界语。既然是“工作语言”,干嘛还要费心思去翻译?所以关于翻译,本身就有很多不同的观点。我一开始做翻译的时候也有很多困惑和信心不足。当然像范景中老师那个时候做翻译,价值很大,因为在20世纪80年代改革开放之初,我们非常需要了解西方的东西,而那个时候总体来说,我们的学者和学生的外语水平都还是比较低的。在那种情况下,翻译的意义是毋庸置疑的,而且客观上的效果也显示出来了。像我这一代,包括像你这样更年轻一代的学者,都是受惠于范老师他们的翻译的。但是等到我再做翻译的时候,已经是2000年以后了,晚了差不多20年,我们继续做的意义又在哪里呢?

黄专老师是最早给我支持的几个人之一，而且他给我的支持是最大的。他反复跟我说：“沈语冰，你这个工作太重要了！”他意识到对于不能直接读外文的学者来说，这是很重要的，而且通过翻译加强文化之间的相互了解，包括对文化差异的特别了解，也十分重要。译者可以感受到外文里的很多词，其实我们找不到恰当的对应词，有时候勉强找到了一个，还得做一番注释。因此，翻译者懂得这两者之间的差异，也说明了任何一种翻译都是诠释，而不是直截了当的转换。所以翻译者对文化之间的差异的敏感程度，远比不懂外语的人强。这两点黄专老师都是意识到了的。

黄专老师对我早期的一些支持，我非常感激。这些支持是很具体的，体现在一些日常交往中，比如他曾经跟我说：“你翻译的书，我每一本都要收藏。”这些话也许是他兴之所至，脱口而出的，但对我的鼓励却很大。因为当时我还相对年轻，还没有充分认识到自己工作的价值，有时候甚至还在犹豫，他这么一说，我信心大增。像黄专老师，还有中央美术学院的殷双喜老师、湖北美术学院的刘茂平老师以及广州美术学院的杨小彦老师，这些朋友都是在我一开始做翻译的时候就给了我最大的鼓励和支持的，他们都很关注我做的翻译工作。有时候我的译著还没有出来，他们早就已经在关注了，他们会问我那本书什么时候出来。在 2011 年冬或 2012 年春的时候，杨小彦就跟我讲有一本谈暗箱和摄影技术如何影响绘画的最好的书，我听了相当兴奋，因为我们刚刚买下那本书的版权，那时我正在翻译。但是那本书极其难懂，所以一直在打磨，一直到 2017 年，也就是五六年以后才正式出版。就是乔纳森·克拉里（Jonathan Crary）的《知觉的悬置》。

学者之间的这种个人交往，有时候完全是不经意的，但是意义却很大。那个时候我觉得黄专老师对我的支持非常大。我写完《20 世纪艺术批评》，从 2004 年到 2006 年，那几年我很消沉，是我事业的低谷，因为书写完了，没有人跟我说这本书到底怎么样，它的评价往往是滞后的，几年以后才慢慢有一些反馈。

我记得黄专老师第一次邀请我到深圳OCAT来是在2005年，也是在我事业的低谷期，某种意义上是他把我带出了低谷。我突然意识到我做的工作是有价值的，因为其他学者已经注意到这个工作了，他们邀请我参加活动，他说："我认真地读了你的《20世纪艺术批评》，这本书很重要。"我觉得这些信息对于青年学者来讲是非常重要的。黄老师基本上就是这样一个角色。当然，这本书的出版最主要的还是得益于范景中老师对我的支持，范老师的一句话使我写成了这本书。当时我还只有一个初步的想法，但范老师跟我说："你就放在我们出版社出吧。"他还跟我说了一句让我印象很深的话，他说："我们出版社有一个好处，别的不说，我们出的书比较漂亮。"中国美术学院出版社当时出了很多书，包括波普尔的一些书都很漂亮。所以我马上下定了决心，要把书稿完成，交给范老师。那本书的责任编辑还是范老师和周小英老师。那本书出版多年以后，才开始有一些反应，其中第一个给我正面反馈的就是黄专老师。2005年我第一次来到深圳，就是黄专老师邀请的，现在回想起来，这非常重要。

郭伟其：刚才进来我看您在读《贞观政要》，我还挺好奇的，这是兴趣还是跟您最近做的一些工作有关？

*沈语冰：*没有什么关系。我现在读书是乱读的，除了跟我自己工作有关的、围绕着翻译和写作的书，是有针对性地去读的之外，像《贞观政要》这类书，都是非常偶然地读到的，也许只是碰巧在书架上拿到，就开始读起来。反正可以在出差的路上读读，没有特别的想法。当然这本书也非常有趣，因为西方的学者很看重这本书，他们把它跟马基雅维利（Niccolò Machiavelli）的著作一样，看成是政治家怎么做好君主的政治学名著。因为在当时君主集权的时代，出现了一个相对宽容的、明智的、尊重人才

和知识的皇帝，那是很不容易的。在人治的环境里出现了一个贞观年代，出现了一个像唐太宗那样的人，确实是比较有意思的事情。当然，我们历史上的这一页一定要翻过去，要不然永远是人治，永远祈求一个明君，那我们这个民族肯定是没有希望的。西方在启蒙时期从理论上已经解决了这个问题，美国独立战争以后在政治上实现三权分立，在实践上也已经解决了这个问题。而且现在是世界的潮流和大势所趋，我们不可能不顾及这个世界潮流。但像《贞观政要》那类书，恰好是历史上的一页，我是觉得好奇所以去翻翻它。

*郭伟其：*因为黄老师在外面，尤其在深圳都是以研究当代艺术的面貌示人，但是我去他家就经常看到他在看的是《日知录》和文字学，都是这样的书。

*沈语冰：*这个往往也是一种内心需要，因为平常已经整天忙着工作了，其他的东西会被忽略，所以会去看看其他东西。

*郭伟其：*您刚才提到三大块，一是关于档案和文献整理的，二是关于翻译的，另外还有一块是不是能够做一些补充？

*沈语冰：*是的，我刚才讲了两个方面，一是黄专老师对当代艺术档案和文献的整理，或者说当代艺术的一种研究方式。二是他以OCAT为基地，做了具有开创性的工作，他把学院和社会上的艺术机构打通了，这也是他做得比较好的地方。其他一些学者，要么完全是在美术馆和艺术空间工作，要么大部分待在学院里，很少能够打通和兼顾。这一块他做得很好，也是我十分敬佩他的一点。接下来我想再谈谈黄专老师对我本人的学术工作尤其是翻译工作的支持，这是我特别要表达感激和怀念的。

2001年到2002年我在剑桥做访问，那一年是高度亢奋的一年，绝对是沉浸在图书馆里边。2002 年到 2003 年又是高度亢奋的一年，我把《20 世纪艺术批评》那本书写出来了，写完以后有种筋疲力尽的感觉，然后我就在等待人们会有什么样的反馈和评价。2004 年到 2006 年那几年，属于一个疲惫期和调整期，还没有找到新的方向。2005 年至 2006 年间有两个机缘，使我从低谷里走出来。一是这本书获得了教育部奖，这也很偶然，因为我把这本书拿到浙江省去评奖，结果什么都没有，他们连理都没理我，我很生气。那时浙大正好有一个教育部奖让我们去申请，我就拿过去申报，然后就把这件事抛到脑后了，后来单位领导给我打电话说："祝贺你，你的书获奖了。"我当时都反应不过来，因为已经过去好长时间了，才通知我说这本书获奖了。

二是 2005 年黄专老师的邀请。我觉得一个学者的认可，而且是一个体制外的机构的邀请，这一点非常重要，比体制内的获奖更重要。因为学术讲的是共同体，这一邀请是对我所做的工作的价值的认可。黄专老师是一个很认真做事情、很认真思考问题的人，我们平时在一起的时候，他的话也不是特别多，但是有时候并不需要很多话，你就明白了。

*郭伟其：*翻译一两本或两三本看不出来，现在这么多了……

*沈语冰：*现在有二三十本出来了，已经形成了一个系列，它的效果就明显了，当然这里面离不开众多朋友的支持和帮助。我还是想把这件事做好，就像黄老师一样，做 OCAT 一做就是 10 多年，我做翻译到现在也快 10 年了，也形成了一定的规模和效应，这个道理是一样的。

我在想如果哪一天，我们的大学里能够有像罗莎琳·克劳斯那样的学者，专门培养研究当代艺术的博士，那就好了！像哈尔·福斯特、大卫·乔塞利（David Juselit）、帕梅拉·李（Pamela Lee），这些人现在都赫赫有名了，他们都是克劳斯的学生。他们的研究重点全是战后的欧美艺术，特别是 20 世纪 60 年代以后的欧美当代艺术。如果我们在体制上能够确立起当代艺术的研究，我们就不会像现在这样，对当代艺术的关注仍然处在一种新闻报道的层次或者简单的资料汇编的层次，缺少学术研究的层次。

我觉得黄专老师开了一个很好的头，他把目光转移到当代艺术，而且他不仅仅像学院外的一些批评家那样——我们知道 80 年代就有了策展人和批评家，包括栗宪庭先生和高名潞先生那一辈的很多批评家，他们早就在做许多重要的工作——基本上只做批评，不做研究。我觉得黄专老师不仅仅是一个批评家和策展人，他的工作是系统性的当代艺术史的撰写，他想把一套新的工作模式建立起来。稍稍有些遗憾的是，我们还没有像罗莎琳·克劳斯所从事的那种关于当代艺术的博士生培养项目，目前我还没有看到。所以我后面的理想之一就是要把这方面的事情做起来，专门培养研究当代艺术的博士生。

独立批评与学术立场：OCAT和中国当代艺术史

受访人：董冰峰（独立策展人）
采访人：方立华
时间：2017年6月2日　地点：北京

方立华：目前OCAT在着手做三本纪念黄老师的出版物，一本是他的文集，一本是研究者献给他的研究文集，还有一本就是访谈录。我们正在进行的就是访谈录这一本，我们采访了很多与黄老师有比较深入交往的人，希望通过这些回忆，一方面呈现黄老师的工作和他的机构实践背后的观念，另一方面也在某种程度上呈现出当代艺术的发展脉络。因为每个人的交往和谈论的视角都不一样，在这个过程中就可以相互补充，并且形成一些珍贵的文献史料。所以今天也想请您谈谈在和黄老师一起工作的过程中，有哪些事情或观点是值得谈论的，以及您是如何理解和认识黄老师这么多年来的实践的？

董冰峰：我插一句，因为我前一段时间在亚洲艺术文献库（以下简称AAA）做研究驻留，所以临时想到一个问题，黄老师的个人文献，目前有无计划来整理？

方立华：目前的计划是先出版前面提及的这三本出版物，至于他个人文献的处理方式，我想还没有一个详细的计划。这方面的工作也需要和白老师具体商量。

董冰峰：所以这三本出版物，也没有包括他的个人文献？而是他写的文章的精选。我觉得他这么多年策划了那么多展览和出版工作，个人文献应该是很可观的，也很有价值，之后是否会有一个计划对其进行整理？

方立华: 目前还没有一个详细的计划来梳理这些档案，因为现在比较紧急的是编辑和出版这三本书，所以我们现在的主要精力是投入到出版物上。

董冰峰: AAA 已经整理了费大为文献，栗宪庭的档案也在整理中。我觉得黄老师的个人工作，在中国当代艺术界比较特殊。比如，他不太像费老师他们这样的策划人，也不太像本土的其他那些评论家，我觉得他正好处于这两者、两个群体中间。黄老师有一种对知识偏好的工作方法，我觉得他对当代艺术策展或者艺术评论，是不是能形成一个中国的自主的知识系统非常关心。当然我不是说他的民族主义倾向。所以我在想，他的个人文献可能会提供一种不一样的中国当代艺术研究的问题角度。

方立华: 巫老师的意见是出全集，所以我把我能找到的文章、对话、演讲稿以及“中国艺术史学史”的讲义等，都尽可能地整理出来，这些文章包括了他的古代艺术和当代艺术的研究。当然，在整理的过程中可能也有遗漏的，还需要进一步的补充。文稿整理完了会先请巫老师过目，他再具体考虑文集的编法和体例。

董冰峰: 全集重要，个人文献的整理也很重要，可以更为细致地看到黄老师工作的思路和具体方法。我们大家虽然和他一起共同工作过，但没有更多地去了解他每个阶段的艺术工作非常细致、非常内在的这种变化。我觉得这些层次和变化，都会是研究黄老师非常重要的一个侧重点。

方立华: 对，接下来关于黄老师的文献的整理肯定是一项很重要的工作，但是这批文献如何处理也还是得征求白老师的意见。黄老师的文献资料可能不会像费老师那么多，我发现他倒是有一个很好的习惯，他把别人寄给他的信件基本上都保存下来了，并且整理好存放在文件夹里。但他写给别人的信件，估计不一定能征集得到。

1995 年，“新亚洲艺术展”图录（图片由艺术家提供）

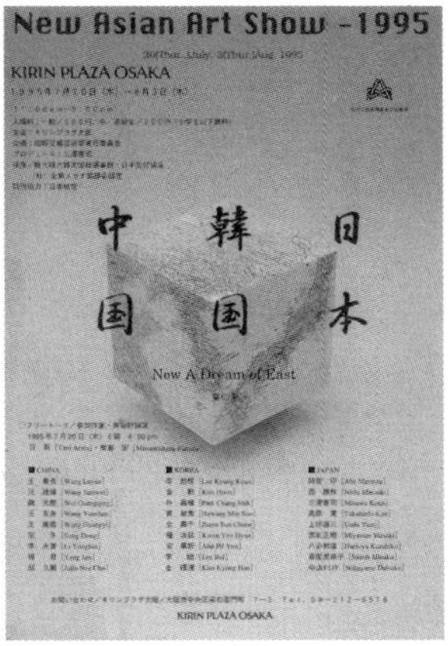

1995 年，“新亚洲艺术展”海报（图片由艺术家提供）

*董冰峰：*AAA 那边关于黄老师的资料不多，我也只看到了很少的一部分出版物。有一本 1995 年他在韩国策划的“新亚洲艺术展”的图录，这个项目还挺重要。

回到最初的问题上，我的观点是，我觉得探讨黄老师的艺术工作的特殊性和不同阶段表现出来的问题性，是很有意思的，对于中国当代艺术研究来说是很重要的。大家只是看到他在深圳 OCAT 做了一系列艺术家个案，但是如果我们从他参与《美术思潮》一直到 20 世纪 90 年代的策展活动，90 年代后期他在《画廊》杂志上展开的对国际化、后殖民主义以及文化身份问题的大讨论，再到他开始主持 OCAT 长达十几年，我想他的重点一定不只局限在一个评论家个体或者策展工作，他要把他关心的中国艺术问题，放到一种组织化的模式当中，比如 OCAT 这样一种机构化的模式来完成。所以我说，从他的文集之外，如果整理他的工作经历和机构方法，讨论的空间也是很大的。

我觉得在 2000 年所谓的当代艺术合法化之后，国内的艺术机构如何发展如何形成自己的工作模式，就成了 2000 年以后中国艺术非常重要的一个主题。我们说，不仅《美术思潮》或《画廊》那样的平台重要，艺术机构的平台对于整体中国艺术的发展来说也变得非常的关键，因为一个好的美术馆的方法会直接影响或推动中国艺术的发展和专业化。所以，有的学者也认为，美术馆也是一种艺术史的书写方式。

2015 年，黄专在北京 OCAT 研究中心主持乔治 - 迪迪 · 于贝尔曼讲座（图片由 OCAT 研究中心提供）

我觉得黄老师是持续以艺术机构的工作方式去推进和改变中国艺术的生态、艺术史的方法以及社会现场的各种问题，这样的例子，在国内也非常的少见。比如他在 OCAT 策划的一系列艺术家个案展，其实就是一种艺术史的工作模式，甚至提出了一些创造性的档案和策展方法论。所以我们不能仅仅说作为评论家的黄专或者作为策展人的黄专，而作为一个机构实践者的黄专，在他的整个艺术研究的生涯中也非常突出。而且这个经历，我们可以说是从当代艺术半官方化开始，一直到完全体制化和市场化、国际化，我一直觉得这是研究黄老师非常重要的一个点，而且在他身上非常关键。

1996 年黄老师策划的“首届当代艺术学术邀请展”，当时我觉得这个项目非常有意思。因为 1989 以后的中国当代艺术还处于一种地下状态，而当时这个邀请展是可以对各种官方资源、半官方资源和民间资源进行新的组合和探讨，在这个时间段里达成一种“合作”，这对当时的中国艺术界来说是比较有效的一种工作策略。从邀请展的入围艺术家名单里边，我们明显能够看到这样一个特点：既有参加过“89 大展”的艺术家，也有 20 世纪 90 年代出现的前卫艺术家，还有刚刚进入这个系统但没有完全被评论认可的年轻艺术家，我觉得这种研究和整理的层次感非常强。首先在展览学术委员会里，我们看到既包括栗宪庭，也包括了与他意见不同的人，等等。大家后来发现，这样的组合工作，好像是非黄专莫属了，因为在 90 年代我们很难找到一个人可以把非常不同的人群和资源放到一起来进行讨论，大家几乎没有什么共识。所以那个邀请展在我看来是中国当代艺术一个非常有趣的事件。

再说他的机构工作。一个独立的评论家如何进行一种机构工作模式，或者说机构工作模式又如何拓展一种中国当代艺术的方法论，我觉得黄老师做了很多非常实验性的尝试。我自己对这方面非常感兴趣，因为这一点跟我自己的经历很像。比如我在沈阳的时候是处于一种地下的状态，只能“自我组织”，比如我做了很多类似替代空间、独立电影和表演的跨媒介的尝试和活动组织模式。后来又有机会进入美术馆的机构工作模式里，一直到最近十几年我其实一直在机构工作。所以黄老师的经历和工作方法对我来说有很多的启发。

我觉得对于讨论黄老师的工作来说，机构工作模式可能是一个比较重要的议题。比如北京的 OCAT 研究中心也是从无到有，我们都从它的筹划一直看到它的开馆，我觉得它创造了一种国内很少见的机构工作模式，比如它既不是一个大学也不是一个美术馆，它是一种介于二者之间的艺术研究机构。2015 年 OCAT 研究中心的主题“开放图像学”是一个非常大的题目，我们邀请法国哲学家乔治 - 迪迪·于贝尔曼（Georges Didi-Huberman）来做年度讲座，那是他第一次来中国，国内也很少人了解他的工作。因为我们发现迪迪 - 于贝尔曼最近 20 年的研究，是对瓦尔堡做出最具创造性诠释的当代学者之一。我觉得这一点对 OCAT 研究中心的艺术史工作方法非常重要，我们应该回到艺术史的起源，看看在艺术史学科奠定之前的各种各样的学科和研究的状况，而不应该无条件地顺延一种西方的典范。其实我们后来才发现，OCAT 研究中心对瓦尔堡的讨论和整个国际艺术史界对瓦尔堡的重新讨论几乎出自同一时期，这点非常有意思。我想黄老师在确定这个邀请和 OCAT 研究中心的开端时期的工作的时候，包括他和范景中老师的很多探讨，都是希望可以按照一个长期计划，建立一种严肃的

2015 年，北京 OCAT 研究中心举办乔治 - 迪迪 · 于贝尔曼讲座现场（图片由 OCAT 研究中心提供）

艺术史学科和研究的范式。当然这些工作都需要和国内的学术状况和知识生产状况紧密相关，而不是孤立的。

对于我来说，加入 OCAT 研究中心，首先我是觉得这个机构一定是一个全新的实验，要有不同于以往机构的工作模式和方法。我们在中国做艺术机构，什么都没有，既没有系统的艺术品收藏也没有严格的美术馆学术制度，也没有好的国际网络，我们必须想这些缺失对于我们来说是什么？因为我们是一片白纸，所以起点就比较冒险。比如说我们一开始去跟范老师谈，从翻译瓦尔堡开始，我们要做"艺术史经典译丛"；去请迪迪 - 于贝尔曼做年度讲座和策展，这些工作模式和计划都是我们的一种实验。2015 年 OCAT 研究中心这个机构从无到有，对于我来说，我是特别佩服黄老师的。尤其是我觉得他给了一个新机构和我们这样一个年轻团队很大的工作空间。尽管我们这个团队，不是每个人都能去完全把握和对接他的思路，但是我觉得我们都在很快速地学习和成长。所以从 2015 年至今，回头看 OCAT 研究中心，在国内确实建立了一种非常特殊的机构工作模式，这点我还是觉得很自信的。我们看到 OCAT 研究中心开始吸引不少学者，也正在逐渐影响到一些学科，包括哲学、艺术史以及其他进行视觉研究和策展活动的学者，等等，正在向一个非常明确的方向走。黄老师在他这么长的机构经历里，他在不同的阶段可以不断做出相应的判断。我觉得他对于中国艺术的判断是非常准确的，他确实在每个时间点都能够比较准确地把握住我们应该解决的问题，而不是说是出于一个评论家或者一个策展人个人学术偏好。我觉得他是在不断地影响最近20年来中国当代艺术的生态和学术问题，在这一点上，他对我个人工作的影响和启发确实很大。我自己的一些展览工作也非常重视基础文献和研究。

我们最近和郑胜天老师就要开始“社会主义现代主义”的项目，这个项目也是黄老师之前非常感兴趣、计划放在OCAT研究中心做的。目前这个项目已经确定由泰康空间来主办，也是规模比较大的，可以说是填补中国美术史史料和研究空白的一个项目。“社会主义现代主义”是探讨从20世纪30年代的现代主义到80年代“85新潮”的一个中国现代主义的历史和现象的梳理。

方立华：您关于机构实践的思考很深入，也有很多机构实践的经验。当时黄老师邀请您加入OCAT研究中心的时候，您是怎么考虑的？

*董冰峰：*机构工作是我特别感兴趣，也是非常紧张的。因为我也经历了国内不少艺术机构的起起落落，深知其中的机会和问题。当时黄老师问我愿不愿意来OCAT研究中心的时候，我马上就答应了。对我来说，第一，这毫无疑问是一个和他一起工作的好机会；第二，这可能是一件从来没有过的机构工作模式。我在广东美术馆工作，是跟着王璜生馆长和侯瀚如策划的“第二届广州三年展”，在北京尤伦斯当代艺术中心（UCCA），是和费大为老师一起参与筹划开馆，包括后来参与栗宪庭电影基金的一些工作。我觉得这几位长辈，他们的学术方向以及对于机构工作的经验，就是中国当代艺术的真实写照，过程非常清晰。从这一点上来说，我们回头看，他们几位对于中国艺术生态所起的作用也是非常重要的。

《画廊》1996 年第 5、6 期（图片由白榆提供）

方立华： 2013 年开始筹建 OCAT 研究中心的时候，您本来还在栗宪庭电影基金担任艺术总监。能否谈谈您当时的想法？对于他的机构主张，您有什么样的看法？

董冰峰： 在电影基金，我的主要工作是做出版和一些组织的工作，我个人比较倾向把电影基金推进其他的领域和平台。后来我们也经常在城里组织讨论活动。因为我加入电影基金的时候，国内环境已经比较紧张了，“独立电影”还是带有政治敏锐性的。我觉得过去电影基金的基础非常好，包括电影节、青年导演培训和电影资料馆的工作，都很重要。所以我觉得出版可能是另外一个窗口和更多的公众读者交流的方式，不仅仅是“独立电影”的爱好者和参与者。所以我和老栗、基金团队商量，要策划一套电影基金书系，先来梳理一些我们认为在今天非常关键的影像作者，像蔡明亮、杨福东和印度的 Raqs Media 艺术小组，是当时的首批计划。大家反应还不错，虽然还不是非常明白我们的思路和方向。但是我们的确看到过去很少来电影基金的一些艺术圈和学术圈的人，也比较多地参与进来讨论，这对于生态的推动作用就很明显。

20 世纪 90 年代以来，我们发现中国艺术必须立足中国本土，不是中国文化和中国性，是必须要面对现实。所以我觉得黄老师策划的学术邀请展，就是这样一个出发点。一直到后来他推动 OCAT 在国内成立馆群，这个线索和计划非常清楚。

方立华： 其实在 1996 年的“首届当代艺术学术邀请展”受挫了之后，黄老师对于在

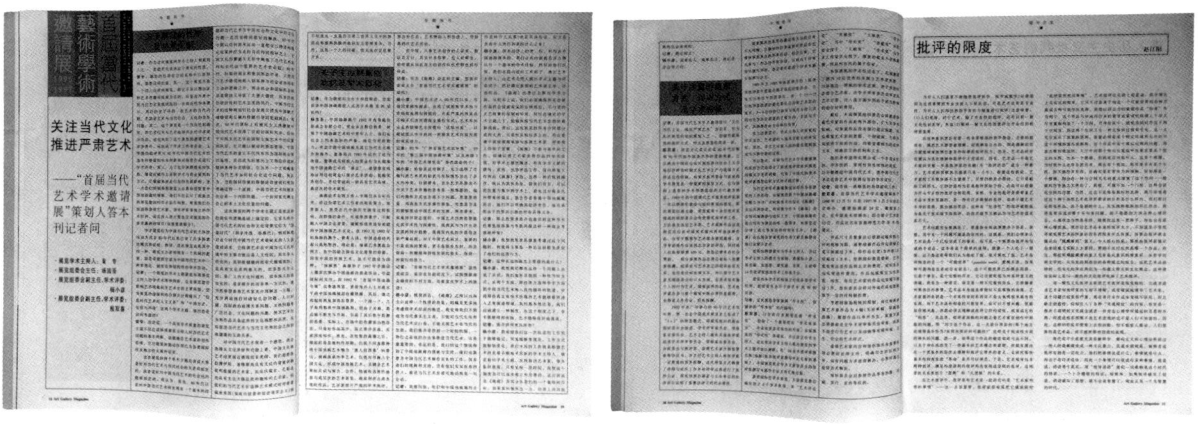

《画廊》1996 年第 5、6 期合刊关于“首届当代艺术学术邀请展”专题（图片由白榆提供）

一个官方机构里实现一个当代艺术展览已经失去了信心，当时他还是挺失望的。

董冰峰：虽然展览没有实施，但是《画廊》杂志做过专题，已经被大家看到和讨论了。OCAT 研究中心后来做的 90 年代的展览也呈现了这个展览的部分文献。其实正是因为中国没有当代美术馆的工作模式，所以这种资源整合就变得非常有价值。前几天在上海民生现代艺术馆，我在回顾中国民营美术馆 20 年的变化时，发现这个历史线索其实还是非常碎片化，很难去讲一个完整的清晰的历史。大家回头看，看到的都是各种各样的事件，连一个连续性的线索都很难找。但是如果讨论黄老师的机构工作，毫无疑问是非常清晰的，所以我们可以以局部带动整体，来谈中国民营美术馆的历史和经验。

我觉得在中国当代艺术三四十年的历史里，一个评论家、策展人所起的作用，其实是非常有限的，比如说像“后 89”“后感性”“不合作方式”这些展览等，都还只是作为一个临时的议题。如果你承认现实并努力去希望改变和推动现实，就必须建立一种制度化的工作模式，是否官方还是非官方、市场还是独立，需要牺牲，需要妥协，需要跟各种各样的系统和权力去做新的链接。同时在这里面，你必须坚持一种学术立场和知识判断。

黄老师在 20 世纪 90 年代对中国当代艺术有很多的论述，尤其在当时比较高压和有限的环境下，他的艺术观点紧紧围绕着一种政治判断和一种政治主张，比如自由主义和民主化的问题，我们看到他也的确是以这样的观点来要求当代艺术的创作或者研究的。其实我很难说对黄老师哪个展览或者哪篇文章的印象更深刻，他在每个时期，都有一些重要的展览和文章，比如说他对中国艺术批评的看法、对中国当代艺术史的提问，以及对一些艺术家的个案研究，等等，都有非常明确的一种方法论作为出发点。我们在不同时期来讨论这些中国艺术的具体问题的时候，都会回到历史背景里面，去看当时谁说了什么，谁做了什么，毫无疑问黄老师的一些工作是非常关键的历史研究对象。

*方立华：*回想起来，“学术邀请展”是黄老师的一个非常关键的转折点。这个展览其实没有任何敏感的意识形态上的问题，但却以失败告终，这也促使他失望地远离了作为政治和文化艺术中心的北京，回到了一个“边缘地带”的深圳进行机构的测试性实践。当然，这个契机的出现也出自时任何香凝美术馆副馆长乐正维的邀约。中间他曾经一度因为生病的原因中断了两年多的时间，2004 年他再次接受邀请开始着手策划“深圳地铁华侨城段壁画工程”，并且很快着手起草筹建 OCAT 的方案，从此开启了 OCAT 作为独立艺术机构的实践和探索历程。这条线索确实如您所说非常清晰。您刚才也谈到了黄老师和 OCAT 的工作的一些关键点，不知道草创期的 OCAT 和当时所做的项目给您留下了什么样的印象？

*董冰峰：*OCAT 开馆早期的几个展览我都看过，因为当时在广东美术馆工作，到深圳也比较方便。包括 2005 年的“文化翻译：谷文达《碑林－唐诗后著》”和 2006 年的“创造历史：中国 20 世纪 80 年代现代艺术纪念展”。2006 年我已经在尤伦斯当代艺术中心工作，筹备开馆展“85 新潮”中。我觉得早期在深圳 OCAT 看到的展览，给我的简单印象是史学立场非常强，比如谷文达个展和“文化翻译”的问题。我觉得黄老师的

史学立场，就是他非常重视这种个案的研究选择以及与当时段的艺术史研究之间的判断，这给我的印象非常深。对“创造历史”那个展览的印象，反而没有那么强烈。但是我觉得 OCAT 最初的几个展览对于一个机构工作来说的确非常清楚，一个机构一开始就要建立在一个非常明确的艺术史学立场上，这个史学立场是要非常具有问题意识的，而不是遵从某种所谓的典范。OCAT 和其他的美术馆非常不一样，虽然 UCCA 和民生现代艺术馆一开始也都是做自己的收藏展。

我们一直认为深圳是一个处于文化边缘的地方，在一个文化边缘地带来实践当代艺术，它可能只是一种基于城市文化的文化消费模式。但是 OCAT 却是一个非常具有历史意识的严肃主张的机构，这个肯定让大家印象很深刻。当然现在我觉得深圳环境改变了很多，发展的要求又取代了研究和学术。

方立华：2010 年您和杜庆春、黄建宏、朱朱合作策划“从电影看：当代艺术的电影痕迹和自我建构”，作为“青年 OCAT 计划”里的重要项目，黄老师当时也非常认可，他觉得重要是因为你们从电影的视角来讨论和研究当代艺术。能否谈谈这个项目的情况？

董冰峰：这个项目能够在 OCAT 实施，我特别感谢黄老师，有两个原因：第一，2010 年之前，在国内还没有学者和机构能够把电影、录像艺术和影像艺术放在一起，大家还是比较坚持电影是电影，录像艺术则又完全不一样。用电影理论来研究艺术家的录像艺术，台湾学者更早一些，但中国内地还没有开始。所以 2010 年“从电影看”可以在 OCAT 实施，真的很有风险。第二，后来黄老师在 2012 年当 CCAA 的评委，他跟我说，2013 年还有 CCAA 的艺术评论奖，这个奖项很严肃，你也可以去投稿。因为我是非常懒的那种人，而且当时年龄也不小了，就比较不愿意参加这种带有比赛性质

2009 年 8 月 2 日，在深圳 OCAT 举行"从电影看：当代艺术的电影痕迹和自我建构"工作会议（图片由 OCAT 深圳馆提供）

的工作。但是黄老师一再建议，后来我就提交了那次幸运获选的《展览电影》研究方案。如果没有 2010 年深圳 OCAT 那个展览的研究积累和黄老师后来的建议，当然还有 CCAA，《展览电影》这本书也就不能及时地完成。

后来在中央美术学院美术馆参与展览"时间测试：国际录像艺术研究观摩展"策划工作时，我也在不断地推进"展览电影"的题目，把它作为中国影像艺术研究的一个主题和问题角度。所以我很感谢 OCAT，毕竟是第一个支持年轻人的带有一些实验性工作的机构。

最近几年，我还在一些活动上碰到一些博士生和硕士生，他们和我说，都非常感谢 2010 年 OCAT"从电影看"那个展览出版物带给他们的研究启发，我觉得这样就很不错了。因为我们都知道，在国内一个美术馆的展览图录其实学术影响是非常有限的。

方立华：当时有两场研讨会，我记得黄老师全程参加了讨论，可见他对这个题目的研究不仅感兴趣而且也很支持。不知道关于这个项目，你们和黄老师私底下有过讨

2010 年，“从电影看：当代艺术的电影痕迹和自我建构”展现场合影（蒋涛拍摄，图片由 OCAT 深圳馆提供）

论吗？

董冰峰： 没有。我觉得黄老师有这样的特点，很有意思。他很有兴趣去了解下一代人一些新的想法是什么，他未必直接表示支持或者反对，但是他会留给你一个很自由的空间去交流和讨论，这是一个机构负责人的严谨态度。我知道他对年轻一代的评论人和策展人其实支持很多，包括北京 OCAT 研究中心在 2015 年迪迪 - 于贝尔曼的年度项目，也是这样的，他给了北京团队很大的发挥空间。最近两年内，迪迪 - 于贝尔曼的著作和学说吸引了很多不同学科的人，包括我知道的国内几家出版社，比如湖南美术出版社把迪迪 - 于贝尔曼在法国午夜出版社的十几本书的版权全部买断了，未来几年在国内迪迪 - 于贝尔曼可能会是显学。这是由一个学术机构 OCAT 研究中心主要发起的，最后成为一个公共资源和学术效应，这是我们在机构工作时最期待看到的。

方立华： 您又是如何看待 OCAT 艺术馆群的？

董冰峰： 对于 OCAT 和馆群来说，关于学术方法和运营的制度化的问题，其实讨论了很多年，可能到现在还是不太清晰。OCAT 有一个很好的学术顾问团队，他们的经验和专业能力非常强，我想大家会提供一些非常及时和准确的建议的。我对于体制没

2010 年，“从电影看：当代艺术的电影痕迹与自我建构”主题论坛（蒋涛拍摄，图片由 OCAT 深圳馆提供）

有什么想法也不会有什么期待。OCAT 一直强调学术的独立，它既需要合作也需要克服各种各样的体制和资金、环境等局限，但我觉得严格的制度化，肯定对未来 OCAT 发展更重要，毕竟前面有十几年的坚持。

*方立华：*您觉得在中国有可能建立一个比较理想的当代艺术机构运作机制吗？

*董冰峰：*我觉得环境不太理想。尽管我们看到艺术生态和艺术市场非常活跃，但我注意到其实根本的学术研究和机构建设的工作非常缺乏，大家都在追求一种短平快的机构模式和票房效应。短时期内对于一个基本生态或者城市地区文化来说是活跃的，但是对于艺术创作和独立学术的支持来说，需要更为长期的系统计划和执行力。坦白说，所以我更看重各种各样的“替代空间”，尽管他们的生存都很不稳定，但问题和工作思路很对。

第一，黄老师在 20 年左右通过一个机构的连续能够陆续完成他的学术想法，这是史无前例的。第二，我个人之所以不断地在各种机构工作，也是想做一些不同的尝试，尽管我的很多思路相对来说可能很保守。我可能跟 20 世纪 90 年代黄老师的想法是一样的，如果没有一种稳定的制度和现成的制度等着你，你应该怎么做？你

2010 年，“从电影看：一个当代影像的电影周末”合影（蒋涛拍摄，图片由 OCAT 深圳馆提供）

必须把自己的想法、研究、策展、出版等全部拆开，去深入理解每个部分的可能性是什么。所以我在我的展览活动里都尽量不去做图录，都优先考虑推动制作论文集和基础文献的整理。

所以我觉得现在也不是那么不好。现在的机构模式非常多，钱也非常多，国际化程度极高，机构之间的国际交流非常频繁，这和之前的10多年是完全没法比的。但是我们在这种快速发展、资本化和品牌化的机构模式里，所有的思想、工作惯性、制度、资本和消费的欲望都在这个网络里边，很难有一个独立的空间和长期计划能够形成和推动学术思考和深入的研究，更不用说对于急速发展中的中国社会及文化问题的反应了。我们必须考虑一种机构模式之外的“机构化”模式，可能是个人方式的，比如博尔赫斯书店。

方立华： OCAT研究中心成立后很快就形成了具有自己特点的运作方式，它用高端的讲席计划带动研究、出版和展览，您刚才也提到从迪迪-于贝尔曼这个项目开始，其实也带来了很多之前没有预期的影响力，这样的运作从现在来看依然是非常成功的。在加入OCAT研究中心工作的时候，我想您肯定也是对它充满了期待，为什么之后又离开了这个地方？

董冰峰： 离开有两个原因：第一个原因是合同到期，我们团队每个人都是三年合同，我是2016年4月合同到期。第二个原因，大家都知道，合同到期的同时黄老师也去世了。因为我知道黄老师对于OCAT的整体运营制度中的重要性，尤其是他的罕有的学术坚持。黄老师在北京OCAT研究中心这段时间对我的影响非常大，可能到现在我还没有转过这个心结。

经历了很多不同的机构模式工作之后，我更相信自己的独立工作，也更强调一种自主性。我们可以对制度和艺术机构有期待，但不能等待环境的改善和符合你的期待。黄老师是无法替代的，这是毫无疑问的。OCAT研究中心的初始团队，其实我觉得是受到黄老师的精神感召，而不是一种工作伙伴那么简单。当然黄老师有一直坚持的专业的学术高度，他也是一位非常有创造性的机构负责人。另外一个重要的方面就是他的人格，这是我觉得这些年他对我影响非常大的地方。我们都要有所坚持，有所为和有所不为。

我觉得黄老师有他被大家更认可的一个学术地位吧。去年他去世到现在，对他的学术工作的讨论还非常少，所以我觉得对他的个人文献整理和研究，也是对中国当代艺术历史研究的一个重要部分。在过去这 20 年的中国当代艺术机构的发展过程中，OCAT 是没法替代的。

“独善其身”

受访人：鲁明军（四川大学艺术学院美术学系副教授）
采访人：方立华
时间：2017 年 11 月 19 日　邮件采访

方立华：请谈谈您最早认识黄老师的契机，以及您当时对黄老师有什么比较深的印象。还记得最初讨论过哪些比较有意思的问题吗？

鲁明军：2007 年 UCCA 开幕展研讨会上第一次认识黄老师，那时我还在念书，是个学生，不敢说话。饭桌上倒是听他讲“新刻度”与维特根斯坦的关系。其实，之前也看过他不少文章，印象中他很严谨，字斟句酌，视野也很开阔。第二次见应该是 2010 年“国家遗产”项目在深圳的讨论会，后来接触得就比较多了，比如当代水墨展、王广义项目、张晓刚项目等我都有参与，也一起参加过一些展览活动和讨论会。

方立华：黄老师策划和主持的很多项目都邀请了您参与，在这个过程当中，您也经常为他所策划的一些项目撰写评论和研究文章，有些是出自项目的约稿，有些是出自您看了展览或参加了讨论之后形成的文章。后来您也给黄老师主编的《世界 3》撰写过研究文章《绘画，认知与艺术史——论乔纳森·克拉里的视觉考古学》。最后他主编的《张晓刚：作品、文献与研究 1981—2014》，也邀请您为其中一些经典作品撰写导读文字。可以说，您对于黄老师所做的工作不仅有很多的了解，而且也有很深的参与和洞察。

其中，您的文章《艺术生产的知识系统——历史与理论的视角》，其实已经对黄老师所做的项目的方法和特点做了深入的比较分析，在这篇文章中，您认为“‘历史’

是他选择个案和探触问题的标准和支点”，由此捕捉到的两个关键词是“艺术史”和“思想史”。您还认为黄老师是“通过自己的理论重建以往被忽视了的未知与事实”。能否具体谈谈您觉得黄老师最具代表性的项目，以及这些项目又是如何体现出您提到的这些特点？在他所做的这些项目中，您觉得还有哪些值得讨论的问题或方法？

*鲁明军：*印象比较深的还是“国家遗产：一项关于视觉政治史的研究”“当代水墨与艺术史视野”“当代艺术史的构成方式”三个展览（项目）和相关的讨论，展览我都看了，三次讨论我也都参与了。“国家遗产”项目的展览部分我觉得比较单薄，缺乏丰富的层次——尽管几位艺术家的角度和实践都非常不同。但是讨论蛮有意思的，主题也非常契合当时学界关于天下、民族国家、帝国的讨论等焦点问题，又恰好处在中国崛起论还是威胁论的争议期间，应该说这个项目提供了一个别样的视角，我记得还邀请了几位历史地理学家参与，澄清了很多问题。其实，“当代水墨与艺术史视野”和“当代艺术史的构成方式”都涉及历史，历史无疑是他思考和实践的一个非常重要或者说是核心的维度。这么多年，我认为他始终坚信一点：当代艺术从来不是平面的、即时的消费品，而是有纵深感的。

*方立华：*您是如何理解和评价黄老师在当代艺术领域所做的这些工作的，包括机构实践、展览策划、研究和出版，以及后来将 OCAT 推向艺术馆群的转向，最后他又专注于 OCAT 研究中心的工作，强调将知识、思想与研究结合在一起的艺术实践。您觉得他所做的这些工作和对于独立性的坚持的意义在哪里？您怎么评价 OCAT 研究中心的工作和理念？

*鲁明军：*在我看来，这是一种基本的专业性，因为西方很多美术馆都是这么运作的。OCAT 应该算是最早将这种专业性带进国内的为数不多的机构之一，直到今天，国内

2009 年，“国家遗产的构成、显现与文化传统研讨会”现场（蒋涛拍摄，图片由 OCAT 深圳馆提供）

也没有几家机构能做到这一点，更不用说明确的学术方向了。当然，黄专老师有他自己的学术方向和艺术志趣，能够坚持这么多年，很不容易。这些文献必将成为未来历史研究的重要材料。说实话，今天海量的信息中，如何“客观”地撷取自己认为重要的、核心的素材，编织成档案文本，这本身就是一种智性和意志力的挑战。可贵的是，黄老师有很好的历史学基础和素养，这为他的这些系列研究、思考和策划，提供了重要的逻辑和价值支撑。

方立华：对于他曾经写《别了，北京》的举动，您有什么看法和理解？您怎么看待在中国的环境下，艺术机构的运作机制的建立？对比之下，OCAT 的运作机制有哪些优缺点？

鲁明军：这不仅是 OCAT，也是全国很多类似性质艺术机构的问题。根本的问题是缺乏独立运作的基金会制度，如果直接依附在房地产公司或政府某机构下面，作为其中一个部门的话，不可控的因素太多了，直接会影响机构的运作和发展。而 OCAT 之所以成为一个成功的案例，一方面离不开黄专老师的学术坚持和当时优秀的团队，这个毋庸置疑；另一方面是它处在一个特殊的历史时期，那会儿全国还没有几家像样的非

2010 年，“当代水墨与艺术史视野”国际研讨会现场（王俊艺拍摄，图片由 OCAT 深圳馆提供）

营利艺术机构，OCAT 显得独树一帜，这是非常难得的。当然，也离不开华侨城的支持。今天看，我觉得黄老师之后，OCAT 的学术方向有调整，但变化太快，所以显得不太稳定。目前感觉系统有点老化，可能需要升级了。具体而言，我想除了长期稳定的制度支持以外，还需要一个既有活力又有国际视野的艺术总监以及相应的专业团队。另外，还是要坚持做到学术独立，行政不能随意干涉学术。

*方立华：*2011 年，您还邀请黄老师去四川大学做了主题为“我的艺术政治观”的演讲和对话。在和黄老师的交往过程中，您觉得还有什么印象比较深刻的事情或者有哪些值得谈论的学术讨论吗？

*鲁明军：*有很多，前面也已提到一些。我想说的是，虽然在黄老师身上，贡布里希、波普尔的痕迹还是非常明显，甚至在他后来的思考和研究中，一直起着重要的作用。但我觉得，他还是一个非常开放的学者和策展人，也喜欢和年轻人交流，乐于接受新的知识，善于接纳不同的意见，从未将自己的理念和价值观强加给别人。其实在某种意义上，这也是我们当时讨论“艺术与政治”时的核心所在。

方立华：黄老师是否对您所做的策展工作或研究有一定的影响？

鲁明军：无论是思想观念还是展览语言，都受了他不少影响。但很遗憾，很长一段时间，自己的策展实践都是和画廊合作的，OCAT 的非营利机构模式很难在画廊实现。这两年来，才逐渐有一些和类似机构以及美术馆合作的机会，应该说他系统性的学术计划和展览方式，还是给了我不少启发。

方立华：黄老师最后很希望建立一个图书馆，同时将主要的精力放在研究和出版的工作上。不知道关于这个图书馆项目您是否有所了解？能否谈谈您的看法？

鲁明军：没有交流过，只是一些粗浅的了解。据我所知，“图书馆”的理念应该是来自瓦尔堡。而在瓦尔堡这里，“图书馆”不仅是图像认知方式，也是一个哲学理念。对于黄老师来说，打造这个“图书馆”的目的还是为了建立一个开放的艺术—知识平台。其实，黄老师一直有一个理想，就是希望在当代艺术界与知识界、思想界之间形成一个平等对话的有效机制，他也做了很多尝试，但自认为效果不太明显，而这个“图书馆”如果能够建立起来的话，也许会成为一个有效的对话桥梁或认知共同体。

方立华：能否最后谈谈您对黄老师的看法？

鲁明军：记得有一次在深圳，我俩私下聊了很多，谈到当下国内艺术生态、社会环境的时候，黄老师也表现出很多厌倦和不满，不过最后他还是觉得，即使我们无法改变游戏规则，也至少可以改变自己，坚守自己，说到底，就是如何“独善其身”。因此，如果需要对他做一个评价的话，这就是我对他的评价。事实上，这年头真正能做到“独善其身”的并不多。

黄专——我的异姓兄弟

受访人：约翰·海雅特（艺术家/音乐家、艺术实验室[ART Labs]总监、利物浦约翰莫斯大学艺术、专业和社会研究学院[Faculty of Arts, Professional and Social Studies, Liverpool John Moores University]副院长）

采访人：王景

时间：2017年3月23日　邮件采访

翻译（英—中）：杨梵

*王景：*教授您好，请您谈谈您与黄专老师是怎么认识的，谈谈你们合作“国家遗产”项目的过程，是否还有其他的合作计划？另外也想请您谈谈对作为朋友和策划人、艺术史家的黄专老师的看法，谢谢。

*约翰·海雅特：*我向来对中国传统艺术、手工艺和文学有着广泛的兴趣。孩提时代，我就对王维等人的诗歌及《老子》这类典籍有所涉猎。作为一名艺术家，我的作品及展览履历都体现了英国最激进的艺术实践。青年时期，中国对我来说，乃至对其他处于西方文化背景中的人来说，是一片神秘的土地。我曾努力搜寻中国艺术家在“文革”期间的创作，仅找到寥寥个案。2006年到2007年间，我担任了英国曼彻斯特都会大学艺术设计创新研究院（MIRIAD）主任，并在中国策划了一系列关于英国艺术与设计的展览（由周彤宇博士协助策划），包括“全部数码”“曼城制造”“曼彻斯特，我们的传统是创新”，分别在北京、厦门和广州举办。MIRIAD亦组织了艺术家交流项目和其他文化桥接活动。2008年，我还曾为英国皇家园艺协会在塔顿公园搭建了一个中国园林，及至今日依然保存完好。

我就是在赶赴这些项目的旅程中认识了黄专。尽管他只会讲一点点英语，而我会的中文比他会的英语更少，但我们似乎并没有交流障碍，彼此仿佛早就存在着一种联系。当然，这也多亏了彤宇出色的翻译。

2007年，“视觉遗产：政治学还是艺术史”座谈会现场（蒋涛拍摄，图片由OCAT深圳馆提供）

我们见了好几次——但是比我设想的少，我总以为我们还会合作很长时间，一切才刚刚开始。我们之间的对话涉及面很广。在他家，我们曾一边进餐，一边交流，当时吃的全是素菜——在中国我被笑称为“熊猫”或“斋公”，因为我只吃竹笋和青菜！我与他在中国哲学、艺术理论及写作，还有艺术生产方面都有着共同的兴趣，也会交换彼此的作品。我们的讨论可以从文化政治延伸到《金刚经》，话间却不乏令彼此会心一笑的幽默慧黠。但更常见的情况是，我们根本无须交谈，这就是我们作为朋友的相处之道。

“国家遗产”项目是黄专致力研究的主题，我们的共同兴趣在这里汇聚成为一个实践项目。其中一个研究问题为：由曼彻斯特发祥的工业革命席卷全球，其社会和心理层面的影响是如何改变中国的？我们各自从这一全球性事件的不同角度出发，进行调查和研究。在这个展览项目里，一部分当今中国最优秀的艺术家，充分将他们的洞察力和创造力投入到了问题研究中。作为展览成果之一的出版物，则将话题引入到学术写作和理论的领域。艺术家们通过作品探究的诸如发展速度、宗族结构的瓦解、移民、城市扩张，还有交通工具的更新所带来的时空压缩等问题，也同样直接反映在19世纪英国的艺术与社会中。于此，社会巨变才成为1845年马克思和恩格斯在曼彻

2008年,“国家遗产:一项关于视觉政治史的研究”座谈会(图片由OCAT深圳馆提供)

2008年,“国家遗产:一项关于视觉政治史的研究”(英国站)筹备期间合影(图片由OCAT深圳馆提供)

2008年,约翰·海雅特与黄专考察展览场地,在英国曼彻斯特后盾画廊(The Holden Gallery)合影(图片由OCAT深圳馆提供)

斯特切萨姆图书馆中极欲厘清的主题。在曼彻斯特,我曾带着黄专参观他们伏案工作过的书桌。

我们将对方视为异姓兄弟,并期待我们的合作会让世界变得更美好——这个世界曾亟须这种合作,如今仍然需要。我们之间的纽带强韧而默契。尽管语言制造了一些沟通上的困难,但障碍远不像大家所设想的那么多。我们的羁绊如此之深以至于我们可以共尝癌症之苦,想来也有几分讽刺。我也曾一闯鬼门关,却幸运地死里逃生,活着归来讲述这段往事。如今我丝毫不畏死亡,它并非悲伤之事,然而最感难过的,莫

2009 年，“国家遗产：一项关于视觉政治史的研究”（深圳站）合影（王俊艺拍摄，图片由 OCAT 深圳馆提供）

过于逝者仍然在世的亲朋好友。我曾计划举办“国家遗产”的续篇“贸易遗产”，意图探讨文化关联、工艺品和全球贸易，并希望他能与我一同完成这个计划，无奈却等来他的“金蝉脱壳”。我很庆幸自己在他生命最后的日子里，给他送了一份《金刚经》的好抄本。

对讨论的尊重

受访人：卢迎华（墨尔本大学艺术史在读博士学者、北京中间美术馆馆长）
采访人：王景
时间：2017年1月12日　邮件采访

王景：请谈谈您和黄专老师认识的过程。

卢迎华：2010年，我受邀参加深圳OCAT于1月17日举办的“自由交流计划——国际当代艺术机构研究项目”的第一次工作会议，这是一个工作坊形式的工作会议。在这次会议中，我认识了黄专老师。

王景：从2012年至2015年您作为深圳OCAT的艺术总监兼策展人，请谈谈当时您被邀请加入OCAT的一些契机。

卢迎华：2010年认识黄专老师以后，黄老师通过方立华邀请我与刘鼎为“OCAT青年计划”提出一个展览方案。我们提出了“小运动：当代艺术中的自我实践”，黄老师接受了我们的提案，我们就开始为此项目展开研究和展览的筹备工作，展览于2011年9月在深圳OCAT开幕。在“小运动——当代艺术中的自我实现”开展不久之后，黄老师向我们发出了另一个邀请，策划第二年5月开幕的“第七届深圳雕塑双年展”。在筹备这两个展览的过程中，我与黄老师有多次见面交流的机会。在几次的见面中，黄老师提出请我到深圳OCAT担任艺术总监的想法。我也多次婉谢了黄专老师的邀请，主要是我一直希望保持独立工作的状态，没有进入艺术机构的规划。2012年黄专老师身体不适，到北京住院治疗，在这种情况下，我决定同意出任OCAT艺术总监一职，希望能分担黄老师的部分工作。

2011 年，黄专与卢迎华、刘鼎在“小运动：当代艺术中的自我实践”开幕现场（图片由 OCAT 深圳馆提供）

*王景：*在您任职期间，除了主持和策划一些重要的展览如“第七届深圳雕塑双年展”和“小运动：当代艺术中的自我实践”展之外，您做了很多工作，比如整合了 OCAT 已有的一些常规项目，开启了“新作展”等新项目，当时您的主要考虑是什么？您希望将 OCAT 做成什么样的机构？

卢迎华：“小运动”和“第七届深圳雕塑双年展”都是在我任职前参与策划的展览项目。在我任艺术总监的三年间，我将深入的研究、严肃的思考、活跃的创作与专业的表达作为机构的立足之本，使这个诉求和信念始终贯穿艺术中心项目的设计和实施，在公共平台上的自我表述，以及对机构团队成员的培训与要求。我们一方面延续了黄专老师之前在机构中一贯的项目设置，另一方面增设小部分新的项目，在展览、出版、演讲、表演、放映和艺术家、研究者驻村各方面都全面展开，编织一个与当代艺术、表演、影像和思想相关的知识网络，并尝试向更深入、更严肃的课题和更宽阔、更前沿的视野靠近。

在原有项目体系的基础上，我开始了一个新的年度展览计划“新作展”，这个展览制度仍然是基于创作和围绕创作的话语生产和艺术史研究而建立的。“新作展”考察和观看的首先是过去，通过展开对历史的重新观看、重新讨论和重新评估的研究工作来呈现这些研究当中的发现和思考。新作既指涉当代艺术领域中前沿的创作和思考，

2012 年，“第七届深圳雕塑双年展：偶然的信息 艺术不是一个体系，也不是一个世界”开幕现场（图片由 OCAT 深圳馆提供）

也对于过去的工作的重新发现和再讨论，以试图更好地理解当下工作的基础和位置。同时“新作展”也成为策展实践和理论实践的一个新平台，通过自设自叙的方式来促进我们在理论和思想领域的自觉性和创造性。

中国大部分的艺术院校和艺术机构都不十分重视理论实践和生产，在这种情境下，我在任职期间除了用展览来激发和展开理论实践以外，还建立了一个话语生产的“课堂”——OCAT 图书馆，使它成为一个显著的结合现场演讲、现场录像、网上播放和演讲内容出版的学术品牌。自 2012 年下半年开辟了 OCAT 图书馆这个空间，结合展览内容不定期地组织演讲和对话，并将演讲内容编辑成册进行系列出版。2013 年我们开始定期每隔两周的周四晚上组织艺术家及策展人、批评家、艺术史家等的讲座，并将一些演讲计划拓展至深圳 OCAT 图书馆的空间以外，比如在芝加哥大学北京中心所举办的演讲。2014 年，OCAT 图书馆更多地与展览结合起来，围绕展览课题举办演讲和出版系列，与展厅中的内容紧密连动。可以说 OCAT 图书馆与我们的展厅是同等重要的生产空间。

*王景：*能否对您任职之前的 OCAT 以及您任职期间的 OCAT 做一个比较？

2012 年，OCAT 学术委员会第一次会议（图片由 OCAT 深圳馆提供）

卢迎华： 实际上在 OCAT 任职之前我并不十分了解这个机构，但在 OCAT 开展工作之后，我发现整个机构在黄老师多年的领导下形成一个非常基本的态度和气质，那就是对于艺术中严肃的研究和讨论的认同与尊重，这是我后来所开展的工作的一个根本的基础。在这一点上，我想在我任职之前和任职期间的 OCAT 并没有根本的区别。

王景： 能否对黄专老师在当代艺术工作领域的方面给予一些评价？

卢迎华： 黄专老师是一位卓有远见的建制者，我有幸见证了 OCAT 所形成的严肃的工作面貌，对于研究和出版事业的支持与保障，投资人与艺术机构之间的良性互动，这些是黄老师在长期的机构实践推动中所形成的机制，在中国的语境中，这种对于艺术和思考的坚信是必须的，又是难得的。

王景： 您对工作以外、私底下的黄专老师的印象是什么？

卢迎华： 黄老师是一位严肃的学者，同时又有不动声色的幽默。他非常爱护他的学生，也因有魅力的言论吸引着许多同道中人。

王景： 您觉得怎样才是最好地纪念黄专老师？

卢迎华： 作为一位在中国当代艺术领域中机制建设的先行者，黄专老师开阔的视野与坚实的行动力为后来者树立了难以逾越的榜样，但我相信许多更年轻的实践者将受

2013 年，“关于某物的报告”展览开幕现场（图片由 OCAT 深圳馆提供）

2014 年 4 月 25 日，卢迎华在“梁志和个展”新闻发布会现场（图片由 OCAT 深圳馆提供）

其影响，继续在黄老师所建立的阵地上展开丰富开放的机构实践。

王景：能否给目前的 OCAT 继续前行提供一些建议，或者有没有什么评价？

卢迎华：作为 OCAT 曾经的一员，我只有美好的祝福：祝愿 OCAT 越办越好！

独具魅力的人文主义者

受访人：欧阳潇（原OCAT研究中心公共项目部主任、美国俄勒冈大学哲学系博士在读）
采访人：黄文璇
时间：2016年9月22日　地点：北京
录音整理：黄文璇

黄文璇：你是黄老师在组建OCAT研究中心（北京馆）时，第一批加入筹备团队的人员之一，我知道你实际上是哲学背景，最初介入中国当代艺术领域是因为翻译的工作，想请你谈谈你和黄老师是在何种机缘下结识的？

欧阳潇：我与黄老师的相识是在2012年11月中国当代艺术奖（CCAA）艺术家奖评委会上结识的，我当时担任的是评委会的翻译。在这个工作结束之后，黄老师就对我说："挺巧的，这回遇见你了，我正在筹备一个艺术史研究中心，你愿不愿意来帮忙？"黄老师对我描述了他对OCAT北京馆（OCAT研究中心）的规划，并说等事情有了眉目再联络我，也让我考虑一下是否愿意做这件事。我当时一听觉得挺有意思的，并且觉得自己也需要一份正式工作，不能总是自己单干翻译，便答复他会仔细考虑。2013年春节前后，我为了签证的事情去了一趟深圳，莫名其妙地在深圳古玩城给黄老师打了一个电话，又提起了这件事。黄老师那个时候已经在北京落脚了，在电话里我们约定了回北京之后坐下来仔细聊聊。大概是春节后的一个月，黄老师打电话给我让我去世贸天阶开会。年前在CCAA的时候黄老师跟我说的是负责研究部的工作，年后改为公共项目部主任，主要负责公共项目的设计与执行和对外联络。我考虑了一下，觉得这样也挺好，就答应了。

黄文璇：刚开始的时候，黄老师是如何构建北京馆的人员组织构架的？

2012 年 11 月，在中国当代艺术奖（CCAA）艺术家奖评委会上（图片由冯博一提供）

欧阳潇： 我估计黄老师当时的打算是，让董老师（董冰峰）一手扛起研究，另一手扛起展览，其他同事再配合辅助。后来就有了北京馆原班人马的第一次会晤（董冰峰、欧阳潇、方立华、冯华年），当时地点是在侨福芳草地，下午我们一行五人和马可·丹尼尔见面。黄老师与马可聊了一下午机构合作的事情，当时我负责翻译，立华负责会议纪要。关于北京馆初期的规划在这次会议纪要中基本可以查到，这是一次很重要的谈话，当时就已经计划第一次年度讲座请阿甘本做嘉宾，由我来负责邀请阿甘本。在这之后我提出了研讨班的构想，与阿甘本联络，并把北京馆的公共项目如何开展做了比较详细的计划。

黄文璇： 2012 年至 2013 年是北京馆第一年的筹备期，据说当时你们是没有固定的办公室的，这一年你们都怎么开展工作？

欧阳潇： 在这一年之中，我们隔几天碰一次面，我这边会给大家介绍我与阿甘本的联系的状况。当时大家也在构想 OCAT 北京馆外部的合作，是想和北京大学视觉与图像中心（CVS）以及芝加哥大学北京中心合作，三驾马车齐头并进。我与黄老师那边确定邀请阿甘本为年度学者之后的第二天，朱青生老师便给我打电话说："欧阳，你那边赶紧给我一些阿甘本的信息，我这边要上报北大，要做阿甘本的世纪讲坛。"但是，阿甘本那边迟迟未回消息，并且由于华侨城方面的一些特殊原因，导致第一年的

黄专及工作团队（后排左起：黄文璇、欧阳潇、董冰峰、周琳）
与巫鸿在北京商谈年度讲座合影(图片由OCAT研究中心提供)

计划有所搁置。你要知道我们在几次会议之后，大家都觉得过两天就可以开工了，都兴致勃勃地准备着。到了黄老师写《别了，北京》，那是2013年年底的事了。回想起来，黄老师当时曾说道："要是当时阿甘本同意来当年度学者，我们会很被动。"因为2014年的时候根本不具备举办任何活动的场地。当时黄老师也提到做第二手准备：OCAT北京馆舍去实体活动场所，仅保留一个办公室，策划项目和做出版。我们当时也做好了这方面的准备。在2013年年底黄老师准备离开北京的时候，他把我们叫到一起，无奈地说："很对不起大家，我会给大家争取到这一年的工资，但北京馆这事儿可能要搁置了，你们要是有更好的工作就不要犹豫。"实际上，当初黄老师把我们召集起来的时候，我们就觉得有他在很踏实，很信任他，所以也都没想这么多。

*黄文璇：*黄老师当时写下《别了，北京》在艺术圈内掀起了一阵热议，你还能回忆起黄老师离开的情景吗？

*欧阳潇：*我记得在黄老师正式离开北京之前，我们又见了一面，是在黄老师去商务印书馆与陈小文聊出版项目的会议上。黄老师问我有没有找到好去处？我说年底了，不着急找新的工作。临走时，我们拥抱了一下，气氛有点萧索，在他转身的时候我听到

他说："这孩子不错。"我当时以为这件事（北京OCAT）就这么结束了，没想到他的《别了，北京》在微博和微信上被频繁转发，在舆论的压力之下，事态又有了转机。黄老师厉害就厉害在这，他一方面让大家各奔前程，但另一方面他又尽全力去争取事情的实现。

我觉得黄老师在两场大病之后就有知天命的感觉，因此他会选择做自己想做的事情，做一些和自己理想有关的事情。在北京馆筹备前期，我们除了谈工作就是谈一些学术问题（当然我是学生，听他讲）。在前期筹备中，他为我的工作铺路，包括介绍我跟朱青生老师及滕宇宁、范白丁等学者认识，他还把收集到的很多名片给我，帮我搭建学者网络。另外，黄老师在开始筹备OCAT北京馆的时候就一直在物色人，都是年轻人，都是新血，包括我和你。

*黄文璇：*当看到《别了，北京》的时候，我们都以为北京馆不会再继续了，我也是在2014年5月份的时候和黄老师在一次活动中碰面得知北京馆又开始重新筹备，并且有了很明确的开馆计划，实际上他在2013年年底离开北京的绝望之下，还是在尽最大努力争取北京馆的实现。

*欧阳潇：*是的，黄老师于2014年春节后回来，说北京馆还有戏，就又把我叫回来。我记得是2014年三四月份的时候，天还挺冷的，我跟董冰峰进了咱们的办公室开始正式上班。但当时冯华年和方立华已经走了，立华2013年的时候为了北京馆举家迁至北京，但后来北京馆中断，她就带着遗憾去了何香凝美术馆；华年则生孩子去了。在这个过程中有了周琳和你的加入。张还予作为北京华侨城的行政人员负责我们和北京华侨城的沟通人，陈瑶琪在迪迪-于贝尔曼（Georges Didi-Huberman）项目的过程当中也加入了进来。

*黄文璇：*我觉得整件事情还是因为黄老师的坚持起了关键的作用，并且他与华侨城的磋商也是很有谋略的，基本上他也是摸清了企业的秉性，所以才能有与华侨城超过10年的合作，北京馆这种带有乌托邦特色的研究机构能落地也实属不易。我认为他性格里面兼具坚韧和柔软的特质，坚韧在于他对于真理的坚持，柔软是指他这个人是有弹性的，他很包容，让人与他相处时在受到他人格魅力感染的同时又非常轻松愉快，所以他能聚集一帮人一起做事，无论是与他同辈的学者、艺术家，或者是我们这样的年轻一代。另外，我们都觉得黄老师是一个很有人文气节的人，我很想请你从人文主义这个层面谈一谈。

*欧阳潇：*我觉得比较能代表黄老师对人文主义者的看法的是黄老师给于贝尔曼演讲做的总结，这段总结非常精彩，勾勒出了OCAT北京馆的根本诉求，即基于人文主义理想的实践。北京馆的初衷和目标是实现一个非功利的、完全学术自由的研究机构。我最钦佩黄老师的地方就是他对这一理想主义可能性的坚持。而从另一方面看，这也是为什么北京馆的建设在所有OCAT美术馆中遇到了最大的阻力。据我所知，黄老师与华侨城的合作在每个阶段都有明确的目标，而这个轨迹最终的导向正是北京馆这样的纯学术机制。

黄老师是一个非常有魅力的人，他的去世，也意味着在专业和事务层面都可以和华侨城沟通的中间人没有了。在2015年OCAT学术委员会年会上，黄老师因为身体缘故未能到场，并提交了辞呈。我们都知道，当时北京馆和华侨城的三年之约期限已到，后续资金也没有着落，黄老师用辞职作为最后的砝码，为北京馆争取一个未来，而他本人实际上这时已心力交瘁了。

*黄文璇：*我觉得还有一点很不容易，黄老师在当代艺术领域无论是作为批评家还是

2014 年 12 月 14 日，OCAT 十年系列研讨会之“文献热”合影（图片由 OCAT 研究中心提供）

策展人，或者是机构的负责人，他都能让学术贯穿其中，使得这些事情看起来不会失衡，不会那么大地偏离他的初衷。

*欧阳潇：*这一点我记得他曾经说过：“我决心去做批评、策展，去创建 OCAT，这些不是我心里最想做的事情，但有一种使命感让我去做。”这也是为什么他长期对学术保持浓厚的兴趣。黄老师常说我过于理论化，但你看看黄老师之前给汪建伟做对谈什么的，张口福柯，闭口德勒兹的……（笑）黄老师挺逗的，他跟我说：“年轻人都喜欢找方法论，在方法论上做文章，我们年轻的时候也是。”换言之，黄老师其实非常知道年轻人的状态，他也会批评你，但也会帮助你。后来，黄老师几乎是把精力都投入到了这个事业（批评、策展、创建 OCAT），写的文章以当代为主，这是评论家的操守。但我想他对没能继续从事古代艺术史研究是有遗憾的。但话又说回来，优秀的艺术史家向来都是“古今同在”的。

*黄文璇：*我们和黄老师虽然多为工作上的接触，但实际上我认为我们与他建立了很深的感情，我对黄老师是一种钦慕加敬畏的感觉吧，所以他的行事作风和看待事物的方法对我有比较深刻的影响。在你和黄老师的交往当中，让你比较难忘的事情有哪些？

*欧阳潇：*除了工作上的接触，我们偶尔会在私下针对一些社会时事进行讨论和交流。他是一位极为真诚的人，一点架子都没有，我觉得算亦师亦友，但毕竟“师”的成分多一些。我还想起一件事，上海余德耀美术馆开幕，我和黄老师在回酒店的路上边走边聊，谈起了他对中国当代艺术史的看法，尤其是对1985年到1989年之间一系列事件的梳理，我受益良多。谈的另外一件事是他对文字和图像之关系的思考，这个话题在今年发刊的《世界3：开放的图像学》易东华那篇文章中可见端倪。

关于前者，他提到20世纪80年代中国当代艺术的两个倾向：一个是过于政治化的对抗性话语，这日后成了中国当代艺术进入国际视野的主导形象；另一倾向则强调艺术的自主性。他比较关注的艺术家大多属于后者，比如“新刻度”。

*黄文璇：*之前我还听你提到黄老师在北京馆筹备和开馆期间有几次重要的谈话比较能代表他的精神面貌，你再具体聊聊。

*欧阳潇：*我现在回忆一下，大概OCAT北京馆建馆以来黄老师的几场重要的谈话基本上可以勾勒出他的精神面貌，一场是他与马可的对话，一篇是《别了，北京》，还有一篇是他与澳大利亚泰森美尼亚博物馆团队的谈话（这次谈话可能没有记录下来，应该只有我与董冰峰在。前者想要了解中国的美术馆机构以寻求合作伙伴，就问黄老师作为机构的构建者认为在中国艺术机构面临的最大问题是什么。黄老师回答说：很简单，你今天来，我们这个机构还在，你下半年来，这个机构可能就没了）。还有包括《世界3》发布会的发言，《世界3》的前言，黄老师与于贝尔曼的几次长谈，之后就是他对于贝尔曼讲座的回应。他那段总结才真正的可以看作是与于贝尔曼的对话，要不就变成于贝尔曼给我们上课了（我后来把黄老师写的《诀别的话》发给于贝尔曼，后者回复：“他的文字如此高尚。”我想他俩在精神层面上达成了某种共识）。

黄老师经常强调，艺术史是人类理性回忆自身的一种方式。对理性、讨论和自由的重视都跟他的人文主义诉求紧密连接。在我个人看来，黄老师的事业从本质上来说是脆弱而易逝的。机构不像作品，后者可以一直保存下去，机构则是在某种理想驱动下天时地利人和的产物。圣奥古斯丁曾言：“启新破暗，始有人焉。”我想用这句话纪念黄老师。

研究也是一种探讨“世界三”的方式

受访人：马可·丹尼尔（米罗基金会艺术总监、OCAT 学术委员）
采访人：王景、徐坦
时间：2017 年 1 月 23 日　地点：香港
翻译（英—中）：杨梵　译文校对：宫林林

王景：本次的访谈主题是黄专先生。第一个问题，请您谈谈您与黄专先生是如何结识的。

马可·丹尼尔：好的。我初次造访 OCAT，一开始是为了参观双年展。当时我是以两个事由去的，不太记得孰先孰后，因为我既是去做驻场策展人，也是去看“第七届深圳双年展”的。那次驻场真是一次绝好的机遇，我在那里待了好长一段时间，超过一个月。卢迎华邀请了我，而我的驻场目的是研究中国当代艺术。一到深圳 OCAT，我就见到了时任馆长的黄专，接下来的两天里，我与他进行了多次对话，讨论艺术和文化。我非常惊喜地发现，一方面他对中国当代艺术的发展历程及现状了如指掌；另一方面，他又对哲学，特别是西方哲学，具备相当完备的知识和深刻的理解。我很快发觉他对于欧洲艺术的了解甚至可以回溯至文艺复兴时期以前，并且我们双方对一些作家和思想家有着共同的认识，尤其对于卡尔·波普尔和贡布里希，我们的认知是相通的。当我体会到这点时，深感那是生命中的美好一刻。我最初是在伦敦开始学习艺术史的，我有幸见证了贡布里希最后一系列的艺术讲座。那是 1985 年，他当时在我所在的大学开设讲座，显然他已经退休很久了。我们随后还得知彼此都拥有以贡布里希及波普尔为基础建立的知识系谱，可以归纳为艺术史及较为纯粹的哲学系谱。我们的联系还不止于此，我在伦敦大学学院的哲学教授是理查德·沃勒海姆，他是一名令人印象深刻的出色的哲学家，亦深受波普尔和贡布里希的影响。所以这其中存在这些

直接的联系，不论你是多么年轻反叛的艺术生，多么想挑战哲学大师或先驱的权威，你与他们确实联系着，这种联系深植于你看待世界的方式当中。论及“看待世界”，我觉得它与艺术高度相关。无论是对于我的老师理查德·沃勒海姆，还是贡布里希和波普尔，哲学的终极问题就是我们应该怎样理解世界，我们又如何将世界理性化，且至关重要的，是艺术与文化在这个过程中扮演的角色。所以，当时我们虽以中国当代艺术为话题聊开，但很快就转向讨论全世界的艺术了。最后我们从当代认识论一直聊到文艺复兴理论和符号学，几乎无话不谈。

*王景：*是的，黄老师也对波普尔和贡布里希的理论非常感兴趣。因为在中国，几乎每一个活跃在中国当代艺术领域的人，都有过学习贡布里希译作的经历。

马可·丹尼尔：《艺术的故事》确实是贡布里希所著的导读文本中非常著名的一本。有趣的是，作为一名哲学家，他同时具备了撰写《艺术的故事》这类书籍的能力，他将艺术的多重复杂叙事及来自于古埃及、古希腊、亚洲乃至中国等世界各地的不同历史线索组织成一个几乎延续至今的故事。这种博闻强记是他的独特之处。然而远超过我们期待的是，他又有能力提出极为深刻的问题，不仅单纯地提出如何讲述一个关于艺术的故事，他还深入探讨了艺术是什么，艺术的功能，及它对于我们理解世界起了什么作用。我想在黄专与我这么多年的交流中，有一种理解世界的方式变得再清楚不过，这个方式与“三个世界理论”相关。在波普尔的理论中，他提到理解世界要通过一种三元的关系，即“世界一”“世界二”“世界三”。黄专真的更乐于关注“世界三”，当然“世界三”只有在“世界一”和“世界二”的语境中才能真正成立。简单来说，“世界一”本质上是一个具体的物质世界；而“世界二”则是精神世界，指感情、情绪、思维过程；而“世界三”则是人类思维过程的客观结果，是一个包含了客观联系、抽象联系的理论世界，它是通过我们对世界的思考和反思建立的，对于波普尔来说，这其

2012 年，在参与“OCAT 工作室”期间，马可·丹尼尔与鲍里斯·格罗伊斯（Boris Broys）对话（图片由 OCAT 深圳馆提供）

中重要的组成部分就包括艺术和文化产品。黄专强调“世界三”的重要性，其中艺术与文化构成了人类最先进及最突出的核心特征。但与此同时，“世界三”不仅拥有一个抽象的属性，还拥有一个特性能令思维过程的世界反过来影响我们身边的物质世界。我认为这些内在联系亦是十分重要的，实际上艺术与文化的世界并不仅仅包含着毫无关联的抽象概念，它直接作用于我们自身存在的这个物质世界，作用于我们的行动方式，我们的思想、感情与情绪。

*王景：*在黄老师最后几年的工作中，他一直致力于《世界 3》的出版物。

*马可·丹尼尔：*正是如此。他当时也正在参与北京 OCAT 研究中心的筹建工作。对于关注“世界三”来说，这是非常有趣的一步。波普尔用“世界三”理论发展出了一些方法，尝试解释过去我们常视为艰难和复杂的问题——身心二元论。所以对于波普尔来说，传统理论，尤其是追溯至笛卡尔的理论，假设我们的世界由两个相互分离的部分组成，即物质世界和理念世界。但是一旦你遵从二元论的路径，你就有麻烦了。因为你拥有了一个意识世界和一个物质世界，你就会开始质疑，它们彼此如何相互作用？你拥有意识，然而这个意识并不是物质的，那么一个非物质的意识如何对物质世界产生影响呢？因而“世界三”确实可谓 20 世纪的哲学家们走出来的一条特色道路，尤其是解决了这一问题的波普尔。我认为对于黄专亦是如此，最重要的是，这个理论

给予了艺术与文化的世界一个相当中心的地位。

王景：您认为您和黄专老师对于波普尔和贡布里希的理解有什么不同吗？因为他是在中国语境中研究当代艺术，并且致力于建设OCAT这样的机构。

马可·丹尼尔：我想确实有一些不同之处。如今他不在这里，谈这些相异之处或许不是件容易的事情。与他进行讨论，最美好的大概就是我们并非在每件事上都能达成一致，这样才有了智识层面的交流。我们的争论总是卓有成效。对于我们，着重于“世界三”中思维过程的产物及其外化、客体化才是关键，通过客体化，这些过程亦会成为批判对象。我想这可能是我们共同看重的。但对我个人来说，事实上一旦理论成为外部批判对象，理论亦开始容纳截然不同的思考路径与回应。也许就在这时我发现其他重要理论也开始参与并发生作用，这可能是我与黄专的一点不同。特别需要指出的是，我们不可能生产出艺术与文化的客观理论，“客观”我指的是同样地适用于世界上的每一个人。所以我认为，这里有个文化相对主义的问题，这让我强烈并显著地感到独立的艺术作品、艺术运动抑或更为广泛的文化过程的意义所在，它们实际上非常依赖所处的语境。我们可以说，艺术家创作了作品并赋予其意义，但同样地，作品通过被受众观赏，由受众发展出一套批评话语，以及单一艺术作品在不同的文化语境条件下与其他艺术作品发生联系，我想我们才能开始发现差异的端倪。举个例子，我与他轻松地产生了共鸣，是因为我发现他对于欧洲文化了解颇深，亦十分推崇，包括欧洲的艺术、哲学思考及批判性思维，这令我们在地理位置上纵使相隔千里，亦殊途同归，因为我们有许多共通的根基。所以我们都能从这些批判性讨论中，寻找到令彼此受益的机会。尽管我对欧洲艺术有一定的欣赏，但恐怕不会到他那个程度，这大概是我们最大的差异。同时，我从与他的讨论中获益良多，因为我从他那里了解到中国当代艺术的独特发展，尤其是在20世纪80年代和90年代的知识分子群体，无论是作家、艺

2014 年，“第八届深圳雕塑双年展——我们从未参与”开幕现场（图片由 OCAT 深圳馆提供）

术家，还是其他艺术表现形式的代表人物，他们都强烈渴望从世界其他地方传播而来的崭新理念能为自己打造一个更广阔的视野。在我看来，黄专是其中的佼佼者，因为他拥有对于欧洲文化的深刻理解，并且出于自身更新视野的渴望，他亦为其他艺术家和知识分子群体打开了眼界，让他们看到了远远超过当时受限的文化交流所能带来的视界，我认为这是他了不起的成就。而且对于与他同代的众多艺术家来说，他的影响力是超群的。例如王广义，他就是个极为重要的例子，而王广义和其他众多与他同代的艺术家都借鉴了欧洲文化、西方先锋艺术实践，这些联系非常重要，构成了中国当代艺术发展的特殊力量。对我来说，尝试理解这一历史维度、政治及个人的渴求在先锋艺术实践及批评实践中的推动作用，是一件非常有趣的事。

*王景：*驻场结束之后，您被邀请策划 2014 年“第八届深圳雕塑双年展”。可否请您谈谈您为这个项目及 OCAT 工作的整个过程？

*马可·丹尼尔：*收到邀请是一个莫大的荣幸。我有幸参观了前一届双年展，OCAT 的

展览让我留下了深刻的印象，黄专创立的这个艺术中心及其历史也让我深感敬佩。我觉得深圳这样的城市拥有 OCAT 这样的空间是相当值得称赞的。作为一个无知的欧洲人，若说我不怎么了解深圳也不足为奇，我当时知之甚少，只知道它代表着中国的经济奇迹，而且是人们口中的“世界工厂”；尽管是个非常年轻的城市，却发展迅猛，从一个小渔村发展成为一个国际大都市。也是在这个过程中，深圳从全中国各地吸引了众多人才，因而成了一个融合的城市，代表着人口的多样性。在这样一个城市，OCAT 向我呈现了一个有趣的大型实验，亦为我提供了主持双年展项目的机会，不仅仅是为 OCAT，也是为了深圳来做这个项目。确实很有趣。之后我就开始思考在这个物理环境及文化环境中，履行工作责任的适宜方式，以及交易、建立联系及出品的重要性。并且由于双年展的全称是“深圳雕塑双年展”，我开始着重思考什么是“雕塑”，在当代语境中应该如何理解“雕塑”，它又如何超越艺术家用双手塑造的物理三维物件，将其他的实践及关于“雕塑”的另类思考融进来。为此，我回顾了 20 世纪艺术中拥有巨大影响力的艺术家和思想家约瑟夫·博伊斯，一方面细究了他的观点“人人都是艺术家”；另一方面审视他的另一观点，即作为整体的社会机制实际上就是一种“雕塑”。基本上对于他来说，社会本身或者社会及政治进程，整体就是一种“雕塑”——可谓“终极雕塑”。凭借这一理念的特殊性，我决定通过研究特定的社会进程、合作过程，探索整个 20 世纪中艺术家们如何以多样化的方式检视并拓宽了“雕塑”的情感内涵，再让我得出关于“参与”的概念。我觉得在中国启动我的中国研究过程是非常有意思的，因为我希望由我主持的那届双年展能够体现中国艺术家和世界其他国家的艺术家，如何以多种可能的视角来对待这一问题。其中一件我很快发觉的事情是，人们对参与问题不仅看法各异，而且存在着不同程度的怀疑或确信、乐观与悲观，有些艺术家说“所有艺术都是关于参与的”，其他人则说“我们从来没有参与过”。当然，这是引申自布鲁诺·拉图尔的观点，来自他极具启发性的书《我们从未现代过》，这是后现代理论路径中很有趣的一条，他的观点并不是标题的字面意思，说我们从未现代过，现代性从未存在，而是指现代性是一个未完成的进程，我们从未达成我们的目标。如果我们尚未完全现代化，又何谈后现代呢？同时，这个项目最关键的一点在于，通过研究及OCAT为我提供的帮助，我在调研旅行的途中，得以发现中国当代艺术在过去及当前都展现了各式各样的参与形式，这些参与形式使用了无比精妙的方法应对了各种不同的因素。我认为关于“参与”的理论论述，确实是由欧洲和北美的作家、批评家主导的，从哈贝马斯到克莱尔·毕晓普。但同时，对于在中国不同种类的参与、对作为单一物品的艺术作品进行各种解构，以及如何将他人卷入其中，存在着相当精妙的路径，要么将观众直接卷入产品或物品的制作过程，又或者是通过表演，又或者公众只是通过不同的方式经历其间。观众只是收到了各种邀请，由观众来决定是否接受它。不光是公众面对艺术作品的不同方式决定了他们是否参与进来，艺术家自身也通过这种方式成就了自己的作品，在创作过程中将他人卷入，把实践从（富有浪漫色彩的）封闭的工作室中带出，艺术家自身亦将成为整个社会进程的积极参与者。

王景：您在策展过程中遇到过什么实际困难吗？您当时作为客座策展人，在中国深圳策划这一展览，请问您是怎样组织团队进行工作的？

*马可·丹尼尔：*并不存在没有实际困难的展览项目，我无比希望我能告诉你我曾经做过哪个项目完全顺利无阻，当然有很多实际困难。其中一个实际困难就是我住在伦敦，我必须到深圳，查看展览空间并与策展团队一起工作。同时为了持续在中国和其他国家进行我的调研之旅，我们的筹备期非常紧，大概不足一年。在距正式开展只有半年时才最后拍板，可见时间并不充裕。显然，像这样的项目，由一个对于“雕塑”的认知不太寻常的外国客座策展人来主导，必然会引起很多争议，尤其是地方媒体的争议报道。这个项目最有意思及最有魅力的地方就是可以与不同的人交谈，他们与项目发生

着千丝万缕的联系。无论是向策展团队，或是向OCAT的其他部门解释我的项目，抑或向记者或在其他公开场合向公众谈论我的项目时，我在参与讨论和辩论的过程中，与他们交流思想。在各种各样的活动里，人们常常质问我什么是“参与”和“参与艺术”，我想这对我来说非常重要，展览就是在这些争辩中逐渐成型的。

*王景：*据我所知，在OCAT的历史上，您是首位外国客座策展人，主持了如此大规模的项目，那时黄专先生是否会经常与您进行项目讨论呢？

*马可·丹尼尔：*我们稍微谈了一点。他的支持对我来说很重要，将OCAT给我的机会与OCAT必须承担的风险相比较，我必须说这次合作非常成功。对我来说，这是一个难得的机会，而且我又有清晰的思路，但对于OCAT来说，我想还有些别的顾忌。他们在这样的大型项目上，首次启用一个外国艺术策展人，有一个疑问一直存在：这会不会成为一个好展览？但这个问题本身就太宽泛了，不易回答。还有诸如如何进行沟通，如何交换意见，如何使整个团队理解我使用的概念和原则，又如何传达给公众——不是以冗长的智识争辩的方式，而是以展览自身与公众做交流。我认为这才是关键问题，它存在于我的每一次对话中。我的工作团队给了我莫大的支持，一方面是专业层面上的支持，简单来说就是与我一道在既定时间内完成策展，在这么短的时间内赶工，他们比我更有经验。因为在欧洲，就拿我所熟悉的大的美术馆来说，像这样的展览项目，通常需要两三年来完成。因而，回答“是的，我们能够完成”和“我们一起完成它”对我来说就是非常实际的帮助了，他们真的非常了不起。另一方面，他们也在策展过程中向我提出质疑，并彼此争辩，我们会交流：为什么采用这个主题，为什么以及怎样让某个艺术家被纳入展览，而这又让我进一步厘清自己的工作意味着什么。可以说，这个向公众开放的展览，其本身就是我、参展艺术家及OCAT的策展团队之间的合作成果。

2015 年，OCAT 学术委员会第二次会议（图片由 OCAT 深圳馆提供）

*王景：*您是否记得您与黄专先生共见了多少次呢？

*马可·丹尼尔：*确切的数字我不太记得了，但我们光是为了梳理概念就经常碰头。筹备双年展这个机遇对于我们彼此来说都是很重要的。我尤其记得，双年展在三个月的展期结束之后，我为了撤展再次造访深圳，那次他为了见我特地从广州赶来。我们再一次进行了长时间的对话。其实他不必过来，也没有什么需要操心的事情，但那是一次围绕理念畅所欲言的难得机会。在双年展之外我们在北京还有一次深入的交流，我们谈到在北京筹建 OCAT 研究中心、如何发展"世界三"理论、学术期刊、建立怎样的研究馆项目、机构架构为何、使命是什么。借助这些重逢的机会，不管我们在何处，都一直保持着智识上的交流。

*王景：*那时您已经成为 OCAT 学术委员会的一员，对吗？

*马可·丹尼尔：*是的。

*王景：*作为 OCAT 学术委员会的成员之一，您是如何工作的？

*马可·丹尼尔：*在伦敦大型博物馆工作的经验让我明白，你必须在每个阶段都与他

人分享你的想法和计划。有意思的是，作为一个纯粹的知识生产过程，你有一个理念，进而你将这个理念发展成理论实体，比方说，你把它白纸黑字地写下来，这就变成了一个“世界三”产物。只有通过成为“世界三”产物，才有可能让他人介入，同时赋予你回顾、批评及改进你自己想法的能力。这意味着在某种程度上说，学术委员会是黄专“世界三”情结的一个完美实体。因为OCAT各馆的负责人都能在此呈现他们的计划、视野及理论。借此，他们的想法就成了批判话语的对象，进入了知识生产领域。同时，OCAT本身就是一个文化实体，由多个文化机构组成，并且作为一个投资人为华侨城集团的文化组织，华侨城本身亦成为它批判和分析的对象。这个过程使得学术委员会具有突出的重要性和显著性。它既具有高度的实际效用——因为它可以确保各个机构运转正常，同时它也具有考究的理论效用，这意味着它将为这个文化组织提供结构调整、方向辨明及目标制定的契机。对我来说，能够加入委员会，成为为数不多的外国成员中的一位，我深感荣幸。有其他外国成员同时亦担任某个馆的馆长，我可能是唯一一个不负责任何具体事务的学术委员会外国成员，这令我感到责任重大，应尽自己所能协助机构运转。我认为很重要的是，我们不应将OCAT美术馆群仅仅看作一项事业，更应看作一个知识产品，一个知识生产组织，一个有很多优秀中国艺术家参与的艺术与文化组织，同时具有教育等社会功能及纯粹的审美功能，其本身就证明了黄专在艺术世界的地位。因为委员会的成员是一群非常出色的人。我记得我参加过一场持续了12小时以上的委员会会议，却并不感到漫长，其间讨论的问题确实是重量级的，也带来了很多启发。会议中的思想交流、碰撞甚为重要。事实上，由这些会议上的讨论来为机构掌舵是异常关键的。

王景：您对馆群的未来发展有什么想法或者建议吗？您觉得继续扩大规模是一件好事吗？

马可·丹尼尔: 我很重视馆群的未来发展，它是由黄专创立的，因为现在正处在变革的分水岭，前方有好几条路可以走，包括继续扩大规模、转向，从理论上讲，馆群也有可能走向衰落和消失。所以仔细思考该走向何方是相当重要的。就我在中国所观察到的，我觉得整个东亚，整个世界也都处在这个节点，艺术的作用变得前所未有的重要，而我们的馆群在中国所起的作用也是非常显著的。一个美术馆群，由散落在中国各大城市的三到五间小文化机构组成,与一个坐落在特定地点的单一大型美术馆相比，肯定是有些不同，并且这种较为分散的形式，其益处应被认可并予以发展。同时，深圳是其核心，是起源，某种程度上，我认为深圳是最有趣的地方之一。我个人非常想看到 OCAT 在深圳的强势发展，一方面是为了保护 OCAT 的历史传统和轨迹，另一方面也是出于实用和实际的原因。在北京和上海，或者是像西安这样的中国主要大城市，已经有了很多公共的或者私人的艺术场所。对于深圳而言，我觉得 OCAT 承担了非常特别的功能，也占据着特殊的地位，因而这是壮大、发展的绝佳机会。

王景: 我所有的问题都问完了，关于黄专先生，您还有什么想与我们分享的吗?

马可·丹尼尔: 有件事我记得很清楚。在我们头次见面时，他身体状况明显不太好，但是一旦他开始谈艺术，病痛仿佛全都消失了，几乎可以说神采奕奕，我很喜欢这样的时刻。我们就这样坐着天南海北地聊，那种感觉真是非常棒。

王景: 为什么您会喜欢这样的时刻?

马可·丹尼尔: 因为我觉得他在那一刻超越了单纯的肉体存在，受限的身体健康状况也不再是个阻碍，他的理念是如此清晰有力，他的理念同时也跨越了物理距离。因为我注意到，当我在中国四处旅行与不同艺术家见面时，所有人都认识他、尊重他，认可他的贡献，所以他的卓越是由他所呈现的理念铸就的，他发展出自己的思想理论，

并与广大的艺术家和知识分子群体分享。

*徐坦：*抱歉，我对您不是很熟悉，但我知道您与黄专的关系，只是不知道您与他如此相熟，因为此前您说曾频繁地与他见面。

*马可·丹尼尔：*对，我驻留 OCAT 工作室的时候跟他见得特别频繁，那是非常宝贵的时光，我意识到这并不是大家到深圳时通常有的待遇。因为深圳并没有文化上的名望，只是一个工业城市。我当时坐在一楼展厅背后的办公室里，与他无话不谈：当代艺术、当代哲学、欧洲的文艺复兴、西方先锋艺术、50 年代或 70 年代的美国艺术家，对话是如此畅快随性，这真是非常奇妙的体验。

*徐坦：*我认为黄专几乎是第一位，也是为数不多的中国策展人中的一位，能将研究与中国视觉艺术挂上钩的。现在他去世了，我们很难找到其他人来替代他做类似的工作了。

*马可·丹尼尔：*这确实是值得探讨的。我想我应该就基础研究多说几句。我与黄专的对话，很重要的一点是我们并不是在玩智力游戏，我们的对话是很有方向性的，当我们在讨论我对于双年展的构想时，我曾谈及应该以研究作为基础来进行。而对他来说，OCAT 做的每一个展览都是带有研究因素的。OCAT 的出版物也是除展览外的又一研究产出。如今，我会说研究也是一种探讨“世界三”的方式，研究本身就是在物质世界中进行思想过程相关的工作，然后将它们转变为理论和语言，即输出“世界三”产物。在语言产物之外，还有其他形式的符号学产物、知识产物，因而展览本身就是研究过程的产出。这一研究因素在我来看才是关键，因为当你思考应该选择哪些艺术家来合作，展览中要包括哪些艺术家，在展览序列中又将他们置于何处，这些思考都是厘清系谱及知识生产过程的基石，而它们又都需要经过研究。所以这里说的研究包括艺术家所做的研究，例如您（徐坦）就是个很清晰的例子；还有深入到艺术创作过

程中的深层次研究，只有经过这个过程，我才能做出判断，如何对待艺术作品，如何回应，如何展示作品。这在黄专的工作中亦是他十分重视的问题。某些中国策展人，当然世界上其他任何地方都有这类策展人，当你与他们谈话时，会发现他们只在乎见过谁，认识谁，存在怎样的社会联系，是朋友之间的牵绊，还是政治利益、政治利用。我通过与黄专的对话，清楚了解到，对于他来说，这并不是最重要的，最重要的是以深层次的研究支撑我们的艺术参与，对艺术家来说，则是用作品支撑起艺术家、艺术作品与世界之间的关系；艺术作品、观众与艺术家所处环境之间的关系。因而，研究是作为一名批评家、一名作家、一名策展人的基础，也是运营艺术机构、为其在全球语境中定位的重中之重。

*徐坦：*黄专离开我们了。尤其是在他生命最后的日子里，我觉得有件事特别清楚：他在与资本角力，而且最后几年他也占据了一个比较强势的地位。因为他长期与大公司合作，这就意味着存在一个由谁来把握方向的问题。三四年前，他为北京OCAT工作时，就提到想坚持原则，有所拒绝。

*马可·丹尼尔：*刚刚我在谈学术委员会的时候也间接提到了这个。因为学术委员会可以使得OCAT馆长、独立机构与投资人——华侨城集团三者之间，划分出清晰的权力界限。我记得我们曾为此激烈地讨论和争辩过。参与这样的讨论对我也很具吸引力，同时，我也见识到黄专还在时是如何为机构掌舵的，学术委员会中每一位成员对于我们的角色都有着高度一致的认同，即我们代表着艺术对抗单纯经济效益的需要、需求和紧迫性。因而美术馆对其投资人所负有的政治或者实际功用，必须合乎机构角色与投资人之间的辩证关系。一旦一个独立机构成立，它便需要自己的自主独立性，这种独立自主性亦应当被保护。所以，我将这个过程称为辩证过程。某种程度上说，你可以认为黄专在为OCAT抗争，但我认为，抽象地来看，学术委员会是在面对批判过程，

是在辩证地肩负着不同的期待和需要。馆群的角色为何？艺术家的社会角色为何？这些问题都强烈地彼此关联着。是的，我认同黄专觉得这是他所做的最重要的工作之一，但毫无疑问，这也是最累、最消耗精力的一件事。无论在任何地方、任何语境之中，这个问题永远存在。不好意思我要再说回到“世界三”，学术委员会提供了一个场所，在这里所有问题都可被视作不同个体对于自身想成就的事情所拥有的激情和渴望，它们在此被客体化成为可供批判且能够通过批判改进的理论对象。我认为这就是学术委员会的作用。可以说，核心问题就是当学术委员会不复存在，它的讨论是否仍会产生后续效应。展开来说，目前偶尔才开一次会的学术委员会，如何从黄专那里接手他曾经主导的工作，即永远走在辩证的道路上。我想如果这种辩证性消失了，那就非常棘手了。

“艺术史名著译丛”背后的故事

受访人：鲍静静（商务印书馆上海分馆总编辑）

采访人：方立华

时间：2017年12月24日　邮件采访

方立华： 能否首先谈谈您和黄老师认识的契机？您当时对黄老师有什么样的印象？

鲍静静： 2012年，正与时任银川当代美术馆执行馆长的吕澎老师合作出版他主编的“银川当代美术馆·文明的维度”丛书。有一次，吕澎老师提到了“二十世纪西方艺术史经典译丛”这套书，并问我商务印书馆有没有兴趣做。

当时总馆也正要求我们创建符合上海特色的新产品线。我馆的“汉译世界学术名著丛书”荟萃了西方哲学、历史、经济等各社科领域的世界经典著作600多种，但在艺术类图书的引译和出版上是短项。而商务印书馆在美术与美术史的传承与推介上其实素有传统。早在100多年前的建馆初期，就曾孕育出像油画家颜文梁，国画大师黄宾虹，书画家吴待秋、黄葆钺，动画鼻祖万籁鸣等这样的美术名家。1940年就引介出版了加拿大学者福开森编撰的图文并茂的豪华巨制——10卷本《中国艺术综览》。

在这样一个背景下，我就萌生了进一步开拓艺术类产品线的想法。2013年夏天的一个下午，吕澎老师和我相约来到杭州，并在西湖边的一个环境幽雅的茶室见到了OCAT北京馆执行馆长黄专老师，当时他正在积极推进“二十世纪西方艺术史经典译丛”的翻译出版工作，并已经接洽过北京的几个文化公司。

那是一个闷热的下午，我已经忘记了茶馆的名字，但仍然依稀记得，长长的落地窗外摆满了绿意盎然的盆景。我们似乎没有什么寒暄，互相介绍后，马上就直奔主题，并很快达成了一致。黄专老师表示，“二十世纪西方艺术史经典译丛”由国内艺术史名家范景中先生担任主编并把关遴选书目，并在商务印书馆这么一个学术出版重镇出版是最合适的，因为这是一套艺术史学史的书，既完全符合商务印书馆的学术传统，又能保证出版的品质。而对我们商务印书馆来说，要进入一个几乎全新的领域，从自己最擅长的学术著作的译介开始，一定是最有把握的。

有了这个共识，接下来我们就开始开诚布公地交流执行下去所将面临的困难。我们谈到了物色合适的译者，谈到了资金问题，谈到了合作的模式，等等，一切都进展得非常顺利。我们把我原先设想的几个合作方案都讨论了一遍，然后黄老师谈到与何香凝美术馆合作的可能性。他强调，何香凝美术馆是一个兼具历史性和时代感的国家级美术馆，向有整理、保存和推介重要艺术史文献的传统，和商务印书馆的学术传统和品牌完全相符，并表示他会积极推进这个合作。

这是我第一次见黄专老师，他的声音不高，语速也不快，但他的思维很敏捷，我每提到一个细节，他都是很快地做出反馈。第一次见他，我得出了两个结论：第一，他非常尊重范老师，每次提到范老师，都会娓娓细述他在学术上的各种建树。显然，对于刚试图迈入艺术史出版领域的我而言，这也是一种普及。第二，他非常尊重学术，每次谈到商务印书馆，他都充满称赞、认同和信任。

*方立华：*黄老师一直很重视研究出版的工作，并且也一直很关注艺术史的理论翻译工程，他一直很欣赏范景中老师他们在80年代所做的翻译工作，并且从中获益很多。所以他在筹建OCAT北京馆的同时，也许是在2012年即开始酝酿策划和推动一套新的艺术史经典著作的翻译工程，也就是现在由何香凝美术馆和商务印书馆合作的“艺

2014 年，“艺术史名著译丛”编辑工作会议现场（图片由何香凝美术馆提供）

术史名著译丛”，他邀请了范景中老师担任主编，由其确定选目。在 2013 年 3 月，黄老师曾约范老师到北京跟出版人见面谈过合作，当然也考虑过与其他出版社合作，但后来都不了了之，过程似乎有点曲折。2013 年 11 月，黄老师和您以及商务印书馆的副总编辑陈小文一起开会对译丛做具体讨论，这个时候应该也已经确定了合作意向。您能否谈谈黄老师和您谈合作出版这套译丛的始末以及具体工作的开展过程？商务印书馆对于出版这套艺术史译丛是持什么样的态度和观点？

鲍静静：的确，黄老师一直很重视艺术史的翻译项目，也一直很重视学术研究和出版领域。我们第一次见面，他就曾经很详细地跟我讲述过北京 OCAT 研究中心的缘起、他作为执行馆长的理念等。作为北京 OCAT 的筹建者和执行馆长，他曾不止一次地跟我提及他建立 OCAT 的理念和该研究中心的主要宗旨。后来他还以 OCAT 的名义和商务合作出版了一套“OCAT 艺术与思想丛书”，并给了我 OCAT 三年的研究和出版计划。当然这是后话了。我认为，正是基于他对艺术史理论研究的重视，他才更重视这一领域的翻译和出版。也正是基于这么一个前提，我们的项目才能顺利推进。

有了杭州的初次接触和共识，我们很快开始着手推进这套丛书的出版。说实话，

2014 年，“艺术史名著译丛”编辑工作会议合影（邹祎拍摄，图片由何香凝美术馆提供）

尽管在杭州初次交谈，我们在很多理念和细节上都相对吻合，但这个项目的设定相对庞大：计划在五年中出版包括瓦尔堡、潘诺夫斯基、贡布里希、哈斯克尔、弗里德伦德尔、扎克斯尔、温德、库尔茨等在内的世界最著名艺术史家的艺术史学研究经典论著 50 种，其中不乏贡布里希的《瓦尔堡思想传记》、哈斯克尔的《历史及其图像——艺术及对往昔的阐释》这样的大部头著作，书目中的大部分都需要解决外版版权和寻找译者，而且在图书市场相对萧条的背景下，要做那么大体量的学术书，又是研究水平相对薄弱、读者群体相对狭窄的艺术史学史领域，可以说困难重重（我想这也是黄老师最初和蜜蜂出版人或其他出版社合作时面临的困难和过程之所以曲折的原因），所以对于是否能快速推进这个项目，我心中并没有把握。

很快，黄老师那里传来了好消息：何香凝美术馆愿意与我们合作！由我们负责丛书的出版事宜，他们来提供译者稿酬和购买外版版权的费用。那是令人振奋的一刻，我至今记忆犹新，因为这意味着，我们无须再为资金担忧，只需在学术上执行下去。黄老师曾说，“商务印书馆有着翻译世界名著的传统，能拓展艺术史领域的翻译，是件标志性的重大事件，这不仅表明了商务印书馆学术布局的重大变化，也表明艺术史在中国人文学科翻译史上真正开始占有一席之地。另外，商务印书馆与何香凝美术馆

2014 年，黄专与鲍静静在“艺术史名著译丛”编辑工作会议期间合影（图片由鲍静静提供）

这一国家美术馆以及中国艺术史界一流学者展开这项长期合作项目也表明了这家历史悠久的学术出版社开放做学术的姿态，为中国学术出版提供了一种新的模式”，这是商务印书馆、何香凝美术馆和一流学者之间的强强联合，共同为学术做出努力和贡献。我想，当初一定也正是他的这种大视野和对学术的尊重与执着说服了何香凝美术馆投入到这个项目中来。也正是他那务实的作风，才使得这个项目快速得到了推进。

11 月，我们一起在北京见了我馆分管上海分馆的陈小文副总编辑。那次见面，主要是跟陈总谈了这套书的进展，以及和何香凝美术馆的合作初识。陈总主持了商务印书馆的“汉译名著”项目多年，他对这套书非常重视，不仅肯定了做这套书对艺术史学科建设和在商务出版这套书的意义，并表示一定参加随后举行的第一次编辑会议。也正是那一次，在饭桌上，他不断喝水，我才知道他曾经病得很重，做过移植手术，无法正常分泌唾液……

在黄专老师的共同推进下，我们很快就和何香凝美术馆签订了正式的合作协议，并开始联系外版版权；对于已经进入公版领域或者已经获得作者授权的书，则开始联系译者；有少数几本书，甚至已有译者在没有落实版权的情况下开始翻译。万事开头难，而我们这套丛书，似乎一切都进展得很顺利。这时我提出了我的顾虑：那么多译者，几乎都从来没和商务合作过，译文的体例将会是一个很大的问题。黄老师虽然平时并不做翻译，但马上意识到这一点对整套译丛质量的重要性，他说既然是商务来出这套丛书，

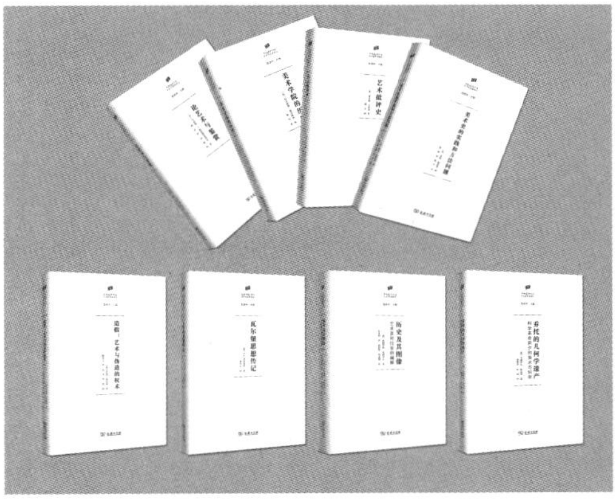

“艺术史名著译丛”（图片由鲍静静提供）

那就一定要是一流的。于是在他的倡议和张罗下，我们于 2014 年 4 月在深圳何香凝美术馆举行了“二十世纪西方艺术史经典译丛”（后来因考虑到把非西方的艺术史经典著作也纳入进来，与主编商量后，改名为“艺术史名著译丛”）第一次会议，会议的主要议题就是讨论西方艺术史国内译介现状、丛书选目、译丛的翻译体例和翻译中常见问题。这次会议也进一步奠定了商务印书馆与何香凝美术馆的合作基础。

从项目正式启动到 2015 年 10 月第一批两本译著《论艺术与鉴赏》（马克斯·J. 弗里德伦德尔著，邵宏译）、《美术学院的历史》（尼古拉斯·佩夫斯纳著，陈平译）的推出，其间有很多细节，从开本、版式、封面的设计到其后的首发式，每当我求助黄专老师或征求他的意见，他都会给出他的建议和看法，甚至还推荐《世界 3》的设计师给我。每一次来上海，他都会约上我一起去范老师家，跟范老师汇报丛书的进展情况；而范老师除了不厌其烦地听我们说，也是非常关心每一本书的翻译进程，亲自打电话催问译者，或是亲自找合适的校译者，并要求增加校订环节以保证译文质量，最后又亲自确认封面的定稿。在与两位老师的交往过程中，我除了感受到他们认真严谨的治学态度，一次次感受到他们对这套书的重视，更是深深感受到做这套书的压力：不把这套书做好，实在是对不起他们对商务印书馆的信任和对我的百般帮助和鼓励！

确实，在和黄老师认识的短短两年多时间里，他说得最多的，就是对我的肯定和鼓励。记得有一次他来上海，住在锦江饭店，去看范老师之前我们先去附近的一家面馆吃点东西，其间我提到了译稿的质量和交稿不准时问题，提出了对五年出版 50 种的担忧和焦虑，他居然很轻描淡写地对我说："译者拖拉很正常，你已经做得很好了，五年能出版 20 种，我们就已经达到目标了。"

遗憾的是，在我们赶工编辑和出版首批两本译著期间，收到了黄老师生病入院手术的消息。2015 年 11 月，我们在北京总馆举行了"艺术史名著译丛"第二次会议，即首次出版座谈会。作为这套丛书的学术策划人和最主要推进者的黄专老师，虽然一起拟定了会议主题和邀请名单，却因病无法前来。开会前几天，他还对我说，很想来，但术后还没恢复好，看来是来不了了，言谈间，透露着浓浓的遗憾。他虽然没能亲自来北京参加会议，但仍一直坚持为其后的图书推广、广告等出谋划策。我告诉他，这套书首批两本一经推出，就获得了圈内专家从内容到形式上的一致肯定，说"商务不做则已，一做就是一个大手笔"。他当时也已经收到了这两本书，听了后非常高兴。记得当年他正好是 AAC 艺术中国年度评选的轮值主席，他还兴奋地和我说，一定会极力推荐我们这套书（该套丛书也确实在他的推荐下获得 2016 年第十届 AAC 年度艺术类出版物最终提名奖）。这段时间，我们联系得不算多，一般多用微信联系，在字里行间，我似乎从来都没感觉到他身体的虚弱。他总是以一种很正面积极的口吻和我交谈着，继续肯定这套书出版的意义和鼓励我继续前行。

方立华：2015 年 OCAT 研究中心在开馆展"记忆的灼痛"期间举办了圆桌论坛，当时还邀请了商务印书馆副总编辑陈小文参加讨论，这个论坛也聚集了一批跨学科的学者。不知道您对于黄老师所主持的 OCAT 是否有所了解，您有什么样的印象和评价？

鲍静静：是的，当时他通过我邀请了我们的副总编辑陈小文先生。那年是北京 OCAT 研究中心开馆展，是由法国学者乔治·迪迪 - 于贝尔曼策划的展览，分别展出了阿比·瓦尔堡的图集、摄影收藏等作品，并举行了由国内外著名哲学家、艺术史家和艺术家参

与的圆桌论坛。同时，还通过商务引进了两本乔治·迪迪-于贝尔曼的作品的版权。他跟我说，以后每年北京 OCAT 研究中心都会有一个主题，并按照这个主题做展览和出版相关图书。

方立华：由范景中、严善錞老师主编，学者们献给黄老师的研究文集《艺术及其历史》即将出版，能否从您的角度谈谈这本文集？

鲍静静：在我印象中，黄专老师就是一位非常重视学术研究和出版的学者，而且他为人真诚，我想这些在艺术史的学术圈内应该是得到一致公认的，不然也不会有那么多学者和艺术家在他走了之后发文或通过展览等方式深情地缅怀他。

商务即将出版的由范景中老师主编的研究文集《艺术及其历史》，是一本由范老师发起、由 OCAT 资助出版的献给黄老师的书，近 20 位国内外著名中国艺术史学者参与了这次有影响力的艺术史学术活动，他们不仅以各自的文章展现了其在艺术史或艺术哲学等领域的最新研究成果，而且以不同的方式在文章中纪念着黄专老师。

这是一种很特殊的缅怀方式，不仅是对黄老师这么多年来在艺术史研究领域获得的成就和所付出的贡献的肯定，更表达了对他为人处事方式的认可和对他深深的怀念之情。

方立华：你们在一起除了谈出版物合作的事情，是否会讨论一些别的学术问题，能否具体谈谈？

鲍静静：当然，除了出版合作，我们还会谈及目前国内艺术史研究的现状，国内艺术史学科的现状，甚至是当代艺术，他总会在结束的时候总结道：所以，商务现在在做的艺术史出版是一件功德无量的事情，是对整个艺术史研究和艺术史学科建设都有

深远意义的事情。

除了学术研究，我们见面也谈一些别的事情。只要不谈学术和学术出版，他也不再严肃，不再让人觉得总有一种使命感压在他身上，而是整个人都显得非常轻松幽默。比如，我业余时间喜欢品评红酒，他知道后就会和我谈些有关红酒的话题，并让我给他推荐好喝的红酒。然后他补上一句："静静，白老师喜欢喝红酒，但她酒量大，所以给我推荐一些性价比高，最好是又便宜又好喝的……"

*方立华：*在和黄老师交往的过程中，您觉得还有什么给您留下比较深刻印象的事情？

*鲍静静：*印象最深刻的是2016年春节去看他那一次。那年我在深圳过春节，就约着你一起去广州看他。到了广州，我们又和广州美术学院的邵宏老师（丛书副主编）、郭伟其老师会合，一同前往他家，直到见到他的那一刻，我才明白，他病得有多厉害。白老师躲在厕所抹眼泪，跟我们说他现在只能喝各种汁水。现在想起来，其实以他当时的身体状况，应该是连说话都很辛苦的。但当时我们在他家待了好几个小时，他精神很好，一直在和我们谈这套书，聊艺术史翻译的现状，一次次强调做这套书以及做好它的重要性。

如今，马上又要举行"艺术史名著译丛"第三次会议暨六本新书的首发式，纪念文集《艺术及其历史》也即将出版，可黄专老师却已经静静地离开了我们。

正如他在《诀别的话》中所言：死亡只是一种金蝉脱壳！我想，他一定仍在用另一种方式关注着他生前极力推进的艺术史学术出版。而我们，也一定不会辜负他的期待，继续推出更多艺术史名著，为中国学术界的艺术史研究奠定全面、坚实的理论基石尽上一份薄力。

OCAT Shenzhen 深圳

当代已然成史：我（们）与黄专

下卷

巫鸿 主编

嶺南美術出版社
中国·广州

图书在版编目（CIP）数据

当代已然成史：我（们）与黄专：全2册 / 巫鸿主编 .
—广州：岭南美术出版社，2018.8
ISBN 978－7－5362－6601－8

I. ①当… II. ①巫… III. ①黄专（1958 — 2016）— 生平事迹
IV. ① K825.72

中国版本图书馆 CIP 数据核字（2018）第 203485 号

主　　编：巫　鸿
执行编辑：方立华　王　景

出 版 人：李健军
特约编辑：白　榆
责任编辑：韩正凯
责任技编：罗文轩
设　　计：王序设计

当代已然成史：我（们）与黄专（下卷）
Contemporary is Now History: Huang Zhuan and Us

出版总发行：岭南美术出版社
（广州市文德北路 170 号三楼　邮编：510045）
经销：全国新华书店
印刷：广州岭美彩印有限公司
版次：2018 年 8 月第一版　2018 年 8 月第一次印刷
开本：787mm×1092mm　1/16
印张：23.25
印数：1 — 1500 册
ISBN 978－7－5362－6601－8

定价：198.00 元（上卷 / 下卷）

目 录

温笃勇毅

受访人：尚扬
采访人：方立华
时间：2018 年 7 月 29 日　地点：北京

方立华： 您和黄老师早期在武汉的时候应该就已经有很多交往了吧？我听白老师提起 1987 年他们结婚的时候，邀请了少数几位朋友一起吃饭，其中一位就是您，不知道您还有没有印象？想请您回忆过去的这段历史，有哪些是您印象比较深的事情？也许可以先以时间为线索，从你们最早怎么认识开始谈起。

尚扬： 黄专是一位留下了很深痕迹的人。我心目中的黄专，想来就四个字：温、笃、勇、毅。说到“勇”和“毅”，黄专并没有那种让人觉得有惊天动地的刚强表现，或者是一些特别勇敢的行为，我说的“勇毅”，是指在他的一生中，特别是他生命的后十几年所表现出来的勇毅，我想没有人能够像他那样担当得起这两个字。如果说老天爷是那么不公平地剥夺了一个人的时间，但却被黄专夺回了，他用了一般人难以到达的勇敢和毅力夺回这些时间。面对这样的事实，我就在想，如果是同样的经历，我能做到吗？我想我不能做得像他这么好。这不仅与他的性格、学识和教养有关，也与他的出身和家族遗传有关。

黄专生长在武汉，祖籍是湖南，我想这种血脉会深刻地影响一个人。武汉除了那些市井之徒以外，其实有很多武汉人都有任侠尚义的一面，黄专身上就有这样的气质，同时，作为知识分子家庭成长起来的一个孩子，又知书达礼。应该说在他生病后这阶段的生涯里，可以完整地见证他这个人的勇敢和毅力。他对人对事温厚和笃定，他身上既有儒家的东西，也有一些属于血脉里的坚毅和勇敢。所以我觉得这四个字放在黄专身上是比较恰当的，这使他能够从艰难和痛苦中站起来，并且比他原来的状态做得更好。

在武汉我也去过他妈妈的家里。在我和黄专交谈的时候，从他身上可以看到他妈妈的影子。他妈妈是一位很有教养的老知识分子，很谦和，但看得出又是一个有骨气的人。黄专可能家教甚严，应该说在他走上学术这条路的时候，这些早已在他心里面成为既定的东西。

在纪念黄专的文章里面，严善錞那篇文章写得好，让我深深感动。当然，这也是因为他们俩交往非常深的缘故。可以说善錞是黄专的知已，是至交。邵宏给善錞取过一个外号叫“严糊”，黄专他们几个都喜欢叫他“严糊”，因为“糊”在湖北话里就是糊里糊涂的意思，但是“糊”又表达了对一个人的喜欢。也就是说，这个人不太懂得很多人情世故，大智若愚，严善錞就是这样一个人。善錞在那篇文章里谈到了黄专的为人，更谈到了黄专在学术上及自已作为人的一种非常高的道德标准、要求和持守。文章写得很忧伤，读的时候我就想起当年我在湖北美术院（现湖北画院）院内的路上经常会看到他们俩的身影，他们在一起就像一对异姓的兄弟，而且在武汉就建立的这种友谊他们一直保持着。

黄专不只是一个懂得修身的人，而且将其转化成一种社会关怀。这件事情说起来是 OCAT 找到了他，也是黄专找到了 OCAT，这两者的合作使中国有了一个很重要的学术平台，而且这个学术平台有了很重要的推动者和守护人。其实那个时候并没有人做那么清晰的事情，但是黄专把 OCAT 做起来了。在中国现当代艺术的进程里，可以说 OCAT 在学术上是做得最好的艺术机构，而且一直到今天还这么努力。我后来就想，如果黄专不是在这个平台，他将做什么？因为他很早就开始提问：谁来赞助艺

1996年，美国古根海姆博物馆策划人朱莉（Julie Brown）和凯伦（Karen Smith）在黄专带领下访问尚扬工作室（图片由尚扬提供）

术？谁来写这段历史？他认为最重要的是从社会里构建一种他所需要的模式，一种模型，而且要把这种模式坚持下去，我认为黄专所做的OCAT模式是一个很好的范本。这个“范本”恰好是产生和进行在中国当代艺术最需要的时期，这就使得当代艺术更加深化和与社会连接得更加紧密。其实在那个时候他已经经历过一场极其严重的病了，所以说黄专是在用生命做这件事情。

2004年，OCAT在北京国际俱乐部召开新闻发布会，我和石冲也去了。当时黄专大病初愈，弄了这么大一个活动，我很感动。所以我和石冲一直等到新闻发布会结束后才与他见面，我们劝黄专要以自己的身体为重，他说：“谢谢，我知道，我知道，我现在很好了！”他紧接着跟我讲：“我希望到时候在OCAT能够给你和石冲做双个展。”我和石冲当时就谢绝了，为什么？因为不希望黄专为我们操这个心，同时我也觉得OCAT还需要很多时间来运作。黄专是一个重感情的人，但是我们希望他好，希望他在这个时候少做一些事情，让身体好好恢复。但是从北京新闻发布会以后，黄专在OCAT就一件一件地做下去，而且越做越好，越做越大，越做越系统化，我刚才说的这个“模型”也越来越成型，所以在中国的艺术进程里，有了一个可以参照的“OCAT模式”。

我很羡慕黄专跟他同龄人之间的关系，他们的交往没有代沟。他对我始终是尊

1996 年，在北京首都师范大学"首届当代艺术学术邀请展"展厅外合影，左起：梁绍辉、尚予、周琼、祝斌、王广义、尚扬、徐爱国、傅庸峰（图片由尚扬提供）

敬的，因为我和他的年龄稍微有一些差距，当然，我内心对黄专也是尊敬的，但是我们没有形成像他和善錞那样的交往。黄专对我的尊敬总是表现在对我的关心，比如 1993 年我到广州不久，在杨小彦的邀请下，黄专参与改版《画廊》杂志，杂志的主编是杨小彦，装帧设计是白榆。他们在 1994 年改版第一期的时候就跟我谈要给我做《艺术家工作室报告》的栏目专题。当时由小彦来对我进行访谈，这个访谈后来发表在《画廊》杂志上。从那时候开始，《艺术家工作室报告》栏目一直坚持做，成为当时中国艺术传播中个案研究的先导。当时我还没有自己的工作室，在华南师范大学我住所楼下刚好有一套空房子，学校就把它暂时给了我当工作室，小彦和黄专就是到那里进行了访谈。

*方立华：*当时杨老师给您做访谈的时候，黄老师也在场吗？

*尚扬：*他一直在场，还有赵克标（《画廊》杂志副主编）。1996 年黄专策划了"首届当代艺术学术邀请展"，展览的规模很大，他把当时中国最重要的艺术家都组织在一块，也联络了一些重要的批评家参与展览，本来计划于 1996 年 12 月 30 日下午在中国美术馆布展完后，第二天 1997 年元旦开幕，但是后来没让开幕。下午五点多钟等所有艺术家到场把所有的作品挂上墙之后，这时文化部的人突然来了，说展览必须被叫停不能对外展出……我想这对黄专的打击非常大。这个展览的投资人是香港中国油画廊的杨洁圣先生。

1996年12月30日,“首届当代艺术学术邀请展”布展完成后,在中国美术馆合影,左起:徐爱国、祝斌、尚扬、石冲、傅中望（图片由尚扬提供）

方立华：杨先生为什么会找到黄老师并资助这样一个学术项目，您了解其中的缘由和背景吗？

尚扬：具体过程石冲应该了解。杨洁圣之前就和黄专有一段时间的接触，他想借助黄专在学术上的号召力，所以投资了这个项目。但是杨洁圣可能跟一个原来在东方油画艺术厅，后来依托文化部的艺术公司的商人有矛盾，这个商人人品有些问题，因此他们在商业上发生过一些纠纷。当邀请展即将开幕之际，就发生文化部来人不让开幕的事，所以大家都很气愤。

我记得从中国美术馆出来的时候已经是傍晚，当时的北京城大雪纷飞，风很大，中国美术馆门前的马路雪堆得很厚，一下子就结了冰。我们就在美术馆对面的一个小餐馆吃饭，当时有杨小彦、邓箭今、杨国辛、满开慧、石磊、祝斌、殷双喜、杨洁圣、我和尚予等，吃完饭大家互相鼓劲迎接新的一年。当天意大利大使馆文化处的汤荻向我们发出邀请，希望去外交公寓聚会迎新年，我们嫌远没有去，吃完饭大家就回宾馆去了。御园宾馆是在中国美术馆往西走的一个酒店，所有艺术家、批评家都住在那里，当天晚上举行晚会和颁奖，大家还是狂欢，只为驱散不愉快的情绪。

第二天早上，黄专把我拉出来，对我说：“尚老师，你跟我走。”我问：“去哪儿？”他说：“跟我走。”我们从酒店出来往美术馆方向走，沙滩那里有一个文物出版社的

1996 年 12 月 31 日，“首届当代艺术学术邀请展”拟于第二天开幕前的合影，左起：小魏、杨国辛、祝斌、杨小彦、杨洁圣、殷双喜、尚予、尚扬、石磊、邓箭今（满开慧拍摄，图片由尚扬提供）

门市部，就在红楼那儿。他走进去以后就问有没有奖状卖，正好有。我问：“你要奖状干吗？”他说：“他们漏掉了给你的一个‘贡献奖’的奖状。”我说：“黄专，不必，不必！”他说：“不行，这个要按程序来！”所以他坚持买了奖状，然后就在那里端端正正写上了我的名字，合上很郑重地递给我。我当时觉得黄专做事太认真！其实我也知道，这个奖是黄专和其他批评家评委对我的情谊。

方立华：所以您最早跟黄老师认识是在湖北美术学院吗？您当时已经在那里当老师了？

*尚扬：*对。我是 1981 年留校当老师的，黄专是 1982 年从华中师范大学历史系毕业被分配到郧阳师专，他当时想考阮璞先生的研究生，来过学校，我也见过，在考前我们有过一些接触。他是在 1985 年考取的，1988 年毕业留校。我知道阮先生非常肯定他，因为阮先生不轻易表扬一个人，但他只要说这个人不错，那么这个人首先是人品很不错。黄专的为人实在，他从来不把学问放在嘴上炫耀，更不以不实在的东西作为真实去表述，所以黄专在做学问上是得到阮先生首肯的。阮先生对学生的爱，就体现在他偶尔在有些场合的评价。因为我跟阮先生都是学校学术委员会的委员，我记得很清楚，

当时在一次开会时他谈到黄专，他说："这个学生不错！"阮先生若说不错其实就是从学问、人品方面综合起来肯定的。

黄专跟朋友的交往，我认为他一是讲性情，二是讲信任。对于感情的投出和收获，黄专更讲究的是投出和给予——你只要给他的，他一定是要奉还的。比如说，当大家得知他生病都很难过，都了解治疗需要很大的经济支撑，也都知道他没有什么积蓄，那时候大家就尽自己的能力在经济上给予他帮助。但是据我所知，他后来全都一一归还，而且给每个人写了封很诚挚的信。实际上退款让朋友们都很难过，但是他觉得这是一定要做的，他的毋庸置疑也使你不用多说，只能是这样子，在收授方面，他是少收多授。在他与病魔抗争的时候，也从来没有中断过他的学术工作。我们偶尔见面时提醒他一下，他一笑置之，从来都是这样，总是把话题引开，不让你有过多的关切，他不希望自己的事情冲淡彼此之间的学术话语。

方立华：您曾经在湖北人民出版社当美术编辑，这段经历也让你们的交往多了另一层交集，因为您和白老师的父亲是同事。不知道当时您对黄老师是否已经有所了解？刚才您对于黄老师的评价，其实是基于过去他所做的很多具体的事情建立起来的，所以还想请您再回忆一下那段时间你们的交往并展开谈谈，比如在武汉期间你们似乎还组织过一个"沙龙"，经常会有一大帮来自艺术、哲学和文学领域的朋友聚集在一起讨论，能否谈谈当时的情境？

*尚扬：*说起我和黄专的交往还多了这一层关系，因为他的岳父是我的同事。1965 年我毕业后就到了湖北人民出版社，记得是 8 月去的，9 月底就被派到湖北恩施大山里参加农村社教工作队，也就是搞"四清"运动，实际上是"文革"的先导，所以那个时候全国各地的农村都在搞"四清"，清理阶级队伍，就是为了防止中国"变色"（变成修正主义）。

我们出版社30多个干部参加恩施“四清”工作分团，其中就有黄专的岳父白纯熙和我。在大山里的那一年，工作、生活异常艰苦，原来说要在那里待三年的，后来一年就回来了，为什么呢？因为1966年5月以后“文化大革命”已经在全国展开。当我们回到出版社的时候，社会上满大街逼着剪长头发、剪喇叭裤、破“四旧”以及抄家这些运动也都过去了。当时中国整个社会处在“文化大革命”的动荡之中，湖北人民出版社当然也不例外。后来出版社内部也分成了两派组织，我们美术组的人自然地组合在一起，成立了一个组织，名叫“长缨”。他的岳父白纯熙是一位老知识分子，湖北省著名漫画家，因20世纪五六十年代常在《湖北日报》《长江日报》发表漫画而出名。但是在那个极“左”的政治时期，他的岳父因为发表漫画针砭时弊，批评一些社会不良风气，在出版社一直是一个被认为有问题的人。“文革”开始后，他的岳父自然成为目标之一。我们美术组在“文革”中是批判“三名三高”的重点，所以大家就自然站到一起。1967年冬天，我被调去武昌农讲所创作历史画，就脱离了出版社那段时期的政治运动。

1979年秋，我考取湖北艺术学院（现湖北美术学院）美术系研究生，离开了出版社。由于这是中国刚刚开放高校招生的两年，所以在那一年进入武汉高校的研究生中形成了一个涵盖不同学科、规模不小的学术圈子。这个圈子是以哲学家张志扬和萌萌（鲁萌）为核心的一群人，里边有哲学家邓晓芒、陈家琪、朱正琳、黄克剑，还有文学家易中天、余虹及经济学家肖帆，再就是我们美术学院的这些人。黄专后来到湖北美院（湖北美术学院）读研究生，在1985年以后他们就成了经常活动的这一帮人，因为他和彭德、祝斌、严善錞的关系都很好，所以后来在一起活动的时间就很多。到了1987年，任戬和舒群调进武大（武汉大学）建筑系，1988年王广义调进湖北轻工学院。1988年黄永砯联系调往湖北省美术院，院里已同意，但他夫人沈远无法安排，我去找赵冰，当时赵冰是武大建筑系系主任，但赵冰因为在武大建筑系引进了两位搞绘画的艺术家，学校意见很大，所以沈远的工作问题没能解决。后来黄永砅收到法国“大地魔术师”展的邀请，他们到了巴黎就没再说这件事情了。

那时武汉的学术氛围非常好，大家经常聚在一块活动。1988 年秋，为了表达对湖北这一群学术圈朋友们友情的谢意，广义、任戬和舒群要请朋友们吃饭，那在哪儿请客呢？当时大家说不要去餐馆，因为考虑到三人没钱，所以决定就在彭德家里。他们三人去买菜回来自己做。当时去了好多人，除了彭德，有张志扬、陈嘉琪、萌萌、黄专、严善錞、肖帆、魏光庆、祝斌、鲁虹和我，将彭德在湖北文联的家挤得满满的。那天聚会散场时，大家不忍离开，余兴未了，希望将这个活动固定下来。后来也不知道是谁取了个名字，叫“沙龙 49”，实际上也就只有那么一次。

黄专其实是一个喜欢开玩笑的人，当然他开玩笑的对象主要是善錞和祝斌这几个人，因为他们的年龄相当。黄专总是很尊敬我，也许是因为我与他岳父是同事，属于老一辈的缘故。

*方立华：*当时的“沙龙”具体讨论了什么问题吗？

*尚扬：*瞎说八道。

*方立华：*能想起一些“段子”之类的吗？

*尚扬：*所谓的“段子”就是我讲笑话，每次聚会都是我讲笑话，再就是我唱《信天游》的民歌，最后总是有人感动，泪下四行。那个时候的聚会当然也谈哲学，主要是张志扬、陈嘉琪和朱正琳、萌萌这些人谈。黄专其实较少与这些朋友聚会，他更多的是和几位年纪相当的人聚在一起，如严善錞、祝斌、鲁虹等人，随性而轻松，但往往也见到他们因一些学术问题而争得面红耳赤。这样的时候，黄专也不希望成为一个中心。

1991年，黄专离开武汉前聚会合影，前排左起：彭德、刘子健、祝斌、鲁虹。后排左起：王广义、张志扬、李松、曾春华、皮道坚、魏光庆、萌萌、黄专、尚扬、李邦耀（图片由尚扬提供）

1991年黄专调往广美（广州美术学院），算起来，从1985年到1991年，黄专与武汉学术界的朋友们交往只有六年时间，但那是中国知识界最为活跃的时期，朋友们志同道合，因此感情很深。所以黄专要去广州，大家很是难舍，尽管大家都很穷，但还是凑了些钱包了一个餐馆为他送行，那是很热闹的一次聚会。那天方少华喝了19瓶啤酒，张志扬喝了13瓶，我因为不喜欢喝啤酒，所以一直喝白酒。那天的照片到现在还保留着。不久以后我们也陆续去了广州。

*方立华：*您当时在出版社工作的时候是否已经听说过黄老师？

*尚扬：*是后来到了湖北美院的时候才知道的。

*方立华：*所以是等到黄老师考入湖北美院师从阮先生的时候你们才认识的？是在1985年？

*尚扬：*稍早一点。

*方立华：*您在湖北美院教书开设的课程是油画对吗？黄老师有去上过您的课吗？

*尚扬：*是油画，黄专没有去过画室。我研究生毕业以后教的第一届是方少华他们，1983年第二届进校，是石冲他们，与黄专同一届的油画研究生是王晓东、黄建军、张

1991 年，在武汉的朋友们为黄专调赴广州的晚宴后合影，左起：魏光庆、黄专、尚扬（图片由尚扬提供）

佰超、曾剑雄，我和我的导师一起带他们四个人。他们那一届还有国画研究生王豫湘，后来去了广东教育学院，他跟黄专的关系还不错。黄专经常跟我教的这些学生交往，一般他不去别的课室，黄专不是那种随便瞎串的人。

方立华： 黄老师结婚的时候请的研究生同学一起吃饭，就是这四位油画研究生吗？

尚扬： 还有国画系的研究生。1989 我被解职，感到一种解脱后的轻松，但朋友和学生们却给予了我更多的关心。1990 年夏天，在武汉城市建筑学院工作的黄建军，把我接到城建学院住了两天，黄专一直陪着。

方立华： 当时有没有具体讨论过您在艺术创作方面的问题呢？

尚扬： 没有。但是 1991 年他去广州不久以后还专门写了一封信给我，跟我交流的是关于我那时刚刚发表的作品《大风景》的一些想法，我很高兴，因为黄专比较少跟我交流创作上的问题。后来我也给他回了信，我比较赞同他的看法，我认为他提出的问题大体是对的，但是对一些问题我也做出了不同的回应。可惜这封信现在找不到了。

方立华： 也就是说黄老师在去广州之后，他还是挺关注您的艺术创作的，他在武汉期间会经常去工作室看您的作品吗？

1992 年，武汉艺术家参加"广州·首届九十年代艺术双年展"作品运抵广州，吕澎、黄专正在收件（图片由尚扬提供）

*尚扬：*他有时候会跟着严善錞或王广义一块去，没有单独去过。

*方立华：*能不能具体谈谈 1992 年"广州双年展（"广州·首届九十年代艺术双年展"）的情况？您不仅参与了展览，而且还获得了"学术奖"。黄老师当时也参与了很多具体的工作，他作为评审委员之一，当时还详细地写下了对您的作品《大风景——赶路》的评审意见，他说："作品基调来源于一种严肃的文化反省态度，画面中色块过程的松散的几何结构关系、微妙敏锐的色调变化和快干法的运用，都表明作者对现代油画语言卓越的理解能力和超越能力，在风格取向上他将绘画性和波普符号等语言要素有机地统一起来，极有厚度地提示了作者对传统文化与现代文明的一种开放性的理解方式。"他当时其实建议授予的是"文献奖"。

*尚扬：*我也知道在"广州双年展"评选时黄专对我的作品特别褒奖，因为这个评选的过程是公开的，并且将评选过程专门出版了一本书。后来也有人提起这件事。其实我对获得"学术奖"已经很满足了，因为有那么多人参加"广州双年展"，而且都是中国最好的艺术家。

你知道"广州双年展"这个议题是在哪里展开的吗？就是在武汉，当时吕澎带着肖全到武汉来。吕澎做事的风格就是单刀直入，而且找人谈话讲的都是大议题：创造历史、书写历史和收藏历史，艺术家跟他合作就可以进入历史……那是一个有点儿革

1992 年，尚扬在“广州·首届九十年代艺术双年展”颁奖典礼上发言（图片由尚扬提供）

命的年代，思想开放，延续了 20 世纪 80 年代交往和谈话的语言风格，所以说话都比较直接。最开始吕澎到武汉来其实是为了编《艺术·市场》这本刊物，每年要出四期，他来找我约稿，因为要编第四期。后来我才知道，当时有一个四川的艺术公司给予他支持，另外他还找了深圳的伍时雄。伍时雄是艺术家，是一位很热心的人，他也愿意投资做这件事情。吕澎那时是依靠微小的力量做很大的事情。

吕澎很快放下刊物，找到黄专、杨小彦，再加上邵宏，他们几个人一拍即合。当然，“广州双年展”还是由吕澎来主持操刀。很快“广州双年展”就在《羊城晚报》见诸报端，全国各地的艺术家都开始进行参加“广州双年展”的作品创作，武汉的艺术家是参与度最高的群体。

1992 年 6 月，正当我开始准备创作时，华南师大（华南师范大学）校方来人，陪我们夫妻二人一起由武汉去到广州华南师大。之前在 1991 年，华南师大就曾派人来武汉，希望调我去华南师大美术系当系主任，首先我不愿意当官，其次也不愿意离开武汉，其间他们多次来武汉说服我，但我一直未同意。当那次去到华南师大，几天时间里，学校领导的热情令我感动，于是在他们答应我不担任职务的要求下，我同意调过去。

那次我去广州，我姐姐他们并不知道，我是突然决定走的。那时没有手机，不像现在联系这么方便，也没有即时通报行踪的意识，几天后等我回到武汉，去看望父亲，才知他已病危，已经四天没有吃东西，他一直在等着我，那天他看了我一眼就走了……

办完父亲的丧事后，我无心做任何事。这时"广州双年展"的评选已临近，湖北20几位参展画家的作品均送到湖北美院。杨国辛、方少华他们为我做好画布，要我一定画出来与大家一起参展。他们租好一辆大箱车，20几件作品装上车后，为我在中间留了一张画的空间。8月的武汉，40°C以上的高温，装画的大箱车就停在我们学校的篮球场上，我用了四天时间画完了《大风景——赶路》。

作品运到广州以后，是黄专和吕澎来接的车。当时押车送画的是武汉市群众艺术馆的邓存枚，他从广州回来后说："黄专说你这幅画画得好啊！"我后来看了"广州双年展"，感觉这个展览确实很不错，但是后来在经济上出现了一些问题。我总觉得这是黄专和其他批评家们帮助吕澎完成的一件很大的事情。

现在回过头来看，有一些事件是有它必然的原因的。那时艺术和市场的结合成为一个趋势，这件事情就成为那个时间段的象征。如果说没有"广州双年展"的话，我想之后也会有其他的活动来表明中国艺术发展的必然过程——当代艺术必须走向公众、走向社会，它的媒介就是市场。我觉得当时所有的批评家都很兴奋，艺术家也很兴奋。"广州双年展"开幕的时候，外面有很多艺术家在搞行为表演，当时中国重要的批评家和艺术家基本上都去了，"广州双年展"也成为一个轰动中国的大事件。后来这个事情虽然也招致一些质疑和纷争，但是主流还是肯定的。吕澎喜欢搞"突破"的事情，但是真正做起来还是需要"黏合剂"，黄专就能起到"黏合剂"的作用。

另外，我认为黄专的认识在那时是比较清晰的。1991年《艺术·市场》那一期发表了黄专的一篇文章《谁来赞助历史？》，我认为从这篇文章基本上琢磨出他日后思考的路径，可以看作是OCAT所做的事情的认识发端。

方立华： 您参加“广州双年展”的作品是《大风景——赶路》，在这之前其实您已经开启了《大风景》的创作和思考。能否具体谈谈《大风景》系列作品的想法？黄老师当时写信给您探讨《大风景》的问题，是不是也是为了筹备“广州双年展”？

尚扬： 跟这关系不大，他主要还是想跟我探讨一些问题。我记得他在《大风景》的问题上，可能认为我是后退了。因为黄专知道，20 世纪 80 年代我在湖北是一个领头人，我的创作与思考与当时比较激进的思潮相一致，所以黄专认为我可以更加进一步做这件事情。而我当时思考的是：在 80 年代中国的政治热潮降温后，经济热情正在急速升温，这些正在使社会呈现出碎片化无序的奇怪景观。这种无序状态导致的最大问题是什么呢？一是它将作用于人心，二是作用于环境，在我的画面里就是风景，但是我所表达的已不是自然的风景，而是社会和心理的风景。

黄专在那封信里跟我讨论的问题，估计是当时对我用这种图式画这样的东西不是很了解，所以专门跟我探讨。后来在我给他的回信中将我的想法告诉了他。当然，那时的想法仅只是我后面这么多年思考的发端，不可能那么完整和清晰，但那时他也开始理解了。为什么他后来这么支持和肯定我的《大风景——赶路》，甚至主张把“文献奖”颁给我，我相信他从我的作品里已经感觉到我的这种社会关怀。我认为他当时写的评语非常恰当，虽然我没有他说的那么好，但是他说的方向是对的。

方立华： 在武汉期间，黄老师于 1985 年至 1987 年参与了《美术思潮》的编辑工作，其实阮先生并不支持黄老师参与有关当代艺术的实践，不知道您是否了解阮先生的一些具体的想法？

尚扬： 阮先生是一位治学严谨的学者，不支持他的学生不专注研究而去从事社会活动，因为阮先生重视的是史，他自己这一辈子就专注于这一块，他觉得应该弄透，这就要

穷尽一辈子的精力。我也知道黄专其实是避开阮先生在做这些事情的。

当然，好在黄专不是在学校里做这些事情。当时彭德就住在湖北省文联，黄专有事情也是到文联那边去。但是这件事情并不长，《美术思潮》就办了两年（1985—1987），1987 年极左回潮，思想文化界清理精神污染，湖北文联借口没有经费就让《美术思潮》停刊，其实是“清污”的一个结果。但是这两年的《美术思潮》基本上成为中国理论界和美术批评界心目中认可的一个极其重要的阵地。当时《江苏画刊》比较全面，《中国美术报》比较大众，《美术思潮》比较理论化，那些后来成为中国著名的学者、美术理论家当时都很心仪这本刊物。我觉得彭德做得非常好，他把独特性看得非常重要，他写的文章和在会议上的发言总是语出惊人。所以《美术思潮》其实做到了这样的效果，一点都不折中、不含混。第一期《美术思潮》就发了我和周韶华的信件往来。

*方立华：*您在广州的时间比较短吧？

*尚扬：*四年，从 1993 年到 1997 年。

*方立华：*刚好也是《画廊》杂志改版期间。黄老师从 1994 年至 1996 年参与《画廊》改版，他当时设计了一个《艺术家工作室报告》栏目，我看上面写了这个栏目是要“报道在中国当代艺术中具有一定学术地位和能力的艺术家的学术的境况，包括工作方式和材料使用技法”，当时也邀请您做了一期专题，能否具体谈谈做这个专题的情况？在这个栏目的设计中，您觉得他又是如何选择和寻找艺术家的？

*尚扬：*对。当时杨小彦在岭南美术出版社任副社长、《画廊》杂志主编，白榆也调进出版社做设计。我感觉那个时候小彦和黄专一拍即合，关系非常好。他们所设计的《艺

术家工作室报告》这个栏目非常好！

黄专主持这个栏目有他的特点，主要还是面向全国寻找艺术家，同时他也考虑到广州当地艺术家，因为这本刊物毕竟是在广州。1994年改版后的第一期，发表我的工作室报告的同时也刊登了广东艺术家汤集祥的工作室报告。另外，他用的方式比较活泼，不像以前只是一篇文章和几幅图，这个栏目还有一篇访谈，而且在版面编排上大量采用了手稿。你刚才不是还问当时采访的时候黄专有没有在场吗？他一直都在场，好像赵克标还拍了很多的照片，后来也发布了一些。黄专当时也看我的画和手稿。

*方立华：*当时是杨小彦老师在做访谈，黄老师在场是否也有跟您讨论一些别的问题？

*尚扬：*小彦在说，黄专有时候在旁边提示。他跟小彦讲话也是开玩笑似的，小彦跟他也开玩笑，他们经常开玩笑。

方立华：《艺术家工作室报告》推出的是您在1994年创作的新作品吧？

*尚扬：*是的，当时我正在创作《诊断》系列和《94大风景》系列。我觉得黄专特别喜欢《诊断》系列，当时我还把其中一幅手稿送给了他，他很喜欢，专门装了镜框挂在家里。《诊断》系列大概挑了七八张手稿放在《艺术家工作室报告》上，当时的访谈也主要是谈论《诊断》系列。

《诊断》表述的是我在广州生活的感受，同时也把一种个人的经历拓展到对社会的思考。我曾经写了一些短小的文字谈及我的想法，比如关于呼吸，我写到：在社会的各种关联中，呼吸已经失去了它本应有的自然态，呼吸的被指令和剥蚀已经弥漫在所有的（物理的、心理的）空间里。问题很严重，但是更严重的是我们并不察觉它。这是其中一个主题。另外一个主题是关于人工智能对人的可能的伤害和压迫，我觉得那

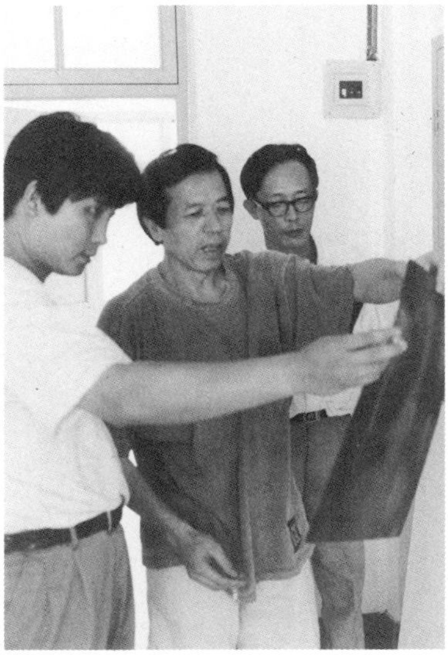

1994 年创作《诊断》系列期间，左起：黄专、尚扬、赵克标（图片由尚扬提供）

《诊断》手稿，1994 年，黄专收藏（图片由尚扬提供）

时已经展开。因为在诊断的时候，我觉得不是以前传统的方式在诊断我，而是人的智能产生的结果来诊断我，而且这个东西也将会发展得更快，最后成为控制人的东西。今天看来已经成为现实。

我相信他们感兴趣的正是这些东西，比如《诊断》是一个诊断者互相诊断以及单向度的人，一排人，很薄很薄，就像马尔库塞（Herbert Marcuse）写到的“单向度的人”，人其实已经是很平面化了，这时候思想都被碾压挤出去了，只是一个单薄的平面的人。那么，诊断者也在被诊断，说的其实就是今天已经普遍发生的一个社会问题。那年我在广州因为身体不好住了三次医院，我就想把这些画出来，传达一种针对社会的思考。我原来以为在广州四年画的画是一个弯曲的道路，现在看来是真正需要走的一条路。回过头来想，可能这就是黄专需要我做的事情，他可能觉得在《大风景》里这些东西并不那么直接，在这个时候《诊断》出现了，所以他对这些画感兴趣可能也是基于这样的原因。

方立华： 谈到具体的作品，我还想请您再谈谈 1996 年参加“首届当代艺术学术邀请展”的作品，您当时是怎么考虑的？

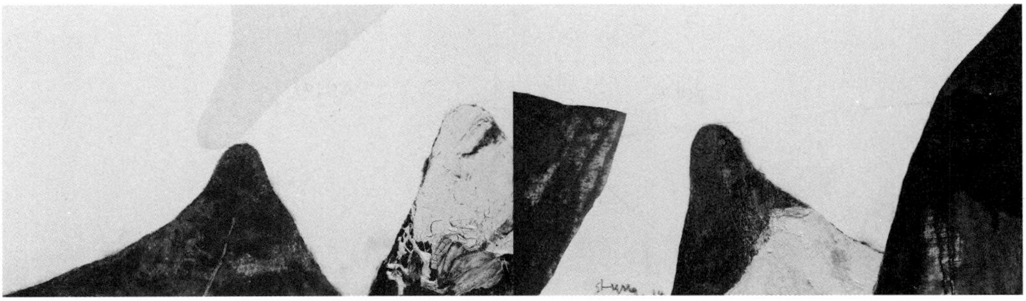
《董其昌计划—46》尚扬，布面综合材料，160cm×560cm，2014 年（图片由尚扬提供）

*尚扬：*参展作品也就是《深呼吸》。

*方立华：*刚好也是从《诊断》发展出来的？

*尚扬：*对，时隔两年。1994 年先画了《诊断》和《94 大风景》，到 1996 年画《深呼吸》。

在广州我就是从这个线索慢慢地走进去，黄专、小彦和一些艺术界的同行都比较肯定，比如殷双喜给我写过一篇文章《超越生活》，其中也提到"单向度的人"，他认为这是一个新的突破。所以现在看来，我在广州那段时间与他们的鼓励是分不开的。

方立华：《深呼吸》是专门为"首届当代艺术学术邀请展"创作的，还是在之前已经开始了？

*尚扬：*是在这个展览之前产生的。它也是我的《诊断》系列的逻辑演绎的一个主题，我的好友余虹（当时也在广州，他考入了暨南大学，是校长饶芃子的博士生）对《深呼吸》也给予肯定，当时他也住在华师，我正在创作这批画，他看了以后就说："尚扬，我要给你写一篇文章！"后来他写了一篇长文《"大风景"：尚扬的艺术世界》，发表在 2004 年第五期的《文艺研究》上。让人难过的是余虹也去世了。

*方立华：*我看了当时《画廊》杂志做的一期关于"首届当代艺术学术邀请展"专题，其中提到当时"贡献奖"的设立，是为了"表彰 80 年代以来一直从事当代艺术并且做出突出贡献的艺术家"，奖项是展览组织工作委员会给您颁发的，可以看出来您在黄老师心目中是一位非常重要的艺术家。

*尚扬：*很感谢他！更主要的是黄专在学术上对我的肯定和在情感上对我的支持。那天晚上他发完奖发现少了一个，我估计这会使他很不安，所以第二天一早他就把我拉上，一定要去给我买奖状。

*方立华：*对于他来说这是一件非常严肃的事情。

*尚扬：*是。后来在《画廊》杂志上做展览专题的时候，我那九张《深呼吸》做了封底。

*方立华：*您能不能回忆一下当时展览现场的情况，对哪些事情印象比较深刻？

*尚扬：*当时展览被叫停的事情对他的打击很大，他为这个事情付出了那么多的努力。

*方立华：*不知道您后来对于黄老师的机构实践是否有一定的了解？后来OCAT研究中心举办的展览，您也去看过，不知道您对于OCAT研究中心有什么样的印象？

*尚扬：*大体知道一些，但是没有很深的讨论。我和石冲每次都是一块去看展览。OCAT这个模式首先是必须有资本的支撑和参与，这个资本在过去是黄专所批判的，但是要推进艺术的发展，没有资本又是不行的，所以黄专在这个过程中应该也是经过了一番内心的判断和择取，择取的结果可能是他认定了必须要利用这样的方式，需要这样的平台。刚才我讲他是找到了一种"模型"，所谓的"模型"是一定要有推广意义的。我想黄专并不认为关在书斋里做一个批评家是最重要的工作，因为他知道还有比这更重要的，也就是他后来在OCAT所做的事情。

我认为OCAT做起来以后他存在两种状态：一是他推动起来的；二是他不得不参与推动，因为OCAT是他建立起来的。而不得不参与又成了他后来的基本状况，即使生病了也要勉力为之，因为他知道一旦停下来就是一个学术的中断，一个模型在慢慢消散掉，这也是逼迫他那么努力的其中一个原因。

*方立华：*您觉得黄老师的性格在不同的时期有没有一些转变？

*尚扬：*有些转变。其实黄专并不想成为公众型的人物，我相信他还是希望独善其身，但是在一个具体的行进过程当中，他觉得必须站出来，但他又不太想露面。所以对他来讲，可能在言词上会更加谦逊，但是做事就要更加加快力度。所以有些事情必须往前走，有些事情则必须往后退，这是他后来用自己的身体去实践的问题。

*方立华：*您对于 OCAT 未来的发展有什么样的建议吗？

*尚扬：*我认为 OCAT 找到了一位打造这种“模型”最好的人，而且在黄专之后，又找到一位过去坚定地支持黄专，与他在学术方向上一致且具有高度国际影响力的人继续推进 OCAT 的工作，那就是现任 OCAT 研究中心执行馆长的巫鸿先生，这是 OCAT 的幸事，而且我认为巫鸿先生足以将 OCAT 推向一个新的高度。

从湖北到广东

受访人：李邦耀、杨国辛
采访人：郭伟其、方立华、徐珏
时间：2017 年 2 月 16 日　地点：广州

李邦耀： 黄专应该是 1984 年研究生吧，当时我们住在一栋楼。

杨国辛： 1984 年考研，我跟他是同一年。

李邦耀： 那个时候我们都住在一栋楼，那栋楼是很有名的，17 栋。

杨国辛： 我们是 17 栋，年轻教师住筒子楼。我在三楼。

李邦耀： 我和黄专开始有交谈是 1986 年，我们在做"部落展"（"湖北部落·部落第一回展"）的时候，有过关于当时"85 新潮"一些问题的交流。

方立华： 您记得当时讨论的具体问题吗？

李邦耀： 1986 年我们做"部落·部落"展，黄专过来看展览，正好我在，我们聊了一下展览的事，谈起展览的起因，聊着聊着就聊起尼采、叔本华、弗洛伊德、萨特，他略带调侃地说："那你看得挺多的，我都搞不懂他们的东西。"

方立华： "部落展"当时是怎样一个情况？

李邦耀： 20 世纪 80 年代初，"85 新潮"应该是从浙江、杭州开始。那个年代和美术相关的杂志媒介很有限，《美术》和《画家》杂志却以开放的姿态介绍主流以外年轻人的作品，这些信息给我们刺激挺大，那时我与陈顺安、魏光庆、田辉、方少华，还有一些年轻老师同住在一栋楼里，平时没事都聚在一块儿，白天一起画画，晚上天南海北地聊，那时各地群体“揭竿而起”，大家终于耐不住内心的躁动了，于是商量着做一个展览；展览筹备了大半年，一直到 1986 年 12 月初，“湖北部落·部落第一回展”拉开了帷幕。当时请彭德写了一篇文章。展览就在湖北美术学院展厅举行。

郭伟其：我们昨天也聊起过以前读书的一些情况，在我们这一代人看来，波普尔不太好读，但是在黄专老师以及他周围的几位老师看来，波普尔是跟他们在中国所要寻找的问题以及解决办法密切相关的一个思想资源。就像刚才李老师谈的，当年在读书的时候，读尼采、叔本华，然后会觉得跟自己在做的事情有关。能不能举一些例子，跟自己考虑的一些什么样的问题有关？从书里面获得一些什么样的启发？有没有某些转化成自己作品的一些东西？

*杨国辛：*我们那个时候做了一个展览叫“三心二意”，大家合在一起，临时在一起做一个展览，各人的想法都不太一样，当时是有那个气氛，组合一个小团队就一起来做。我和黄专认识得比较早一点，从第一次考研的时候，我们在考场碰到，到现在应该有 30 多年了，他应该是 1984 年考研吧——我考过两次外语没过，和黄专一起考的那一次，他英语考了 20 分，我考了 19 分，那个时候分数线就是 20 分。

郭伟其：所以你们是在考场上认识的？考研的时候认识的，那之后读研的三年里……

*杨国辛：*我就调去湖北美院（湖北美术学院）当老师了。黄专在那儿读书，那个时候跟黄专在学术上也没有很多探讨，但是同在一个院子里边，还是经常见面的。那个时候黄专是很活跃的，也爱运动，我们饭堂门前有一块场地，他们老在那儿打羽毛球。我跟黄老师接触得多一点还是到了广州以后，在武汉的时候，大家各忙各的。他在学

1995 年，广州华南师范大学交流中心，左起：黄专、凯伦·史密斯、朱莉、尚扬、石磊、杨国辛（方少华拍摄，图片由杨国辛提供）

校待了没几年就南下了。

*李邦耀：*在他毕业后留校的一段时间里，我们于 1989 年 1 月，又做了第二次展览，叫“1989 油画展”。参展人员虽然基本上是来自“湖北部落”的成员，但它不是“部落·部落”第二回展。做这个展览之前，我们请了皮道坚、彭德、黄专、祝斌、曾春华在一起做了一个讨论，展示了我们手上准备的作品，聆听他们的意见，并邀请他们写文章。当时黄专给我的文章是《中国现代艺术的两难》，我们出了一份展览报纸。我当时读过黄专的文章，那时我还不知道波普尔是谁，我们正迷恋着尼采呢！

*杨国辛：*应该是在 1986 年，那个时候他写了一篇文章是关于“波普”艺术的，文章我看过但未引起注意，而湖北一大拨人做“波普”的时候是在 1992 年了。后来跟黄专聊天的时候谈起这篇文章时他说：“实际上对中国当代艺术来讲，好像这条路不知道怎么地就走成这样了，如果你们艺术家向德国学习，今天可能会完全不一样。”大概他看到了苗头，很早就开始思考这个问题，但是我们真正做“波普”的时候是 1992 年。黄专的思考有前瞻性——好像整个学术界他第一个写关于“波普”的。

*李邦耀：*20 世纪 90 年代初，吕澎来武汉开始跟黄专接触的时候，他们谈到贡布里希，谈关于图像学的问题，这对我们重新思考艺术问题，走出现代主义的阴影是有影响

的。之前和黄专聊得比较多的还是跟“存在哲学”有关系。

*郭伟其：*我们对他这段研究生生活的材料掌握得不多，两位老师因为在同一个时间也在湖北美院，是否可以谈一下当时湖北美术学院的氛围以及研究生和作为年轻老师共同生活在美术学院的环境里，对你们的生活、艺术观念产生触动的东西是哪些？

*李邦耀：*20世纪80年代中期是湖北美术学院的黄金岁月。陆陆续续从外地毕业来的学生和本院毕业留校的学生，作为新生的教师力量汇集到湖北美术学院。大家年龄都相差不了多少，都是单身汉，而且住在同一栋楼里，有事没事都会凑在一起。皮道坚、刘一原、尚扬等研究生毕业留校，也住在学校里边。因为刚刚改革开放，市场上出现大量翻译过来的西方书籍，大家如饥似渴地阅读，互相之间交流也很多。比方说，某老师看了什么书，会在一块儿聊读书心得，整个学校充满了活力。那段时间学生会也经常组织讲座、舞会等一类活动，会请哲学家张志扬、诗人鲁萌来讲学，当时整个湖北美术学院的气氛非常好。黄专读书的时候就住在我们同一栋楼里，我们很快就融在一起，因为湖北美院场地很小，我们从教学楼或者从宿舍去食堂吃饭，要经过一块空场地，黄专和他的同学基本上就霸占了那个场地，在那儿打羽毛球，有时候我们边吃饭边看他们打表演赛。

*杨国辛：*那个时候黄老师是很有活力的，很羡慕他身体真好。

*李邦耀：*1986年“部落·部落”展时，我记得他问我：“你画得像毕加索，不过还是有不一样的地方。”我说：“你觉得哪一点不一样？”他说：“你的思考、经历还是不一样的，毕加索画的时候没有像你现在想这么多。”

*郭伟其：*杨老师在湖北美院的时候和黄老师的私人交往怎样？

2000 年，成都杜甫草堂，左起：冯峰、黄专、杨国辛、袁晓舫（图片由杨国辛提供）

*杨国辛：*我跟黄老师在湖北美院的时候实际上是住在一起，经常碰到，但很深入的交谈和接触要少一些。那个时候我刚去美院没多久，从某种意义上说我跟黄专应该是同时进湖北美术学院的，他也很忙，没有很多的私人交往。

*徐坦：*在广州，有一段时间是最好玩的时候，就是 1993 年、1994 年，每个星期都在华师打牌，是黄老师率领我们的。那个时候是联合全部广东当代艺术圈，包括“大尾象”，都是在黄老师的领导之下，每个周末在华师美术系的研究所……

*杨国辛：*就是我们这个美研所，有时候打牌聊天一搞就是通宵。

*徐坦：*那种时候会谈很多要紧的事情，这是提供一个机会。有一次，1999 年，在美院六楼黄老师家，我们都去了，“大尾象”的成员全部去了，他们都在那里玩“炸金花”……但我不会玩，只好充当服务员端茶送水，搞了一宿，一直到天亮。他们玩牌，我就打电脑游戏，我把黄老师电脑打开，打《帝国时代》，黄老师走过来看，说：“你打这个东西有没有彩的？”我说：“没有。”他说：“那你的乐趣在哪里？”我突然意识到这个很重要，没有彩头的乐趣和有彩头的乐趣。这影响到后来我在深圳 OCAT 做个展的时候，我谈到什么叫“纯粹的游戏”，黄老师也经常谈关于荷兰哲学家赫伊津哈的《游戏的人》——在 2011 年，黄老师专门跟我谈“游戏”这个问题，变成“关键词”里面专门的一个讨论。

2000年，“社会：上河美术馆第二届学术邀请展”合影（图片由杨国辛提供）

杨国辛： 我来广州的时候没有在华师美术系，是在美研所——美研所存在六年。那个时候，有一楼、二楼、三楼，还有一个加工层，我们的工作室都在那儿，每个礼拜聚会，黄老师经常来，“大尾象”一拨人也来。

徐坦： 我们每个周末骑单车过来。但是对我来讲有点不太好玩，因为我不会玩，但是这是大家的群体活动，所以我在旁边就是看，端茶送水。

郭伟其： 《帝国时代》是黄老师电脑里有的，他打吗？

徐坦： 他不打，我也不知道他电脑怎么有，也可能是我专门带光盘去安装的，我隐约记得他那一宿都在看着我打。

李邦耀： 黄专打牌的时候，很多俏皮话：“你打得像石冲，太写实了。”他说老杨出牌是“表现主义”。

杨国辛： 有时候，我赢了以后就瞎来，很快就又输掉了，黄专就说：“你看看，性格决定命运，表现主义。”

郭伟其： 有很多事件也是在这个过程中聊出来的吗？

徐坦： 有一次，他请郑国谷、冯倩钰吃饭，我也去了，在江南大酒店二楼外边凸出来的一个露台上，就是现在珀丽酒店蒙地卡罗那里，那是1999年，黄老师讲一个主题：“怎么捉千年虫”——大家都忘了什么叫“千年虫”。1999年快结束的时候，有一个世界末日一样的东西叫“千年虫”。这是日常生活中谈一些很严肃问题的例子。还有一次，他做“城市俚语”展（“城市俚语：珠江三角洲的当代艺术”），曹斐也参加了，曹斐拿出一个名片给黄老师看，黄老师说：“你为什么把名片上面的字弄这么小？”曹斐说：“不小，我看得到。”黄老师说：“我怎么看不到？”曹斐说：“是不是你眼睛不行，老花了？”后来我们拿起一看，果然是看得到的。黄老师说：“哎哟，原来我老花了。”

李邦耀： 那是2000年以后。

徐坦： “城市俚语”是2001年。黄老师谈起那个事情很辛酸，他说“城市俚语”做得好辛苦，每一封邀请信都是他亲自刷胶水、封口寄出去的。还有一个很重要的事情，1998年在何香凝美术馆做的“第一次学术研讨会”，来了很多人，中国的当代艺术大腕都来了。

李邦耀： 说起1997年，我想起1996年年底黄专在北京中国美术馆做的被关闭的那个展览。

郭伟其： 回到90年代后期，展览被叫停，对于你们来说意味着什么？会不会有时候期待被叫停或者说还是希望不被叫停？

徐坦： 还是希望不被叫停，希望看到一个奇迹。黄专做一个展览，我们也都很期待这把赢在他身上，因为其他很多展览都被叫停了。

杨国辛： 当时如果那次展览开幕了，我觉得会成为一个标志，是官方主流话语的一种

态度。关掉展览也是一个标志，就是说 1989 年“中国现代艺术展”之后他们的思维是没有变的。我记得那天晚上，老栗来，在一个房间里抽烟，廖雯就说，目前碰到这种情况，应该是跟“中国现代艺术展”以后的思维是一致的，你们应该这样看，不奇怪。他们是安慰我们，但我们还是希望展览可以开。

*李邦耀：*他们当时也通过关系，找到文化部相关的人，后来说这是搞不了的，主要是因为这个展览还是不适合在中国美术馆这样的地方搞。装置部分在首都师大也同时被关闭。当天晚上，黄专碰到艺术家就打招呼说：“你们一定要冷静，不要闹事。”他说这不是 1989 年“中国现代艺术展”，语境已经不一样了。大家聚集在酒店的一个房间里待着，走廊站满了人。一会儿老栗 、廖雯也过来了，还有几位批评家，殷双喜、杨小彦他们都在，然后就开会，黄专跟大家说：“你们一定记住，千万不要闹，你们要闹，正是他们希望看到的。”

*方立华：*当时的理由是说“不符合手续”？

*杨国辛：*是找了这样一个理由，来了两个文化部的干部，说你们的手续没有做全，当时是殷双喜直接接洽的，就是给了这样一个通知，很莫名其妙的。

*李邦耀：*大家都很沮丧。

*郭伟其：*当时展览的经费方面是怎么样的？

*李邦耀：*是香港的一个画廊赞助的。

*郭伟其：*你们到北京去的差旅费呢？

*杨国辛：*都是我们自费的。

2006年，“亚洲交通国际当代艺术展”展览现场（图片由杨国辛提供）

*郭伟其：*从你们参展艺术家的角度看，实际上这种展览为什么被叫停？

*李邦耀：*从我当时知道的某些情况来看，我认为是和一个人有关系吧？

*徐坦：*那个时候，像黄老师这种展览，换一个人做也是很难的。因为那个时候已经闹出很多问题，比如有一些人跑到长城上脱衣服，专门吸引美联社来，这种事情在北京已经是频繁发生的了。当时，主管部门对“中国现代艺术展”根本没有概念，根本不知道，这肯定是很合乎当时语境的。

*郭伟其：*也不是说里面某一件作品特别会引起……

*徐坦：*和现在很不一样，比如现在一个展览里面有一两件作品不合适，可能会被关掉。那个时候是这种展览本身就是有问题的，当时为什么我们都觉得黄老师做那个展览是一种挑战呢，因为大家都觉得这件事恐怕根本就做不成，既然肯定会被叫停，怎么还在做？

*郭伟其：*所以那个展览是不是从目的、从整个设计上是不太一样的？

*徐坦：*为什么黄老师要说，何香凝美术馆是中国第一家正式的敢于做当代艺术的政府的美术馆？因为在中国其他的地方都做不了，他有这么一个概念，所以他来广东。

郭伟其：从 90 年代的情况来看，他有一部分的展览是出于挑战的目的，是不是可以这么理解？

方立华：他用了一个词："测试"。

李邦耀：我觉得包括 1997 年那个展览，他的初衷不是要挑战，他是要做一件事。因为 1992 年"广州双年展"之后，其实整个艺术界没有什么能够引起关注的展览，我觉得黄专是想证明，在这样一个国家体制内的一个美术馆，能够做真正属于当代艺术学术范畴的活动，他想做这种东西。

郭伟其：说起 1992 年，我想起黄老师给李老师写的文章，开头第一句说"1992 年是一个转折"，原话我记不太清楚，大概是讲消费主义。当时我不知道黄老师在写这篇文章的时候或之前，跟您有什么交流吗？还是说他的文章写完后反过来给您某些启发？

李邦耀：我们一直有交流，所以他写文章时我什么都没问。1992 年"广州双年展"，我的参展作品就是《产品托拉斯》，跟消费有关系。黄专是从这一件作品开始谈起的。

郭伟其：刚才谈到的展览也好，打牌的这种交流也好，都和一种现象有关系，我想这种现象将来在中国艺术史或是中国学术史上都会有很重要的位置，就是最开始为何在武汉会聚集了这么一批人？后来怎么这么一大批人又同时，或大概差不多前后两三年的时间，从武汉来到广州？从两位的角度来看，不知是怎么样认识这个过程和这种现象的？

方立华：而且基本上都是在 90 年代初陆陆续续离开了武汉来到广州或者深圳，而且都是选择南方，而不是往北方走。

杨国辛：湖北美术学院这个地方还是有特别的体制内的现象和条件。在湖北，好像艺

术界跟哲学界、理论界以及搞社会学、文史哲的人来往很多，我不知道其他的地方是什么样的情况，艺术跟其他学科是不是也有这种联系？

*徐坦：*像张志扬这些哲学家跟艺术圈关系这么密切的现象在广东是没有的。

杨国辛：“85 新潮”美术运动的时候，湖北是一个很活跃的地方。

*徐坦：*就是因为湖北的刊物《美术思潮》。

*杨国辛：*那个时候非常活跃，关键是形成了这样一个氛围——当时在美院不光是做实践、动动手搞创作，思想上的碰撞和影响也很重要，可能比起别的地方来，这一点是湖北艺术圈一个很重要的特点。

*李邦耀：*这个事说起来，跟当时湖北省文联主席周韶华是有关系的，因为有了周老先生的开放性态度，才有了大规模的“湖北青年美术节”、《美术思潮》杂志，彭德、皮道坚负责《美术思潮》，黄专、祝斌、鲁虹等人参与编辑和写作，这个刊物在“85时期”的武汉是非常重要的。我觉得一个时代有的时候有趣的是它的连接点。张志扬、鲁萌和皮道坚是很好的朋友，皮老师是我们的兄长和朋友，有活动的时候，大家就自然而然地在一起。90 年代初，王广义、舒群也来到武汉。我记得黄专留校以后，在他的房间里，王广义、魏光庆、杨国辛和我，还有袁晓舫、皮道坚、尚扬等一拨人有时在一块儿，我们一聊就聊到很晚。

*方立华：*你们当时会讨论艺术市场方面的问题吗？

*李邦耀：*恰好都没有，我觉得很有趣的是，谈市场的问题是吕澎出现以后。

*杨国辛：*吕澎办了杂志《艺术·市场》，那个时候我们觉得很奇怪，谈市场？我们那

个时候没有接触。

*徐坦：*我想谈后面那个问题，为什么这么多人来了广东？我认为90年代开始，这些事对于中国当代社会的演化是非常重要的一个转折点，现在我们是感觉不到的，但当时有一个很大的感觉就是往南方去，因为邓小平也到南方去了。我是因为哮喘，考研来到广州的。真正是从90年代开始以后，就出现一种去理念、去政治的状态，所以“大尾象”也是在这个时候产生的。这个时候发生的事情就是我们不再谈政治，所以凡是来到广州的艺术都是这一类的，在当时是很强劲的一股潮流。在广东这里，我们可以体会到“后现代主义”——现在没有人再谈“后现代主义”了，20世纪90年代初，“后现代主义”是非常泛化的，大家都认为，我们通过“五四运动”这么多年理念性的革命，到1989年春夏之交的政治风波，最后余波还是归于这样一个结果。所以大家在想，能否通过西方商业资本和文化发生关系，能不能真正改变中国。所以，当时很多艺术家、学者下海，当时有一种乐观主义，就是往南方来的一种乐观主义。其实我觉得当时空气是非常不一样的，所以为什么吕澎可以在广州做成双年展？他要是在北京做，不仅不一定做得成，而且气氛也不对。确实当时有一种很强劲的气氛，表面看起来是去政治化，但真正是一种身体力行，经济、身体等各个方面投入到这样的一种社会活动里——我们看看这样能不能改变世界。我记得当时“大尾象”跟西方一些人谈话，西方人问我：“你为什么不像北方人做‘政治波普’那样的艺术？”我说：“我认为那是一种过时的艺术，因为现在在我们面前的政治是完全崭新的，是‘后现代主义’的，我不想再回到——老是看着那些丑陋的东西去工作。”后来外国专家就说，广州有一帮年轻艺术家，他们很天真，他们以为这个世界就真正跟外面是一样的了，是“后现代主义”了。过了若干年以后，我承认当时确实是我错了，中国还是没变。但当时确实在广东有这样一种乐观主义，大家觉得努力在这里工作，是会影响到整个中国的——现在看来确实很乐观。我的看法就是，100年的中国革命

2011年，黄专和李邦耀在"物象志·李邦耀个展"展览现场（图片由李邦耀提供）

对中国人的政治意识并没有根本性的改变。还有一点，当时尚老师和皮老师来广州也是很重要的，因为在当时他们两位是领军人物，他们两位来了以后，大队人马都来了。还有一点就是武汉人很时尚，常常会打响第一枪，比如辛亥革命、"艺术新潮"，武汉人打响了以后，后边我们不玩了。

*杨国辛：*这跟湖北人的性格也有关系，很活跃。另外，具有不同角度的人——现在我不把他们定义是什么，他们也很强烈，冲突也很大，这是我们南下的一个很大原因。

*李邦耀：*崇尚自由。

*杨国辛：*对，那个时候，华师人事处到湖北去找我的时候，做工作到夜里3点钟，就什么都答应了。我记得来的时候跟校长在一起搞了一次座谈，那个时候校长也是湖北人——严校长，后来我就说你们到底是权宜之计，还是真正想把华师做起来？因为当时的华师美术这个学科很弱。他说，我们怎么是权宜之计呢？我们就是要把这块做好，而且我们这儿比内地还是开放一些。他讲的这个理由，当时对我们还是有一定影响的。

*郭伟其：*他真的是一个一个去挖过来的？

*杨国辛：*对。

李邦耀: 武汉虽是开放之地，传统保守势力还是非常强大的。

杨国辛: 你的脾气大，人家的脾气也大。

李邦耀: 当时整个学校乃至武汉的大环境氛围也不好，所以当华师人事处来找我们的时候，他们的真诚和热情令我很感动，我思想斗争了一宿，终于理智战胜了情感，决定南下。

徐坦: "范帮"真正是在广州壮大的，因为邵宏和杨小彦在这里，后来黄老师也来这里。这个流派对中国当代艺术起到了很大的一个堡垒作用，并不一定是在浙江，而是在广州，真正对我们的创作艺术有影响。像我这样的艺术家，是受这个"帮"的影响非常大的。那个时候一些北京艺术家跑到广州来跟我们谈话，比如谈到政治，谈到东方主义、东西方这些问题，我会用跟黄老师聊天的办法问他——比如用逻辑实证主义，追问论点、论据等具体问题，反对"宏大叙事"和"伪命题"，这样的话，谈了一下就谈不下去了，他们会说，你为什么讲话像个学者？因为黄老师不仅仅是受贡布里希影响，而且他是一个实证主义者，是一个逻辑实证主义者，跟罗素和语言学派都有关系，不仅仅是贡布里希，包括关于语言的言说上对事实的诘问和证实的一系列的讲话方式，整个都是逻辑实证主义这一条线索的。我觉得这一条线索在广东的实际存在、影响力很大，并不是像别人认为的南方是一个没文化的地方，做出来的艺术没有文化，广东的艺术家反而是很强调方法论，包括"大尾象"，也受黄老师影响很大。在"大尾象"的展览里，可以看到当时谈的方法论主义——"大尾象"当时在中国是最讲究方法论的。比如谈一个问题的概念，概念的层次、基础性的方法是什么，这些东西都是在这样一个环境里生长的，从这一点可以看到一个地方的艺术是如何和理论真正发生关系的。它是在这个层面上发生关系：艺术语言跟方法论的关系，艺术语言和方法论的层次之间的互动，这些我估计也都是跟"打牌"有

2011年，“物象志·李邦耀个展”展览现场，左起：周涌、李邦耀与黄专（图片由李邦耀提供）

关——刚好就是“大尾象”最活跃的时期，1992年到1998年。我最早见到范景中老师是在1989年，范老师在邵宏家里，我跟范老师聊天，对我也有很多启发。我从1996年来到广州美术学院以后，跟邵宏关系很密切，我觉得邵宏和范老师的关系也是非常早地在广东这里发展起来的，他一直跟我们谈“先匹配后创造”，这是非常重要的，因为广州美术学院油画系在“85新潮”的传统是表现主义，这与钟蔚帆他们一批师兄在创作上的表现主义倾向的影响相关。但是邵宏他们来了以后，一直强调我们要先“匹配”，先把知识给你匹配上，在这个基础上才能创造。而表现主义常常是强调非理性主义，冲破概念这些东西。邵宏谈“先匹配后创造”是贡布里希式的，因为贡布里希讲的是一种试错，谈你面对的不是一个所谓的真实世界，而是一个知识的系统，在这个知识系统里面再去工作、去创造，这对这个地方气氛的改变很大。所以如果没有这样一个学派，如果一直是保持表现主义，后来的当代艺术——估计从“大尾象”到以后的郑国谷，后面这条线索的出现是相当困难的。我在这里几十年，非常清晰地感觉到逻辑实证主义以及“图像学”主义如何真正地改变了一个地方、一个学院——不是一个学院，在学院还是没有改变，但是对这个地方的艺术生态、思维方式有所改变，它不显现，而是隐藏着的。我认为这一点还是很重要的，它的影响很深远、很潜在。

*郭伟其：*徐老师是特别学究、特别理性的一个艺术家，你这么解释我觉得豁然开朗，对很多当时的现象有一个认识。但我仍然有一点怀疑，从李老师和杨老师的角度，是不是真的像徐老师说的这么理性地从武汉来到广州，真的是想找到另外一条路？

*徐坦：*我认为至少在李老师的创作里看到了这个，因为李老师以前不是这样画画的，李老师来这里之后的创作里有批判精神，我觉得这种批判精神很多是跟“贡布里希主义”有关的——他强调试错。还有，不光是我一个人理性，“大尾象”里的其他成员，像林一林这些人是很观念主义的，这种观念主义在广东的产生是很困难的，因为广东人是很自由的，林一林是在90年代之后变得非常观念主义，当然不能说就一定有什么直接关系，但是几十年来我一直相信这是一个理论学派真正在土壤里散发着影响，我相信逻辑实证主义在中国的艺术里最生效的地方就是广东。

*郭伟其：*还有一个问题，在武汉的时候，你们就是经常聚集在一起的一个学术团体或艺术群体，到了广州之后仍然有这么一个群体，在创作中或在考虑问题的时候，大家有没有一个分工？黄老师他们当时在范老师的带领下，几个人曾经有过一个分工，比如说有人研究文人画，有人研究其他的。那么你们在创作的时候有没有类似的情况？比方李老师做关于“消费主义”创作的时候，会不会说是这个团体帮你分配，还是每个人选择自己的道路？是一种什么样的情况？

*李邦耀：*道路是自己选择的，既没有领导也没有分配。

*徐坦：*大家到广州是一个新的聚集。理论的“湖北帮”是真正到广东才形成的，严善錞其实也蛮重要的，像邵宏来这里读研是1984年还是1985年，他也是一个很能够召唤的人，所以真正在这里是一个聚集，包括吕澎他们做双年展，这里整个就产生了一种气氛。

*李邦耀：*志趣相投。

*徐坦：*现在大家不太谈“后现代主义”，在当时是很重要的话题，我们谈“后现代主义”，是说我们反对什么，当时“后现代主义”是反对形式主义，反对宏大叙事，像黄老师他们这个理论组合都是反对宏大叙事。黄老师在这个方面是很清晰的，我们要谈具体的问题，这是逻辑实证主义的要求，不谈宏大叙事。现在等于这个风潮是过了，过了以后，“后现代主义”显得比现代主义还要弱。

*郭伟其：*怎么样在一个共同的兴趣下，分别又找到了自己的一个兴趣点？大家经常聚在一块儿，是怎么样聊出来这些创作的想法或者一些灵感？

*方立华：*或者说为什么湖北的艺术家有那么一批人选择了“波普”？

*徐坦：*我觉得还有一个，打牌这件事跟黄专的魅力是有关的，他可以让广东不同的艺术家聚集起来，像陈劭雄——我跟李老师本来就很熟，虽然我不喜欢打牌，但我经常过去玩，但是像陈劭雄这样的艺术家，原来不熟，纯粹是因为黄专，陈劭雄跟林一林都是因为黄专的个人魅力——他组的局别人觉得好玩，就肯定要来，当然这里面肯定也包含了有共同话题，如果他组的局大家不喜欢来，也没有办法。

*李邦耀：*其实当时就是徐坦讲的那么一拨人，能够在一块儿聊的，除了“大尾象”在广州本土的艺术家，再就是我们从武汉过来的这拨人，大家汇集在一起。这个要深究也没有什么可说的，实际上应该说是那个时期，大家的思维是在同一个方向上，思维系统上都是一致的，比方说远离现代主义的形态。

*杨国辛：*至少都是在同一主流话语的氛围内，这一拨人还是有一个基本的沟通框架，这一点应该是很明确的，跟别人的不太一样。

李邦耀: 对！这些人在一起聊，没有语言上的落差，一谈大家都知道，容易在一块儿谈，就像徐坦说的，即使是打牌，都能够“打”到一起去，打牌用的话语、词汇都是和当代艺术有关联的。徐坦说的都很重要，其实“后现代主义”这个词汇当时不仅仅是在南方，在北方也都开始谈。我们在武汉琢磨开始新的工作的时候，我和黄专也有过交流，1992年“广州双年展”是一个结果。

郭伟其: 所以你们前后两期艺术风格变化非常的大？

杨国辛: 李老师那个时候做的“波普”作品其实在武汉已经开始了，1992年“广州双年展”拿出来的时候已经是这样了。我基本上也是从1992年的时候在湖北开始做“波普艺术”，这种情况一直延续到2005年才有了一个比较大的变化。后期跟黄专交流比较多，我和黄老师聊艺术的时候，实际上是把它当学科研究在探讨，接触多了，黄老师的思考和态度及所讲的东西跟我内心的一些想法是产生共鸣的，后来交流就更多了一些。另外，我俩对传统文史方面的交谈反而更多一些，这对我近十年来艺术创作的变化也有很大的影响。

郭伟其: 你们是怎样谈具体问题的，有没有一些比较具体的例子？

杨国辛: 从1992年开始，批评界就说我们是走“波普”风格，其实当时就我个人来讲，我真的没有想那么多，当时就是想找一种方式从主流话语突围，那么首先是得把形式、面貌换一下，就要找一个非主流的话语形态来做。那个时候我跟李老师聊天，理出了一套原则：我们的作品，最好是不要像一张画，没有技术，没有美感，不要相对学院的那一套。我们那个时候真的是想突围，后来就有批评家按照“波普”艺术“美国波普”的原意来阐释我们，其实我不太同意，“波普”于我而言就是一个手段、工具。

李邦耀: 老杨说得对，当时“波普”对我们来说仅仅是一种手段和态度。

杨国辛： 到了2005年前后，我记得有一次，黄专来华师到我的工作室看看、聊天，正巧碰到我正在干活、画画，当时我正把画好的画面全刮掉，他看到就笑着说："没有办法画下去了？"我一边刮，他接着问："你厌不厌烦啊？"我说："老黄，你现在才问我，把我烦死了，我已经麻木了，这么画了好多年了。"他走了以后，我就想这个问题，有必要一直这样进行下去吗？变化、转折就是从那个时候开始的，2005年以后突然就放弃了。后来我在上海有一个展览，他给我写了一篇文章，谈到了"废墟"。因为我那个时期画了一批画，是有着钴蓝色调的"江南"，黄老师把文章写完以后，他留下一句话，说："老杨，你的视觉逻辑发生变化了，我写了以后你就回不去了。"其实我现在回头想，从1992年到2005年、2006年初的这一段时期，我真的是很烦，所以就会有一种想挣脱的感觉。打个比方，菜不好吃了，于是想连菜、盘子一起扔掉，把一套有逻辑的视觉语言切断了。所以我现在反而心态更加放松，怎么做我也无所谓，压力反而没有了，我不把这些事情看得很重要了。而且，我跟黄专在后来几年聊天的时候，我觉得在一个如此扁平的时代里，艺术也没有显得那么重要吧，其实我这个表述老黄是同意的，艺术没那么重要，最后我得出的是这个结论，到了今天，我再做艺术的时候，反而很轻松，不想再背负那么沉重的东西了。

郭伟其： 我也很少有机会跟艺术家一直这么聊，我想借这个机会了解一下，像贡布里希在《象征的图像》里一开篇就举了一个例子，说皮卡迪利广场上面开弓射箭的那么一个形象，最开始艺术家想表达的是一个很简单的道理，象征含义很简单，箭射到泥土里被盖起来了，在英语里面的谐音就是赞助人的姓氏。后来报纸给他作了报道，让评论家为他写一些评论，再后来艺术家再去讨论这个问题的时候，他就会有一些不同的解释，会说当时设计那个东西背后是要讲一个很深刻的含义。作为艺术家，跟艺术史家或者理论家、批评家交流的时候会不会有一些类似的情况？就像刚才杨老师提到的，如黄老师开玩笑说"我这么一写你就回不去了"。例如这样的一些问题，

2015 年，黄专与李邦耀在广州太古汇（图片由李邦耀提供）

从艺术家的角度会怎么想？

*李邦耀：*我们三个人（李邦耀、杨国辛、徐坦）的艺术类型还是有点差别，在和黄专交谈的方式上可能也都会有差别，但是从总体上来说，探讨的问题是一致的。其实我们交流时，很多时候，他不谈你这样做是好还是不好，他也不会告诉你说你应该怎么做，他会说：你跟过去不一样，你为什么要这样做？我觉得在 2001 年以后，特别是黄专生病以后，他很清晰地认识到时间对他的重要性，从事研究工作更加理性一些，条理性很强。以前，我总觉得黄专在批评家里面更像是一个艺术家，我们成天在一块儿打牌、喝酒、抽烟、出去泡吧。2002 年以后，因为身体的原因，他也克制了自己，和我们在一块儿的活动减少，玩的时间也缩短了。

一个敢于拒绝和不轻易妥协的人

受访人：魏光庆
采访人：王俊艺
时间：2016年11月23日　地点：武汉
录音整理：赵莹

王俊艺： 我们可以从您和黄老师关系比较密切的展览开始谈起，然后回溯你们刚刚认识的时候。可以顺着您的时间线来谈。

魏光庆： 我和黄专是在湖北美术学院认识的，他那会儿在攻读阮璞先生的研究生，我是学校的年轻教师，他比我年长一点。那会儿我们学校是在昙华林区，校园比较精致。黄老师比较喜欢运动，尤其喜欢打羽毛球。他的同学是学美术史、国画和油画的研究生们，基本上都住在同一栋筒子楼里，和我们年轻老师住的筒子楼面对面，中间是学生和教师的食堂。

在20世纪80年代，武汉的整个知识界，包括哲学界、思想界、诗歌界和艺术界都处于一个比较活跃的时期，所以我们的生活方式基本上就是大家在一起聊天，有时候谈谈艺术和哲学，甚至有时候在一起吃饭喝酒，参加一些小的舞会，处在一种很生活、很自然的状态。

在我和黄专的交往过程中，我始终把他当成一个大哥，因为我特别认可他。他始终有一种独立的人格，他把个人情感和事业取向分得很清楚，比如说他所从事的艺术活动，他所认可的艺术作品，都取决于他自身的一种态度来呈现，他不会掺杂人情关系，所谓的情感方式和事业状态，他不会搅在一起，不会用很模糊的一种状态进行处理。在我的印象中，他最早给我写的一篇文章就是关于我的行为作品《关

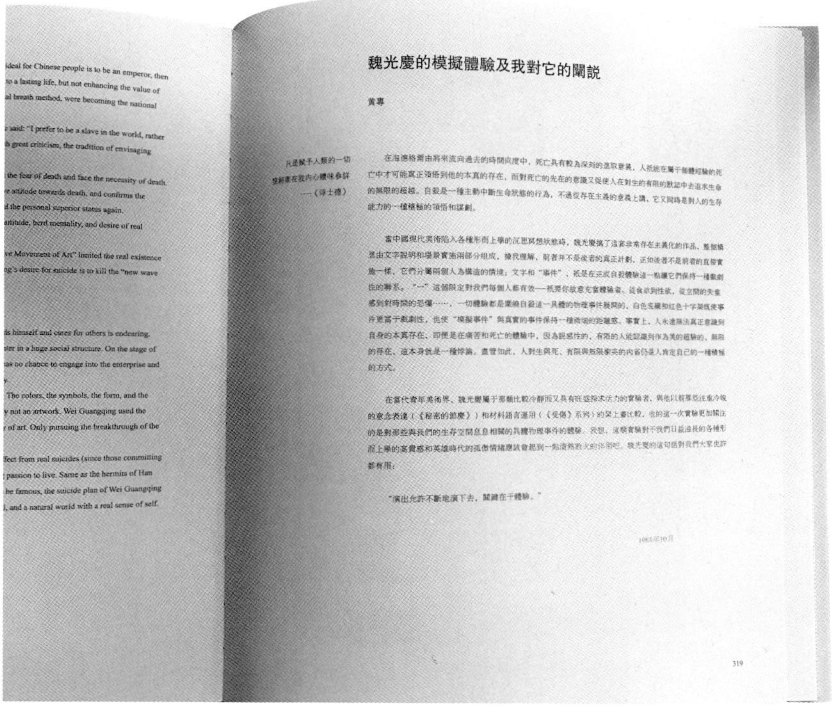

《魏光庆的模拟体验及我对它的阐说》，黄专，1988 年 (图片由魏光庆提供)

于“一”的自杀计划模拟体验》。黄专是学历史出身的，他给我写文章的切入点与他的知识背景以及他所从事的艺术实践相关。所以我对他写的文章特别有共鸣，因为他特别能触及我的行为艺术本身最有意思的点——我是用戏剧化的场景来表达死亡，将死亡戏剧化。虽然那篇文章不是很长，但他的切入点和我当时所要表达的那种具有戏剧性和荒诞性的东西触摸得比较准。后来他跟我做了一个对话，1989 年以“白荆”的笔名发在《中国美术报》上，谈我当时做的一系列作品，叫《受伤系列》。

王俊艺：您的那件作品是在外面实施的一个行为，他是通过什么途径了解的？

魏光庆：通过图片和文本。这件作品最后的展现包括了我写的文字，它就像我设定的小小说一样，是一种比较解构的方式。这件作品最后是在 1988 年的“黄山会议”上推出，后来是用行为装置的方式在 1989 年“中国现代艺术展”上呈现。

王俊艺：能再具体聊一聊 80 年代你们在武汉的情况吗？

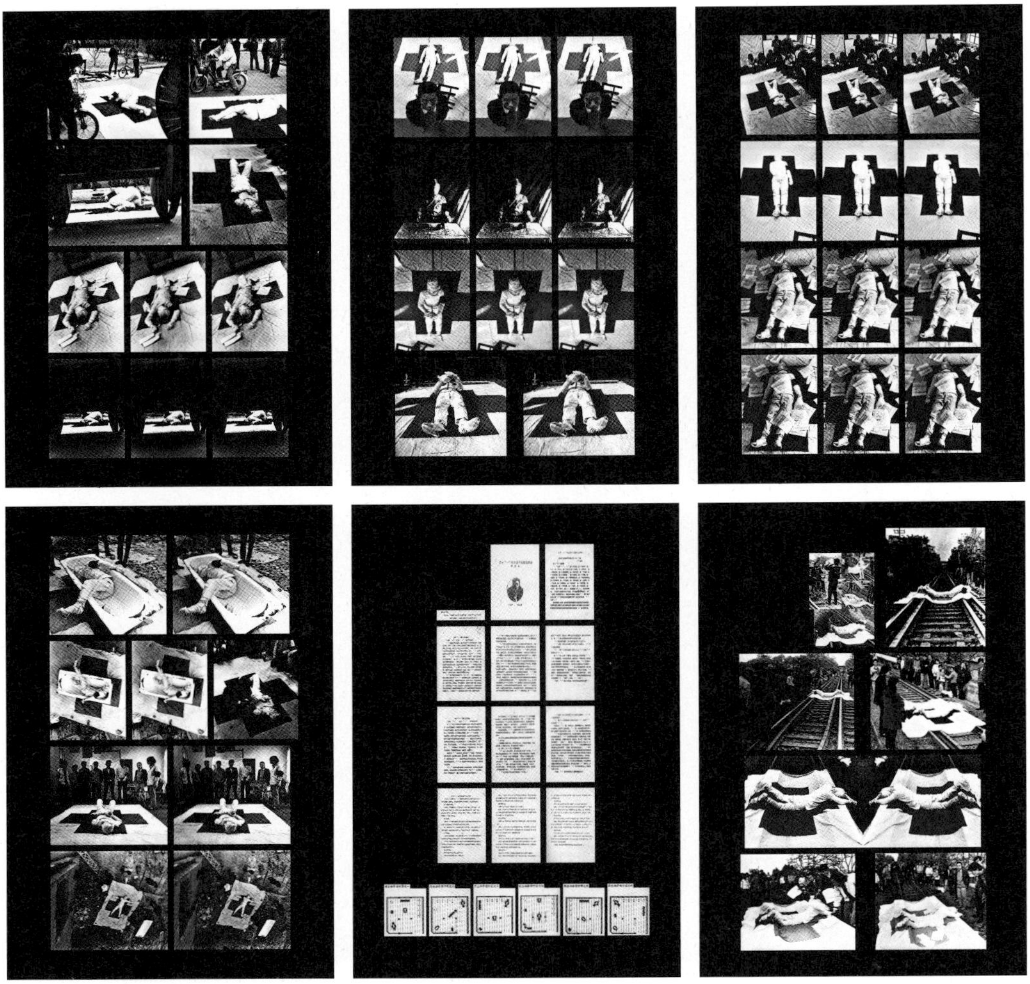

《关于“一”的自杀计划模拟体验》魏光庆，1988 年（图片由魏光庆提供）

魏光庆：因为当时黄专参与《美术思潮》的编辑工作，他和鲁虹、祝斌他们都经常在一起。当时我们的“部落·部落”是一帮年轻教师在一起成立的小群体，经常和他们这些做批评的人在一起交流。80 年代应该是武汉知识界最活跃的时期，这种“最活跃”是一种空间概念，因为除了艺术界，还有哲学界和批评界，这种空间格局相对比较大。

王俊艺：您和黄老师当时有没有一些特别有共鸣的方面？

《关于“一”的自杀计划模拟体验》参加“中国现代艺术展”现场，1989 年（原作已损毁，图片由魏光庆提供）

1991 年，武汉艺术界聚会，前排左起：彭德、刘子健、祝斌、鲁虹，后排左起：王广义、张志扬、李松、曾春华、皮道坚、魏光庆、鲁萌、黄专、尚扬、严善錞（图片由魏光庆提供）

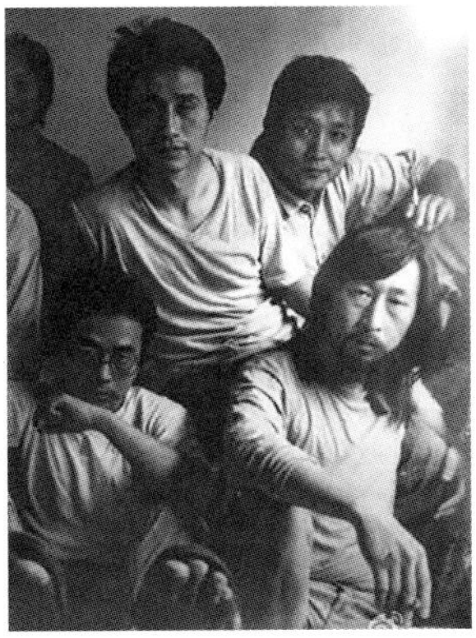

1991 年在魏光庆工作室，前排左起：魏光庆、王广义，后排左起：严善錞、黄专（薛顺和拍摄，图片由魏光庆提供）

1992 年，魏光庆在“广州·首届九十年代艺术双年展”参展作品前（图片由魏光庆提供）

*魏光庆：*我对于他对待批评的态度是有共鸣的，那是一种有立场的态度，这是我对他最认可的地方。他不会去应付一个场面，比如说别人让他写一篇稿子，他不会带着一种应付的态度来做，他基本上会拒绝这一类的事情。他不认可的事情从不会轻易出场，这是他比较特别的地方。他离开武汉以后，我们基本上就在一些活动上碰头，比如说 1992 年“广州·首届九十年代艺术双年展”时，当时黄专在广州，我们见面时就会有一些艺术上的交流。

《红墙——家门和顺》魏光庆，布面油画，300cm×175cm，1992 年（图片由魏光庆提供）

*王俊艺：*能否具体谈谈“广州双年展”的情况，您和黄老师是否有过关于您的参展作品的讨论？

*魏光庆：*当时湖北的整个阵容在展览上比较出风头，比方说两个文献奖，一个就给了王广义；五个学术奖，其中两个就给了尚扬和我（当时王广义和尚扬都在武汉），所以武汉的获奖率就比较高。展览最后还形成了批评界主要讨论的“湖北波普”的概念，其实这就是后来栗宪庭所说的“政治波普”，黄专更愿意用“历史的波普主义”这个概念来描述。

*王俊艺：*1995 年的“中日韩艺术交流展”，您当时拿了什么作品？

*魏光庆：*我拿了一件叫《粉色屋》的作品，做了一个类似婚床的装置，在日本展出。

*王俊艺：*是专门为这个展览创作的吗？

*魏光庆：*那件作品和我之前从事的历史文化研究有关，关于中国传统的带有东方性的意识。我弄了一个过去的“春凳”，缠了婚纱，凳子四个角踩着两双一男一女的拖鞋，另外还有一些用中医的药方做的红灯笼，都是我从古董店搜来的，这些东西做成了一个婚床。

《粉色屋》魏光庆，装置，1995 年（图片由魏光庆提供）

在 90 年代，我们参加国际性的展览以及与西方交流的展览非常少，很多艺术家都很羡慕能在国外做展览。在这样的背景下，我觉得当黄专在选择艺术家的时候，他比较早地意识到展览的空间和作品之间的独立性，我觉得他在这一方面比较敏锐。

王俊艺：他是怎么做展览的，跟其他的策划人有什么不一样？

魏光庆：我觉得在展览的布展方式上，有他的空间感和逻辑性，在这方面他比较注重、比较强调中国艺术家的整体呈现方式。

王俊艺：接下来能否聊聊您参加 2000 年在上河美术馆举办的“社会”展，那是黄老师策划的比较重要的展览。

魏光庆：“社会”展是在成都展出，我觉得它的意义在于黄专最早和民营美术馆建立合作。上河美术馆是中国最早的一个民营美术馆，虽然最后馆没了，馆长陈家刚也成为艺术家了，但是我觉得它的意义在于实践了中国第一个民营当代艺术馆的运营方式。当时我拿的是一件平面作品参加展览。

王俊艺： 对于展览的主题您有什么理解？黄老师希望您拿什么作品参加展览？

魏光庆： 作为艺术家肯定是根据他所选择的展览主题来选择作品的。

王俊艺： 2007年黄老师策划了“左图右史——魏光庆艺术展”。

魏光庆： 他去广州以后，我们后来见面的时间基本上就是在春节前后他回武汉探亲的时候，我们会约出来一起吃饭聚会。我印象中，这个展览是那一年他春节期间回来时，我们一起谈到的展览项目。在策划我的个展的时候，黄专已经在负责OCAT的工作，当时跟展览同期举行的还有另外一个学术活动，是何香凝美术馆、OCAT与美国纽约现代艺术博物馆（MoMA）合作主办的一个关于文献的会议。

王俊艺： 在策划“左图右史”展的时候，黄老师有没有具体谈到应该怎么去做这个展览？比如说策展思路、作品的处理方式，等等。

魏光庆： 我认为他很尊重艺术家的想法。他当时就告诉我展览是在何香凝美术馆这么一个空间做，只有我一个人。我当时根据这个空间做了一个模型，因为何香凝美术馆的空间结构其实并不是很好，所以我就想做一个阶段性的呈现，有一个时间的跨度但同时又不完全是一个回顾展的意思，把各个时期重要的作品呈现出来，比如最早他给我写过文章的那件行为装置《关于“一”的自杀计划模拟体验》，以及我的几个重要时期的系列作品。但我是以一种非常“挤”而不是“空”的方式呈现，我觉得一个展览最重要的是针对一个空间来思考问题，艺术家如果选择一个折中的状态，他的世界的呈现就会显得很空洞。

黄专跟我确定题目“左图右史”的时候，我是很惊喜的，然而在编画册面临翻译的问题，这个词其实很难翻译，所以我们就选择了拼音的方式，当他和我谈到这个话题的

2007年，黄专与乐正维、汪建伟在“左图右史——魏光庆艺术展”开幕现场（图片由何香凝美术馆提供）

时候，我特别惊喜地知道他对我们文化的自信程度，从他的那种确定因素里面，我觉得他认为有些我们没办法翻译的东西，就要迫使对方去想办法把这件事情弄明白，而不是非要用直译的方式来翻译，所以最后我们使用的是拼音。这种自信让我看到了他作为一个文人的傲骨的状态，这也是他的立场。

我也在字典里面查过这个成语的来龙去脉，我觉得它和展览的结构、旋律是非常同步的，所以在布展的方式上基本上也是在考虑这个主题。黄专对于最后展览的呈现还是比较满意的。他这个人做展览是比较挑剔的，他也不是一个轻易给人做个展的策展人，所以当时能给我这样一个空间，也有他的挑战性。

王俊艺：您有没有专门为这个展览创作作品？

魏光庆：这个展览呈现了我后来做的一些比较新的作品，包括我的《中国制造》和《孙子兵法》，其中隐含着一些历史故事，图和史的关系，很吻合“左图右史”这个观念。其实“左图右史”所承载的内在含义会更加丰富，既清晰又模糊，给很多人 造成误读。

王俊艺：黄老师本身有一定的绘画基础，他对艺术有一种很直接的敏感性，所以很多艺术家都觉得，一方面他是一位批评家、史论家，但同时他对艺术语言也很敏感。另一方面，就像您刚才说的，黄老师提出展览主题或者脉络的时候特别清晰。他特别

擅长于理出一条线索，而且在梳理的过程中几乎所有人都会觉得特别准确。他虽然是通过他的学术架构的方式去对应呈现，但是艺术家觉得特别契合自己创作的历史痕迹，而且好像是深挖了一层一样。关于这点您能否谈谈？

*魏光庆：*这还是与他的知识背景有关，因为他是学历史出身的，所以很有逻辑性，也很注重历史。我在做艺术作品的时候，其实也很关注中国过去的一些文化，用一种视觉的方式来呈现这种历史渊源所产生的共鸣的东西。但他在里面找切入点的时候，恰恰只找出一个比较对味儿的表述方式来呈现。我们有时候在一起谈一些艺术家的问题的时候，我觉得黄专看问题很敏锐，比方说，他针对技术性的艺术家就能从技术上说事儿，面对观念性的艺术家就能找到他思想层面的一些最切题的点。我们有时聊天谈论湖北艺术家的那种扩张力或推广方式，乃至那种自我评述的方式的时候，他觉得湖北艺术家的局限性在于过度迷恋技术问题。我特别赞同他所谈到的这种弱点，其实就是所谓的大智慧的问题，当你过度注重技术层面的细节时，可能你就丢掉了更大的逻辑上的东西。我觉得这恰恰也是很多艺术家需要警惕的问题，特别是当代艺术，它所涉及的不仅仅是技术和语言层面的问题，它所涉及的面是一个跨界的状态。

我觉得黄专在他自己的一个理论系统里，他的格局比较大。可能也有很多人对他不认可，其实每个人都有各自的局限性，但是我看到他所呈现的东西和他做人的状态是同步的，他没有那种虚的东西。他是有立场的，不会妥协，比方说他不希望我在何香凝美术馆里做的展览带有任何商业性的痕迹，这就是他对艺术的态度，他觉得进入一种商业性的状态是对学术的伤害。所以我的画册根本就没有出现我的代理画廊，虽然画廊提供了一点经费，但是他不会让你把画廊和美术馆并置，在这一点上他是不妥协的。

王俊艺: 别的艺术家也聊过,黄老师在这方面特别有智慧。无论是跟画廊还是跟民间资本合作,都会有不可控的因素,但是黄老师处理得很好。其实不合作是不可能的,但合作的同时他又尽可能地减少这种合作对学术上的影响。

魏光庆: 对,这是需要智慧的!我觉得他在这种事情上的处理一直很苛刻,起码在我的那个展览上,他不希望在一个学术性的展览上涉及任何与商业相关的事情。这一点也提醒了我,后来我在很多事情上也坚守了这一点。而且我觉得更重要的是,从他身上我更加意识到作为一个艺术家所需要的自律性,这是很重要的。

王俊艺: 黄老师对于出版物或者文献是特别看重的,在做"左图右史"展的画册编辑和整理的过程当中,您有什么印象比较深刻的地方?

魏光庆: 他当时并没有给我具体的要义。其实我当初在美国出了一本画册 *Made in China*(《中国制造》),是对 20 世纪 80 年代到 2006 年这段时期的创作进行一个比较完整的梳理,里面也收集了很多批评家的文章。这本画册其实是可以作为这次展览的出版物的,但是我意识到一个问题,正是因为他的性格和他的独立性,以及我比较喜欢他选的展览题目,所以我专门做了一本画册,收录了他给我写的那篇文章。我是基于对他的了解才做出的反应,我觉得这会留下一个更完整、更值得记忆的文本。

王俊艺: 在做一个项目的时候,展览只是其中一部分,作品文本是一部分,他特别看重的其实是内部的研究。您对于他的这些方面的工作有没有一些了解?

魏光庆: 因为毕竟不在一个城市,在他母亲去世以后,他回武汉的时间比较少,所以我偶尔去广州时就顺便去看看他。其实在他临终前的半个月,我去过一次广州,本来想看看他,但他身体状况很不好,就没见面,对此我多少有点遗憾,可我没有执意去,

因为我也比较了解他，他是很讲尊严的一个人。之前他母亲病重期间，他回来看望，我们这些朋友在表示关心的时候，我就意识到他对人的尊严状态比较在意。他本身的自律性比较强，不大喜欢世俗层面上的表面情景，更注重人的心理上的沟通。所以后面的一段时间，我们对他所做的事情，基本上是从自媒体上去了解，但具体的交流并不是很多。

但我认为他的知识背景所呈现出的格局，是那种注重学究型的有立场的学者，他不喜欢太随意或者“站台式”的艺术批评。有一次他不愿意参加一个展览时就说了一句话：“只要做展览都是成功的，没有不成功的！”潜台词就是告诉人们这些所谓批评的人，在那边都是说好话，不是谈问题。所以他不愿意参加很多展览活动，他不是只是说，他真的是做到了。这其实挺难的，因为这些东西直接与经济挂钩。反过来说，中国呈现出这些问题，也是与经济和这个行当相关，他能够拒绝，我觉得这是一种耐力，这也是一件非常不容易的事情。这是我对他整个人格的认知，我也经常把他当做榜样。

*王俊艺：*OCAT 创建到后来他想在北京建立一个研究中心，我觉得这是他的一个学术理想国的概念，只是他没有做完。您能评论一下他所做的事情吗？

魏光庆：他不是一个善于妥协的人。在中国这个社会想做成一件事情，在面临各种复杂问题的时候，可能有时候需要一些妥协。但很多时候，他不妥协的态度恰恰是为了把这件事情做得更专业，否则，那种不是他想要的状态，他宁可放弃。

我觉得做研究中心这件事情本身是他的强项，因为他是学历史出身，对历史也非常敏感，把历史留给后人，这个工作需要有人来做。但在今天这个社会中，建立一个研究中心并不是最实用的一种方式，也不是最讨好的方式。然而，一件很宏大的、很有张力的作品背后，产生作品本身的根源和它的痕迹，这些才是最有血有肉、最鲜活的，如果没有人把它呈现出来，它所沉淀的厚重感和历史感，这种力量就很难被后人解读。所以我说这个工作非常重要，之所以有时进展不是很顺利，是因为这个社会背景所带来的阻力，而不一定是人的问题。但作为一个学者，他有这种雄心和胆量去做，把这件事做好，真正受益的其实是后来人。让人们真正知道中国当代艺术的发展史，真正准确判断一件好的艺术品、好的批评和好的展览，这是非常重要的。他有这种使命感，他想把这件事做成，但又必须面对中国这种改革浪潮所呈现的人的状态，包括办事效率等各种因素形成的阻力，我想对于他来说是很伤的，这是一件很不容易的事情。

*王俊艺：*您觉得黄老师建立 OCAT 的意义在哪里？它对当代艺术有什么样的影响？

*魏光庆：*因为他想做的这件事情，恰恰是我们现在所缺乏的。随着时代发展，这种快节奏的变化，导致很多人不愿意去做很具体的事情，因为这是很没有效益的事情（我说的“效益”是指更现实的事情）。然而，中国当代艺术发展了这么多年，这么多艺术家带着理想和对艺术的执着创作了很多优秀的作品，如果没有一个系统的梳理，没有文献让其承载下来，随着时间的飞逝，这些东西也将不为人所知。我认为为黄专这项工作太重要了！这也是中国现在特别缺乏的东西。朱青生可能是相对比较早的有这种意识的人，但他也有其局限性，黄专可能是想以他的方式做得更全面、更完整。

*王俊艺：*您觉得黄老师和其他策展人或批评家有什么不一样的？

*魏光庆：*我认为他在中国的批评界或策展人里，是有他的立场以及价值取向的。他所做的事情都是建立在他的价值观系统之上，绝对不会妥协，在这一点上，他比许多批评家和策展人都做得更彻底，但这可能也给他带来了一些误读吧。从某种意义上来说，作为一个有思想的人，他会遇到一些阻力。我始终认为，每个人都有他的局限性，可我最认可他的，应该还是他的那种自律，这是我们这个时代所缺乏的。

王俊艺: 除了刚才谈到的展览和机构以外，您还有没有一些印象特别深刻的具体的事件?

魏光庆: 比如说，他如果策划一个展览，他不会考虑很多世俗层面的人际关系，而是以自己对展览的认可度来规划来呈现。很多人不理解他就会觉得很不舒服，但他会坚持他一贯的工作方法，最终别人也会理解。另外，他是一个懂得拒绝的人，能做到这一点，是我比较认可的地方。遇到和他的价值取向不一样的地方，他不会轻易妥协。我觉得只有敢于拒绝和不轻易妥协的人才能呈现出更有力、更有思想性和学术性的展览。

有的学者其实很迂腐，但黄专对待生活很有世俗的智慧，虽然他的生命轨迹相对短了点，但我觉得他的人生很灿烂。他在生活中还是比较乐观的，他不是那种很迂腐，也不是很保守的那一类人，他有自己的立场。

行动的有效性

受访人：舒群
采访人：王景、李彧莎
时间：2017 年 1 月 5 日　地点：成都

*王景：*舒老师好，能否请您回忆一下跟黄老师认识的情景，具体是哪一年？

*舒群：*我有一篇回忆黄专老师的文章，其中谈到这个细节了。应该是 1988 年，但是什么事记不清楚了，反正是一个"江湖会"，类似切磋学术的这么一个构想。有可能是因为当时我到武汉大学，当时是赵冰在主持工作，他是建筑界很年轻有为的一个人，当时他博士刚毕业，在武汉大学建筑系做学科带头人，或者叫"教学协调人"，就是还没有正式任命的一个系主任。

*王景：*当时他们是做了一个关于什么学术的讨论会吗？

*舒群：*当时是我们想做一个活动，赵冰起了一个名，叫"每周名人一讲"，我们想把当时武汉批评圈这些出色的人物引到我们的教学体系里边来，用赵冰的说法，就是要建构一个"新包豪斯"，我们是按照这样一个构想来搞教学。当时我和任戬都是被赵冰请到武汉大学的，我们有点儿像康定斯基和克利在包豪斯一样。当时跟武汉的批评家联系，就联系到了黄专老师、严善錞老师，还有曾春华，他当年也是湖北美院（湖北美术学院）的，好像是教文学、中文的，但是他也挺热衷美术批评这一块。其实我们就是想到湖北去闹事，那个构想很大，用赵冰的说法，叫"中部崛起"，是带动世界的，感觉有点儿像是我们接纳了世界精神那样一个妄想。

1992年，“广州·首届九十年代艺术双年展”期间（图片由舒群提供）

*王景：*当时你们觉得武汉大学建筑系是一个重镇？

*舒群：*我们觉得有这种可能性，当时黄专老师在湖北美院，严善錞老师在湖北美术院，就是现在的湖北画院。就我个人来说，我跟严善錞稍熟一点。他们在北京做过一个展览，我在那个展览上见到过严善錞。当时我就跟黄专忽悠——我见着谁都是忽悠我的新主张的，但是我能感觉到他们“湖北帮”一向对我都有一点儿——保持一点儿距离。

*王景：*为什么？

*舒群：*我觉得与他们的分析哲学训练有关系，我觉得我当时还是一个浪漫主义、存在主义的状态——甚至有一点儿更浪漫主义。存在主义比较低调，浪漫主义是更亢奋的一种状态，更早期的。

*王景：*就是你们当时对艺术、学术看法的方向不一样？

*舒群：*技术储备不太一样，他们的配置要比我们高，我们的配置是比较初级的，初级也有好处：热情、亢奋，无法遏制的激情。他们配置高了也有一个问题，就是他们在介入课题的时候太小心翼翼、太谨慎了，这样一来很多项目等它完全成熟了再介入，机会没有了。

*王景：*您刚刚讲的是关于“湖北帮”的，所以您是通过“湖北帮”认识黄老师的。

*舒群：*我是通过跟“湖北帮”打交道，第一次碰到黄老师，而且我跟黄老师第一次照面，严格地讲，我认为我们俩相互都是很防范的，尤其是他防范我，我的热情多少可以同化严善錞老师，但是完全同化不了黄老师，完全不能。

*王景：*您的意思是他很理性吗？

*舒群：*我觉得是，当时感觉这个人不可思议，完全是一个冷血动物，完全冰冷的，他眼神瞟你一眼，都会感觉杀伤力很大。萨特有一个说法，一个人想要拒绝你，他的第一个动作就是把你沦为他的对象，你是他的对象但是不能相容，他会看你，他把你当一个东西来看。所以给我的感觉是，黄专眼神一扫到你，他就把你当东西一样看，你心里边会咯噔一下。

*王景：*在很多人的印象中，黄老师是很随和的，不是您刚刚描述的样子，这个很有意思。

*舒群：*看他针对谁。我想说的是我的天赋，这种符号燃烧的能力，或者俚语的说法，就是“大忽悠”，这种忽悠能力，我的本事很不一般，段位很高，配置也很高。但任何忽悠、任何话语里都有欺诈的成分，我是这么认为的，任何话语，尤其是政治话语，毫无疑问，欺诈成分是不可能排除的，不管是联合国还是任何一个政府，用卡尔·波普尔的说法，所有的政府都是坏的——有相对好的。这个是什么意思呢？只要是政府，就不可能不涉嫌欺诈。不管出于何种目的，哪怕你是善意的，是一个非常美好的构想，都会涉嫌欺诈——这不是你有意的，这是话语带来的，是一种传统。所以我想说的是，黄专对话语里边的欺诈成分有高度警惕性、敏感性。这就是分析哲学。分析哲学把自己的位置定位在“科学警察”，它是科学警察，但是自己并不发布任何纲领，但是它

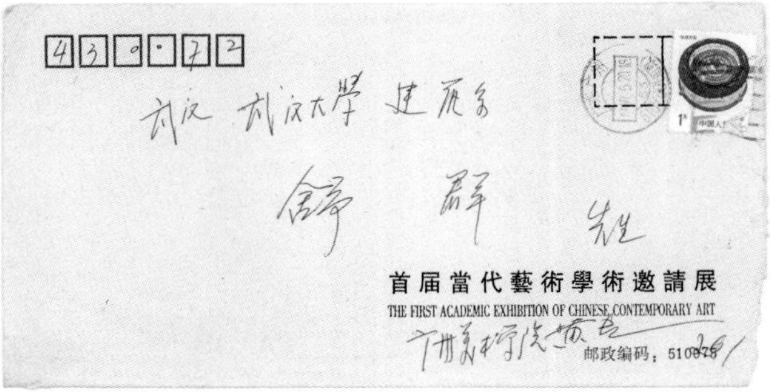

1997 年 5 月 20 日，黄专致舒群的信－信封（图片由舒群提供）

会把任何纲领里边的欺诈部分全部检测出来，它是一个杀毒系统。我觉得搞批评的、搞学术的圈子里边，具备如此完善杀毒系统、杀毒机制的，黄专几乎是独一无二的。当然后来我也成为这种类型的高手了，但是我在和黄专相遇的时候，我还不是这种高手，我还是一个忽悠选手。学术圈的说法，有一个欧陆传统、一个英美传统。英美传统是从洛克、休谟开始，他们就已经开发出一种杀毒机制，但是像康德、黑格尔，他们没有杀毒机制——康德有一点，他深受休谟的怀疑路径的影响，到了黑格尔又把这个给毁掉了。

王景：在武汉第一次和黄老师见过之后，你们是怎么交往的？

*舒群：*第一次见，感觉说不动他，可以说我们第二次才有相对深度的交往，是吕澎来了以后。和黄专第一次合作其实是构想，我认为是失败的，我猜测他还是觉得我们幼稚——他有一个说法叫“大词文化”。大词汇，大词就是忽悠，忽悠的成分太多。黄专喜欢用一个说法，叫“有感情没技术”，说你们馅饼画得很大，但是真正能做出来的部分太有限了，所以他是一个不介入的状态。我们“沙龙 49”，他介入很少，可能当尚扬、萌萌（鲁萌）、皮道坚在的场合他可能会在。但我注意到，就算他在，他跟我始终是有距离的，他不跟我近乎。吕澎来了以后——吕澎他不光是忽悠了，他是有行动能力的，能够带来资金、经费，我发现黄专老师不是对所有的忽悠都无动于衷，如果你有经费，还是可以考虑坐下来谈的。

王景：黄老师比较看重实际。

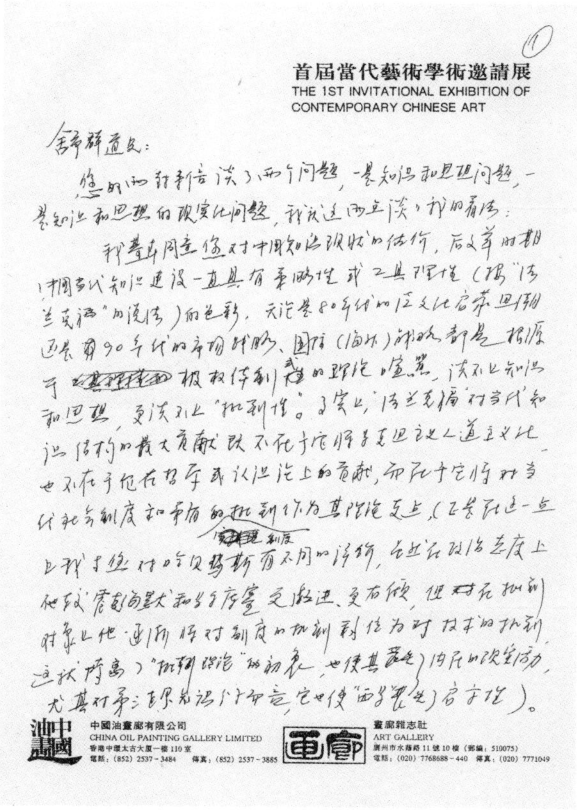

①

首屆當代藝術學術邀請展
THE 1ST INVITATIONAL EXHIBITION OF
CONTEMPORARY CHINESE ART

中國油畫廊有限公司
CHINA OIL PAINTING GALLERY LIMITED
香港中環大古大廈一樓 110 室
電話：(852) 2537-3484 傳真：(852) 2537-3885

畫廊雜志社
ART GALLERY
廣州市水蔭路 11 號 10 樓（郵編：510075）
電話：(020) 7768688-440 傳真：(020) 7771049

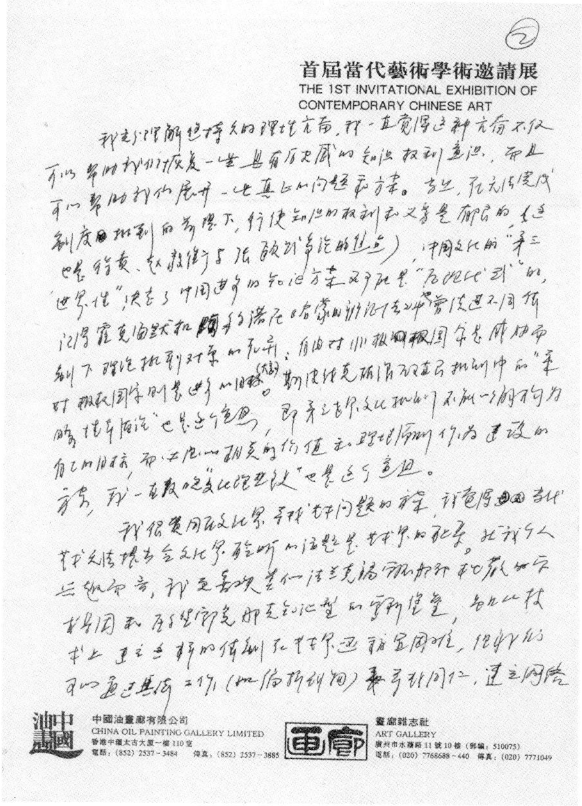

②

首屆當代藝術學術邀請展
THE 1ST INVITATIONAL EXHIBITION OF
CONTEMPORARY CHINESE ART

中國油畫廊有限公司
CHINA OIL PAINTING GALLERY LIMITED
香港中環大古大廈一樓 110 室
電話：(852) 2537-3484 傳真：(852) 2537-3885

畫廊雜志社
ART GALLERY
廣州市水蔭路 11 號 10 樓（郵編：510075）
電話：(020) 7768688-440 傳真：(020) 7771049

1997 年 5 月 20 日，黄专致舒群的信 -1、2（图片由舒群提供）

*舒群：*实际行动的有效性。纯忽悠的他就不介入，如果这个行动可能有效，产生一种效应，大家能够联合，这种协同能变成一种社会化的活动，一个有效的活动，他还是参与的。

*王景：*这也是黄老师做 OCAT 一直在做的一个实践。

*舒群：*对，我觉得是。他也得忽悠，有的时候搞理论的能不忽悠吗？我说的“忽悠”是他也得用话语来谈论，但是他非常注意谈论的——谈论并不是终端，谈论是启动，把这个事情谋合成一种可能性。黄专的理论是非常深入的，他做的课题和项目，不靠谈论也没有办法——它本身还是话语，最终的目的是为了输出思想——这应该是黄专的一个说法，“思想输出”或“知识生产”，这个词我最早就是听黄专说的。所以既然

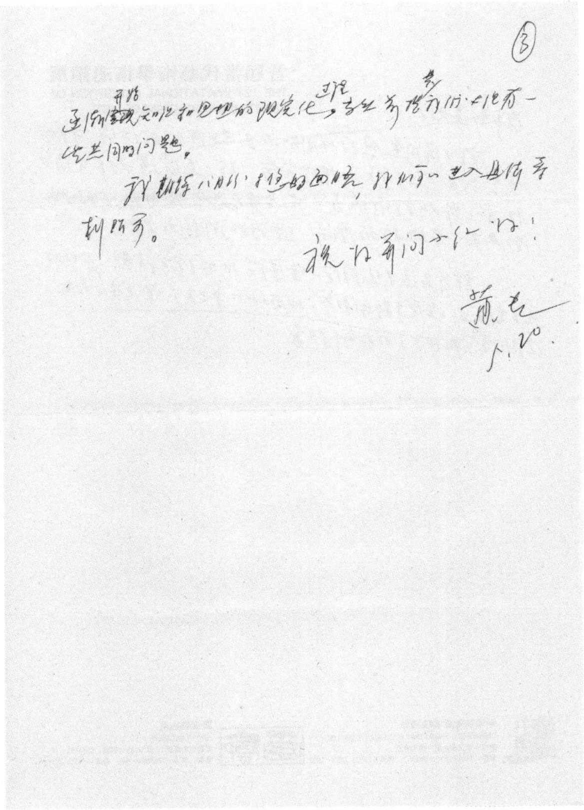

1997 年 5 月 20 日，黄专致舒群的信 -3（图片由舒群提供）

我们最终的产品、终端产品是思想和知识，你不可能不靠话语，但是黄专又特别高度警惕话语的欺诈性，我认为这个思想特质是思想家必备的一种素质。吕澎来了，黄专老师就来了，当时是在武汉大学我住的小屋，大家就开始谈，吕澎老师要策划一个“广州双年展”，当时是 20 世纪 90 年代末——他是到这儿来摸底的，而且吕澎那个时候也有一种——那个时候中国人干事还是草创阶段，大家都是自我感觉良好的，都有点儿自我感觉像是“毛主席走遍祖国大地”，就像我当年出来——也是“南行”，我当时一直跟广义做“珠海会议”，我也是大江南北走了一圈，也是觉得像“毛主席走遍祖国大地”，从珠海到广州、上海、南京，一路宣传、传播伟大的新文化。我们小的时候就想当艺术家，没有考虑过做经营、艺术和创业的关系，完全没有这个概念。而吕澎一下子提出“艺术市场”，艺术家作品可以卖钱，我们是亢奋的，高度亢奋。在纪念黄专的那篇文章里，我写的是：当时吕澎到了武汉，和湖北艺术家的关系，有点儿像贫农的儿子路遇耶稣，救世主来了，就这个感觉，见着吕澎——亢奋。

*王景：*当时大部分艺术家都没有关于市场的概念。面对这个事情，您了解当时黄老师的态度和介入是怎么样的？

*舒群：*吕澎在谈美国的卡斯蒂里，黄老师还是质疑，还是以“科学警察”的态度进行质疑。我在想，因为我们当时都处在一种高度亢奋的状态，都被忽悠——其实广义有黄专身上的品质，他有怀疑精神，但是在大家都热情高涨的时候，作为艺术家，他不会泼冷水。但黄老师一开始是质疑的，这种质疑在理论上是高度严厉的，这和黄专老师是批评家有关系，用他的话说，叫“文化义务感”，这里面有一个道德义务、社会责任心的问题。当时，我就说我自己，我个人可能对理论的钻研还没有到他的配置上，他的密度太高了，他当时讲的我听起来就是一种泼冷水，完全是打击，把我们打击得一无是处，我感觉他也把吕澎打击得一无是处，一塌糊涂，所以我奋起——我跟黄老师哗哗开辩，但是凡是我的反驳黄老师不接招，他直接逮着吕澎削，直到把吕澎灭了。

*王景：*广州那个展览还是有效果的。

*舒群：*还是有效果。我觉得吕澎邀请黄专老师，其实是他们俩的合作，他就是请黄专老师来做学术主持、评审委员会、策展人，当时还没有“策展人”的概念，当时叫“艺术主持”。通过这件事、这个争论，我发现黄专老师的身手不得了，他在质疑，他不是骂你，但会让你如此之痛——他没骂你，但是为什么让你有这么大的痛感？可见他这个话语里边有一个程序，说明我还没有掌握这个程序，所以他说“有感情没技术”。他对我有很大的刺激，接下来我开始钻研英美，就是分析哲学这个传统，我就重新看

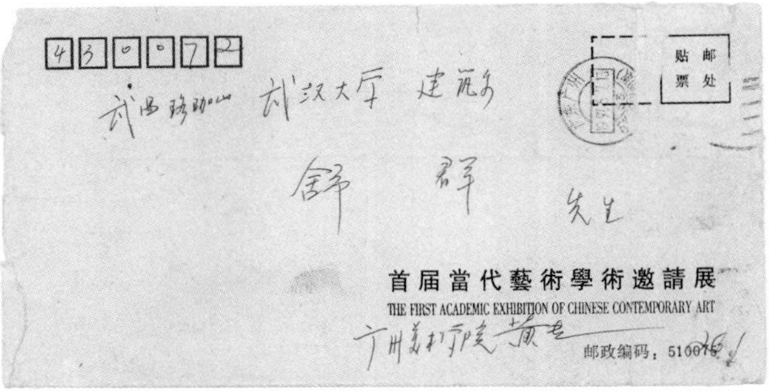

1997 年 6 月 5 日，黄专致舒群的信 – 信封（图片由舒群提供）

罗素，罗素其实也是分析哲学这个领域的，当然他最有名的是那本《西方哲学史》，上下两卷。但是我这么琢磨，在今天这个时代，没有分析哲学的训练，去写哲学史会很困难，因为你会写得让人读得云里雾里，好像只是你个人的梦呓。但罗素写得多清晰，清晰就是得有这种处理，把文本当作是一个技术素材进行处理的一种角度。我想说，一向都有两个角度，一个是你陶醉在剧本里面，一个是把剧本当作素材、当作材料来进行整理，像做财务报表一样，英美分析哲学有这种能力。

*王景：*当您重新理解分析哲学之后，您觉得你更能理解黄老师吗？

*舒群：*我当然理解了，慢慢我就知道他的配置是怎么装的，一个人有一个装置，他的无意识里面，就像一台电脑一样，他的配置已经升级到这个位置了，而我当时的场域整个都差得远，没有跟上。

*王景：*您说的"配置"是说应用到当代艺术实践上面的？

*舒群：*对，当代艺术必须具备这个配置你才能处理，不然你处理不了。其实我现在倾向认为，当代艺术这一块就是一个跨界，因为它其实是思想的输出，并不是审美的输出，不是简单地只是审美的输出，用杰姆逊的说法，叫"始于审美，终于政治"。政治就不用说了，政治应该是思想的终端，要比思想复杂了。什么是政治？应该是思想在遭遇敌人的时刻才会有政治、有对手、有竞技，所以思想真实的作用应该通过政治场域才能被检测，检测你的思想是否有效，你必须通过竞技，如果你整个一败涂地，

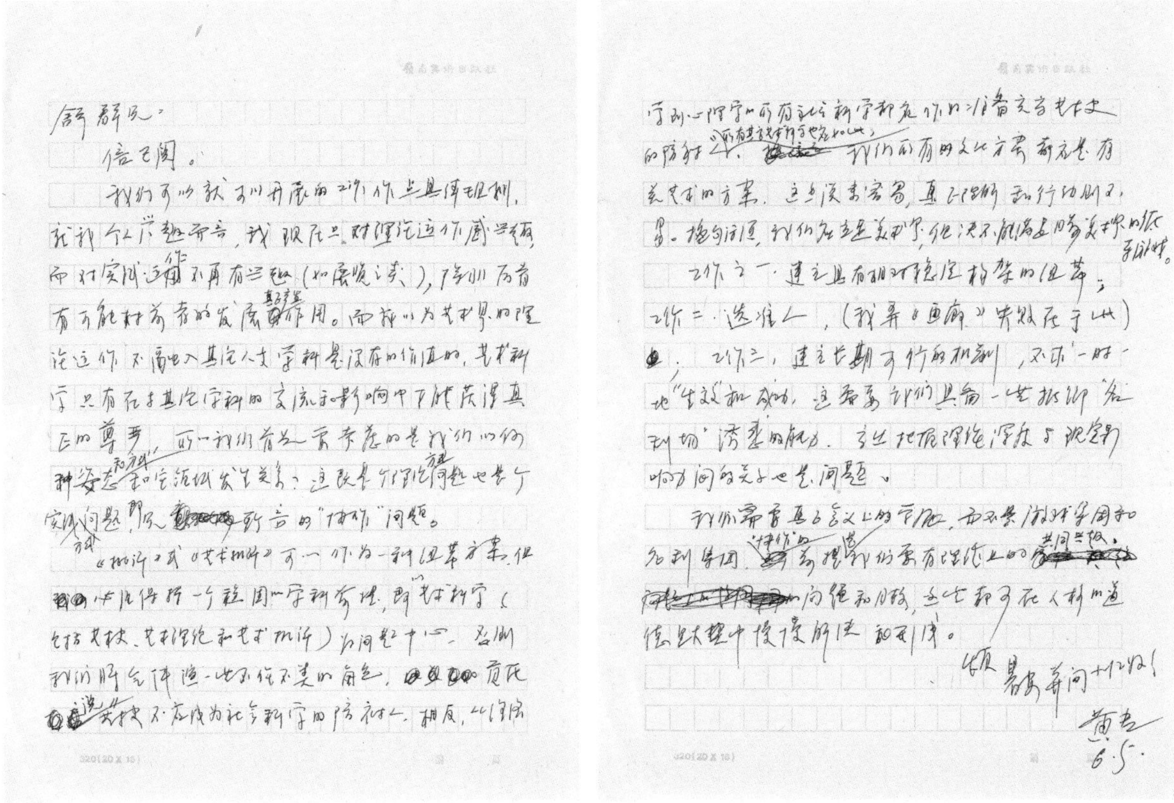

1997 年 6 月 5 日，黄专致舒群的信 -1、2（图片由舒群提供）

从擂台上一脚被别人踢飞下去了，你还说你的思想是有效的，那是不成立的——我觉得其实黄专老师当时的思想就带有强烈的政治性，这一点是我们——很多人，思想都不具备，更不用说只有热情了。还是用黄专老师的说法“有感情没技术”，第一种是只有感情；第二种是有感情、有思想。但是有感情、有思想、有政治才能抵达终端，黄专绝对是最领先的，甚至可以说他遥遥领先。

*王景：*1992 年广州那个展览之后您跟黄老师还陆续有什么交往？

*舒群：*我总是找他，我见到黄专，就跟他切磋学术。我想说的是，黄专可能跟我不太一样的是他的使命感很强，他的使命感有点儿数字化或者是数量化。他好像对自己和社会的一个关系——大概在一段时间里他要做多少事情——这个不是简单地为了捞

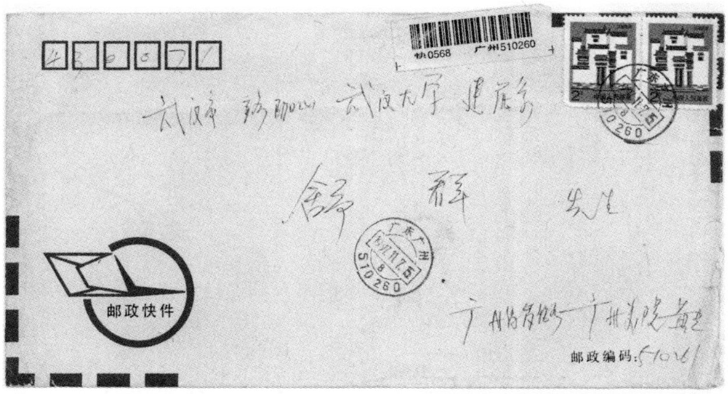

1997 年 11 月 7 日，黄专致舒群的信 – 信封（图片由舒群提供）

钱，我称它使命感而不是功利心，功利心是盲目的，使命感是自己的生命有限，但是要把生命放在一个——有点儿像雷锋有一句话：把有限的生命投入到无限的为人民服务当中去。

*王景：*这个可能跟黄老师当时生病之后的状态有关系？

*舒群：*其实生病前他就有点儿这样，这还是与分析思维有关系。分析思维就是把你数量化了，你自己算一下，你就算活到 80 岁，多少天，用天来处理了，比如你现在已经 40 岁了，你琢磨一下，到 80 岁还有 40 年，40 年如果转换成天数，你就发现很可怕，就是一万多天，一天写 300 个字，多少个字？就这么有限，所以我觉得他有这个思维，就不会像我那样，我一下起棋来，逮啥场合都“黄专，咱俩来一盘”。但他生活在他的计划当中，包括他接触人，他努力地争取所有的力量来完成一件事情。我觉得，黄专还是出于使命的角度，他能够为全局发挥作用，所以不管什么他都要考虑，这就是力量，我很少见有谁像黄专的这种责任心。工业同盟的奠基人穆特休斯谈到一个说法，叫“为社会总体服务”，他就是一个现代设计师，他的使命是为社会总体服务，不是为一部分人，也不是说为人民大众服务，这说法是偏颇的，要为社会总体服务，我觉得黄专身上具备这种意识。罗素把思想家分成几种类型，最起码有两种类型：一种冷头脑；一种软心肠。软心肠就是善感的，现在谈情怀也应该属于“眼泪派”，我觉得黄专当时就是少数的“冷头脑派”。

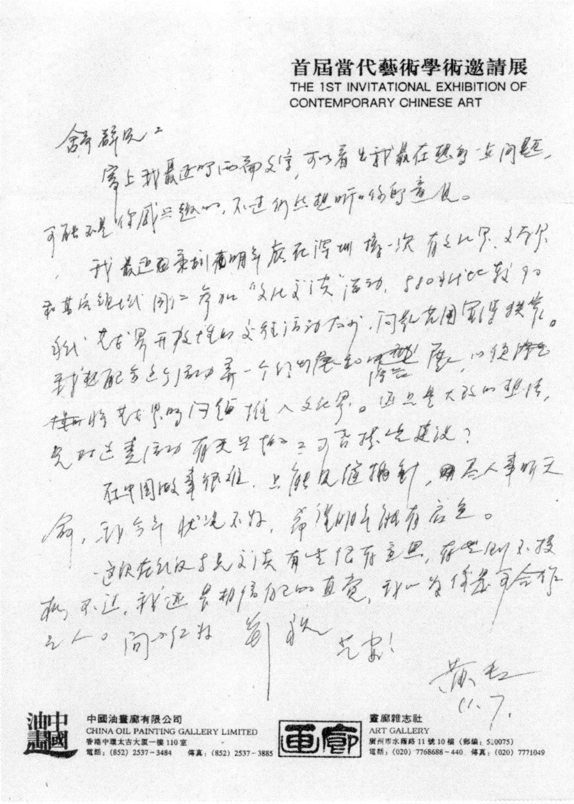
首屆當代藝術學術邀請展
THE 1ST INVITATIONAL EXHIBITION OF
CONTEMPORARY CHINESE ART

舒群兄：

黄专
11.7.

中國油畫廊有限公司
CHINA OIL PAINTING GALLERY LIMITED
香港中環太古大廈一樓 110 室
電話：(852) 2537－3484 傳真：(852) 2537－3885

畫廊雜志社
ART GALLERY
廣州市水蔭路 11 號 10 樓（郵編：510075）
電話：(020) 7768688－440 傳真：(020) 7771049

1997 年 11 月 7 日，黄专致舒群的信（图片由舒群提供）

*王景：*当时您觉得您跟黄老师是完全不一样的两种人吗？

*舒群：*当时我肯定是一个眼泪派，我是软心肠派的，所以遭遇他的冷头脑——我慢慢也变成冷头脑了。黄专早年也写过诗，写过诗都是眼泪派，用孔子的说法：兴于诗，立于礼，成于乐。

*王景：*黄老师写的诗您看过吗？

*舒群：*我倒是没有看过，我认为思想家应该都是从诗人过来的。诗人首先是有眼泪，对这个世界有情怀，有同情心，但是仅有同情心是不够的，仅有盲目的热情也不够。我认为艺术家的人群其实挺复杂的，有的时候是一些混乱的、盲目的人，他们的热情还没有形成思想，甚至连情怀都没有形成，真的，要是我们严格去说的话。但是，我

们从这个社会总体角度来说，你又不能计较这个，如果你这么计较就没法弄了。我觉得在这方面我是高度计较的。但是黄专，他不是不计较，是不能在实践层面完全地陷入计较、不能自拔，这就是他跟我不一样的地方。直到 1996 年，黄专还是排斥我的，他当时策划了一个“首届学术邀请展”，没有邀请我，当时新潮艺术家的活跃分子基本上都在里边，当然不是全部都在里边，但是按说我跟他走得并不远——最起码我总是去纠缠他，虽然他没怎么理我。

*王景：*您很介意他当时没有邀请您吗？

*舒群：*当然介意了，我能不介意吗？我当然很介意。但是因为那时我已经超越了，我觉得这个也没事，这意味着他还不太了解我，后来他知道我变了，我的配置上来了，理解力也上来了。

*王景：*黄老师做展览，需要非常了解艺术家。

*舒群：*你说得特别的对，就是这样子。当时他那个展览有一个晚会，可以叫酒会，然后我去了，其实我是不请自去的，当然也会有人请，不是黄专请的，是别人请我去，我就去了。黄专一看到我就特别高兴，跟我喝酒，后来把广义和晓刚叫过来，意思是说：你们看，舒群，这个酒会他敢来，舒群的段位——舒群具有超越性，舒群是超人。

但是那个时候我的注意力已经转去做市场了，给一个公司做设计，做这些东西，虽然我思维跟上来了，但是我的注意力没有在艺术这一块，黄专就拉我，意思是让我赶快做作品，回到艺术圈来。但是，我当时又陷入另外一个误区，觉得当代艺术是扯淡，就觉得我应该做更务实的事。当时对市场也是有一个幻想，资本运作是怎么回事？完全不知道，以为那是一马平川，但那个水更浑、更恐怖，那个人群更不要脸、更险恶。

2007 年，舒群和黄专在“85 新潮：中国第一次当代艺术运动”展览现场（图片由舒群提供）

全力以赴做了两三年，前前后后总共有八年的时间吧，我没做艺术。那个时候我们俩不在一个地方，我在北京，黄专已经在广州了。黄专给我写信，给我写了有七八封信，手写的信，连续给我写信，意思是让我做艺术，跟我探讨艺术、切磋艺术。这个时候我意识到他认我了，我总找他的时候他不理我，现在他来找我，我注意力又没在那儿了——我不是不理他，我注意力在另外一个地方，我也没当个事，我们俩就阴错阳差错过了。

*王景：*你们交往的过程很有意思。

*李彧莎：*2005 年我们有一个藏品展，那个展览其实就是宣布 OCAT 成立，黄老师作为主任来运作这个机构，您有没有想过这个机构会怎么样？或者是有没有跟黄老师聊过这一块？

*舒群：*当时很有期待，我们觉得这可以做得非常专业，可以做成一个知识生产的基地。黄老师做的，在这个世界上，放在任何位置上我认为都是最专业的，最具有知识生产

2009 年，黄专与舒群在“图像的辩证法：舒群的艺术”布展现场（图片由舒群提供）

能力的这么一个学术平台。其实我认为他的当代艺术的理想，就是想把当代艺术变成知识生产的一种新的形式，一种新的话语。因为我觉得他的话语建构路径是由图像开放为更为广阔、更为开放的这样一种对话空间或路径，比文学的单向度——我注意到，所有学文学的人，都会对他人不屑一顾，完全没有礼貌，完全不尊重他人到了病态的地步，攻击他人，丧心病狂，这就是逻各斯中心论的问题。一旦他在这里边成了行家，他就攻击他者，攻击别人变成了他的一种本能。我后来注意到，从整个世界学术圈或者说最前沿的当代艺术，其实是共同在探讨如何克服逻各斯中心论的问题。本雅明是在文字上努力——当然也许我这个说法简单一点，但是可以把意思说清楚，他努力把文字图像化，是这样一个努力的方向，图像就广阔了、辩证了、矛盾了、模糊了，但也丰富了，他努力把语言从二值逻辑——非黑即白的逻辑里边解放出来，变成一个广阔的场地。另外一个路径是瓦尔堡，瓦尔堡的努力方向是把图像和文字关联起来，图像走向文字，而本雅明是文字走向图像。我觉得黄专也注意到这样一个双重路径，他也是在努力地走瓦尔堡路线，因为他自己研究艺术史。

*王景：*每次做展览，黄老师都非常注重关于展览的出版物，看重文本的档案的保存。

*舒群：*这意味着在图像这个领域、场域里面，作为一个责任者，他要为历史负责。作为知识生产的一个承担，责任、使命是放在肩上的，用他的说法，叫“文化义务感”。

2009 年，“图像的辩证法：舒群个展”茶歇会现场（图片由 OCAT 深圳馆提供）

就图像和思想的关系这个问题，后来黄专老师选择于贝尔曼来，在北京 OCAT 研究中心做展览，我觉得他们的思想一脉相承，他一直在追踪着世界的前沿阵地，这也是大家共同努力奋斗的方向。

*王景：*您怎么理解黄老师给您的个展定的题目“图像辩证法”这个概念？

*舒群：*我非常满意。最开始我给我自己的展览起了一个名，叫“视觉寓言”，他起“图像辩证法”比较好，因为“视觉寓言”是对视觉本身具有的隐喻性做更深入的一个琢磨，像博伊斯是属于这种类型，但其实我的就是古典图像，严格讲，就是达·芬奇类型的图像，或者说是拉斐尔前派的，和基督教有关，又有点儿希腊式的，不是完全基督教的，因为完全基督教就没有视觉性，视觉性是希腊的图像的一个特点。图像应该是一种经典的东西，视觉就比较宽泛，所以他起的标题“图像辩证法”，我说“太好了，这个太对了！”意味着对艺术家的语言细微的秩序感——一种话语秩序。一种肌理，一种文本的肌理、语法。黄专老师应该是对两个方面敏感：一个是文字的敏感，一个是图像的敏感，必须达到同等配置才能作出这样的命题。他具有一个批评家所具备的那种深入的洞察力。

*王景：*能否给我们描述一下黄老师私底下的一个形象。

2009 年，“图像的辩证法：舒群的艺术”开幕式海报前合影（图片由舒群提供）

*舒群：*我认为黄专是个有高度幽默感的人，他的幽默感不是起哄型的，他多少有点儿冷幽默，冷不丁扔出一句，大家会笑得前仰后合，而且有观察，这种幽默是有非常深入的观察。另外，回味起来，会觉得有一种关爱在里边，他时常会不经意地说一句关爱的话，这句话会让你感觉很温暖，他不是一个冷漠的人。

电视的黑白灰

受访人：刘卓泉
采访人：王景、方立华
时间：2016年12月26日　地点：深圳

方立华： 您最早认识黄老师是什么时候，能谈谈当时的情况吗？

刘卓泉： 最开始认识黄老师应该是在1989年，当时我到湖北美院（湖北美术学院）去拜访皮道坚老师和尚扬老师，随后两位老师就把我推荐给了黄专和严善錞。那个时候见到黄专，记得就聊了一下西藏的事情，我当时在西藏工作。但没有聊太久，因为那次我很匆忙，那是第一面。确切地说，我现在有点模糊——我又感觉是1988年，因为那一年我和西藏另外一个叫李彦平的画家在湖北美术学院美术馆举办了一个西藏题材的绘画展。我真正跟黄专两个人坐下来交谈是在1992年的“广州双年展”（“广州·首届九十年代艺术双年展”），后来才知道黄专也是策划者之一。那个时候我是风尘仆仆地去送作品，在广州江南大酒店，黄专请我喝咖啡。其实那个时候我跟他不太熟，之前也只是匆匆见了一面。我很少在酒店里边喝咖啡，因为那个时候我生活在西藏，90年代初在酒店喝咖啡对我来说还是挺新鲜的。当时黄专有点胖，穿着一条短裤，很随和。其实我跟黄专两个人的交往不是刻意的——我都不清楚他为什么要请我喝咖啡，可能他对我有点印象吧。当时是因为参加那个展览，我专门从西藏过来送作品。开幕式我没有参加，因为我把画送过来就回西藏了，那个展览的运作好像需要好长时间。

方立华： 那个展览是谁邀请您的？

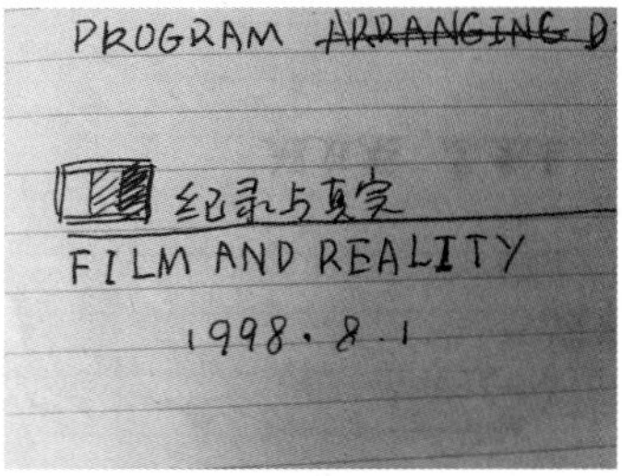

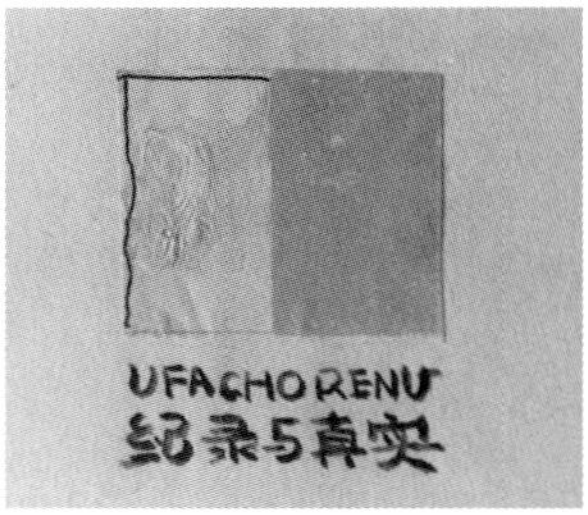

1998 年，黄专为《记录与真实》栏目设计的 logo 手稿（图片由刘卓泉提供）

*刘卓泉：*是彭德推荐的，当时彭德说这个展览是在一个酒店里边，他说你多带一点儿画，并要我和吕澎联系。我当时带来新画的几张写实的油画，自以为可以在酒店画廊里卖掉，哪知道是一个那么多人参加的双年展。

当时我并不懂什么叫“双年展”，但我觉得肯定跟我在西藏判断的不一样。我跟黄专频繁来往是我 1996 年来广州做电视的时候，接着我拍“大尾象”，有一些问题我会问他，这时我俩接触就比较多一些。关于这些人和艺术，其中的片子里面也有他的访谈，也有皮老师的访谈。当时拍的过程当中，有一次黄专请我吃饭，他跟别人介绍我，他说：“这个是刘卓泉，艺术家。”我说：“黄专，我不是艺术家，我是电视台的，只是在制作这个节目。”这个对话让我很难忘。然后从那个时候，我就觉得——因为我内心一直也是想做艺术的，我在广州拍片子，也一直围绕艺术或者文化来拍。我们当时的栏目叫《青春立交桥》，是日本 JVC 赞助的，也会拿到日本去播放，日本人对我做的节目非常认可。这期间跟黄专之间的交流更多了，因为他有什么活动或者节目，都会带上我，包括 1997 年的雕塑展。那个时候好像雕塑展不是黄专的项目，是黄专推荐我去拍这个活动。

*方立华：*当时没有写“策展人”，实际上就是黄老师、孙振华和鲁虹老师策划。

*刘卓泉：*我记得当时有宋冬参加，有很多艺术家，还请来了朱青生，我都采访了，还采访了严善錞。而且我记得当时采访时朱青生是坐在地上，我说：“朱老师，这个不好。”他说：“没事。”就席地而坐。

方立华：1996 年黄老师策划了“首届当代艺术学术邀请展”，后来被叫停了，您了解当时的情况吗？

刘卓泉：那个我没有参与，但是尾声我知道，被叫停了的这个事情我知道，他跟我们说过这件事。在华南师范大学的一间教室里面，记得当时有很多人，一起打牌，有李邦耀、杨国辛、石磊、徐坦、林一林等，他们都在，都说很可惜。他当时也不是特别沮丧，被叫停虽然有一些偶然，但我记得他谈到这里面的一些作品，包括王鲁炎的倒着骑的自行车作品。那个时候我刚刚来广东，也正是在拍“大尾象”的时候，他说过一两次这个事情，我也感觉很可惜，我还看过展览海报和一些相关的文章。我后来经常跟他来深圳。有一次是在何香凝美术馆见乐馆长，他们在办公室里谈工作，我在旁边也拍了一些，有一次待的时间比较长，我不知道那次是不是采访。我后来又拍了民俗村。一次偶然的发现，民俗村旁边住了很多空姐，我说：“黄专，帮我采访她们一下。”黄专非常幽默，他拿着话筒，挨个儿地跟她们聊，关于她们的恋爱、男朋友等。采访那些空姐时，他问的问题角度不一样，当时我有点意外，后来一想也很正常。原来她们很多人都没有男朋友，她们说：“你们别看我们做空姐，其实我们找男朋友非常困难。”因为她们的生活圈子很小。黄老师很随意，他觉得这是个很好玩的事情，我记得他采访一个少数民族，唱歌的，是佤族人吧，采访的时候涉及他们在深圳的很多生活细节，他们聊得非常轻松。那个片子在做后期的时候一直唱着“阿瓦人民唱新歌”，实际上都是黄专采访的，那是我自己的栏目《记录与真实》。

方立华：您记得具体的时间吗？

刘卓泉：我记得很清楚，1998 年的秋天，因为我在开办这个栏目的时候，整个过程我都听取了黄专的意见：关于这个节目怎么做，怎么定位。记得当时黄专向我推荐了一

1998 年，《记录与真实》栏目拍摄期间黄专与空姐（图片由刘卓泉提供）

《思想家》麦基编，三联书店，1992 年 5 月出版

本书——《光荣与梦想》，书的内容实际上就是讲很日常的美国社会、政治，而且还把那本书借给了我，现在那本书可能还在我这里，后来看得连封皮都没有了。我当时说我的片子要纯记录，不要音乐，也不要解说词，反正就是要比较朴素的记录方式。但是我又担心收视率，于是他就推荐了《思想家》这本书给我，这本书是由英国广播公司（BBC）在一个非常成功的电视系列节目的基础上推出的，他说“思想家”当时在英国播出来之前，那些策划人也很担心，因为它是谈哲学的。但实际播出之后，这个节目非常受欢迎，观众非常喜欢。他说不一定是拍哲学就没人看，我当时很受启发。另外一个是《光荣与梦想》——他说：你就随意拍，也不要做很多判断，记录真实生活的各个片断。我刚开始拍的时候，前几期都是拍广州一条街或是一个急救室，一个女孩是怎么受伤、怎么进急救室、怎么被抢救的整个过程，反正都是我们日常生活中各种各样的事件或者是城市的某一个角落。后来关于这个栏目的设计标志也是黄专提出来的，他说：“我建议就是一个电视的黑白灰。”我当时也觉得非常好，很像我要做的事情，就是“黑白灰”。他是突然就想到的，我觉得他脑子里边——对一件事情，不用多思考，很快作出判断给出结论。在我们接触的过程中，他就像我的一位良师益友，我有很重要的事情一般都会跟他说。我当时还写了一些关于这个栏目的引导词，意思是说：纪录片跟我们日常拍照片一样，只要你手上有一台照相机或者摄像机，你也可以随意记录点什么——实际上我们在做同样的事情。类似这样的话，后来他说这都不要，

就是标志：记录真实。所以后来我也不要那些引导词了，其实都已经编好了。

方立华：《思想家》这本书挺有意思，是把英国广播公司（BBC）播放的系列电视节目《思想家》的内容汇编出版，而且那些对话都是很有哲学性的。您当时有把它看完吗？

*刘卓泉：*我看了，但是我这个人读书没有太大的耐心，我只是粗略地感觉了一下书的分量，看了采访那些哲学家的主持人部分，同时他本人也是一个哲学家。后来我跟黄专又去了成都，拍上河美术馆举办的一个展览，那一次完全就是跟踪报道，好像也是1998年夏天的样子，展览有方力钧、王广义、曾梵志参加。那部片子叫《城市的记忆》。当时黄专说上河美术馆有这样一个活动，问愿不愿意去？我说当然愿意去。当时他们要出机票我都没有让他们出，因为我们有赞助，海南航空公司提供给我们全年的机票。当时上河美术馆负责了我们的住宿，前后待了一个星期，一个是拍这个片子，另外我还附带做了《茶馆》，拍成都的茶馆。除了拍展览，中间有很多时间没事干，他们就给我派了一辆车，我就去拍了《茶馆》，带了两部片子回来。那次挺愉快的，从他们之中了解了很多情况，也听到他们的一些讨论。但很可惜，这部片子没有了。因为在做《记录与真实》的时候，在广州出了点事，很多片子都被人偷了，其中很多早期的片子都没有了，没办法找回来。后来我又去了云南。云南也有一个上河美术馆，也去拍过一次，我不知道是不是——黄专好像也说过。但那次黄专没去，是陈家刚去了，好像栗宪庭也去了——那次好像是叶永青跟我联系的。实际上在那个时候，我跟艺术的关系越来越紧密了，包括我今天做艺术，也是从那个时候慢慢地开始的。还有一次在深圳，应该也是在1998年、1999年这两年，那个时候经常来，无论是因为黄专的事，还是来深圳为寻找一些艺术的活动题材。我当时开了一辆吉普车，是赞助商赞助的。有一天晚上，黄专和我，还有另外一个朋友，三个人开车去小梅沙游泳，走到“阳光酒店”的时候，见门口有很多女孩，大概有上百人，马路全部站满了，我靠边开得很慢，这个时

候过来一帮女孩，起码有10多个，把我们的车都围住了。但忽然她们又散开了，可能她们看到车窗上《记录与真实》栏目的标徽上有五角星图案，因为《记录与真实》栏目是广州空军八一传呼台赞助的，她们大概以为是来抓人的，我们笑了一下，就开走了。现在想起来很不应该。然后我们去小梅沙游泳，游到夜里两三点钟，那一年黄专40岁。他那天晚上跟我谈人生，他最重要的几句话我永远忘不了，一直忘不了，我从他那儿得到很多启发，甚至后来我跟很多朋友都讲过。他说他自己“40岁之前可以玩，40岁之前不要考虑什么，可以玩；40岁之后就认真做事”。他说起了孔子，他说孔子说的“人”指的不是40岁之前的“人”，孔子说的“人”应该是40岁之后，可能跟“四十不惑”有关，这个时候才能称为“人”。我当时为什么很有感触呢？因为当年我35岁，也接近40岁了，但是因为我有在西藏生活的经历，又从西藏到内地，不断地变换城市，不断地在适应，我感觉我荒废了很多的时间，我感觉我什么都没有做，做电视也不是我的初衷。他的话给我留下了印象，原来我们40岁之后还可以真正地做事。但其实我后来看到黄专老师以前的一些经历和别人写他的文章，我觉得他40岁之前根本就没有玩，但他可能是有更大的计划，有人生更高的视野，他说的是另外一个层面上的事吧。但是他的这些话——因为在海边，游泳、漂着，在沙滩上躺着，印象深刻。我记得那天晚上是我第一次知道在海里游泳，人就那么躺着不动，就可以漂浮着不会沉下去。我之前游过几次海泳，但那一次是最长的一次，整个晚上都几乎泡在水里，夜里两三点钟我们才往回返。这是我人生当中很难忘的一件事情，因为那样的一种情境，夜幕下躺在海滩上谈论着很多关于人、做事等，很难得，当时我们那么轻松悠闲，而且又碰到他那么想说一些事。

王景：听您的描述，感觉您跟黄老师的关系不像一般的艺术家跟批评家或策划人的关系，我觉得你们两个人的关系还挺奇妙的，或者说介乎不同角色的朋友关系。

*刘卓泉：*对，在最早1992年“广州双年展”见面的时候，他请我喝咖啡，之前实际上只见过一面，他也许不记得了，到现在我都不知道当时他为什么请我喝咖啡，两个人坐下来……

*方立华：*除了谈作品，你们还讨论了别的问题吗？

*刘卓泉：*那个时候他并不太了解我的作品，可能因为我们都是武汉的吧，另一种可能是因为他是组委会成员或者是双年展的负责人，我又是从西藏来的，他可能对我有印象。只记得他很平和，同时也很轻松，当时具体聊些什么已经想不起来了。

*王景：*您刚刚讲了黄老师跟您的一些接触，让您参与一些艺术活动，这种互动对您真正往艺术家方向发展还是有一定影响的，是吗？

*刘卓泉：*当然，因为他说我是艺术家嘛。我们俩还策划过一个事，但是最后没有成。当时我想做一个高端一点的访谈拍摄，想请他来做主持，大概也是在1998年期间。因为包括在成都的访谈，好多都是他做的，采访栗宪庭、采访张晓刚——在张晓刚家里。当时他还写了一个文案，给采访起了一个名字，叫“90年代文化肖像”，他说我们可以跨界，不一定只是艺术家，还可以采访哲学家、文学家和社会学家。应该是下半年的事情，10月份左右，《记录与真实》栏目是1998年8月份开播的，开播不久，人就有点小野心，光是这个栏目不满足，而且那个时候我有自主权，拍什么东西我可以拿主意，因为经费都是我自己找的。

*王景：*怎么没有做成“90年代文化肖像”？

*刘卓泉：*还是经费问题。因为当时如果要做，采访已经不局限在广州了，而是在全国范围，可能在经费上面存在问题——很遗憾这件事情没有做成。当时黄专写了几页纸

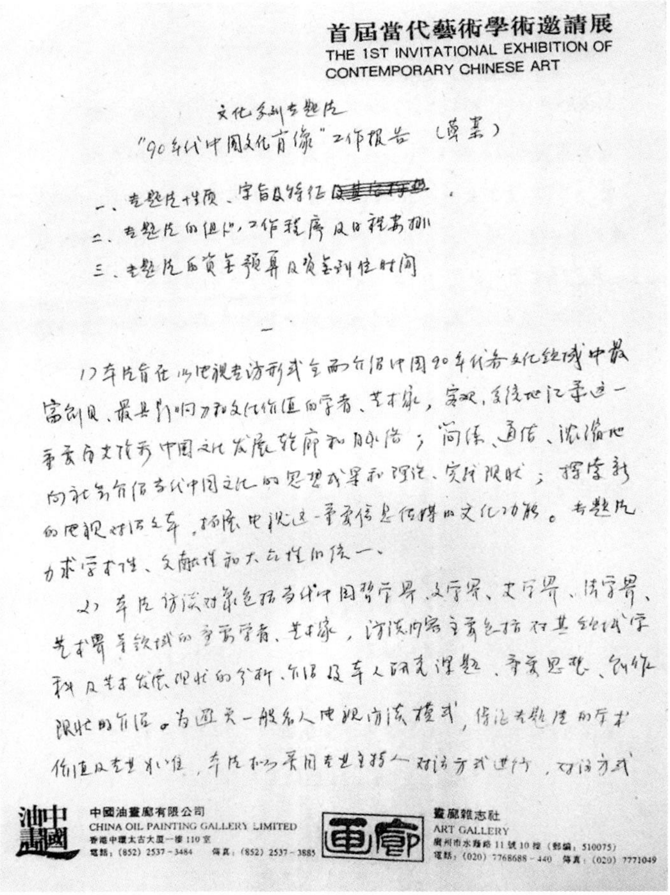
首屆當代藝術學術邀請展
THE 1ST INVITATIONAL EXHIBITION OF
CONTEMPORARY CHINESE ART

文化系列专题片
"90年代中国文化肖像"工作报告（草案）

一、专题片性质、宗旨及特征
二、专题片的组织、工作程序及日程安排
三、专题片的资金预算及资金到位时间

一

1）本片旨在以电视专访形式全面介绍中国90年代各文化领域中最富创见、最具影响力和文化价值的学者、艺术家，客观、系统地记录这一重要历史时期中国文化发展轮廓和脉络；简练、通俗、深入地向社会介绍当代中国文化的思想成果和理论、实践现状；探索新的电视对话文本，增强电视这一重要信息传播的文化功能。专题片力求学术性、文献性和大众性的统一。

2）本片访谈对象包括当代中国哲学界、文学界、史学界、法学界、艺术界等领域的重要学者、艺术家，访谈内容主要包括对其领域学科及学术发展现状的分析、介绍及本人研究课题、重要思想、创作现状的介绍。为避免一般名人电视访谈模式，保证专题片的学术价值及专业水准，本片拟采用专业主持人对话方式进行，对话方式

中國油畫廊有限公司
CHINA OIL PAINTING GALLERY LIMITED
香港中環太古大厦一樓110室
電話：(852) 2537-3484 傳真：(852) 2537-3885

畫廊雜志社
ART GALLERY
廣州市水蔭路11號10樓（郵編：510075）
電話：(020) 7768688-440 傳真：(020) 7771049

1998年，黄专为《记录与真实》栏目策划的"90年代文化肖像"专题手稿－1（图片由刘卓泉提供）

的方案，我现在一直在找，那份东西我应该是可以找得到的。好像我后来还用电脑重新输入了一遍，但是我的电脑换了好几次，一时也找不到了。关于这个采访的定位或宗旨，包括如何操作，他都写得很详细，是很专业的一份策划书，虽然只有一千多字，但是各个方面他都涉及了。

方立华：1998年黄老师策划了"首届何香凝美术馆学术论坛"，也是非常强调邀请跨领域的学者来进行讨论，刚好跟您提到的"文化肖像"的策划是在同一年。您当时知道他在做这个事情吗？

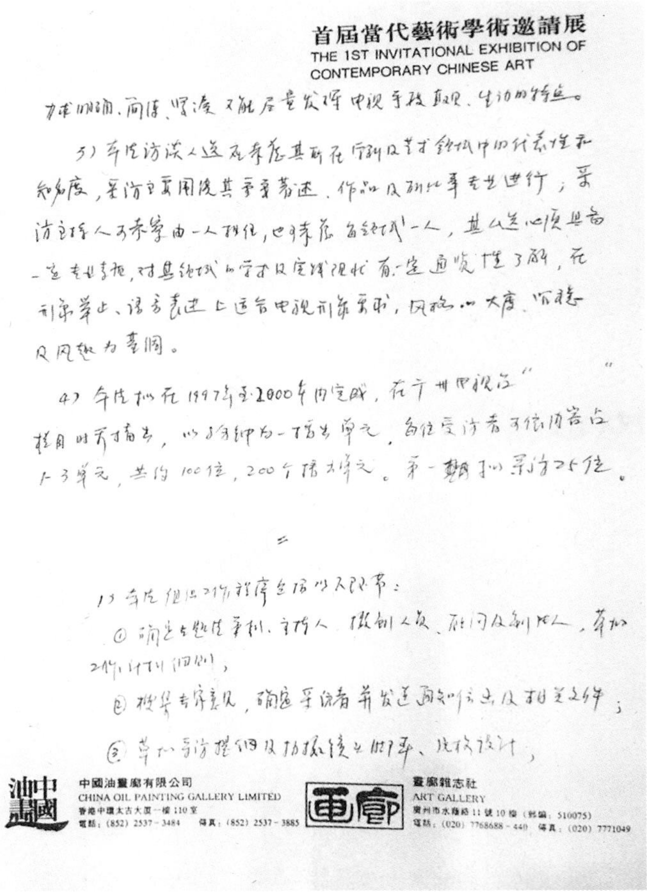
首屆當代藝術學術邀請展
THE 1ST INVITATIONAL EXHIBITION OF CONTEMPORARY CHINESE ART

中國油畫廊有限公司
CHINA OIL PAINTING GALLERY LIMITED
香港中環太古大厦一樓 110 室
電話：(852) 2537-3484 傳真：(852) 2537-3885

畫廊雜志社
ART GALLERY
廣州市水蔭路 11 號 10 樓（郵編：510075）
電話：(020) 7768688-440 傳真：(020) 7771049

1998 年，黄专为《记录与真实》栏目策划的“90 年代文化肖像”专题手稿 - 2（图片由刘卓泉提供）

*刘卓泉：*不知道。很多的工作实际上我们是交叉在做，他有更多学术上的事情和活动。包括后来 1999 年他说他要去成都，1998 年我们去过，1999 年那次我因为有别的工作就没去成。那次好像他又策划了一个什么展览，他有一天给我打电话，说他又准备到成都去，记得他还向我要了我另外一个朋友的电话。

*王景：*他很看重记录、档案。

*方立华：*他打电话给您是不是希望您可以把他们做的项目记录下来？还是单纯邀请您过去参加这个活动？

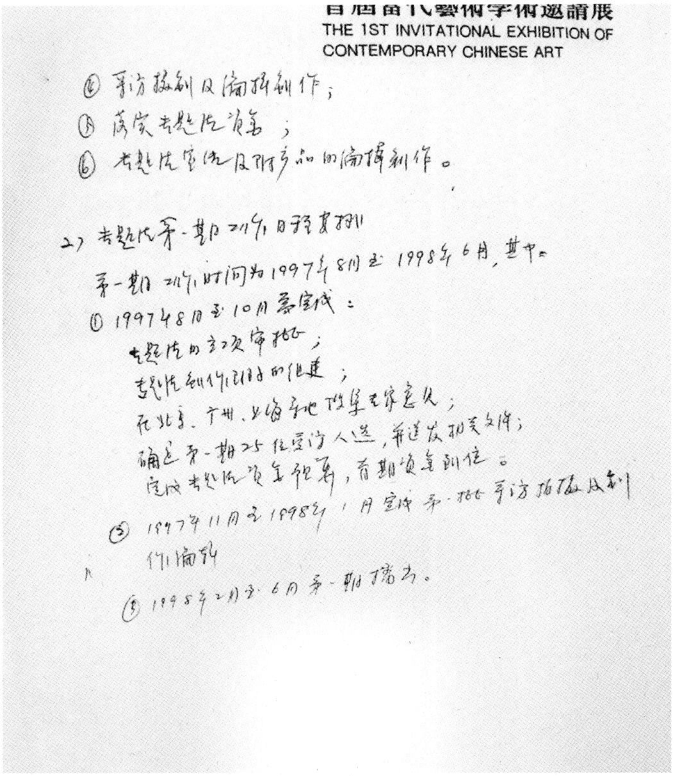

首屆當代藝術學術邀請展
THE 1ST INVITATIONAL EXHIBITION OF
CONTEMPORARY CHINESE ART

④ 采访拍摄及编辑制作；
⑤ 落实专题片资金；
⑥ 专题片宣传及附产品的编辑制作。

2）专题片第一期制作日程安排
第一期制作时间为1997年8月至1998年6月，共十月。
① 1997年8月至10月落实完成：
专题片的主题策划；
专题片制作小组的组建；
在北京、广州、上海等地征集专家意见；
确定第一期25位采访人选，并送发相关文件；
完成专题片资金筹募，首期资金到位。
② 1997年11月至1998年1月完成第一期采访拍摄及制作编辑
③ 1998年2月至6月第一期播出。

1998 年，黄专为《记录与真实》栏目策划的“90 年代文化肖像”专题手稿－3（图片由刘卓泉提供）

*刘卓泉：*也许都有吧。我当时是栏目的制片人，一般我的目的就是要去做节目，是要播出的，整个展览可以在我们的那个栏目播出，每周 10 分钟。

王景：《记录与真实》栏目持续了两年，1998 年和 1999 年是吗？

*刘卓泉：*1998 年 8 月份到 1999 年 8 月份，只一年。后来传呼企业不行了，手机时代来了，BP 机的时代过去了，他们也就停止了赞助，这个栏目就没有了。后来在 1999 年年底，我又策划了一个《个人电视》栏目。

王景：《记录与真实》栏目结束之后，你跟黄老师的交往变得越来越少了吗？

*刘卓泉：*后来他可能很忙了，我做的节目也是另外一个方式了，我去找节目，DV，

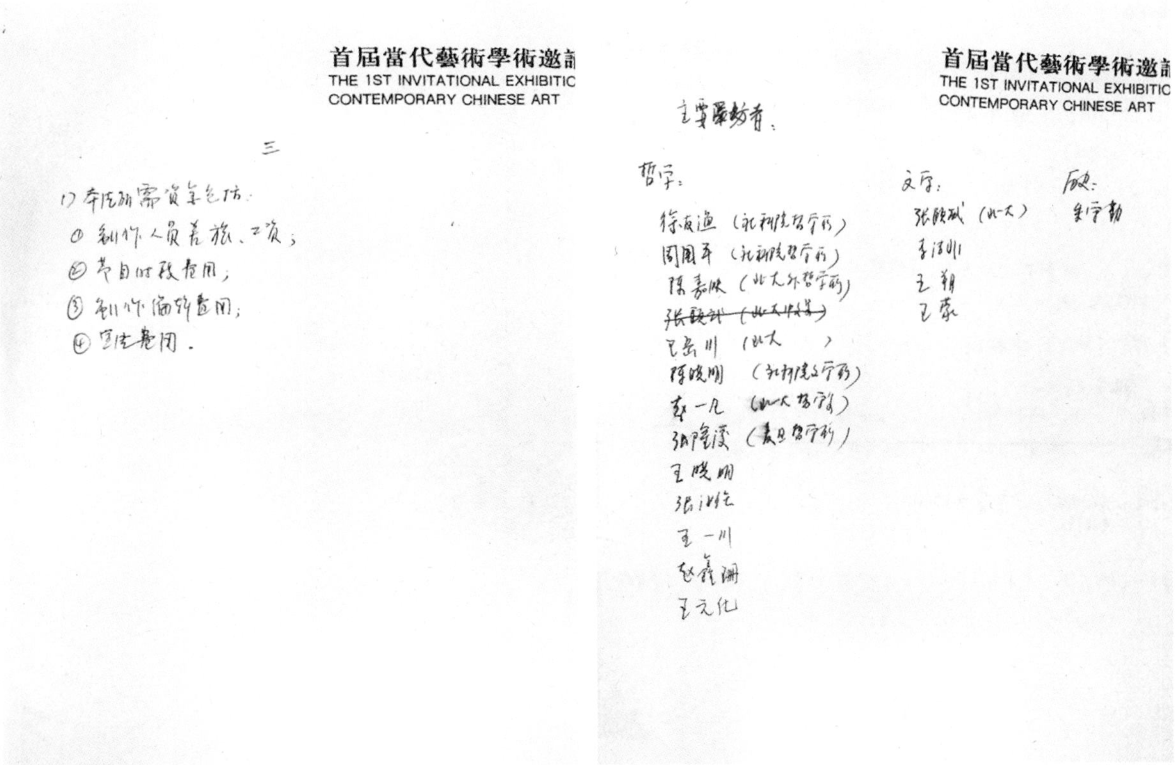
首屆當代藝術學術邀請
THE 1ST INVITATIONAL EXHIBITIC
CONTEMPORARY CHINESE ART

三

1) 本栏所需资金包括:
① 创作人员差旅、工资;
② 节目时段费用;
③ 创作简介费用;
④ 宣传费用。

首屆當代藝術學術邀請
THE 1ST INVITATIONAL EXHIBITIC
CONTEMPORARY CHINESE ART

主要采访者:

哲学:
徐友渔 (社科院哲学所)
周国平 (社科院哲学所)
陈嘉映 (北大外哲学所)
~~张颐武 (北大中文系)~~
王岳川 (北大)
陈晓明 (社科院文学所)
赵一凡 (北大哲学系)
张隆溪 (复旦哲学所)
王晓明
张汝伦
王一川
赵毅衡
王元化

文学:
张颐武 (北大)
王朔
王蒙

历史:
朱学勤

1998 年，黄专为《记录与真实》栏目策划的“90 年代文化肖像”专题手稿 – 4、5（图片由刘卓泉提供）

《个人电视》栏目的性质是我去找别人拍好的片子，放在那个平台上播。虽然和黄老师合作少了，但是偶尔我还是会到他家里去玩玩，因为我当时住在华师（华南师范大学），有时候会和李邦耀他们一起去聚聚，但是不多。我那时没有做艺术，我和黄专老师的关系，包括白榆，更多的是以好朋友、老乡来往。有几次在广美（广州美术学院）他们六楼的家里聚会，后来他们搬了。有一次他说他装修那房子花了 5 万块钱，我老记得他说“倾其所有、倾其所有”，他请我们过去玩，热一下那个房子。我 2001 年去了北京，2002 年我就知道他生病的事情。2002 年又接触多一些了，因为他在北京做移植手术，住院期间，我经常去看他。出院之后，他们住在医院对面租的一个小房子里，他说要看片子，我给他提供了很多“地下”的 DVD 碟，大概三四十部，挺多的。记得有一次去看他，他正在看一张三年展的海报设计稿，当时他还问我：“刘卓泉，你觉得设计得怎么样？”我说：“反正挺另类的。”

*王景：*广东美术馆做的三年展。

*刘卓泉：*首届三年展，海报有一个三角的标志，我记得，我感觉他好像有点不满意，不过我觉得还挺大气，挺另类的。给我的感觉是那个三年展他是真正地跨入——我想起我们在海边聊的事情——他是真的开始做更大的事情了。当时我希望他早点好，可能以后还会到国际上做更大的展览。当时我真是这样想。我记得他做完移植手术在无菌舱住了 40 天，出舱转到普通病房后，我可以进去直接看他了，我说："移植完了，这就好了？"他说也不一定。他的情绪平静，但是说话语言不多。有时候我和白榆两个人在楼下过道里抽根烟，陪她缓解一下疲劳和紧张的情绪。

*方立华：*他那一次移植非常成功，一年后就回广州了，刚好遇上了 SARS。

*刘卓泉：*我和白榆在楼下过道抽烟时，她给我讲一些轻松的话题。因为黄老师在舱里做化疗时人很痛苦，小护士为了转移他的目标，问他："黄老师，毕加索的画我看不懂，画了几个眼睛怎么看啊？"白榆跟我说，黄专告诉那个小护士："你就按住一只眼睛看。"在那种情况下他还很幽默。反正隔一段时间，没什么事我就会去看他，当时我住得离医院很近，那时在央视（中央电视台）也不是很忙，而且那段时间我有点儿茫然，可能那个时候有点想做艺术了，不想做电视，在央视做电视还不如在广州，央视太系统化、太政治了，我肯定有些受不了的。

*王景：*您搬到北京一开始还是做电视？

*刘卓泉：*对，那个时候我是在央视十套做《探索发现》栏目。

*王景：*当时您想做艺术了，去看黄老师的时候会跟他聊这个事情吗？

*刘卓泉：*没有，包括后来我真的做艺术了，我也很少找黄老师。我后来看过他一两次，在祈福新村，他请我吃饭，很隆重，把李邦耀他们都叫上。

*王景：*有意思，反而您真正开始做艺术了，跟黄老师的接触倒比较少了。

*刘卓泉：*实际上我内心很想找他，但是我又常常打消这个念头，我不想打搅他。从2005年以后我已经开始做作品了。

*方立华：*您是怎么看待他在何香凝美术馆和OCAT所做的工作的？

*刘卓泉：*他做OCAT的发布会，我也去了。我觉得他在构建一个东西，跟原来我们在一起聊我那个栏目一样，他有他独特的——他按照他的设计、设想在建构当代艺术的体系，他有自己完整的一个规划。我觉得他做这些我一点儿都不奇怪，他很有系统性。

*方立华：*您觉得他做的OCAT和其他的机构有什么区别吗？

*刘卓泉：*学术性比较强，有它的一致性，而且又比较平和。因为很多人做事情，头尾不一致，但是我感觉他做事情非常严谨，想好了或者说有了规划，他会做得很一致。我原来在广州做事情，一开始设想得很好，做着做着就——虎头蛇尾的情况特别多，但是黄专不会这样。2009年那会儿见得比较多，最后一次见他是在2013年，那一次是OCAT做吴山专个展，在展厅，我们两人聊了一些家常，不多，然后我们两个缓缓地走出大门，那是最后一次见面。

能把艺术家内心激活的策展人

受访人：王广义、张晓刚、隋建国、王友身
采访人：王俊艺
时间：2016 年 10 月 21 日　地点：北京
录音整理：陆汀敏

王俊艺：可以先从你们一起参加的 1996 年“首届当代艺术学术邀请展”开始谈，我记得这个展览有三个展场：香港、中国美术馆和首师大（首都师范大学）美术馆。你们可以讲讲当时在准备展览的时候和黄老师交流的状况吗？

王广义：最初黄专说起这事，是和香港的投资方杨先生一起到我的工作室来，他说要做这么一个展览。黄专当时还很年轻，也很兴奋，他说要在香港、中国美术馆和首都师大美术馆三个地方一起展，他问我想拿什么作品。当时我的《大批判》已经参加过无数个展览，他说不一定拿这件作品了，他想看我还有什么其他的作品。我说我倒是想做一个现场作品，在这之前我做过一个现场作品《VISA》，唯一的公开展示是在“圣保罗双年展”。当天没有谈得很细，我说我很愿意参加展览。

过了一段时间，黄专又来找我谈。我说这个展览对我而言可能有点冒险，尤其是我第一次在国内做这种非平面的作品。我说我想做“卫生检疫”，其实当时食品这件事情还没有像今天这么敏感。我谈了自己的想法，这个想法来自于我原来在哈尔滨的一个有洁癖的朋友，他到哪儿吃饭都是自己带着筷子，当时大家都感觉他有病。我说这事挺有意思，他对社会有一种深深的不信任感，这是人对体制和社会的一种不信任，是一种自我安全感的丧失。黄专说这很有意思，他问我想怎么做？我说我的主要身份是一个平面艺术家，可能会做得特别离谱，黄专就问我会离谱成什么样子？我说我想还原一个超市。

《卫生检疫：所有食品都可能是有毒的》王广义，1997年（图片由王广义提供）

我当时住在方庄，楼下地下室有一个超市，我每天买东西会到那儿去，那个超市很有意思，很简陋很粗糙，有一种不安全的情境。我说我想把这个超市原封不动地拿到展厅。他说你怎么体现超市和体制的关系？黄专这个提示很重要，我按照这个思路，到北京市卫生检疫站去查资料，找到了当时关于卫生检疫的一些图片，虽然已经是30年前的图片，我把它们买下来，放在墙上，用这样的方式和超市构成一个意识形态的关联。黄专很欣赏，他说这很艺术。做得虽有点儿离谱，但其实特别有挑战性。

*王俊艺：*这件作品的展出应该是有三次，都和黄老师有关系。

*王广义：*对。这件作品其实是和黄专交流的产物，他在谈话之中给我许多质疑性的发问，激活了我很多创作的思想。

*王俊艺：*隋老师、张老师和王老师当时的作品是在哪儿展出？

*隋建国：*我是在中国美术馆。

*王友身：*我是在首师大。

*张晓刚：*我也是在中国美术馆。

*王俊艺：*这两个地方有什么特别的区分吗？

《营养土·温室》王友身，1996 年（图片由王友身提供）

*王友身：*中国美术馆基本上是以平面和雕塑作品为主体；首师大基本上是以装置和观念性的作品为主。我和广义正好是在一个展场，他的作品的实施过程就在我的旁边，我也给他拍了很多照片，记录他这件作品的实施过程。

我当时参展的作品是叫《营养土·温室》，这个概念源自于《营养土》系列。1994年，我在家里完成了《营养土》这件作品的时候，是黄专第一个发现这是一件很有趣的作品。当时他在改版《画廊》杂志，大概是头几期，最后两页要出现一个专栏叫"装置点评"。他说你这件作品太好了，正好杂志里有一个专栏是关于实验性的艺术，推介一些年轻艺术家的新作品，他问我能不能给他写一篇自述。后来我专门为他这个专栏写了一篇关于《营养土》的文字，这好像是我到目前为止写过的最长的一篇自述。他很欣赏这件作品，实际上他也是第一个认可这件作品的人，而且在学术杂志上给予展示。其背景是，在当时的北京没有任何空间可以展示，我们只有在自己的家中或公寓里做这样的作品。在他的杂志平台上展示和推介后，恰好隔一年他马上就做了"首届当代艺术学术邀请展"，这是黄专第一个严格意义上由其主体完成艺术策划的展览，只是没有完全公开而已。但是，这个展览是他艺术实践上最重要的一个开端，是一个到今天还有巨大影响力的展览。

关于《营养土·温室》，我在现场做作品的时候，黄专说最好别还原当时在《画廊》

1997 年 1 月 1 日，“首届当代艺术学术邀请展”被叫停之前艺术家在中国美术馆二楼展厅合影（图片由张晓刚提供）

杂志上发表的作品，不要复制它，而是根据现场来做，可以形成一个系列的概念。后来我就做了个“温室”，在现场搭了一个暖棚，就像一般自然状态下的温室效应的感觉，完全是在模仿植物园的现场。我记得当时是在展厅中央的地方做的。他给了我一种提示和鼓励，所以这件作品，很多人说它和黄专是画等号的。我一直觉得这件作品非常重要，黄专是发现我的另外一种可能性的策划人，他还写过很多关于我作品的评论和推荐文字。

隋建国： 在这件作品之前，你的作品是什么？

王友身： 这么说我和黄专太有机缘了。我的第一件观念装置性作品是 1989 年在“中国现代艺术展”展出，叫《√》（与杨君合作）。当时我们俩还不认识，他给我写了封信，黄专说很喜欢这件作品，他正好要写一篇文章，问我能不能给他写篇自述。随后，我为此给他写了一篇文字，回溯如何制作《√》和它的意义，这份原稿我已经散失了。后来，1994 年他在香港艺术中心策划了内地、香港、台湾地区三地的“当代摄影展”，他就推荐了我参展，所以我们俩是从第一件作品一直合作到最后。他长期关注我的艺术工作，这真是有很大的机缘在里头。《营养土》是其中一件很典型的作品，《我奶

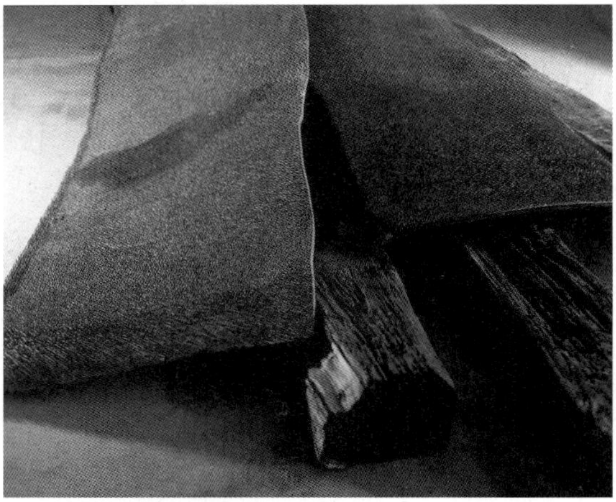

《殛》隋建国， 1996 年（图片由隋建国提供）

奶去世前后》那件作品和他也有很直接的联系。

*隋建国：*因为当时在中国美术馆的展览被叫停了，所以主要的活动是在首师大那边。我是在那里第一次看到你们俩的作品，广义做装置，友身做摄影和装置混合，我原来以为广义只是画《大批判》之类的作品。我记得那天晚上还有一个颁奖活动。

我是 1996 年第一次认识黄专，当时正好是我在做《殛》这件作品，在胶皮上钉钉子。那时正好是暑假，我穿着背心，学生帮着我一起弄，我们在那儿钉钉子，他们就来了，一大帮人。其实那件作品是对我在 1989 年春夏之交的政治风波之后的一个长期情结的结束。黄专一看就很喜欢，他说这件作品有点自虐。我说我是从 1989 年之后开始在山里打石头时发现，其实自我消耗是挺好的一种工作方法，做雕塑就是自我消耗，消耗的东西进入材料里边，就形成了作品，所以石头也是消耗，钉钉子也是消耗。我在那儿一个人一天大概能钉巴掌这么大一块面积，钉得头昏眼花也只能钉这么一块，所以一个夏天就在那儿钉。

我也没想到黄专看了以后当时就觉得这个东西挺好。展览的时候把我的作品放在二楼，在一进门最大的位置，而且还给我颁了一个学术奖。当时设立了两种奖项：学术奖和文献奖。

《衣钵》隋建国，1998 年（图片由何香凝美术馆提供）

王广义： 其实学术奖是最重要的，文献奖是历史形态的。

隋建国： 文献奖是肯定之前的工作。

张晓刚： 学术奖就是现在的作品得奖，贡献奖就是对以往工作的认定。

隋建国： 我和黄专其实谈得并不多，但是他好像喜欢这个劲儿，所以那件钉子的作品一发布，就是在一个特别重要的展览上。一般我做作品不太看展览的性质，我都是按照自己的想法去做，不会为一个展览专门去做一件作品。我觉得这个展览用《殛》这件作品是再合适不过了，所以我想和黄专的合作，是当时很适合发布一件新的作品。

1998 年在深圳“第一届当代雕塑艺术年度展”的时候，我拿“中山装”（《衣钵》）参加了展览，到了 1999 年，我第一次用恐龙做作品。那时候我们来往也比较多了，黄专说：“老隋，我们这个雕塑展没有规定一个艺术家只能参加一次，你如果愿意也可以参加。”后来我跟黄专说，我想再做一件新作品。一直到展览的图录快要进厂印刷了，我突然想起我在日本买的恐龙玩具，其实生产这类东西的代加工工厂全是在深圳周边，我就想把那个恐龙放大一下，就放在深圳。我跟黄专说我现在有这个想法，但是我必须到深圳周边考察一次，然后再决定我到底能不能做这件作品。黄专说那就来吧，他还特意给我找了“大尾象”成员梁矩辉带我去顺德的几家专门做恐龙玩具的工厂，专门去参观了这些工厂，了解整个流程。其实那些都是很古老的铸铁制造的热塑加工机器，我当时才知道恐龙肚子上的小标签——Made in China 是“活”的，20 世纪 60 年代在日本做的时候，这个小标签就是 Made in Japan；70 年代就是 Made in Taiwan 或者 Made in HongKong；80 年代以后就是 Made in China 了。工程师专门给我讲了这个细节，我才觉得这件作品真是值得做了，它和我之前在日本看到的恐龙玩具对上了。其实这些产品在哪儿制作，就意味着那个国家开始了最原始的经济积累。我后来就决定做了，但是画册制作的时间实在来不及，于是就拿几个小恐龙玩具直接用一个小相机拍了特写，放到画册里，看上去好像很大。这件作品做出来之后，我发现它还真是有意思，就参加了深圳“第二届当代雕塑艺术年度展”。黄专当时把这个雕塑展正式扩展为国际性的项目，第一次有了法国的艺术家贝纳·维尼（Bernar Vernet）、英国的艺术家菲力浦·金（Phillip King），也有台湾地区的艺术家朱铭，这个展览变成了一个国际平台，所以我觉得这件作品太合适了，“Made in China”一下子提示出了国际的语境。

我现在回想起来，几乎是每次和他合作一个展览，我就可以提出做一个新的作品。当时参加雕塑展做了这件作品，好多人还不理解，都说老隋怎么开始做卡通了？很多人不理解“Made in China”背后是什么东西，因为那时候很多中国人都不了解这个概念。其实改革开放刚开始代加工就开始了，但是直到“Made in China”在国际上引起了冲突，咱们的船拉的东西很多，人家那边的工人罢工，阻挡咱们的船不让上岸，这时候“Made in China”的概念才在中国引起关注。原来“中国制造”这种生产能力已经对别的国家的经济、产业工人造成了干扰，引起了抵制。

1997 年 1 月 1 日，黄专与张晓刚在“首届当代艺术学术邀请展”现场合影
（图片由张晓刚提供）

黄专那时候就很敏感，他觉得其实“Made in China”已经开始登上舞台。后来这三个恐龙又参加了法国的尤伦斯收藏展，那时候外国人反而都很敏感，说“Made in China”来了。我记得 1999 年在深圳雕塑展上，贝纳·维尼就问我这件作品多少钱，可以买吗？我当时还想，怎么还有人问多少钱？而且他又是一个参展艺术家。我说我不知道多少钱，这个展览不卖作品。直到去年我去法国做展览，专门去贝纳·维尼的工作室参观，看到他自己做了一个巨大的雕塑公园，他还说起当时他喜欢我那件 *Made in China*，他想买或者交换，但是我没理他。我说那时候就是凭直觉做了，策展人觉得好，我都没完全明白它好在什么地方，一直到后来去了国外，才知道影响早就铺开了。所以从这里可以看出黄专的敏感度。

*张晓刚：*我都忘了好多细节。我那时候还在四川，不像你们三个跟黄专接触那么多。我和他有接触是在 1992 年的“广州双年展”上，但真正认识是在 1996 年。当时成都的房地产开发商陈家刚，弄了一个上河美术馆，经常请黄专到成都来讨论问题，所以我们大概是在成都认识的。

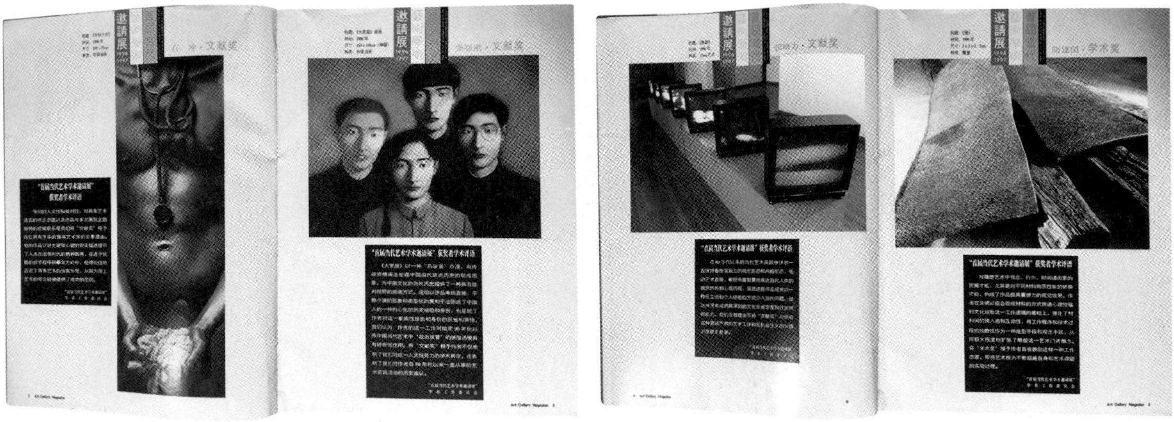

《画廊》1996 年 5、6 期合刊关于“首届当代艺术学术邀请展”专题报道（图片由白榆提供）

我当时刚画《大家庭》，但其实学校里好多人都不太喜欢，有些批评家在会上也批评说作品不好，说我原来的作品更好一点。黄专第一个很明确地肯定《大家庭》的价值，我当时跟他还不太熟，那会儿他还很年轻。当时我很高兴，但我没有和他深入地讨论，我不知道他真正的想法是什么。他当时的身份是《画廊》杂志的编辑，我记得有一个下午，不知道是去看谁的作品的路上，在一辆面包车上，他突然对我说他觉得我的《大家庭》这件作品非常有意思，他想做一个访谈。他说他回去整理一个问题提纲给我，我可以自由地发挥。我和他的交往就这样开始了。他回去后马上就写了一份东西给我，我根据他的提问，很认真的一条一条地写，差不多用了一个星期的时间回答他的问题，相当于把自己画《大家庭》的基本思路清理了一遍。完了以后我就寄给了他，没想到他很认真地给我回了一封信，他说谈得非常好，他准备在《画廊》上刊发，而且是比较重要的版面，封面还要用《大家庭》的作品。他让我寄一个幻灯片。我觉得他是非常认真的，开始我还觉得他只是出于礼貌。我就这样跟黄专认识了，他给我的第一印象是对艺术的态度非常严肃和认真。

后来他说要办一个展览，让我一定要参加。我当时没有作品，他说哪怕一张都行。我记得当时那件作品是要参加另一个展览的，我就把它扣了下来，参加了他的邀请展。我当时并不是那么有信心，因为我的作品也没在国内办过展览，他第一个对我的作品给予非常明确地肯定，而且邀请我参加展览，后来还给了一个学术奖，说实话我有种受宠若惊的感觉，我从来没得过这么高的奖项。我只有一件作品参加了这个展览，相当于是专门为这个展览画了一幅画。我记得到北京以后，因为跟好多人都不太熟，黄专那会儿也很忙，我几乎都没怎么见到他，后来布展的时候，他跟我讲："这块墙面就是你的了，你的作品就挂那儿。"然后他过来说，咱们合个影吧，于是在那儿拍了一个合影。我记得那会儿是冬天，12 月 31 日，我们四川来的都不习惯，都觉得很冷，作品挂完了也没事干，我和毛焰几个人就在我们住的酒店对面的小饭馆，天天在那儿喝酒，吃涮羊肉，觉得终于参加展览了，而且也进了美术馆，就好像一个长年生活在地下的人终于翻身回到地面的感觉。结果后来，我们一帮人在吃火锅的时候突然接到电话说展览被叫停了。我印象特别深。说实话，我个人觉得很正常，因为当代艺术到美术馆展览好像是不可能的事，黄专把它做成了，大家一边高兴，一边在心里边还是有点嘀咕。当时突然接到电话说展览可能被叫停了，我第一个反应觉得是属于正常的范围，但再一想大家辛辛苦苦把作品都弄过来了，艺术家都到齐了，结果展览却做不成了，非常遗憾。后来吃火锅的后半截气氛就很沉闷，我的印象是喝了好多酒。后来回到酒店又一起聚，挤在一起，黄专就回来了，他说办不成了，当时的氛围还是很压抑的感觉。但是，《画廊》杂志还是把展览的获奖情况发布出来了，这个展览是国内对我的作品的第一次很严肃的认定，对我来说非常重要，所以我也特别感谢黄专。

隋建国：那次展览被叫停对我刺激也挺大，此后我一直就说我的作品进不了中国美术馆，我说我也用不着进美术馆展览。一直到当代艺术院的展览，那是我的作品第一次进美术馆。

张晓刚：美术馆当时在大家心目中还是神圣的。

隋建国：我倒不是觉得神圣，我是觉得你既然叫停，我就不参加了。

2008 年,“视觉政治学:另一个王广义”开幕式合影(肖全拍摄,图片由 OCAT 深圳馆提供)

*王广义:*我是 1990 年就认识黄专了。当时我刚调到武汉,我的工作室就在离湖北美院很近的一个小胡同里。最初和黄专认识倒不是因为学术,而是通过吃喝玩乐认识的。小魏(魏光庆)当时在湖北美院,那时候他经常弄一个舞会,但他的屋有点小。黄专当时是一个人,湖北美院给他一个单身宿舍,小魏说黄专那儿挺好,那会儿我还不认识黄专。我们晚上就在那儿吃喝玩乐,那种气氛很融洽。我和黄专是这样认识的,最初很少谈艺术的事儿,完全是一种朋友的感觉。

1996 年谈到《卫生检疫:所有食品都可能是有毒的》这件作品的时候,黄专开玩笑说:“广义,咱们认识这么多年,我通过你的这件作品,倒是对你从学术上重新评价了。”虽然是朋友开玩笑时这么说的,但是我知道他是很认真的,他说他从这件作品理解了我关心的是什么。当时黄专还没有说出“视觉政治学”这个词,但也说出了类似的意思。我发现黄专对我的艺术是非常理解的。黄专身上有两面性,跟朋友玩的那种状态和真正的学术状态是分开的。

2008 年黄专策划“视觉政治学:另一个王广义”,对于我来说那是非常重要的一个展览。黄专跟我讨论展览的时候,谈了很多。那是我在国内第一次做大型个展,当时我就谈有影响力的作品比如《大批判》之类的,我谈了半天,黄专说:“广义,我的想法和你完全不一样,你所有著名的作品我都不用,我想做‘另一个王广义’,你觉得怎么样?”

2008 年，“视觉政治学：另一个王广义”展览现场（肖全拍摄，图片由 OCAT 深圳馆提供）

黄专刚说这个词的时候我一愣，觉得挺有挑战性的，本能地感觉挺有意思。

*张晓刚：*有没有一种把你主要的成绩给抹掉的感觉？

*王广义：*那倒不是，我想黄专是想把我背后的东西呈现出来，他要挖掘出更深入的东西。从这件事情上来看，黄专作为批评家也好，作为策展人也好，这太重要了！

*王友身：*当时艺术市场是热得一塌糊涂的时候，如果再拿出《大批判》就会有嫌疑。黄专说一定要做“另一个王广义”，其实有一个语境是针对艺术市场，以及其他所谓的盖棺论定的王广义。

*隋建国：*他发现的是王广义的思维方式，是学术研究性的。

*王广义：*黄专最终把艺术家思维中的某些因素给激活了，他让艺术家更有信心，我觉得这一点特别重要。

*王友身：*那时候广义可能就在十字路口，正好黄专给他引了一个道儿。

*王广义：*是。那个展览弄完之后，虽然都是我曾经做过的作品，我看的时候确实有一种激励自己的感觉。

王友身：我记得很清楚，他说一件成名的作品都不要展，从你的《易燃易爆》的那件作品开始。

王广义：这样也让我自己重新梳理了自己的学术脉络。

王友身：其实作品本身有很多脉络和原生性的东西，一直没被关注或者被忽视，但是黄专发现了或者重新拿起来研究。

隋建国：2006 年中国的艺术市场开始发热，2008 年美国已经开始经济危机，中国晚一年，到了 2009 年大家才感觉到危机。

王友身：但他筹备的时候是在 2007 年，黄专非常敏感。

张晓刚：有段时间黄专和陈家刚的来往比较多，他经常跑到四川来，上河美术馆当时做了一系列的展览，其实都和他有关系。我觉得上河美术馆应该是全国第一家由房地产公司做的民营美术馆，它和黄专有着密切的关系。1998 年的时候，我记得他要我把四川的一些年轻艺术家集中在一起做一个展览，他当时就有研究图像学的想法。我说我不会做策划，我可以帮忙联络，策划还是你来做。他说还是由我来做，他来帮我做一个学术上的梳理，所以他写了那篇文章《视觉的力量》，于是做了那个展览，这对于四川那帮年轻艺术家非常重要。当然陈家刚也得利了，他收了一批好作品。我觉得黄专总是能找到一个在流行浪潮中逆向成长的学术点。

1999 年我来北京后，就经常见到他了。我记得大约是 2001 年，有一次黄专和广义叫我去讨论做“图像就是力量”展的事情，黄专就提出要做一个关于图像的展览，而且只选三个人。他说现在美术界被表面的成功弄得很乱，但学术上的梳理很少，他想做一个图像的梳理。我特别高兴把我选中，当然也有点意外。那是我的展览履历里非常重要的一个展览，虽然是一个群展，但是对于我自己的梳理是非常重要的。

*王友身：*所谓另类的黄专，是指他学术上的另类，他不同于主流的学术价值和判断。1994年在香港"当代摄影展"的时候，他是筹委会委员之一，他负责内地这块的策划和组织，包括编文献和撰写文章。他应该是国内最早关注图像媒介的策划人，他很敏感，很早就进入了图像的研究。

1989年"中国现代艺术展"之后，我们俩就一直有联系，他说1994年春节的时候在香港有个展览，他问除了我之外，还有没有做图片媒材的年轻艺术家可以推荐。后来我就推荐了颜磊，颜磊当时也在做这样的作品。除此以外他还选了一些别的作品，因为还要一些内地其他的传统摄影和当代的实验摄影放在一起做比较，作为他的研究线索，这样他就有一个上下文。当时他问我有什么新作品？我说刚刚完成了一件作品《我奶奶去世前后》，花了五年的时间。他要我发一个小样过去，我就把那一套作品都发给他了。他看了特别震惊，说真的没有人做过，虽然媒材是传统的，方式是纪实的，但语义和观念是不一样的。他问我怎么呈现？他说最好是现场的作品。我就马上做了一个现场的方案寄给他，后来还往返了几次和黄专一起研究如何呈现，因为有很多麻烦的问题：第一是在春节期间的香港展出这种题材的作品，给人很不吉利的感觉，而且我还要求图像面朝马路，所以特别敏感。另外，包括作品的邮寄方式和其他技术上的问题，以及我去香港布展，全是黄专在沟通协调。后来出了一本文献，他专门写了一篇很长的研究中国当代艺术家摄影图像的文章《摄影图像在中国大陆当代实验艺术中的作用》，这应该是国内首篇研究当代艺术影像的论文。

*张晓刚：*我觉得黄专有一种别的批评家少有的能力，他不是在创作的后面去总结和评论，他能看到艺术家的一些本质性的东西，或者他有能力去激活艺术家的创作。比

1994 年，王友身在香港艺术中心《我奶奶去世前后》作品现场（图片由王友身提供）

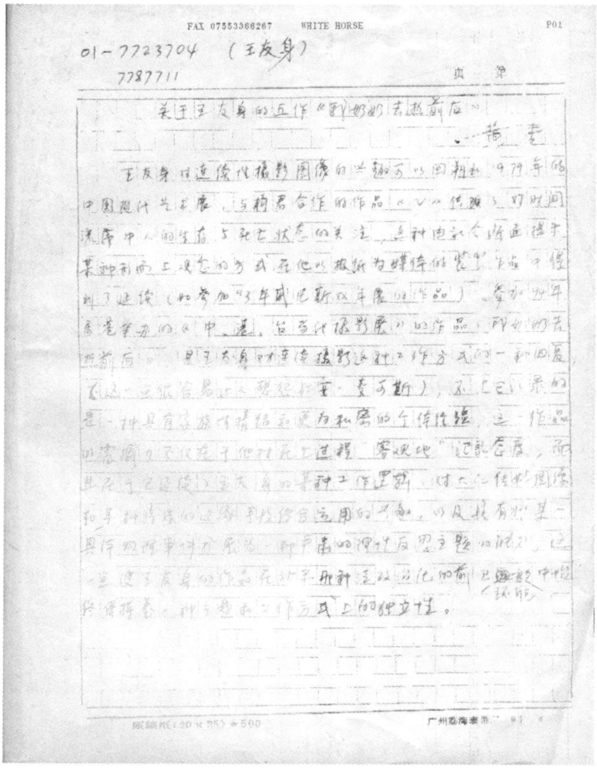

FAX 07553366267　WHITE HORSE　P01

01-7723704（王友身）

7787711

关于王友身的近作《我奶奶去世前后》

黄专 1994 年手稿传真件，关于王友身的近作《我奶奶去世前后》，刊发于《今日艺术》杂志（*Flash Art* 中文版），意大利，1995 年 1 月（图片由王友身提供）

如“‘柏拉图’和它的七种精灵”展，说实话，我一直觉得实验性的展览和我没有什么关系，但是他把我拉上一起开会讨论，像安排任务一样的说我必须参加这个展览，但是他说我不许用绘画。我当时觉得压力有点大，但他说“你肯定能弄出来”。就这样使我诞生了图片与文字相结合的一批新作品。他激活了我创作的另外一条分支，这对我来讲非常重要。我后来经常跟别人讲，其实一个艺术家有很多可能性，但因为这个社会对艺术家有一些约定俗成的规范性的要求……

王友身: 或者说是自身的一种惯性的工作。

张晓刚: 比方说活儿一多一忙，你根本没时间去想别的问题，我觉得黄专他有这种能力，他能把艺术家的内心激活。我还记得他策划广义和培力的两个展览时，他要我一

定来看一看，他说要跟我谈另外的想法，他想给我做一个个展，把工作室的概念放在OCAT。很遗憾这个展览最后没能实现。直到最近才看到他当时写的展览预案和分析，非常具体的阐述，令我很感动，同时深感惋惜。

*王友身：*我有一个特别大的遗憾，有两次我是婉拒黄专给我在OCAT做个展的，这个大家可能都不知道，应该是在2008年或2009年。我当时的状态不想做展览，黄专就动员我，后来还请广义跟我说过两次，我还挺硬的，当时说咱们以后再说吧，时间还长呢。我说我也不希望马上做，去赶那个浪潮，因为当时大家一天到晚飞来飞去参加展览，我很讨厌那种氛围，就坚决不做。但是没想到，这可能是我一生的遗憾。

去年，在他重病的时候，他给我编了画册，用了很长的时间。当时我们仨做“艺术长沙”的时候，我请黄专做主编，这应该是他主编的最后一本画册，一直到去年9月，他应该已经住院了，还在给我审稿，我觉得特别过意不去。他最后跟我说了这句话，他说：“友身，我终于了却了一件事。”当时我一下子有种愣住了的感觉。

*张晓刚：*我也觉得这是非常大的遗憾。我后来还跟他聊起这件事情，我说你这个想法非常好，但我自己没准备好，所以展览还是往后推一推。结果就成了终身的遗憾。

*隋建国：*我记得有一次OCAT学术委员会在北京开年会，有天晚上他和咱们在CBD那边一起吃饭、喝咖啡，他就说过中国第一代当代艺术家，也就是1960年前的这波人，是独一无二的一代人。他这个概念特别清楚，我和别的策展人谈起来的时候，没有人谈这个概念。我觉得中国当代艺术在走上国际的时候，其实被选择的成分挺浓的，因为资金是国外的，甚至展览的机会都是他们提供的，所以艺术家其实是被选择的。在很早的时候，排着队给西方策展人看作品，那都是经常的事儿，所以很多艺术家真正的思维就被掩盖了，因为只有一部分被挑出来。我觉得这和整个国际的艺术潮流以及

他们对中国当代艺术的定位有关，他们觉得中国的当代艺术就是这样，但其实每个艺术家被选择的那一部分和他自己一直在思考的问题并不完全一样。我觉得黄专就是看准了这一点，他知道这些艺术家要深入挖掘。

2007 年他在上海浦江华侨城给我策划的个展，其实是一个挺全的回顾展，而且专门出了一本图录。当时黄专就要求把平时的草图和比较重要的笔记都放进去，他说这个图录不是为了印得多么精多么大，不是让人家看到这个图录去买作品，而是要把你的整个思路给重建出来。那个图录编完后，他按照这个思路出了一系列的展览和图书。他一直想在我身上搞清楚中国这帮雕塑家在想什么问题，他就总问我："你这是一个空间问题、一个形体的问题，还是一个时间的问题？"形体问题其实是一个挺古典的问题，我们一直在探讨。我记得有一次谈得最长的是在侨福芳草地那边，他就问我每一件作品是怎么想的。我当时就觉得有的是时间谈，谈不清楚还可以再找机会谈。现在回想起来，其实每一次谈话都是不可重复的。

*王友身：*前天我接到澳大利亚的一位学者罗清奇（Clair Roberts）的电话，以前她和黄专有合作，她说她正在写一篇回忆挚友黄专的文章，给澳大利亚的艺术刊物，她问我要一些资料。因为黄专是 1999 年"亚太三年展"的中方策展人，她要回忆那一段她和黄专在一起的工作经历。所以我觉得黄专的影响力不仅仅在于咱们，其实涉外的一些人也都在做这样的纪念和回忆，他的影响力很大。

*隋建国：*我觉得他在参与策划了"广州三年展"之后，他挖掘 20 世纪 50 年代的这波艺术家的意识就越来越强，他一方面是在 OCAT 做了一系列 50 年代艺术家的个展，另一方面他把上海浦江华侨城开辟出来，做成一个类似于既有室内空间，也有户外空间，作为研究和挖掘 50 年代这帮艺术家的平台。当时正好邱志杰他们做"后感性"展，

出现了用尸体做的作品，那件事让当代艺术一下子从伦理的层面跟社会产生了碰撞，就出现了艺术家与观众的关系问题，比如艺术家用一些特殊的材料做作品，观众会怎么想？艺术圈里的理论家和批评家会怎么谈？社会媒体会怎么谈？这就变成了一个焦点问题。我印象当中，2007 年黄专做我的展览的时候，他就提出了一个艺术的公共性问题，我开始以为他想谈公共艺术，因为公共艺术其实蕴含了两个方面：一是艺术作品放在公共空间里，变成公共空间的艺术作品；二是艺术和普通公众的关系。把艺术放在公共空间里，其实黄专从 1997 年开始做“深圳雕塑展”的时候已经展开对这个问题的讨论了，到了 2007 年，他就在探讨，艺术家的作品放到社会公众面前，公众的反应会怎么样？艺术家和社会的责任又是一种怎样的关系？

当时黄专还创立了一个原则，他给艺术家做展览，如果组织座谈会，他不谈这个艺术家的作品，而是谈一个这个艺术家认为有意思的课题。所以当时的研讨会就谈“自由主义与公共艺术”。而且研讨会完了之后，黄专还到北京来，我们在 MSN 上和邱志杰做了一个对话（邱志杰当时在纽约），谈艺术的公共性，分析艺术作品放在公共空间里是怎么回事，作品和公众的关系，以及艺术家的责任是什么等问题。因为我那件作品《偏离 17.5 度》也会渗透到社区，包括公共花园、业主的院子里，甚至是放到家里边，这就存在一个和业主沟通的问题，因为业主是有权利拒绝的。这些都是对公共艺术的一种推进。黄专他不是因为我是一个雕塑家就在我的展览上谈公共雕塑的问题，而是把它延展为艺术的公共性问题，即艺术与公共空间的问题。

*王俊艺：*能不能再谈谈“深圳雕塑展”，包括第一届、第二届和第四届。

王广义：“被移植的现场”那一届影响很大。

*隋建国：*对，那个展览直接产生了所谓艺术公共性的冲突，但它不是和观众的冲突，

而是产生了一个国际意识形态，甚至是国家政治之间的冲突或者话题。当时美国的侦察机到中国的南海上空飞行，与中国的飞机相撞，美国只能把迫降后的侦察机给解体运回去。黄永砯就把解体后的每一段都变成了他的作品，当时他的作品是《蝙蝠计划》。

*王广义：*其实黄专考虑过“图像政治”这个概念。

*隋建国：*因为是美国解体的飞机，黄永砯是法国籍，所以法方策展人就着急了。在开幕前一下子就变成了类似外交方面的一个事件，大家都在谈这个问题，包括这件作品是不是应该被拿掉，黄永砯自己怎么来面对这个问题？

*王广义：*其实黄专好像更强调艺术外部所构成的关系，包括艺术与政治、宗教等因素所构成的关系，他好像不大谈纯艺术内部的语言问题。

*王友身：*他要建立自己的话语系统。

*王广义：*黄专要建图书馆，就是希望艺术进入一个知识系统，因为艺术不是孤立的。

*王友身：*从某种角度说，黄专也是一个出版人，你可以看到他大量介入的媒介是杂志和出版物，你可以从他的出版物，以及他后期写的博客，读到他这种很原本的态度。

*王俊艺：*接下来，“江湖”“创造历史”“国家遗产”“最低限度”这几个展览可以稍微聊一下。

王广义：“国家遗产：一项关于视觉政治史的研究”是黄专策划过的非常重要的展览之一。

*隋建国：*回到刚才说的“第四届深圳当代雕塑艺术展”，法方和中方产生的这种摩擦，

其实那不是一个简单的艺术对抗的问题。后来我看黄专策划的“国家遗产”展，他是从铁路、汽车、建筑和广场的角度进行讨论（建筑还分政治建筑和老百姓的日常生活空间），其实艺术家都是各做各的，但是他就能把这些串起来，勾画出一个国家是怎么形成和怎么构造自我的。这引起了曼彻斯特那边的策展人的关注。

*王广义：*对，这个展览在国外影响很大。

*张晓刚：*这应该算是黄专的一个比较具有里程碑意义的展览。

*王友身：*他搭建了一个和西方对话的平台，并且发出一个独立的声音。

*王广义：*实际上，他重建了一种中国的思想，反过来与西方构成一种关系。

*王友身：*他是一种自我建构的关系。

*张晓刚：*我觉得黄专一直有这样一个理想，就是要建立中国当代艺术的一个解释权，是一个由内到外的解释，而不是老是我们艺术家去参加国际展览，由西方来解释中国当代艺术。

*王广义：*即使说某件作品好，也是用西方的逻辑赋予的含义，所以黄专想倒过来，说这件作品有价值，是我们自身的主体思想赋予的意义。

*王友身：*没错。他后期一直想做这样的事。他建立北京 OCAT 研究中心就是想发出独立的声音。

*隋建国：*在英国牛津召开的“中国当代艺术国际高峰会议”，是一个闭门讨论会。当时有三个艺术家参加了，张培力和汪建伟和我，其他都是中外策展人和理论家。当时

2008 年，在英国牛津参加“中国当代艺术国际高峰会议”期间合影（图片由 OCAT 深圳馆提供）

这个讨论会分了两个会场，我和黄专在一个会场。以美国和英国为主体，他们就直接发问：你们觉得不管是美国、英国还是欧洲策划的展览，挑选的艺术家都不是中国艺术家所想的问题，那么，中国当代艺术到底是什么样？中国这方面的参会者一下也说不出来，这对他的刺激肯定很大，当然，我觉得不光是对他，这对所有参加会议的理论家和批评家来说都有很大的刺激，因为他们是负责阐释中国当代艺术的。

*王广义：*所以说黄专的“国家遗产”展，作品只是其中的一部分，还有学者的文本也是很重要的部分。

*隋建国：*在中国 1949 年以来的意识形态里边，国家的形象是怎样的，其实共产党是挺清楚的，之所以《开国大典》和《人民英雄纪念碑》这么受重视，是因为他们认为这就是中国的社会主义。中国当代艺术从 70 年代末的“星星美展”，到 80 年代“新潮美术”的兴起，以及 90 年代走向国际，其实艺术家多数是自发的脱离体制控制下的意识形态，但是并没有形成一个主体意识。如果说不喜欢这个系统，可以跟这个系统对抗，但是对抗的结果是要建立一个什么东西？每一个人都没有想这个问题。“国家遗产”是在尝试营造这样一个主体，其实每个艺术家的作品都是摆出了自己关键的问题，当它被串起来的时候，好像是从好几个方面构建了一个东西。

*张晓刚：*一听展览的名字就觉得很吸引人，说“国家遗产”是政治性的也可以，是文化性的也可以，很有意思。

*隋建国：*当代艺术在反抗之外，还能建构什么？而且这个建构在艺术内部和文化内部是完不成的，它还真是需要一个更大的范围。

*张晓刚：*相对“国家遗产”展，我个人觉得“江湖”展更像一个日常性的展览，它的参展艺术家比较多，也比较混杂，而且它是和一个画廊合作。我能体会到黄专的矛盾，一方面他想建构一个中国的理论体系，另一方面他又不得不跟一些机构合作，在合作的过程中又要作出一些妥协。

王友身：“江湖”展是被选的结果，不是他主动策划的。因为美方的一个代表提出要组织这样的展览，当然，不能光有组织者，而且得有策划人和学术主持人，艺术家认可的是黄专这个人，所以他是被选择的结果。“最低限度”展实际上也是一种被选择的结果，因为当时另一个艺术家在农村要跟当地政府有一些合作，黄专也想在那个地方做一个研究的场所，所以答应了做一个展览。但那个展览对我来讲还是很有意思的。因为后来我只要参加黄专策划的展览，就一定是拿和以前不一样的作品，我很自觉地变成这样一种工作方式，所以那次的展览我就做了一件声音作品，也是第一次做，是一种实验式的作品，我觉得也很有趣。虽然是在一种特殊语境下的创作，但是对于我个人来说还是比较有意思的。

王广义：“江湖”展作为一个画廊的展览，其实可展现黄专的思想空间是非常小的。黄专和我聊过，他说在这种时候唯一的可能性，就是呈现一个中国当代艺术的发生和发展的模式，它和西方的模式不同。在这点上黄专走得挺超前的，他提出“江湖”的概念，主要讨论的是中国当代艺术的发生和发展是一种江湖模式，也是一种江湖政治，

和西方的那种体制化的三权分立不一样。

王友身: 不知道你们注意到没有，黄专一直在排斥与商业机构的合作，包括他从来不参加在商业机构里做的展览开幕式，这也是他一贯的知识分子化的态度，因为他是独立的学者，他有另外一种价值判断。

王俊艺: 我还想请大家一起谈一下黄老师于2006年策划的“创造历史”展。

王友身: 黄专的前瞻性很强正是在这里，在还没出现关于“85美术思潮”的总结性展览的时候，他首先做了“创造历史”展，回溯研究我们自己的历史，后来才出现了“85热”，迄今为止大家还在做有关的访谈和出版物。黄专很敏感，在那个时间节点上组织了展览，也是OCAT开馆后的一个很重要的展览，而且起步也很高，是从学术的角度研究本土的历史，发出自己的声音。这个很像OCAT的名称背后的语义，其中一个语义是中转和平台的概念。

王广义: OCAT就是飞机场。

隋建国: 国际机场网络里边的一个机场。

王友身: 这是一个开端，后来再追述每个个体，包括王广义和张培力等，其实都是从这个概念下的个体呈现。先有“创造历史”这样一个展览，再做个体，它的语境比较清晰。

王广义: 嗯，黄专策划的是第一个，然后是UCCA的“85新潮”。

王友身: 陆陆续续还有很多小的展览和出版物。在回溯过去的时候，其实也意味着面向现在和未来。虽然每个策展人和学术研究者的角度不一样，态度不一样，判断也不一样，但是我觉得，往回看一下，可能再往前走会更好。

王俊艺：2015年OCAT研究中心做了“展现片段：OCAT十年（2005—2015）文献研究展”，也许可以通过这个文献展聊一聊黄老师的学术理想。这个展览也提示了黄老师对文献和研究的兴趣所在，包括他一直想建立的图书馆。

张晓刚：黄专一直想建立一种中国当代艺术的文献性研究，不是泛泛的资料搜集，而是深入的研究。我听他讲过，他本来有一个想法是完整地做中国重要的代表性艺术家的个案研究。

王友身：这和他自己的理想有关，黄专骨子里是想做一个学者，他不喜欢这种面上的事情，包括策展，他就想自己在屋子里做一个学者，就像传统的知识分子那样做一些研究，这可能和他的年龄、身体状况有关，当然也和OCAT的背景有关系，他想做一个独立的艺术机构，不受干扰。图书馆是他终极的一种工作方式。

张晓刚：图书馆是他的“瓦尔堡理想”，他为了实现这个理想，都降低标准到在广义的房子的角落里，我记得他说可以了，只要有一张床，摆上书就行。

王广义：他还去看我的别墅的一层，也设想放多少本书，他说每年国内外的重要学者可以到这儿来做研究，黄专有这么一个理想。

张晓刚：我对刚才友身讲的有同感，我觉得策展不是他的终极理想，在这个时代，策展太容易和商业发生关系，他不想这样。

王友身：他老被拒绝，因为他没有商业利益在里头，人家为什么要给空间？他后来写《别了，北京》，也是一种失望状态，这对他是一种打击。

张晓刚：我有切身感受，他在编书的状态和他在策展的状态是不一样的。编书的时候

他非常投入，而且他想得很周全、很细致。

王友身：所以我说黄专是出版人其实也不为过，他特别看重出版物。

隋建国：他认为一个真正的学者能从不同的资料里边找出不同的历史来。瓦尔堡其实就是这么干的。黄专甚至说如果他要成立一个图书馆的话，他要尝试按照中国传统的经史子集这种方式来排列他的书，而不是按西方图书馆的分类方式。为什么要建图书馆？如果我们这代人来不及研究的话，至少可以先把资料攒起来。

张晓刚：其实他从 1996 年就开始强调文献性了。

王友身：黄专是《美术思潮》的编辑，他有做文献和出版的情结。

王广义：所以黄专策划的展览的最高境界就是不像展览。这是最牛的，也最有价值。

王友身：像“创造历史”和“国家遗产”这些展览都是个案的实践，是他整体脉络里的一个引子。

王俊艺：我想接着聊出版的事，谈谈黄老师和各位的合作。

张晓刚：我跟他差不多合作了三年，他是我见过的最专业的主编。在编这本书（《张晓刚：作品、文献与研究 1981—2014》）的过程中，我学到了太多东西，我相信我们工作室的团队以及整个编辑团队也是，每个人都有非常深的体会。我对出版这一块特别陌生，艺术家思路还是比较散状的，但我觉得这几年和他合作启发特别大。他在编辑的过程中，非常辛苦，而且有些事儿很困难，要让别人理解你的想法，尤其还要跟一些人打交道，我能感觉到，他有时候真的是忍着性子在跟别人谈。我看到他那么投入，那么尽心地在做这事儿，对于我来讲，这是我这一辈子很难得的一次经历。

《张晓刚：作品、文献与研究 1981—2014》，黄专主编，四川美术出版社，2016 年 6 月第 1 版

这本书后来还是不尽如人意，我能感觉到离他最早的想法其实有很大距离，但这是另外一回事了。

王友身：所有的出版物都是有遗憾的。

王俊艺：请王老师谈一谈在今日美术馆的个展“自在之物——王广义回顾展”，在做这个展览的过程中和黄老师的一些交流。

王广义：2012 年黄专策划的个展，我印象最深的是那两件现场作品，那两件作品几乎是在最后的时刻才定下来。其中一件是麻袋（《自在之物》），那个空间很难弄，我和黄专在那儿看了无数次，当时是非常偶然产生了这个念头，我想起当知青的时候，粮库给我的一种感觉。其实我还没有具体描绘，只是说粮库。黄专非常明白，他说：“你这可能对了。”

我最初的想法是在那个空间里做一个方形的、一直到展厅顶部的装置，人进来之后在这边走。黄专说：“这样等于缩小了空间，当然你这个想法也有意思，但是你想没想过，把整个空间变成粮仓本身？”我最后完成的方案是和黄专的提示有关系的，因为艺术家的想法有一种惯性，黄专往另外的方向点了一下，就把我激活了，这个倾

2012 年，黄专与王广义在“‘自在之物’：乌托邦、波普与个人神学——王广义回顾展”布展现场（张颖拍摄，图片由王广义提供）

斜的角度也和黄专的提示有关。

隋建国：等于作品本身变成了空间。人进入作品，就在空间里面，作品不是一个单独的物体。

王广义：不是人在空间中看作品。最后形成这样的作品，黄专当时的提示太重要了。

王俊艺：黄老师作为一个批评家、策划人和学者，他和别的批评家不一样，他对语言本身特别有兴趣。

王广义：黄专的理想是学者，而且他也确实是一位学者，但黄专对艺术作品的呈现方式特别敏感，这是很奇怪的。

王友身：这可能和他学过画有关系，现在的年轻策展人没有受过视觉培训。

王广义：如果一开始像常规的方式，谈作品的思想和意义，实际上是空对空的说话，但黄专会给出一个语言相关的提示，他对这个很敏感。

王友身：黄专除了书写和策划展览之外，他自己还搞创作，因为他生病之后，没法大量的工作，所以自己在家画钢笔画，后来还做成丝网版画，而且还拍了很多照片。他很敏感，他不说你如何呈现的问题，而是谈方法论的问题。

《自在之物》王广义，2012 年（图片由王广义提供）

隋建国：他首先关注你的方法论，这就是为什么他会强调自己的方法论。

王友身：这和他自己的实践也有关系。

隋建国：你那件油毡纸的作品？

王广义：当时我先弄出了几个方案，黄专说："我很难说什么，但我觉得都不对。"后来我在纸上画的方案，带到广州去，我说我自己感觉还行，想听听你的意见。这和我在知青时的经历有关，当时修房子用的油毡纸。黄专说这个找对了。最初我想上边还要有文字，黄专当时特敏感，他说不要文字，这样更纯粹。事实证明没文字是对的，文字会强化一种宗教的意味，但实际上是在弱化它物自身的东西，所以黄专说就用油毡布本身，当时还开玩笑说亚里士多德的质料精神。黄专总能让艺术家萌芽状态的作品找到对的方向，这是非常重要的。

隋建国：他从哲学上来看这个问题，当你写上字之后，油毡纸就变成了字的载体。

王广义：质料精神被抹去了，就失去了作品的意义，或者意义会被缩小。

隋建国: 就像画油画一样，当你画上东西之后，大家就只看你画的是什么，画框和布本身就没有人看了。

王广义: 质料精神有一种模糊性，从任何角度都可以赋予它你想赋予的意义。

隋建国: 我觉得质料精神和亚里士多德、柏拉图的哲学观点都有关系，柏拉图强调概念至上，他认为现实世界所有的物体都是概念的一个拷贝，当然他更贬低画家了，用雕塑压绘画。亚里士多德虽然继承了柏拉图，但是他强调的是经验，按柏拉图的说法是先有了概念才有经验，而亚里士多德认为先有了经验才有概念，所以他会强调质料本身，因为质料本身就在那儿，你是为了理解这个世界才形成了概念。

柏拉图认为哲学家才应该当国王，他们才能真正管理好世界。但是按照亚里士多德的概念来说，如果要让哲学家来管理世界，这个世界就是疯狂的，因为哲学家会不顾现实，会用概念来引导现实。

王俊艺: 最后聊一下作为朋友的黄老师。

张晓刚: 黄专是一个很热爱生活的人，他不是一个枯燥的学者。我印象最深，也是最感动的一次，是他在北京口腔医院做完口腔淋巴手术的时候，我去看他，他跟白榆讲，推他进手术室的那位护士长得很漂亮。我当时很吃惊。

王广义: 2002年黄专在北京人民医院治疗白血病，在医院住了很长时间，出院时我开车去医院接他。车刚开出医院大门，黄专就把车窗玻璃按下来，发出一声大大的感叹："啊！外面真是太好了，那个女孩好清爽啊！"黄专对生活和生命的那种热爱，很超越。

张晓刚: 对，我觉得他对生活很真诚。

《圣物》王广义，2012 年（图片由王广义提供）

王广义： 应该说刚和死神见过面的人，这种感觉确实具有了一种超越的意味。

王友身： 而且黄专对家人和朋友都特别细致和体贴，很多具体的事情，他永远站在你的角度考虑。我有时候可能挺任性，其实有些人就会很烦，但是他还是会很包容。而且黄专会允许异己的声音，他为人很低调，也很谦虚。

王广义： 黄专确实对朋友很宽容，他在任何情况下第一时间都会想到朋友的感受，这是一般人做不到的。

张晓刚： 黄专有孩子气的一面，特别可爱，喜欢开玩笑，喜欢挑拨这个人和那个人斗智。

王广义： 黄专以“挑拨”为主要乐趣，嘴很厉害。

张晓刚： 他是一个“毒舌”，很犀利，但是他没有恶意。

王广义： 只是所有这些特别有魅力的细节，真的是没法全部梳理和呈现。

他不是小智慧

受访人：张培力
采访人：王景
时间：2016 年 10 月 27 日　地点：杭州

王景：张老师好，能不能先回忆一下您跟黄老师最开始认识的情形和一些交往？你们最开始认识是哪一年？是在什么样的场合？有过一些什么样的情景？

张培力：最早跟黄专认识，我已经记不清了，可能我们以前去武汉就见过，可能在 20 世纪 90 年代初。那个时候可能黄专还在那边，我记得好像我 1990 年或 1991 年去过武汉，那个时候王广义、舒群很多人都在，我想应该是那个时候见过。

王景：当时您去武汉做什么？

张培力：当时去武汉主要是因为两件事，1990 年还是 1991 年去的时候是想准备调到湖北画院。那个时候好像是我跟王广义一起，还有黄永砅，我们材料都已经递交了，好像说问题不大，就去武汉看一下。后边一次我记得应该是 1992 年，"威尼斯双年展"之前。为了"威尼斯双年展"去看王广义，当时王广义在武汉，我陪弗朗切斯卡去的，应该和黄老师见过面。我那个时候跟黄专还不太熟，说了什么我也记不住了，就是打打招呼吧。

王景：后来慢慢熟悉大概是什么时候？

张培力：应该是 1996 年，黄专在北京做了一个展览，这个展览未开幕就被叫停了，

没有开幕。他给我颁了一个文献奖。那个展览他分了两部分，好像一部分是绘画，一部分是装置。那个时候我刚从美国回来，我参加的作品是哪一件我也想不起来了，好像是一个录像装置。黄专把最大的一个奖给了我，但是那一次跟黄专其实也没怎么聊。后来我跟黄专接触比较多的还是他让我去 OCAT 以后，应该是哪一年？

*王景：*2005 年 OCAT 成立，筹备时邀请你们参与到学术委员会工作的那个时候吗？

*张培力：*去深圳开会——实际上在黄专这一圈朋友里边，我跟黄专接触的时间不算是很长的。我跟他比较有深度的交往应该是 2008 年我在深圳做“静音”个展。

*王景：*请您针对这个展览谈一谈跟黄老师在合作的过程中，你们是怎样交流和沟通的。

*张培力：*实际上，在那个展览之前，我跟黄专没有太多的合作，他没有专为我做过展览。

*王景：*您有没有参加过他做的一些群展？

*张培力：*应该有。群展跟个展的情况还是有点儿不一样的。一开始我还有点儿吃不准，黄专到底是一个什么样的风格？我对他不了解，他对我可能也不是太了解，他跟广义、严善錞比较熟，我跟严善錞是老乡又是同学，黄专可能是听他们提到我。因为以前我接触过做批评、做策展的人，怎么说呢？你跟他们合作一起做一件事情的时候，你要很注意对方的……

*王景：*你当时有一些担心？

*张培力：*有，因为我对他不是特别了解。我和很多策展人合作过，风格都不太一样，有的时候你的一些想法，如果跳跃太大，人家不一定接受或者说会不舒服。但是黄专

2008 年，黄专与张培力在“静音：张培力个展”现场（图片由 OCAT 深圳馆提供）

不会，同黄专合作，在这方面我觉得他是把决定权交给艺术家，让你自己做决定。这个是我觉得黄专跟其他策展人不一样的地方。因为很多策展人喜欢把自己的态度放进里边，我不说它好坏，反正他们喜欢介入到你的作品里面去。黄专没有，黄专几乎是一点儿都没有，所以就我自己一直在琢磨。因为在这之前，我在深圳这个空间做的作品是《阵风》，我不希望两个作品的跳跃太大，它要有联系，但是又不能是简单的重复，变成《阵风》的另外一个版本，这样就没劲了。当时想了几个方案，主要的一个思路是考虑把现场作为作品的一个很重要的元素。所以我就想，OCAT 在深圳的空间它既不是一个博物馆，也不是一个美术馆，它就是一个工厂，甚至我把它想象成一个废弃的工厂，所以后来决定做《静音》。因为刚好也是有一个机会，当时杭州火车东站要造高铁，大面积拆迁，我的一个朋友，他原来有一个服装厂，正好在东站拆迁范围内，他正为搬厂的事儿闹心，发愁那些机器怎么办。我突然想到这个事，于是找到他问他那些机器能不能卖给我，他问你要买那些机器干嘛？我说我准备做一个作品。他说你要买当然好，就卖给你了，不按原价，就按折旧价卖给你。我就让他报一个价，这个价格我觉得可以承受，所以我把整个车间的设备全部买下来了。而且照原样做了一个拷贝，每个机器的位置，中间过道的位置，用图纸全部画好，全部做好拷贝，把我的想法拷贝到深圳去，把这个车间原样拷贝过去。

王景：黄老师全盘接受你这个想法吗？

2008年，“静音：张培力个展”现场（肖全拍摄，图片由OCAT深圳馆提供）

张培力：他好像挺喜欢这个方案，现场的感觉跟《阵风》的感觉差不多，包括后来的画册，他也写了一篇很长的文章。里边内容怎么编排、呈现，用什么样的风格形式设计，虽然他有他对出版物的要求，但他基本上也挺尊重我的意见。可以说，在很多画册里边，这本书是比较特别的，它可以说不是一本画册，它真的就是一本工作手册，是一本关于我以前所有工作的一个记录。我现在回过头来看这本书，我自己都觉得挺有价值的，有很多回忆、很多资料性的东西在里面，很实际，对别人来讲也有用。我觉得这跟他做事情的一个基本态度有关系，黄专的这种基本态度让我觉得特别舒服，实际上他不是不干预，但是他不会直接干预，他会非常婉转地跟你谈，有时他不直接说这个事情，他跟你谈别的，可能就会从侧面影响到你，使你做出一个什么决定。我觉得他对朋友的影响，并不是一种直接在某件具体的事情上，而是在平时的交往中，在不经意的闲聊、言谈中，他会说出他对事情的看法和态度，就会影响到我。

王景：2012年开始您接任OCAT上海馆执行馆长的工作，您能说说关于上任和在任期间，您跟黄老师有关上海馆的一些交流与沟通吗？

张培力：在那次合作之后，很快我们通过一个电话。我当时在意大利，接到他的一个

长途电话，我很吃惊，因为一般来说，黄专没有急事他是不会给我打电话的，在电话里他知道我在意大利，他说有一个事你先考虑，说华侨城想在上海建一个 OCAT 的分馆，问我愿不愿意做执行馆长。他说具体的事情可以等我回国再说，可以先考虑。我后来是从意大利去了加拿大，在温哥华，我一直在想这个事。

*王景：*您当时是怎么考虑的？

*张培力：*他在电话里跟我说，上海分馆基本上定的学术方向就是新媒体和建筑，从专业方面考虑他觉得我来做执行馆长比较合适。我自己觉得毕竟我的主要工作重心是在作品、展览上面，我的身份是一个艺术家，所以，我觉得一个艺术行政工作对我来说是不是胜任是一方面，还有一个是合不合适？因为说真的，艺术家在某些时候行事会比较片面及不太学术，会影响判断力。这种疑虑待我回来以后跟他聊过，我说："当然，一方面，对这个工作我很有兴趣，如果说可以把这个事情本身也当做一个作品来做的话，我当然是很愿意，但是做美术馆还是比较严谨的一个行政工作。"他说："没问题啊，以前你在美院也当过系主任，也做过行政，好像美院的系主任这个方面的事情还都是艺术家，其实也都是画画的或者说是做作品的人，包括院长也都是。"所以他说其实这个东西没有先例，特别是在中国，我们现在找不到更合适的人，与其说马马虎虎找一个人，最后把这个事情弄得不怎么样，还不如我们现在来尝试一下，找一个看上去似乎不怎么符合传统标准的人。所以，我就说，"如果是这样的话，实际上对于你和对于我来讲，这个工作就是一种挑战，是具有挑战性的。"我的确是把它的一部分当成作品来完成——尽管我没有说过这就是一件作品，也只是想象中的吧，一种幻想。实际操作起来你是不可能把它作为一个作品来做的，行政的事情，真的有时候跟创作的思维方式完全不一样，你要跟各个方面的人打交道，团队的人要给安排好，方方面面。答应黄老师，是因为黄老师在之前已经做了很多工作，包括 2008 年我在深圳 OCAT 做展览，我并不是说因为

2008 年，“静音：张培力个展”开幕现场（图片由 OCAT 深圳馆提供）

我跟他的私人交情答应下来，而是我看到了 OCAT 当时的状态，我看到这样一个基础。黄老师当时跟我谈到 OCAT 的时候，他讲到几点，我觉得这个事情值得去做。他觉得 OCT 集团的高层对这个事情、对 OCAT 的态度是非常明确的，是全力支持的。还有一点，他说我如果去了上海做执行馆长，在很多方面的事情我只对黄专汇报负责，也就是说，在学术上，很多事情，我的决策是不会受到来自各个方面一层一层的干预的，这个是让我最后决定来做这件事情的一个很重要的方面。

王景： 2012 年到现在，这几年做的这些项目都好评如潮，有没有达到您预想中的目标？

张培力： 还没有，客观讲还没有，我还需要几年时间，还需要多一点支持。太难了！可以这么说，现在可能在国内、在上海，OCAT 上海馆是有影响的，但是我的目标是什么？我的目标是想做成一个类似于德国 ZKM（Center for Art and Media）那样的非常专业的艺术机构。我们馆现在主要是空间受到限制，地方不够大，层高不够，柱子太多，楼上又是办公的，没有休闲的地方，周围也没有可以让观众放松的空间，我一直想要做一个比如说有像咖啡吧这种能提供简餐的地方，我也试过，但是后来失败了。这不是一个独立的艺术空间，这里边有很多不太适应各个方面艺术活动的东西。因为它的展览空间高度的限制、结构的限制，很多展览、很多作品是展不了的。我最大的一个遗憾是什么呢？我已经想了好几年，实际上也算是一个展览心愿吧，到最后就是因为空间条件的问题，吹掉了。德国杜塞尔多夫美术学院的贝歇夫妇（伯德·贝歇，希拉·贝歇，Bernd & Hilla Becher），拍水塔和黑白摄影作品，他们的作

品很棒，不光在德国，全球很多知名的艺术家、当代艺术摄影，很多你能报出名的当今最红的那些艺术家都是他们的学生。一直以来，我特别想做这么一个展览，就是贝歇夫妇和他们的学生的师生展，我跟德国的策展人——杜塞尔多夫美术学院的副院长见过面了，都谈好了，他可以解决资金，可以从政府那边去找钱得到资助，那是一个能量挺大的人，他对这个事也很积极，很有兴趣。但是到最后，他们，就是现在的那些艺术家们，还活着的那些大牌艺术家们，他们要我们拿出美术馆的技术条件的认证资料，要达到恒温恒湿，防霉、防虫、防鼠等，他们要一个美术馆——通常在国际上有级别的美术馆都有证书，有一个认证。硬件是很关键的一方面，还有就是你这个美术馆的级别，他们要得到一种认证，德国肯定是有的，我估计美国这些国家也都有，但中国是没有的……

王景：贝歇夫妇的展览，后来因为没有这个认证就没有办法做吗？

*张培力：*没有认证，没有这种条件，因为这些作品都非常贵，他们不愿意在中国打印复制品，他们都挺严格，要展的话都是展原作，这些原作他们愿意无偿借给你们，但是他们需要保证，因为它们都有版本。所以他们就不愿意这么匆忙地在这个地方展览，最终没有办法实现。我说能不能把这个展览先定下来，我来提升我们馆的硬件条件、空间条件，他们说还是等你们空间条件先弄好我们再继续。所以我觉得，我们馆现在还没有条件跟国际一流的机构进行对话。我的理想是什么？就是说，这个馆有一部分空间是用于固定地展出那些在媒体艺术历史当中非常重要的作品，比如说20世纪六七十年代、七八十年代的作品，是一种回顾性的，实际上也就是通过这些展览让人们了解艺术史。不一定收藏，因为收藏这些作品可能太贵。但是媒体艺术的好处是什么呢？比如说影像，你不收藏它，但是你可以展，不一定原作拿过来，你给他一个保证，有一个协议，你通过某种途径，他可以授权让你展出他的作品。比如像布鲁斯·瑙曼

2012 年，OCAT 学术委员会第一次会议，左起：张培力、黄专、隋建国（图片由 OCAT 深圳馆提供）

的作品，我是特别想做的，但是也没有办法实现。我上一次去新墨西哥州的时候，很巧，从我住地坐火车去一个叫圣达菲的地方，等火车时我们在火车站旁边喝咖啡，有两个老太太也在喝咖啡，也不知道怎么就聊起来，老太太问我们是哪里的？我们说是中国来的，然后就瞎聊，聊着聊着得知其中一个老太太是布鲁斯·瑙曼工作室的主任、经理，我当时特别兴奋，我说我特别喜欢布鲁斯·瑙曼的作品，问我们有没有可能去他的工作室看看？她说 No，不可能，她说他不会在工作室见任何人，他不愿意。这是真的，据说有一次，“威尼斯双年展”策展人专程去找他，布鲁斯·瑙曼不让他进工作室，是在外边见面。布鲁斯·瑙曼每天有一半的时间是在骑马，他跟一帮朋友骑马，还有一半的时间待在工作室，待在工作室时他只能是一个人，一定是一个人。他跟别人谈事都在外面，他不愿意让别人进入他的工作室。我们也介绍了我们上海的美术馆，我说有没有可能展览布鲁斯·瑙曼的作品？她说可以呀，他的作品很多都在美术馆，你们可以找美术馆借。艺术家自己不会直接拿出来给你的。但你要跟美术馆谈就得对得上话才行，我觉得这个是需要时间的，让别人知道你们这个美术馆的影响力，你们做过什么事情，我觉得，以我们现在这样的条件，每年做四个展览，国际影响力还不够。

*王景：*毕竟也才做了四年，还需要更长时间的积累。

张培力: 对，我现在回想这四年，也没有什么可遗憾的。对我来说，对我这辈子的经历来说，也是挺重要的东西，毕竟里边有一些展览得到很多好评，也有满足感。黄老师在的时候，他对我们美术馆的工作也是挺肯定的——当然他可能也是客气。我是觉得在黄老师眼里，我的工作他基本是满意的，还没有到一塌糊涂的程度，问题肯定有，我自己也知道，我本来不是做这个行当、做这个事情的人。

王景: 抛开上海执行馆长这个身份，因为您也是整个OCAT学术委员会的成员之一，从这个身份上来讲，你对整个OCAT有没有什么评价？作为OCAT学术委员之一，您跟黄老师之间的沟通是怎样的？

张培力: 对OCAT的评价，你现在让我说，我真是觉得很复杂。我是觉得，从一开始，黄专的态度让我很欣赏，我很敬佩，很佩服他的魄力和眼界，他的眼界很宽广，他看得很远，这个是在国内的策展人或者是做批评的人、学者里边不多见的，而且黄专的执行力特别强。有很多人有想法，但是没有执行力，有一些人有执行力却没有想法或者想法是乱的。黄专有很清楚的想法，而且是一贯的，他有理想，而且他又能够面对现实，很多危机他可以化解，在这方面我觉得他真的是很难得。所以我觉得OCAT在他那个时候、那个阶段发展得很好，可以说前景很光明，真的。但是我觉得毕竟背后支持OCAT的是一个央企，有它的局限性。如果这样来类比的话，比如说，我们要跟法国的卡地亚基金会及卡地亚的艺术中心来比的话，专业性就要差很多，不够，还很不够。可以说企业是支持的，但是要做到不干预，专业方面得自己发出声音，等于说是靠专业发出的声音赢得尊重和影响，这个荣誉实际上也是跟企业有关系，不光是这个机构的。人家说到卡地亚艺术中心，肯定会想到卡地亚，对不对？我觉得实际上不是说具体光靠里边的什么工作人员或者是馆长，靠他们来实现这个东西，而是要靠企业最高决策层一起来完成，他们要有这个胸怀。最早在OCAT刚开始的时候，我当时

2012 年，“断章取义：杨福东个展”媒体见面会现场，左起：张培力、顾铮、杨福东、黄专（图片由 OCAT 上海馆提供）

还有一点点看不清楚它的发展会是怎样的。后来几年，一方面黄专比较关注学术上的梳理工作，包括在深圳的展览，每个艺术家个展他都要出一本书，然后做成一套丛书，又在北京做一个研究中心。这些工作当然是他自己的一个愿望，他自己主要还是做学术研究。但是另外一方面，他又很积极地推动媒体艺术，包括年轻艺术家。我们后来每年年底做年轻艺术家联展，有一年还设了一个“皮埃尔·于贝尔奖”，这个事情黄专特别支持。总的来说，我觉得他这个人一部分情怀是比较追求经典……他希望对当下的判断能够经得起时间考验，一定是好的东西。但实际上，这样的一种风格、这样的一种学术态度很容易有一种偏颇，往往会显得比较保守。但是黄专又会很积极地去推动年轻艺术家，所以他有一个补充，这一点是非常难得的。现在有很多策展人，或者说对于年轻艺术家特别积极推动的策展人、评论家，往往有一个问题就是不太关注梳理，尤其是学术上的梳理；而那些很关注学术梳理的往往又会显得比较保守，对于新的东西反应比较迟钝，关注点永远停在那些老的东西上。但是黄专在这一点上能做到相互补充，真的是很不容易。

王景：您刚才描述了他的这么一个形象，作为朋友，您有没有其他的印象？

2012 年，黄专在“断章取义：杨福东个展”发布会现场（图片由 OCAT 上海馆提供）

张培力： 以前我觉得黄专是一个比较严肃的人——现在也觉得他是比较严肃的，生活上很严谨，我原来以为他就跟很多我认识的学者差不多，不苟言笑。但后来实际接触下来，觉得他是挺会享受生活的，人也特别风趣。其实黄专的理想是什么呢？在家安安静静看点儿书，做点儿学问，这是他的一种理想。对于很多功名的东西，他看得很淡，也看得很清楚，他看人看得很清楚，真的。简单地讲这就是一个人的智慧，他不是小智慧，他不是会跟你玩手腕、耍滑头的那种人，他很实在。他如果跟你谈一个事情，他会把这件事先清楚地给你交个底：他能做什么，他希望你做什么。

所以，虽然我跟他在一起见面的时间并不多，我们在一起说的话也并不多，但我觉得这样的人可以成为永远的朋友。我很少这样的，一个朋友走了，脑子里一直经常会——我现在经常遇到什么事，就会想，黄专在的话会怎么样处理？

一个敞亮、率真的人

受访人：石冲、尚扬
采访人：方立华
时间：2018 年 7 月 29 日　地点：北京

方立华： 您在武汉期间应该就跟黄老师有所交往了吧？我们可以以时间为线索，从您最早是如何跟黄老师认识谈起。

石冲： 我印象比较深的是黄专离开武汉去广州的时候，他在学院的教师宿舍凑巧分配给了我。其实黄专离开武汉之后，也经常会回来，他虽在广州工作，仿佛时间和空间里一直都有黄专的身影。

方立华： 您是指黄老师 1991 年离开武汉去广州的这个时间节点吗？在此之前你们是否已经知道彼此了？

石冲： 在这之前我就知道黄专，但我们近距离的交流还真的是比较少。20 世纪 80 年代中，黄专在湖美（湖北美术学院）读研究生并参与编辑《美术思潮》杂志的时候，我是在湖美读本科。1987 年本科毕业后去湖北省歌舞团工作近两年，然后调回湖美，所以我们在学校的时间重叠交错。我和黄专交往还是他离开武汉的那段时间，因为我后来搬进他原来住过的房子，他偶尔回武汉时也经常回来看看，还问是谁住在那儿。这样一来我就有了向黄专请教的机会，之后的交往和友情也是从这间房子开始的。

方立华： 所以你们在美院期间其实还不认识，也没怎么打交道？

石冲: 在学校期间我们并不相识，是从彭德主编的《美术思潮》里知道黄专的，那时候大家都在阅读这本杂志。我们真正认识是在“广州双年展”(“广州·首届九十年代艺术双年展”)前后，这个展览还是黄专看到我作品之后让我参加的。

方立华: 您当时参加“广州双年展”的作品是《生命之像》吗？作为评审委员之一，黄老师当时建议将这件作品评为“学术奖”，他当时的评审意见是：“作品抽象性的人体符号显然受到杜布菲语言传统的提示，但作者通过对材料质地的具象性描述和反复多层次的色层处理抑制了这种语言的随机性和自发性的表现特征，表达了作者对在工业文明中人性被锈蚀的这种现实的关注，是近年来将个性化的语言实验与当下社会性主题有机结合的作品中较为成功的一例。”能否具体谈谈您创作的想法？当时是否跟黄老师有一些具体的交流和讨论？

石冲: 我这件作品是在1992年初画的，他们正在筹办“广州双年展”的时候，黄专来这儿看了这件作品。他对这件作品有兴趣，认为作品呈现出湖北艺术的另一种样子，大概是指有别于当时湖北波普艺术风格的另一类作品。《生命之像》是一件前后过渡的作品，它与“广州双年展”的主流风格不大一样，有人觉得这件作品与时下的具象写实也有距离。

在那之后，我与黄专有了些见面的机会，有一次聊天谈艺术之余，偶然听到关于策划“广州双年展”之后的展览。本来是说由黄专策划“第二届广州双年展”的，最后没有落实，至于是什么原因，我也不十分清楚，展览资金不到位肯定是问题之一。之后，我试着与香港中国油画廊杨先生(杨洁圣)沟通做这个展览的可能性。

自从“广州双年展”之后，黄专一直关注我的作品，而且对于我的作品也做了很多具体的推介，包括杨小彦主编的《画廊》杂志，吕澎主编的《艺术·市场》杂志，以

《生命之像》石冲，布面油画，170cm×120cm，1992 年（图片由石冲提供）

及马钦中主编的《艺术界》杂志。

*方立华：*黄老师和杨先生的合作是您牵的线吗？您能否稍微谈谈杨洁圣先生，他是一位有着什么背景的赞助人？

*石冲：*是的。我联系到香港的杨先生，杨先生表现出对展览的兴趣。当然，我也向黄专介绍了中国油画廊做过的一些艺术活动。在 1995 年的时候，黄专和我为此与杨先生在广州见了一面，黄专与杨先生谈得很好，一拍即合，当时黄专称杨先生是个爽快的人。后来黄专在回忆这个展览的时候也有所提及，他赞赏杨先生对这个展览从资金到展览协作等方面的表现，称他没有太多地考虑商业风险。展览过程都很顺利，只是在开展的前一天发生了意外。

杨洁圣是一位做石油的企业家，较早就进入中国油画收藏界，在收藏的过程中，他成立了香港“中国油画廊”。1998 年香港金融危机后，这家画廊没了。画廊做过的几个大型艺术项目，黄专策划的这个展览是其中之一。其实在 2000 年以前中国做展览有一个特色，批评家在做展览的时候都需要找到出资人，艺术家给出资人一幅小画。

我记得“福州亚太地区当代艺术邀请展”“’93批评家提名展”“中国当代美术二十年启示录”等展览，都是以这种互助且友好的方式展开的。黄老师策划的“首届当代艺术学术邀请展”也使用了这样的方式，因为那个时候没有什么艺术市场也没有去追求市场回报。

*尚扬：*我送了一幅画给他，名《E地风景》。

*石冲：*肯定是很好的画！那时我们画画都很认真。画幅都不大，我当时画的也是一幅小画，我记得是《手与鱼》，是一个行为过程中的切片。

*方立华：*为什么“第二届广州双年展”没能实现呢？

*石冲：*具体的我也不清楚，我只是提示做展览资金来源的可能。从黄专展览的主题来看也不是“广州双年展”之二。“首届当代艺术学术邀请展”这个题目有他的考虑，当时我猜测黄专是想有第二届和第三届……

*方立华：*当时黄老师和杨先生见面谈话的内容您还记得吗？

*石冲：*他们谈得很多。当然，那次见面也确定了展览的大致方向和资金，之后他们为这个展览也有多次见面。这个展览时间是1996年的岁末跨1997年的年首，在作品进入中国美术馆开馆前一天突然接到令人意外的通知，说文化部来人视察之后决定终止这个展览。一直很顺利的事情突然间变得复杂了，这其中的复杂和黄专本人没有关系。

展览在中国美术馆没公开对外当然很遗憾，这也是大家没有预料到的，但该展览在内部交流反响很好。庆幸的是，这个展览当年在香港艺术馆展出了。在香港开展的时候我也去了，那边的情况自然很正常。

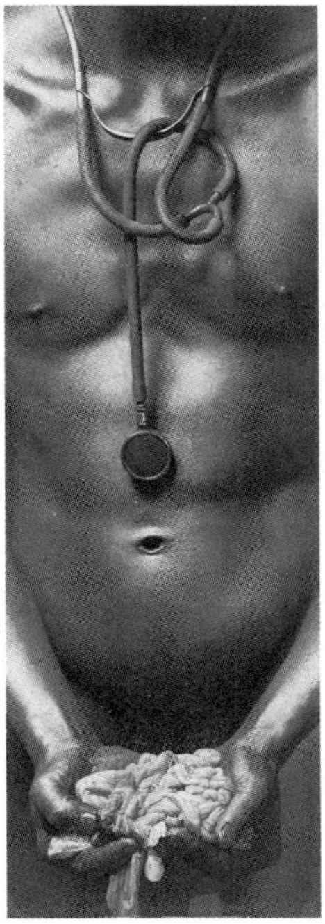

《外科大夫》石冲，布面油画，195cm×65cm，1996年（图片由石冲提供）

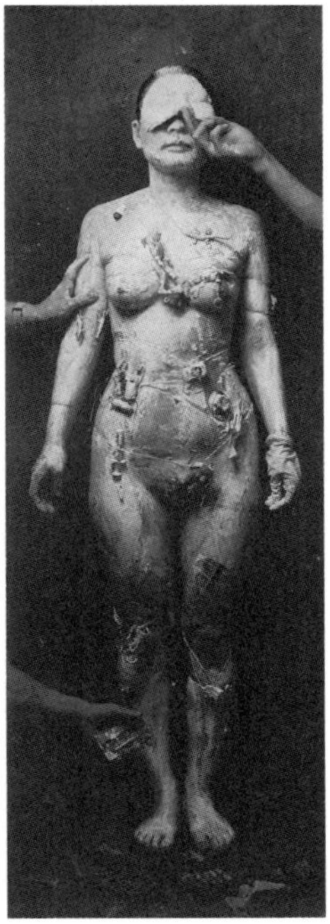

《舞台》石冲，布面油画，240cm×85cm，1997年（图片由石冲提供）

*方立华：*能否具体谈谈您参加“首届当代艺术学术邀请展”的作品？当时《外科大夫》还获得了“文献奖”，在《首届当代艺术学术邀请展评审工作会议纪要》中提到，“文献奖”是“主要授予90年代以来一直在艺术创作上有突出贡献，本次展览中作品成就较高的当代艺术家”，可见当时黄老师很肯定这件作品。

*石冲：*当时参展的作品包括《外科大夫》《今日景观》《舞台》。从1992年“广州双年展”之后到1996年“首届当代艺术学术邀请展”之间，我们有关艺术的讨论也多了，我在自己的艺术实践上也做了一些努力，当然更多的还是黄专和朋友们对我的鼓励。另外，我是2001年调到了北京，黄专是2002年生病之后到北京来治病，我和尚扬老师去看望他。黄专身体好转之后是处于半工作、半休息的状态，他到北京来我们也会见面。

*方立华：*这几件作品是专门为展览创作的还是在展览之前就已经开启了？在艺术实

《石冲艺术中的古典遗产与当代问题》刊发在《艺术界》1998 年 1、2 月双月刊上 (图片由石冲提供)

践方面，您和黄老师当时有没有一些具体的讨论？

石冲: 那时做作品很投入，一件件地做，有展览自然也就有作品。当朋友聚在一起时，听黄专他们谈的很多很多，我不是搞批评的，却很受益，无形中对当时的作品产生了影响。

方立华: 在改版后的《画廊》杂志有一期《艺术家工作室报告》也做了您的专题，能不能谈一下当时的一些讨论？

石冲: 讨论什么我现在记不起了。当时杨小彦做《画廊》杂志的主编，是黄专向《画廊》推荐的。黄专后来给我写了一篇文章《石冲艺术中的古典遗产与当代问题》，刊发在 1998 年的《艺术界》里，这是他第一次给我写的一篇长文。其实黄专跟我聊得最多的是在后期作品的变化上。

方立华: 那一时期您的作品试图解决的是什么样的问题？

石冲: 简单地说，从 20 世纪 90 年代初开始，我还是以技术语言这样一种传统的方式去表达的，在此基础上想有所变化，具象写实绘画里如何呈现当代性，这主要通过两种方式：一种是语言方式，一种是观念方式。虽然是绘画，但是它集合了装置、行为

及戏剧化妆多种媒介的复合方式，再后来，作品的图像就更个人化了。

方立华： 有一年在北京，我曾陪同黄老师去工作室看您近期的作品，他也表现出对您作品中使用的新技法的兴趣。不知道你们过去在具体的创作（包括图式和技法）上是否有过一些讨论？

石冲： 在我的记忆中，我们就技术谈技术的情况很少，因为在我的作品里，技术是显现的，但是图像所隐含的内容比显现的技术更重要。所以，90 年代批评家更希望看到作品中的观念因素和批判性。

方立华： 像黄老师他们观看作品的方式和评论，对您后来的创作或者观念会不会产生一定的影响？

石冲： 事实上批评总是和现实发生关系，我很关注这些批评，既要理解它们也要反省自己，我以绘画为结果，在完成结果的过程中时时游走于绘画的边界。在复合因素的作用下，强调图像在视觉观看中的观念与意义，这是我与黄专交谈中得到的启示。90 年代以后大家关注绘画少了一些，而非绘画的艺术成为主流。像我现在这样，做着绘画却关注绘画以外的东西更多些，总想着使自己的具象绘画有所不同。如批评所说的观念绘画、意义复合和摹本改造，即便是这样，我依然觉得绘画的局限很大，其实验范围很小。

方立华： 您对于黄老师后来的机构实践是否有一定的了解？能否谈谈您的看法？

石冲： 我有一些了解。2012 年我还参加过深圳 OCAT 举办的“第七届深圳雕塑双年展”，当时参展的作品是 1995 年创作的《欣慰中的年轻人》，那时黄专还是执行馆长，之后黄专就来北京筹建 OCAT 研究中心了。OCAT 研究中心的活动我们也会去，但是每

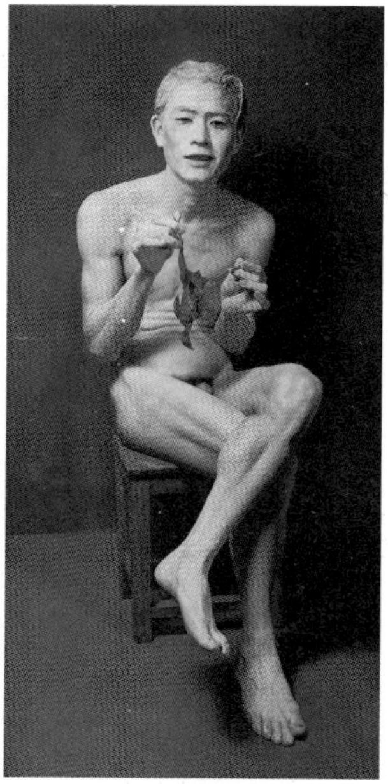

《欣慰中的年轻人》石冲，布面油画，152cm×74cm，1995 年（图片由石冲提供）

次开幕活动完了我们就先走了，担心打扰黄专，其中很大一个原因就是考虑到他的身体。黄专有时候也来工作室单独和我们俩见面，我们也不敢长时间的多聊，就是希望他不要太累。

*方立华：*对于 OCAT 研究中心所做的展览，您有什么样的印象？您认为 OCAT 研究中心有什么样的特点？

*石冲：*相较京城很多热门的展览，我觉得 OCAT 的展览很纯粹，环境也很安静，不是那种随大流的群体式的展览。比较很多做展览的方式，我觉得 OCAT 显得有些特别。我有朋友旁听过 OCAT 研究中心展览以外的研讨班，它有主题也有连续性，探讨事物的方式深入有趣，这与黄专做展览和做学问有相似之处。这是我的直观印象。有朋友向我讲述了一次他的旁听内容，其中谈到山东灵岩寺宋代铜铸力士像衣着袈裟上微微凸起的线条，是纹饰还是铸造留下的痕迹。也就是说是工艺特征还是形象本身。学者探讨问题深入具体，很有意思。

*尚扬：*黄专很重视文本，因为他觉得文本很重要，他的这个思想其实很早就建立起来了，后来OCAT一直在延续这样的方式。他是对的，实际上留给后人和历史的就是文本，因为随着时间的流逝，活动的痕迹只能依赖文本的形式留存下来。他一开始把这作为最重要的一个工作模式，我认为是很正确的。

*方立华：*OCAT研究中心并没有把重心和关注点集中在当代艺术展览上，而是做了很多研究、艺术史讲座和出版，当然也打通了中西和古今，围绕研究的工作又做了一些小型的文献展，在这一点上您是怎么看的？

*石冲：*按你的介绍，OCAT研究的范围广，时间跨度大，有限的展览空间没有限制它展览的内容，学术研究方式立体多样。

*方立华：*您是如何看待黄老师以及他所做的工作？

*石冲：*黄专给我留下的印象是：他想说的和想做的事情都很清晰明确；他学识丰富，古代艺术研究和当代艺术介入并重；他是一个敞亮、率真的人，同时也是一位随和、大方的人。

*方立华：*其实他也很严肃。

*石冲：*这和他很直率有关系。黄专比我年长，我十分尊重他，我们平时都像朋友那样交谈，但是在探讨一些问题时就知道他的严肃，这是不简单的。而且他的学术研究、艺术批评与他的严肃认真很有关系，他很少写那种我们所谓的“美文”，他关注他所需要关注的，没有那些杂七杂八的东西，这种作风在黄专身上十分鲜明。

*方立华：*您对OCAT未来的发展有什么样的建议吗？

石冲: OCAT 是一个很出色的艺术机构，我作为一个画家唯恐建议不当，还是像你介绍的那样广泛多样的好。黄专的兴趣就很广泛，他当年在湖美读的就是艺术史专业，对于艺术史的尊重和研究，在我看来不只是一个兴趣问题，而是他学养中的一个很重要的方面。当然，黄专对当代艺术的贡献更是有目共睹。

对自己不放松、不怜悯

受访人：冯峰
采访人：郭伟其、方立华
时间：2017 年 1 月 12 日　地点：深圳

郭伟其：冯老师跟黄老师是怎么样认识的？

冯峰：在黄专调到广美（广州美术学院）之前（应该是 1991 年调去的），在广美老美术馆的一个研讨会上我听过他的一个发言，我觉得他对当代艺术有很独特的看法。那个时候我刚刚毕业留在学校教书，开始整理自己的思绪做一些作品。有一次我们碰到，我就拿作品的照片给他看，就这样聊起来的，这应该是最初的认识。再就是 1992 年“广州·首届九十年代艺术双年展”的时候，他跟吕澎一起做这个展览的策划，我跟陈侗一起负责做展览的设计和布置。那个时候没有一个标准的美术馆的展厅可以使用，租了中央酒店的商业展厅做展览，那个展厅甚至连射灯都没有，所以我们要专门为双年展联系工厂定做射灯，当时想在市场上找到一个比较像样的射灯是很困难的，工厂的部分配件要到香港订购。那时候，组委会的办公点设在江南大酒店——就是现在的柏丽酒店，开幕前几天王广义包了江南大酒店的一个房间，我们去那儿玩，黄专也在，陈侗带着相机，说要拍照，大家就围着黄专坐，拍照。黄老师过世之后，我整理照片，翻出了那两张照片，就是在王广义的那个房间拍的，陈侗拍的，里边有黄老师、王广义、魏光庆、石磊、杨国辛、李邦耀和我，还有当时展览组委会里面的三个女孩——好像有一年我还把那张照片做成一个贺年卡（应该是 2005 年），我自己用电脑做一张贺年卡给黄专，他看了说：“哎哟，这个照片好！”那是我印象中黄老师跟我最早的一个合影，就是在 1992 年双年展期间。

方立华：您刚才谈到在1991年就已经听过黄老师的一些演讲或者是参与了一些讨论，那是什么样的活动？

冯峰：应该是广州美术学院的一个展览，什么活动我不太记得了。

郭伟其：当时黄老师大概是在谈一些什么样的问题，给了您这样一些感受？

冯峰：具体的我有点不太记得了，但是他谈到的问题涉及当代艺术，从他的谈话里面能够表明他的视野和观点，所以后来我想就我做的作品跟他交流——我记得跟他交流的时候也谈到博伊斯，我早期的一些作品受到博伊斯的影响。

郭伟其：后来您在做作品的时候，他有没有给过一些什么建议？或者是做的过程中你们有过一些什么讨论？

冯峰：我们在一起讨论的时候，他基本上不会提具体的建议，这是很不一样的地方——他不会就具体做的方面说看法，他会谈别的。那一阶段我大概有蛮长的时间做的创作都是跟产品说明书有关，主要思考的是一个语言的问题。当时西方当代艺术的资讯刚刚进来不久，很多人看不懂，我就思考：我们怎么样通过视觉传递信息？从商业的说明书我看到了一种可能性，所有的产品说明书，不看文字都能看懂，而且任何国家的人都能够看懂，通过图式就能够看懂，并且能够顺利地按照它去操作。维特根斯坦说如果我们说不清楚就应该保持沉默，所以我想是不是可以通过视觉去探讨一种语言方式？我们只谈我们能够沟通的，不能沟通的先把它放下。所以当时我借助产品说明书做了一系列的作品，比如说画怎么样泡方便面、怎样织毛衣、怎样使用安全套，全都是这些类似产品说明书的作品。那批作品当时黄专看了很喜欢，他刚好在负责《画廊》杂志——他在《画廊》杂志做主编的那一段是《画廊》最好的一段时间。杂志有

2015年，黄专和冯峰在深圳（黄京拍摄，图片由冯峰提供）

一个《艺术家工作室报告》栏目，每一期介绍三个艺术家。其实一直到后来《画廊》的结构依然保持着他当时定下来的这样一个结构：一个最主要的封面人物，还有就是《艺术家工作室报告》介绍三个艺术家。

*方立华：*黄老师参与《画廊》杂志的改版应该是在1994年至1996年，黄老师给您做《艺术家工作室报告》是在哪一年？是什么样的方式？

*冯峰：*如果我没有记错应该是1996年到1997年之间，可以查到。那一期的《艺术家工作室报告》介绍了我最早的那部分作品，有《鸭兔》，有《方便面》——怎样泡方便面，还有一个是《速杀》——怎么样使用杀虫剂，还有一个是《缝纫机》和《焖烧锅》的作品。那一期还刊登了我跟杨小彦的对话《你究竟想要干什么？》。

*郭伟其：*后来我看到黄老师把您的作品分成三个阶段：第一个阶段“图像和语言”，第二个是“科学”，再接下来就是对于社会的一些……

*方立华：*他是提出三个方向，并没有说分成三个阶段，冯老师的作品并不是以一个线性的线索绝对地分成几个阶段吧？

*冯峰：*立华讲得对，我觉得黄老师的那篇文章《冯峰：一个视觉搅局者》很不一样的

《鸭兔》冯峰，1995 年（图片由冯峰提供）

地方是让我看到了一些我自己都没有看到的东西，这个是很厉害的，他梳理了我的整个作品的关系，找到一条暗藏在里边的线索。所以我看了以后，按照他提供的线索重新去审视了我自己的创作和走过的路。

*郭伟其：*如果按照您自己的线索，最开始是怎样从对图像和语言的兴趣到对科学问题的兴趣？

*冯峰：*我觉得艺术家创作，没有什么很宏观的设计，至少我自己是这样，有很多时候是凭感觉和直觉去做。一开始做跟语言有关的这一组作品的时候，主要是基于我前面说的对绘画的怀疑，理性的东西放进去了，包括对语言的思考。这之后我就开始受到一些东西的吸引，开始有一些改变，一方面跟日常生活有关。我的同班同学，最要好的同学，住同一个宿舍，刚毕业的时候他被诊断肾脏萎缩，要做肾移植手术，我帮他去联系医院。另外，我姐姐有精神分裂症，这种家人有病的经历让我很自然地跟医院和医学有一些接触，使我在创作过程中有一些思考，开始有一些改变。像我的那组作品其实针对的是关于视觉信息的传递，但是我们在做展览的时候恰恰——因为要跟学生、观众沟通，有一个人说整个展览中他觉得唯一看不懂的就是我的作品。这个让我觉得很有意思，我在想，他看不懂什么？他并不是看不懂我画的这个东西，他可能看不懂的是不知道我要干什么，为什么要这样干？所以《画廊》的访谈就在谈这个问题，

题目就叫“你究竟想要干什么？”。观众的反应让我继续思考，如果所有的视觉都能像文字一样传递信息的时候——这个我也在怀疑——是不是丧失了视觉本身的特点？的确，视觉跟文字是不一样的。因为最开始学艺术的时候，我觉得我是一个文学青年，我一直是在读小说，大学四年是在阅读中过来的，我自己觉得文字和视觉其实是很不同的。举一个例子，文字像是上台阶，你要一个台阶一个台阶上去之后才能看到最后的结果，它是一个线性的阅读。但是图像不是，图像迎面而来，像是一个拳头，你感受到的是全部。那么图像的特点是什么呢？当时我看约翰·凯奇的一个访谈，他谈到关于声音的强度，他说当习惯了很强的比如像摇滚的声音，他就慢慢地开始需要寻找更强的声音，甚至有时候他要把后背靠在大的喇叭上去感受，我就想，视觉其实也有这种强度适应。当时跟医学有了接触，也发现有的时候找到了一些视觉刺激的强度，比如说去手术室看做手术。我有很长一段时间待在医院里，拍过几场手术现场，开始拍第一场手术的时候我有点发晕，头晕，赶紧出来，用冷水冲一下头，待冷静之后再回去拍，感觉过了一个阶段之后就好了，迈过那个门槛之后你就发现可以很平静地来看待这件事情了。就像在美院，上第一堂人体课的时候，你也会有这种感受，一旦过了这个坎，当你把它当成一个专业或者职业的时候，就完全不受干扰了，这跟做医生的道理是差不多的，我觉得从那个里边我看到了一些视觉的强度。有一次我去一个骨科医生朋友那里，他就带我去看他的病房，我一进去，看到有一条受伤的腿架在那儿，一个金属架镶嵌到腿里边，那条腿就这样架着，当时进去第一眼看到以后，我脑子嗡的一下，很被震撼，我就跟我朋友说我要拍这条腿，他就介绍我跟那个病人沟通。那个人说可以，但是拍完以后要给他一张照片，我说可以，没有问题。我就赶快去找专业的设备机器，拍广告的大机器——找了我的一个好朋友，他很熟悉摄影，我们一起去他病房里拍了那条腿。当时拍了好几卷照片，回来之后我就开始在电脑上扫描，反复看这些图像，考虑怎么样把自己的感受变成一个作品。后来我在电脑上设想了一个

《画廊》1997 年第 1、2 期（图片由白榆提供）

展厅、作品展览效果的场景用打印机打出来。当时应该是 1999 年，黄老师说他在上河美术馆策划一个展览，我就拿那个“腿”给他看。那是我第一次参加黄老师策划的展览，准确地说也是第一次参加受邀请的展览。

方立华： 您也是“广州 · 首届九十年代艺术双年展”的亲历者，能否从您的角度谈谈双年展的情况？

冯峰： 因为当时我参与的属于展览的一些技术方面的工作，另一块是比如像黄老师跟吕澎他们的工作，关于组织、评审，这两块是不太一样的部分，我对那部分的工作知道得比较少。我其实参与的是幕后的一些工作，接触到的是另外一块，我觉得很有意思。我感觉当时整个是蛮混乱的，因为毕竟是第一次，而且说老实话，其实当时很多人心里都没底，包括黄老师、邵宏老师他们写文章说艺术市场的来临，现在我们回头看是非常有预言性的、很大胆的，但在当时很多人并没有看到这个东西，不太相信，持怀疑态度。我甚至在想，当时写文章的时候他说了这样的话，恐怕也不一定真的是那么心里有底，没想到 20 年的时间就真的是产生了巨大的变化。为什么现在回头看，那是一个很关键的结点，是一个开头？因为在那之前是没有人那么干的，由一个公司投资去做这样的一个展览，包括评奖，一等奖是 50 000 元的奖金——当时那可是天文数字，50 000 元奖金是不得了的事情。我觉得很有意思的是它错综复杂，最后好像这

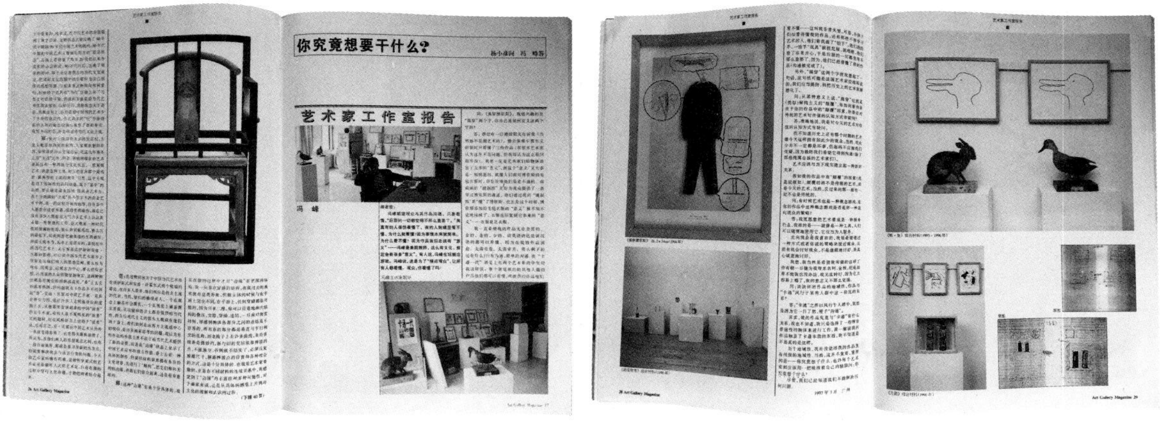

《画廊》1997 年第 1、2 期合刊关于冯峰《艺术家工作室报告》专题（图片由白榆提供）

个奖金也没有完全兑现，其实包括投资的公司也是持怀疑的态度，很混乱。大家都说被吕澎忽悠了，投资公司一开始也很大胆投入做这个事情，后来可能也有各种后悔。当时有各种问题，包括在开幕的那一天，有几个艺术家跟吕澎一起——相当于做他的保镖一样，据说投资公司的人要打他——当然这可能是私下的矛盾，但我觉得其实很有意思。那个时候我参与到那个工作里边，跟几个人接触很多，也是那个时候我们开始熟悉起来，一个是陈侗，一个是肖全，另外是那三个女工作人员。我们经常要跟吕澎见面，吕澎又经常会见一些公司的人，谈一些很重要的事情，我们都是在做一些跟这个展览有关的事情，考虑怎么布展，等等。

*郭伟其：*您说黄老师看您的作品会看出一些您没想的但您觉得很有道理的内容。从年龄上来看，你们相差有 10 岁——黄老师的文章里经常讲到一代人的智力，这一代人的智力跟另一代人不一样，你们交往和讨论问题的时候，有没有一些反映这种情况的问题，会不会觉得有代沟存在？

*冯峰：*我没有特别明显的感觉，他做具体事情的时候，我特别相信他的一些判断，他其实给我影响蛮大的。说到代沟，我们交往的时候没有特别明显，感觉是像朋友，在我看来他像是朋友又像是老师的角色，很多时候他看事情的态度，让我感受最强的是人格上的东西，包括他一些很坚定的态度，觉得他特别值得尊敬。好像有一次冯博一

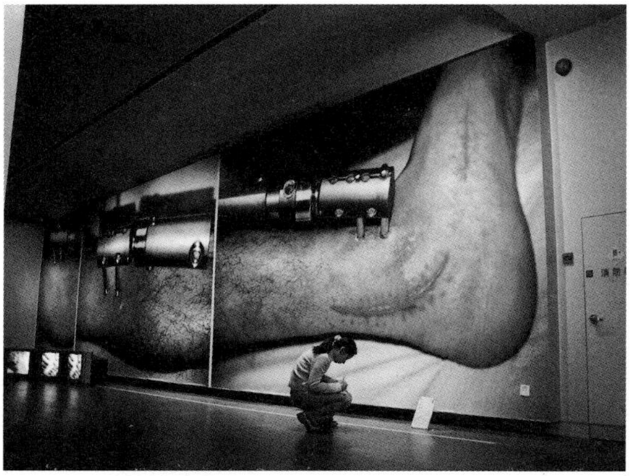

《外在的胫骨》冯峰，1999 年（图片由冯峰提供）

说过一点：黄专心硬。这说得很对，我很能够体会，但是他的这个心硬不是对别人，反而有时候是对他自己的看法和标准特别硬，他对自己绝对不会有任何的放松或者是怜悯。

*郭伟其：*对我来说，我还对他在美院的生活有另一层不了解的地方，因为他在系里边几乎从来不讲当代艺术，我在美院这个范围里唯一一次听他讲是在设计分院，讲观念艺术，大概是 1999 年或者是 2000 年左右，是您邀请的。我很好奇他在什么样的情境下来谈？您说他去广美之前您就知道他是做当代艺术的，那他在广美是在一种什么样的场合下来进行关于当代艺术的讨论的？

*冯峰：*他对古典那一块的研究我是到后来才知道的。

*郭伟其：*您正好跟我相反。

*冯峰：*我也是后来听他的学生说在他教学的这一块，他不谈当代艺术，我觉得这也是很有意思的一个地方。人有的时候其实需要一个平衡，这一点他跟巫鸿老师有蛮相像的地方。一方面当代艺术这一块他会参与很多活动，常常是一个很热闹的状态，但是他可能回到他的书房或者是他静下来的时候，他要对另外的一个东西有一些思考。这可能是人需要有一个平衡，我自己也有这种感受，比如说我一直做当代艺术这一块，

其实对古典艺术，尤其是文艺复兴之前、中世纪的艺术，还有中国古代的绘画，我是痴迷地去看，去很多国外博物馆，我都会看这一部分。

*郭伟其：*我注意到他在文章里把您称为“一个视觉艺术的搅局者”，这个观念是从你们本来就有的谈话里面引用出来的吗？

*方立华：*文章开篇谈到“搅局者”这个词是来源于您和刘庆元老师的一篇访谈吗？

*冯峰：*对，其实我们那个谈话是在一个很不经意的状态下，就是想要去搅局的这么一个状态，但当时说的时候我并没有特别地去留意或者记住这个东西。但可能在他看来，觉得这是一个很真实的状态，他把它提出来，所以这也是让我觉得惊讶的地方，通过他的描述和梳理，让我看到了另外的一个自己，而且那个自己让我觉得是一个真实的自己，但是我之前从来没有看过。

*郭伟其：*刚才我想起“搅局”，是因为谈起当代和古典的问题，您刚说到您对古典也感兴趣，黄老师也提到您的身份有很多——文学家、作家、雕塑家等，各种身份。多种身份或者“搅局者”——您现在还有一个身份，就是华美术馆的执行馆长。是怎么从一个艺术家变成了一个馆长的？

*冯峰：*其实跟华·美术馆之前是有一个渊源。2008 年我在做一批陶瓷作品，当时黄专老师跟我说有没有可能在 OCAT 做展览，如果要在 OCAT 做，就要考虑做比较大型的作品，那个时候刚好我也开始想做一组大型的作品。后来在广东美术馆做“广州站”的展览，当时是广东当代艺术 30 年的一个回顾展，一个特展，我展出了作品《盛宴》，一个很长的桌子，像是一个宴席，上边摆放了很多身体的碎片，都是陶瓷的，跟一些餐具混在一起，也有很多吃的东西，水果、糖果，还有一只孔雀，是真的孔雀。整个创

作是针对广东的当代艺术，我在想怎样呈现广东当代艺术的状态，觉得没有比吃更合适了。所以我做一个像宴席一样的桌子，上面有各种吃的东西，其实又跟自己的身体混在里边。为什么找了一只活的孔雀？因为当时的大排档门口真的是有很多鸟笼，里面也有孔雀，客人点了以后杀给客人吃的，后来禁止了，尤其是亚运会之后就彻底没有了，主要是 SARS 之后这些东西就少了。当时那些东西还到处都是，我就去一家大排档租了一只孔雀，大排档就在广州口腔医院的旁边，那家大排档吃百鸟，各种鸟一锅炖，门口就有一只孔雀，我就跟老板租，租了孔雀就放在美术馆里。但是开幕的第一天，美术馆就跟我说他们没有养孔雀的经验，另外它老拉屎，后来就把孔雀还给大排档了。作品展出的时候黄老师还问有没有人要收藏这个作品？之后在 2009 年，我和我太太在广州的扉艺廊做了一个展览，那个展览设定了一个游戏，展出的所有作品都是日常生活中可以用的，里边大概有三分之一的东西其实是我们自己家用的，是我们自己做的，因为我们看不上市场的家具，觉得不合适，所以就一部分自己做，一部分去买那些老的、旧的家具。当时就做了这么一个主题的展览，都是生活中可以用的同时又是一个作品。一方面讨论使用和意义之间的关系，另一方面探讨艺术和生活之间的关系。黄专老师去看了展览后说很喜欢，他说这个作品好像是一个教学的范例，可能很多学生看了会很有启发。当时黄老师就推荐给华美术馆，那个时候华美术馆刚刚成立，一开始定位是设计，那个时候设计的展览不多，黄老师觉得这个展览合适。之后扉艺廊的负责人也跟华美术馆沟通和联系，应该是在 2010 年的年初，这个展览就去了华美术馆，展览的题目叫"用不用"，所以，是因为这个展览我跟华美术馆开始有了接触。后来一段时间我们就经常跟华美术馆有一些来往，当时是倪静做馆长，也有跟我谈过是不是可以去担任馆长，那个时候我刚好在美院开始组建实验艺术系，他们也有一些变动，后来王序老师担任了执行馆长。到了 2014 年、2015 年的时候，有一次黄老师突然发信息给我，说华美术馆想要一个新的执行馆长，问我对这个事情有没

《盛宴》冯峰，2008年（图片由冯峰提供）

有兴趣？我说如果你觉得我合适，我们可以聊一下。他说好，就约我跟栾总（栾倩）在深圳见面，我们三个人一起谈，谈得蛮不错，我回去以后考虑了一下，做了一个计划发给黄老师。黄老师看了说“非常好”。然后就约时间，除了栾总，还有任总（任克雷）、陈总（陈剑）一起见面谈一下，就这样开始了工作。我觉得美术馆的工作主要还是基于黄老师、栾总对我的信任，本身也是我的兴趣，因为我一边在设计学院做了20年的教学工作，自己私下里又一直在做当代艺术，我的作品里面也很自然地充满了对设计和艺术之间的思考。

*方立华：*您当时提交的是什么样的计划？

*冯峰：*我当时考虑的是作为一个设计的美术馆应该怎么样去做？最主要是从整个华侨城的资源方面考量。其实华美术馆的出现还是源于OCT当代艺术中心，艺术中心做了这么长的时间，有一个非常好的基础和资源就是当代艺术这一块，包括艺术家的资源，但我觉得这块资源并没有很充分地使用起来，比如艺术中心很长时间都是在做学术这一块，如果我们参照国际上很多美术馆和艺术空间的话，其实学术这块资源可以通过一些方式转换成商业的资源，尤其是艺术衍生品的研发，其实很多好的美术馆，像蓬皮杜、MoMA，这一块都做得非常好。但是这一块要是由艺术中心自己来做，我

觉得又很难，它本身是做学术，所以这一块应该单独去做。所以，我觉得一个是艺术中心，一个是针对设计定位的华美术馆，构成了很好的两个专业之间差异性互动的关系。我觉得如果有另一个机构专门尝试用文化资源去连接，让这些资源能够形成一个新的东西进入商业市场，它们就会形成一种互相滋养的关系。我们在做学术的时候，累积了很多学术资源和一些版权资源，这是当代艺术的这一块；设计本身一方面可以连接一些很学术的实验性的东西，同时也可以连接更大的、社会的和日常生活的面。因为设计专业本身是跟很多生产和企业有连接关系的，当然它的主要精力还是以做展览和学术，这样华美术馆就很容易有一些社会生产的资源，包括公众的认同感。这是大的从资源的关系上的一个想法。另外，针对华美术馆，一旦我们把它定位成设计馆，我们就不做常规的商业设计，因为商业设计已经在商业空间有了很充分的展示，大家看得很多了，再去做就没有意义了。美术馆的工作应该是做那些还没有被普遍的商业空间所接受的那一部分，也就是说实验性的和研究性的或者是探索性的那一部分，这就构成了两个关键词：设计和实验。这样的一个定位，再加上我们上面说的文化的版权、资源——我当时建议最好专门有一个机构或者是一个公司做这个事情，构成这么一个关系——如果有了这样一种能力，就可以跟国际比如欧洲或者是美国的同样有类似定位的美术馆去合作、去交换——交换引进展览和输出展览，我说的“交换”是引进，同时也是输出，同时衍生品这一块也可以构成这样的输出和引进的关系，变成一个连带。

*方立华：*您是怎么看待黄老师所开启的 OCAT 的机构实践？

*冯峰：*其实我们回头看 OCAT——很多人都说过，用了一个词，叫“奇迹”。回看今天 OCAT 在不同城市的馆群状态，绝对是一个奇迹。中国有那么多的房地产，有那么多的机构涉及对美术馆和当代艺术的工作和投入，但没有一个做到这样的程度，持续

了这么长时间，而且有一个馆群的格局。我觉得从开始到它最终形成，慢慢长成这个样子，这里边是充满了黄专的意志和我们说的他的坚硬的性格这种痕迹，如果没有这个东西，我觉得是不可能或者是难以想象的。从雕塑双年展开始，当时从雕塑和公共艺术这块开始介入到公共空间，我印象特别深，能够看到当代艺术跟环境、日常、普通市民之间的关系，非常有意思。尤其是第四届的雕塑展，是能够让很多人有很大的触动——当代艺术能够跟整个生活环境、人之间的关系那么密切，让很多人改变了对艺术的看法。其实黄老师是在生病后仍在恢复的时候就开始了艺术中心的工作，慢慢地最后形成了这样的一个格局，我觉得是一个奇迹，而且是独一无二且很难复制的。当然黄专老师离去之后，现在 OCAT 将面临没有黄专在的一个时代，大家也都在看它接下来会怎样走，怎样成长，不过相信整个格局还是有非常鲜明的黄专的痕迹的。

一个谈话的对手

受访人：徐坦
采访人：王景、方立华
时间：2017年6月9日　地点：深圳

王景： 请问徐老师最开始是怎么样认识黄老师的？

徐坦： 我最早听说黄老师的时候是我在湖北美院（湖北美术学院）——我1983年分配到湖北美院，在那里工作了三年，当了三年老师，在那个过程中就听说过黄专。1985年我考湖北美院的85级研究生，没有考上，那一年好像考上了好几个研究生，可能黄老师是这一届的。因为我那一年没有考上，第二年我考上广美（广州美术学院）的研究生，那个时候我跟邵宏很熟，也会时不时地听到关于黄专的声音。我在读研究生期间，1986年至1989年这一段时间，我跟邵宏、杨小彦来往比较密切，他们有时候还请范景中来广州，我经常去听范老师他们聊天。1989年我毕业留校在广美任教，1991年，那个时候邵宏、黄专他们有一段时间是做一些合作性的工作，所以就对黄老师的听闻越来越多。到了1991年，黄老师调到广美，来了以后我们的交往就变得多起来，我们的关系变得密切起来。密切是因为我们在艺术上有共同的倾向，都想做——当时叫"前卫艺术"，特别是黄老师把中国和广东的前卫艺术联系起来工作。

王景： 之前我们采访李邦耀和杨国辛老师，谈到"湖北帮""湖北现象"，就是那个年代有很多都是湖北美院的人过来广州。您觉得您算是"湖北帮"的一员吗？

徐坦： 应该说是黄老师来了以后我才慢慢进入——在黄老师来之前我不算"湖北帮"的，因为我在艺术方面的工作和成长都是在广州。我跟李邦耀他们都是非常好的朋友，但是没有怎么共同工作过。黄专来了以后，首先是把从湖北来到华师（华南师范大学）的那些老师和“大尾象”建立了一种联系，这种联系非常密切，差不多每个周末都要去华师聚会。

王景：“大尾象”刚刚成立不久或者是成立初期的阶段，你们跟黄老师的交往是怎样的？

*徐坦：*在吕澎做“广州双年展”（“广州·首届九十年代艺术双年展”）的时候，我们对黄专不是很了解，恰好是吕澎这个展览结束以后，黄专各个方面的影响力显现出来了。黄专和王林关系也蛮好的，王林之后在广州做过两次文献展，他后来那一次来广州是黄专接待的。那个时候我们经常去哪些地方呢——东风中路和农林下路交叉的地方有一个酒吧叫“非洲人”，我们经常去那里，另外中山路和广州大道快交界的地方也有一个酒吧，叫“红太阳”还是“太阳升”，我忘了。我们和黄老师、王林，很多人经常就是在这两个地方聚会的，“红蚂蚁”也去，但是没有这两个地方去得多。吕澎那个展览结束以后，黄专在广州的影响力变得很强大，因为他跟艺术家有一种亲和力，艺术家都特别喜欢，都在一起谈问题，大家都想一起做点儿什么，这也导致了 1996 年冬天在北京首都师范大学的被关门的那个展览。当时“大尾象”都参加了，但是当时我不在，我只是给了方案，后来据说被关掉了。

*王景：*可能徐老师大概有两个不同的阶段都与黄老师有很多的交往，一个就是刚才说的“大尾象”时期，一个是之后你独立工作的阶段。

*徐坦：*两个阶段都有很多交往，但是中间有一段时间我在广州时间少一些，期间回广州很多时候是因为他的项目，2001 年年底何香凝美术馆的第四届雕塑双年展“被移植的现场”，我一直认为那是很重要的一个项目。黄老师跟年轻的艺术家交往也很多，

2006年，“创造历史：中国20世纪80年代现代艺术纪念展”开幕现场，徐坦发言（图片由OCAT深圳馆提供）

我记得1999年12月31号在柏丽酒店——那时候叫江南大酒店，酒店门口原来有一个露台，可以坐在露台上，他在那里请我和郑国谷及一堆青年艺术家，还有冯倩钰、“阳江组”——那个时候不叫“阳江组”，他请大家在那里喝茶，大家都在谈“捉千年虫”的故事，那个时候老讲2000年来了千年虫。黄老师做“城市俚语”也是2001年左右，那个时候广东很多青年艺术家都来到深圳，包括曹斐，都来参加展览——说明他对本地艺术、对广东地区的新艺术是很关注的，我想他后来关注少是因为他病了，但在20世纪90年代，2002年生病之前，他设立的方向很多，设立的范围很大，所以他什么都做，本地的青年艺术家的项目也做。但是后来因为广东很多青年艺术家，像深圳的一些艺术家都搬到北京去了，这边的资源也减少了。

2010年以后黄老师跟我的关系——我认为有一种非常重要的密切关系，这个关系很鼓励我做这些实验性的项目。黄老师的一个方向是我非常赞同的，对我来讲也是我的方向，就是如何把艺术和研究这两件事容纳到一起进行工作。对我来讲，也许他刚开始做OCAT的时候，有一些工作我还没有特别注意，当他提出“国家遗产”这个概念的时候，我突然意识到这种工作方式是非常重要的，而且我认为他这种工作方式是融艺术、美学和知识、研究为一体的工作方式，恰好也是我做“关键词”想做的一件事情。所以我觉得在2010年以后我跟他的交往密切的这几年，对我来讲也是非常关键和重要的时期。所以每次他身体好一点，我去看他，我们就会谈这些问题，他在我的生活中是一个很重要的谈话对手，现在失去了他，对我来讲是一个重大的损失。黄专有一个非常好的重要的方式，他跟我谈话的时候有点波普尔的方式，他会从各种方面提出一些疑问，这个疑问不一定他确认是这样的，他用这种疑问测试你的观点，这个测试对我来讲是一个很大的促进，因为他也讲了："如果我跟你谈话的时候，很多问题你不能作出一些恰当的解释，你就很难对学术界再做进一步的解释。"我觉得这个非常好。

举一个例子，可能也就是黄老师去世前不到一年的时候，有一次我跟他一起从广州来深圳、再一起回广州。来回的路上我们都在谈问题——那个时候已经是7月份，离黄老师去世只有11个月，夏天的时候。他说："你做艺术家的研究，我问你一个问题，假设你和一个艺术史家、一个考古学家，你们三个人走进一座古墓，你认为什么东西会发生？你认为你的工作能不能取代那两个人的工作？"他提出的问题非常有意思——我觉得中国当代艺术到今天为止，他是一个把研究和艺术融为一体的批评家，是独一无二的，因为我还看不到第二个人在这样工作。这样的工作恰好是中国从过去到今天的艺术史和艺术史研究都缺乏的，所以我觉得他开启了这样一个工作，可惜这个时间太短了。

*王景：*他问您的那个问题您是怎么回答的？

*徐坦：*很多人都会问：艺术家也做知识生产的时候，是不是想取代别人？我当时跟黄老师说："你原来谈的'类学科'的问题，都是一个模型和图式，一个人跨学科究竟跨到哪儿去了？即使我们都在这个古墓里，我关心的或许是那两位学者根本不关心的事情，他们关心的事情是我不关心的，或许他们会关心所发现的器物的形态，而我可能

会关心里面的青苔，所以生产的知识不一样。”黄老师就说：“好，我知道你说什么。”很多其他的时候，他会问很多有意思的问题，有一次在他家里，他问：“你做这样的研究，艺术究竟获得了什么？”我说是海德格尔讲到的“存在”，他说“对了，就是你说的存在感”。以前我和黄老师就会进行很多这样的谈话。在 OCAT 做个展前一年我和黄老师的那次对话也是非常重要的，他谈的很多问题在当时我是没有注重，后来我觉得他说得非常对。当时我很相信统计学在语言调查里的意义，黄老师非常怀疑这一点，在我又工作两年以后我就特别同意他。当初我并没有从他的批评和建议里直接改变，而是在后来的实践里，慢慢意识到他几年以前说的是对的。非常重要的是，黄老师在很多细节问题上的意见和我是不一致的，他认为 1，我认为 2，但是为什么我们的关系却对我来讲这么重要呢？恰好重要的是如果我们在进行研究，必须在社会各种现实里发现一些问题，对这些问题有不一样的看法，然后再进行深入的工作。黄老师对待这些问题不是用一种断言式的方式来叙述的，我认为我们在总体的观点上是非常一致，所以在基本的价值和概念框架里，我是很赞同他的。而在一些具体的问题上有不同意见，这正好带来一种张力，有这样一些对细节的不同意见——这是一个引子和路径，才能带来我们不断地进行交流和工作的热情。

方立华：徐老师也参与过黄老师策划的很多展览，包括 2001 年的“城市俚语”和“被移植的现场”，以及后来在 OCAT 举行的大型个展。在参与黄老师所策划的这一系列的展览过程当中，您觉得他在策划展览的方法论上，以及他在当代艺术的研究视角上有什么样的转变？您觉得促成这个转变有什么样的原因？

徐坦：对我来讲，我理解比较深，而且我最欣赏的还是他到 OCAT 后的工作，因为他真正用一种研究的方式使得政治、历史、社会和艺术发生了关系，把它们融合起来，我觉得这是我理解的他这一段时间的工作，而且强调了这条线索。他做 OCAT 以前

也有这个方向，但是没有在 OCAT 的工作那么清晰，到了 OCAT 已经非常成熟了。比如早年他做的活动还是显示出有一些像年轻策划人，思维很活跃，有时候可能会往东试一下，西试一下，做 OCAT 后他的这个方向就很清晰，我感觉就是这样的。因为在 90 年代，他和其他的策划人距离并没有拉得特别大，做 OCAT 以后，他自己的、方向性的东西就很清晰了，而且是独一无二的。

方立华： 其实早在 1997 年黄专老师接受邀请成为何香凝美术馆的学术主持人的时候，他已经很有意识地在做一些跨学科的实践，比如策划学术论坛，邀请各领域的学者参与讨论，您是如何看待这种跨学科实践的？

徐坦： 我觉得他后来在 OCAT 策划的项目，不仅是一个方向，而且是一种实践。像你说的他在何香凝美术馆主持的一些研讨会，我也参加了，但是作为艺术家，我明白，当你和别人讨论什么的时候，这是一件事，这可以看到方向。但另外，在你工作的时候，具体是怎么做的？他的策划里怎么把这些人带到这个项目里，怎么促成对这些人的工作的一种解释？我觉得他在这方面的工作在中国当代艺术里是独一无二的，他朝这个方向往前推进，这个是很少有的，估计目前在中国也不太可能有这样的工作，因为这个工作需要对历史、政治、社会有相当厚的积淀，再就是有相当的独立性，在今天这两者都是不容易的。

王景： 可能徐老师对 OCAT 成立到发展至今的过程都比较熟悉。OCAT 是黄老师创办的，但它不是个人的事情，是一个机构的运作，作为参与到里面的艺术家，你有一些什么评价？对 OCAT 以后的发展能否给一些建议？

徐坦： 应该说我是 OCAT 的一个参与者，同时我也是一个观看者，我也听到很多别的意见。OCAT 刚开始的前两三年，我听到很多人的批评，比如有一些年轻艺术家说

OCAT 都不给年轻艺术家机会，都是“牛人”在这里做展览。到了后来，当它慢慢显现出一种很强烈和清晰的方向的时候，这种批评就被化解掉了。所以我想，一个事情做得十全十美的时候就是没有方向的了，一旦有了强烈方向肯定是会在某些方面遭到诟病，但是如果很多人在这个被诟病期间顶不住的话，撤销了，这个事情就等于半途而废。OCAT 最重要的是，一直坚持我们刚才说的社会、历史、政治的研究方向，而且它又是独立于这些之上的，比如说在整个艺术环境中（包括国际）有很多政治型的艺术，但是 OCAT 在这个点上是有独立的意见和看法的，我觉得黄老师在 OCAT 的前五年建立了一种面貌，他的工作是很难被中国其他机构所模仿的——从独立性到各个领域里知识性价值体验和价值判断，各个方面的深邃和厚度，都是其很重要的特质，是很难被模仿的。

王景： 到目前为止，OCAT 也经历了不同的阶段，您觉得您刚才描述的那种面貌现在看来是否也是阶段性的？

徐坦： 比如说 2014 年我参加了马可·丹尼尔策划的“第八届深圳雕塑双年展”，当时有一个参展的东南亚艺术家，他对我说“现在的 OCAT 比以前的 OCAT 好”，他说的“好”恰恰是指什么呢？后来的 OCAT 更像国际上的一个一般的机构，你明白吗？有很多年轻的国际化的活动，人们在纽约、柏林、新加坡，都可以看到这种“一般的”机构，但是你没有办法复制一个以前的那样的 OCAT，这就是一个取向的问题。我觉得做成一个国际化的机构其实是没有那么难的，因为你可以找一个国际化的策划人，他（她）有很多关系，按照现在国际流行的样式和所谓当代艺术的上下文去做，然后你有钱，就都可以做到那个样子。但问题是，2005 年开始的“那种”OCAT，它的深度，它对中国当代文化的建设、建立和启发性都是不可替代的。即使到今天，为什么有一种呼声降低了——我们那个时候有一种呼声，说一个艺术家他的工作好不

好，就是要看他在国际上的水平。或许也是因为有了 OCAT 这样类型的工作，大家不再这么认为，为什么呢？有时候你在国际上到处露脸，但是你做的那个东西很平淡，很“国际化”的语言，很“一般”，如果可以对一个具体社会、历史、时间、深度进行具体的工作，即使在国际上有很多人不认识你，不承认你，我依然觉得这是一个有价值的工作。自从有了 OCAT 以后，就我来讲，它带来的这样一个认知是很重要的。这个挺难的，因为一不小心别人就会说你很保守、固步自封。

*王景：*作为机构，到了一定阶段，很难不去想走更国际化的道路。

*徐坦：*黄老师跟我谈话，我已经感受到他的态度，他可以不断地诘难你，和你争论，他在讨论中有时并不持有某种确定的想法，而是进行测试性的讨论；他有自己的立场和方向，但是在很多具体问题上他是采取对话的、假设性的方式，方向是很清楚的，立场是很稳定的，没有问题。其实这种个案是很难得的，这个事情很难被复制。比如关于 2011 年老栗（栗宪庭）那个事情的争论，电影节没有开幕就被关了，黄老师当时说的话引起了艺术圈的争论，黄老师的想法我赞成，因为有这样的态度，有 OCAT 这样的工作在这里，中国才有当代艺术。如果我们说，坚持一种立场和态度很重要，我也会同意的，就是说我也同意老栗所持的态度。但是反过来想，如果我们社会全部展览都是没有开幕就被叫停了，到今天为止这里将是一块不毛之地，我觉得他这种态度的建设性就在这里。我们坚持自己的立场，但是“重要的是艺术”，他要强调艺术的相对独立性，所以我觉得这是值得未来的人想的。在一个不好的环境里艺术是什么？艺术是不是你要做到每个展览都要被叫停，艺术家坐牢，那才是好的？因为这样的话，这里连当代艺术都没有，你说怎么办？政治立场是很重要的，艺术难道是不重要的，可以不要吗？老栗和黄专的这两种态度，是在一种并不开放的社会环境中，艺术工作者都需要具有的态度，而不是只有一种态度。

*方立华：*黄老师在2001年写过一篇文章，叫《大尾象：问题与理想》，可以看出来他非常关注“大尾象”的工作，能否谈谈你们在“大尾象”时期的交往？

*徐坦：*当时对“大尾象”来讲黄专是最重要的理论合作人。侯瀚如是从海外回来的，时不时来看看。而黄专在20世纪90年代和“大尾象”的关系是很密切的，当时他有一个想法，我觉得挺好玩，挺有意思的，今天依然不能说这个事情没有了，他称之为“概念艺术”和“观念艺术”之争，他说什么叫“观念”艺术，而什么又叫做“概念”艺术？当时在西方没有这个区分，一些西方人告诉我们中文的“观念艺术”和“概念艺术”在西方是同一个词，conceptual art，是个翻译的问题。而他说，普遍地很多中国的艺术家没有概念，但是有想法，所以大家是把这个“想法”误解成“概念”。他认为“想法”，英语来讲用的是“idea”，概念是“concept”，但是“concept”有时候也被翻译成“观念”，而“想法”（idea）有时候也会被翻译成“观念”，所以在90年代的时候，他就想到了这两个词不一样。我在做“关键词”的时候，就知道英语和中文之间经由翻译带来的问题，有些用词带来的描述问题，使得老外有时候也看不懂我们所说的。但我知道他说的是什么意思，我觉得黄专对当时中国当代艺术的观察是非常细微的，不含混和笼统。

王景：“大尾象”的成员里面，是否您和黄老师的合作较多？

*徐坦：*可能也是因为2000年以后，我定居在广东，陈劭雄和林一林都搬到北京去了……黄老师病了（2002年）以后，回来有一段时间他很不高兴，他觉得很多艺术家为了成功而没有立场了，可能是因为很多艺术家都搬走了，都搬到外地去了，好像游牧民族一样，哪里水草丰茂就去哪里，所以有时候黄老师对艺术家是感到有一点点失望的。因为在那个时代，2000年左右，中国艺术开始商业化以后，艺术家很快就把自己个人的成功生涯这一块看得很重要。我觉得，其实很多艺术家，包括跟他共同工作的艺术家都有谋取更大声誉的愿望，可能他也清楚，就像贡布里希说的，

艺术是一个名利场，所以他也还是保持了跟这些艺术家共同工作的关系。所以我觉得这是这个时代的一个困惑。因为我最近的工作叫“不同的革命”，很多艺术家你感觉他是一个“革命者”，但是却并不是对革命完全不图回报的人群。今天来讲，我越来越觉得这是一个很大的问题，但这就是一个资本主义时代、市场社会时代的一个基本情况。所以我觉得，黄老师的工作说明他在这个上面把握得非常好，他并没有因为这些艺术家为了成功而放弃了“革命精神”而抛弃他们，因为黄老师所关注的并不完全是作为艺术家的这些人，他是关注“艺术”这件事情。作为一个观测者，他有时会跟艺术家贴得很近地工作，有时会稍微退一步来观看，黄老师是经常保有这种距离的，有时候他跟艺术家很深入地接触，什么都做，什么都说，有时候他却是退一步来观察，在今天的当代艺术这样做也是挺难的。有一些人觉得艺术家什么都不好，干脆就退出去，干脆不搞当代艺术，比如像范景中老师，他就干脆不玩这个，但是不跟这些艺术家打交道，就等于不能进入当代艺术。我觉得黄老师的立场，他是一个不谋自己利益的人——如果持一个道德判断，又会觉得所谓的“革命”的艺术家是有问题的——所以这恰好是一个像他这样的策划人，能够完成这样工作的基本的、非常重要的一种能力，即把持自己的立场和距离的能力。

方立华：在“国家遗产”项目里，也有一种批评的声音，认为他的策划方式使得艺术家的作品似乎变成了他的理论的注脚，您是如何看待这个问题的？

徐坦: 我基本上不同意这个看法。他并没有要所有参加他项目的艺术家做同样的事情，有一些很著名的艺术家，跟他关系也很好的艺术家，他也并没有请他们进来做这种工作，他选的恰好都是在这条线索里工作的人，比如说像隋老师（隋建国），黄老师并没有要求他来做像张培力这样的工作，而且进入这个项目的艺术家在这个项目中是有他的创造性的，恰好他以前没有做过，这次做了，比如张培力做的“工厂”，我想这是

2011 年，“可能的语词游戏——徐坦个展”户外海报（图片由 OCAT 深圳馆提供）

他最前卫的艺术了——他的这种录像艺术社会化的工作，我觉得是独一无二的，而且那一件作品我认为非常重要，那个展览也不是一个回顾展，这个正好是因为与黄老师关于历史社会这个脉络的工作的一个合作，所以这是促进性的。比如说我自己的项目，我确实也希望能做成一种促进性的工作，我有这么一个机会来促进这些东西。我的意思是，黄老师有很多艺术家朋友，即使在他关注范围内的艺术家朋友，但邀请来一起做个案研究工作的，他却是很有选择的。我其实不明白“强奸”是什么意思，是说他要求一个艺术家做他不愿意做的事情？我自己的体验完全不是这样的，这里边是在一个方向上的合作。

*王景：*这其实也无可厚非，就像徐老师刚才讲的，黄老师的很多研究课题，选的艺术家们也刚好都是在同一个方向上进行创作的。而之前我们也采访过很多艺术家，他们都觉得在合作过程中，反而黄老师是把很多决定权交给他们自己的。

*徐坦：*这里面确实涉及策划的一些事情，确实不是无稽之谈，也说明说这种话的人怎么看这个问题，他的立场是什么。比如说黄边站，我觉得黄边站的方向一直是跟年轻艺术家、往社会关注和社会实践方向上去，当时最早来的有两个女孩，有一个是黄小鹏的学生，有一天她很生气，她说她根本不关心社会，她关心的是艺术家的自我表现，后来

2011 年，黄专在“可能的语词游戏——徐坦个展”媒体发布会（图片由 OCAT 深圳馆提供）

她就退出了黄边站。我觉得这个没问题的，为什么呢？在艺术界，特别是市场化的艺术系统里，艺术家说“自我表现”这样的一个立场和出发点是非常普遍的，而且说“强奸”的很可能就是这一类的艺术家，他们认为的艺术可能就是每个人自我表现，策划人把这些人选在一起、做出来就行了，但是这样的展览恰好是一个博览会式的，它不是当代文化的一种研究和对话方式。我认为当代文化对世界的研究、社会的研究恰好是策划人和艺术家共同合作去做的这样一个事情，如果你不想做这个事情，而别人也不会要求你做这个事情，不要勉强不愿意做这个事情的人来做这个事情。我刚才前面说了，黄专即使在这类批判发生了的情况下，也并没有改变什么，这保持了 OCAT 方向的一个立场，我想关于他的批评还有很多别的，恰好很有幸的是没有改变什么。

方立华：2011 年黄老师在策划您的个展的时候，他强调的是作为“关键词”项目的“收官之作”，关于这个问题你们当时是怎样讨论的？

徐坦：我是把它看成是“关键词学校”的收官之作，因为从那以后“关键词学校”基本上就没有做了，后来做的是“关键词实验室”。

王景：我的理解，因为“关键词”这个项目是 2005 年开始，黄老师了解到，这个项目有很多档案和资料没有被整理、出版和呈现。黄老师说的“收官”的意思是可以做一个阶段性的总结，这也是你们谈话之后的一个想法，希望把目前这个项目已经做到

2011 年，“可能的语词游戏——徐坦个展”布展现场（图片由 OCAT 深圳馆提供）

的阶段有一个呈现，在这之前“关键词”在每个地方都是个案或者单独呈现，但在 OCAT 是比较综合的呈现。

*徐坦：*我想你说的可能是很重要的一个理由，因为我其实一直都不是特别明确为什么要“收官”，但是当时个展及其出版物，确实也是做了你刚才说的工作，就是整个重新清理一遍，做了很多总结性的东西。很有趣的是，当时黄老师的想法比我的想法大多了，他说你出版那本绿色封皮的字典，你想干吗？我说这是一个艺术家的作品。他说你要拿到新华书店去卖吗？我说我没有想过这个事。他说你为什么不想？我觉得黄老师是要颠覆学界的，作为艺术家，我没有那么大的野心，我才知道他的野心很大，我颠覆的只是艺术里面小小的一个东西，所以他起的展览名字叫“语词、意识与艺术”，“语词”英文用的是“Vocabulary”。有一次 Nikita 跟我说觉得这个词用得不对，但我明白这不是词用得不对，而是两个人的野心不一样，Nikita 认为艺术里面“语言”一词，经常用的是 language，Vocabulary 是语言学的，这说明什么呢？黄老师是要颠覆学界的，比如他还请张志扬来谈“关键词”，张志扬是哲学家，黄专有很大的野心和想法，他是要震撼文化圈的。

2011 年，“可能的语词游戏——徐坦个展”展览现场（图片由 OCAT 深圳馆提供）

王景： 我觉得他也在做一个实验，从你们两个关于这个展览的对话中，我感觉两人有很多不一样的观念，但我觉得他很理解您的项目，他知道您要做所谓的“跨学科”方面的工作——当然他用的是“类学科”这个词，所以他请张志扬老师，让他来跟您直接对话。

徐坦： 黄老师去世以后，这种机会就没了！现在到一个艺术机构里去做一个展览，怎么叫得动那些人呢？那些人觉得你做的并不是值得共同来玩的事情，那次展览请到他们来都是因为黄老师的影响力，当时还想请中大（中山大学）一个社会学家，人家不肯来，他说你们艺术家做的事我都知道了。黄老师是一把双刃剑，他跟我们的想法不一样，我们作为艺术家，对学界不懂，而黄专的背景，他想象这种颠覆是双向的，所以他要做的强度比我们想的要大。但这个强度，如果没有黄专，我们是做不了的，我觉得不容易，挺难的。特别是 OCAT 这个平台，这个平台将来还怎么能够达到这样的强度和高度？它是不可复制的，挺难的。刚才说在我的个展里面，我和黄老师的谈话就会反映出来，他处处都是拿学界的东西来刁难我，这个刁难是很重要的，他让我觉得如果我在这些刁难面前垮掉了，我就没法面对其他的了。比如他跟我谈人类学的问题、语言学的问题，我觉得对我都是非常大的促进，是我仅仅从一个艺术家的角度还

2011 年，“可能的语词游戏——徐坦个展”张志扬座谈现场（图片由 OCAT 深圳馆提供）

2011 年，“可能的语词游戏——徐坦个展”徐坦与胡昉对话现场（图片由 OCAT 深圳馆提供）

2011 年，“可能的语词游戏——徐坦个展”现场（图片由 OCAT 深圳馆提供）

没法想到很多别的事情，所以跟黄老师的对话对我来讲是很宝贵的。黄老师的离去，至少对我来讲是一个很大的损失，因为我从此失去一位思想、学术交流的伙伴和促进的动力。

2011 年，“可能的语词游戏——徐坦个展”对话现场（图片由 OCAT 深圳馆提供）

2011 年，“可能的语词游戏——徐坦个展”展览现场（图片由 OCAT 深圳馆提供）

没有文献价值的当代艺术就等于没有“史”

受访人：王川
采访人：方立华、李彧莎
时间：2016年12月21日　地点：深圳

方立华：您大概是什么时候认识黄老师并开始跟他有一些交往的？能不能具体谈谈这个过程？当时您对黄老师有什么样的印象？

王川：1992年夏天，吕澎策划了“广州·首届九十年代艺术双年展”。当时有一个工作班子，黄专、杨小彦和皮道坚等，有很多人都在。我是通过吕澎跟黄专认识的，因为我也参加了展览，但是我们当时没有比较深的来往，而且中间的交往也是断断续续的。1991年他到成都，吕澎还带他到我家里坐了一下。我印象当中，他是比较实在的一个人，他问我为什么要离开深圳？因为1990年我在深圳做了一个“墨·点”展，然后就回到成都了。我说深圳是一个新城市，不断地在挖掘和消费，在那里的生活没有完整性，文化上还要花时间，而成都比较悠闲。

到了1995年，我去广州太阳神广告公司做策划，实际上那也是一个闲职。因为里面有四川美术学院的同学。那时我和黄专就有了更多的接触，也开始有了比较深入的交往。那时候他住在广美（广州美术学院）宿舍，是那种筒子楼，我去过他家里，很小。他给我的感觉，第一是比较幽默，第二是在很多事情上比较大气，也比较想得开，不是那种钻牛角尖的人，而且有一种学者气质。他说他是湖北人，我有点儿吃惊，因为我觉得他不太像湖北人，当然，我对湖北人的印象也是符号性的，不过我觉得湖北人脑筋转得比较快。他还跟我开玩笑说：“我跟白榆比，白榆是院子里长大的，我是巷

1995 年，在美国旧金山"重返家园展"合影，左起：石果、张羽、罗丹、黄专、王川（图片由王川提供）

子里长大的。"所以我当时的印象是黄专这个人比较风趣坦然。而且那段时间他和杨小彦一起在做《画廊》，他在 1996 年 5—6 月还给我做了一期封面，所以我跟他的来往就比较密切了。

1996 年春节以后，我和黄专两个人去了旧金山，他当时在旧金山瑞曼画廊（Gallery on the Rim）策划了一个"重返家园：中国当代实验水墨画联展"（*Returning to Homeland - A Contemporary Exhibit of Chinese Experimental Ink Work*）。他好像差不多待了 10 天就回来了。6 月，我们参加了张羽策划、皮道坚主持的"走向 21 世纪中国当代水墨艺术研讨会"，当时是在华南师范大学举办。开会那几天，我们主要是针对水墨在当代的处境进行学术讨论。

方立华：1984 年您从四川来到深圳，参加了《现代摄影》杂志的工作，1985 年又创办了《现代装饰》。您能不能谈谈 80 年代的这段工作经历？其实李媚老师在办《现代摄影》的时候就已经和黄老师有所交往，不知道当时您对黄老师有没有一定的了解？

王川: 1984 年我从成都来的时候是李媚推荐的，当时《现代摄影》只有李媚和苗小康，还缺美编，李媚就问我愿不愿意来。于是我就到深圳来了，编了三期杂志。后来有一个中央工艺美术学院毕业的老朋友，他说他们公司要筹办一本新杂志，叫《现代装饰》，在香港印刷，他问我愿不愿意负责筹办，因为在中国还没有这样的杂志。我后来就离开了《现代摄影》，开始编《现代装饰》，当时是做副主编。其实我是不愿意做主编的，但是没人，所以我就跟徐敬亚商量，让他把他夫人王小妮从长影编剧室弄来，于是搭了一个班子。后来我就想画画了，但是实在是没有时间。投资这本杂志的老总就说："你如果想画画，就要给我找一些懂建筑、装修和编辑的人来，你可以挂一个名。"我就去找了一些人，大概弄得差不多的时候，我就跟老板说我要去画画，上班时间就少了。那个老板说可能不行，只有辞职了。因为那本杂志一直亏，差不多亏了 10 期左右。所以我在 1986 年就辞职了。

1987 年是我比较辛苦的时期，我到处搞广告摄影或者做一些装修设计的活。后来我有一个在香港的朋友陈赞云 (Michael Chen) 把我推荐给汉雅轩的张颂仁 (Chang Tsong-zung)，他看了我的画说可以合作。我就跟他说我想于 1988 年 8 月在中国美术馆做一个水墨展，他说他可以资助我。陈赞云当时是香港艺术中心包兆龙画廊艺术总监，我在 1985 年和 1986 年画的一批水墨画都放在他那里，他帮我推销。他是 1987 年去了汉雅轩做艺术总监，他一直在推荐我、杨诘仓、张健君和谷文达。其实张颂仁在 1987 年跟中国大陆并没有什么联系，他是搞古董的商人，他通过我知道了一些大陆的情况。当时我跟他讲罗中立的《父亲》，他完全不知道。他后来给了我一万多块钱，他要我在中国美术馆做完展览后不要把画卖掉，全部都拿给他。大概他之前是带了 10 张画参加了米兰国际艺术节，包括我和刘国松、朱屺瞻的画，可能人家觉得中国的新水墨抽象画还有点儿意思，所以他才来找我。

1988 年张颂仁做了一个“文字世界——冯明秋、王方宇、王川、洪通”展，我们几个人在香港，我就签了一个 10 年的合同。签完合同以后，他每个月给我 4000 元港币，所以我就衣食无忧了。我就在深圳桂园路租了一个房子，一直到了做完“墨·点”展以后，我把钱花得差不多了，才回了四川。当时还有一件事情，王林说要做一个“中国经验展”，包括张晓刚、周春芽、毛旭辉、叶永青和我，总共五个人，他筹备了两年。

说到跟黄专接触，关于“墨·点”展的事情，他跟我谈了很久，后来他写了一篇文章，1993 年发表在《雄狮美术》上。这篇文章就提到了“墨·点”展，他很推崇这个展览，他是从南方当代艺术的角度去看待这个展览的。

*方立华：*关于“墨·点”展，您还记得当时和黄老师谈话的内容吗？

*王川：*1991 年吕澎写了一篇文章，差不多有三万多字，张颂仁就出了一半的钱，在四川美术出版社出了一本画册，书名是《王川：走向原始的开端》。后来黄专也参与了吕澎策划的“广州·首届九十年代艺术双年展”的工作，我就把文稿给了黄专，他看了以后就跟我讨论关于“墨·点”展前后的想法、准备和实施。这个展览我大概花了 7 万块钱。黄专对这个展览很感兴趣，后来他还写了一篇文章谈到“墨·点”展。几年以后，“墨·点”展就开始发酵，到了 1993 年和 1994 年，很多人就来过问这件事情。

我可以确定地讲，我跟黄专在一起多次讨论水墨问题应该是在 1995 年，当时我们谈到了“墨·点”展，他问：“为什么你不去继续推进水墨？”之后我们在广东还做了一些关于水墨方面的讨论，刘子建、黄专也都参与了。黄专后来还策划了“重返家园”展。

*方立华：*1993 年，黄老师在《雄师美术》杂志上发表过一篇文章，但是这篇文章讨

论的是“实验水墨画”的问题，标题是《进入90年代的中国实验水墨画》。不知道您说的是不是在这篇文章里边对“墨·点”展有相应的讨论？

王川：对，这篇文章是有一点讨论，也用了一张照片。因为在1993年的时候，我和黄专并没有怎么接触，所以我当时就在想，怎么他在谈90年代的水墨问题时写到了我？我在1995年的时候就跟他谈到这件事情，他说他不是太了解，所以他是通过吕澎写的《王川：走向原始的开端》了解的“墨·点”展，我当时把稿件给了他。那时我在广州，离他也很近。

方立华：刚才您也提到1996年黄老师策划的“重返家园”展，这应该是您最早参加黄老师所策划的展览吧？您能不能从参展艺术家的角度，谈谈这个展览的具体情况？关于“实验水墨”这个概念，实际上在1993年的时候黄老师和王璜生馆长在编辑《广东美术家》关于“实验水墨”专辑里就提出了，而以展览的方式来回应这样一个概念的就是“重返家园”展。能否谈谈您当时的想法？

王川：《广东美术家》封面上还刊发了我的作品。实际上我拿到那本杂志以后，我还有点儿纳闷，因为我和黄专又不是很熟，但他还是比较公正和客观地进行写作。后来我把吕澎写的书给他，算是给他提供了一些信息。

关于“重返家园”展，当时牵头的是石果。这个展览说起来原因比较复杂，当时是瑞曼画廊的老板看了一些写实的水墨作品，但是石果跟画廊的老板讲，他说写实的传统水墨在他们那里展出并没有什么意义，如果要展就展中国具有实验性的水墨作品。画廊老板就说：“好！你去找一批人。”后来石果就找了王天德等艺术家，策展人就找了黄专。当时好像是在我的工作室那里，我们一起谈这件事情。大概是1995年9月到10月之间，黄专说干脆就叫“重返家园”。他把题目定下来以后，就

1995 年赴旧金山前在香港合影，左起：王川、黄专、林一林、宋冬（图片由王川提供）

写了一份策划书。后来石果去了一趟旧金山，回来以后他就到广州来，我们找黄专一块吃饭，黄专当时就议了一下名单，跟对方讲要邀请谁去，作品怎么卷过去，因为那个时候好像回避托运。

我们一开始是想申请因公护照，但后来得到消息说没批准。我还去信找了陶咏白，她在文化部外联局有熟人，她说好像我们两个人都有问题：首先，黄专参与了《画廊》杂志，这本杂志很敏感；其次，“重返家园”的题目放在旧金山不合适，在国内可以用“重返家园”，在国外用“重返家园”这个标题，好像有点跑过去就不回来的嫌疑。这肯定对广东外办（广东省人民政府外事办公室）有影响。后来我就跟黄专讲改办因私护照好了。展览的时候是在旧金山的 MoMA 里面借了一个地方开幕，好像只有石果去了，因为我们的护照还没办下来。后来领馆给了我们签证以后，我就先去了香港，在那里等着黄专，他是在第二天才来的，然后我们一起去了旧金山。当时展览是等到黄专去了才开的研讨会，然后有几家媒体的采访，也是等着我们去的。后来张羽也来了，他是自费去的，我们四个就在旧金山的一家台湾电视台接受了采访。当时出了一本画册，但是我们没有了。

*方立华：*当时参加讨论会的都有哪些人，讨论的是什么问题？

THURSDAY, MARCH 21, 1996　世界日報　B6

探討實驗水墨畫
多位畫家聚一堂

中國現代實驗水墨畫研討會三月廿日下午，在舊金山端曼畫廊舉辦。（右起）旅美畫家孟昌明、藝術家羅丹、端曼畫廊的藝術主任鮑伯．羅爾（Bob Roll）、藝術評論家黃專、中國實驗水墨畫的大將王川、石果、張羽等對中國現代水墨畫作了前瞻性的探討。

這項討論會原定於在畫展的開幕式上舉辦。由於黃專和王川沒能及時獲得出國批准，討論會的時間後移，有些東西方的專家都沒有參加。可是這並不影響畫家對問題的討論。

畫家們認為，中國現代水墨畫是西方的圖式和東方精神的融合，是對人的本性作深入的探求，是中國式的抽象、紙本畫、黑白墨色走向世界尋求更多的理解和共鳴。端曼畫廊的中國現代水墨畫展將至本月底結束。

（圖與文：戴銘康）

六月下旬出發

舊金山疾病傷害案例

《世界日报》对“中国现代实验水墨画研讨会”的报道（图片由王川提供）

王川： 黄专、石果、张羽和我。当时谈的是实验水墨的问题，在画廊讨论完了以后，我们又去电视台接受采访。当时电视台的节目应该是40分钟，黄专就在那里讲。

方立华： 当时有哪些艺术家参展？除了您、王天德、石果、张羽、刘子建，还有其他的艺术家吗？

王川： 还有阎秉会。有一份报纸里边有参展艺术家的名单，我把报纸也找过来了。那本杂志应该可以找到，刘子建那里应该也有。

方立华： 郭来德（Fred Gordon）也去了？他是在那一年认识你们的吗？

王川：那个时候他在旧金山做生意，他实际上是一位藏家，现在在台湾。说起他，我记起另外一件事情。有一次黄专去参加在香港举办的“虚白斋藏画国际研讨会”，我跟他一起去，我们就住在一个房间。开会的时候，后面一排坐的是沈揆一和安雅兰（Julia Andrews）夫妇，后面还有郭来德。他对我有点儿印象，所以在旧金山展览的时候，他也来捧场。郭来德是在前一年认识的，他也开始收藏了一些作品，包括木心和陈丹青的作品。他当时并不认识黄专，但是他跟我讲，他是通过黄专在“虚白斋藏画国际研讨会”时的演讲和他放的幻灯，他才知道我1990年在深圳就做了“墨·点”展。

方立华：郭来德后来也说过，他收藏中国的实验水墨，其实是从他当年在香港听黄老师的演讲后开始的，而且他所选择的艺术家也是跟黄老师演讲时提到的有关。

王川：他也跟我说过，如果黄专不放“墨·点”，面对比较前卫的作品，他也拿捏不了收藏对象。他很关注那场研讨会。

方立华：您还记得参加“重返家园”的作品吗？

王川：当时一个人是六七件作品参展，都是一些结构性的抽象水墨。我拿的是1995年在广东新创作的作品，大概有六尺，每幅有95cm×180cm那么大，总共六张。

方立华：2001年黄老师在何馆（何香凝美术馆）给您策划了个展“生命的痕迹”，您能不能具体地谈谈展览的情况？

王川：1998年我生病做了手术，后来黄专和吕澎来家里看我。严善錞在我生病的时候就跟我讲，他说深圳画院在银湖已经有新的院址，如果你想到深圳来养病，可以考虑到深圳画院。1999年10月我要回纽约复查，12月回来的时候，我在香港就想起这件事情，于是给严善錞打电话，他说：“现在还有效，你只要来了就可以。”所以

2001 年，“生命的痕迹——王川艺术回顾展”开幕式（图片由王川提供）

我就在深圳画院客座了半年。有一天黄专来深圳画院，他在银湖那边有一个朋友。他就跟我讲：“你在何馆做一个展览吧。”我说深圳画院要做我的展览。他说何馆可以给我做一个回顾性的展览，深圳画院就展出我在那里客座期间的画。当时黄专说展览的场地他可以安排，可以在 2001 年 6 月展出一个月。当时我早期的画也都没有了，也借不到，他就说干脆就做成喷绘，然后做一个简单的册页，不用弄得太隆重，请不请人也无所谓，因为也涉及经费的问题。正好那时王广义来了，他去珠海卖房子，他就做代表了。黄专当时写了一篇新闻通稿，我还找了刘小枫，请他写了一篇文章，作为序文。那本册页是我在雅昌印的，4000 块钱，我自己出的钱。汉雅轩借了三幅画。当时也没请什么人，来了几个朋友。

黄专还是比较关心我的。2001 年我在深圳画院客座的时候，黄专还给我找了一个广州中山医科大学的医生，他让那个人给我和杨帆再做一次复查（杨帆好像是脖子上有甲状腺病）。那时要找医生很复杂，也很麻烦。后来他生病了，我就去看他，小白（白榆）守着，好像当时是在广州市第一人民医院。我给他拿了一本在香港买的书，叫《癌症》，小白问拿这本书干什么？我说可以了解一下细胞的情况。其实以前别人给我这本书的时候，我也觉得很唐突，我甚至有点儿想拒绝，后来我想人家是觉得对我有好处，因为我可以对自己的病有点了解。

方立华： 刚才看您带过来的信件是1997年和1998年写的，你们在这段时间是不是通信比较多？

王川： 他当时跟汪建伟去澳大利亚参加了一个会议，他写了一些文字打印出来，然后寄给我，让我转给钱志坚。但是我有一些信也扔掉了，这些信没有被扔掉是因为我生病的时候把一个箱子寄放在朋友家里，去年我的朋友说有几箱东西是我的，问我要不要，不要的话就要扔掉了，我就让他拍一个图片发过来看，是一些照片和信件。后来我打开一看有很多信，黄专的那些信我就把它带回国了。我印象当中，中间有很多通信在纽约就没有了，可能是因为搬家、生病、回国，我就先放在别人的家里。那段时间我们有通信来往，有一些感受和心得交流。后来他还策划了一个珠三角的展览。

方立华： 是"城市俚语：珠江三角洲的当代艺术"吧？您当时也参加了这个展览。

王川： 对，那次有很多人，包括徐坦、曹斐、陈劭雄、林一林、梁钜辉，等等。我又把刘小枫叫来了，还有翁奋。那次展览还有一个研讨会。

方立华： 那个展览后来也去香港展出了，整个展览的过程您还有印象吗？

王川： 到香港展出的时候我好像回四川了。那段时期到处游走，从2002年年底到2004年春节，我在南澳住了两年，那两年几乎是一片空白，基本上我就在岛上住，也在治病。我在南澳的那两年好像跟黄专就没有来往了，那段时期黄专也在治病。我记得很清楚，有一次我给王广义打电话，我问他黄专治疗的情况，他说黄专在无菌室里，他们去看他也没怎么讲话，不知道状况，就看运气了。

李彧莎：黄老师策划的展览开幕完了之后，你们有什么活动，会聊些什么呢？

王川：OCAT 有活动的时候，黄专一般就住在海景酒店，我就去找他，在那里吃自助餐，两个人聊天的时候没有什么顾忌，吃得也还可以。但是在其他地方吃饭时他是比较注意的，他害怕感冒，也很害怕人多的地方，那个时候他的眼睛都是红的。

方立华：2002 年您在尼泊尔博卡拉的鱼尾峰闭关，10 月 12 日那天您给黄老师写了一封信，您当时应该也知道了他在北京治病的事情，里边有一段话后来其实也成为黄老师理解和阐释您艺术的一个非常重要的表述："尼泊尔之行，这种经验一直潜伏在我的身体内部，我被开示：一个健康的人一直是往未来走的，无常也是确定的；但一个患了绝症、死过多次的人是反过来走的……这是一种证悟之旅，它了脱生死、充满智性……开始的时候什么都不会来，中间的时候什么都留不住，最后的时候什么都会在。我们用生命能量闯关，闯一关就是一个层次，体悟的事竟然如此不同：生命有何意义并不重要，重要的是我们如何赋予它意义！"他也说您是离上帝最近的一个人。当时所展出的作品其实是您在 2005 年创作的，关于这个展览，您当时和黄老师有什么样的交流和讨论呢？

王川：2001 年我做了一件拼贴作品《精神生活的手稿》，参加了"城市俚语"展，当时给了我一面墙，给了我不少空间，因为我有很多拼贴。我当时跟黄专讲，我写了很多日记，有几百万字。

方立华：当时是怎样一种展示方式呢？

王川：就是一面墙，有一张是立体的放在地上，还有一个是放在玻璃柜子里的手稿。当时展了一部分，因为有九件。在 2001 年 6 月黄专策划的个展上就全部展出了这些手

稿，我把它包在柱子上，那是在何馆的二楼。

*方立华：*那份手稿就是您的日记？

*王川：*对。我跟他讲了这个手稿，他说可以展览，他觉得我也没有条件画画，因为到处游走，都是信手拈来的东西。

当时我在深圳画院客座完了，我其实跟鲁虹提过，鲁虹说可以在深圳美术馆做这个展览，但后来就没有下文了，因为他们美术馆要装修。所以有一天我就跟黄专讲，他说可以在OCAT展览。他很快就写了一篇文章，我就找张隆溪翻译，做了一本画册。展出的都是架上绘画，比较简单，也有一个投影。

*方立华：*您还记得2002年您写信的情境吗？

*王川：*当时是在山下写的，那段时间我全部都在写信，或者出门喝咖啡，准备交流一下自己的想法，但是我没有发表过我写的信。我是在四五个月前体检的时候突然查出癌细胞很高，然后我就去医院，医生让我化疗，我就找以前的主治医生，他说我以前在他们那里查都很正常，现在很高，有一个办法是再等一个月再复查一下，如果还是高就要做化疗。我一看我的身体状况不行了，就想去喜马拉雅山。后来在家里待了两三个月，就和香港的朋友联系，然后买机票从成都到香港，再去喜马拉雅山。我知道自己的身体状况，于是定了机票之后我就去了，带了七八箱东西，打算不回来了，所以我写的信都有点儿像遗书一样。

*方立华：*您当时说的是“生命有何意义并不重要，重要的是我们如何赋予它意义”。

*王川：*对，当时在喜马拉雅的一批人都有这种感觉，觉得生命本身并不重要，怎么活

2006 年，“创造历史——中国 20 世纪 80 年代现代艺术纪念展”现场（蒋涛拍摄，图片由 OCAT 深圳馆提供）

法很重要。我在香港看到的一些书，比如《僧侣与哲学家》里谈论到死亡，讨论意义本身很重要。我觉得和黄专交流这方面的问题还是很重要。《僧侣与哲学家》那本书就是那里写成的，也是香港的书店推荐我去的，因为那个地方的空气比较好，也比较国际化。我想去了就不回来了，人只能走一步算一步。

我到喜马拉雅山的波卡拉（Pokhara，Nepal）就给黄专写信，但是我觉得弄不好他不会回信，寄到哪里呢？他都生病了。所以我给他写的信要透彻一点，也更加直截了当，给其他人写信我不会谈这些问题。后来信件寄到哪里去我都搞不清楚了。

*方立华：*刚才谈到 2006 年黄老师策划的“创造历史”展，这应该算是比较早的对 80 年代的现代艺术进行回顾和文献梳理的展览。您的作品《再见吧，小路》参加了展览，但当时那件作品的原作没有办法拿过来展出，后来您重新复制了这件作品，有点相当于制作了一件作品的“文献”参加了展览。能不能具体地谈谈这个展览的情况以及您当时重新制作这件作品的想法？

*王川：*黄专做这个展览之前跟我讲，他想做一个回顾 80 年代的展览，叫“创造历史”。但是他的意思是说，如果有些作品借不到的话，只是展出照片就没有什么意思。他就

问我和王亥能不能复制一下之前的作品？我说可以，我还联系了王亥，他也说可以。复制之后标明是复制品，以展览的名义去复制。我们在大芬村找了人复制，但是不太像，我后来就自己改了一下。其实我们现在根本就不能复制了。黄专跟我说印在画册上肯定是用原作的图片，这个复制品像不像原作也没有办法了，只能尽量接近。但是其他的艺术家，比如张晓刚都是拿了原作。

*方立华：*您当时那件作品是谁收藏的？

*王川：*我那件作品在1986年就被卖到欧洲去了。因为有一些人见过目录，藏家可能是在美协那里买的，因为这件作品在香港展览完了以后就放到那里，欧洲经常有美术代表团到美协来，据说是给了一千多外汇券，但是这件作品卖了以后也没有人跟我讲。到了90年代以后有人问起这幅画，我才去问，但是登记作品的人也过世了，搞不清楚。不过如果90年代这幅画在我手里的话，我也会卖掉，不可能保留那么久。所以黄专说起这件作品，后来我一说这个情况，他就说要不然就复制一下，我说可以，于是就复制了。好像这个展览里牵涉“伤痕”作品的只有我和王亥。

*方立华：*您在不同时期也参加过黄老师策划的展览，对比前后不同的历史阶段，您觉得他的工作方法、对待当代艺术的态度和观念有什么变化吗？

*王川：*我的直觉是他在生病以后比较注重有价值的文献梳理和研究，比如“创造历史”是对80年代现代艺术的梳理，我们可以知道整个文脉是怎么回事。对艺术家一个一个进行研究，他还是比较抓紧步伐，而且他的心里面比较有数，说明他很有前瞻性，也抓住了一个时间上的优势。他很早就把这些个案做出来，而且形成了一种模式。

黄专在没生病之前是不会这样来考虑事情的，他后来会考虑文献价值，给后人留下值得研究的第一手的材料。我觉得在这一点上，黄专对深圳的贡献很大。因为这个时代的人都那么匆忙，很多人都不会在学问上去考虑做个案研究。他的文脉也很清楚，其他美术馆都不会这样做，都是把艺术家做成“大锅饭”，做完就完了。黄专在生病之后，我觉得他在方法上是有所改变的。他做了谷文达、王广义、张培力、汪建伟和舒群的个案研究，这些人都是观念艺术家，在文献上已经提供了很多创作的整理，黄专去做他们的文献，我觉得只有他那种能沉得下来、有学者态度的人才可能做好。后来他还和巫鸿合作，这都是他生病以后的事情。

他后来做的一些事情，包括主编张晓刚的文献集《张晓刚：作品、文献与研究1981—2014》，我觉得这种对文献价值的重视和工作方法是黄专生病之后的比较大的转变。如果国内的人不去做比较系统的文献梳理的话，那么国外的整理只可能是很粗糙的一个线条，基本上是一个介绍性的，不可能是文献性的。黄专所做的文献梳理的工作，还是给很多研究人员提供了一种方法上的参考，我觉得这是有很大贡献的。

*方立华：*对出版的强调确实是黄老师主持OCAT以后特别突出的一个转变。

*王川：*主要是何馆和OCAT有黄专这样一个人，有这样的态度和这样的方法，才有这样的一系列个案。我始终觉得黄专在这里有一个得天独厚的条件，事实上还是因为他有国内的一些资源，他熟悉当代艺术，他也是一个当代艺术的见证者，他和王广义、舒群这些艺术家一直有一种“裙带关系”，他才有可能去着手做这些文献。其实有那么多研究美术史的人都没有做，我后来一想，很多美术史的书写都没有从个案着手，有的是侧重于写一本书，但是那些书也有很多水分，没有实实在在地做个案研究，做成展览和出版。黄专一个人做这样的工作还是很不容易的。但是后来你们去北京弄了一年也荒废了……

方立华：当时黄老师写了一篇小文《别了，北京》。前期的筹备确实是遇到一些问题和困难，但是后来还是依照黄老师的计划成立了 OCAT 研究中心，2015 年正式对外开放。

王川：之后我去了北京，我和黄专的接触好像就比较少了，当然我们还是有一些信息的沟通。其实他在走前的三五天，我去了广州陈海的工作室，我本来还想去看他……我没想到那么快。我是在李振华发的微信上看见的消息，那时候是 20：40。这几年我们见面比较少，但他的信息我是知道的，他近两年在给张晓刚编书，经常到北京来，我也都很清楚。

方立华：因为他后期的兴趣其实有很大的转向，他的重心还是想转向比较安静的做学术研究和出版，而不是当下比较热闹的现场。

王川：因为只有研究和出版才能把文献的价值体现出来，没有文献价值的当代艺术就等于没有"史"，后人就没有可研究的史料。黄专这么多年来一直比较着重强调这一方面。在北京建立 OCAT 研究中心，他的看法是比较对路的，因为北京比较集中。深圳实际上还是一个局限的地方，所以北京和上海这两个地方的 OCAT 有很大的发展空间。

方立华：您对于黄老师在何馆所做的学术工作以及建立 OCAT 这个独立艺术机构有什么样的看法？

王川：黄专来深圳做当代艺术，我想他对于当代艺术的文献梳理是做得比较系统的，也有美术史的文脉。他是以学者的身份在建立 OCAT，比较严肃。这个系统不是一天可以建立起来的，必须要在开始的时候就做，我觉得乐馆长（乐正维）找黄专来做是找对人了。黄专也跟我讲："我也不知道乐馆长为什么觉得我合适，可能就是一种缘分。”黄专肯定是按照美术史的文脉来做的，对于深圳当代艺术而言，其实黄专也是一位开拓者，贡献是蛮大的。我们也不能假定说没有黄专，其他人也会做，但是谁来做呢？我在深圳待那么久，如果黄专不来的话，之前那么多人好像也都是晃一下，打一枪就走了，全都是这样的。深圳本身是一个正在发展的城市，人都那么匆忙，所以不像内地的研究机构那样有点儿含金量。黄专在广州美术学院有教职，他来到这里是完全不一样的。

方立华：您是怎么看待 OCAT 艺术馆群的？对于 OCAT 未来的发展，您有什么样的建议？

*王川：*从我个人来讲，我只跟 OCAT 深圳馆和西安馆有点儿交道。作为一个房地产开发商，在每个大城市建立美术馆，这应该是一个发展策略。但是我觉得要大面积地建立艺术馆群，它需要有经费的支持，必须要有人，需要有像黄专这种人，没有这种人是很难推进的。

方立华：您能不能最后评价一下黄老师所做的工作？

*王川：*我觉得黄专是很难得的一个人，因为他做了大量的学术工作，在病前和病后，他对中国当代艺术文献的贡献还是很大的。他做的艺术家个案的研究和出版扎扎实实，我觉得以他主编的张晓刚文献为例，这套书将来会成为一个经典，它是中国当代艺术文献做得最好的一个经典，我想将来也会成为中国当代艺术史的一个教材。我觉得黄专的学术贡献将会被铭记在几代学者的学术痕迹当中。

一个知识分子型的学者和策展人

受访人：曾浩
采访人：王俊艺
时间：2016 年 12 月 21 日　地点：北京
录音整理：王鹤翔

王俊艺：曾老师应该算是最早跟黄专老师有展览合作的艺术家之一了。您参加了 1996 年“首届当代艺术学术邀请展”，但是当时没有开展就关闭了。您能谈谈当时的情况吗？

曾浩：当时大家的作品都布置完了，但在开展的当天才被通知说不能展出，说是因为手续的问题。

王俊艺：您的作品是在中国美术馆吗？

曾浩：是。

王俊艺：您还能回忆起黄老师当时怎么跟您聊这个展览的吗？

曾浩：我最早见到黄老师应该是在 1992 年“广州·首届九十年代艺术双年展”上，但那时候人特别多。从 1994 年开始，我一到广美（广州美术学院）就跟黄老师比较熟了，无论是在工作、日常生活还是在艺术上都有很多的接触。1996 年的展览对我的意义还是比较大的，因为我是在 1995 年的时候作品出现一些调整，开始画“小人”。虽然那批作品不多，但是黄老师很感兴趣，他就邀请我参加展览。那也是我在国内第一次比较完整地呈现“小人”系列的作品，虽然之前也参加了汉斯（Hans-Ulrich Obrist）在德国策划的展览，但是没那么完整地展出。

王俊艺： 当时展览是什么样的状况？

曾浩： 当时我去参加布展了，但是很多细节我已经记不清楚。

王俊艺： 您有没有和黄老师或别的艺术家聊过展览的主题之类的？

曾浩： 当时和黄老师聊得不多，因为黄老师在做这个展的时候很忙，他需要两边跑，我和晓刚等西南及广州艺术家接触得更多一些。

王俊艺： 2006 年您参加了"'柏拉图'和它的七种精灵"展，能谈谈您作品的情况？

曾浩： 这个展览在北京展出的时候我还没有参加，我是参加了在深圳的展览。在参加展览之前我曾做了一个带玻璃盒子的装置。

王俊艺： 您在这个展览之前用过这种形式？

曾浩： 对，但是没展过。黄老师到我的工作室看到了，他可能觉得我也适合，所以在深圳展出时他就邀请我参加。

王俊艺： 这些小马和其他物件的模型，原来就有吗？

曾浩： 原来就有，原来是在一个封闭的空间里，参加展览时就用了展厅的空间。因为后面的背景是白墙，所以墙上也插上了各种小模型，顶上也有。这是我第一次尝试这样的呈现方式。

王俊艺： 当时您是在什么情况下想到把它实物化？

2006 年，“‘柏拉图’和它的七种精灵”展（深圳站）曾浩作品展览现场（图片由 OCAT 深圳馆提供）

*曾浩：*实际上跟我自己有关。因为我一直在画关于空间以及物和人的关系，有两方面的因素促使我开始这么做：一方面是我对这个东西一直感兴趣，因为总有一种未知的东西支持我往下走，但我总觉得差了点什么，所以也在寻找一种自我突破。另一方面是当时特别商业化，别人也不太关心你究竟想些什么，也不讨论你的作品究竟在表达什么，而且也不注意不大做展览的艺术家。所以我就下意识地开始回避，不去面对这些东西，后来就干脆做了这样一种作品。从我自身来说，我觉得应该停顿一下，做一些非架上的作品看看，于是就找到一种不一样的形式，才有了这样的尝试。这件作品是在我这个工作室做的。

*王俊艺：*从你们认识开始，聊过哪些比较有意思的话题？

*曾浩：*我跟黄老师平时有一些交流，但在具体的展览上不会聊得特别多。我记得第一

次见到黄老师的时候，他是住在广美的宿舍里。当时人特别多，王广义、魏光庆都在，围了很多人，可能在跟他讨论什么问题。因为当时有“广州·首届九十年代艺术双年展”，很多艺术家都过去了，我则站在后面，也听不清楚，乱糟糟的。那场面特别宏大，当时我印象特别深。我记不清为什么要去他那里了。

*王俊艺：*当时您在广州待了几年？

*曾浩：*四年，从 1994 年到 1998 年，我一直在广美油画系。当时黄老师也住在广美，所以我和黄老师的接触比较多，不过那时候我很少跟别人谈自己的想法。我当时不太愿意留在云南，正好有一个机会让我去广美，所以我就去了。其实我从云南离开的时候本来可以选择待在北京，选择广美实际上和我自己的艺术有关，因为我想改变自己。广州这个城市对于我来说比较陌生，而且当时大家都认为它是“文化沙漠”地带，所以我觉得可以更冷静地让我找到自己的方式。到了广州以后我其实一直是作为旁观者，很少谈论艺术，但是在日常生活中，我和黄老师、“大尾象”都比较熟，经常一起吃饭、喝酒，但更多的是听他们谈。那种状态在精神上对我有很大的支持，作为一个外人，广州那种氛围是很难融进去的。

*王俊艺：*对于黄老师所做的策展工作和机构的工作，您又有什么看法？

*曾浩：*我对他所做的机构并不太了解。黄老师给我的感觉是一个知识分子型的学者和策展人，他不太受潮流或各种机构的影响，是比较独立地按照自己想法做事情的人。这在中国的环境下非常难得。

*王俊艺：*你和黄老师交往的过程中有什么特别有意思的事吗？

*曾浩：*其实我跟他的关系是又近又远。我和黄老师、“大尾象”他们这帮人在一起

的时候，我感觉到有一种精神上的支持和依靠，有一种力量支撑着一步一步地走下去，所以在那里我感觉并不孤单。在艺术上，对于具体的作品我们聊得不多，我感觉他对我作品的态度和看法跟我自己的想法还不太一样。我每次参加展览其实都很少会沟通具体的作品，但是他每次问我作品是怎么想的，我也会谈。我跟黄老师的关系，其实不像艺术家和策展人的关系，他更多的是像一个大哥。当然，他在艺术上对我有很多的帮助，包括把我推荐给别的批评家或策展人。

*王俊艺：*黄老师是一位非常严肃的理论家和策展人，假如他向别人推荐的话，那么他肯定是认为您的作品是好作品。

*曾浩：*可能我的创作方向跟他感兴趣的方向不是特别一致，当然这只是一种感觉。所以一直以来，虽然我参加黄老师的项目并不太多，但一路也都有所参与。

*王俊艺：*您这次参加"金蝉脱壳"展不是也拿了一件"小人"的作品吗？

*曾浩：*对，这件作品是参加当时在中国美术馆展的其中一件，大概是在1994年年底开始创作的。

*王俊艺：*您当时是在什么样的契机下决定做这件作品的？

*曾浩：*其实在面对很多问题的时候，我们的教育背景会告诉我们应该如何对一个问题做出判断，这也是我当时去广州的原因，因为我想打破一种原有的、固定的主观判断和描述方式。广州对于我来说是一个陌生的城市，当时大家对商业化比较排斥，而且我们都不熟悉，到了那里之后就迫使你去面对各种问题。实际上我对这方面的创作感兴趣也是基于在广州的那种环境，当时中国刚刚开始物质化，每个时期物对人的影响以及空间对人的影响，都是特别有意思的。

我印象最深的是有一次我去一个朋友家，他也是广美的老师，一位雕塑家，当时他的新房子刚装修好。本来你理解的一个艺术家，终于有了一个属于自己的私人空间，在精心装修房子的时候，肯定是要体现自己的个性的，结果我一进去就发现这个房子就像酒店的大堂一样，每一样东西都很讲究。所以进去后就必须很小心，手要是扶了一下墙壁就得赶紧擦掉，凳子稍微拖得重一点就很紧张，我觉得这种关系挺有意思。本来有了自己的空间，应该是带来自由的，但在这时候这两者却分不清主次了。于是我就开始慢慢地去画那批作品。

*王俊艺：*从那时候起您就特别关注物和人的关系？您是在 1998 年离开广州美术学院的对吗？

*曾浩：*我离开的原因是广美把我开了，理由很荒唐，是所谓的艺术观不同。我觉得挺莫名其妙的，因为我在那是作为老师，而不是艺术家，如果说我的教学上有什么问题，我应该马上卷铺盖走人；但是谈到艺术观点，我在那里是教师，又不是作为艺术家的身份，我业余时间画画你们管得着吗？

其实那时候我有一种很奇怪的心态。被开除后我也挺高兴，因为在学校杂事也很多，上完课又没人理你。当时一转身就走，很自由，所以我觉得也很好，我也不想在一个地方长期稳定下来。但是心态又很矛盾，觉得就那么莫名其妙地被踢开算什么？后来他们也没让我上课，但我还待在那儿，每天去工作室，画烦了就去学校门口，有时候实在无聊了就去找领导谈话。当时我也挺奇怪的，我不知道我要什么，谈话目的也不是为了要留下来。后来我记得我跟黄老师说："我干脆去弄一个机器，把整个过程给录下来。"我觉得这种心态挺有意思，特别游离，因为我自己都分不清楚要什么，却总去做这件事情，这种心态是一种无关结果的真实。我记得有一次找党委书记谈话，他一开始特别提防我，后来发现我也不是来找茬的，而且我也说明我不想留下来，只是要一个说法，说明白了就走人。这个过程，既像是一件作品，又是生活中真实的需求，但究竟是什么我自己也分不清楚。当时和黄老师聊了之后，他说我这个想法其实博伊斯（Joseph Beuys）做过，没必要再做了。但其实过后我挺后悔的，觉得还是应该做出来，我觉得那种最真实的感觉应该记录下来。

对于我来说，我参加黄老师策划的最重要的展览还是“首届当代艺术学术邀请展”，虽然展览没有正式开展，但我却通过那个展览被大家认可。之前我说过，我这批作品被完整地展示实际上是从这个展览开始的。所以有时候我开玩笑说这个展览收益最多的是我，因为基本上是把我给推出来了。

*王俊艺：*虽然展览没开幕，但是展览和作品是抹不掉的。后来您停下来不画“小人”，是觉得画太久了吗？

*曾浩：*还是想有一种突破和改变吧，其实停止时我没想过以后就不画了。我已经变得习惯于掌控一种自己最熟悉的方式，很多时候就把自己模式化了，按照惯性去做，所以这时候需要把自己惯有的模式打破。我记得我做那个展览的时候，黄老师他们觉得有一种东西存在，但是很难描述，他们找不到一种语境来描述我的作品。

*王俊艺：*这种“不可描述”是从理论的角度上来说吗？

*曾浩：*从结构和系统上吧。

*王俊艺：*您应该是属于慢热型的吧？

*曾浩：*非常慢。

我做，是因为我可以批评它

受访人：汪建伟
采访人：王俊艺
时间：2016年11月29日　地点：北京
录音整理：王鹤翔

王俊艺： 我们以展览合作为脉络吧。您和黄老师第一次合作是在1996年的“首届当代艺术学术邀请展”（以下简称“邀请展”）吗？

汪建伟： 我和黄专在还没有见面时，就已经有一种心心相印的感觉。当时他在做《画廊》杂志已经有一段时间，《画廊》最后有一个专栏叫“装置点评”，黄专在做这一块的工作。我记得当时我在做《种植—循环》，那时我们对当代艺术的态度都很激进，对惯常的展示方式和传统的艺术空间以及叙述方式都很排斥，认为做完以后只是一个简单的记录，没有展示。当时黄专找到了我，他说他要在专栏做介绍，那是我第一次在一个公共平台上展示我的工作。我们在这之前还没有交谈过，他开始用“知识与话语”这个概念，当时让我既兴奋又吃惊。兴奋的是，1992年我在做《文件》的时候，已经开始用一种整合其他知识的态度来进行艺术实践。在这个过程中，我们几乎只有少数几个朋友在一起私下交流，而黄专的文章和在与我的交谈里直接就把这个观点谈出来了。另外，我感觉我们可以开始在一个非私下的场合谈一个艺术家的实践和对实践的个人理解，这不是一般意义上的合作，在今天来讲这就是“知识共同体”。

其实很多人误解了“共同体”，“共同体”并不是指熟人分享某一种共同经验，它不是“乡愁会”（我们在一个过去的时间里有一种共同经验，然后我们在一个恰当的时间里分享相互熟悉的经验，这其实就叫“乡愁会”）。“知识共同体”根本不是属于一种道德和情感意义上的“共同体”，其实鲍里斯·格罗伊斯（Boris Groys）在描述这个概念时用了一个很形象的比喻，他认为是“突然我们在一个美术馆的相遇”。他说这些来到美术馆的人在很大程度上是事先未通知的，他们来了以后也并不打算带走什么，并不是为了“带走”这种很功利性的目的，但是他们在这个时候选择在这个时间来到这样的空间，这就是“知识共同体”。我和黄专就有点类似这种情况：第一，当时他在广州，我在北京，我现在不记得在这之前我们见过面没有；第二，我们没有交谈过；第三，我们在这个时间里突然对彼此的工作和关注展开一种交流和讨论。所以我觉得与黄专的相识，第一次让我理解了“知识共同体”带来的那种意外。这就是我印象中和黄专的第一次合作，不是那种物理性的具体的展览。

你说的学术邀请展是未做成的。说到这个我觉得非常遗憾，因为在今年3月的时候，我在香港突然接到黄专的一个短信，他说巫鸿老师准备做一个“关于展览的展览：90年代的当代艺术展示”，他希望我把当时跟他合作的这个展览的资料整理一下，当时还说到了一个我们关注的问题。我记得我非常简短地回了一个信，说回京以后答复，但是回来不久突然就接到黄老师去世的消息……

王俊艺：“知识共同体”是在一个知识的层面通过一种方式认识，这种认识不是一般意义上的认识，更多的是知识上的共鸣。那么，您和黄老师是在怎样的情况下彼此产生共鸣的？

*汪建伟：*我觉得有两个概念让我们从讨论方式和关注问题的方式上使彼此更了解。第一个是关于“剧场”的概念。2000年我就开始做第一个剧场《屏风》，紧接着是四年之后的《仪式》。当时这两个剧场有大量的文本，黄专可能是第一个要看剧本的人，他把剧本全部看完了，后来还写了一篇文章《破执：汪建伟的历史和政治叙事》。当

时我们谈到了好几个关键的点，他说他想了解“剧场”这个概念是如何在我这儿形成的。我记得我们谈到了为什么是“剧场”，这个剧场与古希腊的剧场、莎士比亚的剧场区别在哪儿？我们还讨论了“第四堵墙”这个概念。这在后来做“国家遗产”时我选择《观礼台》这件作品，其实就埋下了知识的线索，这件作品涉及什么人可以组织人被另一种人观看的问题。我们在那个时候已经开始触及了。

当时我们在深圳谈到过古希腊的剧场和莎士比亚的剧场的区别。古希腊剧场实际上是一种“公共话语”，它不是一个娱乐的、与公共形成固定观看关系的剧场，它讨论的是观众可以直接发言、直接投票的权利，它形成的实际上是一个社会—民族—政治空间。我们可以追溯剧场在这种情况下到底为什么要发展成艺术家的工作？最后我们通过这种讨论，他很敏锐地说实际上剧场有一种称呼叫“物理性空间”，除了我们大家都看到的表演者、观众和后台，实际上更重要的是一种“隐喻性”——为什么这样的事件非得在这样的空间里发展？他看了我的剧本，然后很详细地问我为什么要用一种更综合的方式，而不只是一种表演？他看到了多媒体，也看到了一个很复杂的技术系统。当时我谈到两点：第一，我为什么要把技术系统带过来？因为我觉得当代艺术在很大程度上必须克服自己对自己未知的那部分物理性实验的恐惧，而且把这种恐惧当成一种不加实验就合法性占据。比如说我们不去了解我们的边界，但是却宣布这个边界是我们不需要了解的；比如说有些做剧场的艺术家就说不需要了解整个剧场中不知道的那一部分，实际上就是原地不动，只是使用了“剧场”的概念来解读自己没有变化的动作。但是黄专关注的是这个实验在很大程度上要对艺术家的知识、行为和对已知甚至身体的挑战。当时我并没有意识到“排演”这个概念，也是在2004年以后才逐渐意识到。

关于“剧场”这个概念，当时我们分享了一个很共同的结论，其实我们关注的是剧场意义的制造和转换在一个怎样的条件下得以实现。从《种植—循环》到《生产》，再到《生活在别处》，它和我的剧场之间建立了一个关系，这个关系的树立非常有说服力，它是从一个知识发生的方式，到关于知识的结构，发展成一个关于空间的历史和话语是如何相互形成的。我一直在追问的是这个问题，这是我们在剧场里讨论得很广泛的一个概念，甚至非常细致地讨论到一些细节。黄专说他在我写剧本的方式中发现了卡夫卡，我们又讨论到卡夫卡，讨论卡夫卡的书和某一个具体的段落，但是我们并不是在讨论某一种陌生的知识在当代艺术里重新被连接的那种惊喜。我记得若干年之后我跟鲁明军也谈过，我们对知识一开始就有一种误解，以为我们是在使用更多的知识去堆砌一个看起来非常豪华的“知识共同体”。但实际上我和黄专在那个时候已经开始触及什么叫“综合知识”，以及为什么要使用艺术史和人文知识以外的知识，其中有一个就是“异”，就是要对自己眼前的正确性形成一个始终的监督和反问，你必须随时在你的头脑里、在你的知识结构里建立起一个可以质询的系统。我后来逐渐发展出对明确性的敌人的警惕，因为这样会让你反抗的知识非常固定，反抗的知识长时间固定就会形成一种话语，而这个话语最后会形成一个权力机制。后来我们讨论福柯的时候也重点谈过这个问题——对固定姿态的一种警惕。我觉得这是当初我和黄专很重要的一个交流。

*王俊艺：*2008年在OCAT做“剧场”展览的过程中，您和黄老师的讨论有没有发现一些新的东西，或者说在这个基础上怎么去理解剧场？

*汪建伟：*其实你说的在深圳的展览和在上海浦江华侨城的展览，当时我们合作的是“征兆”。为什么叫“征兆”？当时我和黄专讨论过。我觉得那是一个让人感到非常兴奋的年代，我们从马克思的商品经济谈到了德波（Guy Debord）的“景观社会”是如何转换的。他谈了他的理解，我谈了我的实践，最后我们都谈到了阿尔都塞（Louis

"征兆——汪建伟大型剧场作品上海首展"海报

2008年,"征兆——汪建伟大型剧场作品展"现场(图片由OCAT深圳馆提供)

Althusser)关于意识形态的很重要的一点,就是"意识形态的物理性实践",即国家机器和物理性实践这个概念。后来黄专策划"国家遗产"展,在很大程度上也是在追述,或者说是在继续讨论这个问题。而且我们所讨论的观点不是要证明"真"和"伪",我们谈到很多人说意识形态批判产生一种"伪思想",但是阿尔都塞要追问的是"伪思想"的物理性实践是如何得以完成的?我觉得这点对于我们来讲是很重要的。

最近几年我们关注法国的阿兰·巴丢(Alain Badiou),他在写《世纪》的时候甚至直接提到我们如何追问20世纪,我们如何追问纳粹?最终他提到一个很关键的词,纳粹的思想是什么?如果我们仅仅是从道德、从一种人道主义的角度对纳粹进行批判,我们就丝毫没有获得对这个批判带来的反思。首先我们要去反思纳粹的思想,所以我觉得这就像阿尔都塞所说的,我们可以说它是"伪思想",甚至可以说它是"反动的思想",但我们必须去检验和观察这个"反动的思想"何以形成,所以这里就涉及一个话语结构、话语生产条件和在一个社会空间里这个实践如何得以形成的问题。

"征兆"直接把我们双方关注的问题以一个这样的活动,或者说这样的形式展示出来。其实在这之前我们已经在很大的程度上讨论"剧场"这个概念,而且在做"征兆"现场的时候,我们提出了很多关键性的问题,比如在我的作品里,在之前从未出现的是"不确定性",那么一个艺术家如何通过一件作品来呈现出这种不确定性?我们在

2008 年，“征兆——汪建伟大型剧场作品展”现场（图片由 OCAT 深圳馆提供）

理论上可以讨论，比如我和黄专谈到过在排《征兆》时给我带来的空前的困难：我说我第一次尝试更复杂的东西，因为我觉得任何一个简单的逻辑都是很容易给出的，有的时候还耸人听闻，但是一个看起来不是问题的问题，它实际上却很复杂。而且不是任何东西都有一个很明确的线索，在没有明确线索的时候，实践又如何得以完成？

我第一次排《征兆》时就跟别人调侃说，我通过排《征兆》意识到自己不是一个影像艺术家，而是一个装置艺术家。为什么？从舞台的构建、大小、尺度，包括不同的人在不同的时间，他们如何表演，他们穿的衣服，他们行走的方式……任何一个思考都需要通过行动来展示，到了最后你就突然发觉，其实录像是把几个月做的工作记录下来。“把一个行动记录下来”的行为命名为 video 艺术家，我突然意识到我不能叫 video 艺术家，因为 video 实际上是“无中生有”，它根本不可能在现实里发生，是一个被制造出来的一种“不可能”，然后我们从这种“不可能”里看我们的“可能”到底是怎么回事？我当时谈到了特别复杂的情况，比如我第一次在《征兆》里尝试多机位拍摄，第一次尝试了可能现在很多中国艺术家都没有尝试过的把每一个镜头都变成戏剧——我等于是用戏剧的方法来制作影像。举一个简单的例子，影像是通过蒙太奇来构建影像的时间，通过剪接反复调整时间。但是我在同样的一个舞台上安排了四个不同时间的人，每一个时间里的人都有自己的时间，但他们彼此又发生关系。在舞台上有四组完全不同的时间，我把四堵墙全部打开。当时我告诉黄专，

《征兆》拍摄现场（图片由汪建伟提供）

我对我们整体去把握任何一个事情是怀疑的，因为当一个局部放在一个更大的环境的时候，你对这个局部的任何一种归纳性描述都会感到荒谬。我谈到进场的第一天，首先是对灯光提出异议，因为四组人有几十个演员，比如说我们三个人是一组，我们三个人的行动会构成一组关系；在我们的旁边又是七个人一组，他们构成一组关系，而且这两组关系是同时发生的。那么，对于传统做电影的人和传统做戏剧的人来说，都面临着挑战。比如灯光怎么布置？摄影师说，“机位在哪？”演员说，“我们的表演跟那个东西有什么关系？我们会受它的影响。”其实这一系列的问题直接就把一个艺术家面对的非想象中的困难展示出来了。

我记得 2014 年在古根海姆做展览的时候，我自己写的文章《排演：尚未到来之物》最后部分是“限制和困难”，最终我写到艺术家的工作必须面对真实的困难，不是为未来的某一种景观做一种想象。如果他的工作仅仅限于对信息的处理，实际上他就不会碰到一个真实的困难。一个艺术家的实践必须面对真实的困难，是你昨天根本没碰到过的；你今天解决的困难，明天还会面对新的困难。那么它会让你触及你真正的局限，触及你真正的不适，以及你的知识的局限和行动的局限。这个局限就会不断地让你知道你在面对一个整体性知识、社会关系及他人和这个世界的时候，你处于什么样的位置。

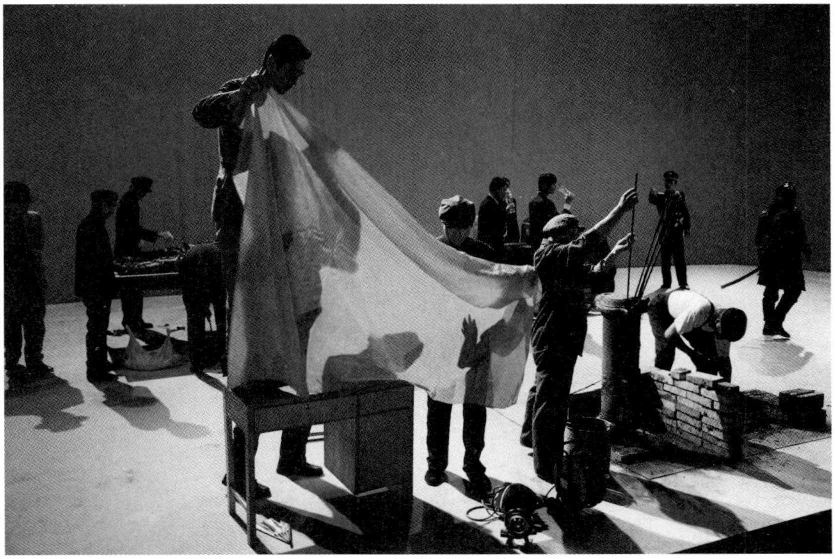

《征兆》剧照（图片由汪建伟提供）

虽然在 2014 年的出版物里写到这一点，但是真正碰到这个问题、第一次让我有切身感觉的是在《征兆》这件作品里。我们不断地停下来跟所有人商量，我们的每一个工作都是在这样的情况下开始的，比如演员怎么拍。我记得特别清楚，在舞台上左边这一排和右边这一排，一边大概有六个演员，另一边有七个演员，他们处于完全不同时间的表演。第一，他们以前都是单独排演，当突然把他们放在同样的空间的时候，他们发觉就算是不看对方也会受到对方的影响，比如他们本来行动很快，但突然用余光看到对方没那么快时，他们也会慢下来，这样的话他们就会变得统一。他们认为“统一”是对的，但是我不希望“统一”，可是他们又无法做到“不统一”，所以我们就得停下来。怎么解决？那就坐一坐吧。第二，人处于愤怒的时候身体会有什么习惯性的动作？人不愤怒的时候又会有什么习惯性的动作？在某一个时间里，我们身体的行动和一个整体的氛围能不能脱离？这对演员又是一个考验。第三，我的每一个镜头不是一帧一帧的，而是一段时间的完整排练，所以对演员的要求非常高，比如这一组的这一段时长是 7 分钟，那么这个镜头在 7 分钟内是不停的。有时候我的镜头在这里时演员看起来脱离了环境，但实际上，他们在这个空间里是有关联的。如果我只是要他不在，我可以获得一个很漂亮的镜头；但是我觉得他在，对潜在的东西是我把握不住的，这恰恰是我需要的东西，它也是在《征兆》的时候发现的。所以《征兆》对于我来讲可能是一种非常有转折性的工作方式。

*王俊艺：*您能再谈谈黄老师所做的公共艺术项目吗？您和黄老师有什么讨论吗？

*汪建伟：*其实深圳当代艺术的历史和一个城市的打开是和黄老师有直接关系的。我记得很清楚，我第一次去深圳参加黄老师策划的“深圳当代雕塑艺术展”，我们去何香凝美术馆讨论后出来，大家都有一个共同的感觉，就是深圳被改革开放树立为经济特区，我们所有指向深圳和关于深圳的话题，无论是主流还是非主流，都不约而同地把它归结为一个经济的奇迹和改革开放的窗口。但在这个话语当中，当代艺术是被排除在这个话语之外的。我们不能说深圳是文化沙漠，但是任何一种社会形态都会产生它自己形态的艺术和文化方式，但是我宁愿这么说，深圳的当代艺术和文化形态是随着OCAT的出现和黄专在这个过程中持续不断的努力，找到了一个和深圳这个城市发展的脉络。我觉得“深圳当代雕塑艺术展”和OCAT的建立是一个事件，它们在时间和空间上实际上创造了一种新的模式，而且这个模式改变了我们认为的一个城市除了可以被定义为“经济开发中心”之外，必须要有它自己的文化和艺术的含义。我觉得这是需要好好梳理的。

坦率地说，第一次让我去深圳的时候我还有点犹豫，当时我们同一班飞机去的还有曾力，大家都觉得这个城市很漂亮，好像是一夜之间建立起来的，但是我们真的不知道在这个地方能做点什么，它同时也搁置了我们以往的经验。所以我现在理解黄老师可能也有这样的一种寓意，就是把我们认为的很熟悉的某一种行动在一个陌生的地方打开，我们不要轻易地下结论说这个城市很有文化，或者说这个城市没有文化。我觉得他会改变我们整体的陈词滥调，这也确实起到作用了。

我跟黄专数次合作之后逐渐发觉，把某一个地方变得富有某种文化的想象，其实是我们意识形态操作的后遗症。黄专宁肯我们相信他的实践，但是很少有人提到他通过实践如何形成了这样一个机制。我记得当时把不倒翁的维纳斯放在地上，和黄永砯的飞机放在那儿，人们最初会觉得它们跟环境之间格格不入，而且这对于我们以往做展览的经验来讲也是一种格格不入。我觉得这是一个非常好的经验，通过这种实践让我们不断地打开我们自己，这种打开是真正彻底的打开。黄专把这种方式延续到了上海浦江华侨城，这个意义是一样的。深圳和上海这两个空间被激活，他的方法论值得被梳理。

当初很多房地产是通过艺术活动得以推广和宣传，而黄专实际上是把当代艺术的某种实践直接和城市空间的实践强行地并置在一起，我觉得这一点没有必要回避，他的这种强制性并置在很大的程度上就是他实验的方法。甚至包括最后 OCAT 艺术馆群的建立都是黄专倾注了大量对空间在一个城市如何形成有机互动的尝试，这都是黄专实践的一笔财富。我希望对这笔遗产的梳理不仅仅停留在当代艺术，我想听听这些人的看法，包括建筑师和学者怎么讨论城市建立的脉络，以及一个发展商进入一个城市之后，它的空间发展和当代艺术到底会形成什么？

黄专不属于那种很教条主义的、很刻板的人，他在深圳、上海和北京用的是不同的办法。比如他到北京时的理想是要做一个图书馆，他马上敏感觉察到北京这样的空间梳理、历史的形成、文化的脉络和知识结构之间的关系是和上海、深圳不一样的。我觉得很遗憾，他的实践才刚刚开始。如果有机会的话我也会跟巫鸿老师提议把北京 OCAT 研究中心的实践继续下去。

*王俊艺：*北京 OCAT 研究中心算是黄老师在学术上的理想国的概念，他有跟您说过他

长远的打算吗？

汪建伟: 其实他已经做了很多实验了，比如请于贝尔曼（Georges Didi-Huberman）、巫鸿老师做了一系列讲座，配合这些讲座还做了一种新的展示方式，与公共之间形成一种新的互动关系。我注意到他和上海的公共艺术计划、深圳的雕塑展在方法上是不一样的，而且我注意到他在北京想做的图书馆的概念并不是要“储存知识”。在跟黄专老师的谈话当中，他希望中国的艺术史和当代艺术这两个领域能够形成一种新的讨论方式，它们之间到底存在一种什么样的结构性的关联，或者我们通过一种什么样的实践，能够把当代艺术的批评、当代艺术的研究和艺术史形成一种新的讨论和认识方式？这其实也是阿甘本一直关注的“何为当代”的问题，它并不是我们已经认定的固定的历史和现在。通过这种讨论我们会建立起什么是当代的时间？这个时间是如何被认识的？艺术家、批评家和理论工作者如何在这个时间里形成共同体？如何讨论？艺术家的工作、实践在这个空间里是如何展开的？当时我很兴奋，因为前几年我就在关注“当代”是什么样的时间，而黄老师在北京的工作实际上就已经开展了。

我们从接触到后来，他一直在不同的场所会谈起，我们阅读的知识总是和欧美有一个距离，比如我们读波普尔、阿尔都塞，但是我们很难跟现在的哲学、现在的知识产生无时差的关系。而且我们邀请这些人来，他们谈的仍然是他们以前的学术，这其中涉及一个至关重要的问题就是知识生产的话语，黄专很关注这一点，他想把这两个问题作为重要的实践方向。无论是中国还是法国、英国或是美国的策展人、学者，作为一个知识共同体，同时也作为一个知识生产者，不仅仅只是去回顾生产。在这样的条件下，在这样共同的时间里，我们有没有可能共同来面对这样的问题，同时我们把共同的面对变成一种行动，而这种行动会产生一种新的话语和新的批评——这就是知识生产。我觉得这是非常重要的，这个实践可能不仅仅是对于当代艺术，而且对于文化、知识，乃至国家层面的这种话语都是迫切需要的。也就是说，我们今天怎么认识我们所面对的这个世界？

*王俊艺：*从雕塑展到OCAT，再到OCAT研究中心的实践，更重要的是把我们内部语言的话语系统构建起来。黄老师的实践并不仅限于艺术，而是包含了各个层面的知识。

*汪建伟：*其实黄专一直不认为当代艺术仅仅是技术层面的问题。实际上在他的实践和我们的沟通当中，他一直是在知识、思想的层面上讨论，在这个层面上我们从来没有在乎过这究竟是不是叫"艺术"。有意思的是当时我们还谈过老子和佛教之间的关系，他觉得老子的"道"和佛家的"悟"相比，"道"更高一筹。但非常微妙的是在谈及这些之后，他说如果不警惕的话，"道"非常容易走向神秘主义。其实这个时候我们已经在谈论我们所关心的问题，比如说思想和语言，谈维特根斯坦，谈哪些是不可言说、哪些是不能说，在这个过程中沉默的意义是什么？哪些是属于不能说的沉默，哪些是由于一种话语的运作导致了语言永远的沉默。我觉得我们谈得很精彩。从这个意义上来讲，黄专所关注的是思想如何得以形成，话语如何得以开展。我一直希望北京的这一实践能够沿着他生前没有完成的这样一个方向继续开展下去。

*王俊艺：*我们刚才谈到"国家遗产"，这是非常重要的一个展览。那可不可以说这个展览是您跟黄老师关于"国家遗产"的讨论引申出来的？

*汪建伟：*不是引申出来的。我觉得"国家遗产"这个概念可能涉及我在1998年到2000年间一直在关注的中国城市的变化，以及在这个变化中形成的关于空间、历史和话语之间的关系，当时他对这一块非常感兴趣，我们谈过好几次。我们关注的一个点就是阿尔都塞说的关于意识形态、国家机器和物理性实践，以及空间政治、历史之间到底是怎样的关系。当时我在做《日常生活的建筑》，这个概念来自于福柯的"权力话语"的概念。

2009 年，“国家遗产的构成、显现与文化传统”研讨会现场（王俊艺拍摄，图片由 OCAT 深圳馆提供）

当时建筑界一直在讨论建筑风格、形式、设计和城市改造，等等，但是在调查当中我注意到，很多时候建筑的形式和建筑空间甚至城市得以形成，实际上直接来自于决策者。这里隐藏了一种权力话语，其实建筑便是权力话语的直接体现。在整个过程中，我突然发觉第一生产力是党委书记，一个城市的建筑风格直接反映出党委书记的水平。当时我看到大量的小白宫、小天安门，甚至城市的主建筑就是一个烧鸡的雕塑，这些在今天来讲完全是笑话，但是当时是真实发生在这个城市里。这就是阿尔都塞说的，你可以对一个东西进行“真”“伪”“俗”或“高雅”的判断，这都是不重要的，重要的是这个东西如何生产，物理性实践层面上的工作是怎么开展的？“国家遗产”就是从这个角度展开。

我的参展作品是《观礼台》。观礼台作为一个极简主义建筑，我采访过建筑师、设计者张开济，采访之后不久他便去世了。我后来又采访了他的儿子张永和。通过一个观礼台的设计者和一个建筑师的采访，我对广场语言进行了梳理。我参加“国家遗产”的作品分为三个部分，第一部分谈的是谁，也就是这个组织系统，比如能够上观礼台的是什么人，他们必须有一种资格，这种资格又是如何被争取到的，它是作为一种荣誉奖赏给空间的使用者，同时他们拥有在一个特殊的位置上去观看游

"国家遗产：一项关于视觉政治史的研究"英方策划人约翰·海雅特在角屋（CornerHouse）介绍汪建伟的作品《观礼台》（方立华拍摄，图片由 OCAT 深圳馆提供）

行的权利，它形成的是这样一套话语。

当时是中华人民共和国成立 60 周年大庆，每个省都有一部彩车，游行完后彩车停在天安门广场，我拿起机器，从第一天一直跟拍到最后一天，拍所有的人选择在哪个位置上照相，最后剪成了一个片子叫《广场》。"国家遗产"在曼彻斯特展出的时候，《观礼台》实际上只是展出了影像和通过电脑做的切片，而且我把这个切片做成一个模型，那么，它和英国的公共空间产生什么样的互动和位置？换句话说，观礼台的观看和非观礼台的观看到底会形成什么虚拟的关系？其实我们开始注意到的是空间、历史和权利之间的关系，而且针对这个研究，黄专当时还找了汪晖，也好像找过王明贤，跟一些建筑领域的学者也讨论过。这可能是我当时周围很罕见的批评家开始在如此广的知识系统里去关注一些我们看起来习以为常的概念，比如说意识形态，我们大家都在谈，但是作为策展人和艺术家，对这个问题的物理性试验是什么？你批判的这种物理性在哪儿？这是很重要的。

"国家遗产"在深圳 OCAT 展出的时候，我做了一个缩小的模型，把天安门广场切片切下来以后按照比例缩小，做成虚拟的模型放在展览空间里。黄专觉得挺有意思，他说这是一个很具体的物，因为是用方钢做的，这东西很物质化，但是却不能上去，从这一点来讲它也是非物质的。我把影像放在边上，影像本是虚构的，但在那个线上

《观礼台》汪建伟，2009 年（蒋涛拍摄，图片由 OCAT 深圳馆提供）

影像都变得非常实在，因为每一个人都实实在在地站在他认为该站的地方来拍这些照片。

*王俊艺：*在和黄老师的交往当中，您觉得他有哪些是和别的策展人不一样的地方？

*汪建伟：*其实我一直很难确定黄专是策展人，坦率地说，我们很少谈展览，当然也不是说我们都是空谈。可能黄专是第一个我还没见面就已经觉得在知识上有一种共鸣的人，虽然不记得时间，但是我比较确定的是他写的关于《种植—循环》的文章发表在《画廊》时，可能我们真的还没见过面。那是一种纯粹的批评，并非我们私下交流后形成的共识，也不属于黄专特殊的美术史的经验，他不是用知识对我的工作进行一种切割。福柯很早写了一本书叫《临床医学的诞生》，整本书的前言就谈到现代临床医学产生的“新目光”，黄专给我的感觉就是我们会在这样的目光下去讨论问题。

*王俊艺：*除了前面谈到的思想交流外，还有没有一些具体的细节让您印象深刻？

*汪建伟：*其实我不愿意从乡愁的态度来谈过去的事件或人。20 世纪 90 年代我们一起去澳大利亚，我从北京上的飞机，在广州经停时他上了飞机，我们见面后居然在飞

2008 年，“重叠的视界：当代艺术的跨领域实践”学术座谈会现场（图片由 OCAT 深圳馆提供）

机上谈后殖民主义，我们俩不约而同地谈到了一本书，同时又谈到萨义德（Edward Wadie Said）。我印象特别深，当初我跟高士明谈过我一直很警惕明确性和明确性的敌人，因为它很容易让你的反抗变得做作，变得固定。当时黄专谈到特别精彩的一点，他说他当时看了一个对萨义德的采访，问萨义德作为巴勒斯坦人，一方面要批评以色列、要建立巴勒斯坦国，同时又是一个学者，这样的身份不矛盾吗？也就是说，作为一个学者，他是反对国家和反对权力的，同时作为一个民族主义者，他又呼吁要建立巴勒斯坦国，那么怎么看待自己身上的矛盾？黄专当时觉得萨义德回答得很精彩，他说“我作为学者呼吁建立巴勒斯坦国是因为我可以批评它”。我觉得这对黄专有很大的影响，他起码有两次或者三次在不同的场所谈到过这个回答。在今天，作为一个知识分子如何面对困境和面对一个与以前的任务、姿态和思想方式完全不同的问题，不是那种简单的在媒体上的表演。我对这点印象非常深。

我记得在做剧场讨论的时候，我们谈到过“腹背受敌”，我们两个都有一个共识。我的印象很深，而且这个印象一直让我在我的工作里保持这样的警惕——就是你面对的困难和敌人一定不是只有一个，因为面对一个敌人的时候，你会变得比这个敌人更值得警惕。我们面对的困境就是“腹背受敌”。有的时候我在跟我的助手谈话，我就说这如何变成我们日常的工作状态——不要有一个明确的敌人去决定你的工作。因为，一方面，你的工作仅仅是展示你的敌人的另一面，但是更可怕的是，你自己可能是这个敌人的替代品。另一方面，这可能是一种想象性的关系，这会替代或者遮蔽这个社会更复杂的、更变幻的、更没有位置的、更不确定的东西，所以我们要警惕，要在我们的工作中保持一种紧张和随时面对困难的姿态。有了一个敌人，我们就很容易以此作为问题来展开我们的工作，而且这个工作听起来在道德上或者在舆论上、在身份上很容易被辨识，也容易生效，但实际上它变得很廉价。

黄专谈论"腹背受敌"这点让我印象很深，他讲萨义德呼吁建立巴勒斯坦国是因为他能够批判它，从这一点上来讲，这就是我理解的当代。黄专不是属于那种你给他一个身份的人——策展人、批评家、学者，我觉得他很当代，他在思考问题的时候没有从身份出发，他不是以某种身份去关注、言说和确定。我觉得黄专这样思考问题的方式会对中国将来的策展人或者是批评家产生很多潜在的影响—对已知以外的知识的关注，对已有的经验保持足够的警惕，学会"腹背受敌"。这些都是"国家遗产"。

我跟黄专其实有点君子之交，我们甚至很长时间不见面，但只要一见面双方都滔滔不绝，都有点像彼此"汇报"工作，而且会发出"你怎么也在想这个问题"的感叹，大家都很兴奋。

魅力来自学术态度

受访人：刘建华
采访人：王景
时间：2016年10月15日　地点：景德镇

*王景：*刘老师好，能否谈谈您跟黄老师之间的一些认识与交往？你跟黄老师怎么认识的？在哪一年，在什么样的地方，什么样的场合？

*刘建华：*我记得是20世纪90年代，好像是1995年或1996年。1995年或1996年有过电话来往，然后谈发表作品什么的。

*王景：*他当时做《画廊》。

*刘建华：*跟他认识的渊源就是从《画廊》杂志开始的。那个时候我在昆明，90年代昆明的艺术家挺多，之前有像晓刚、大毛、叶永青他们，后来又有一批艺术家也很努力地在做一些事。但昆明相对来说比较边缘，做作品让外界了解的可能性很受局限。那个时候大家就想着应该通过媒体、通过杂志来让外面了解这个地方，后来知道广州的《画廊》杂志做得挺有意思的——我有点儿忘了是通过谁跟黄专联系上了。当然之前对黄专还是有一些了解的，那个时候他策划过很多的展览，也写过一些文章，出过一些书，文章应该更多。包括我读大学的时候，订了《美术思潮》，上面也刊登了他的文章及他的信息，所以我早就知道他。真正建立联系大概是1994年、1995年前后，见面的话相对比较晚一点，如果我没有记错，应该是1998年在深圳何香凝美术馆办的雕塑展览，那个时候是正式见面。

2011 年，刘建华和黄专在“无所遁形：爱德华·斯瓦克曼—刘建华对话展”新闻发布会上（图片由刘建华提供）

*王景：*黄老师是 1997 年就在何香凝美术馆展开一些工作了。

*刘建华：*应该是那个时候，之前都是电话联系，保持沟通，谈一些作品，在《画廊》上发表作品和艺术家介绍。1998 年的展览第一次见面，当时印象比较深。印象深是因为之前有很多铺垫，80 年代看《美术思潮》，90 年代初他跟吕澎做过一些事情，写过文章、做过出版，包括在《江苏画刊》上了解到很多动态。我觉得他很有一些个人的对艺术的判断和想法，这方面印象很深。1998 年之后基本上跟他就保持一种比较常态的联系，我去广州或者是去深圳，还有他有时候来昆明，我们都会见面。好像是在 2000 年“第二届雕塑展”的时候，他跟我沟通一些新的作品和想法，那一届他本来是想邀请我参加，但是那个时候我正好在景德镇创作一批新作品，我一般去景德镇一待就是三个月，三个月的时间都是在那儿工作，而且那个时候我新的作品一下也出不来，所以那次我就放弃了。

王景：“被移植的现场”。

*刘建华：*就是那一届，应该是 2000 年，之后我们也还是会经常见面，见面的次数也不少，有时候在北京，有时候会在深圳、广州，保持这样一种沟通，对一些展览、一些作品进行探讨和交流的一种状态。“无所遁形”是他真正给我策划的一个个展，这个我印象比较深。他正式跟我说这个事情之前，问过我对上海浦江华侨城这个项目的

2011 年，“无所遁形：爱德华·斯瓦克曼—刘建华对话展”现场（图片由刘建华提供）

想法，包括以前的一些展览。他当时问我的时候，我后来才知道他当时可能有了自己的一个设想在那儿，他可能想听听艺术家对这个项目的看法，对空间的一种感觉，对这个展览计划的一种想象。后来有一次是谷文达的展览，他问我有没有时间去深圳，他说“浦江华侨城”这个计划我们可以聊一聊，他也没有明确说一定要做。那次我正好有时间就去了。那一次我们聊得比较深入，我也谈到我对那个空间的一种感受和看法。我觉得那个空间不能简单地把艺术家的一些现成作品挪过去进行展览，它毕竟是一个公共艺术的项目，艺术家的作品可能跟这个空间、跟这个场地还是要发生一种关联。当然，这个展览也不应该是命题展，而应该是跟艺术家长期的一个方向探索有一定的关联。那次谈得还是挺深入的，也谈得挺好，但我当时并不知道什么时候才有可能参与这个项目。这个展览是 2011 年 9 月份开幕，他正式跟我讲是在 2010 年的时候。有一次正好在上海工作室，他打电话来，说这个项目可能要确定，问我有没有兴趣——他还是比较客气。他比较尊重艺术家的判断或者说艺术家的感觉，他不会勉强，他就问我有没有兴趣？他说：“这个项目现在可能要启动，明年由你来表演。”我说：“好啊！正好我自己也有一些想法，正好有机会我们可以去实施。”答应了以后，又过了大概两三个月，他又给我来了一个电话，他说：“建华，这个计划还是你个展不变，但是现在有点儿变化是什么呢？可能会是两个人的个展。荷兰使馆文化处有一个这样的想法，想邀请艺术家到中国来做展览，想跟OCAT合作，也放在华侨城那儿。”他就问我愿不愿意，行不行？他还是很尊重艺术家，因为最早跟我说这个事情时没说是两个人的展览，所以他就征求我的意见，他说：“你愿不愿意这样做，没关系，你有任何想法都告诉我。”我当时听了是荷兰艺术家，觉得也是挺好的一个机会，和别人交流，而且这个艺术家也非常不错。所以我想了一下，回他话说：“你稍微让我考虑一下。”后来我考虑过后，马上给他回话，我说，“可以，没问题。”但是我有一个想法，就是说我要求、我希望我的作品是在室外，其他的都没问题。他说，“这个可以，那个艺术家可以在室内，也更合适。”我为什么想着在室外？因为我刚才说的，浦江华侨城的建筑很有特点，但是真正在那儿呈现装置的话，如果不跟那里的环境发生一定关联，很容易被那个建筑给“吃掉”，给完全带走、完全消失掉了。

我觉得跟黄专的那次合作是非常深入的，在整个过程中，让你感到他是一个非常尊重艺术家的策展人，他自己也有想法，但他并不会强加在你之上，你还没考虑清楚时，他一定不会强加给你他的想法，更多的是一种沟通、相互了解，我了解他的想法，他也了解我的。我们在沟通的时候，有时候他会突然有一个想法、有一个主意，但这个想法和主意是建立在艺术家作品线索基础上的，而并不是把他自己的一个特立独行的东西释放给你，这种方式也是他的经验积累。所以我们之间，至少我个人跟他在合作的时候配合得特别好，很多东西他会为艺术家考虑，都是些很具体的——包括因为华侨城是央企，很有钱，资金雄厚，但是我们都知道投入到艺术上面的很有限，他们有他们的预算，我们也理解。黄专在面对这些问题的时候，他都是站在艺术家的角度考虑，因为请艺术家来做展览确实有很多问题需要去帮助去解决，艺术家毕竟是一个个体。在国外这方面都很专业，在国内因为这个机制其实还没有真正建立起来，所以他也知道艺术家受局限的地方、不容易的情况，那么作为一个策展人，他会站在艺术家的角度去考虑这些问题。说实话，很多艺术家可能跟我的想法都差不多，都是冲着黄专，对于他的邀请，一是冲着他的学术地位，二是他的为人。大家都对他很尊重。我觉得还不光是这些，还有他对学术的严谨态度，这是最根本的，所以很多艺术家都愿意跟他合作，他发出邀请，艺术家都会很认真地去对待这个事情，这里面是一种相互的关系。我那年在做展览的时候也确实面临作品方案实施的问题，因为我那两个装置很大，再加上还有荷兰艺术家的个展。那一次有一定的费用产生，方案的沟通要说服甲方认可，包括预算，包括一定的收藏费用，黄专其实在考虑这些问题的时候比较细——当然他也不是一味地都是站在艺术家的角度，他也考虑到甲方、主办方的一些局限性。

*王景：*他在他的工作里面需要平衡两者。

*刘建华：*他是在这样有限的条件下尽量把这个事情做成功，尽量让艺术家、主办方都能接受，我觉得这个特别不容易。我刚才说到一点，他个人的魅力来自于他对学术的一种态度，他是中国策展人里面——文化人也好、策展人也好，为数不多的、带有自己个人独立思考、独立批判意识的一个人，这一点肯定很多人都认同，这是我感受特别深的。因为后来跟他接触特别多，每次来上海都会跟我联系，我只要在上海，我们都会约着见面，大家聊一些事情，有时候也有其他的朋友在。在聚会的时候，大家聊天，他对政治、社会、文化态度、艺术态度都有他个人的价值观和判断，在中国这种社会里面确实很难得，不容易。

*王景：*您刚才回答了我本来要问的一些问题：关于黄老师的一些工作方法，他作为一

2011 年，“无所遁形：爱德华·斯瓦克曼—刘建华对话展”现场（图片由刘建华提供）

个策划人跟其他策划人一些不同的地方，您刚才都有涉及了。我想请您接着聊一聊您对黄老师创立的 OCAT 这个机构本身的一些看法，有没有一些什么印象或感受较深的，或者是一些评价？

刘建华： 这个太重要了，黄专是一个很理想的人，他有自己的一种——我不知道是不是应该说是他的理想、他的梦想。我前面说他很专业、很严谨，对学术有很多要求。看他做的很多事情，可以感受到他的人格魅力，就是由于这些积累，所以得到很多文化圈、艺术界的认可。要说 OCAT，在中国，我觉得做这个机构很重要，至少我们从未来看可能会更重要，因为在这之前，没有谁这样去做。他慢慢建立 OCAT 的一个发展的方向，这个发展方向——不仅是后来的美术馆群，特别是北京的 OCAT 研究中心。“北京文献馆”这个概念可能对中国来说是第一个“文献馆”，至少现在其他地方没有，如果有的话，就是我不知道。所以他从到何香凝美术馆再到 OCAT，他想建立一个当代艺术系统，因为只有建立这样一个系统，才会完善一个机构健康发展的机制，而不

是人为的一些因素——比如哪个领导喜欢，可能这个东西就在；哪个领导若对这个东西不是特了解、不太喜欢，就可能会减弱，这样的话就有点儿可惜。这个机制一直是他希望建立起来的，这对中国当代艺术的发展很重要，所以黄专很有前瞻性。我想这些东西的形成都是归功于他有很敏锐的观察力和判断力，包括他多次到国外去交流，看到国内的问题所在，所以他希望建立这样一个体制、一个机制。包括华侨城的收藏这一块，90年代在何香凝美术馆做的那些收藏对整个收藏系统、收藏体制也是有意思的一种探索。黄专在华侨城很早就开始做这些工作，通过展览，通过好的艺术家的介入，通过他们的投入收藏一些艺术家的作品，我觉得这些都是因他有自己的一种判断力在里边。还有就是OCAT的重要性。现在张培力负责的OCAT上海馆，我觉得做得很好，而且是不断地在学术上有一些很平稳的推进，学术水平做得非常高，这样对于一个地区是潜移默化的影响也好，辐射了一种方式的影响也好，至少在那儿发声，大家就会关注它。OCAT西安馆由凯伦负责，但是我觉得西安更难做，因为西安跟上海不一样，一个是大都市，一个是省会城市，不过至少那个地方也是在发展的。我可以毫不夸张地说，没有黄专就没有OCAT现在发展的态势、影响力。

*王景：*你刚刚说你跟黄老师私底下见面、聚会比较多，能不能跟我们描述一个私底下的黄老师？

*刘建华：*他其实很幽默，他的幽默里面有一种睿智的感觉。有一点出乎我意料，他对人挺细心、挺关心人的。就像去年3月份，我刚从景德镇回上海，他那个时候正好参加余德耀美术馆的开馆展，他给我打电话，我那阵正好感冒了，听到我的声音有点儿不对，他问："你感冒了？"之后他问能不能见面，我说我没问题，但是我有点儿担心会不会传染给他，他说，"没事，没事。"我还是有点儿担心，所以我是隔了一两天才跟他见面。那天在电话里他跟我说，你应该煮点儿姜茶喝，那样对感冒很好，我觉得

他挺关心人的。因为在之前，我们更多的是在专业上的交往，因这个感冒症状，让我感受到他对人在情感交流上的细腻之处，那个事情有点儿出乎我的意料，实际上他特别细心。后来我们见面以后，他又说："多喝点儿水，多喝点儿水。"那天还聊到了健身操《八段锦》，当时还有其他朋友在，他示范了几个动作，他说是他北京的一个舅舅教他的，说这个挺有锻炼身体的作用。这些方面，他很真实，他不会有很多隐藏的东西，这是我对他平时生活的一种感受，很真实。哪怕是很好的朋友，有时候聊天，如果观念不一样，或者是对一个问题有不同的意见，他会马上说出来，不会藏着掖着。所以我觉得这样很好，好朋友看到什么问题就会指出来，过后他又会很轻松地聊一些其他的，或是开个玩笑。

王景：就您来说，有没有觉得黄老师那个年代的一些策划人跟现在很多年轻一代策划人有不一样的地方？

*刘建华：*我觉得每个年龄段、每一代人，在知识结构、时代背景及兴趣方面都有不司，但有一点不会变，就是学术价值和水平，这很重要的。当然现在也有很多策展人、批评家，但其实也都需要积累。黄专的年龄比我大，加上我出道跟同年龄段的艺术家相比相对比较晚，所以我一直特别尊重他，也很关注他的工作，包括我对80年代的《美术思潮》《江苏画刊》都挺关注。我认识他之前以为这个人很老，其实他大不了我几岁，我所指的"很老"是因为他的名气，他当时频频地出现，可能跟这个有关系。其实学术价值跟年龄没有绝对的关联，50年代和80年代的策展人之间没有太大区别，关键是每个时代的人找准自己的位置，找准自己学术的定位和方向，知道在这样一个系统里怎样建立自己的系统，这个很重要。我们平时说的"长江后浪推前浪"，我也不知道这种说法是不是对，当然时代都是这样，但是从文化艺术的角度，其实这个也未必是一个真理。我们看以前的一些人，一些大师、一些伟人，当他们达到一定高度，

都很难超越，高峰就在那儿，就是一个点。其实你在这个时代真正的价值是什么，你创造了一种什么能够让人所看到的闪亮的东西？所以有时候很难去比照。但是我觉得相差 5—10 岁，相对来说沟通、理解、了解应该都没有问题，相差大的话可能会有一定的——也不能叫“代沟”吧，是因为大家生存的空间发生了变化，会不一样。有些哲学家，还有科学家、艺术家，七八十岁，他们的思维还很敏锐，还会给别人很多启示，所以很难去判断。

两面性：幽默和严谨

受访人：关伟
采访人：王俊艺
时间：2016年12月23日　地点：北京
录音整理：郭歆彧

王俊艺： 想请关老师大概回忆一下，一是1999年“第三届亚太地区当代艺术三年展”，二是“进与出——中澳华人当代艺术双年展”，三是美国纽约提顿画廊（Jack Tilton Gallery）的“江湖”展，当然可以重点聊一聊2011年的“魔咒”展，因为这是您和黄老师关系最密切的展览。如果中间您有觉得特别深刻的交往也都可以聊，所以也不一定局限在展览上面。

关伟： 我跟黄专应该是在1995年通过“第二届亚太艺术三年展”（APT）的时候认识的。当时APT选了一个中方的策展人，她是一位澳洲的汉学家，是对中国当代艺术很了解的一位澳洲的策展人，叫罗清奇（Clair Roberts）。另外还选了我和王友身作为她的副手，跟她一起策划中国这一块的作品参加APT。那一年中方这边的策展接待，就是黄专先生。我们从澳洲回来，1995年见到黄专，那是第一次见面，比较短暂和匆忙。那次回来走了几个地方，我们去杭州见张培力那批人，又来北京见了王鲁炎、王广义和汪建伟等人。

然后就开始组织“进与出”展，这个展览当时是比较重要的一个活动，我记得当年是由皇甫秉惠策划，黄专也参与策划了这个展览。皇甫秉惠最早其实是一个艺术家，她去澳洲读的是艺术专业，后来她得到了一个工作是在新加坡拉萨尔艺术学院当美术馆馆长。她当时就组织了这个展览，这是比较早的一个把中国本土和海外艺术家放在一起的展览。我当时和黄专接触就感觉他比较关注第三世界艺术生态的状况，另外他

2000 年，黄专在“进与出——中澳华人当代艺术交流展”开幕式上发言（图片由何香凝美术馆提供）

“进与出——中澳华人当代艺术交流展”现场（图片由何香凝美术馆提供）

还对海外和本土之间的差异性和共同性的问题特别感兴趣，比如海外的中国艺术家的生态是什么样的？本土的艺术家又是一种什么状态？他们之间的共同性是什么，差异性又是什么？我记得跟他聊起这块的时候很有共同话题，因为那会儿我毕竟去了澳洲有几年了。

“进与出”展应该是在 1997 年展出，但是从 1996 年开始策划的。那会儿我跟黄专的接触比较密集，也有很多共同的想法，比如中国艺术家在海外的状态，尤其是有移民背景的艺术家的状态，以及西方艺术和第三世界艺术的关系。还牵扯到理论层面，比如后现代、后殖民、中心和边缘的概念，等等，很有意思。当时黄专还参与办了一本杂志，叫《艺术界》，主编是马钦忠，黄专也在参与做这本杂志。这本杂志是探讨第三世界艺术家的生态，以及海外艺术家的状态。我记得当时他们跟我通信联络，一是让我报道澳洲的艺术状态，另外我们在通信中也探讨了一些问题。

因为我在澳洲那边还小有成绩，有一点影响力，黄专对我这个个案很感兴趣，所以当时我们有一个约定，我们想在国内的某一个地方做一个展览，但是也就是一个意向。他想把海外的这种稍微有点成绩的艺术家带到国内，作为一个对比，看看其中的差异性和共通性，可能会很有意思。我也挺感兴趣，但是不幸的是 2002 年黄专生病了。

黄专病了之后，这件事情也就搁下了。后来我每年回国探亲，黄专在北京住院的时候，我都会去探望他，保持着联系。黄专逐渐恢复了以后，应该是在 2004 年和 2005 年吧，我回来的时候也都陆陆续续有一些接触。我记着好像是在 2008 年还是 2009 年我们见了一次面，那会儿他已经在主持 OCAT 了。我们见面的时候就谈起了这件事情，因为之前有一个约定，黄专就说："你现在仍然可以在 OCAT 做那么一个展览。"在 90 年代考虑海外艺术家的差异性和共通性的问题，但到了 2000 年的时候会有一些转变，因为海外的一些艺术家也陆续回来了，更凸显了个人性与当代本土性之间的关系，也是很有意思的一个个案，所以他还是想做这个展览。我说好！因为 2008 年我已经回到中国了，有了工作室。

我觉得这是一个挺好的机会，因为那时我在国内只参加过一些联展，比如"上海双年展"，还没有做过一个大型的比较正规的个展。我记得应该是 2010 年 10 月，黄专邀请我去 OCAT 参加谷文达的展览开幕式，顺便去看看场地，然后进一步商讨展览的构想和计划。那是我第一次去深圳 OCAT 的展厅，到了那儿一看，我吓了一跳，那么大的展览空间，1200 平方米！那是一个大厂棚的空间，不像何香凝美术馆那样的展厅。因为我当时主要是以平面作品为主，所以我就想到时候弄什么呢？我怎么样把这空间填满呢？

看完展览以后，我和黄专聊了一些想法，包括怎么做这个展览，黄专说："你还是凸显自己的一些特点。"因为我的作品里面有比较强的叙述性和文学性，还有中国人独有的一种幽默和寓言之特点，他觉得我还是从这些方面去考虑，但是具体怎么做，还得我自己去想，他大概给了我这么一个方向。

我回来以后就一直在想，空间这么大，我到底怎么做？我当时做了几个方案，其中一个方案是回顾性的，呈现我过去的一些作品，当我跟黄专讨论时，他立马否决，他说做这种回顾性的展览没有什么意义。黄专平时是很温和的，很像一个长者，但在艺术上他非常较真，所以当我提供这一方案的时候，他马上就否定了。这种回顾性的展览，我在澳洲也做过类似的。他说：“你把过去作品都往这一挂，按照编年史排列，哪年做了什么，那有什么意义呢？”他还是强调要做一个跟当今社会以及个人背景有关的展览，包括在两种文化之间，个人的特点和过去的经验，以及中西文化之间的关系，等等，在这些方面再好好地考虑一下。所以之后我又做了一两个方案，但是他都不是很满意，在我的印象中，他在这方面是很较真、很严格的。平时他也嘻嘻哈哈地开玩笑，那是另一面，他严肃起来，还真是一板一眼的。所以给我印象很深，但我觉得这一点也特别好，作为一个策展人，他的眼界比较开阔，他能够针对艺术家本人的一些特点，在与社会和中国本土之间的关系中，他能给你找到一种定位。

艺术家就是做作品，不会像批评家或者策展人那样考虑得那么全面，而且理论也不是艺术家的强项，艺术家只是在视觉领域里搞自己的东西。黄专则把握了艺术家的特点、生长经验，等等，他会做一个全盘的考虑。最后是他给我定的一个题目，他说：“给你一个名称叫‘魔咒’，你就按照‘魔咒’的概念再去发挥。”我们又深入地聊了几次，在否定了几个方案以后，就定了“魔咒”的名称，回来以后我就开始构想。

我发现OCAT的展厅里边有四块弧形墙，我觉得可以利用这几块墙，后来我就大胆地设计了一个方案，我做了一个行走和游历的概念，分成了三圈：第一圈是外围的墙，我做的都是跟宇宙星空有关系的图像；第二圈是四个圆的外墙，我做的是“大千世界”，以地球为主，包括水、陆地、岛屿，以及一些奇珍异兽，等等；第三圈是圆弧里边的墙，我设计了很多人为的符号，包括一些远古时期的符号，有中国《易经》里的一些符号，还有澳洲的一些原始岩画的符号，都是人创造出来的东西，这里面反映出天、地、人之间的一些宇宙观。在展厅中间还做了一个大的蛋，是回到了原点。

布展期间合影，左起：关伟、黄专、刘品（蒋涛拍摄，图片由 OCAT 深圳馆提供）

我的概念是表现人出生后带着地域的文化，到了海外游历，转了一圈后又回到了起初的点，这就是“魔咒”的概念。

我把这个方案给了黄专以后，他很惊讶，他说我想的“魔咒”好像跟他的理解稍微有些出入，但他觉得我这个方案也挺有意思，最后他说：“这方案可以！你可以根据方案开始考虑怎么用形象呈现了。”我是 2010 年 10 月去看的场地，我的展览开幕时间是在 2011 年 5 月，然后我是在 4 月初就去到那儿了。因为我的方案工程比较大，要画三面墙，有两面墙是 42.5 米长、3.6 米高；主墙是 23.5 米长、4.5 米高。另外，中间还有四块 5 米长、3 米高的弧形墙面，所以等于还有八块墙面的绘画。当时方案设计出来以后我还是挺激动的，因为我觉得这要呈现出来应该是挺壮观的。之前我也做过很多类似的壁画，但都没有这么大型。

我是在 4 月 1 日带着我的团队住进了 OCAT 工作室，我们一人住一间工作室，从那时开始我们每天起早贪黑地干活。我们刚去的时候黄专来过一趟，大概交代了一下情况，他的团队也非常好，很敬业，我们的要求基本上都给实现了，比如准备颜料等。大约干了差不多有 20 多天吧，反正比一个月的计划稍微提前了一点。黄专中间又过来了一两趟，那时候已经初具规模了，他说看着还不错，他一鼓励，我的信心大增，就顺着继续做下去。

基本上差不多了以后就开始编图录。黄专这个人办事特别认真，他说这“魔咒”

2011 年，“魔咒：关伟 2011OCAT 个展”现场（蒋涛拍摄，图片由 OCAT 深圳馆提供）

里面既有“魔”也有“咒”，很神秘，有谜一样的东西，所以图录也要做得跟展览吻合，在设计上一定要跟常规的不一样。黄专办事很注重细节，每个地方都考虑得很周详。最后他直接找了一个设计公司，我记得当时把负责图录的设计师也叫了过来，他们一起讨论怎么做，他大概给了一个构想。之后黄专写了一篇文章，我也写了一篇文章，图录设计出来以后确实很有意思，它打开了以后是一大张图，每章节又有一小本草图，弄得真的很魔幻。

*王俊艺：*当时在编图录的过程中，您跟黄老师有更多的沟通吗？

*关伟：*那个时候我们有很多的沟通。他首先强调应该把一些手稿放进图录，因为我做了很多的手稿。我整个设计是分三圈，但是把手稿放进去，怎么放才有意义？他在这些细节上都要考虑得很周全。最后的图录做得很复杂，第一圈、第二圈和第三圈里面都有我的好多草图，打开又是一个整体的构想呈现，还有一个展览现场的图片。

他们组织得特别好，还招募了好多志愿者，所以每天都有几个学生或者美术爱好者帮着去点那些星星。因为那个黑的背景上面需要点很多星星，他们可以自己用银色的笔随便点，当然，那里边的图形是我预先画好了的。星星是他们可以任意点的，有

“魔咒：关伟 2011OCAT 个展”展览图录

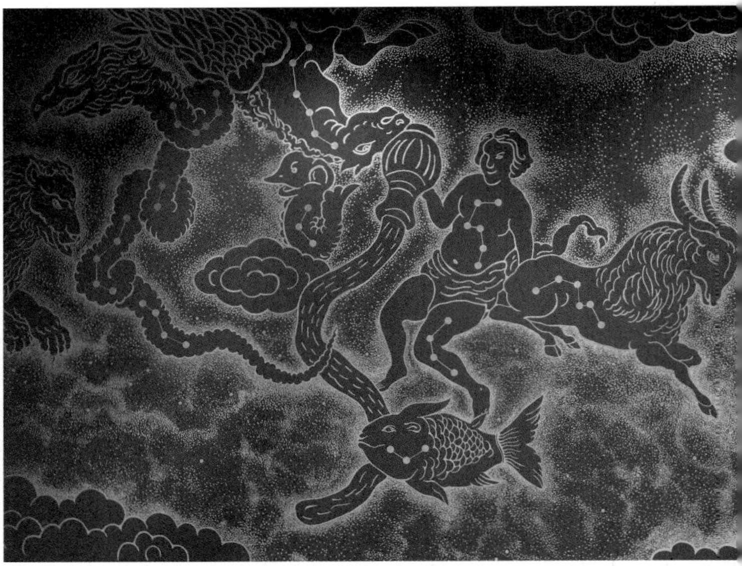

展场后墙星空局部（蒋涛拍摄，图片由 OCAT 深圳馆提供）

的点得很密，有的点出好多花儿来，或者点出了好多别的图案来。弄得很好看，最后光线弄暗，灯一打上去，因为星星是银色的，所以有种浩瀚的银河闪闪发光的感觉，很有意思。

这个展览我觉得最后做得还挺成功的，第一，是把我的想法呈现了，而且基本上也达到了黄老师的要求，实现了他的一些想法和对我的一种预期；第二，关键是有一个团队合作的精神，而且还有很多年轻人参与了这个活动。最后这个展览开幕的时候，当时驻华的澳大利亚大使还亲自飞过来，所以规格也很高。黄专跟我说：“你还挺厉害，过去还从来没有什么大使或文化参赞过来参加开幕。”因为大使或文化参赞过来，中国就很讲究要有对等的官员来参加，所以中方对应的也有深圳市副市长、文化局局长之类的官员参加了开幕，而且还铺上了红地毯，开幕弄得挺隆重、挺热烈的。另外也请了很多艺术家过来，总之展览做得挺成功的。这就是“魔咒”展大概的情况。

*王俊艺：*在做这个展览的过程中，或者是在探讨“魔咒”这个概念的过程中，有没有特别让您觉得印象深刻的，或者是对于你们来说有相互启发的东西？

关伟：这里边我比较强烈的印象就是他特别关注海外华人艺术群体的艺术发展方向，

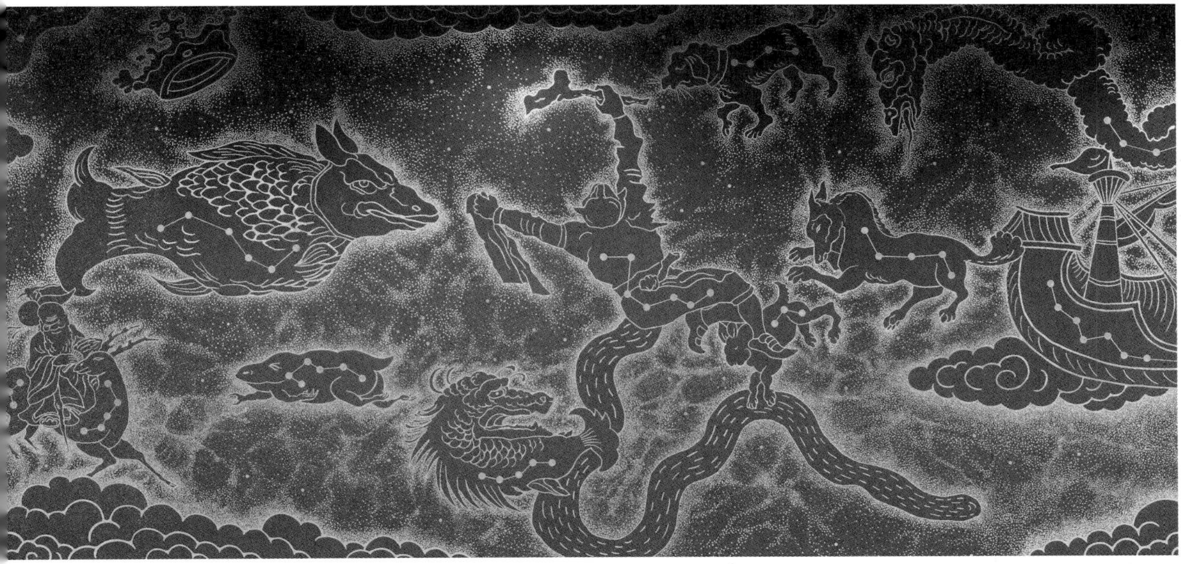

在这一点上也给了我很大的启示。因为我去了澳洲以后，由于澳洲当地文化以及澳洲整个生态给我的影响很大，所以在我的作品里会反映出对澳洲自然生态的一种关注。因为澳洲是一个大的岛，环绕着水，而且那个大陆本身也是很古老的一块大陆，它的自然地貌跟其他地方都不太一样。

*王俊艺：*你们是怎么编纂画册的？

*关伟：*他特别感兴趣的是草图，他说一定要把我的手稿放在里面。因为我喜欢画好多草图。我平时有一个习惯就是在做一个展览的时候，我要做特别详细和特别精确的方案，然后在后期制作的时候就相对比较方便。因为前期花很多功夫，在制作的时候就会省很多时间。黄专特别感兴趣的就是我的一些草图，当时我给他呈现完整的手稿的时候，他都特别感兴趣。我的印象中，他花在这本图录上的心血比较多，怎么弄和怎么呈现，基本上都是他的一些主意。因为在编纂画册方面我并没有太多的经验，但是黄专对于出版和画册的制作都有很多想法，这本图录呈现出来以后，我觉得挺精彩的。

其实黄专喜欢对一个艺术家做比较深入的探讨和追踪，比如他给张培力、王广义、徐坦等这些艺术家都做了大厚本的出版物，都是恨不得把艺术家的一生做成一个文本。

黄专、关伟与深圳 OCAT 工作人员合影（蒋涛拍摄，图片由 OCAT 深圳馆提供）

但我的这本图录比较特殊，它只是为了一个展览，而不是一个很大的文献的呈现，但他说也要做得很独特，所以在这点上他花了很多的心血。

我的印象中，当时黄专的团队也是挺给力的，包括方立华、李彧莎、王景和余湘智，等等，都挺能干的。他们五六个都是一帮年轻人，所以跟这个团队沟通起来我也特别舒服。他们都很负责，交代一件事情以后马上就能给你落实，所以我们合作得很愉快。每天中午都一起吃饭，晚上停工以后再一块去吃饭，那一个月过得很愉快，大家都是快快乐乐地在那里做展览。黄专的组织能力很强，而且把这个团队管理得非常好，大家都齐心协力的，他的一些想法都能够具体地贯彻到每一个人身上，所以我觉得他的团队特别棒。我认为这在当时国内应该算是一流的一个团队。

他的修养很高，理论水平很强，而且他的视野很开阔，他能够把艺术家最本质、最特色的潜力给挖掘出来，并且找得很准。比如说他强调我的作品里面叙事性非常强，因为我一直比较强调作品里的文学性和叙述性，他就把这块抓得很紧，他从神话和寓言的角度，以及与当代的一种关系，挖掘得很深入，也很到位。另外，他把我的差异性体现在哪呢？因为我去的是澳洲，那么我和澳洲之间的关系又是怎样的？澳洲的特点是有几种不同的文化：一种是土著文化。澳洲的原住民是一种本土文化，但这种文化已经比较久远了，其实还停留在神话时期，一种比较原始的状态。因为澳洲这块大陆从英国人库克船长到这儿开发殖民地的时候已经是18世纪的事情了，已经很晚了。1770年才发现了这块大陆，之前也都是这些土著人刀耕火种的一种状态。现在的土著人已经很少了，但是土著的文化跟澳洲那块大陆还是很密切的。所以那里的土著人的作品画得很多都跟地图似的，以及图腾之类的，就是反映出这块大陆的一个特色。另一种是殖民文化。完全是英国人来了以后，对这块土地的一种描述，一种把西方文化带进来的变异。还有一个特点就是到了差不多20世纪60年代开始，澳洲开始提倡多元文化，因为它毕竟是一个多民族国家，都是从世界各地来的移民。澳洲又以多元文化自居，因为澳洲的多元文化发展得比较早，而且发展的面貌比较丰满，这也是澳洲现在在文化融合上的一个骄傲。

澳洲这三种文化对我来说都有很大的影响，本身我又是一个中国人，黄专就说这几方面一定要开凿出来，把这些东西融合在一起，在“魔咒”展中体现出来。我觉得这些方面他点得很透，说得很清晰，但他不是干涉你应该怎么做，他是给你提供一个理论的高度，给你一个大的方向，最后呈现还是艺术家自己去把握，他只是给你一个指引和方向，那个度把握得特别好。所以和黄专这样的策展人合作，艺术家也很愉快，他能够把控住艺术家的方向，把艺术家的潜力调动出来，最后呈现出一个比较理想的展览，这一点给我的印象非常深。而且黄专不像其他的策展人，因为有很多策展人都停留在比较表面的层面，作品挂一下就完了，没有考虑怎么更深入地推进展览，对艺术家没有太大的推动力或者提升。所以我觉得黄专在这方面能够激发艺术家的一种潜力，能最大限度地表现艺术家要表现的这种状态，这些都给我印象特别深刻。

王俊艺： 我在跟别的艺术家聊的时候，他们也觉得，一方面黄老师对艺术家在某些层面会做比较深的理论上的概括；另一方面，他又把艺术家往前推一步。同时又可以

非常明显地感觉到，黄老师做展览时选择的艺术家，肯定是他觉得这个人的某方面非常有意思，就好像是在做一个研究，但实际上是对他有兴趣的问题的研究，反正对他来说是一件非常有意义的事情。

*关伟：*可能正好是他感兴趣的研究，他可能做一个个案可以深入进去，同时从这个实践的过程中，也能够验证他的一些观点。这其实是艺术家和策展人最理想的一种状态，所以在跟黄专合作方面，在这点上是我印象比较深刻的。因为艺术家本身是更感性的，属于比较直觉性的那种，黄专能够从理性的角度在理论上做分析和阐述，一下子让艺术家明确应该怎么去走，然后更好地发挥自己的潜能。所以黄专在这方面做得非常好。

*王俊艺：*你们和罗清奇教授交往多吗？

*关伟：*我跟罗清奇有很多交往。罗清奇应该算是一位汉学家，她的中文讲得很好，我认识罗清奇比黄专还要再早几年，因为她毕竟是住在澳洲悉尼，我也在悉尼，所以我们接触得比较多。我的另一个比较大型的展览叫“另一种历史”，我做了一个虚拟的博物馆，在悉尼动力博物馆展出，就是罗清奇策划的，是我和她合作的一个展览。后来罗清奇和黄专有很密切的学术上的交往，而且我记得前一两年罗清奇来这边做访问的时候，我们和黄专还在一起吃饭。他们一直都保持着很密切的交往，包括参加一些国际会议之类的。

罗清奇很尊重黄专，也很佩服他的为人和学术的素养，所以每次谈到黄专的时候，都是那种学者互相尊重和欣赏的感觉。我是今年七八月份的时候回到澳洲见到罗清奇的，也提到黄专过世的事情，她也非常悲伤，她通过王友身和我表示了她的哀悼之情。他们的关系也是挺深厚的，从1995年APT那次最早见黄专以后，通过APT就接触得比较密集，后来他们一直保持着联系，罗清奇跟黄专的关系很好。上次罗清奇来的时候，好像有MoMA、塔斯马尼亚美术馆的人，我们和黄专还一起吃饭见面。我觉得黄专跟海外策展人、批评家交往比较密切的，罗清奇算是一个，毕竟罗清奇的中文比较好，沟通起来没有什么太大的障碍。

*王俊艺：*想问一下“魔咒”展是您回国之后在国内办的第一个展览吗？

*关伟：*不是第一个展览，但是是比较大型的和最重要的一个个展。

*王俊艺：*在这个过程当中，您觉得黄老师和别的策展人有什么差异？

*关伟：*比如说我把罗清奇做的“另一种历史”和黄专策划的“魔咒”做一个对比。罗清奇首先是一位女性，所以她比较委婉，在讨论方案的时候基本上是以艺术家为主，她没有那种很强的干预，她会很委婉地说。但黄专就比较直接，如果不行的话就直接否掉，所以我觉得黄专在方式上比较强势。当然，我们也有争论，也有探讨，但是和罗清奇比起来他就要猛一些。黄专有两面性，他在私底下可以随便开玩笑，胡说八道都没关系，但是在学术上他很严谨，所以我觉得他的两面性非常突出，这是我的一个感觉。

*王俊艺：*您参加了2006年的“江湖”展了吗？

*关伟：*我参加了。那是在美国提顿画廊做的一个展览，当时我还在澳洲，黄专邀请我参加那个展览。我特地为展览画了一幅大的作品，叫《江湖》，结果那件大的作品没去，因为提顿画廊的团队办事特别拖沓，很不到位。我当时在澳洲有一个很好的画廊在跟他们联系，但是发了E-mail之后，他们也不回复，很长时间才发来一封邮件说需要什么作品，所以我这边的画廊就很担心，说这么大型的一件作品去了，到时候丢了怎么办？最后那个展览我就拿了两件小的作品参展，但是图录里面印的还是那件大的作品。

1999年，白榆和黄专在悉尼旅游时抱着关伟女儿合影（图片由关伟提供）

1999年，黄专与关伟女儿（图片由关伟提供）

王俊艺：关于“江湖”这个主题呢？

关伟：“江湖”聊得不是很多，毕竟那会儿我还在澳洲没回来。他是给每个艺术家发了一封信，阐释了“江湖”这个概念，以及大的方向，艺术家可以根据他的框架创作一件作品，或者根据这个框架拿一件现成的比较符合主题的作品。我是根据他的框架单独创作的一件作品，叫《江湖》，画的是美国兵跟中国古代的武侠的冲突，用的是中国大青绿山水和西方式的剪影相结合方式完成的，还是挺有意思的一幅画，最后被墨尔本州立美术馆收藏了。

王俊艺：您看看还有什么特别想聊的，包括私底下的交流。

关伟：其实我们两家私底下的关系也都是挺好的。他是1997年和1999年去了两次澳洲，后来那次是他跟小白（白榆）一块儿去的。1999年那会儿我女儿还不到一岁，他们两口子特别喜欢我女儿，带着我女儿去转去玩，关系很融洽。我现在还有那些照片，看着很是亲切。他每次到北京来，我们也会见个面，吃个饭，聊聊天什么的。但是朋友归朋友，他认真的时候还是很认真，特别严谨，而且做事就要做得最好，这点我印象深刻。

1998年，黄专首次赴墨尔本（图片由关伟提供）

1998年，黄专首次赴墨尔本，左起：汪建伟、朱光燕、王志远、黄专、刘晓先、阿先父亲、关伟（图片由关伟提供）

记得有一次我们吃饭聊天，有汪建伟、黄专、王友身，那次聊天主要就是聊狗，汪建伟家养了一条狗，黄专也养过一条狗，整个晚饭的过程全都是在聊狗，聊得非常热闹，而且黄专很幽默，又很有智慧，几次聊天给我印象很深。在聊起专业理论的时候，比如他跟汪建伟聊哲学，我都听着发懵，说的很多词都听不懂，但是黄专跟他能聊到一起，我听着很受启发，回来以后赶紧消化。

我记得有一件印象很深的事情，还是"魔咒"那个展览，我们有一次见面，黄专给我提了很多建议，我还做了很多笔记，好像有两大篇幅吧，我把他跟我交谈的内容都给复记下来，最后又梳理了一遍，我记得是记在我那个速写本上了，但写得很潦草。

黄专兄于2016年离开了我们，但当他面对死亡时，非常坦然，他讲这是一种"金蝉脱壳"，是一种生命体的转换。他的这种态度对于我们这些活着的人来讲，是一种很好的鞭策。这个访谈既是我与黄专兄交往的追忆，也是对黄专兄的纪念。

一个不喜欢赶时髦的人

受访人：展望
采访人：王俊艺
时间：2016年10月21日　地点：北京
录音整理：王鹤翔

*王俊艺：*您和黄老师最早是什么时候认识的？

*展望：*具体时间我有点记不清了。我们很早就认识，有过少量的交流，但是真正的合作是在1996年的"首届当代艺术学术邀请展"，这是我第一次参加他策划的展览。当时在中国美术馆展出，作品都布置好了，但是不知道什么原因一直没有开幕，最后展览还没有公开展出就撤了，再后来又到香港去展。好像是因为哪个手续不全，我记得当时许江还给文化部打电话帮忙，都不行。

*王俊艺：*听说是因为那个展有来自香港的赞助，必须经过文化部的特别审批才能够展出。

*展望：*反正就是需要一个手续，但不知道具体原因。在这个展览上我和黄专开始接触得比较多。这个展览应该是《假山石》的第二次亮相，第一次是在首都师范大学的一个很小的实验展。当时我既参加了黄笃在首师大（首都师范大学）策划的"中德交流展"，又参加了黄专在中国美术馆策划的邀请展，但我有点忘了哪个在先哪个在后，因为时间差不多。首师大那个展览因为比较早期，规模比较小；黄专这个展览比较大型，《假山石》算是第一次正式拿出来展，当时下边还有一个圆玻璃套着。但是这次没有公开展成，所以《假山石》在一开始展览的时候就特别不顺利。

1996年，“首届当代艺术学术邀请展”筹备期间合影（图片由展望提供）

1996年，展望与黄专在《假山石》前合影（图片由展望提供）

王俊艺：这个展没正式对外开放，有内部的观展活动吗？

展望：只是圈里的少数人自己看了一下。接下来的第二次合作是在1998年，何香凝美术馆举办了深圳“第一届当代雕塑艺术年度展”。我印象中是黄专和孙振华一起策划的，但是画册里没有特别写明是谁策划的，学术委员会委员名单里有黄专。

王俊艺：当时您拿什么作品参加展览？

展望：拿的也是《太湖石》。接下来是1999年黄专正式策划“第二届雕塑展”（画册里写的是“学术主持人”，那个年代都不写策划），他亲自到北京来找我，当时是在北京三里屯的一个饭店，我们一起聊。我说希望这件作品能够和当地的环境发生关系，黄专说他们那儿正在新挖一个水池，我说那就和那个水池发生关系吧，在挖水池的时候或许能挖出大石头，我可以把这块石头给拷贝下来，这块石头和拷贝的不锈钢石头都放在水里边，一动一静。这是我们俩当时谈的方案，他觉得挺好。过不了多久他们就开始挖了，挖完了黄专就特别兴奋地告诉我说：“展望，还真巧了！我们挖的这个湖下面还真有一块巨石！这挺奇怪的，其他都是小石头，就这一块大的，2米多，特大。”于是就安排过去复制这块石头。复制完之后一个是漂在水上，原石还在水里面，但是能够看见。当时在构思这件事情时其实就是聊着玩儿，我说那里面肯定会挖出石头的，我也不知道能挖出多大，没想到还真有块大石头。那件作品现在由何香凝美术馆收藏，

《鱼戏浮石》展望，1999 年（图片由何香凝美术馆提供）

就是漂在水中的那块石头。

*王俊艺：*展览时是直接把石头放在那里吗？

展望：对，展览时就放在那里，动用了很多吊车，因为要把湖清理干净，还要做防水，然后再把石头吊回去。

*王俊艺：*我看到很多人穿着橙色的工作服。

展望：对，那是在做实验。我那次也是第一次做，想看看石头下水的情况。他们就派了一些人，穿了救生衣。因为石头下水以后还得捞上来，就跟着石头跑，这情景还挺有意思的。

*王俊艺：*当时这件作品在展览时是怎么呈现的？

展望：漂的这块石头在下面拴了一个链子，不让它跑太远，但它会来回晃动，那块原石在水中是静止的。展览时就是这样，一动一静，一轻一重。

之后我们的合作相对就少一点儿，接着就是黄专策划的“上海浦江华侨城十年公共艺术计划”。一开始黄专一直是叫我去看展览，他跟我讲华侨城那边出钱太少，他觉得找我做一个户外的作品钱不够，所以就一直没有和我合作。后来我们俩私下聊天的时候他说了他的疑虑。到了2014年，他正式跟我说："你看这个钱给得太少，你的作品又那么贵，怎么办呢？"我说，"你要真下决心策划了，钱就不是问题，多少钱都没关系，我无所谓，重点是把展览做好。"后来他说，"那好，有你这句话，咱们就合作下一个展览。"我说："好，反正钱不是问题，我这个展览还是以实验为主。"我那时候刚在长征空间做完"应形"个展，他来我这儿看过。他觉得我的创作有一个新的方向，所以我们俩就商量在这个新的方向上再试一下，因为比较试验，不一定能成功。他说没问题！

黄专认为我的"假山石"的本质是一个"拓"的行为——"拓形"，到了"应形"再往后，一定会需要实验的，因为它是有发展阶段的，这和我原来比较关键的部分暂时脱开，根据"应形"往下走。这样的话，我们室外的部分就维持一个"拓形"阶段的作品，但不是拓假山石，而是拓地。这件作品怎么来的呢？就是他来我这儿，我们俩在谈创作的时候就看以前的作品。我曾经做过一件作品，是在我们工作室旁边拓了一块地。黄专看后觉得"拓地"的概念挺好，因为它使我的"假山石"的文化符号取消，抽离出一个纯粹的语言。他希望能够发挥"拓地"这件作品，再把"应形"推进一步。一方面，把"假山石"这个系列抽象化，把"拓"抽离出来；另一方面，在"应形"之后有一个新的系列，于是"应形"又往前走了一步。这两个放在一起，实际上是我们俩一块儿聊出来的，当时觉得这样能作为这个展览的主轴。

王俊艺："应形"往前走的过程中，您和黄老师有什么具体的讨论？

*展望：*我跟他讲，我做"应形"有了突破，但问题是我比较受制于反射的图片和形象，也就是说，我的创作来源于假山石的镜面，然后把它变成了雕塑。在这个过程当中，

《拓地》展望，2015 年（图片由 OCAT 深圳馆提供）

我的主观意识并不是很强，基本上是在发现和寻找。我特别想试验一种更强烈的主观意识，也就是说，我要用镜像的原理。镜像不光是一个形象，实际上它还是一个原理，它是一个扭曲的镜面对于环境的反射，这是一个主动的行为。“假山石”是个主观的东西，面对客体进行改变。也就是说，我把自己想象成为这块石头，我自己有镜面反射的功能，然后处理客观世界。换句话说，我把我自己看作是一个天然的人，然后去找一种软的材料，就像那个镜面一样发挥。所以这和再现你看到的东西是不一样的，这个差距非常微妙。

我在做这个展览之前和黄专谈了我的想法，他觉得很有意思。我说这是一个“反雕塑”的行为，不是一个正面的雕塑。为什么叫“反雕塑”呢？也就是我先把雕塑给做出来，再去破坏这个雕塑。就好比镜子，镜子面对的是一个具体的人，然后它把这个人给破坏了。我就等于是镜子，我做出一个雕塑，然后把雕塑进行破坏，这就是“反雕塑”。一开始黄专还建议我把这个想法写成一部有趣的雕塑史，后来我跟他说我感觉自己思路还不是特别清晰，还是先实践，写可能还不行。然后我就开始实验。我一边试验一边拍微信发给他看，我们俩开始了这样一种交流。

《幻形》展望，2015 年（黄京拍摄，图片由 OCAT 深圳馆提供）

策展人和艺术家之间的交流实际上并不是那么清晰的，它是多角度的，有时候乱聊。我们俩吃过好几次饭，有时候聊别的，山南海北，但是聊着聊着总是会回到这个主题。我觉得黄专和其他策展人不一样的一点在于，其他策展人见一两次面就行了，但我在和黄专合作的个展期间见面比较多，他只要来北京就和我见面，有较多沟通的时间。我在制作的过程中，也会随时给他发图片，听他的意见和想法，然后产生碰撞。我和他的合作是比较具体的，有比较频繁的接触。我想这可能就是黄专的一个特点，他非常愿意和艺术家交流。同时，他的想法也比较一针见血。

后来我们就聊到可以拓草地——展场有两块草地。当然，软的草和土怎么拓有很多技术性的问题；而室内这一块，就是"幻形"。黄专将这一部分的想法命名为"幻形"，因为室内这一部分完全是没谱的，处在想象阶段。我说："那就完全实验。"黄专说："我完全赞同，你就只当是会面临完全失败去进行尝试。"因为雕塑这种事不像别的，从材料开始要进行无数次尝试，在没有成形的时候是很难说的。软泥这种材料是一个很难把握的东西，那个东西根本就撑不起来，所以心里完全没数。我从"幻形"的实验开始和黄专沟通，所有的这些微信都留在我的手机上。

*王俊艺：*等于是从找材料开始就在不断地进行沟通？

*展望：*对。最早我给他看了一张还不成形的图片，每个阶段我都在和他沟通。

*王俊艺：*关于《幻形》这件作品，在聊的过程当中，黄老师有没有给您一些提示或激发？

*展望：*有啊。比如说我一开始做试验的时候其实是有不同颜色的，黄专觉得单一颜色比较好，容易看出形来，颜色多了容易花。即便是我的一些小的感觉，甚至包括搅泥的过程，我都会给他看，让他非常具体地了解雕塑语言。

王俊艺：《幻形》在制作的过程中，黄老师有去工作室现场看吗？

*展望：*我们都是用微信沟通。我觉得他的特点是比较会鼓励人，比如说我做到这儿的时候，他就会说："好，这个完全没有具象了。"我说："都是试验，犯错的过程，这是试验的照片。"他说，"有点儿意思了，但形象很恐怖哦，能立起来吗？""立不起来，这就是一个最大的问题。"我回复说。我通过软泥获得了自由，可是软泥的问题是不能立起来，它不能立体，只能是平摊。而且它干的时间很长，好几个月都干不了。刚做完有很好的效果，但它留不住，会往下塌。

*王俊艺：*当时您的想法是怎样的，只是想把它放在地上吗？

*展望：*我跟他讲，这次可能立不起来，因为这是第一次玩这种材料。立起来可能得下一步了，雕塑受材料限制特别大。

*王俊艺：*最后实施是怎样的？

*展望：*黄专是强调要立起来，它和“应形”才有一个对应关系。但是我得试，没想到这个材料这么难干，我用了各种方法给它吹干。实际上，在我明年的新作品中就实现了“立起来”，但不是软泥，我和高科技结合，用了3D打印的方式。当时我们在做试验的时候，黄专也提过这个想法。

*王俊艺：*当时这件作品是用了反衬的镜子吗？

*展望：*是不锈钢，想造一种镜像的效果。我以前用过不锈钢，但是用法不一样。这是为了强调幻觉效果，所以使用不锈钢板来做它的衬底。当时我和黄专沟通到这里的时候，我们俩其实都面临着困境和瓶颈，一个是它立不起来，一个是它干得太慢。但是这件作品在当时用3D打印没有意义，后来是怎么突破的呢？我有一次在工作室拉来很多软泥，然后给它架在什么东西上边，我突然发现，这个二维摊开的东西，如果把它放在另一个东西上，让它发生折叠，它就是三维的了，否则它就像浮雕一样。后来我和黄专谈这个想法，他觉得不错，我就做了几个盒子，把雕塑都摊在上面，顺着盒子起伏，这样才解决了展示的问题。这个软泥用起来很自由，跟以前的泥不一样，但是它的缺点也是显而易见的，只有在观念上突破，把二维转化成三维，展览的问题才真正得到解决。

*王俊艺：*当时在布置展览的时候，黄老师过去了吗？

*展望：*他后来生病了。

*王俊艺：*在布置的过程当中有没有微信沟通？

*展望：*有啊，比如说我后来写的东西，我们俩就完全通过微信沟通了。他说：“你这个文字真的很好，不用修改。”

*王俊艺：*关于这个展览还有没有别的印象比较深刻的事情？

*展望：*他后来做口腔手术，布展来不了，但是他把所有的事情都安排好了，包括找刘秀仪来主持展览开幕式，以及把展览的一切全都安排好，他在这一点上非常负责任。所以，虽然他来不了，但所有的事情都在掌控之中，非常专业，什么都没耽误。

黄专说：“我也很珍惜这次合作机会，通过这个机会也详细了解了你多年来创作的想法，知道你是一个把作品实现看作是比任何其他东西都重要的人。”他比较感兴趣的一点在于我特别看重实践，而不是谈理论。他后来发微信说：“本来想在医院复查口腔后来上海，但医生建议立即手术。好在从图片上看我觉得效果比想象的好，就让我放心了。你半年来的辛苦没有白费。25号开幕我可能已从手术台上下来了。”

黄专从一开始到最后，参与是比较深入的。他把我迄今为止的创作归纳为三个阶段：拓形、应形和幻形。他梳理出一个层次，也就是说基于“拓形”到“应形”，再到“幻形”，这就上了一个台阶。当然，未来还不知道。在展览快结束时我曾经和他聊过我未来的一个创作想法——想象一个人进入岩浆内部流动之后产生的变化。因为雕塑主要是一个“形”的问题，如果我想象一个人在大自然里能够有无穷无尽的变化，人跟自然就要发生互动。后来他提到这种无穷无尽的想法可以看图灵机，那个挺有意思。而且他也期望将来能够在这方面有所发展。其实我没有具体地讲，实际上我已经把这个作为第四个阶段了。

*王俊艺：*第三阶段“幻形”的名字是怎么来的？

*展望：*这是黄专起的。他根据前面的《应形》说这件作品可以叫“幻形”，也就是我幻想我是一个自然人，然后可以真正地去达到一个自由状态。但通过实践，我发现它

是有局限性的，不光是材料的局限性，另外一个问题是人很难恢复到真正的自然状态。

*王俊艺：*您的展览是在2015年，这是第九届“上海浦江华侨城十年公共艺术计划”了。

*展望：*黄专的想法是在第十届的时候，把以前九届的展览整合起来，做一个文献回顾展，这事儿就结束了。原来是这么想的，但最后一届没来得及做。

*王俊艺：*关于这个公共艺术计划，您觉得它对于当代艺术有什么样的意义？

*展望：*这是个大话题了。黄专自己阐述过很多次，他从早年在何香凝美术馆开始做公共项目的时候，就强调作品和在地的结合。当然，这种结合不是指简单形式上的结合，它可以是内容上的，也可以是观念上的，可以是各方面的。总之，他所认为的公共艺术绝对不是把一件作品放在公共场所那么简单，也不是分析公共场所的特点，他比较强调艺术与地方要有一种内在的联系。比如我第一次和他合作，我们就猜那个湖里头会不会挖出石头，我觉得他比较喜欢这种感觉。所以到了上海的“公共艺术计划”，我觉得他是在延续这个想法，后来上海的展览都比较强调这一点，比如我的《拓地》也是使用了展场的地面。

*王俊艺：*2005年OCAT建立后举办的“起飞”展，您也是参展艺术家，展出的是当时何香凝美术馆收藏的那件作品。您觉得OCAT是一个什么样的机构？它的工作方式和别的机构有什么不同？黄老师是通过什么方式来做这个机构的？

*展望：*很早以前（20世纪90年代中期）乐馆长和栾倩一起来北京在我们的研究所聊过这事儿。她们很想找一个专职策展人，在学术上能够支撑一片天。因为她们发现如果没有一个这样的人，她们的事情就会变成活动了。你看早年的展览并没有特别突出策展人这一点，都是学术委员会。我当时跟她们推荐过黄专，我觉得要是想

做学术，在当时的情况下，能撑起这个活动的只有黄专。后来何香凝美术馆就正式聘请了黄专作为学术主持。

黄专是一个比较严肃的人，但他平常很爱开玩笑，人少的时候，几个人在一起，他就特别逗，特别幽默，脑袋反应极快，各种调侃和逗乐。但是我发现当聊到艺术这件事情的时候，他又特别的严肃。我记得有一次他来北京，正好研究所刚做完“对伤害的迷恋”展，我记得我们还聊过这件事。黄专当时非常严肃地问起这事儿，具体的情节我有点忘了，但总的意思是，这些人是很严肃地在做这件事，还是瞎胡闹？

当时我刚做完“公海浮石”计划，这件作品黄专很感兴趣，因为让他想到当初我们在何香凝美术馆合作过的“浮石”（《鱼戏浮石》），然后2000年我就做了《跨越12海里——公海浮石漂流》。做“公海浮石”对于我来说最大的突破是作品从普通的水面推到了公海，因为公海是一个符号，而普通的水面并没有符号，这是一个突破。但是如果没有何香凝美术馆的那次实验也不会有这件作品，有时候创作就是有了前边才有后边，“公海浮石”是对《鱼戏浮石》这件作品往前走的一个延伸。后来就聊研究所展览的那些作品，黄专很关注前后的关系以及到底是什么想法。所以我一直感觉黄专的关注点和别人不太一样，就像这个展览也有很多批评家问过我，但是出于猎奇的比较多，黄专的关注点是他们是不是很严肃地做这件事，这是我印象比较深的。

*王俊艺：*可以聊聊黄老师做的别的项目，比如说他最近主编的《世界3》或是他在北京做的研究中心。

*展望：*有些人可能认为黄专和第一代艺术家（20世纪50年代出生）的合作比较多，但是以我的观察，我觉得黄专是开放的，他不会拒绝各种可能性的艺术。他为什么会从50年代开始做？我觉得这是很正常的，首先他自己是50年代出生的人；其次是他

对艺术的本质和艺术的源头始终比较感兴趣，他希望扶正固本，从头开始，而不是一上来就赶时髦。他是一个不喜欢赶时髦的人，对于流行和时尚的东西肯定是反感的。他从50年代这批艺术家开始做起有他的考虑，然后是60年代和70年代，一点一点地做，他会很严肃地去找这个台阶。我在和他聊我最新计划的时候，他是鼓励和肯定的，比如说研究图灵机、数字计算，把雕塑和3D打印结合，他完全是支持的，他认为未来这些完全是可以发展的一个路子，他并不拒绝，而且是持比较支持的态度。

我最新的研究是黄专去世以后才开始的，用了一年的时间，终于有了些眉目。我觉得很遗憾，黄专不在，没办法继续讨论这件事情。因为这是《幻形》的下一步，我暂时把这个叫做“隐形”，但还没有最后决定。“幻形”还是有一点外在，“隐形”实际上指的是一种黑暗的、地下的那样一种性状——完全看不见了，隐蔽了。

*王俊艺：*中间还有哪些印象特别深刻的事情？

*展望：*我觉得同时代艺术圈的人实际上对于艺术家的成长来说特别重要。艺术家、策展人、理论家、批评家、收藏家、画廊、美术馆和博物馆，这个艺术生态其实是大家共同完成的。我在教学时也经常和学生说，咱不说传统艺术，我只说当代艺术，当代艺术最重要的是它既是独立个体的思想表达，同时还不是一个人能完成的，它是一个时代的人互相激励、互相激发促成的东西。艺术家彼此之间是有影响的，艺术家和批评家、策展人也是有互动的。就算你不要批评家了，但你还需要与另外一批人一起互动，比如说助手、艺术家小团体，或者理论家和学者，或者诗人和文学家，都有可能。我和黄专的交流就属于这样一个例子，黄专既是艺术史家，也是批评家。

王俊艺：您觉得黄老师在艺术的关注点上有哪些是比较特别，或者说跟别的批评家或者艺术史家不一样的地方？

*展望：*表面上看起来黄专好像也很注重社会和政治的语境，但跟他接触后就会发现，他对语言也是出奇地关注和在行。黄专比较关注社会，但是他不是那种表面的关注，他讨论的问题是社会和语言的关系。他并不是鼓励艺术家没事就去针对社会问题搞点事情，他不是这样的人。这点也给我一定的启发，艺术家在创作的时候，无论怎么说社会和语境的问题，其实内心深处最关心的还是语言问题。因为艺术家非常清楚，没有语言，无论多伟大的社会问题，艺术也是不成立的。我觉得黄专是非常突出地强调这一点。我从第一次和他合作，包括最早的“假山石”，以及参加他策划的邀请展，当时他让我除了作品，也把草图放进去，他特别注重作品是怎么来的。我们在合作“浮石”的时候，他并没有问这个漂浮的石头到底和社会有什么关系，他绝对不会问这种问题。我们首先是猜里边会不会有石头，最后真挖到石头了，然后形成了漂浮和静止的这种关系，完全是语言的问题。我们之间并不谈论社会和政治这些事，他和我交流最多的其实都是语言问题。这一点我觉得可能和一般人想象的不太一样。

*王俊艺：*1996年的邀请展有没有关于这样的讨论？

*展望：*因为太久了我有点想不起来。当然是有讨论，比如说当时在选择这件作品的时候是有讨论的。因为当时我的作品还没有完成，所以这个画册只用了一个局部的照片，另外收入了完整的草图。

*王俊艺：*当时这三个草图都放到展场去了吗？

*展望：*没有，展厅主要是呈现作品。这个草图没必要展，放在画册里就可以了，大家可以看到过程。黄专就强调把草图放进画册，还幸亏放进去了，这是最早画的。

*王俊艺：*当时是通过什么交流的？怎么约的，是电话还是写信？

展望: 那时候用BP机吧，我不太记得了。黄专平常非常活泼、非常幽默，但聊艺术的时候却非常严肃。我觉得政治和社会这事儿大家是心照不宣的，好像不用去谈，谈的基本都是语言问题。怎么样把语言精致化和契合好，也是艺术家对社会的关注，语言问题应该说是艺术家本身感兴趣的事，社会问题无非就是借助一下。所以黄专的严肃性还是在专业上。像这种画册的编排都是黄专的要求，比如说把过程都放进去，这些都是他的想法，他很注重画册，编排得也挺好。

王俊艺: 您最后还有什么想补充的吗？

展望: “幻形”是特别实验的一次，它是我唯一一次不在乎成功与失败的创作。所以我不单独看它的好坏，我只觉得它是“应形”和我明年展览的最新作品之间的桥梁，它是一个讨论和沟通，并不是一个成品，但是它的作用非常关键。它处在我“再现”和未来把人工智能加进去的这种艺术之间的过渡阶段，是一座桥梁。正是这段时间我和黄专合作了这个个展，我觉得这正是它的意义所在。

艺术家如果想突破的话，是非常辛苦和非常艰难的，一是需要自己的苦思冥想，二是需要和朋友，比如策展人和艺术家之间交流，需要一些外力推动艺术家完成这个转折。所以我觉得艺术家和策展人如果有很好的合作，在这方面策展人可以助其一臂之力，这就是策展人的作用。黄专在这方面做得非常出色，很遗憾，不能够继续展开这种讨论和合作了。

一个不可能再遇到的人

受访人：向京、姜杰
采访人：王俊艺
时间：2016年10月21日　地点：北京
录音整理：梅焱欣

王俊艺： 你们觉得有哪些是记忆比较深刻的，能够反映黄老师的学术成就和个人特点的，都可以聊聊，包括各种展览的合作，或者是对作品的一些讨论。可以从你们共同参加的展览开始谈，最早应该是1999年的深圳“第二届当代雕塑艺术年度展”？

向京： 应该是1998年深圳“第一届当代雕塑艺术年度展”，那是我第一次参加这种大型的雕塑展览。

王俊艺： 我看当时的画册没有标明是黄老师策划的。

向京： 没有是吗？当时是黄老师、孙振华和鲁虹几个策展人在场，第一次认识他们，貌似孙振华和黄老师是比较主要的策展人。

王俊艺： 在画册上没有特别的呈现。从第二届雕塑展开始，黄老师才作为正式的策展人。

向京： 鲁虹、孙振华和黄老师都是武汉的，感觉他们三个人在一起做这事。那时候都很年轻，我刚出道，完全不知道怎么交谈，只有傻乎乎地听他们谈学术、开玩笑。你是什么时候认识他的？

姜杰： 我可能比较早，是在1996年，那时候他策划了“首届当代艺术学术邀请展”，

1998 年，“第一届当代雕塑艺术年度展”合影（图片由何香凝美术馆提供）

但是没展成。当时来的艺术家都住在中国美术馆附近一个小旅馆。那时候他没戴眼镜，有点瘦。那是我第一次见他，之后他来工作室看作品。再见时他带了张晓刚和朱哲琴一起在老美院（中央美术学院）那边的一个酒吧。后来就是深圳“第一届当代雕塑艺术年度展”，但那时都不太熟。

向京：那时候他的性格和后来不太一样。原来比较酷，也比较张狂。

姜杰：对，年轻嘛！因为比较陌生，显得很酷的样子。熟起来是什么时候了？

向京：咱俩肯定不是一个时候。

姜杰：你要早点吧？

向京：2006 年我在上海美术馆有一个个展，当时组织了一个研讨会，也请了他。他来了，但不是为了来参加我的研讨会，是为了纽约的“江湖”展挑一些作品，他就是来看我那件《你的身体》的。当时上海正好是展览季。那次明显感觉到他整个人的样子变化

1996年，“首届当代艺术学术邀请展”合影，左起：隋建国、黄专、王明贤、姜杰（图片由姜杰提供）

2007年，向京与黄专在纽约“江湖”展《你的身体》作品前合影（图片由向京提供）

很大，很黑很瘦，还戴了眼镜嘛。

*姜杰：*生病以后？

*向京：*对。那次也不熟，但是他在研讨会上的发言，我印象还挺深的。他特别强调说这次只是为了一个展览来看我的那件作品，他说没想到这么些年，我的作品变化这么大。后来就是2006年去纽约参加“江湖”展，才真正熟悉起来。

*王俊艺：*之前应该还有“进与出”展。

*姜杰：*那个展览是在新加坡。但是我怎么对黄专没有印象，难道他没去吗？我忘了。我记得当时是皇甫秉惠主要在那边负责，可能我们岔开了。我们那时候也还不是特别熟。

*向京：*你跟他是什么时候熟起来的？

*姜杰：*真正熟起来其实也是在他生病以后，他不是又做了“预感”展嘛，你也参加了，那个展览之后就开始熟了。以前他主要还是和50年代的那几个人比较熟吧，比如晓刚、广义和舒群他们。“预感”展是他策划的一个女性艺术家的展览，他很少策划这样的展览。

2007年，“预感……”展合影（图片由余湘智提供）

向京：他当时还请了翟永明写文章，是你介绍的吗？还是他自己找的？

姜杰：不是我介绍的，但是他可能也想要找翟永明写。我之前跟喻红的那个展览是请翟永明写过，他可能想这是一个女性艺术家的展览，也没看到合适的人写这方面的文章，后来就约翟永明写了吧。

向京：嗯，翟永明写了一篇，薛莲写了一篇，那本画册我还留着呢。

姜杰：“预感……”展是挺好的一个展览。

王俊艺：2010年在顺义那边的桥梓艺术公社还有一个展览叫“最低限度”。

姜杰：对，我怎么都忘了呢。因为曾力是一个理想主义者，他做了那么大一个剧场，可能还要做一个当代艺术图书馆，还做一些收藏。他本来就是要在那里做事情的，黄

老师就找了一些艺术家做作品，做了这个“最低限度”展，还挺好玩的。我好像是做了一个叫《白苍蝇》的作品，当时的方案是在门上贴了好多小白苍蝇，然后有一份小的文字，编了一个小剧。其实还挺好玩的，一只苍蝇飞到一个屋子里，一个女人一直在做卫生，她把整个房间搞得特别干净，让苍蝇没有办法再肮脏，因此苍蝇开始变白，一切变得白而无阴影。忽然一声巨响，一切坍塌了，白苍蝇一下子飞出去，即刻它又变回黑色。

曾力那里特大，几亩地，有一个很大的剧场，之前还想着和北大合作，和黄老师合作。其实黄老师有很多理想没有实现，他计划着有很多事情要做。

王俊艺：向老师可以单独说一下你和黄老师探讨《你的身体》这件作品的情况吗？姜老师那边还可以谈谈个展前后是怎么和黄老师交流的，当时是在什么时候定下来做“大于一吨半”这个展览的？

*姜杰：*其实在第六届“上海浦江华侨城十年公共计划”的时候就已经开始说要做我的展览了，说了两年，但是一直也没有正式确定时间。我觉得黄老师是一个比较严谨的人，他每次都是比较认真地考虑要做的事情。2013 年年底的时候，他跟我说我的展览确定在 2014 年 10 月。

我其实也有旧的作品可以直接用，但我对于黄老师的展览也还是比较在意的，我知道他是一个比较认真的人。因为能跟他单独合作也挺不容易，他对自己策划的展览都是挺严肃的，所以我那时候也想着应该认真对待这个机会，觉得用一件老的作品没太大意思。

其实上海浦江华侨城中意文化广场那里并不是一个特别理想、特别好的场馆，我

姜杰《大于一吨半》草图，2014年(图片由姜杰提供)

只是比较珍惜和黄老师的合作，有了这个前提，我认真地做了一些方案。中途给了他几个方案，但都不是特别合适，做到"一吨半"的时候，我画了一些草图，他从深圳过来，我们见面，一起聊那些方案。开始的时候，他并不怎么喜欢这件作品，因为这件作品刚出来的时候，它不在一般的理解和经验的范围内，对于对立的性别，也是有一定侵犯性的。

*向京：*我有一个记忆，不知道准不准确。我记得有一次咱们一起吃饭，你拿了餐巾纸捏吧出一个形状给他看，你说这就是你下次展览要做的作品。是有这么一次吧？

*姜杰：*对，好像是有那么一个东西。

*向京：*我记得正吃着饭，你拿着餐巾纸，在那儿捏吧捏吧揉搓揉搓，我还没意识到你在干嘛，你却说："这是我下次的作品。"我还没有看明白那是什么东西的时候，大家都看出来了。

*姜杰：*对。他并不是说我不能做，但是他还是觉得这和他想象的东西不一样，所以开始的时候他是不太同意这个方案的，但是我比较坚持。经过几次磨合，我记得有一次他来北京，我们在珀丽酒店旁边的咖啡厅聊这个事情，我又给他看方案，他开始还是不同意，觉得攻击性太强，也太直白了。我是觉得，方案和最后的呈现还是有一个距离，

而且我们在思考一件事情的时候，它在过程当中的调整、转变和最后的结果，以及你认为的那个结果和别人的经验，完全不是一回事。所以在这时，当你的表述不够清晰，尤其是你对结果也不清晰的时候，他基本还是按照他的理解。所以开始的时候还是沟通得比较失败。

我记得后来聊了很长时间，我又把我最终的想法，包括尺寸和做法都跟他讲了，也结合上海的空间，我觉得黄老师虽然是做批评的，但他自己其实也还是一个艺术家，他不像一般做评论的人那样，他自己也画一些东西，而且他确实也是一个敏感型的人。当你跟他讲到一定的时候，他就开始兴奋了，我也很兴奋，慢慢地变成另外一种状态，不再只是谈作品表面的事情。于是越说越高兴，大家都进入到共同的一个空间里。黄老师有他特别理性的一面，有自己的知识系统，也有他特别感性的一面。当你感到跟你谈话的人的思维和你一致的时候，还是很兴奋的。

讲完了以后他就像一个艺术家一样，或者像一个孩子似的，开始胡思乱想，他比你还兴奋，搞得我反倒显得特别理性。他滔滔不绝，说要这样那样，然后又说空间应该怎样，就开始活跃起来，然后我也被他带动跟着一起兴奋，最后他高兴地说：“这事就这么定了。”其实，所有这些方案到最后完成的时候，都是你自己的事情。比如你是怎么样处理的，怎么样把握这件作品的，这些在做的过程中是很个人化的，包括如何控制这些细节，如何把握它们之间的关系，什么时候刚刚好，停止在哪儿才是恰到好处，都是要到最后才呈现出来。所以前面所有的亢奋，都像是一针强心剂似的，后面才是真正的关键所在。在创作的过程当中，黄老师来过几次工作室，因为那件作品是在工厂翻制，又特别大，所以是在工作室外面的一块空地做的。他每次来都带着人一起来看，看了细节后都比较满意，觉得挺有意思。

《大于一吨半》创作现场（黄专拍摄，图片由白榆提供）

向京： 其实泥塑和后面的结果，还是有很大差距的。

姜杰： 对，而且变化都是在制作过程当中产生的。我觉得雕塑确实不像绘画，绘画可以朦朦胧胧地呈现一个东西，但雕塑没有朦胧性，就得出实物。

其实黄老师在整个制作过程中并没有什么太多的意见，他还是尊重艺术家的，到中间的时候，他基本上就是看，觉得还不错，就不怎么说话了。后来到上海浦江华侨城的时候，我就觉得那边没什么灯光，但我又特别能凑合……

向京： 最后效果非常好。

姜杰： 嗯。最后黄老师是把一些东西控制住了，包括是不是做一个研讨会，应该在学术方面有什么样的考虑，研讨会应该请什么样的人。我觉得黄老师和一般做批评的人不太一样，他其实属于学者型，他希望研讨会是一个跨学科的、从文化角度来思考关于中国当代艺术的语境问题，所以在考虑人选的时候，他觉得是不是可以请一些综合性的人选。他这块做得还挺好的，最后的研讨会我觉得也挺有意思，我自己受益也挺大。研讨会请了李陀、刘禾、尹吉男、西川、格非，等等，其实都是别的行当的人，他们的一些说法，完全是跨出美术界的范围，但是能够给我很多启发。

2014年，“姜杰：大于一吨半”展览学术研讨会现场（黄京拍摄，图片由OCAT深圳馆提供）

我觉得也是因为黄老师对于展览、研讨会和出版的把握，对一件作品的提升起到了很大作用。我不知道这个展览对于黄老师意味着什么，但对于我来说是很重要的。有好多事情都是机缘巧合，像命中注定似的。这确实不是一个特别棒的展厅，但就是在这样的一个空间里，艺术家选好，大家也都希望能参与进来。

*向京：*他始终把持着一个品质和一种倾向性。

*姜杰：*对。其实是因为有这么一个人有这么一种坚持，你才会愿意参与。我觉得参加这个展览是件很荣幸的事情，我也特别感谢他给了我这样一次机会。

*王俊艺：*你们是怎么看待黄老师做的这些公共项目的？包括“上海浦江华侨城十年公共艺术计划”“当代雕塑艺术年度展”和“深圳地铁华侨城段壁画工程”等。

*向京：*我不认为黄老师的全部兴致是在当代艺术这个板块上，艺术和艺术生态对于他来说肯定是狭隘的。黄老师考虑当代艺术如何介入到公共空间这样的概念，可能也是他对于社会议题的一种兴趣，所以他可能会想到一些点子，去做这种既让艺术家能

2014 年，《大于一吨半》展览现场（黄京拍摄，图片由 OCAT 深圳馆提供）

够参与，又具备一种所谓的公共性和社会性话题的项目。我觉得他每一次做展览都带有一点挑战和实验的意味，也是一种理论之外的践行，而不仅仅是做一个艺术圈范围的展览而已。

他策划的“当代雕塑艺术年度展”这条线索，其实单独梳理起来是很有意思的。我们参加的“第一届雕塑展”，显然只是一个小范围的展览，真的差不多都是雕塑圈的这些人，主要是央美系统和国美系统，但后来他就意识到这完全可以做成一个更具拓展意义的公共性的项目。当时我们还做了一次讨论，已经在讨论所谓的“艺术公共性何在”的问题。当时孙振华正好做了一个和深圳有关的项目——“深圳人的一天”，他就讲他做这个项目的概念。这些都会引发对于艺术介入城市文化、公共空间这样的概念的思考。

“第二届雕塑展”的规模很大，几乎是把深圳华侨城的一大片地全用上了，做了很大的改造，而且每次展览持续一年，在这一年当中，那个地方变成了既是大众游玩也是公园性质的场地。这可能是早期的尝试。就像艺术家在做创作似的，在具体工作的时候，他会意识到或者说收获到很多经验。后来的雕塑展所找的艺术家，已经不完全是在所谓的雕塑的范畴之内，也有很多做影像和装置的艺术家加入进来。“雕塑年度展”都是临时展，实验意味很浓，在中国最早实验了一种企业和文化搭桥的模式。

姜杰与黄专、欧阳江河、张晓刚、捷克大使、北岛、佳佳在捷克大使馆（图片由白榆提供）

我觉得黄老师即便要做社会性和公共化的展览，也是非常强调学术性的，他总是要把展览拉回到严肃的学术讨论，生成一些针对当下的命题，他选的艺术家也都是很实验性的。

姜杰：你看国内有很多做公共艺术项目的，其实都逃脱不开和当地的政府机关合作，有很多展览都没有任何长进，就是摆一下雕塑。“上海浦江华侨城十年公共艺术计划”其实也是属于开发商给钱，但他把品质给拉上去，变得学术。因为你不可能完全没有关系，没有钱很多事情是做不下去的，所以他借用了这块，但品质很高。他基本上不会去控制一个艺术家，其实是让他们进入到一个社区里。每次开幕的时候，社区里的人都可以来，你看得懂看不懂都没问题，他没有说非得要去迎合大众，他不做那种事情。所以在这些雕塑园里，也还是以他的想法为主体，他并没有考虑迎合大众的趣味，他的做法不是倒置，而是主动地面对。他请的人，不管是国内艺术家还是国外艺术家，都是有所选择的，不是凑合也不是为了挣钱，他真的不是属于那种挣钱的策展人，但你说他不懂生活？绝不是，他也很会享受生活，但这并不是他真正的目的。我觉得黄老师的有趣就在这里，他是一个品质比较高的活生生的一个男人，所以他有意思。为什么后来我们都跟他很熟，而且关系都比较好，还是因为尊重他的人品，也尊重他做事情的方式。

向京: 我们还是回到“上海浦江华侨城十年公共艺术计划”以及“当代雕塑艺术年度展”这两条线索，我觉得“地铁壁画”那个项目，是一个偶发性的项目，是独立的，那个概念只适合做一次。但他这些策划做得非常早，都是有历史价值的。

姜杰: “第一届雕塑展”还是小范围的，基本上就是雕塑界的艺术家参加，到“第二届雕塑展”的时候就不只是雕塑了，范围越来越大。

向京: 其实我觉得这两个项目都可以各自单独构成一个学术线索，因为它们所实验的概念还是不一样的。这和华侨城房地产的属性有关系，怎样在这样一个背景和条件的限制下做当代艺术展的策划，这肯定是黄老师在思考的一个问题，而且可能恰恰是因为有了这个命题他才这么去做。黄老师还是越来越有开放度的，就像“当代雕塑艺术年度展”，他最后找了一些其他的策展人介入，包括一些年轻的策展人，不是说这事他得自己把控，他恰恰是可以做得很开放。他还是一个非常理想主义的人，所以他认为要找更多有学术水准和学术理想的人一起来做这件事情，才能真正地达成。他的选拔是不带有太多个人色彩的，不是因为谁跟他好所以他选谁。当然，他有自己的准则，对于做事的观念的把握，真正操作的时候，也会非常尊重艺术家的创作。我认为这就是他的开放度。比如他请一个策展人，他能够把所有的权力和所有的事情都放手给这个人操作，这就是理解上的一个开放度。当然，现实和理想是有差距的，有很多事情不见得会按照他的理想发展，这也是中国当代艺术在中国现实性下的一个有意思的地方，包括它的乱七八糟，它的有序和无序，它的野蛮生长，等等。

在美国参加“江湖”展的时候，他说过一句话我印象特别深。我当时讲对当代艺术有好多不太能理解的地方，有些我认为污秽的，和理想状态差距会特别大，他就告诉我说：“大善存于大恶。”这句话到今天我都记得。他说当代艺术的生态当然很糟糕，我们面对的现实当然很不尽如人意，但是他说这里面其实有非常强的生命力，而且真正好的东西，一定是出自于这种污秽之地的。我后来在规整自己的认知当中，一直把这句话放在心里。每个人都是生存于这个现实内，而这个现实有太多不尽如人意的地方，但是艺术的能量和生命力也来自于杂七杂八的现实中，而很多命题是需要回应所处的时代，一定要在这种认知之下才能有一个高度和深度。

黄老师做的几个公共项目，可能还是一个大的概念的把控。“上海浦江华侨城十年公共项目”“当代雕塑艺术年度展”“深圳华侨城段地铁壁画工程”这几个公共性项目，这是一类命题。另外，他去做“江湖”展，是和美国的一个商业画廊合作，对于美国画廊业来说是规模非常大的中国当代艺术展，我估计那时的纽约不可能有比这个规模更大的中国当代艺术展了，我想可能是在他们的讨论当中，慢慢把展览推动成这样一个规模的。他几乎是在和美国画廊老板做一种交锋，不仅仅是一种文化上的交锋，而是商业和学术上的一种交锋。在这当中，他势必要去说服画廊老板，呈现一个他想要的面貌。我觉得这也是他试图与商业做博弈的一次比较重要的实践。

其实提顿画廊（Tilton Gallery）在上东区的空间很小。到了美国纽约就会发现，那完全是一个阶级社会，上层、中层和下层，就像楼梯一样。那个画廊开在上东区，那个区周围全都是一些上层阶层的人，离大都会博物馆特别近；另外一个空间是在切尔西（Chelsea）画廊区，那应该是提顿画廊和另外一个画廊合作的空间，这两个空间气质差距很大。黄老师在跟他们讨论的时候，什么样的作品搁在上东区的空间，什么样的作品搁在切尔西画廊区的空间，他肯定都有考量。印象中只有我一个人跑过去，当时没有请艺术家去，我只是自己好奇自费去的，因为那时候我还没去过纽约。

我那时候对做一件事情的大局观是完全没有的，只是懵懵懂懂地看他做事情，看他和画廊老板怎么沟通。因为我那时候在上海没什么人可交流，基本上都是自己闷头做作品，所以2006年黄老师去参加上海美术馆的研讨会的时候，他对我的评价是说“我对向京作品的感觉恰恰就是她作品中时髦的信息很少，没受到这类信息的影响……你看不出她想在一个非常热闹的场景中占有什么位置”。我当时还挺渴望和别人交流的，看他和画廊老板沟通，感觉就是一种博弈，那个画廊老板特别刻薄。

*姜杰：*西方人都是那样，不会考虑面子的。

*向京：*对。黄老师他所设想的作品的量，其实是远远超出那个空间的承受力的，有些作品就要拿下来。具体的事我也不知道，只是旁观。黄老师做事有原则，也很有情商，他会想法子说服人。在我看来有些事情该生气他也没生气，有些事情我觉得差不多，他好像就特别坚持。我当时并不特别理解他的很多处理方式，很多东西都是后知后觉。

展览开幕后，大部分时间我们都是去看各种各样的博物馆。这时候我就发现黄老师是一个很爱琢磨的人，他酷爱看展览，我只会去看几个比较著名的美术馆，但他会去看好多我并不关注的博物馆，有时候在边边角角的街上的一个小博物馆，他都会进去转一圈。我觉得这就是他的一个习惯和秉性，他会站在至少和一个艺术家不太一样的角度去观看。

*王俊艺：*你可以再聊聊当时黄老师专门去上海看你那件作品的事情吗，当时是怎样一个情景？

*向京：*那时候我们不熟，他完全没有打算和我沟通的意思，他就是看。黄老师这个人特别相信自己的直觉力，他也反复几次说过他是一个非常有“通感”的人，他既有像姜杰说的理性的成分，也有对作品判断的直觉力。

是老冯（冯博一）推荐我的作品给他，他只是在我的画册封面上看到那件雕塑的一张脸，就决定邀请这件雕塑参加展览。当时他给我打了一个电话，他说有一个展览想邀请这件作品参加。后来他就借我展览的机会亲自去看了那件作品。他在研讨会上就身体话题说的一段话，我还有点印象。他说中国出现过很多运用身体的好作品，但没有关于这个问题的很深度的研究或者多维度的研究，也是个损失。也许应该找一些跨学科的学者，在更加广泛的范围里一起讨论，他说有这么个机会，可以进入其他领域讨论身体理论的范围，也许会有个更深入的结果，使作品不限于美学价值或者在艺术史的价值。这可能也是他一直以来思考的习惯，他不愿意仅仅局限在当代艺术的小圈子，也不愿意局限在一些当代艺术的问题上。

*姜杰：*他是学历史出身的，所以肯定就不会局限在艺术学科。

*向京：*我觉得他不管是策展还是看作品，他都会带着一个更宽泛的、跨学科的视野去看待每件作品的价值。我其实还有一个印象很深的展览就是“预感……”展，因为中国女性艺术展非常多，我们都不知道参加过多少个乱七八糟的展览了。我觉得中国女性艺术展是特别让人诟病的一个题目，就是合并同类项的一个概念。我每次都会很反感，我不知道他们的问题指向到底是什么，难道就因为我们是女的所以我们要凑在一起做个展览，这有什么意思？

黄老师的这个展览是我自己经历过的，在女性艺术展里真正提出问题的展览，他起的名字都是带有和女性思维、女性行为，以及女性经验有关联的概念。当然，我也不是非常理解他所选择的每个艺术家的意图是什么。但他策划这样一个女性展，所提出的概念本身就非常有意思了。他在讲艺术除了所谓的观念和知识范畴之外，还有很强的身体性和感受力，他认为这种感受力在女性身上会显现得非常清晰和明显，那么，我们可不可以用这样一种思维和概念去介入到女性创作和女性艺术家的问题里面去？所以他用了“预感”这样一个标题。他找小翟写那篇文章，也有这样一个用意。我觉得他不仅仅构建了一个女性艺术展的概念，同时也构建了一个女性艺术展的言说方式（我指的是题目）。我记得他找了两位女性写作者，一个是翟永明，一个是薛莲，他认为这两位写手是具有女性书写属性的作者。他做展览每次问题的指向性都很清晰，每次他做一个项目，他会琢磨这次要解决的问题是什么，哪怕只是一个试验性的事情。未来如果要去梳理中国女性艺术展，有学术价值的非常少，“预感……”展很有意思，虽然是个很小的商业空间的展览。

王俊艺：向老师可以再聊聊当时和黄老师讨论作品的对话吗？

*向京：*我每次和一个人对话，多半是后知后觉，聊完之后整理成文字再看，我的领悟才开启。我做《全裸》那本画册的时候，刚做了一批女性身体的作品，因为之前黄老师选了《你的身体》那件作品去参加展览，我跟他说要做一本跟这个主题相关的画册，所以想找他聊一次。当时我专门跑了一趟广州，到黄老师家里去跟他聊。其实那时候他也没有看到《全裸》里的所有作品，大概只看到了两件，但是我们就这个创作本身的话题聊了很多。我记得他问的第一个问题就是“你哪年生的？”我说：“我是1968年出生的，这和年龄有关系吗？”他说当然有关系，他就从这个角度开始说。后来在整理文字的时候，才后知后觉地发现，他是在讲一个创作者的成长背景，他的背后有一个理论是说：所谓的图像时代和文字时代这样两种不同阅读代群的人成长的背景，造成了艺术家创作上的不同起因。

一个严肃的谈话还是对人很有益处的。他当时也质疑了我后面创作的一些问题。对于西方当代艺术，我们当时的经验其实挺少的，他那时候敏感地研究了YBA的年轻艺术家，他问我年龄也是跟这个概念有关系，因为年龄会制造一个代群的一批艺术家，有共性。

*姜杰：*他当然要看一下你的年龄，其实它决定了你的背景和视野。

*向京：*是。我有件作品叫《彩虹》，就是一个女孩坐在气球上。他就质疑我用气球的趣味化倾向，质疑在气球里面点灯，质疑“太可爱”的危险。他在严肃讨论问题的时候，其实是一个很直截了当的人，我觉得这种直截了当对于创作者来说还是挺受益的。当然，我对这件作品做了争辩，因为我有自己的路径，但是他的这种质疑对我挺有启发的。这意味着有一个人站在另外角度去看待它，是从艺术大局观的角度去看待个体的创作。

*姜杰：*我觉得他可能更能理解他的同代人的作品，比如广义和晓刚他们，而对于我们，尤其是女性的作品，如果他的感觉不好或者说不敏感，其实是很难进入到我们这里来的。我记得有一次他去我的工作室，其实工作室更像一个人的内部，进去就完全知道这人是怎么一回事，除非他藏起来了。早期中国艺术家特别喜欢把有些东西藏起来，比如说如果是一个身份明显的人，他反而会把身份模糊掉；比如说你来自农村，你总要掩盖农村的概念；比如我们来自学院的艺术家，对于学院的批判会让我们把学院的教育给遮盖起来，原来引以为荣的现在反倒是像耻辱似的，所以你会看到很多艺术家都会把早期的东西给藏起来。我早些年的时候也会想有些东西是不是不要让它显现，但是其实你不让它显现不等于这个东西就不存在，任何东西都不可能说没有 1 就跑到 10。

我记得他去我的工作室，他说简直不可思议。我觉得他还是有你说的那种开放性，他从一个更高的角度去看你的时候，他会理解你。他比我们大一些，但其实只要知道你的年龄，他是能感觉到你的成长背景的。所以从这个角度来说，他就不只是说美术方面的事情，而更多的是从一个社会学的角度，去考虑一个艺术家之所以呈现出现在的样子，他的背景是什么？他让我觉得有自信，不再藏和躲了，因为藏和躲都没有意义。

这些年来，我觉得越来越多的艺术家开始把一个工作室的状态呈现出来，那是一个模式，其实有的时候还是延续了一种西方的模式，看上去好像是一个工作室，其实也是“做”过的。其实你要从根上去正视这个问题，要面对你成长的所有的东西，重要的不是自信地把它呈现出来，重要的是你怎么去使用知识，你能不能使用好所有的经验？这是没有人可以帮助你的，使用对的话肯定会出现一个超常的东西。比如说我们学过的东西，就算是差的，只要使用对了也是好的，关键是怎样“使用对”。

我本来就是一个特别矛盾、左右并到一起的人，他能够提醒你把这些东西拿出来，然后面对它。就像你刚才说的对你起作用的一句话，其实那句话不见得你没在书上看到过，但是他在最关键的时候告诉了你，让你看得很清楚，我觉得他有这样的能力。所以我们为什么跟他关系很好，其实在他周围也有很多女艺术家，但在他生命后期的时候，我们其实是和他最好的，他每次都开玩笑说我们是他的“红颜知己”，其实是有他对我们的理解和我们对他的认可这层关系在里面。当然我们也会有一些争论，现在想想，那些从大局看来都是一些小的事情，在大的方面，我们都是一致的。他是一个不可能再遇到的人，也有很多做女性展览的人，但很难替代他。

*向京：*在当代艺术圈，黄老师真的是很特别，他的学术视野很特别，而且他是一个综合性很强的人。很多学者可能水准也很高，但他们未见得会愿意进入当代艺术这个板块，因为当代艺术里面有太多的利益和太多的人情世故。我理解黄老师有很大的兴趣还是在研究古代艺术这一块，他可能对古代艺术的感情会更深一点，但他一直没有离开过当代艺术这个实验田，他可能在这方面还是有自己的想法。

我有几次陪他去看范景中老师，他们关系很好，他和范老师在一起的样子显得特别腼腆和严肃，他们只聊那些很雅致的事情，我发现他和范老师在一起说话的时候就变成一个我不熟悉的人。我当时挺深刻地感觉到，他的情感所在不见得是在当代艺术这一块，或者说一种理想的学者的生活，不是他现在这样子，他可能更向往的是远离尘世的喧嚣和污浊，去一个很干净的小角落待着。他可能很羡慕范老师那样清净的生活，虽然有一点清贫，但是，是一个很清净的学者，旁边有一个服侍陪伴他的太太，就像两个濒临灭绝的物种一样，给我们看着就像是水中月、镜中花那样的生活。

我理解黄老师，他会觉得那种生活是一种特别美好的图景，很纯净。我记得他在《诀别的话》里也大概写过这段，他说很多人可能本来寄希望于他做一个纯粹的学者，但他却还是一直没有离开过策展的实验。我在想他对这件事情的一个真正的夙愿是什么？我理解他还是一个具有理想主义色彩的人，他曾经有过很多的计划，一些远离江湖之后的愿景，包括刚才姜杰说的去和曾力合作，做一个他理想中的图书馆。理想主义必然会在现实中碰壁，发生了太多不符合他心愿的事情。而且随着时间的推移，随着中国现实的变化，他感觉到他的理想越来越远了，我真的觉得他有这种失落感。

他那时候挺急迫地找房，他想给自己找一个居所，他在北京有这么多朋友，也许他可以到北京来生活，但对于他来说，他得有一个具体的事情才能留下。他在找具体的地方，想要实现一个具体的事情，但他碰到了太多难处了，比如说曾力那里，我们都聊过，我说："太远了吧，那种地方来去都不方便。"他说："没关系呀，真有这么个地方能够安居，我就在那待着，每天就泡在学问堆里，我也无所谓。"我说："要进城啊，你都不会开车，这么远，怎么办？"他说，"我不用进城，我就在那待着，天天做研究。"我说，"你这是想象吧！"我觉得他在想象一个晚年，想象他理想中的一个生活状态，他肯定也做过那种努力。

有一次我碰到一个人，我突然觉得可以和黄老师搭个桥，我还特别热心地帮他们介绍了一下，黄老师给我发了一个特别客气的短信，他说："向京，你真是有知识分子的品质啊，还会这么热心惦记着这件事情。"从我的私心来说，觉得黄老师有一天能来北京是很好的，一起聊聊天，一起吃吃喝喝都挺开心的。他这么一个人，其实挺值得珍惜的。

*姜杰：*因为他平常不在北京，都在广州，所以还是觉得他好像没离开似的。

*向京：*他最后做OCAT研究中心，也把他很多理想的东西打了一个折扣，做成这么一个机构的概念。他试图把一个学术理想，托付到一个具体的机构，和他一起做事情的人，包括他的学生，慢慢能够把这个理想延续下去，我觉得他还是挺有这种愿望的。

还有一个"国际讲堂"计划，他还写了一张纸发给了我，我当时拿着那张纸到处给人看，因为我曾经想过支持这种纯学术的活动。我们可以看到中国当代艺术30年的历史，学术这块的缺失是硬伤。艺术很快就进入到所谓的商业化进程里，学术已经变得非常边缘化了。那个所谓的策展人时代，只是短暂的一瞬，那种权力也变成很江湖的事。能在这个圈子里好好地思考学术，并且把学术当成一个事业去做的人，真的很少。我觉得黄老师是我所看到的极少数的这样的人，几乎是凤毛麟角。

*姜杰：*其实当代艺术这一块，策展太容易挣钱了，但他从来没有那样做，他的文章和策展都不是乱来的，你也不会看到他今天在这里出现或明天又在那里出现。

*向京：*真的是洁身自好的一个人，内心骄傲。

*姜杰：*清高孤傲。

向京: 刻薄成性。

姜杰: 自以为是。哈哈哈……

王俊艺: 后来他不是还主编了《世界3》，你们如果对这方面有所了解也可以聊聊，或者是别的你们觉得印象深刻的策展。

向京: 这种文献性质的展览对他来说也许学术价值更大。说心里话，这种展览在中国没有人做，也没有人能做，除了黄老师。所以黄老师的离开对于当代艺术界真的是一个很大的损失，我是由衷地说这么一句话。他英年早逝，对于当代艺术界是非常大的损失！现在有很多事情的想法都很好，但是很多做的人是有私心的，有个人的诉求。但黄老师做事情真的没有私心，或者说他把私心降到最低，他把大的事情放在前面，这种人很难找到。

黄老师的很多想法都很理想主义，但是我们多么希望这个理想能现实，真的希望这个生态能变得更好，而不仅仅是这个唯一可量化的商业标准在测量着当代艺术。所以OCAT那种文献展，看似没什么，只是把一些文献搁在那儿，但真的做起来，背后的工作其实是海量的，需要花很多心思，而且需要一个有学术水准的人去指导这样的工作，否则也不可能完成这样的工作。

姜杰: 黄专策划的展览和他的做事态度，都让人对他产生敬佩之意。

向京: 对，巫鸿老师说黄老师是一个才子，他身上也有才子的毛病，但他就是一个才子。

认可度与准确性

受访人：朱加
采访人：王俊艺
时间：2017 年 4 月 9 日　地点：深圳

朱加：大概是 20 世纪 90 年代，具体时间记不清楚了，当时是在北京西三环的首师大（首都师范大学）美术馆——当时在北京做了两个展览，具体展览的名字我不记得了，因为那个展览没有我的作品，因为有广义和友身他们的作品参加了，我就去了，大概那一次算是我正式与黄专见面。

王俊艺：当时黄老师跟那个展览的关系是什么？

朱加：黄专策划的展览，同时一个展览在中国美术馆，那个展览是给封了。

王俊艺：被叫停的展览应该是 1996 年"首届当代艺术学术邀请展"，那个展览原来有三个点，一个是在中国美术馆，一个是在首师大美术馆。当时像展望、姜杰两位老师的作品是在中国美术馆，王广义老师的作品是在首师大（首都师范大学），香港的艺术家还有一块。

朱加：那应该就是 1996 年。我认识黄专按理说是很晚，基于各种原因，在那个时期我很少参与各种运动或者是组织、群体性的活动，所以我跟黄专认识，相对于其他的艺术家应该算是很晚了。那天我在给《金蝉脱壳》画册的文字上也描述了，那次是认识了，仅仅是对这个人有了些印象，但其实一直交往不是很频繁，他来北京也还是和广义他们这些熟悉的朋友在一起，我参与进来实际上是非常之少，大家彼此都知道，

2005 年，黄专作品在王广义工作室展出现场（图片由王俊艺提供）

但是真正的交流几乎没有太多。实际上到我们真正熟络起来，应该是黄专第一次生病的时候，2002 年。我为什么印象那么深？当时是广义、友身和我，我们去北京人民医院看他，他在隔离无菌舱里边，不能接触外界的空气，我印象特别深，我们隔着玻璃跟他说话。那个时候他来北京治病，因为我是北京人，有一些关系，包括友身，我们利用一些当地的关系给他找医院，包括当时租的房子就在北京人民医院旁边，白榆为了方便照顾他也住在那个房子里边，他出院以后，为了复查、检查方便，也都住在那里。

*王俊艺：*2002 年的“广州三年展”您参加了吗？

*朱加：*2002 年那届我没有参加，我参加的是 2005 年那一届。2005 年那一届是侯瀚如跟小汉斯他们做的。

*王俊艺：*2002 年那一届是巫鸿策划的。

*朱加：*当时他确实要我参加了，但是我跟巫鸿他们之间就出版物的问题有一些不同的想法，当时我听到一些不太好的议论，我凭着我的直觉做事，所以我后期就完全没有关注这个事情了。也就是那一年，2002 年的时候黄专生病，我们协助他治病、去看他。那一年我参加纽约现代美术馆的一个展览，回来以后，我带了一本小的图录，我跟广义、友身去看黄老师，就把那本图录也带过去了。广义当时拿着那本图录坐在椅子上看——

我印象特别深，广义翻着那本图录说："朱加，这个太牛了，别的我不知道，但全都是很棒的艺术家在这里边，这个太棒了！"黄专就特别感慨地说："你看，这种事你也不会自我宣传、推广。"当时国内也没有什么电子媒体，只有一些艺术杂志。因为那个展览里面就我一个中国艺术家，剩下的全都是欧美的艺术家，达明安·赫斯特、马修巴尼等一批人的一个群展，又是在纽约 MoMA 那么重要的场所，他觉得我太不会对外宣传自己了，就只是拿了一本画册给几个老朋友看看，我说这个就足够了，我当时就这么个态度。我也明白黄专其实也不太喜欢那种特别能推广自己的艺术家。

*王俊艺：*当时您是哪个作品参加展览？

朱加：FOREVER，三轮车的那个作品。

*王俊艺：*当时黄老师有看过您的作品吗？

*朱加：*他对我作品多少有一点点了解，因为当时中国做录像的不是特别多——这个事情之前实际我们在工作上有过接触，就是 2001 年年底我在北京做了一个叫"合成现实"的录像展。我是 1998 年开始有了这个想法，90 年代我参与的展览大部分都是在境外，在中国本土几乎没有任何展出的机会，但我觉得我是一个中国艺术家，北京的艺术家，我应该在本地做展览，我就开始有了这个想法。当时跟李永斌商量，大家能不能在北京找一个地方做展览，因为在 20 世纪 90 年代大家都是在一些非合法性的场所做展览，经常被叫停，场地的条件设施不足，弄得很尴尬，状况很不好。而我们大部分的展览基本上都是在国外，跟国内一点关系都没有，所以我们当时就有意识地强调这次一定要在中国，在北京做展览。我们就去筹划这个事情，一定要找一个公共的场所，设备完善。那个时候比较天真的想法是做一个绝对"标准"的录像艺术展，从筹备到展场的设计，以及每个艺术家的邀请机制，都像在国外做展览一样，比如说承担艺术家的差旅费、酒

店住宿费等，甚至包括一些作品基本的制作费用，于是我们就开始找钱。我是1998年有了这个想法，然后开始做，那个时期确实很困难，因为大家对录像艺术不是很了解，跟别人谈起来很困难——这个细节就先不说了。也凑巧，我们找到了荷兰的王储基金会，他们给了一笔钱，有了钱，我们开始找策划人，想来想去，我们这代艺术家、第一代做录像的人，张培力、老耿、陈劭雄、施勇、倪海峰、李永斌，还有我，等等，就是这么十一二个人，那么这代人找谁来策展呢？也只有黄专了——虽然我们之前没有过多的深入交流，但是他做的事情，包括他的一些研究方向，我们还都是有所了解的。比如刚才说的首师大的展览，包括平时友身、广义给我描述黄专，所以我们跟黄专谈这个事，黄专也很痛快，答应下来了。然后我们就开始按照一些设想的去准备了。可是不巧，这个时候黄专生病了，但我们还是将展览做出来了，只是没有策展人，他生病了，我们再想选别的人，怎么想都不合适。

*王俊艺：*关于这个展览，现在能不能回忆，当时你们的作品，跟黄老师之间有没有具体的讨论？

*朱加：*开始有过讨论，都是私下的，主要是我跟他交流，我把参展艺术家名单都给了他，他来考虑作品怎么呈现。他当时是想每个艺术家用一件各自经典的作品，同时再展一件新制作的作品，等于每个人拿两件作品同时呈现，新老搭配，从最初的原始点到当今的状态。实际上我是1992年开始做录像，到当时的2002年，也就是十年，八九年的一个跨度，有一个呈现。他讲了这个想法，我们就准备，当然也希望他写一篇文章出来。但是他一生病，这事我们也就没有办法继续，心想不能再去打扰他了。

*王俊艺：*当时在你们谈论的过程中，具体作品有定吗，哪个艺术家具体展出哪件作品？

*朱加：*基本上都没有特别具体，但是他就说拿一件早期的比较有名的作品，就是导致

这个艺术家之后创作有一种倾向性的作品。

*王俊艺：*最后这个展览呈现的时候，您展出哪件作品？

*朱加：*我展了 90 年代关于打篮球的一个叫《光》的作品，还有一件新作品，新的作品为主导，老的作品次之。我展的新作品是我第一次用 16 毫米胶片拍的录像，叫《双重风景》。实际上是他生病以后，他所有的事情都放弃了。

*王俊艺：*当时新的作品和老的作品的呈现是黄老师提出来的，那么当时他提出这个想法的背景是什么？

*朱加：*当时我想做这个展览的想法是在 1998 年，跟他谈的时候，大概是 2000 年前后，具体是在 2000 年还是 1999 年已经记不清了，那个时期实际上所谓的录像艺术、影像艺术在中国——甚至在艺术界，大家对它都不是给予一种很正常的评价态度，特别是在北京，又是在一个公开场所。我们当时有了钱，弄了好多的投影机，整个展场里面使用了大概 12 台投影机，索尼专业的 48 寸监视器大概就有 50 多台。当时在三元桥有一个老的二手电器市场，那些监视器可能是从香港走私来的，当时来讲，那种方方正正的带两个横枨的 48 英寸的索尼监视器绝对达到美术馆标准，而且很便宜，大概几百块钱。那个时候荷兰基金会也特别地支持，赞助的这笔钱是 1999 年申请下来的，按理说当年要用到，但是我们延续到 2002 年才开始实施这个项目。我们一切工作开始非常顺，但是后来因为黄老师生病了，没办法。但我们后来实现的展览就是在他提的框架的基础上进行的。

*王俊艺：*这个时候您算是已经认识黄老师了，您对他当时的工作有哪些比较具体的了解？

朱加: 真实讲，我们直接交流的机会不是特别多。大家都是在转述的过程当中了解，比如说黄专做了一个项目，我都是只言片语听别人转述，所以对于他当时建立的学术系统性的东西，那个时候我真的是完完全全的不了解，只是粗浅了解他的一种方向性和态度，从年龄上等各方面的资历上，我们觉得他特别合适做我们这个展览的策展人。那个时候国内的策展人机制确实也不健全，实际上我们只有在海外参加展览的经验，90 年代初期都是国外的策展人来看作品，有的艺术家有工作室，有的没有，没有工作室的就到家里，走一圈看作品，选几个人，当时国内就是这么一种状况。我当时的理想就是这个展览不是自发的，应该符合正规的模式，即所谓当时的一种"标准"模式去呈现：策展人、赞助人、场地、场地的设备、呈现的方式，等等。当然缘起肯定是大家——策展人也好，艺术家也好，大家商量着最终呈现的结果是健康的、完善的一个模式。我们谈了这个想法以后，黄专当时也是非常认可的——这个是我们后来熟了以后从他那里得到了证实。我感觉他是认可当时我们的工作方法及工作缘起的出发点的，要不他也不会轻易地答应，他也看到艺术家的名单，他也清楚这些人的工作状态，对于艺术家的选择，当时如果他没有生病，这个事情可能是另外的结果。我们这个展览最后变成只有一个发起人跟组织者的名字，画册是找到罗伯特那个叫 Timezone 8 的出版社给了一个书号，国际发行，但是里边只写了发起人跟组织者的名字。实际上我就承担了发起人跟组织者的责任，还有李永斌、倪海峰，我们一起找的荷兰王储基金会的赞助。

王俊艺: 2002 年之后您和黄老师的交往如何?

朱加: 我和黄专的交往都是隔一段时间深入一点，隔一段时间再深入一点，但是我觉得我们从来没有到所谓的"江湖的哥们"的程度，或者因为他根本不是这样的一个人。有一件事情给我印象特别深，就是 2005 年的"广东三年展"（侯瀚如和小汉斯策划的

那一届），当时广东美术馆组织艺术家现场交流，我也是艺术家之一，坐在那儿，突然后边一个人拍我肩膀，我一回头，黄专来了，我说："哎哟，黄专你来了。"他说："我看这个名单里有你，我就来了。"那个时间前后有一个"江湖"展，2006年的，在那个展览中我算是第一次跟黄专有工作上的实际接触，包括谈展览的方案，谈具体的作品，我的还是一个录像作品，所以也比较简单。我印象特别深，大家都坐在一起，听黄专谈他的策展理念。但实际上，可能因为我的性格原因，人多的时候不太愿意往前凑，参加就参加了，仅此而已。

*王俊艺：*据说当时筹备展览还有一个正式的场合，大圆桌吃饭？

*朱加：*不是圆桌，是长桌，具体的位置在哪儿不记得了。因为北京老变，在一个餐厅，有红酒，吃西餐那种很长的桌，当时曾梵志、老方（方力钧）、广义他们全都在。我觉得我跟黄专的友情关系，实际上是建立在跟广义、友身的友情基础上的，因为艺术家之间互相认可，广义在中间，会把我的情况跟黄专描述，他又会把黄专的情况跟我描述，就是这么一种状况，最后慢慢地这些接触都是在小范围的了，实际上都是这么一种情景。后来很多情况下就是直接交流。

王俊艺："江湖"展是哪年做的，您参展的是哪个影像？

*朱加：*我拿的应该是照片，《他们俩有过性关系？》那组照片。"柏拉图"展览我也参加了，"江湖"展我拿的是照片，"柏拉图"展我拿的也是照片，拿的是《四百四十六个表情》。

*王俊艺：*关于这个作品的讨论，你跟黄老师之间有没有交流？

*朱加：*我觉得他对我始终有一种认可度，我以一个艺术家的身份，跟一个策展人、一

个搞理论的知识分子、做艺术史研究的人的交往，他对我的认可和信任，这是最大的褒奖。后来董冰峰做了一个中国的录像艺术展“从电影看”，我也参加了，时间记不清了。那个时期黄专生病几年之后，情况好转，又回来工作了。在“从电影看”录像艺术展上，董冰峰放了我的两件录像，一个是 *FOREVER*，老的作品，一个是 2002 年的《从没有起飞》，也是在 OCAT 展厅 B，一个方盒子。那是黄专第一次看我的那件“飞机”作品。后来的某天我们在北京一起吃饭，他说：“朱加，我觉得你那件‘飞机’比你那件‘车轮’的意义还要大。”他说“车轮”还是一个语言学上的表述，是一个颠覆性的东西，但“飞机”实际上是从另外一个概念上完全超越了。这是他特别具体给我的一个评价。

黄专没有给我写过任何文章，只有这些口头的描述语言。我为什么这次（“金蝉脱壳”展）要展出《零》，其实是有一次黄专在北京，也同样是个小范围的几个朋友吃饭，那天我也是刚拍完这件作品，还从来没有展出过。我想正好黄专在北京，这是我第一次做有一点点电影语言的作品，与过去纯粹的传统意义上的录像语言表述方式有一点点小的转变，这种转变我自己还不确定。我就拿给黄专看，他说：“成功了，朱加，啥也别说，吃饭。”后来又说，“朱加，我觉得你不拍电影可惜了。”我觉得他的评价方式让我感觉特别兴奋。

另外他还说过：“朱加，我觉得你所有的这些作品，照片也好，包括录像，甚至一些老的录像作品，特别是这件作品，反映出一种‘情色’的气质。”他说这种“情色”的东西，实际上在整个中国艺术界的其他艺术家作品里边还从来没有看到过。他说，“我说的这个‘情色’，你应该理解，不是那种色情、很低级的东西。你是反射出……”我印象特别深，他用了“反射”这个词，因为我知道我没有在反映任何东西，我的作品不是反映任何东西，他说“反射”我就觉得特别契合，一下戳到我心窝子里了。是从语义的角度，它是一个非常讲究的词，同时也表述得非常准确，而且他说的“反射出情色”的这种意义，也是希望让我应该在这里边找到一种继续发展的空间跟余地——他特别说：我在中国的艺术界里还很难看到这样的东西。

*王俊艺：*他这个看法对你后来有影响吗？

*朱加：*我觉得肯定会有影响的，除非你不在乎这个人的评价，这怎么可能，他的感觉是那么的“敏锐”。当然，一个艺术家很多固有的东西是一直存在。但是如果一个批评家，一个你的朋友，他的学术的态度又是你非常尊重的，他给你一种暗示，我肯定会很注意这一点，他说的这一点对我来说应该是非常重要的，因为我觉得这也是我自身一个本质上的问题，我当然会意识到自身的属性特征，但是黄专能辨识出每个艺术家最重要的个性特征，要知道，有这种能力的人不是很多。所以，一般情况下我不太喜欢和外界交流太多，因为有黄专这种情商智商的人真的不多，能和他们聊什么呢……

*王俊艺：*除了参加黄老师策划的一些展览，您对黄老师做OCAT机构有什么了解吗？

*朱加：*我真正有了解实际上是从他要在北京成立文献馆的事情上，因为那个时期我在美国和中国两地居住，开始与美国和欧洲艺术界人士打交道，有了这方面的见闻和经验。我们见面聊到北京馆的时候，我也提出一些我的想法和看法，我会描述我所见到的外边的一些状况，他特别感兴趣，甚至我们约着要一起去洛杉矶，去盖蒂中心，因为盖蒂的研究所是全世界最大的艺术研究所，从资金到收藏量，包括人员的配置上都特别强大，而且正好我有一些朋友在里边工作，所以我一直在把那方面的信息带回来跟他沟通。对于我来讲，我不是仅仅对这个项目有所了解，而是积极地参与进去了，因为之前我完全是艺术家的心态，这个东西我也不能说出来，我也不太涉足很大的一个圈子，我只是点对点地跟一些朋友在交流。

王俊艺： 当时您跟黄老师描述这些国外的机构的时候，他有跟您说过他对于即将建立的北京机构的一个想法吗？

朱加： 当然，而且很多很具体，甚至后来他说现在也不想做任何展览了，他觉得做展览没有意义，特别是在中国，做了那么多展览，实际上大家对于一个基础、基本理论的建设都没有，包括对一些文献、文档的整理都没有，实际上这一块是中国整个艺术界特别缺失的，不管怎么样，中国当代艺术 30 年，甚至包括之前"文革"时期的现代主义，我们都没有一个哪怕是最基本的材料整理和研究，我们都没有办法去呈现过去。他觉得这个工作实际上大于策展的工作，他说"反正现在年轻的都起来了，那么多策展人都可以做各种各样的展览，对我来说没有任何的意义，我也没有任何的兴趣了"，这是他的原话。他说我就想把这个图书馆、档案馆给建立起来，从每个艺术家的个案开始。后来我印象特别深，我们在他住的北京工业大学旁边的饭店见面，大家都在那儿，他说："朱加，你应该是时候做一个个展了，你做个展我不想给你策展，但是我特别想给你好好地编辑一本书，包括整理一些文章，包括你这些年工作的状态。"这跟他的一个理想状态特别吻合，就是想建立一个最基本的框架，从每个艺术家的个案开始做研究，做梳理。这是他在北京对这个机构最初的一个想法，实际上是跟我们这么交流的。后来我也给他介绍一些国外的机构和人，比如明尼苏达州的一个老教授托马斯，他是丹托的朋友，因为黄专特别喜欢丹托的理论，他在文章中经常引用丹托的一些文字。托马斯也 70 多岁了，他说他跟丹托是特别好的朋友，他也看了一些黄专的文章，对黄专有一些了解以后，特别激动，跟黄专交流了很多次。

王俊艺： 您觉得黄老师跟别的学者或策划人有什么不一样吗？

朱加： 严格意义上讲，我对其他人了解不太多。我对皮力算是了解，皮力聪明，是他

的学生辈，他经常跟我谈起黄专，他也非常尊重他。像这些年轻人，他们从老一代人身上不是简单的学理上的承袭，我觉得更多的成分是精神上的承袭，还不是说态度，而是一个精神的问题。侯瀚如我合作也比较多，他在海外，我觉得太不一样了，我觉得他们是完全不一样的人。黄专给我的感觉，更多的是他的严肃性，或者说是他与艺术家交往的准确性——这个可能在文字上稍微有点儿绕，但是我相信大家能够理解我说的这个“准确性”，他的判断具有准确性，不是艺术作品本身的问题，是一种学理上判断的准确性。侯瀚如更多的是在策展方面有一些新的探索和一种方向性的探索，因为他在西方的体制下，要打造出一种个人风格，这是在西方体制、模式下的一种工作方法。黄专，我觉得更多的是从学理上，从一个学者的角度上来讲，他的准确性非常独特。

OCAT 是当代艺术真正的领头羊

受访人：周力
采访人：王景
时间：2017 年 12 月 5 日　邮件采访

王景： 黄老师 1997 年开始就受邀到何香凝美术馆主持学术工作，周老师 1998 年在何香凝美术馆做了个展，请问您是否在那个时候或者更早就认识黄老师？能否谈谈最早交往的情况？您当时对黄老师或他所策划的项目和学术工作有哪些比较深的印象？

周力： 1998 年做展览前还不认识，但知道黄老师，因为那时我还在法国，展览期间见过，他只说了句“画得不错”。后来在深圳画院他来看过作品，说“没想到，画这么好”。

王景： 2005 年 OCAT 在深圳成立，周老师应该是全过程的见证人了。能否谈谈当时您所了解的一些情况？OCAT 发展至今您也是一路给予支持，能否就 OCAT 从成立到发展成美术馆群的这些转变过程谈谈您的感受或看法？在这个过程中，您是怎么看待黄老师所做的机构实践以及他在 OCAT 所策划的项目的？目前您也担任了华侨城在顺德的盒子机构的艺术总监，从机构的角度，能否就 OCAT 对深圳文化艺术的建设方面谈谈您的看法？

周力： 我作为一个旁观者从最开始意向到最后成立直到今天目睹了的 OCAT 的完整演变过程，当然我是以陈剑家属的身份，觉得黄专老师是对艺术有理想和情怀的人，真正无私的学者，因为没有私心而凸显人格魅力。无论有条件没条件都会支持，刚好陈剑也是个理想主义者，一拍即合。黄老师更注重学术研究，这于美术馆专业机构是极其重要的，尤其后面为成立北京 OCAT 研究中心，他费尽了心力。OCAT 的学术研

2015 年，“小桥东面：耿建翌个展”开幕现场，左起：张培力、黄专、周力、王功新（图片由周力提供）

究及展览，包括文献的整理都是深圳及全国的典范，也是我所知的最早由地产支持做得最为专业和纯粹的艺术机构，有很高的学术价值和地位，改变了绝大多数人对深圳的看法。一说文化沙漠，就会有人反驳，那里有 OCAT，当代艺术真正的领头羊。

王景：您参与了黄老师策划过的“气韵”展，请谈谈当时与黄老师合作的一些情况。

周力：黄老师看过 2001 年中国美术馆的作品后，希望有机会合作，后来“气韵”展就请了我，当时我生完孩子不久，他一直是用师长鼓励的态度让我重回创作状态，说我的作品就是气韵。

王景：黄专老师对您在学术、艺术工作生涯上有过一些影响吗？

周力：他测试过我一次，说为什么做抽象，不改画写实？我笑着反驳了。他说艺术家要的就是这股劲，无须理会其他，只要坚持就会大成。这于我是终身难忘的。

王景：能否请你评价一下黄专老师，从任何方面都可以。

周力：学术严谨，较真，书生气重，清高。

王景：能否对“如何才是最好的纪念黄老师”给一点建议。

周力：OCAT 坚持做下去。

个展中的“策展人”做什么？

受访人：王功新、林天苗
采访人：王俊艺
时间：2016年10月30日　地点：北京

*王俊艺：*我们是否可以从1999年你们一起参加何香凝美术馆“第二届雕塑双年展”开始聊？当时你们是什么作品，与黄老师之间有些什么沟通？展览是什么样的状况？

*王功新：*记忆有点模糊了。20世纪90年代北京的状态，官方对当代艺术展一概是叫停、关闭、取缔，与官方在观念上的紧张冲突还是很敏感突出的。特别是牵扯到“当代艺术”和“前卫艺术”概念的大型群展，叫停关闭的情况经常发生。突然在深圳以美术馆名义来邀请艺术家做户外公共艺术的项目，觉得能在那边实现一些想法，还挺兴奋的，有这么一个印象。当时黄专老师是通过圈里的朋友——好像是广义、友身的介绍跟我们联系的，记不清了，第一次和黄老师打交道、合作，参与他的项目。

*王俊艺：*当时您和林老师是住在北京吗？

*林天苗：*在北京，当时好像我们正在搬家，我们从城里搬到乡下小四合院的房子。当时好像没有去看场地，只看了他们提供的现场照片。好像有一个照片是傍晚照的，路灯在亮，我们就利用路灯来做作品。

*王功新：*当时黄专邀请，说你们俩能不能合作做一个作品？之前我们也没合作过，觉得挺有意思，两人就一块儿看现场的资料。我们俩都不是做雕塑出身，对“公共雕塑”的概念是传统印象。我们肯定从当代艺术概念的角度出发做装置材料与户外有关系的

2005 年，“起飞——何香凝美术馆暨 OCT 当代艺术中心当代艺术品典藏展”开幕现场（图片由王功新提供）

作品。

王俊艺：当时这个作品就是专门为这个展览准备的？

林天苗：专为此展览做的。我还记得当时资金不足，只出材料费。从观念和非传统形式参与其中，还是很适合我们的想法的。

王功新：当时他们提供了的场地好像是公园。因为我们不是做雕塑出身，不一定要做雕塑，当时和黄老师沟通时也说到是否要求做一个户外的雕塑？如果是的话，我们没有经验，是做不了的。黄专老师的回答是非常开放的概念：“不，请你们参加就是从你们的角度。”打破说教意义的雕塑展概念，只是要求作品能够在室外，能陈列、能实现。当时真的很兴奋，同时也是挑战。第一个挑战是我们俩合着一起做；第二个是在户外，作品要求可在户外陈列一段时间。我们不想做一个传统概念的雕塑放在公园里，想怎么样让雕塑具备新的概念。我们的方案概念提出，是利用路灯的照明来呈现作品，作品（物件）已经存在于公共环境里面，观众不经意的情况下，可以近距离、仔细地观察到它、看到它——在公园里低矮的路灯的里面做图片，是人的眼睛。

林天苗: 是从不同男人的瞳孔中反映出的不同女人的状态。

王功新: 对，当时我们俩好像有这么一个交流，什么理由让我们俩一块做项目呢？自然首先想到女性和男性之间的互换身份视角。

林天苗: 当时就人与人之间关系的问题和黄老师交换过意见。为什么要用路灯，路灯不是固定在一个地点，它散落在公园的各个角落，可能一个路灯对观众不会产生太大的影响，当夜晚在公园散步，五个、六个、七个路灯反射出来的图像很奇怪，观众就会慢慢驻足留意。路灯里面反映的图像，是一只眼睛，瞳孔里面是一个女性形象。这个作品慢慢将观众带入其中，静下心来细细思考。比如观众穿行于一个、两个、十个路灯，走过去的时候，它会影响你很长时间，会影响你的思考，影响你的习惯判断，这种影响更为深入。去“雕塑”公共统一化的教化概念，扩展到个体的一对一的直接影响，渗透到生活中去。

王功新: 我们用的是透明的图片，借用路灯的灯光。考虑到造价问题，我们俩想到的最完美的方案就是这个，用电脑合成的图片，在深圳把它冲洗成透明图片就行了。后来在研讨会上，黄专说：“功新，我告诉你，这个项目里面，你们作品的造价是所有作品里面最多的一个。”我说：“什么？不可能！”当时觉得我们的作品几乎不太花钱，几千元可以搞定。他说，“你知道吗？因为你们的作品我喜欢，你们说需要在园区的灯里都要放，我们就尊重你们的想法，把园区里的灯全换了。”当时就有这么一段故事，我很感动。一般情况下，就我们这个作品，他们随便插几个灯就完了。从那天我们知道了，黄专老师主持这个项目，他是非常认真、非常严肃地在做。结果我到了深圳，晚上看的时候，所有的路灯都一样高，它有四面，每个里面有四个眼睛。像刚刚林老师说的，当你看到一个灯的时候，肯定要找下一个，因为形象内容不太一样，也不远，

而且到了傍晚，大家都主要靠路灯走路，只要发现有一个，就会不断去找、去看。这个方式和当时标准的雕塑概念完全不一样。

*王俊艺：*在这个展览之后，您和黄老师有没有什么比较深入的交往？2002年“广州三年展”，当时黄老师有参与工作，你们当时有没有什么接触？

*王功新：*我们一直很关注黄专老师的项目，因为他真是让我们尊重的学者、策展人和朋友。对于艺术本身，他一直是非常严肃的学者，从1999年我们认识他、接触他以来，我们对他一直就没有改变这样的看法。在早期90年代到21世纪初的那段，我们接触得并不多，包括你说的“广州三年展”的时候，实际上我们没有和黄专直接接触，后来的接触是他到我们这儿来想请林天苗做上海华侨城的项目，对吧？

*林天苗：*他来北京有聚会总叫我们过去聊天。当时我们发现他好像是中心的一种感觉，大家很愿意、自愿地跟他聊天，探讨一些问题。后来慢慢地我们就参与到一起做项目，也开始关注华侨城的一些项目和动向。我记得OCAT成立的时候，我们在北京同时期也做了藏酷新媒体艺术空间，在北京做一些小的项目、宣传、艺术和文化方面的研讨、音乐电影等，一直在忙。我记得去参加深圳OCAT的开幕式，慢慢知道项目的规模，知道是谁在组织，是怎么组织的。当时去看OCAT觉得它在国内算是特别完整、非常专业的。记得楼上楼下我全都跑去看了，那边的年轻人已经开始很专业地工作了。而北京没有企业的支持，完全没有这样的状态，挺感动的。虽然我们也做类似的项目，涉及的范围有艺术、电影、音乐，主要是当代艺术，但要比起规模、程度、资金支持还是不如OCAT。

*王功新：*对，因为我们的经历和国内的很多人不一样，我们是90年代中从纽约回到中国。回来以后，我们希望在北京做一些与当代文化艺术相关的事情，发现北京当时

在政府环节上对当代艺术有限制，没有真正放松可以自由地实现作品的大环境，经常发生一些来自官方的冲突。所以当时黄专在深圳华侨城那边开展当代艺术的工作，我们就觉得中国之大，天高皇帝远，深圳相对环境轻松，有机会让大家能真正面对作品，艺术家能实现作品。当时大部分艺术家都对黄专一直以来在华侨城主持的工作特别地关注，虽然当时我们没有什么具体的合作，但他们那边的活动都请我们去，展览开幕式之类的，因为他们不断有活动，都是请大批人从北京过去，快成一专机了，每次活动都这样，大家都跑到深圳华侨城。黄老师主持的 OCAT，特别是在当时状况下实现组合式的美术馆架构，这么多年，你回头看，它给中国目前当代民营、私立美术馆的建立起到了榜样和带头作用，大家好像都在模仿这样的模式，建构美术馆怎样跟地产、企业、当地文化结合。

*王俊艺：*接下来，我想王老师和林老师能不能一起来聊聊林老师在上海浦江华侨城的展览？包括展览前期的筹划，跟黄老师就作品在空间上的讨论、学术主题上的讨论等。

*王功新：*作品是她在家里做的，布展的时候我也去了，相对了解。

*林天苗：*在跟黄专老师为此项目接触之前，我基本上是比较随性地去做作品，大多依靠直觉，很少有机会与理论家、策展人一对一地、深入地去聊艺术。做这个项目的前半年，他就跟我聊女性的问题，其实我一般是很回避这个问题的，因为我觉得聊不清楚，如果陷入一个女性话语的框架中，会把思维局限住，这个局限是很可怕的，是很难突破的状态。一般性的采访都回避，或者敷衍这个问题，我觉得不值得去深思，没有真正去思考这些问题，也许有过思考，但没有真的把它归到一个高度范围内去思考。那次和黄专老师大概聊了两个小时，我记得是在丽都附近的一个饭店里面。首先他聊了我的创作状态，当时 2008 年我刚刚做完在 798 的个展，他从那个个展对

我的作品有了特别深入的了解，他是有备而来的。他先对比西方女性艺术家的状态来发问，西方对女性有不同阶段的理解、认识，来逐步去挖掘、分析的，然后跟我聊正视这个问题，再试图打破这个格局，或者是如同男性艺术家一样不去顾及女性特征的方式去做作品，他说能不能在上海华侨城这个项目中打破这些局面。当时我刚刚做完个展“妈的！！”，就像演戏似的角色的余音、余温还在，我不可能从一个角色的状态中马上出来。聊完以后让我一下梗在那儿了，很困惑，花了很长一段时间去消化、去琢磨，其实当时有点抵触，但确实深深触动了我，也觉得是到了应该认真思考和解决女性问题的时候了。他当时也分析其他艺术家的作品，做对比。我去看了场地，项目分为室内户外两部分。当时看完场地，我和黄老师讲，我特别喜欢意大利建筑师的设计概念，我对建筑群特别有感触，设计师把威尼斯水城的感觉和中国江南水乡的感觉移植到建筑项目里。我就想着能不能把公共艺术项目不放在公共广场，而放置在不同的地点、区域的社区里，放在幼儿园的路口，小桥的旁边，人们等船的地方，放在超市门口，不做体量大的，让居民去发现作品，单独一对一地与作品互动交流，不想做一个宏大的标准型的作品，而是让居民参与和发现，亲身去体验女人的状态，让环境和居民产生某种心理上的关系。方案《对视》一共做了九件，是女性自我批判、自我嘲弄、解放自我的启发，也是我跟黄专深化交谈的结果。黄老师很高兴，作品的概念框架就定下来了。另外他说：“你能不能做一些从理论和文字方面入手的作品？”我习惯于从材料方面入手，之后我开始了漫无目的查询网络，逐渐发现网络语言、流行小说中关于女性冠名的语言。当时在网络上查非常困难，我阅读了一些网络小说，和像垃圾一样的娱乐新闻，其中有很多关于女性的词汇，包括日本、欧美以及香港地区的翻译传播的文字，慢慢收集，那时候大概收集了200个。我把那些词汇放大，用彩色丝线绣在放大的大绣花绷上，挂在室内展厅。在上海浦江华侨城是第一次展出《女尔》，又做了一件室外的大型作品《诞！》，2002—2004

年的一件作品。在大概短短的三四个月当中把这三大件作品全部完成，当时我的压力非常非常大。另外，我刚才说想要做的“小桥流水的”在不同地点的作品，其实有一点延续，就是我们刚才讲的参加“第二届雕塑展”的概念。但是后来项目组织者怕那些作品丢了，就把作品放在相对好管理、办公室集中的地方，所以与居民互动的感觉效果没出来，我觉得应该还是放在居民的生活区，才更对。当时与黄专老师的交流对我的内心触动很大，一直延续至今，可能我和黄专都没有意识到。对我自身处境的思考确实是黄专老师给拨动起来了，翻动起来了。我也花了很长时间想透彻女性问题，放下“包袱”，“轻装”上阵，的确从内心中解决了很多问题。

*王俊艺：*这个展览的出版物方面是怎样的？

*林天苗：*我们商量，第一次接触商量时间特别长，后来几次，我们就靠 E-mail 联系，我需要用精准的文字去回答他提出来的问题，慢慢地我的思路清晰了。我很喜欢他给我写的评论文章，文章实际上是关于女性问题的思考。对我自己来讲，既开始思考，也是结束一个思考，从一种束缚到一种解放，得以升华，我觉得迈出了非常重要的一步。

*王俊艺：*和黄老师的接触、合作，有没有觉得黄老师和其他策展人、批评家有什么不一样的地方？

*林天苗：*首先他非常尊重艺术家，他给你一个开放、平等、畅通交流的空间，在他与艺术家交流前一定做了海量的研究工作，来保障交流的通畅；前期他会和艺术家频繁交流并交换意见；最后实现阶段，他自然退出，留给艺术家自我的空间，没有具体的意见，这个空间是艺术家可以自由地使用，这个时候他只配合你实践；他把所有的可能性全都亮到你面前，他陪着我去逛那些小区，我觉得那是种特别细腻的人和人之间的情感，直接接触没有负担。另外一方面，他在思想上会和你有一个长期的交流，你

2015年，林天苗、黄专、王功新在“在·现——王功新二十年影像艺术”展览现场（图片由王功新提供）

2015年，王功新、张培力、黄专、皮力在“在·现——王功新二十年影像艺术”展览现场（图片由OCAT上海馆提供）

会把这些讨论记在心里，一直延续地、启发地回想，这是种很高级很深入的、平等的沟通，而不仅仅是信息式的交换；同时他很幽默、风趣、可爱。

王俊艺：林老师和王老师能不能更加广泛地去聊一下你们关于整个上海浦江华侨城项目的一些看法？

林天苗：这个项目是一个非常好的项目，我亲历过一次，但我觉得在当地的配合上是有一点点问题的，和黄专老师的想法是有一点出入的。黄专老师的扩展性更强、野心更大，他不仅仅是要在开幕式的时候把所有艺术圈的人叫来参与，而真的想给当地的居民、给企业留下更深远的艺术，再拨动我们的思想。另外他跟艺术家深度交流，让你很长时间解决问题，也许这些问题困惑你很久，这是特别珍贵的东西。比如我不喜欢纪念性、政治性、公共一致的作品，我喜欢能拨打内心心理状态的作品，当时黄专老师尊重我的想法，特别配合，我觉得尤为珍贵感动。

王功新：我觉得黄专老师从一开始帮着深圳华侨城搭建整体艺术经营体系，华侨城是央企下的一个企业，黄专作为核心人物，来参与搭建这种架构。一开始不是很清晰，从雕塑展到后来，一直到今天，十几年下来，在黄专老师的影响下，整个机构的发展从深圳一直延续到全国。从天苗参与的这个上海项目，尤其是北京的OCAT思想理论研究机构，你就看到黄专老师对整个当代艺术的存在状态，对当下中国社会、经济、政治的发展的一个整体思考，包括西方都没有面对的一些问题，一些架构，他都有一

2015 年，“在 · 现—— 王功新二十年影像艺术”展览研讨会现场（图片由王功新提供）

个很具体、很严肃的思考。华侨城既是一个央企的公司，又是一个在经济体系下的大型商业机构，一个大的地产商，又做当代艺术，他的角色就是怎么能够让当代艺术跟经济、政治三方面平衡。特别是当代艺术家的作品，实际上跟其他两个方面有一个“那样”的关系，他要想怎么协调，要想怎么让中国当代艺术得以生存，生存的状态中还不失态度、原则、立场，同时还能借助体系下的这种架构去实现，还能够带来社会的文化传播的义务。这种义务是，华侨城是一个地产公司，它也需要开发某种文化上的宣传和文化责任，宣传的同时，人民要求有高质量的生活方式，要文化。我觉得这种架构是黄专老师经过思考的，怎么能够把当代艺术插进去，在这个地方有一个交接点，然后实际上它潜移默化地又对大中国文化环境上带来一个可能性的改变，不仅仅是企图改变当代艺术的一个方式，同时能够——如果按他的想法的话，每个居民区或大的商业架构里头都能够实现这样一种让艺术家随心所欲创作的架构，那么对整个社会都是积极的、潜移默化的一个改变。所以我觉得，长远地拉开地来看黄专老师的工作，他确实比一般的策展人或者评论家想得更深远，抱负更大。可惜的是黄专老师走得太早了，我希望华侨城还能够沿着黄专老师的思路继续推下去。

*王俊艺：*接下来请王老师聊一下2015年在OCAT上海馆“在·现”的个展，当时没有请策展人，但是黄老师写了一篇文章，是吗？

*王功新：*到了2015年我的个人展览的时候，实际上是我跟OCAT、黄专老师有一个比较具体的合作了。当时张培力老师是上海馆的执行馆长，他们的想法是请我在2015年的时候做一个个展，正好赶上我做影像艺术整整20年，比较巧合，请我的时候大概也没有想到这个，是我和张培力在选日子的时候突然发现，最后定下的那个日子正好是我第一次用影像、用电视机在井里面做的那个作品的日期，到开展的那个日子几乎是20年整。从这一点讲，我觉得好像我和OCAT有一种缘分。怎么那么巧？当时就说要做一个回顾性的展览。具体的一开始不是跟黄专老师直接接触，因为张培力老师负责上海馆，在这个当中我考虑过策展人的问题，选策展人——要不要策展人？这个问题我也跟张培力谈，因为我们俩谈这方面比较容易沟通，两人想的东西可能比较接近。我说我不是很想要策展人，因为现在的策展人很难再有一个层面的沟通，因为我是个展，就个人来讲，通过做个展就是想把自己梳理一下，梳理清楚，我自己都想不清楚的时候，怎么能够让策展人来做？除非，还有一种情况，假设要策展人的话，可能黄专老师是唯一一个我愿意考虑的，但是我觉得黄专老师是不是有身体或者其他情况的考虑——好像我跟黄专老师也讲到，我说：“黄专老师，有可能我不要策展人，可能自己来做，我觉得‘策展人’这个概念在个展中，我总摆不平，想不通和搞不清什么样的任务我能够交给策展人。”黄老师当时就很直接地说：“挺好的，你真的不应该要策展人，你自己想好就去做。”突然马上就让我非常明确了。张培力也说：“对，你想好了，你自己能做就去做好了。”就是这么一个状态。但是我跟培力说，我还是特别想请黄专老师，能不能给我写篇文章，等做画册的时候？培力说这没问题，

这个我替你去跟他说。其实我当时也可以直接跟他讲，但是我总顾虑到他太累了，他的身体状态一直是我不太了解的，所以我让培力陪着我去。后来，没想到，刚一提出来，黄老师马上就答应了，说没问题。当时个展都是新的作品，作品还没有出来，我不断有想法，计划刚一出来，进行到每一步的时候，我就大概和他沟通一下，他要写文章的话，他也想知道我的进度，因为大部分是新的作品，我很想让他专门关注这个展览本身，他也说："我也是对新作品感兴趣，我想看你的新作品，焦点就是在你的新的个展的作品。"所以就一直等到我的个展开幕，他来看，紧接着下午有一个研讨会。研讨会主持是皮力老师，以现实主义的框架来讨论。当时也不想搞一个让大家都来赞赏两句的个展，我说能不能找一些问题、角度？最后皮力说："我想到一个很好的办法，你这个东西跟现实主义有关系。我们就谈当下中国现实主义跟之前历史发展的渊源关系，从这个引申来做研讨。"在前一天，我和黄专老师见面，说我第二天有研讨会了，他就突然说，巫鸿老师在国内。然后他说讨论这个东西跟个展非常有意思，要让巫鸿老师参与这个研讨会，所以非常巧，巫鸿老师也来了。所以那个研讨会，大家都聚齐了，皮力主持，每个人都发言，包括汪明安、田霏宇、费大为、吕澎，他们全来了，都有参加研讨。后来有很多朋友问我，为什么你的那个研讨会各路的大评论家都会到场？我说句实话，我觉得这真的跟黄专老师分不开，只要是黄专老师在参与的一个项目，一个事业，大家出于对他的一种尊敬，都愿意来，他有一种凝聚力，大家都愿意在一个真正意义的学术平台上来讨论事情。展览之后，他就帮我写文章，他做事真的是很严肃，当时他跟我说他写好了，文章都给我发来了，我说非常好，太谢谢了。过了两天，他说："功新，不对，我想把题目换一下，我想到一个题目更确切一些。"我说没问题，这是你的文章。所以你能看出黄专老师对于做事情的态度，他写好都给你了，但他还在琢磨，而不是像一般人，写完了就完了，他是非常认真的。唯一可惜的是这篇文章写好了，画册还没出来，等着印刷的这段时间，黄专老师就走了，特别可惜，画册出来了，文章在，他人不在了，我真是觉得特别难受。

王俊艺： 黄老师写的这篇文章里面，你有没有觉得特别深刻的方面？

王功新： 我非常尊重黄老师写文章的角度和态度。我看黄专老师的文章——我们艺术家创作有时候是凭直觉，或是注意影像语言和视觉语言的传达、交流，有时候缺少一些深层次的理性梳理，缺少对自己的概念的更深一层的延伸及其他层面的文化梳理。黄专老师永远会从他的角度、直觉上——他会像扒皮一样，你看到他写的你就会想，哦，原来还真的和这东西有关系。这可能也是批评家的一个任务，从黄专老师的角度，可能和其他的一些批评家相比，让我感觉他触碰得更深一些，它牵扯到的一些想法和层次、范围，让我们受益匪浅。我读完他的文章以后，再反过来看我自己的作品，我对于自己的作品会有更超出之前的一种想象和一种思考。我觉得这真的是一个好的评论家和学者能够和艺术家之间的交流，他从他的角度，用他的文章来帮你去梳理，让艺术家能够更理性地看待一件作品。我觉得黄专老师和我们很接近，很知心，能够相互理解，相互提出问题。

最可贵的是独立性

受访人：曾力
采访人：方立华
时间：2017 年 6 月 2 日　地点：北京

方立华：先从您和黄老师的交往谈起，最早你们是怎么认识的？

曾力：我记得应该是 2001 年，在张永和的工作室。是隋建国介绍我认识张永和的，然后黄专刚好去张永和那里，我们就认识了。

方立华：他是为了筹备“被移植的现场——第四届深圳当代雕塑艺术展”去看艺术家的作品吗？

曾力：是。在梁思成诞辰 100 年的时候，我在中国美术馆做了一个展览，叫“首届梁思成建筑设计双年展——梁思成纪念馆设计方案展”。那时黄专对这个展览特别感兴趣，觉得这是一个挺有意思的展览，他当时就邀请我参加“第四届雕塑展”。

方立华：您的专业背景是舞美设计，是什么样的契机让您参加了这个展览？

曾力：我记得黄专的思路是跨界邀请，不局限在当代艺术圈里，比如张永和也是跨界的建筑师，黄专也邀请了他。通过这个展览，我认识了一些朋友，汪建伟、王广义、顾德新等。当时黄专给我的感觉挺诚恳的，比较谈得来。可能他比较认可我做的梁思成的展览。

方立华：能不能具体介绍一下梁思成纪念展的背景？

*曾力：*我是从1998年开始拍北京的照片，整天在北京转，看北京的现状，也在想北京是怎么成为这个样子的？这就牵涉到北京规划的问题，自然会追溯到梁思成。那时正好出了一本纪念梁思成的文集，看了之后我觉得真应该给梁思成做一个纪念馆。在北京有各种各样历史人物的纪念馆，但像梁思成这样的建筑师却没有一个纪念馆，所以我就想能不能借助"纪念梁思成诞辰100年"的契机，做一个邀请方案展。后来通过隋建国认识了王明贤，王明贤又介绍认识了张永和、王军（《城记》的作者），包括清华大学《世界建筑》的主编王路，以及清华大学研究城市规划的博士生方可，我们一拍即合。展览是以清华大学的名义主办，由我出资和跑美术馆，最后在中国美术馆做成了展览。

那时中国美术馆还不能做装置，但是建筑的方案展还好一点，当时是张永和的非常建筑做的展陈设计。展览邀请了建筑师张永和、王澍、刘家琨、董豫赣、汤桦、王家浩以及艺术家宋冬、尹秀珍和汪建伟参加。那时王澍在浙江美术学院（现中国美术学院）带了一个班的学生做了八个方案参加展览；刘家琨到当年梁思成在李庄的营造学社拍了一些照片做成图片参展；当时清华大学、北方工业大学建筑系的学生，还有外地的大学建筑专业的师生提交了上百个方案，最后大概挑出了几十个方案。当时做这个展览，一是纪念梁思成；二是想引起相关方面的重视，幻想着政府也许可以借这个机会给梁思成建立一个纪念馆。当时来了很多人，包括清华建筑学院的院长，当年梁思成的学生罗哲文，以及郑孝燮、崔凯等，展览很热闹。

*方立华：*艺术家的方案是关于梁思成纪念馆的吗？

*曾力：*艺术家是按照自己的方式做的作品，比如宋冬的方案是把他早年在西单画的写生，对照着现在的西单照片放在一起，有怀旧的意思，因为纪念梁思成，牵扯到城市

2008 年，“空间生产考察报告 · 北京——曾力摄影展”开幕式（蒋涛拍摄，图片由 OCAT 深圳馆提供）

的变迁。尹秀珍的作品是一个手提箱，打开里边是用布做成的一个城市。实际上那不完全是一个建筑方案的展览。我当时做了一个方案，是把东便门的残存的城墙保留下来，断裂开的地方用玻璃的建筑连起来，做成一个纪念馆，题目叫《梁思成方案纪念馆》。黄专对这个方案感兴趣，就推荐我参加了“首届广州三年展”。那是我最早参加当代艺术的展览。

*方立华：*您参加“第四届雕塑展”是什么样的作品？当时黄老师和您有什么具体的讨论吗？

*曾力：*比较自由，基本上怎么做都可以。我当时参加展览的作品是《钵》，做了 16 个铜钵。1995 年我在国际艺苑美术馆做了一个装置展“衣钵”，后来我在深圳就做了 16 个钵放在草地上。

*方立华：*这是根据现场创作的作品，还是把现成的作品实现出来？当时这件作品是怎么考虑的？

*曾力：*那不是现成的作品，是重新做的，16 个钵在草坪上放了一圈。钵有修行和化缘

2008 年，“空间生产考察报告·北京——曾力摄影展”开幕合影（蒋涛拍摄，图片由 OCAT 深圳馆提供）

的意思，放在草坪上可以形成一种仪式感。我记得有不少人还往里扔钱，大概是想化缘吧。

方立华：当时这个展览的一些作品还引起社区居民的抗议，比如丹尼尔·布伦（Daniel Buren）的《波涛之上》，这件作品是在生态广场高低起伏的草坪上树立了一些柱子，有些居民就认为它们像墓碑一样很不吉利。不知道您的作品会不会引起类似的声音？

曾力：好像没有，可能没有什么人关注，因为是埋在草地里面。

现在回想起来，我参加的重要的展览，好像都和黄专有点关系。后来我还参加了黄专策划的“江湖”展，以及“国家遗产”展。2008 年我在 OCAT 做了一个摄影个展“空间生产考察报告·北京”，是黄专提议、组织安排做的。当时黄专觉得应该请一个影像方面比较有研究的理论家来做策划，所以他就邀请了顾铮，还组织了一场研讨会。我是从 1998 年开始拍这批照片，到 2008 年的时候正好拍了 10 年，都是一些纪实性的照片。黄专很关注这些照片，我记得他说中国艺术家终于对自己国家发生的事情感兴趣了，所以他才觉得应该做这样一个展览。那是我做过的也是迄今为止唯一一个大型

2009年，曾力作品《水城钢铁厂》参加“国家遗产：一项关于视觉政治史的研究”展（深圳站）（蒋涛拍摄，图片由OCAT深圳馆提供）

的个展，后来研讨会的纪要还专门发在《中国摄影》的特刊上。据说我在OCAT的这个展览，老百姓都能看得懂，因为都是一些很直观的照片。

方立华：能否谈谈这个展览形成的契机？您和黄老师有过怎样的讨论？

曾力：他认为中国艺术家开始关注中国发生的事情，而且有一个历史脉络挺重要。我是从1998年就开始拍摄城市各种各样的场景，把北京分成很多单元来拍，并且带有考察的性质，这些照片见证了历史变迁的过程，包括三线工程的贵州水城钢铁厂，后来这件作品还参加了“国家遗产”展。他认为我做这个工作的意义在于中国人自己关注自己的历史，按照自己的思路和计划来做作品。可能是从这个角度上来看，他觉得做一个个案展是有意义的。后来他提出可以请影像研究的专家顾铮老师策划这个展览，顾铮也很高兴，专门写了一篇文章《空间的转向》，谈中国当代摄影到了这个阶段——对城市空间的认识，而且他从社会生产的角度提示出我拍的这些场景是一种“异托邦”，北京就是“异托邦”最典型的一个案例。

用摄影把整个北京城市分成单元来拍摄，好像还很少有人这样做。这个计划比较

2009年，曾力作品《水城钢铁厂》参加“国家遗产：一项关于视觉政治史的研究”展（曼彻斯特站）（王俊艺拍摄，图片由OCAT深圳馆提供）

大，实际上现在还在拍。我是把它当作文献来拍摄的，所以必须要有细节，记录要更深入，与历史变迁的进程同步。有很多项目一拍就是10年，比如拍北大吉巷危改项目，是拆迁北京南城的一片老胡同区，因为是一次毁灭性的拆迁，拆迁和被拆迁的力量一直都在较量，政府的政策也在变，所以拆拆停停，停停拆拆，现在还有钉子户，10年了都没解决。这是中国城市发展的现状，这个项目现在还在拍，等到最后彻底拆光了，楼盖起来以后就算拍完了。当然，我只是从视觉艺术的角度去做一个记录，我觉得黄专对我的作品感兴趣也正是因为这种工作方式。后来《水城钢铁厂》参加了“国家遗产”展，也在曼彻斯特展出过。

方立华：“国家遗产”展是一项关于视觉政治史的研究，您的作品是通过您的观察视角呈现国家在现代化过程当中的一系列变化，恰好特别契合这一主题。不知道关于这个展览你们有过什么样的讨论？

*曾力：*黄专希望我从工厂建设历史的角度去呈现，我就去水城钢铁厂收集了许多厂史的图片放在展览里面，这样就完整了。他主要是在广州那边教学，他经常会来北京，有时候我会带一些方案和草图给他看，跟他说在做的一些情况，以及拍到什么程度。我们的交往其实很单纯，黄专很有亲和力，不是一个艺术家和策展人的关系，完全是一种朋友关系，也很默契。

2010 年，黄专在北京“最低限度”展开幕式上发言（王友身拍摄）

还有一个比较有意思的事，就是我修建的这个院子，当时我想做一个小的艺术中心，我就问黄专能不能做一个展览？他觉得这里挺有意思，也比较喜欢这个地方，他每次到北京来，有时间的话就过来转一转。2010 年以后他就不怎么做策展了，他说这纯粹是有点儿朋友帮忙的性质，就做了一个“最低限度”展。

方立华： 在这个展览之前其实还有另外一件重要的事情，因为从 2010 年开始，黄老师有一个兴趣的转移，他想做一个图书馆，当时他还专门拟定了一份建立中国当代艺术图书馆的计划。我还记得曾经陪他来这里看过场地，也跟您讨论过在这里实现这样一个图书馆的可能性。不知道在这个过程当中，你们有过什么样具体的沟通？为什么这个计划最后没有在这里实现？

曾力： 当时这个地方最早是要做“梁陈方案纪念馆”，因为 2001 年在中国美术馆做的“梁思成建筑设计双年展”没有引起政府什么反馈，为梁思成建纪念馆的愿望落空。2005 年有了这块地方，我就想不如自己做好了，所以就按照这样的思路来做一个纪念馆，当时请了张永和来做设计。

后来我觉得这个地方那么远，做一个纪念馆实际上并不太合适，而且也不一定能做起来，所以又调整了一下思路，考虑把它变成虚拟的纪念馆，通过多媒体的方式实现。我也一直想在里面做一个图书馆，平时买了各种各样的书，有了这个院子，就想把它变成一个书院。我并不知道黄专想要做一个具有研究性的文献机构，我只是个人的愿望想做一个图书馆。黄专就觉得很巧，他说你怎么会有这种想法？我们是不是可以来谈一下图书馆的事？其实我只是想做成一个私人图书馆，但黄专有一个很宏大的计划，而且有很完整的思路。我说那太好了，我们可以合起来做！当然，那是我们的理想，实际上要做这样一个图书馆，背后必须有持续的力量支持，要不然是做不下去的。而且这个地方有点儿偏远，最理想的地方还是要在城里面。

我计划把这个院子做成芥子园书院，可做展览、论坛和演出，成为一个公共的平台。当时我跟黄专讲了这样的设想，他觉得挺有意思。但我是以个人的力量来做，所以做得很艰难，一点一点地做，到现在这个院子还在施工。黄专觉得这个地方是“理想国”，是世外桃源。很遗憾他不在了，这个事情就没有办法往下做了。黄专之前给我发过一篇文章专门谈图书馆，他的想法比较系统，他是想把当代艺术放在一个文史哲的总体框架里来做研究，他谈了一个比较大的思路。

*方立华：*他给您发了《关于建立中国当代艺术图书馆计划》，还是一篇演讲稿《我们需要一个图书馆吗？》？

*曾力：*是那个计划。我可能更偏重于视觉方面的图书收藏，因为我觉得将来随着新媒体的发展，手机和电脑可以成为图书馆，但是大的纸质画册，仍然是不可替代的。这个院子还可以做论坛或者是作为一个研究机构，这个地方比较清静。当时一直期待着等建筑做完以后，黄专来北京做这个图书馆。现在不可能了，特别遗憾，太可惜了。这么好的人，怎么会这样早就走了……

*方立华：*对很多人来说可能一切发生得太突然。黄老师的性格有非常刚强的一面，在病房的时候你也不会觉得他是在经历一个很严峻的考验。我们去医院看他，他经常还会开玩笑，其实可能已经很难受了。我记得之前给他买过一种 Mepilex Lite 的药用胶布，是他的朋友约翰·海雅特推荐的，说是可以缓解化疗后可能出现的皮肤创伤，当时白老师给他贴上了，但不知道要使用配用的胶布固定。后来黄老师就开玩笑地对白老师说："猪一样的队友啊！"他经常很幽默地把一些病痛掩藏起来，在病房你不会觉得他是一个重症患者，总有一种他只是得了一点小病的幻觉。

*曾力：*看他写的文字，他对死亡的态度很让人敬佩——"死亡是一种金蝉脱壳"，他写的《诀别的话》，很少有人能达到那样一种境界。

*方立华：*回到刚才谈到的"最低限度"展，这个展览并没有太多的宣传，我想请您谈一下这个展览形成的过程以及策展理念，当时是怎么考虑的？

*曾力：*黄专写了一篇《最低限度》的前言，上面谈得很清楚。他觉得艺术作品在形成的过程当中，这一部分是很有意思的，所以展出的都不是完成了的作品，而是一些过程的"素材"，好多都是草图。比如隋建国展的是《时间的形状》，王广义展的是各种装置的草图，张晓刚展的是雕塑作品翻制的模子，汪建伟展的是未经过剪辑的录像素材，还有姜杰、于凡、王鲁炎、徐坦、缪晓春、渠岩等艺术家的作品，都是作品形成过程的状态。这个展览实际上带有一点轻松的气氛，但也很丰富。

*方立华：*展览是不是有激活这个空间的意图？

*曾力：*是，当时是第一次使用这个空间。他还请来北大（北京大学）的朱青生一起做，开幕式还是朱青生主持的。能请到这些艺术家都是因为黄专的号召力，如果换一个策

展人是不可能做成这样的。

*方立华：*在与黄老师交往的过程当中，您觉得还有什么印象比较深刻的事情可以谈一谈？

*曾力：*我觉得黄专是一个很正派的人，他有一篇文章是《什么人算是批评家？》就代表了他这个人的品质，他就是这样一个人。他是可以信任的、可以当作朋友的一个人，没有所谓的现实利益关系。他一直坚持的最可贵的东西就是独立性——独立的思想和独立的工作。他是一个爱憎分明的人，他不单是评论家或者策展人，他是一个有独立思想的人。当然，他也留下了很多未完成的事情，我特别希望他的愿望和理想能够变成现实。我想这也是大家的愿望。

*方立华：*您刚刚提到的“独立性”确实是他非常强调的品格，他做OCAT就很强调机构的独立性。

*曾力：*对，像他这样的人，在现在文化和艺术圈里真是罕见。

中国的当代艺术中心最好的一个范本

受访人：谷文达
采访人：方立华、王景、李彧莎
时间：2016 年 10 月 29 日　地点：上海

方立华： 黄老师跟您的渊源也很深，您多次提到是黄老师给您在中国做了第一个大型个展，而且你们不止合作了一次。

谷文达： 他给我做了三个展览，出版了三本画册，我回到中国，其实没有做过什么个展，除了黄老师策划的，其他都是参加群展。

方立华： 你们最早是怎样认识的，怎样开始合作项目的？

谷文达： 我是 1987 年出国的，出国之前我们没有合作过。湖北当时蛮前卫的，《美术思潮》、周韶华的新水墨，等等，皮道坚老师、鲁虹、黄专老师他们都有参加。当时我还没有和黄专老师接触过，我出国之前，“85 时期”只是经常听到一些事情。其实我没有完全在国外，回来准备在上海办工作室的那段时间就开始和黄老师接触了。最早是西安美术学院的程征老师推荐的，当时好像程征老师在何香凝美术馆做一个研究项目，可能是乐馆长（乐正维）请他去的，我和程老师有很深的交往，因为我的第一个个展在西安，开展前被叫停了。后来我做《碑林》，是程征老师一手给我安排落实《碑林》的制作，花了近 10 年时间完成的。很巧，那个时候程征老师说他在深圳，我就去看他，然后和乐馆长、栾倩馆长，还有深圳画院的梁铨老师一起在华侨城吃了午饭，当时说起做展览的事情，他们就介绍了黄专老师，是这样认识的，这是一个起源。

2005 年，“文化翻译：谷文达《碑林－唐诗后著》”展现场（亚牛拍摄，图片由 OCAT 深圳馆提供）

2005 年，“文化翻译：谷文达《碑林－唐诗后著》”展布展现场（亚牛拍摄，图片由 OCAT 深圳馆提供）

方立华：您记得是哪一年吗？

谷文达：2004 年，“碑林”在 OCAT 个展的前一年，好像海外回来的艺术家，黄老师合作个展的第一个就是我，我记得他经常开玩笑说我们的语言体系不一样，老说“谷文达老师的语言体系已经西化了”，我感觉蛮有趣的。后来，我跟黄老师倒没有过多的私交，基本上交流仅是在学术、展览方面。因为展览也比较频繁，那几年我们一起做了三个展览和三本画册，做得都很完善，而且还很好地配合了研讨会。我一直说，OCAT 的展览，是中国的当代艺术机构中最好的范本，我认为这可能和黄专老师的性格、做事的态度和他做研究的方式有关系，他一直是在一种非常严肃的状态下做事情。而且在那个年代、那个时候，以和西方接轨的操作模式的艺术机构，中国还很少，直到后来尤伦斯出现，才有了比较铺开的那种运作方式。但 OCAT 做得很早，跟西方的模式比较接近，从学术角度，从展览的严肃态度，每一年做四个展览，基本上和西方比较好的当代艺术机构是接轨的，我感觉它是相当出色的。当然也可能因为我没有在其他地方做过大型展览，也没有比较，但我感觉直到尤伦斯出来以后，好像中国当代艺术整个这样的状态才开始变得普及，而黄专老师走的是前卫路线，OCAT 应该是最早的也是最好的当代艺术机构。

方立华：能不能具体谈谈当时讨论做“文化翻译：谷文达《碑林－唐诗后著》”项目

2005 年，“翻译与视觉文化国际研讨会”现场（图片由 OCAT 深圳馆提供）

的情况？您当时和黄老师在 OCAT 现场还有一场对话。

谷文达： 我感觉，一个艺术机构有一个系统、一个结构和一种方式，但是每个艺术家会对机构产生反作用，假如我的作品比较强势、规模比较大，展览结束后可能会留下一些痕迹，会直接影响到后面的艺术家做东西，假如这个艺术家做的东西没有那么强势，可能展览结束了也就结束了。我希望我做一个展览，做一个活动，会有一些影响，是能够持续的，展览结束后有一种存在的价值，这个是互动的，可能会影响到以后的展览的安排，这是我自己的一个想法。我很满意的还有画册做得很好，黄老师下了很多功夫，而且都是双语，我记得我写了一个回忆，参加写作的作家阵容也很可观，从巫鸿老师到范景中老师，程征也写了整个制作过程，我自己还写了一篇长文章，翻译的过程都写了。所以我感觉学术层面很高，实际上大家要了解我的东西，这三本书变成了一个资料库，这三个作品实际上也提醒我自己本身有三个阶段，“碑林”项目是我去了西方，去了美国之后，受西方“新国际主义”影响产生的一个双语的翻译过程，和我的作品《联合国》实际上是一个姐妹篇。黄老师做这个项目，我感觉他做的系统是比较有特点的，因为我在西方待过一段时间，和其他的艺术家——用黄老师的话就是“你的语系不一样，听不懂”——我还是感觉很有幸的，假如说我回来以后，没有这

个机会、这个缘分碰到黄老师，或者没有程征老师的推荐，我可能会在另外一个地方产生其他的项目。所以人很多时候是缘分，是机会。另外一点是黄老师他的性格中有很固执的一面，非常执着、严肃，但他对艺术家却很客气，我对"碑林"展览的要求，他基本上是听从的，以艺术家的想法为主导，我感觉我和他合作可以做得比较充分，是因为他让我自己能够发挥，并不是说他是策划人，他就能规定我做什么。我感觉还是蛮幸运的——现在不是为了回忆黄老师就一定说好话，我是比较客观地讲我自己的感受。

*王景：*因为谷老师在国外也碰到过很多不同类型的策划人，按照您刚才的说法，作为一个策划人，黄老师对艺术家比较信任，他不过多地介入，除此之外，您能否谈谈黄老师跟别的策划人有哪些不同之处？

*谷文达：*我感觉他平衡得很好，因为他有他的主张，而且很执着，他会坚持。比如研讨会的规格，怎样选择参与的评论家或言说者，他有他的规范。另一点，他会根据艺术家的要求及从作品的角度考虑让艺术家有更大地发挥。其实我跟黄老师合作，比如《碑林》的规模——在和黄老师合作之前，我还没有这么大规模地做东西，就是他对研讨会、出版物的精益追求。现在比较流行的研讨会模式就是大家说几句好话就结束了，但他不是，他很认真地选择写著者及发言的人，都是很精益的。我感觉OCAT这个机构，不能说它西方化，但是很接近"当代艺术中心"的一个模式，国际化的一个模式，因为他很注重这一点，比如说他很早和巫鸿老师有来往，这都有关系的，我感觉你们机构的氛围比很多艺术机构更国际化。现在来看，艺术机构很普及，到处都有，但那个时候就感觉很可贵，很少有这样的机构。我自己感觉也比较舒服，在OCAT做展览感觉自己有话语权，比如"水墨炼金术"的项目是把我30年的当代水墨做了一个梳理，大量的整理工作，也是一个极限了。黄老师有一个特点，他做东西要全面完整，不仅仅是做一个展览。现在随随便便做展览的太多，就像博士生一样，到处都是。他

做东西他要求清楚、清晰，一个阶段的总结，包括在上海浦江华侨城的公共艺术项目，其中和隋建国的长期合作项目，也是一个极限。

*王景：*说到浦江华侨城的项目，今年是第10年。黄老师在2010年也邀请了您做了“中园”的项目，能否谈谈那个项目？

*谷文达：*我那个项目也比较特别，因为我也很固执，很执着要做我自己想做的事。每一件事情总有一个磨合和拓展，最后是按照能够尽量发挥我的创作，同样也尽量发挥黄专老师自己的需要来完成。在上海浦江的作品和我以前的作品有一个比较明显的区别，后来我发现我的作品、概念从社会批判、文化批判转向了引导，在后工业时代，引导是最好的艺术批评，而且不光是批评，它还描画了一个图景，朝什么方向走。当时在发布会上，黄老师说“中园”的作品是蓝天、白云、绿树，很peaceful，很美丽。我当时就说，这个“美丽”像波德莱尔的“恶之花”一样，可能最美丽的会带来最大的批判。实际上这里面有一点矛盾，因为OCAT是从属于企业的文化机构，它不是独立的文化机构，还要依附于它的平台，就是华侨城集团，华侨城集团大部分是地产集团，那么我这个“中园”和它实际上有一种默契，一个对话。“中园”是对中国改革开放30年中那些比较粗糙的城市规划建设的一个批判，我这个“很美丽”的三维景色，其实是一个比较隐晦的批判。当时黄专老师就说这个东西和你以前的东西有区别，实际上是我自己有了转变，我感觉在中国后工业时代的情境下，引导比直接的批评更有魅力，更有可行性。“碑林”“水墨”“中园”的项目作品有三个不同的指向：《碑林》实际上是谈“新国际主义”。30年水墨是对我早期水墨的建树、后来的发展的一个梳理。反过来想，我感觉黄专老师有一个系统，他做水墨，不光是做我的展览，他是把对水墨的关注、中国新水墨的发展、水墨和当代艺术之间的关系来做一个梳理。《中园》代表到了动漫、三维、数码模拟的时代。实际上我是一个被选出来的具有代表性的艺

2010 年，谷文达和黄专在“中园：谷文达艺术展”新闻发布会现场（图片由 OCAT 深圳馆提供）

术家，最后要把这些项目放到历史环境里才有意思，因为任何东西离不开环境，离开环境这些作品的价值就不存在了。假如我们抽象地来谈黄老师也没有意义，必须把黄老师放到他的时代背景里来分析他的价值在哪里。我感觉黄老师和我合作这三个项目是代表了三个倾向。我蛮感激黄老师的，等于也是我自己这 30 年的一个梳理。

*方立华：*我当时刚毕业，在还没有正式进入 OCAT 之前已经开始参与“文化翻译：谷文达《碑林－唐诗后著》”这个项目的筹备工作。它既是一个艺术家个案研究，也是一项课题研究，可以说它也是黄老师后来发展出这两种展览线索的开端。对 OCAT 来说它是一个重要的项目，而且对我个人的影响和启发也特别大。

*李彧莎：*黄老师做个案研究就是从您这个展览开始尝试，之后做每个艺术家个展都当成一种研究方式来做。

*谷文达：*当时蛮难的，因为这个作品的重量，包括房子的安全、系数等，考量了很多。

*方立华：*一件大型的装置作品构成一个展览，这也许是“史无前例”的。在这里黄老师开启了一种新的展览方式，首先是强调研究，在这个基础上形成展览和出版，出版物不是一般图录的概念，而是作为学者研究的重要文献。另外，研讨会也不仅仅是讨论艺术家的创作，而是从中提出重要的问题、邀请跨领域的学者讨论，比如您当时这

个项目讨论的是“翻译与视觉文化”，对于这样的方法，您是怎么看的？

谷文达：当时我是有一点随意的，而黄老师是一定要把这个东西认真做好的。其实我个人单独的case来做项目很少，我没有太多的经验，我就是很随意的，而且我回来的时候，对国内的情况也不是太了解。范景中我熟悉，因为我和他是同届同学，只不过是不同系，他在理论系，我在国画系，《美术》杂志1986年发的一篇关于我的长文《沉默和超越》，实际上是范景中早期很重要的一篇文章。“碑林”我自己感觉是做累了，做了十几年，1993年高名潞在俄亥俄策划的第一个在西方的群展中，有黄永砯、吴山专、徐冰和我，那个展览开始我就做碑，一直延续做到OCAT才最后完成，是通过程征老师的帮忙，真的感觉做得非常好，而且我想这是我回来以后的一个开端，一个新的开端。

方立华：在展览合作之前，其实你们已经有所交往，2005年黄老师策划“第一种声音——何香凝美术馆第二届学术论坛”也邀请了您来演讲，能否谈谈你们合作过的一些项目的情况以及您的看法？

谷文达：是。黄老师一直是这样，包括策展，他都希望艺术家有更多的参与。话说回来，我觉得这一点是黄专老师的insight，任何一个展览，实际上艺术家参与了很多成分的策展，只不过策展人再把它提炼或者再规范化，最原初的意见一定是从艺术家来的。比如说我的“碑林”，当时我的“碑林”刚刚完成——我到美国、澳大利亚展览的时候，实际上还没有全部完成，还在继续进行，只完成几块就展览了，到美国巡回的时候大概是五块碑，在澳大利亚国家美术馆，我做了一个小型的回顾展，只有18块碑，而2005年的时候，是刚刚全部完成，这是一个机遇，也是一个缘分。我觉得黄老师对我这种“文化翻译”的作品非常感兴趣，策展人一定会抓住几个点，自己可以发挥，

比如后来他做的张培力的展览，那一定也是黄专老师自己有一个安排，我感觉黄老师不是谈纯美术，他谈文化现象和文化历史背景……他整个性格比较严肃，比较沉重，他不是做流行文化。所以我感觉，可能第三次合作，就是《中园》的作品跟黄专老师是会有一点摩擦的，因为我那个时候已经转化，有一些大众文化的介入成分，所以我的“灯笼”项目，黄老师也一直保持他的异议，他说这是流行文化，但这是我自己发展的几个阶段。

*李彧莎：*谷老师在OCAT的第二次展览是比较全面的“水墨炼金术”，包括在何香凝美术馆的场地也用上了，第一次把两边的场地都用起来，是很大型的梳理。能否谈一下这次展览之前您跟黄老师的沟通过程，包括如何形成研讨会的想法？

*谷文达：*其实是我提出的，我从事当代水墨应该也是最早的，我希望做一个水墨的梳理。黄老师说好吧，我们来做。没过多久黄老师和乐馆长就一起来我上海的工作室，定了一个调，规模蛮大的。假如只是OCAT做的话，乐馆长不会来的，这是黄专老师的想法，我没有提出一定要做多大的规模，只是想做一个30年的回顾。好在我的作品都在我手上，我的代表作我自己不卖，都在我手上，我感觉我还蛮有远见的。假如当时做一个回顾，作品都不在我手上，那是做不成的，要很多资本，而且很多藏家不愿意借，非常麻烦。所以我打定主意不卖代表作，大概我最后会捐献，我想做一个私人美术馆或者是基金，我都会捐掉，我也不想靠我的代表作赚钱。这个展览到具体落实的时候，就是去北京的工作室落实的。研讨会也很好，和“碑林”的研讨会不一样，“碑林”直接和我的作品在一起，这个研讨是我从作品延伸出另外的主题，既和我的作品有关，又是独立的，是OCAT和芝加哥大学北京中心一起合作的。那个时候也是黄老师和芝加哥大学北京中心刚刚开始建立关系，所以我运气都很好，碰到的都是刚刚建立的机构，蛮有意思。这个项目做得很好，画册也出得非常棒，很多人都要，都卖完了，

2010年，谷文达和黄专在"水墨炼金术——谷文达实验水墨展"开幕现场（图片由OCAT深圳馆提供）

我准备自己再重新印。不知道有几个艺术家和黄老师合作做过三个个展的？

*方立华：*史无前例。

*谷文达：*我是蛮幸运的，我和黄老师平时交往并不多，都只是在学术层面的交往，展览结束后也没有过多的联系。去年还是前年我提出过请黄老师到我乡下的别墅去玩，黄老师说他争取明年可能会到纽约去，结果这个计划没有实现，蛮可惜的。你们有没有一本册子谈黄老师本来想要实现的东西但没能实现的？

归纳一下黄老师计划想做但还没有完成的项目，你们来帮他完成，编辑成一个册子。比如现在我想做一个文献展，我雇了一个管档案的，一直在梳理所有的草图，我读过的书全在编号，编得非常仔细。黄老师有很多没有完成的计划，也可以做一个展览，或者是编辑成一个文献册，蛮有意思的，谈他的延续性，可以做成几个别册。

*方立华：*这是很好的建议，谢谢您！能否谈谈您对OCAT的看法？

*谷文达：*我刚才也谈到了，它是有引领性的，今天这样的艺术机构应该也不少了，全国各地都有，但2005年的时候，这样的机构能做到这样的层面是非常少的。它有系统化，它的一种前卫性就是它是企业的一个机构，现在我一直在提倡一个观点，企业

之于艺术家等于是教会之于达·芬奇，皇家之于贝多芬。法国革命之后才有了公共图书馆、公共美术馆、公共音乐厅，在这之前所有的都是皇家和教会专有的。我们这个时代，我估计企业平台，将来后工业时代之于艺术家是最大的一个赞助单位，华侨城在这方面也是开创了一个先例，企业代表了市场，代表了社会，因为企业的消费是社会的，那么企业直接影响到政府的口径，所以说我感觉和企业的合作——它不只是像一个藏家、一个画廊的赞助，还可以通过企业作为一个中介，平衡社会和政府等几方面之间的矛盾或者之间的关系，企业的平台将来越来越重要，这是我感觉的OCAT这样一个企业平台具有的前卫性，将来会看得更清楚。画廊、藏家毕竟有限，藏家代表不了社会，而企业代表了社会。企业是一个平台，黄专老师主持的OCAT，除了是他性格的一个反映，还有一点就是前卫性，即它是一个企业的平台，我感觉将来企业平台对于中国当代艺术是至关重要。

方立华：您在国际上也做了很多项目，能否谈谈在您与黄老师、OCAT合作过程中，您觉得国内外的策展人和艺术机构最大的区别是什么？

*谷文达：*我刚才说，当时蛮惊讶的是OCAT很国际化。西方是两个系统：一个是私人美术馆系统；一个是艺术机构。很明显的是，OCAT和西方的当代艺术机构是比较接近的模式，美术馆是另外一回事。

当代艺术机构更具前瞻性、开拓性或更具前卫性、不确定性，美术馆的展览基本上做的是盖棺定论的，选的是知名的艺术家或者是已经被社会认可的，到了国家美术馆更变了一层，变成一个国家形象。从一个公家美术馆到一个私人美术馆再到一个艺术机构，这是三个层面，我想当代艺术机构更具前卫性和不确定性，或者更具研究性和推广的性质。

*方立华：*不过恰恰是在这一点上黄老师似乎受到了很多质疑和批评的声音，因为他所策划和研究的系列艺术家个案，被认为是选择了“盖棺定论”的艺术家，对此您是持什么样的观点？

*谷文达：*批评可以从所有方面过来，任何一个大的双年展受到的批评都是比表扬多，看你从哪个角度说，也要看艺术家的项目是属于哪种类型，是他属于可以进行学术性的研讨、拓展的项目，还是已经盖棺定论的作品，比如说我的“水墨”项目里边，有很大部分是我新的东西，也带有很多不确定性。另外的角度，黄老师合作的艺术家都是功成名就的，成熟艺术家，这是他的特点。我不知道到底黄老师原来自己的考量是怎么样的，从我的角度，实际上当时我从外国回来，除了我离开之前，1986 年在西安做的第一个个展，并在开幕前被陕西的宣传部给封了之外，我没有做过展览。很多情况下，对中国观众来说——我可以说太多评论家写过我的东西，但实际上他们都没有看过我的作品，因为我之前从来没有在上海、北京做过大型展览，我比较谨慎。从作品本身，我对中国观众来说还是陌生的。从这个角度来理解，通过和黄老师合作展览，对艺术家是不是又有一种新的评定？

*方立华：*重新认识艺术家和他的创作。

*谷文达：*这一点非常重要。假如通过一个展览，没有重新认定，那可以说你刚才提到的这个批评是合理的，因为你只不过用名家做了一个有名的活动。但假如做了之后，对艺术家有一个重新评估，在另外的地方被拓开、拓展，那就可以面对那个批评做一个解释。任何艺术家都有可能被重新发现、重新定位，艺术家自己重新否定自己，重新开始，都有可能，同时还要看黄老师对成功艺术家的创作主题的选择，和艺术家的功成名就又有一个区分，这要细化来分析。

*王景：*关于黄老师您还有什么话想分享？

*谷文达：*刚才我也说了，我跟黄老师，从私交上一直没有很多的来往，基本上都只是在学术和展览的范畴内的交往，我到黄老师家里去过一次，很简单的交往。对黄老师的印象，他性格上很稳健，很有主见，是很执着的一个人，这是我的整体的感觉。

“天鹅伯伯”

受访人：秦晋
采访人：方立华
时间：2017年4月19日　地点：广州

方立华： 你最早是怎么认识黄老师的？当时是在什么样的情境下？

秦晋： 我读广美（广州美术学院）附中的时候，曾经在《画廊》杂志上了解过黄老师当时在推进的一些比较重大的展览。记得那时还和几个同学骑着自行车去中央酒店，展场就在酒店负一层，里面有很多现在依然很有影响力的艺术家的作品。对于读附中的我来说，看这样的展览还是一件很新奇的事情。所以我知道黄老师是很早的事情了，但是真正的认识，应该还是在读研究生的时候。

我读研时开始真正做一些比较个人化的作品，积累了几件后我就尝试着刻了一张作品集光盘，把光盘给了黄老师。但是我的记忆有点模糊了，我也有点不太记得黄老师是什么时候开始跟我谈到艺术创作的事。

方立华： 你刚才提到的展览是指1992年的“广州·首届九十年代艺术双年展”？

秦晋： 对，我印象很深刻，当时《画廊》杂志有一些关于展览的讨论。对我来说，这些展览和人物还是挺遥远的，因为我当时觉得这属于比较“前卫”的展览。但是这个展览对我后来很有影响，比如说我附中毕业选择考了油画系，也许因为展览大部分的作品都是油画。

*方立华：*你还注意到了《画廊》杂志上发表的一些文章，那么，你当时是否也会关注这个展览讨论的一些问题？你和黄老师后来有谈过这方面的话题吗？

*秦晋：*我也是直到后来才逐渐理解，但是这些作品在形式上对我的启发是很大的，它让我了解了架上绘画的可能性，也让我意识到不是从审美的单一角度去判断一件作品的好坏。这些作品和我之前了解的传统或者学院式的油画已经完全不一样了。当时我和崔莹约黄老师一起出来吃饭聊天的时候，我是很好奇的，我在想一个这样有地位的批评家，会说什么？ 后来我了解到那个展览以后艺术与市场的关系发生了根本的改变，很多无名艺术家一夜之间成功了有钱了。我在后来研究生毕业的论文研究个案写的是美国艺术家爱德华·霍珀（Edward Hopper），这篇论文我也给黄老师看过，他很喜欢。霍珀最让我佩服的一点是他清醒地远离欧洲抽象表现主义席卷美国的风潮而独自挖掘属于美国的“原始风景”，他籍籍无名很多年，成功来得虽晚，却那么有价值。这点我和黄老师都很有同感。黄老师一直说对艺术家“成名史”很感兴趣，我想他更多的是对艺术家如何“反应”感兴趣，他看重一个人的思想、智慧，以及如何解决看似与艺术无关的问题的能力和高度。我曾经问他最喜欢做什么事，他说“下残局”。

*方立华：*你们真正的接触和交往应该是到2005年了吧？

*秦晋：*对，2005年我把作品光盘给了黄老师以后，他就说我可以做一个展览。因为黄老师并不是那种文绉绉的人，他不会跟你打听很多细节来透露他的疑虑。虽然他当时看到我的那些作品是我最初的尝试，其实他也不可能真正了解我当时在做什么，但是他会让我来做展览，所以后来才会有我和张春旸一起在OCAT的双个展。在2003年研究生毕业那一年，我在广州Park19空间做了《再陪你一会儿好吗？》。我记得在给

《再陪你一会儿好吗？》秦晋，2003 年（图片由秦晋提供）

《再陪你一会儿好吗？》秦晋，2003 年（图片由秦晋提供）

黄老师的资料里，也有这件行为作品的图片，另外还有一些研究生时期画的水彩画。

*方立华：*你把作品光盘给了黄老师之后，你们有没有具体讨论艺术创作的问题？当时你已经完成了“烧柜子”“烧梳子”和“烧衣服”这几件行为摄影作品。

*秦晋：*可能我这个人生性比较害羞，甚至到现在我也不会把一些我觉得很艰深的问题拿出来问人家。因为黄老师很幽默很爱开玩笑，所以我甚至找不到哪个时刻去很严肃地问他问题，或者告诉他我遇到了什么问题。可能也是因为我母亲很早就去世了，对于我来说，问题大多都不是问题，也不是别人能解决的。我不希望在创作里表达一些很拖沓的感性情绪，见面也一样。如果要告诉别人我的状态的时候，我还是希望那是愉快的。

我觉得他在看我的作品的时候，肯定是有感觉的。但是我想保持那个部分的神秘感，可能是一个谜，也许黄老师看见的只是一个部分，我也不想解释太多，那样也没有必要，不如让他直接看作品更好。当然，还是有讨论艺术创作的问题，那是在之后。

*方立华：*我想你把作品给黄老师看了之后，他肯定是有一定程度的认可的，因为他当时提议让我策划你和张春旸的展览，作为 OCAT 的青年艺术项目，所以才有了“我们是幸福的牺牲品”展。其实艺术家都是黄老师选定的，这也说明了他对你们的认可，

2006 年，“我们是幸福的牺牲品”展览现场（图片由 OCAT 深圳馆提供）

所以他才愿意提供 OCAT 这样的平台呈现你们的作品。对于我来说，做这个展览是一个很大的考验和挑战，但是我想，对于黄老师来说其实是一个冒险。当然，他对于年轻艺术家的创作还是保持着一种“观看”或者“观察”的态度。

*秦晋：*他还是在观察，他不会说你现在应该怎么样，或者以后应该按照某件作品的方式发展下去之类的。他一直都是在暗中观察，但是他会很直接地给你机会。

他后来到我的工作室去看了，我当时还有点不太相信他会让我在 OCAT 做展览。虽然不是个展，但也是我和春旸的双个展。在此之前我都没有参加过比较重要的展览，这对于我来说非常有挑战性，因为黄老师把这么大的信任抛给了我。他很轻描淡写地说要做这样的展览，好像没有什么困难似的，所以就一起赌了一把。

后来我们在挑选作品以及考虑作品怎样呈现的过程当中，我也遇到了很多新的问题，因为我从来没有试过这样把自己的作品放在一起，那次我学到了很多东西。我记得展览开幕的前几天，黄老师来看了布展现场，他对作品的呈现做了一些调整，我觉得马上就不一样了。

2014 年，秦晋与黄专对谈（王静晗拍摄，图片由 OCAT 深圳馆提供）

方立华：这个项目其实也体现了黄老师的开放性，他还是很愿意支持年轻人在 OCAT 做一些实验性的展览项目。

秦晋：对，而且他没有给很多的压力，当然，事实上是有压力的。他确实是像你所说的挺开放的，他不会顾忌别人怎么说，我觉得真的不是很多人会有这样的冒险精神。而且很快就确定了，挺刺激的。

方立华：2014 年你和黄老师在 OCAT 图书馆进行一场对话，从这里可以看出黄老师对于你的艺术创作的态度，因为他提到一个细节，他说广美出了三位艺术家是他觉得非常欣慰和认可的：一位是曹斐，一位是段建宇，还有一位就是你。可能在这场对话之前，他并没有主动地去谈你的艺术，但是从他的谈话中可以看出来，他虽然是一直在"暗中观察"，但是他也非常认可你在艺术上的这些实践。他对你的作品有一个总结性的印象，他认为你是通过艺术创作来寻求一种安全感。你能否谈谈这场对话给你带来什么样的启发？对于其中谈到的一些观点是否对你有所触动？

秦晋：那一次的对话对我来讲很珍贵。他不仅是那一次对话的时候把我们三个人放在一起比较，他平常跟朋友聊天时，也会半调侃地说"秦晋是三个人当中知名度最低

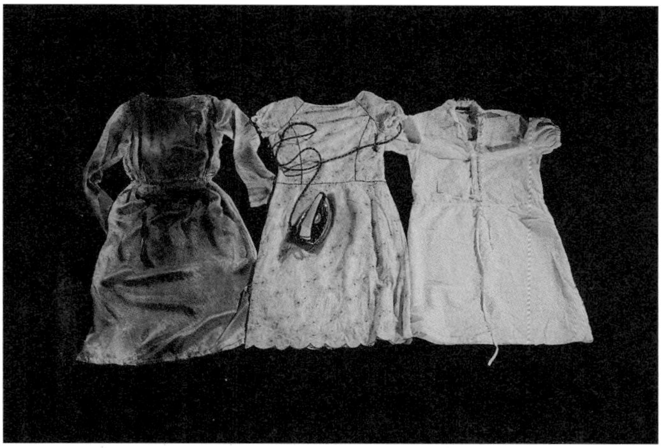

《二十九年八个月零九天》秦晋，2006—2009 年（图片由秦晋提供）

的”，等等。我一向都觉得，从我研究生毕业后开始做创作的时候，黄老师一直都给了我一个比较高的要求。那次双个展之后，他觉得有一些作品还是可以的，他在见面的时候就说：“你必须树立一个更大的坐标，不能够仅仅满足于你的某些‘南方’或者‘女艺术家’的标签，要把坐标系放得更大。”我当然明白他说的意思，我不希望辜负他。对于我来说，它成为我做展览或者做作品的一个压力，同时也是一种促进。

至于黄老师的观点，我觉得还是挺贴切的。我研究生毕业后工作，从 2003 年做“烧柜子”那件作品开始，我就企图建立自己的人生观。因为在那之前，基本上我已经没有办法再支撑或者说找到一个理由来继续走下去。我的身份背景或者说我之前所受到的意识形态的教育，跟后来所接触到的世界是格格不入的，我觉得我能辨识到自己的某些部分是不属于我自己的，当我要把这些不属于自己的部分重新地清洗一遍的时候，首先要把原来的一些“自己”先丢弃掉。这说起来好像是一个很自然的过程，但其实做起来是挺艰难的。

后来我的那件“熨衣服”的作品，我之所以把它叫做《二十九年八个月零九天》，是因为那时候我正好 29 岁 8 个月又 9 天。在那天之前我觉得我的生命都还没有真正开始过，直到那以后我才开始了属于我自己的生活。在那之前我碰到的所有的问题，都是通过阅读和创作把它消化、清理和解决掉的。在这样的过程中，我才能找到一个

《秋千》秦晋，2007 年（图片由秦晋提供）

比较稳定的人生观。作品的确有缺乏安全感寻找安全感的特征，也有一些隐含的暴力，以及一种仪式感。黄老师从那个角度解读出了那样的倾向。他还是挺喜欢那件作品的，他觉得对于我来说它有着重要的意义，也的确如此。

*方立华：*我记得有一次他和汪建伟老师在一起聊天，他就专门谈起你那件《秋千》的影像作品，还邀请汪老师给你在 OCAT 策划一个个展。他觉得你们也许可以产生一个有意思的项目。

*秦晋：*黄老师也是这么跟我说的，他说汪老师看了那件作品之后说想尝试指导我怎样做影像。他还说可以做一个个展，由汪老师来策展。其实我后来也有和汪老师联系以及去北京汪老师的工作室跟他聊过关于这个展览的事情，但当时他正忙着准备他在 MoMA 的个展“时间寺”，很遗憾后来他也没有做成这个策划，但是展览还是做了，也就是 2014 年在 OCAT 实现的这个展览“对迷信的人来说，献祭就是真的”。

*方立华：*之前你参加了黄老师在艺术方位策划的“预感……”展，能谈谈你的想法吗？

*秦晋：*那是一个女性主义的展览，不仅他挑选的艺术家都是女性，而且他在前言里

2015 年，白榆、秦晋、黄专在“用骨头顺从，用皮肉示弱”展开幕式合影（图片由秦晋提供）

还谈到女性有稍强于男性的“第六感”。当然，在创作中，我能时刻感觉到这种灵感或者直觉式的创作方法，但是黄老师把它作为一个展览的主题，这在我的展览经历里还是很特别的一次。我当时怀孕了，所以开幕式还是挺着肚子去的。展览还是黄老师请翟永明写的一篇文章。事实上，比较有明确倾向的女性主义的展览，我接触的并不多。

方立华： 这在他的策展经历里也是比较少见的。在展览策划过程中，黄老师是如何选定作品的？他和你们有什么具体的沟通和讨论吗？

秦晋： 当时作品是黄老师亲自挑选的。我的作品量也不是很多，所以黄老师去工作室看了之后就选了那两件作品：《秋千》和《二十九年八个月零九天》。后来黄老师还说他们都很喜欢我那件作品，其实那也是为数不多的他这么明确地肯定我的作品。

方立华： 这是你们第一次真正的合作吧？

秦晋： 是，这是我第一次参加他策划的展览。

方立华： 他还把你推荐给了凯伦老师，后来她也给你写过文章，并且还在 OCAT 西安馆给你做了一个个展“用骨头顺从，用皮肉示弱”。

秦晋： 黄老师把我的作品介绍给凯伦，对我来说意义也很重大。从那以后我和凯伦

2015 年，“用骨头顺从，用皮肉示弱”展览现场（图片由秦晋提供）

2015 年，“用骨头顺从，用皮肉示弱”展览影像作品《白沫》（图片由秦晋提供）

的合作就开始了，她写过关于我的两篇文章，我们一直保持着相互了解。当然，后来我也跟黄老师不断地沟通我之后的展览和创作，我觉得我还是能坚持在他的审视下做一个比较独立的艺术家。黄老师给我的一些最重要的忠告还是要有自己的独立判断，而且他对于一些时尚潮流的警惕对于我来说也很关键。这些其实都是我在他旁边观察到的，他会很清晰、很冷静地看待某一时期有些人的做法或者是一些很热的话题，他会以他的专业批评家的素养和角度去看待这些现象，我当然也会受到他的影响。

方立华：《秋千》应该算是你的影像作品的处女作吧？后来你又做了《白沫》，我记得在拍摄的过程中，你还提前给黄老师看过一些片段，他还很有兴趣地问你一些技术性的问题。能谈谈你和黄老师的讨论吗？

*秦晋：*是的。不过我有一个习惯，在我还没有把作品做完之前，我不会轻易地给黄老师看，我会等到有了一个比较确定的面目的时候，再拿给他看。所以刚开始我也没有跟黄老师说我做影像的事情，我一直在做架上绘画和摄影。《白沫》是因为要做个展的时候，我想有那样的尝试，但是我有一段时间并没有跟他说那个影像是关于什么的，只是后来我拍完了素材，要进行剪辑的时候才拿给他看。

黄老师后来对《白沫》的评价挺有意思的。因为我们经常见面，他知道我在片子

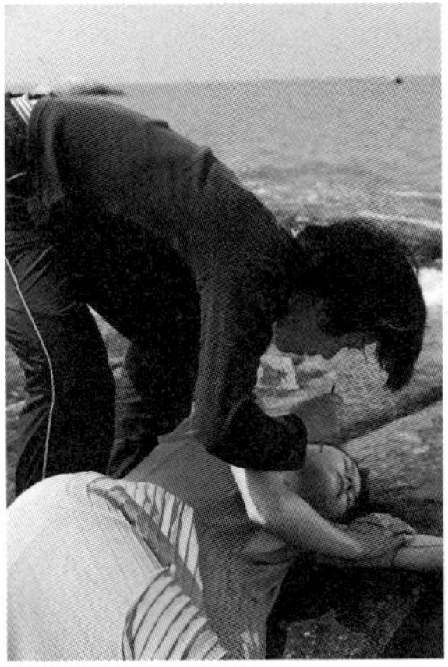

2014 年，《白沫》工作照（图片由秦晋提供）

2014 年，《白沫》工作照（图片由秦晋提供）

上花了很长时间投入很多，但总是觉得我忙了那么久还没忙出来，所以他用“性价比”这个词去描述片子，他说“性价比比较低”（哈哈）。我觉得黄老师是一个急性子，因为他有很多工作，效率都要很高，挺有趣的。他与艺术家保持着一种亦师亦友的关系，非常好。

方立华：从艺术家的角度来看，你觉得黄老师在策展实践上有什么样的特点？另外，你是怎么看待和评价 OCAT 的？

秦晋：我有好多重要的展览都是在 OCAT 做的，所以对于我来说，OCAT 非常重要。对于当代艺术生态来说，OCAT 是一个非常独立的当代艺术机构。后来黄老师还经常给我 OCAT 的出版物，我觉得他所做的梳理的工作都是非常系统的。

方立华：你觉得它的特点是什么？

秦晋：OCAT 艺术馆群的布局、投入和规模都是很少有的，另外加上它的专业性，影响不言而喻。

方立华：黄老师在主持 OCAT 的时候一直强调研究和出版。在主持北京 OCAT 研究中心时，他甚至做得更加“极端”，他把精力主要放在组织学术演讲、研究和出版的工作上，而展览很明显地被弱化了。可能在传统的概念里，策展人的主要工作还

秦晋的女儿汀汀与“天鹅伯伯”（图片由秦晋提供）

是策划展览，而一个艺术机构还是以展览为中心，但是在黄老师那里，这些关系都被改变了，展览反而变得很“次要”。作为一位艺术家，你是怎么看的？

*秦晋：*毕竟黄老师是一个艺术史学者，他是有这样的一个知识架构或者学术的考量，他知道这样的一个研究工作是别的策展人不会做的，但是这项工作对于艺术和艺术史的书写来说是很重要的，应该说是他的眼界决定他做到这一步。这是一个长期的工作，而不是一个短效的项目，所以他的很多项目都有一个长远的考虑，也就是说是一个长远眼光的结果，需要撇开很多商业的因素。他很有能力平衡商业资本的来源，但是另外一方面又做一些远离商业的文化研究工作。

*方立华：*我觉得你和黄老师的交往还挺深的，黄老师后来自己还建立了一个微信群叫“呼吸党”，他把我们放在一起，感觉我们四个人就像一家人一样。在这个群里，我们谈论的不是艺术的事情，而是跟生活更相关的事情。能不能最后谈谈你对黄老师的印象？或者你觉得还有什么其他印象比较深的事情吗？

*秦晋：*也许是因为他们没有孩子的缘故，所以有一些节日我们会约着在一起过。其实就像我以前研究生选择导师的时候，我会刻意避免导师给我过多影响。所以我不太希望自己过多依赖于他。但黄老师和白老师待我都很好，就像亲人一样。

微信群“呼吸党”的名字好像还是我改的。那个时候他的身体不太好，在考虑怎

2013年冬，秦晋、汀汀和“天鹅伯伯”“天鹅阿姨”在温泉度假村合影（图片由秦晋提供）

么调整生活，白老师也开始很注意养生，然后就在微信上“结党”，互相称呼党员也有调侃的意思。虽然说不是一个真正的家庭，但是我们四个人在一起真有一个小家庭的感觉。

我每次带汀汀去祈福新邨看望他们的时候，黄老师就很爱带她去划船，汀汀把黄老师叫做“天鹅伯伯”，把白老师叫做“天鹅阿姨”，因为祈福新邨的湖心岛上有天鹅，他经常和她去喂天鹅。他们还会带我们娘俩去郊区度假泡温泉。汀汀第一次吃雪糕还是白老师给买的。那段日子是挺开心、挺欢乐、挺放松的。但是我很惭愧，因为我觉得我对他们关心得还是不够。

*方立华：*最重要的是带来了阳光，你一进去满屋子都是笑声。

*秦晋：*还是挺惭愧的。如果说阳光，我觉得黄老师更阳光一些，他很机智幽默也很会自嘲。但我还是挺怕黄老师的，比如说单独散步的时候，我要给他交代我最近在做什么的话，就会觉得很紧张，他就像在监督工作一样问：“怎么样，最近……”以前研究生导师都没有给我这样的压力。他的要求还是非常高的。

*方立华：*他不会给你一个明确的要求，只是你感觉到他有一个很高的标准。

*秦晋：*对，这是肯定的。我还是很明智的，会明确地感受到他给我的压力，虽然很多时候你以为他好像是在开玩笑。我还是很认真地在完成他给我的一些关键的指示，我把他的话当一回事，这也许是我比较聪明的一点。

一面有着老灵魂的镜子

受访人：张春旸
采访人：王俊艺
时间：2016年12月21日　地点：北京
录音整理：王鹤翔

王俊艺： 您是想从认识黄老师开始聊，还是从展览的线索开始聊？

张春旸： 我以黄老师给我做的几个展览为主线来聊一聊吧。跟黄老师认识挺巧的，那时候我从央美（中央美术学院）研究生毕业后留校任教，有一套作品被张锐收藏了。那天我找了一辆出租车把画送到了现在画廊，正好看到黄燎原，他说："晚上有事吗，和我们一起吃饭吧？"我就跟他去了，正好看到黄老师、广义、晓刚和曾梵志。在座的这些人中，广义和晓刚我是知道的，碰巧和曾梵志一起参加一个摩凡陀手表的展览也认识。由于刚从学院里出来，黄专这么重要的人还不知道，说话会比较生硬。黄老师就开始笑，对我挺好奇的，他问："你的画是什么样的？"我有一张光盘，因为那时候刚毕业嘛，所以特别想让别人了解自己的作品。我们从吃饭的地方到了一个酒吧，好像是叶帅（叶永青）家楼下，叶帅也过来了，大家急着想看作品，但没有电脑。晓刚说："我家地库的车上有一个，我去取一下吧。"他就取回来了，开始放作品。所有的大腕就坐着看。黄老师说："哎，这挺好！"叶帅不是刚从英国回来嘛，他说这有萨奇（Saatchi）的感觉。黄老师非常有兴趣地问我，"你要不要做一个展览？"我说，"好啊。"当时的作品量不够做个展，黄老师说广东有个女艺术家秦晋也很好，"那就做合展吧。"很快他就让立华找我做了一个访谈，谈我们这代人对生活的理解。我说了一句"我们是幸福的牺牲品"，黄老师说这个做展览的名字特别好，后来就有了我和秦晋的展览"我们是幸福的牺牲品"。

2006 年，“‘柏拉图’和它的七种精灵”展与“我们是幸福的牺牲品”展开幕式（图片由 OCAT 深圳馆提供）

我和秦晋的展览是在副展厅，主展厅展出的是黄老师策划的“‘柏拉图’和它的七种精灵”，他试图给年轻人一些机会，包括他把我们的展览放到他策划的另一个特别重要的当代艺术大展同一个时间开幕，认识了很多前辈，从那个时候起我就很感谢黄老师，之后我们有了更多交往。

我为什么会对黄老师有很深的感情？我想是因为我在进入这个圈子的时候，一系列的展览都和黄老师有一定的关联。2005 年黄老师当时在美国提顿画廊（Jack Tilton Gallery）策划了“江湖”展，赵刚参展，也正好回国在四合院画廊担任艺术总监，他看了“我们是幸福的牺牲品”展的画册很感兴趣，说要来看一看我的画室。他来了之后就看中了我的一批表现主义的画，觉得有很特别的面貌，绘画性很强，所以他就在四合院画廊给我做了一个个展。这也是我第一次在画廊里做展览，对于我来说非常重要，其实是因为他从黄老师那里看到了我的作品才过来找我的，也因为是黄老师写的前言。

当时留校工作很忙，平常就是教课、写书、带学生下乡，还要兼顾自己的创作。但每次黄老师来北京，我都会放下手里的事情抽出时间去见他，能让我这样做的人其实很少。每次和他见面都能接触到中国最重要的当代艺术家，能看到他跟这些人相处的方式。他其实是一个非常有人格魅力和人情味儿的人，到哪都会送人一个小礼物，或者他过来的时候想去看一看景山或者圆明园，他也会把我们叫到一起去玩一玩。

*王俊艺：*这也是非常有生活乐趣的。

*张春旸：*对，特别好玩的是他总能在生活里抓到一种乐趣。我写过一篇怀念黄老师的文章，我说他就像一个“魔法师”，每次聚会他很会调和气氛，把每个人都照顾得很好，调动每个人的情绪至高涨状态。他就是这样有乐趣的一个人。

2007 年黄老师在艺术方位策划了一个女性艺术展览“预感……”，我和秦晋是从“我们是幸福的牺牲品”出来开始进入这个展览的。我在想怎么能够在展览里面展现自己的新油画作品，怎么能把画面做得更有意思？那时候的主题是“自我的关系”，有一件油画作品《自我的觉照》；还有一件作品是各种小框子拼到一起的装置作品。黄老师鼓励我，说效果挺好的。实际上他给了我一个平台，我就在这个平台里以一种新的理解和新的呈现方式让自己跳出来。这都是黄老师不断地带给我的机遇。

2004 年到 2007 年是自我调整和自我建立时期，一方面我当时从“我们是幸福的牺牲品”展览作品中观念强化放弃绘画性，但观念不足以表达我的情感；另一方面还是有一种绘画表达的需求。这种绘画性恰恰就在赵刚策划的展览里面呈现出来：我画了一个镜子里面的“我”，镜子里的“我”和我是有一个互动的，已经突破了现实的场景。当时黄老师写了一篇前言，写得很短，但是结尾写得很好，他写道：“我相信这是我们时代具有震撼力的图像中的一幅，因为它描述的或许是一个时代的灵肉。”我当时还很年轻，也很谨慎，我说：“黄老师，这是不是对我来说太过了？”他想了想，看看我说：“那还是把那句话删掉吧。”我想他能给予年轻的艺术家一个这样的评价，

《你在里面》张春旸，油画，200cm×150cm，2006 年（图片由张春旸提供）

同时他还看到了我前进和成长的阶段，我很感激他。

王俊艺： 当时他在写文章的过程当中，你们对这个展览有什么讨论？

张春旸： 我从小到大都是很自闭的一个人，我不太能准确地表达自己。他和另一位老师对我来说同样很重要，因为他们会走到我的心里去。比如在看画的时候，黄老师是带着一种心里的感受，特别兴奋。因为艺术家在画里会真实地呈现心里的感受，他能抓住那些东西，而且能迅速地理解你画的是什么意思。他那时候觉得我画得特别情绪化，很敏感，像科柯施卡（Oskar Kokoschka）的《风中的新娘》，有点让他想到那些神经兮兮的作品。他看到了我那个时候的情绪状态，我就觉得好像忽然被人理解了。虽然我没有说什么，但我能从他的反馈里感受到作品传达的强度。这样的人在我的生命中出现得很少，只有两个人。黄老师是作为一个评论家出现，另外一个人也是，他是我的老师，他也曾经给我写过一篇文章，但是他是从纯粹的绘画性来评论，黄老师则是着重于“我”这个人的状态和当代绘画里的符号意义来梳理。他在绘画里的这种反馈，他的这种敏感，他对绘画性的强烈感受，对我来说非常有意义，特别难得，又很到位，有点像著名哲学家海德格尔（Friedrich Hölderlin）在评论《荷尔德林诗的阐释》中写道的，“像一层薄薄的雪附在钟的上面”。我觉得黄老师就是这样，他就像“薄薄的雪”一样，妥妥帖帖地贴在一个人的生命状态和内心感受里。

他一直都是从精神层面进入一个艺术家的作品，这可能也是他的一个特点。因为我看他写广义老师的也是，他是从神学、图像学和波普这些精神层面来理解。后来我在网上看到他讲德国的表现主义，实际上他是从格列柯（El Greco）开始梳理，也是从精神层面来理解。我前两天看罗斯科画的方块，大家如果只是从语言去理解这个人，可能过于简单化；如果从精神层面理解一个人就显得丰富了。我觉得黄老师的文章就是这样，他总能在精神层面找到内在的关联。

在艺术方位的展览之后，他又看到我进入到新的尝试当中，回归绘画语言，又有一种自我抗争、挣扎和妥协。我画了很多画，黄老师每次来看都很激动，他说："我要收藏你的画。"他当然给了我很多鼓励，我也很感谢。他一直比较喜欢我的画，所以我们在画室私下里的交流还是比较多的，然而我们聊的不是绘画或者绘画语言的问题。其实他不需要知道你所有的东西，因为那是你自己的事情，但是他能从所看到的视觉图像里迅速地在他的知识系统里找到一种关联。

王俊艺：其实黄老师最早也涉猎绘画，所以他无论是对绘画还是其他艺术都有语言上的敏感性，这种敏感性使得他在看作品的时候，即便艺术家不说，他也能敏感地捕捉到。他和艺术家往往会聊一些共同感兴趣的别的话题，或者别的学科的问题，在聊的过程中他又能敏感地看到艺术家背后的创作问题。所以很多人反映他很敏感，这种敏感一方面是对语言本身的敏感，另一方面是能将一个人的作品放到历史的语境里。

张春旸：黄老师很尊重艺术家的艺术创作过程，他对我来说又是有引导性的。比如我在画"自我"的题材时，他有一次带来一本国外的当代艺术的画册给我看，感觉挺无意地带来，但是我想，他是不是也是在有意识地给我一些建议，但却又不明说呢？大概是在 2007 年的时候，我有一个机会去法国南部，他说："你就去一趟佛罗伦萨吧。"

2014年，黄专在"马语：张春旸个展"开幕式上发言（图片由张春旸提供）

我说，"去法国是人家给我安排食宿，去意大利我自己还得花钱。"他说，"我资助你吧。"而后促成我去了一趟佛罗伦萨，这段经历对我的影响也特别大，让我重新回到了古典，从法国到意大利，我建立起了比较完整地观看艺术史的架构。而且之前我也去过伦敦，我觉得这对于我的艺术成长还是非常重要的。

后来，"自我"题材就慢慢地结束了。随着孩子的出生，一些新的东西充满更深意味的形象——"马"就出现了。他虽然没看原作（因为他当时身体不太好在广州休养），但不妨碍他对这一时期作品的解读、评论总是一语道破。黄老师后来在文章里写道"自我蜕变"，我想我就是这样，在不断地自我蜕变，但是也在追求一种安静，一种更广袤的胸怀。他也都看到了。

我在何香凝美术馆做"爱笑爱语"展的时候，黄老师给我写了一篇文章《张春旸和她的表现主义绘画》，写得特别到位，把我从表现主义如何回归到一种平静的情绪里面去的过程，以及我此一时彼一时的心境表达了出来。"马"这个主题我还在不停地创作，但是没有展出，积攒了很多作品，我们慢慢地谈到要在今日美术馆做一个展览。

*王俊艺：*我们聊聊您在今日美术馆的展览吧。黄老师当时身体不太好，也不太想张罗，但是看到您的作品之后还是特别想策划。

2014 年，“马语：张春旸个展”开幕合影（图片由张春旸提供）

张春旸：作为多年的朋友，我既心疼，又觉得很难得。所以我一定要拿出最好的作品，希望把这个展览做得更好一点。沟通展览的过程中，发了一些小装置作品的图片给黄老师看，我把给儿子同同做的东西收集起来，比如给他做的第一个枕头，用我姥姥的衣服缝出一个枕头的样子；我不会做针线活儿，做得很丑很丑但很认真；给他做的饼干也是，我想用很好的材料给他做饼干，但是做出来还是那种丑丑的。我就把这些东西分装在盒子里，在上面写上文字，写上我那时做这些东西的心情。黄老师看后特别兴奋，他后来又写了一篇文章，写得特别感性。大家都说这篇文章不太像是他写的。我想他应该是他的理解，那种理解对我来说也很到位。

王俊艺：那对您之后的工作有什么推进吗，或者说有哪方面的推进？

张春旸：我们确定展厅后，他说展览里面要有一张震撼的大画，要我准备一张，那个夏天我是铆足了劲来了一件 260cm×620cm 的大水彩，《其中一个真正的出离者》是我最重要的一件作品，当时是一个不小的挑战。他觉得很好，这实际是在他的激励下完成的。

王俊艺：黄老师为“马语”展写的文章，您看到这篇文章很准确，一方面是对您作品

《其中一个真正的出离者》张春旸，纸上水彩，260cm×620cm，2014年（图片由张春旸提供）

的理解，另一方面是他的敏感性。他的这种准确有没有对您之后的工作起到很大的推介作用，或者让您看到一些自己甚至看不到的东西？

张春旸：那是一定的！从我一开始在亚克力上画的东西，到我的表现主义，激烈的情绪释放之后，我又觉得自我是需要蜕变的。一个女性的自我题材在那个年代里是不太让人理解的，那些自言自语的日记一样的东西，对我来说却很重要。再到我进入到母亲的角色，自我的情绪被逐渐化解，进而寻找一种消解自我重新建构的过程，黄老师看得明白，我一直在寻找一种闪光的东西。其实这就像黄老师在当代艺术里，他的心一直是在山水画的情境中一样，我觉得这不矛盾。他一直在引导我，只是这种引导不是说那种特别浅的，特别具体的引导，他一定是给你扔过来一个东西却什么都不说，让你去想，让你去发生关联。

后来他送我一本美国画坏画的画册，他实际上是想让我再一次打破自己，但不会具体地告诉我。他每次看我的作品都会觉得特别好，由衷地发出赞赏，他能在我的“马语”里看到什么。给我写的最后一篇文章无比诗意，就像一个特别抒情的、文学性特别强的人写的评论。当我看那篇评论文章的时候，我有一种被理解的感动——他把我不被理解的说不出来的一种苦闷的东西说成是“马语”，把我作为一个马语的诉说者与倾听者。他每次的文章都让我深深感到被理解、被感知，却不会让你的这种被理解的东西显得浅薄，这不仅仅是一个描述的方式，他会把你的东西抽出来，和他有同感的东西捏在一起，让你也跳出来站在他的角度看，让你在被认知的同时，也被深度地理解，这是从精神层面的理解。

*王俊艺：*你们认识的时候 OCAT 建立了吗？您怎么看他建立的机构？

*张春旸：*我觉得 OCAT 对于中国当代艺术来说是独一无二的研究机构。它的意义在于纯学术，它的导向不会为了盈利或考虑市场因素而改变。其实这也是黄老师的品位以及他对于当代艺术的理解，所以形成了 OCAT 的特殊定位。因为只有你这个人有了一种理解，才会让这个东西散发出光芒，或者说有了个性和语言。

黄老师因为白血病经历了生死。他也画画，他对于图像极度敏感，而且对图像的解读是独一无二的。同时，他又进入到中国传统山水画的人文层面中去，这是一个中国人的根基，所有的这些东西才形成了一个“人”，这个人就是黄老师。他对当代艺术有着强烈的兴趣，我想这份兴趣是他在寻找一个新时代的自我表达。他无论是做深圳 OCAT，还是做上海的公共艺术项目，或者是策划一个展览，这都不重要，这些东西都是他个人的一个综合的东西。我有的时候看他给不同艺术家写的文章有一点点类似的角度，这些角度并非某人独有的，也可能他写的这些角度背后就是他自己。他就像一面镜子，这面镜子并非现代式的那种光鲜的镜子，而是一面很久远的、有着老灵魂的老镜子，映照的人实际上是相互的。他映照写艺术家，比如写我的评论，他能看到我在“马语”里的母性或者说女性，实际上也有可能我是他的镜子，他看到了他自己而已。当然，他首先得有他的情怀，他的敏感，他才能在里面建立起一个说法。他对任何人的评论都很高拔，这种高拔首先是他自己是一个很高尚的人，才会把另一个人理解得更深入。在这里可能大家充当的是彼此的镜子，但是他这面镜子是很有魅力、很厚重、很久远，也很朴实，每个人都想去照一下。所以我觉得做什么都不矛盾，也不觉得尴尬了——他可以做古典，也可以做当代，还可以去写东西。

*王俊艺：*黄老师想在北京做 OCAT 研究中心，在建立研究中心之前你们有聊过吗？

*张春旸：*他是一位学者，但是他又不是只专注在一个兴趣点上。因为学者并非都是才华横溢的，学者更重要的可能是有一种持之以恒地做学问的态度。他是兴趣点很广泛的一个人，而且处于一种很灵性的状态下，可能他不甘于只做一件事情，同时具备一个学者的素质，这必然促使他去做一个更广泛的平台。他会把他感兴趣的国外的东西都纳入进来，而且他希望重新梳理中国艺术史，有一个新的定位，这个定位是在国际层面发生，但是又不会纳入到西方的语言系统里面。这是每个有学问有成果的人都想去做的，正如一个画画的人试图超越的，一个学者试图超越的，一个艺术史学者试图超越的。我猜测 OCAT 最后的方向就是从这里面引起了他的兴趣。关于展览，我想他会有很多理想，其中一个理想，便是试图超越自己，或者为当代艺术史做出一种贡献。

他一直有点虚无感，有一种对于生命的不确定性，但是又像西西弗斯一样去努力地做。他又是一个极度认真的人，对自己很苛刻，同时他开的玩笑又是很戏谑的、调侃的，与人交往的过程中又是很轻松的，很有人情味，但他却不会为了人情随便去做一个展览。他是特别矛盾的一个集合体。

*王俊艺：*黄老师在某些方面还是很幽默的。

*张春旸：*我觉得他可能是通过一种戏谑的方式来化解他的虚无感和孤独感。我是一个比较敏感的人，感觉他有时候是比较焦虑的，比如他的兴趣点没在这儿的时候，他就会有点小焦虑。他常常会想什么应该做和不应该做，从他的兴趣出发可能是不应该

做，但有些事情他却做了。那个时候我就会说两句话，我说我喜欢一本书，可能就喜欢一页，但我会为了这一页而买下整本书。他听了会觉得说得挺有道理。我们有时候会有这样的对话，会觉得挺有意思的。他希望大家开心快乐，同时他在独处的时候瞬间可能会生出一种虚无感。

他是一个灵魂人物，很多人可能都是为了他才会相见。就像一个指挥家，把大家都调和在一起。在他的局里面，大家才那么开心，他很会安排，并且很会照顾每个人的情绪。他把整个氛围搞得很有意思，制造得特别快乐。所以少了妙笔生花的这个人，可能所有的东西都是一盘散沙。他会在里面建立一种关联，有了这种关系所有的东西才相得益彰。就像一个展览的策划一样，他能把特别无趣的东西弄得很有趣。所以每个人心里都会对他有一种特殊的情感，他就是一个独一无二的灵魂人物。

*王俊艺：*还有没有其他想聊的？

*张春旸：*他是一个超脱的人。从宗教层面来说，一个人可能一生中只需要解决一件事情，但很多人解决了100件事情，却没有解决这一件事情。我想他最终解决了这一件事情，而且在看待生死这一件事上也早已经解决掉了。他说“金蝉脱壳”，就是一个人不被身体所累。但是既然是“金蝉脱壳”，那么就有一个“脱壳”的“金蝉”。无论他接受与不接受，他其实是带着一种美好的愿望，他的灵魂实际上是飞出身体的，还试图进入另一个维度的空间里，所以他是带着希望的。

在很早的时候，他就说我有一种宗教情感，那时候我不太懂。他那时候让我看《金刚经》，我看完后很快就跟他回馈，他说我悟性很好。我想他应该早早就悟道了，以后他都是很快乐的。现在看他的离去，我不会特别悲伤，但也会瞬间难过，因为我们是朋友。但我想，如果作为一个人的生命状态的话，我会祝福他，因为他在这辈子已经把他的事情解决掉了，而且解决得很好。他经历了生死，在死亡中又面对生。他在得病后又做了得病前不能做的事，他在当代艺术成就了一些人，他对中国当代艺术而言是一个非常重要的灵魂人物，只有他才能把 OCAT 的这些人聚集在一起。

他一直都是特别清醒的一个人，知道他自己在做什么。知道自己日子不是特别多的时候，他就把朋友的展览了了；他知道自己日子不是特别多的时候，他要做一点有意义的事情，他就在筹备做文献研究，因为中国一直没有文献研究这一块；他知道要走了，再也见不到朋友了，他就会打一个电话，假装若无其事，实际上是在道别；他在面对死亡的时候又提前写了《诀别的话》，他写下“金蝉脱壳”。他是在很清醒地做这些准备，同时又是悄无声息地做。

*王俊艺：*说起《金刚经》，他画过一批画的名字就叫《金刚经》，画中有汽车，有恐龙。

*张春旸：*他曾经跟我说过要送我一幅画，就是病中画的。他好像跟我说他画了一些线稿。

*王俊艺：*钢笔画的线描。画得挺多的，也挺好的。不知道是不是因为生病不能看书，但又需要表达，所以选择了绘画。刚好他有这个基础，也刚好在那个状况下只允许他用绘画而不是写作或别的方式。

*张春旸：*老天给一个人磨难，也算是厚爱他。他在病中悟道，对生死大彻大悟。在他在世的时候我们很有幸与黄老师相识，目睹他的风采，感受他为人的状态。虽然他生病，但是他依旧在绽放他的光彩。

历史是什么？

受访人：卢昊
采访人：王俊艺
时间：2016年12月21日　地点：北京
录音整理：王鹤翔

*王俊艺：*您能否回忆一下，你是怎么认识黄老师的？

*卢昊：*第一次的情形我已经完全回忆不起来了，印象最深的是广义、晓刚、老方（方力钧）他们三个人当时在深圳做的一个关于深圳公共艺术的展览，那应该是我第一次见黄专老师。但是我很早就在《江苏画刊》发表的文章知道黄专老师。当时杂志介绍政治波普、玩世现实主义，以及西方当代艺术现象，我在很多文章里都看过他的名字。那时候我经常看黄专老师、栗宪庭老师、范迪安老师和费大为老师这几个人的文章，我一直很尊重他们几位，他们在年龄上可能有点差异，但在我的印象中他们是一代策展人。像黄专老师这一拨人对于我们这一代艺术家的当代艺术启蒙，起了很重要的作用。

*王俊艺：*认识他大概是在什么时候？

*卢昊：*2006年。当时我在何香凝美术馆做个展，那时候跟OCAT的人接触比较多，也开始跟黄专老师有一定的接触。2005年我去过一次深圳OCAT，当时是OCAT的开幕展。那时候我开始感觉到深圳是一个挺活跃的地方，这种活跃跟黄专老师的工作是分不开的。由此可见，一个人的工作带动了一片区域或一个城市，足见黄专老师这些年为深圳，甚至广东，包括香港这一带的当代艺术思潮的推动起了巨大的作用。以前，老实说就是北京、上海比较活跃，基本上就是“北上深”这个概念。如果提起

当代艺术有什么活动，在南方基本上就是深圳 OCAT 和何香凝美术馆。我个人觉得北京这两年反而有点沉寂和萎缩了，现在感觉整个中国的艺术中心似乎是在南边。

王俊艺： 据我所知，您跟黄老师最早的合作应该是2006年在纽约 Jack Tilton 画廊展出的“江湖”展。但我还是想请您先谈一谈“国家遗产”这个展览。

卢昊： 当然，那是一个大篇幅的展览。说起这个展览，我内心对黄老师有点歉意，因为这个展览里大篇幅地介绍了我的作品，我却没有去英国出席开幕式。

王俊艺： 当时黄老师生病了，他也没去英国。

卢昊： 当时我没去是因为我病得非常厉害，本来是要动手术的，结果因为查血查出有糖尿病，所以我在医院住了挺长时间，就没办法参加开幕式了。我是临时去检查身体，被留在了医院。医生问我是跟谁一起来的，当时听这话就有点害怕了，问什么意思，他说情况很危险，得住院，怕出现其他问题后都没办法抢救，当时就留在医院了，我让家人送来身份证办住院。所以我没有去成，这个情况我一直没机会解释，我不知道黄老师也是因为生病没有去，但我很长时间还是心怀歉疚，而且一直没有一个合适的时机跟他说。知道黄老师去世的时候我觉得特别突然，从内心来讲，我已经接受了他好了的事实。没想到他的病忽然再次发作，那么快就离开了，这让我心里挺难接受的。

从我内心来讲，我一直想有个机会，在没有其他人在的情况下，能跟黄老师聊聊。他每次来都是和一帮艺术家一起，始终没有一个单独的机会让我能特别放松地、毫无隐晦地去谈谈自己的内心或者谈谈我的作品。批评家里对我作品有比较深入了解的，我觉得有费大为老师、老栗（栗宪庭），还有黄专老师。他们几位不是采用访谈的方式，而是大篇幅地写评论文章。我跟其他老师接触得比较多，唯独跟黄专老师接触得较

2009年，“国家遗产：一项关于视觉政治史的研究”展卢昊作品《复制的记忆》在深圳OCAT展出（蒋涛拍摄，图片由OCAT深圳馆提供）

少，这个事情竟成了永久的遗憾。

*王俊艺：*这件《复制的记忆》是专门为“国家遗产”展做的吗？

*卢昊：*对，是专为这个展览做的。在黄老师提出“国家遗产”这个概念和策展主题的时候我就有一个想法，在中国当代艺术家里面，最早使用建筑媒材或者以建筑为内容创作的可能就只是我，我一直是在用这个模式做作品。因为我生长在北京，所以我一直都是沿用北京的语言模式在做作品。“国家遗产”展提出来的时候，我首先想到的就是用建筑的方式来做，我的第一个想法就是做北京消失的建筑。当时永定门正在翻修，其实永定门在“文革”的时候已经被拆了，或者说在北京当年扩建的时候已经没有了。现在的永定门是一个“假古董”，是一个完全按照当时的模式重新建造的。这是让我觉得很有意思的地方——你可以重建，但是重建的意义又是什么呢？这个意义成立吗？我当时很茫然地做了一堆城门楼，城门楼都是飘浮在空中的——它想落下来，但是不知道有什么样的理由和意义存在于这个社会。所以我做了一个悬空的城门楼，用透明的方式来呈现，即虚拟概念的意思。

回顾 10 年前，从 1999 年到 2009 年，实际上是中国当代艺术的高峰期，也是当代艺术思潮的高峰期。大家都在认真地谈论观念，认真地分析作品的形式和材料，甚至分析展览主题。在这一时期比较活跃的批评家中，黄专老师算是一位不仅活跃而且出色的大批评家。他们这一代人慢慢老去和逝去，是中国当代艺术真正的损失。当然，后面也可能会涌现很多比较出色的批评家或比较跳跃的文章，但我真的怀疑后面还会有那么多像他们那一代人那样严肃对待当代艺术的批评家吗？

*王俊艺：*当时是在什么情况下黄老师跟您说起“国家遗产”展的？你们关于这个展览的主题或者想法有过哪些探讨？

*卢昊：*我想有这两个方面的原因：首先，从年轻艺术家的角度来说——10 年前我还算一个年轻艺术家——在那个阶段我是比较“跳”的。那段时间大家看当代艺术是以参加国际大展或国际重要美术馆的展览为标准，那时我几乎参加了世界上所有的双年展，包括“卡塞尔文献展”。当时中国艺术家能参加的重要国际美术馆的展览我几乎也都参加了；另一个离不开的原因是广义哥哥的介绍和推荐。我无论是在经历还是在年龄上，都跟其他艺术家有一定的距离。这里面最年轻的是我，隋建国、汪建伟和王广义三位艺术家都是比我大一代的艺术家，并且都是老大哥的感觉。实际上这个展览对我当时的知名度起到了一定的推介作用，因为这毕竟是国内一个重要的学术性展览。当时有些重要批评家的学术展览是很被年轻艺术家看重的，这一点不可否认。所以“国家遗产”展我是非常认真地在对待，看作品体量就可以看到了——这件作品大概做了六七十平方米。

*王俊艺：*这个地图是什么时候的？

*卢昊：*这是民国时候的地图。从老北京的概念来讲，真正的“北京人”是什么呢？是

崇文、宣武，东城、西城——二环以内的北京城才是真正的“老北京”。所以我当时选的是新中国快成立时的老的民国地图。

*王俊艺：*当时关于参展作品方案的讨论，例如关于作品主题呈现等，中间有什么样的沟通？

*卢昊：*我是这样一种艺术家：我在知道展览主题的时候基本上就会很快地想出我的作品方案。印象中黄专老师在之前就跟我们几个谈过他的想法，他让我想一个比较好的方案，我回去就想了一个。当黄老师再次来北京的时候，我们几个人一起去吃饭，我就报了这个方案。黄专老师很喜欢，他说就这样做。我有一种比较强的能力，就是作品在我大脑里的呈现方式是什么，基本上完成以后的效果就是这样。

*王俊艺：*后来在深圳那次您去了，是去参加研讨会。在这之前布展时的情形是什么样的？

*卢昊：*说到布展，那应该是我派我的助手去的。我的作品是二环以内的北京城，它是由 28 个大的灯箱组成的，灯箱都有编号对接；城门楼所对应的位置正好是地图上城门楼显示对应的位置，所以安装上也比较简单。而且下面都有我自己设定的光源，不需要考虑额外光源。

*王俊艺：*您能再回忆一下，除了这些具体的展览之外，您跟黄老师还有过那些您记忆比较深的交流？

*卢昊：*我印象当中跟黄老师谈问题有过那么几次，他也都是在谈论艺术家的作品。在我心目中，黄专老师是我非常尊重的一位批评家，因为他是很认真地看艺术家的作品，知道作品的分量，并知道艺术家是基于什么样的状态下创作这样的作品，这件作品在

艺术史上应该处于什么样的位置。这是黄老师读艺术家的作品、认真地梳理艺术家的思想之后呈现出的结果。他们这一拨批评家背后做的工作实际上是巨大的，我做过一次策展人，知道背后的艰辛。

王俊艺：有哪些交谈细节，还能回忆起来吗？

*卢昊：*我印象中黄老师很少对艺术家的作品提什么要求，因为他比较尊重艺术家的创作思路。我个人觉得，可能我的某些作品有一个比较能让策展人接受的呈现方式，或者是作品的呈现方式比较完善，所以黄老师在我的作品上很少提要求。

王俊艺：我的意思不是要求。比如您在做这件作品的时候，他有没有和您有更深入地讨论？

*卢昊：*他当时问过我，这些具体的城门楼是否是完全按照当时北京九座城门楼的历史真实比例和结构来做的？他的这个提问给了我一个想法，就是去考证北京的城门楼是什么样的——因为每一座城门楼的功能实际上不一样，所以建筑结构和呈现的方式也都不是一样的。因此我去考证了当时的样子，完全按比例缩小完成。

王俊艺：当时“国家遗产”在英国展出时组织了一个内部的讨论，英方策展人约翰·海雅特和当时去参加开幕式的艺术家参与了对话。现场还有一些曼彻斯特都会大学的学生，以及参加世界艺术史大会的艺术史家。这些都是在英中文化交流的背景下进行的。我想说的是，您怎么看待这种交流，或者说这种交流对我们的工作激发了什么？

*卢昊：*在我看来，这个展览重要的地方有两点：一是黄老师选择的都是当时比较重要的艺术家；二是这些艺术家都在用中国自己的语言去跟西方当代艺术进行一场严肃的对话。这是非常重要的。特别强调“严肃的对话”是因为黄老师在选择艺术家时是非

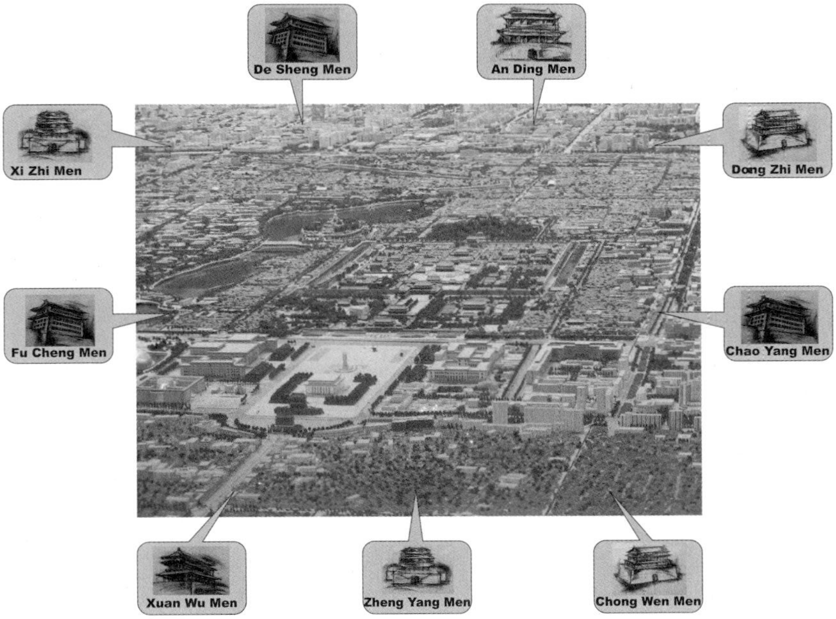

《复制的记忆》草图（图片由卢昊提供）

常严格的，每一个艺术家对自己作品的呈现方式都是非常严肃的，而作品的呈现内容又不是按照西方的套路来做，完全是中国人自己的一种呈现方式。遗憾的是我没有参加在英国展览的开幕式，所以我不知道当时具体的语境。

王俊艺：这个展览从最开始的讨论到策展的过程，以及出版物的编辑和最后作品的呈现，您觉得还有没有需要补充的？

卢昊：实际上，黄老师是通过他的团队一直在跟我了解作品的情况，包括作品的草图以及最后完成的过程。我跟立华一直保持随时沟通，因为黄老师非常关心最后的结果与我开始跟他描述的方式是否一样。在这个过程中，黄老师也带着他的团队来过几次北京。无论是图片资料还是在展览的制作方式上，我实际上一直都在跟他沟通。黄老师对展览质量的要求是很高的，这一点让我记忆深刻。

王俊艺：之后OCAT的展览比如"上海浦江华侨城十年公共艺术计划"……

卢昊：我都去了。说到OCAT，我作为艺术家还是很关心的，当然这不只是我一个人

2009 年，“国家遗产：一项关于视觉政治史的研究”展卢昊作品《复制的记忆》在曼彻斯特后盾画廊（The Holden Gallery）展出（王俊艺拍摄，图片由 OCAT 深圳馆提供）

关心的事情。其实我们大家也都在聊，黄老师忽然不在了之后要怎么办？深圳 OCAT 的工作是否还有人能按照这个思路延续下去，是否有能力延续下去？这是我们的疑问。我们希望这个工作能延续下去，即便黄老师不在了，可能不一定能按照他的思路做，但是希望这个事情不要终止了，因为 OCAT 的开篇起得太好了。

*王俊艺：*从一片空白建立起来，很不容易，不能做到一半就不做了。

*卢昊：*OCAT 选择了这么重要的批评家来做了 10 多年的工作，我真的希望这个事情能如黄老师在的时候那样，把它进行下去，那也算是我们艺术家从内心对黄老师的一个纪念。

*王俊艺：*您怎么看待 OCAT 的建立，它的重要性如何考量？

*卢昊：*历史是什么？现代化的东西是可以追赶的，但唯独历史是无法复制的。欧洲有些酒店不是很大，但它会告诉你哪个房间住过哪位重要的音乐家、政治家，等等。当你置身于房间的时候，你关注的不是这个水龙头是否是纯金的，那个大理石产自

哪里，这些都变得不重要了。这个房间传递给你的历史信息是其他环境所无法比拟和取代的。像黄老师在深圳这么认真地工作了10多年，有这么多人投入大量的工作，一起塑造了当代艺术群体的形象，而且这个形象的开篇是这么好，这在某种程度上就是深圳市当代文化的历史。这个历史如果因为黄老师的离开而慢慢消失的话，那么就是一个巨大的损失；如果没有把它继续下去的话，可能对于城市后续的文化传递会造成无法估量的损失。从我个人的角度来讲，我希望在之后能有一个相对严肃的方式把它进行下去。

一个机构的 connect（链接）功能

受访人：黄小鹏
采访人：王景
时间：2016 年 12 月 22 日　地点：广州

王景：您是从英国回来中国后，才跟黄老师认识的？

黄小鹏：对。

王景：能否请您谈一下第一次见到黄老师，跟他认识的过程？

黄小鹏：不大记得，我想真正认识黄老师可能是因为 OCAT 的驻地项目。因为我去英国的时候，黄老师还没到广州来，我回国以后才听说了黄老师。第一次认识他应该是在何香凝美术馆的某次展览开幕。

王景：会早于 2008 年您参加我们工作室项目的时候吗？

黄小鹏：是，参加工作室项目之前就认识黄老师了。但是我当时就觉得很奇怪，好像黄老师是 OCAT 那边的艺术总监，但是我回国后工作的前几年都没听美院的人说过。

王景：没听说过他在做关于 OCAT 的工作吗？

黄小鹏：对，就只是知道他是广州美术学院美术史系的老师。也许他做的工作，在学院里面和在外面是完全分开的，我感觉学院对他在外面做的当代艺术的工作从来没有任何兴趣，也没给过任何支持。

2008 年，“OCAT 国际艺术工作室计划”驻场者合影（图片由 OCAT 深圳馆提供）

王景：您当时在广美（广州美术学院）上课，跟黄老师有没有过交集？

黄小鹏：没有，只是后来听徐坦或者陈侗说，他以前在广美做过关于当代艺术的选修课，但不知后来为什么他没做了，我就觉得很奇怪。

王景：但据我所知，他没有开过关于当代艺术方面的选修课。

黄小鹏：我是听说的——因为当时他们油画系分成了几个工作室，也许是油画系私下请他过来讲这方面的课。

王景：您现在记得起来具体的时间点吗？

黄小鹏：想不起来了，我想可能当时因为油画系分成三个工作室，钟蔚帆、徐坦、王维加他们都在不同的工作室，是不是他们当时主持工作室的时候请黄老师过来讲课？

王景：那是 90 年代了？

黄小鹏：对，应该是 20 世纪 90 年代中期的时候。2003 年我回到广美后，第一个公开做了当代艺术的课程。

王景: 那是哪一年?

黄小鹏: 2004 年开始，我开的第一个公共课就叫“当代艺术实验”。后来我才听说，之前油画系有些老师还有黄专，都有在美院做过这方面的尝试，或者当时更多的只是油画系请黄专老师过来给学生们讲当代艺术，而我是按一个公开正规的课程去做的。我记得我跟黄专老师有过两三次比较个人的接触，一次是徐坦推荐我去参加深圳 OCAT 的工作室项目，黄老师有时候会过来工作室聊一下。另外一次是他请我去参加汪建伟展览的一个讨论，在何香凝美术馆。

王景: 参加 OCAT 工作室项目和参加汪建伟展览的讨论都是 2008 年?

黄小鹏: 对。最后一次我跟黄专老师有比较近的接触，是在华师（华南师范大学）李邦耀老师他们组织的一个全国高校多媒体研讨会上。

王景: 那是哪一年?

黄小鹏: 应该是 2010 年或者 2011 年——我离开广美之前。虽然我去参加了那个会，但其实很多其他学院的人我都不认识。我还记得黄老师特别跟其他人介绍了我，说我主持的广美第五工作室做得非常好，还开玩笑说，以后我失业了就去你们第五工作室。

王景: 您跟黄老师之间有就第五工作室进行过一些直接的谈话吗?

黄小鹏: 没有，但是因为我去参加完 OCAT 工作室项目以后，把同期的驻场艺术家带过来第五工作室和学生做一些交流，之后就变成了 OCAT 和第五工作室的一个固定交流项目，每年 OCAT 的驻场艺术家都会到我们第五工作室来跟学生做工作坊进行交流。

2008 年，“OCAT 国际艺术工作室计划”汇报展“……就像夜晚的船……”中黄小鹏作品（图片由 OCAT 深圳馆提供）

王景：您能不能讲多一些你参加 OCAT 工作室项目的往事，因为您当时在 OCAT 工作室住了三个月，对那个项目、那个过程有没有一些什么回忆？

黄小鹏：一开始我们去到 OCAT，他就让四个艺术家一起互相介绍彼此之间的工作，请我们吃饭——我觉得他还是挺好玩的，他经常会讲一些很好笑的话，跟他平时很严肃的感觉不大一样，而且我觉得他对我们这些驻地艺术家真的很关心，经常问生活怎么样，项目进行得怎么样，还是挺细心的。

王景：因为您是我们驻场项目的艺术家，所以想请你多聊一下，您作为参与的艺术家，对我们这个项目有什么样的评价或者批评？

黄小鹏：我很高兴能够参与这个项目，可以专心做一些作品。我当时做的是有关深圳观澜高尔夫球场的一个项目，如果我个人去做这个项目肯定没那么容易，但是因为有 OCAT 给我提供证明，帮忙联系，所以一切都很顺利。其他方面，我觉得你们提供的工作室条件非常好，对我来说，比较重要的是体现在日常生活中。因为我们四个艺术家在一起生活了三个月，驻地结束之后还继续保持联系，我想这是 OCAT 的项目很

重要的一点，就是 connecting，通过这些项目 connect 来自世界各地的艺术家。我现在跟同时期驻场的英国策展人 Claire 与德国艺术家的 Susanne 都还有联系，Susanne 还说想跟我在一起再做项目，因为我做的一个录像和她的一个项目同名——*ONLY YOU*。2010 年我也参加了 Claire 再次回到深圳做的另一个空间项目 *The Narrators, Inheritance Shenzhen Project*（"陈述者" 传承深圳项目）。

王景：因为小鹏老师在其他的城市、其他的机构也参加过驻场的项目，不知您有没有一些对比，如果我们还继续做这个项目，可以给我们什么建议吗？

黄小鹏：我觉得可能你们的项目在国内是比较新的，我去的时候是第三届，可能不如像国外做了几十年这种项目的机构有经验，包括配套和工作人员的专业性。当然国外也有一些新的机构，我去年在法国做了两个月驻地项目，那个由修道院改建的艺术中心刚好成立，我是第一个被邀请过去的视觉艺术家，基本上帮助我工作的都是非专业的政府机构，所以我的工作不是很顺利，当然经费短缺也是问题。如果 OCAT 的驻场项目不再持续了，我觉得挺遗憾的。

王景：对，当时这个项目也是黄老师坚持要做的。

黄小鹏：我觉得他这个决定非常好，因为就我知道，你们的驻场项目可能在中国是最早给艺术家提供所有的资金——我听说北京有这样的一些驻地项目，但更多的是要艺术家自己带资金过去，而你们是提供所有的资金——其实这笔资金在一个美术馆的预算里也算不了多少，但是对跟国外的这种连接，它会起到一个非常重要的作用，肯定超过它花的那笔钱的价值，真的是。像 Claire 就很明显，她参加完你们的项目，回到英国之后就一直关注中国当代艺术的发展，这些影响都很长远，现在也许暂时还看不出来。

王景: 而且后来我们每次的驻场艺术家到广美第五工作室去做交流的这些活动也很重要。

黄小鹏: 当然非常重要,最近央美(中央美术学院)有一个关于第五工作室的采访,我还专门提到了 OCAT 的驻地项目,驻场艺术家每年都固定来做交流互动,我认为对第五工作室的推动很重要,这些驻场艺术家都是相对成熟的,他们过来美院做的讲座都非常好。

王景: 所以其实您跟黄老师私下的交流并不多?

黄小鹏: 基本上私下没有怎么交流,因为我原来不在广美,跟他没有做过同事。我与他的接触都是跟 OCAT 的项目有关。但是我觉得很奇怪,我想他那么忙,不一定会注意到我们的工作,但我没想到那次在华师开会的时候,他还专门跟大家介绍我们第五工作室,我还是蛮感动的,我以为他不知道。

王景: 他肯定是知道的。

黄小鹏: 我在想为什么黄老师在美院不做当代艺术的工作呢?我也觉得很奇怪,他是不是对这个系统非常绝望,不想在美院做?当时我很傻——我去做了。我觉得黄老师做 OCAT 有一个比较明确的目标,就是重建中国的当代艺术史。所以我在想也许他对年轻一代,或者对艺术教育没有多大兴趣,我觉得他好像挺有国家情怀的。

王景: 能不能请小鹏老师,大概评价一下黄老师的工作?

黄小鹏: 可能在我的理解中,他的最大贡献就是我刚才说的,他非常想建立中国自己的一套当代艺术历史,有自己的话语权。但作为一个学者,他也知道,中国这方面非

常弱，所以他还是比较重视学术的研究，因为这些东西不是你说人家就信，你还是要有一定的研究论据来确立这些东西。

王景：您觉得纪念黄老师的最好方式是什么？

黄小鹏：当代艺术史研究的继续推进，这个挺重要，而且真的要做一些比较踏实的研究，而不只是江湖关系。要静下心来做，因为现在太多展览，但如果学术方面不扎实的话，很容易就各说其事，不了了之。我想最好的纪念，是对黄专老师开辟的工作的持续，他在我们心中，我们都记得他。

“什么是真实”

受访人：爱德文·斯瓦克曼
采访人：方立华、王静晗
时间：2016年12月18日　地点：上海
翻译（英—中）：王静晗

方立华：请谈谈您参与“上海浦江华侨城十年公共艺术计划”的契机。

爱德文：我第一次与OCAT接触是我在上海长风公园进行“抱树”项目期间（2010年），当时我非常想在真正的中国语境中工作，艺术界总有一种人造氛围显得不是很真实，而我想在真正的社会环境中工作，与中国民众的社会现实产生真正的联系。OCAT给了我一个机会，让我得以通过项目真正地与广泛的观众群进行接触，正因为有了这一次良好的合作经历，我们便决定与优秀的中国艺术家刘建华在浦江华侨城于2011年共同举办“无所遁形：爱德文·斯瓦克曼—刘建华对话展”作为与OCAT合作的第二篇章。

方立华：能否谈谈您与黄老师之间的交流，你们是否讨论过这个项目呢？

爱德文：是的，我们在上海和北京都进行过深入的交谈，他对我的作品和项目理解极深，这让我非常感动，我们有过数次长谈。之后，他为我的作品写了一篇文章，我惊异于他竟然在如此之短的时间内就产生了深刻理解，深感钦佩。

王静晗：他是在什么时候写的这篇文章，是在您的项目实施之前还是之后呢？

爱德文：“抱树”项目结束之后，我们又在深圳OCAT见了面，我们在那儿见面并

2011年，“无所遁形：爱德文·斯瓦克曼—刘建华对话展”开幕式，爱德文·斯瓦克曼发言（图片由OCAT深圳馆提供）

进行了讨论。之后，我们在上海也有过交流，有很长一段时间，我并不知道他在写这篇文章，因为当时我在美国和欧洲做项目，那篇文章成就了一本优秀的书，对我来说是个惊喜。后来，当我读到他的文字时，我真的非常高兴，因为这亦代表着不同民众和不同文化之间的巨大桥梁。当我住在中国时，我时不时会意识到我对这个遥远而又与我相差巨大的文化知之甚少，所以结识像他这样能够帮我弥合鸿沟的人，对我来说意义重大。

*方立华：*您在向OCAT提交您的作品方案之前，对这项公共艺术计划是否有所耳闻？

*爱德文：*我在上海做人行天桥的“抱树”项目时，到浦江华侨城去参观了谷文达的展览，所以我之前就见过了那个展览空间。

*方立华：*您对这项公共艺术计划有什么想法吗？

*爱德文：*是的，我认为这个计划非常有意思，因为它比一般的美术馆项目更有活力，它邀请艺术家思考……不仅仅只是把你的艺术作品带到展厅、挂在墙上，而是真正考虑整个环境并与之互动，我觉得应该多做这种项目。艺术的养料不应该只存在于美术馆，更应该广泛地存在，而且计划由OCAT操办，艺术水准非常高，通常中国街头的公共艺术总是带有装饰性质，不会带来哲思，而黄专先生对于艺术的哲学思考在一个很高很高的维度上。同时，在中国的传统中，艺术家被视作高知阶层，所以这就是一个与广大观众在理想情境下分享智慧的绝佳机会。因为在博物馆中，你只能招徕很多受过良好教育的人，他们会主动去博物馆。但如果你到一个公共空间，你就能将重要的新思想传播给每一个公众，我觉得这是艺术家所能实现的最妙的事情。而且我认为，大家彼此之间分享文化是至关重要的。

*方立华：*您当时去看了“中国：谷文达艺术展”，那是您第一次去上海浦江华侨城吗？

*爱德文：*是的。

*方立华：*您当时的作品方案是专门为这项公共艺术计划而创作的吗？

*爱德文：*我当时正在上海寻找制作大型公共艺术作品的机会，但我并没有带着这个目的去参观展览，那时我已经在做“抱树”项目了，但我仍在寻找开放的合作者和中国机构，并不光是为了找份工作。之前我的作品在北京798展出过，一开始，我在北京寻找做公共艺术的机会，但举步维艰。之后我就到了上海，因为那里正在举办2010年世博会，由此产生了许多机会，对希望成就一些有趣事业的人来说，那里有着很活跃的氛围，这就是我去上海的原因，也是我造访浦江华侨城参观谷文达展览的原因。我与OCAT找到了彼此，我非常幸运。

2011 年，“无所遁形：爱德文·斯瓦克曼—刘建华对话展”
爱德文·斯瓦克曼合作创作装置作品《虚拟事件》（图片由 OCAT 深圳馆提供）

方立华：能否具体谈谈您参与这项公共艺术计划中的作品？其中有一件作品是您与艺术家刘建华共同创作的，是属于在地创作的作品。当时是如何考虑的？

爱德文：我非常感谢黄专先生，他使刘建华的作品与我的作品相遇了，我认为我们两人的创作动机有种深层次的相似性。我在展览空间展示的那些巨幅摄影作品，拍摄的是我在自己的工作室制作的模型。我按照自己的认知重建了世界，在荷兰，记忆中那是属于我的世界，它们就好比绘画作品，只不过是以工作室中的微缩模型呈现出来的，我在其中重建了仅属于我的现实，并通过这种手段创作了艺术作品。当然，刘建华先生也通过他自己的作品用陶瓷物件重建了他的世界、他的家，因而事实上，我们在很大程度上都以自己周遭的事物为题，兴许这是我们通过反映周遭世界来为自己创建心灵肖像的某种尝试，细究什么是我们的身份，会发现我们周遭的世界也定义了我们的身份。尽管我们两人的作品非常不同，但我认为我们有非常相似的动机，而黄专先生

清楚地明白了这一深层联系，这就是为什么我将这次展览中我们两人在作品方面的合作视作良机的原因。

对我来说，这包含着复杂的哲学思考，我对于什么是真实思考得很多，起初我试着从哲学家那儿得到智慧启迪，但他们仅仅追问“什么是真的”，而我想琢磨的是“什么是真实”，我们所见的任何事物都并不存在，如果你通过一个显微镜或是更专业的设备，仔细观察你的手或一只玻璃杯，你会发现它们只是一堆分子和原子，实际上那不过是能量和光，至于我们的大脑，当光子进入我们的大脑，就转化成了电能，所有事物都在持续变化着，大脑的思维都是极度抽象的，它是由我们的身体为我们搭建的一种叙事框架，所以它并不如我们想的那样真实，真相或真实皆不存在，为了活下去，我们需要一个“故事”。我在我的作品中总是试图传达这个观念，我试图挑战真实的内涵，例如这真的是一条路吗？是的话就奇怪了，因为它明明不能通往任何地方，所以从某种程度上说，它挑战了你对于“路”的期待。如果你看过我的摄影作品，只要看得足够仔细就能发现这是工作室内的人造风景，它同样也不像你所想的那样，我认为现今人们看的新闻当中存在着许许多多的谎言和欺骗，就算人们试图告诉你真相，他们其实也知道得不够多，无法给出真相的全貌，他们总得讲述一个故事。我认为一个谎言和一个故事之间有着巨大的差异，如果你撒谎了，你就是在试图欺骗别人，但如果你讲一个故事，用类似“从前有个公主……”这样的开头提醒人们，他们立马就明白了，噢，这不是真的，不过是个故事。我想我们应该对我们所见的一切都保持清醒，并且向彼此传达尽可能完善的故事，所以我的作品就是试图挑战人们对于真实的构想，并且时时质疑它，这是个复杂的回答。我们不能知晓真相，因为我们明白，我们只有肉眼，我们能看见的不过是冰山一角，我们不能看见蜜蜂所见、奶牛所见，抑或狮子所见，它们所看到的与我们所看到的非

2011 年，“无所遁形：爱德文·斯瓦克曼—刘建华对话展”爱德文·斯瓦克曼室内展厅效果图（图片由 OCAT 深圳馆提供）

2011 年，“无所遁形：爱德文·斯瓦克曼—刘建华对话展”爱德文·斯瓦克曼室内展厅效果图（图片由 OCAT 深圳馆提供）

常不一样，还有相当一部分事物在可见光谱之外，我们永远看不见。所以我们无法知晓真相，当我们讨论这个问题时，我们使用中文，或英文，或荷兰语，或西班牙语，但所有语言都是由它们的文化构建的，所以这些语言也不可能将发生的一切囊括在内，我们必须时刻意识到，不论我们做什么，我们必须坦白承认我们仅仅了解部分真相，因而我认为我们应该对真实的内涵更警觉一些。

*王静晗：*OCAT 计划再筹备一个“十年公共艺术计划”，您对此有什么建议吗？

*爱德文：*我是过去十年中唯一的外国艺术家，我认为那是一次很好的机遇，而且将中国艺术家和外国艺术家配对的主意，为文化之间的交流对话带来了许多可能性，所以我希望 OCAT 能常举办这类活动，这就是我的建议。

一颗点亮自己的星星

受访人：徐震
采访人：方立华
时间：2016年11月9日　地点：上海

*方立华：*2013年您和黄老师合作了“上海浦江华侨城十年公共艺术计划”，当时的契机是什么？

*徐震：*我记得黄老师当时直接问我愿不愿意在浦江华侨城那里做一个这样的项目。可能是因为我们之前有很多创作也是雕塑、装置，或者说以概念为主的作品，浦江华侨城又有一个半室外的空间，我和黄老师之前也有过一些交流，所以我估计黄老师觉得可以让年轻人试一试。其实在整个过程中，黄老师并没有给我很多的意见，基本上是我们自己做了几个方案，然后选了一套方案给黄老师，他一看就通过了。

*方立华：*能不能说一下你们之前交流的情况，有哪些印象比较深的讨论？

*徐震：*我们彼此可能知道很久了，也都认识，但我们聊得并不是特别多，因为大家都忙着自己手上一摊事，交集不多。我记得有一次我去北京，我和黄老师、巫老师三个人就一起聊了一下。其实我自己觉得从年龄上来说，我们是属于两代人，但是我觉得黄老师比较开放，宽容度也比较大，所以没有过多的规矩，或者说不会顾虑有什么东西好聊或不好聊，我们谈起来还是很轻松。

*方立华：*当时的题目叫“重要的不是合同”，这个标题其实也是您为这项公共艺术计划专门创作的一件作品的核心观念，它提出的背景是什么？能具体阐述您的想法吗？

2013 年，徐震和黄专在“重要的不是合同”新闻发布会上（图片由 OCAT 深圳馆提供）

*徐震：*我们当时的作品是把合同印在了旗帜上，我觉得半室外的空间会有点儿风，它可以随风飘荡。因为今天我们大多数的时间都是在工作中，所以这个旗帜其实很像一个人存在的证明，它不只是你和某个公司或者是某个工作的一种关系，在那样的空间，我觉得还是比较诗意的。而且华侨城房地产开发的背景应该说是住宅，所以我觉得也比较适合。

*方立华：*也就是说，您在考虑创作这件作品的时候，其实还是会考虑作品与华侨城的背景以及地域的关系？

*徐震：*对，我认为首先应该有一个大的语境和背景的关系，其次，从我的角度来说，我可以在作品里切断这个关系，所以不去考虑这个背景也还是成立的，我觉得这件作品应该是做到了这一点。

*方立华：*我在看之前的一些资料的时候，发现您当时的提案也提到了浦江华侨城的地形，您最开始也对地形进行了一定的研究，然后再具体到为这个特定的地域设计这样一件作品的方案。那么，这件作品与地理环境之间有什么关联性吗？

*徐震：*我觉得一方面是在作品的形态上，比如说大小、旗帜的高低和位置，等等；另一方面是观众和居民的流动、走向是不一样的。当时在这方面做了一些基本的调研。

2013年，“重要的不是合同”展览现场（图片由OCAT深圳馆提供）

方立华： 这件作品中的合同是如何挑选的？

徐震： 我记得是我们要求华侨城提供的，中间有点问题，开始的时候他们不愿意提供，因为这的确涉及合同的隐私问题，但是我觉得这个过程其实也是这件作品的内容之一吧，应该是可以被理解的。其实我觉得有一个合同就可以了，而且也并不一定是要华侨城员工的合同，因为对于每个人来说都有这样一份合同，它其实就是一个象征物。当时我们也是先拿自己公司的合同来看的。

方立华： “重要的不是合同”隐含的是一个什么样的观念？

徐震： 我觉得一个人不能把自己限定在一个不得不去做的工作里，或者是被一种生存策略所局限，应该是要高于这些东西。也就是说，一个人的姿态或者说心态和态度，应该是高于这些现实性的东西。我觉得这件作品是提出了一种态度。

方立华： 我看方案里提到当时要做的旗帜数量还是挺多的，计划应该是需要三四十面旗帜，但实际上实施的只有十多面旗帜，旗帜的数量与您的创作观念有什么对应的

关系吗?

徐震: 没有直接关联，因为我觉得还是要看实施的情况，这是一件比较概念性的作品，当然，100 面旗帜跟一面旗帜是有区别的，但是我觉得还是要看实施的对象以及在现场实现的可能性，当然也得有一个最低的视觉上的保障。

方立华: 您刚才也提到希望实现旗帜飘扬的感觉，所以在原方案里边还提到了要在旗杆里装上一个风扇，但是后来并没有实现?

徐震: 好像后面是有制作时间上的问题，因为前面可能审方案之类的拖了很长时间。刚好开幕那天好像也没有什么风，所以旗帜一会儿飘起来，一会儿垂在那里，但是我觉得那也很正常。后来我记得有一次我们还要再做一个类似的方案，我们当时就说一定要装一个风扇。

方立华: 您觉得内置风扇让旗子定时的飘扬与自然风吹的飘扬有概念上的区别吗?它会影响您的观念的实现吗?

徐震: 我觉得没有本质上的区别，从这件作品的角度来说，它其实不是为了观看服务的，它应该是一个独立的存在物。

方立华: 当时“合同”的呈现是印在旗帜上面，最开始的方案是想要把一整份合同印在旗帜上，但是最后只是选取了合同的最后一页，这是基于什么样的考虑?

徐震: 因为旗帜上必须有人的签名，我觉得那是一种证明，要不然的话，我们完全可以从网上找一面旗帜，但是我认为这必须是一份真实的合同。那个签名其实是不可拷贝的，而前面的内容都是可以被替代的。

方立华：当时这项计划其实是由两部分组成，除了“合同”这一部分，另外还有一部分是《运动场》。《运动场》实际上是您在2013年创作的一件作品，在很多地方展出过，当然，在不同的地方展出的时候可能会有一些改变。把《运动场》带到这项公共艺术计划里是基于什么样的考虑？在这个特定的地域里，《运动场》有没有发生什么样的变化？

徐震：因为《运动场》其实是影射了很多历史事件，但是它不指涉具体的某一个历史事件，所以它是一个大历史背景的平台，我把它理解为一个文化平台。它看上去就是一个由各种小路组成的花园，每条路都有一个故事，都有一个事件，所以我觉得当代艺术其实是建立在一个现实中的。之前我们也在别的展览上有过体现，我们把一个“运动场”作为一个文化平台，然后把各种作品放在上边，“运动场”是作为一个大的语境，所以我觉得“花园”这个概念很适合华侨城那个室外场地的物理形态。

方立华：刚才提到它是由各种历史事件编织成一个大的背景，那么，在浦江华侨城实施的《运动场》是否有一些特定的事件？这种大的历史背景是否会跟随着每次展出场地的更换发生一定的变化？

徐震：从创作上来说，我们不说明具体哪条路是干嘛的，当然我们自己会放一个理由进去，但是我们不做说明，因为看上去都一样，其实也是一个特征，也就是说，很多历史事件的表面都是差不多的。

方立华：那么，这次的《运动场》是否根据浦江华侨城的地理环境做了一些调整？

徐震：基本上是不一样的。因为每次我们都会根据场地大小、预算和制作时间给出不同的方案，有不一样的效果，比如说我们之前在国外有过因植物很茂盛，几乎看不到

路的设计，但是仔细看还是有路，也有光秃秃的就只是路，都有。

方立华：这些路都是可以让观众在上面行走的吗？

徐震：对，大多数是可以行走的，但也有像小的盆景一样是被观赏的。

方立华：从艺术家的角度来说，这些路径提供给观众去观赏和行走的这样一种体验，您是希望传达什么样的信息？

徐震：其实我觉得观众站在这样的花园里，视觉上肯定会有一些突兀的东西，因为有一些路到了尽头就没有了，我觉得有这样一个尴尬的地方。作为一件艺术品，我觉得观众应该去理解，而不是说我来告诉观众应该去了解这件作品的文化背景，它的来龙去脉。其实知道这些也就够了，因为它是一件想象的作品，而且它取决于你对历史的了解，对历史的兴趣和好奇心。

方立华：但是如何让观众可以在这样的抽象视觉里链接到这些文化背景或者所谓的语境？

徐震：从我的角度来说，我认为不要陷入对具体的某一个历史事件的纠结，因为观众很容易掉入一个情感的东西，比如说有一些人对那个事件感兴趣，有一些人因为自己是哪一个国家的人，他会对另外一个事件感兴趣。其实我们每个人的情况都无法替代，但是我们可以交流的是对这些知识的共享，所以我们是在这个意义上不交代具体的事件。

方立华：从您的角度来说，《重要的不是合同》与《运动场》这两者是什么样的关系？

2013 年，“重要的不是合同”开幕式合影（图片由 OCAT 深圳馆提供）

徐震：我觉得其实牵涉的是个人身份的问题，或者说个人的存在感，比如说你在《运动场》中对于历史的认识，在《重要的不是合同》中你对于自己存在感证明的认识。很多人都不愿意给别人看到合同，因为合同这个东西，感觉是有一个机器在你后面，或者说有一种公司文化这样一种机器在后面，就像我们以前说《1984》这种老大哥在你后面一样，今天这个社会把这些东西包装得很人性、很鸡汤，但其实还是一样的东西。比如说我们是一个公司，但是我自己也是一个艺术家，我就很敏感于这样一个问题，所以我觉得这是对个人的一种触及，而且这个东西一直在变化中。

方立华：对于华侨城来说这确实是一种挑战。

徐震：所以我觉得这件作品触及了这些问题。其实我们不是要去炫耀一个人的工资到底多高，或者到底多低。这就是为什么我们只选择了最后一页，一般最后一页没有那些具体的条款，只有一个签名，但是前面的一切其实也是给观者留有一个想象的空间。

方立华：最后的实现特别好，不是为了暴露隐私。

徐震：对，不是为了这种层面，它其实是一个证明，而且试图诗意化，当这个东西飘

起来的时候，旗帜有一种昂扬向上的感觉，它还是有这样的一种要求。所以我们其实要求的是一种态度，有一种高于这些东西的态度吧。当然，整个过程还是涉及社会现实方方面面的问题。

*方立华：*这一届的出版物是您的工作团队来编辑的，这个方式与往届有所区别，因为以往一般都是由黄老师主编，OCAT 的工作团队来执行编辑，所以在出版方面其实是给了您很大的自由度，那么，您是怎么考虑出版物的编辑的？我也仔细地看了一下，编辑的重点主要还是放在《运动场》上面，而且是把很多路线图呈现出来。但是我们在看到路线图的时候，其实无法捕捉到它背后的这些历史事件，这些路线又是根据什么逻辑绘制的？

*徐震：*对，这本画册是我们的工作团队和郭娟一起编辑的。其实它不是一本介绍我们创作为主的画册，有点儿像一件作品的概念。《运动场》是作为一个在里边随时出现的因素，你也看到我们有一些作品是夹在里边的这种关系。

*方立华：*把出版物当成一件作品进行编辑，这和您以往的项目或做法比较一致吗？

*徐震：*其实我们出版物做得不多，所以当时也是想实验一下，试试看它作为一个展览的衍生作品的概念，因为我们很少为一件作品或者一个这样的形态的展览做一本画册。

*方立华：*您之前提到当时在北京，您和黄老师、巫老师有一个对话，这场对话也成为出版物的一个重要的组成部分。我感觉这场对话也在试图呈现您的创作观念和思维逻辑，因为您的创作方式与其他艺术家有很大的区别，其实很难对您的作品进行一个定义。

*徐震：*对，我们的特点是跳跃性比较强，跨度比较大，涉及的创作媒体的种类比较丰

富。因为这件事情已经过去了两三年，其实现阶段我们也还是处在一种从各方面大力地扩张，并且也在寻找新的不同的点的过程，所以连我们自己都很难说很明确地看到自己的一个轨迹，因为它不是一个线性的结构，它可能是一个块状或者是面状的发展。但是我觉得当代艺术在很多时候就是发生在这样一个未知或者说不确定的领域，然后随时会有一些闪光的东西出现。

*方立华：*当时黄老师邀请您参与这项公共艺术计划的时候，您的第一反应是什么？

*徐震：*当时的第一反应，我在想黄老师是不是想找年轻人来试一下？其实我也不是很年轻了。因为我们自己比较喜欢接受各种不同的挑战，可能不同的环境、不同的机会和不同的展览会给我们带来不同的启发或者语境，所以我们也比较愿意接受这些我们没有想到的渠道或者展览。

*方立华：*在此之前您听说过这项公共艺术项目吗？您是怎么理解黄老师策划的这项持续性的公共艺术计划的？

*徐震：*听说过，因为每届展览开幕式的时候我们也都去。我觉得这可能要跟黄老师自身发展的很多轨迹和他思考的一些问题联系起来看，他的策展实践有一条线索是有关这样一种业态，比如说在一个人们居住的小区里边产生一种关系，联系黄老师之前的一些策展理念，我觉得它其实是一个整体。从艺术家的角度来说，在一个人们居住的小区里边放一些奇怪的装置和雕塑，其实我们都知道这是很难被理解的，但是我觉得中国很多当代艺术就是这样发展出来的，因为它没有，所以它容易有；因为它不被理解，所以你必须要去理解。我觉得黄老师其实是走了这样一条路，这也是中国当代文化发展的必然的一种选择。

*方立华：*您是怎么理解黄老师以及他所主持的OCAT的？

*徐震：*我觉得我们都活在一种现实中，我们回头看它，其实就是一个历史，因为它是一个历史，所以你能看到黄老师以及他所代表的这一代人身上这些坚持的东西。很多东西你可以不认同，你可以无法理解，或者说彼此阵营不同、角度不同，你不愿意去理解，甚至说你有各种各样的看法，这些都没有问题，因为"坚持"可以穿越这些东西。也就是说，你可以10年不去了解或者理解它，但是你会忽然发觉它还是在那里，可能连他自己都没有意识到这是一种坚持。从我的角度来说，在这一点上，黄老师和我们甚至更多的艺术家其实是一样的，我们有自己热爱和愿意投入的东西，你无法解释为什么，但是我觉得文化就是这样，每个人就像一颗星星一样自己在发光，他不是为了照亮其他人，他就是自己点亮就行了，我觉得黄老师就是这样的一颗星星。从我们的角度来说，作为晚辈和下一代，我们觉得他是对我们很有启发的一位老师。